CB135811

Nelson Pereira da Costa

A Empresa Como Investimento

Os elementos que embasam um empreendimento

Cópia não autorizada é crime
Lei 9.610 de 19/02/1998
Respeite o direito autoral

EDITORA CIÊNCIA MODERNA

A Empresa como Investimento – Os elementos que embasam um empreendimento
Copyright© Editora Ciência Moderna Ltda., 2025

Todos os direitos para a língua portuguesa reservados pela EDITORA CIÊNCIA MODERNA LTDA.
De acordo com a Lei 9.610, de 19/2/1998, nenhuma parte deste livro poderá ser reproduzida, transmitida e gravada, por qualquer meio eletrônico, mecânico, por fotocópia e outros, sem a prévia autorização, por escrito, da Editora.

Editor: Paulo André P. Marques
Produção Editorial: Dilene Sandes Pessanha
Capa: Daniel Jara
Diagramação: Daniel Jara
Copidesque: Equipe Ciência Moderna

Várias **Marcas Registradas** aparecem no decorrer deste livro. Mais do que simplesmente listar esses nomes e informar quem possui seus direitos de exploração, ou ainda imprimir os logotipos das mesmas, o editor declara estar utilizando tais nomes apenas para fins editoriais, em benefício exclusivo do dono da Marca Registrada, sem intenção de infringir as regras de sua utilização. Qualquer semelhança em nomes próprios e acontecimentos será mera coincidência.

FICHA CATALOGRAFICA

COSTA, Nelson Pereira da.

A Empresa como Investimento – Os elementos que embasam um empreendimento

Rio de Janeiro: Editora Ciência Moderna Ltda., 2025.

1. Administração de empresas
I — Título

ISBN: 978-65-5842-457-4

CDD 658

Editora Ciência Moderna Ltda.
R. Alice Figueiredo, 46 – Riachuelo
Rio de Janeiro, RJ – Brasil CEP: 20.950-150
Tel: (21) 2201-6662/ Fax: (21) 2201-6896
E-MAIL: LCM@LCM.COM.BR
WWW.LCM.COM.BR

05/25

A
Anderson Jorge
Meu filho, que por meio do trabalho
duro e cansativo, alcançou o objetivo de sua vida.
Hoje é dono de um Restaurante de sucesso e de uma
Marca consolidada no Mercado Gastronômico.

Prefácio

O empresário é peça básica da empresa. Através de seu trabalho, conhecimento e criatividade manterá a organização viva e crescente. Todo empresário inteligente colocará a empresa acima de seus interesses pessoais e preconceitos. A importância está na empresa e não no empresário. Na direção da mesma, dúvidas e problemas serão comuns ao empresário. Devido a isso, ele se atola num mar de tarefas administrativas e não empresariais.

Os administradores são calculistas cuidadosos de prós e contras, homens que merecem confiança por seu equilíbrio mental. Embora possam ter grande conhecimento, autoconfiança e energia, estes talentos têm pouca probabilidade de aplicar-se a novos empreendimentos, altamente arriscados. Seus talentos, em geral, se aplicam a uma situação existente.

Os empresários exercem atividades próximas da audácia. Espírito empresarial é a própria audácia, quando o homem é impelido menos por senso comum, do que por fé ou confiança quase irracional em sua visão. Eles apoiam empreendimentos cujas virtudes e consequências são infinitamente menores, previsíveis, mensuráveis e menos demonstráveis para a maioria das outras pessoas.

Empreender não é coerente com certeza. Requer fé fortificada por energia, ousadia e sorte. Os padrões convencionais do planejamento empresarial e dos controles orçamentários não facilitam os verdadeiros empreendimentos.

O que faz a empresa não crescer, e até morrer, não é apenas a política fiscal e uma burocracia imposta pelo governo ou os efeitos da política econômica ou do comportamento do mercado, tampouco as taxas de juros exorbitantes e os impostos elevados. Entende-se que o maior impedimento ao desenvolvimento da empresa (não do empresário) está na incompetência administrativa.

A capacidade empresarial é inerente à criação, existência e desenvolvimento do empreendimento. Através dela o empresário concebe projetos alternativos, geralmente, em resposta a estímulos financeiros, solicitações do mercado, incentivos fiscais e cambiais.

É comum o empresário apontar, como fatores de sucesso e fracasso, o seguinte: persistência, boa administração, dedicação do empresário, boa estratégia de vendas, capital próprio, experiência no ramo, mercado favorável, investimento, qualidade do produto, fonte de renda, otimismo, tino empresarial, sorte, criatividade, boa localização, ajuda da família, relação com fornecedores, preços competitivos, risco calculado e imóvel próprio.

Empreendedor para ter sucesso precisa conhecer, com vigor, os recursos que dispõe e como otimizá-los. Os fatores aqui tratados, tem um caráter particular, isto é, são não governamentais. Mas darão ao administrador um padrão de atuação e performance bastante relevante.

Acredito que este livro, ***A Empresa como Investimento***, abordará de maneira lógica os fundamentos que ajudarão uma empresa a sobreviver em um mercado incerto e turbulento. Sua metodologia é suave e agradável, proporcionando ao leitor a motivação necessária para continuar a ler e a aprender.

Este projeto procura trazer a essência daquilo que é relevante saber sobre as funções organizacionais, sendo estruturado em 14 Capítulos, cujos objetivos são os seguintes:

Capítulo 1 – Organização: Mostrar que a organização é um conjunto intencional, interativo e cooperativo de: recursos, funções, políticas, procedimentos, atividades, tarefas e responsabilidades, regidos por pessoas para alcançar objetivos predeterminados e congruentes com a missão para a qual a organização foi criada.

Capítulo 2 – Empresa: Mostrar que toda empresa é um empreendimento humano que procura reunir e integrar recursos no sentido de se autossustentar e de lucrar, através da produção e comercialização de produtos.

Capítulo 3 – Empreendimento: Mostrar que o empreendimento se baseia na transferência de recursos de áreas de baixa produtividade e rendimento para áreas de produtividade e rendimento mais elevados, dentro de uma sociedade organizada, mas é preciso assinalar que tal prática é extremamente arriscada.

Capítulo 4 – Mercado: Mostrar que o mercado é um lugar organizado, onde as pessoas transacionam preços, quantidades e qualidades de determinados. É todo ambiente onde compradores e vendedores de produtos se mantêm em estreito contato uns com outros. Este contato se faz em função das necessidades, desejos e disponibilidades dos consumidores.

Capítulo 5 – Economia e Política: Mostrar que a economia é uma ciência social que estuda a maneira pela qual os homens decidem empregar recursos escassos a fim de produzir diferentes bens e serviços, de modo a distribuí-los entre as várias pessoas e grupos da sociedade, para satisfazer necessidades humanas. Mostrar que política é um padrão de ação que facilita a tomada de decisão para situações parecidas, aumentando o poder de comparação e avaliação do gerente.

Capítulo 6 – Marketing e Serviço: Mostrar que o conhecimento do mercado é fundamental para ser empreendedor, m como o ambiente em que operam. Mostrar que serviço é qualquer ato ou desempenho, essencialmente intangível, em que não há troca de propriedade

Capítulo 7 – Produto e Venda: Mostrar que produto pode ser um bem, um serviço ou uma ideia. Pode ser considerado aquilo que se vende ou aquilo que, oferecido ao mercado, seja capaz de satisfazer a um desejo ou uma necessidade. Mostrar que a venda é considerada como um processo que antecede a transferência de propriedade.

Capítulo 8 – Comunicação, Dado e Informação: Mostrar que a comunicação é o meio pelo qual o comportamento é modificado, a mudança é efetivada e as metas são notificadas. Mostrar também que aquele que for bem informado deterá o poder.

Capítulo 9 – Sistema: Mostrar que sistema é um conjunto (todo organizado) de elementos (partes) que interagem, visando atingir um objetivo (ou uma função) comum, como um todo unitário e complexo. O termo sistema é de uso comum, pois existe: sistema educacional, sistema de computador, sistema solar, sistema nervoso e outros.

Capítulo 10 – Documentação e Reunião: Mostrar que documentação representa todo e qualquer desempenho formal, em função da necessidade da criação de padrões cada vez mais adaptados à realidade em que vivemos. Mostrar que reuniões precisam ser planejadas e bem conduzidas para serem úteis à organização e a todos os participantes.

Capítulo 11 – Tecnologia: Mostrar que tecnologia é conjunto de conhecimentos, técnicas, ferramentas e atividades utilizadas para transformar os recursos organizacionais em produtos (resultados).

Capítulo 12 – Custo, Preço e Lucro: Mostrar que os bens, serviços e ideias tem preço e porque uns são mais caros e outros mais baratos. Mostrar, também, que nem sempre o produto que mais vende é aquele que dá mais lucro.

Capítulo 13 – Controles Contábeis: Mostrar as principais contas e controles contábeis, pois, sem tais controles, não conheceremos o rumo do negócio.

Capítulo 14 – Indicadores de Gestão: Mostrar as principais avaliações de resultado, por meio de índices, indicadores e taxas.

Gostaria de manifestar meus agradecimentos a todos aqueles que me ajudaram, direta e indiretamente, a levar adiante este projeto, que consumiu um ano da minha vida, nas idas e vindas de infindáveis leituras, numa atitude performática, às vezes, não muito pragmática, mas que ao término deste período me fez feliz por ter tornado útil esse tempo e também sentir como se fosse uma missão cumprida. Agradecer também ao meu estimado filho, Alexandre, pelo incentivo e apoio que sempre me deu. Infelizmente não mais entre nós.

Nelson Pereira da Costa

SUMÁRIO

Capítulo 1 - ORGANIZAÇÃO 1

Objetivos do Capítulo 1

1.1 Organização 1

1.2 Classificação das Organizações 2

1.3 Tipos de Organização 3

1.4 Elementos da Organização 6

1.5 Problemas Organizacionais 8

1.6 Trabalho na Organização 9

1.7 Trabalho em Equipe 10

1.8 Organização do Trabalho 11

1.9 Fatores Organizacionais 13

1.10 Assessoria 14

1.11 Valores Organizacionais 15

1.12 Funções Organizacionais 16

1.13 Responsabilidade Social 17

Capítulo 2 - EMPRESA 19

Objetivos do Capítulo 19

2.1 Empresa 19

2.2 Elementos da Empresa 20

2.3 Empresário 23

2.4 Classificação das Empresas 24

2.5 Ambiente Empresarial 26

2.6 Diagrama de Atividades da Empresa 29

2.7 Ciclo de Vida da Empresa 30

2.8 História das Empresas 32

2.9 Legalização da Empresa 32

2.10 Modelos de Empresa 33

2.11 Tipos de Empresa 34

2.12 Plano Empresarial 37

2.13 Local da Empresa 38

2.14 Sociedade 40

2.15 Parceria 42

2.16 Regulamentação 44

2.17 Legislação 45

2.18 Imagem 48

2.19 Burocracia na Empresa 49

2.20 Família 50

2.21 Sucessão 52

2.22 Problemas Empresariais 53

2.23 Doenças da Empresa 55

2.24 Licenciamento 56

Capítulo 3 - EMPREENDIMENTO 59

Objetivos do Capítulo 59

3.1 Empreendimento 59
3.2 Considerações sobre Empreendimento 60
3.3 Análise Preliminar 61
3.4 Empreendedor 63
3.5 Elementos do Empreendedor 64
3.6 Ideia Empreendedora 67
3.7 Fatores Básicos do Empreendimento 68
3.8 Negócio 71
3.9 Elementos do Negócio 72
3.10 Investimento 75
3.11 Imobilização 78
3.12 Locação 78
3.13 Capital 80
3.14 Tipos de Capital 81
3.15 Capital de Giro 82
3.16 Capital de Giro Próprio 83
3.17 Tributação 84
3.18 Crédito 86
3.19 Empréstimo 87
3.20 Financiamento 89
3.21 Programa Empreendedor 90

Capítulo 4 - MERCADO 95
Objetivos do Capítulo 95
4.1 Mercado 95
4.2 Tipos de Mercado 97
4.3 Considerações sobre Mercado 102
4.4 Globalização 105
4.5 Elementos Ambientais 106
4.6 Consumo 109
4.7 Tipos de Consumo 109
4.8 Consumidor 111
4.9 Tipos de Consumidor 112
4.10 Considerações sobre Consumidor 113
4.11 Compra 118
4.12 Elementos de Compra 119
4.13 Tipos de Compra 121

Capítulo 5 - ECONOMIA e POLÍTICA 123
Objetivos do Capítulo 123
5.1 Economia 123
5.2 Classificação da Economia 124
5.3 Tipos de Economia 125
5.4 Elementos da Economia 125
5.5 Riqueza 130
5.6 Política 131
5.7 Desenvolvimento de uma Política 133
5.8 Relações da Política 133
5.9 Classificação da Política 135
5.10 Tipos de Política 135

Capítulo 6 - MARKETING e SERVIÇO 141
Objetivos do Capítulo 141

6.1 Marketing ... 141
6.2 Administração do Marketing ... 143
6.3 Estrutura do Marketing ... 144
6.4 Planejamento de Marketing ... 146
6.5 Elementos de Marketing ... 146
6.6 Plano de Marketing ... 148
6.7 Relações e Conflitos de Marketing ... 148
6.8 Tipos de Marketing ... 149
6.9 Tendência do Marketing ... 154
6.10 Marketing Direto ... 154
6.11 Serviço ... 155
6.12 Setor de Serviço ... 156
6.13 Características do Serviço ... 157
6.14 Racionalização e Desperdício ... 158
6.15 Unidades de Serviço ... 160
6.16 Tipos de Serviço ... 161
6.17 Garantia ... 164
6.18 Prestação de Serviço ... 164

Capítulo 7 - PRODUTO e VENDA ... 167
Objetivos do Capítulo ... 167
7.1 Produto ... 167
7.2 Ciclo de Vida do Produto ... 168
7.3 Ciclo Mercadológico do Produto ... 169
7.4 Composto Mercadológico ... 170
7.5 Valor do Produto ... 171
7.6 Linha de Produtos ... 172
7.7 Padronização do Produto ... 173
7.8 Diversificação de Produtos ... 174
7.9 Cor do Produto ... 175
7.10 Embalagem do Produto ... 175
7.11 Especificações Técnicas ... 176
7.12 Obsolescência do Produto ... 176
7.13 Tipos de Produto ... 177
7.14 Novo Produto ... 179
7.15 Análise de Valor do Produto ... 180
7.16 Desenvolvimento do Novo Produto ... 180
7.17 Lançamento de Novo Produto ... 182
7.18 Acompanhamento e Teste ... 183
7.19 Adoção do Produto ... 184
7.20 Desempenho do Produto ... 185
7.21 Venda ... 186
7.22 Processo de Venda ... 187
7.23 Tipos de Venda ... 188
7.24 Material de Apoio ... 192
7.25 Técnicas de Venda ... 192
7.26 Objeções em Vendas ... 193
7.27 Diagrama de Vendas ... 194
7.28 Controle de Vendas ... 195
7.29 Avaliação de Vendas ... 195
7.30 Atuação em Vendas ... 196
7.31 Gerência de Vendas ... 197
7.32 Indicadores de Venda ... 197

7.33 Plano de Vendas 200
7.34 Orçamento de Vendas 200
7.35 Relatório de Vendas 201
7.36 Força de Vendas 203
7.37 Vendedor 204
7.38 Tipos de Vendedor 205
7.39 Departamento de Vendas 206
7.40 Atribuições do Vendedor 206
7.41 Turnover de Vendedores 207
7.42 Número de Vendedores 208
7.43 Avaliação do Vendedor 209
7.44 Métodos de Avaliação de Vendedores 210
7.45 Recrutamento de Vendedores 211
7.46 Seleção de Vendedores 212
7.47 Treinamento de Vendedores 213

Capítulo 8 - COMUNICAÇÃO, DADO e INFORMAÇÃO 215
Objetivos do Capítulo 215
8.1 Comunicação 215
8.2 Considerações sobre Comunicação 216
8.3 Elementos da Comunicação 217
8.4 Objetivos da Comunicação 218
8.5 Funções da Comunicação 219
8.6 Processo de Comunicação 220
8.7 Metodologia de Comunicação 221
8.8 Desempenho da Comunicação 221
8.9 Obstáculos à Comunicação 222
8.10 Sistema de Comunicação 223
8.11 Performance do Comunicador 224
8.12 Classificação da Comunicação 224
8.13 Tipos de Comunicação 226
8.14 Rede de Comunicação 227
8.15 Internet 228
8.16 Sinalização 230
8.17 Automação da Comunicação 231
8.18 Esfera de Comunicação 233
8.19 Dado 234
8.20 Arquivo 234
8.21 Registro 235
8.22 Dados 236
8.23 Classificação dos Dados 237
8.24 Tipos de Dado 238
8.25 Apresentação de Dados 239
8.26 Fluxograma de Dados 240
8.27 Administração de Dados 241
8.28 Banco de Dados 242
8.29 Tipos de Banco de Dados 244
8.30 Cadastro 244
8.31 Informação 247
8.32 Classificação da Informação 248
8.33 Tipos de Informação 249
8.34 Elementos da Informação 250
8.35 Segurança da Informação 254

8.36 Administração da Informação ... 255
8.37 Engenharia da Informação ... 256
8.38 Tecnologia da Informação ... 256
8.39 Informática ... 258

Capítulo 9 - SISTEMA ... 261
Objetivos do Capítulo ... 261
9.1 Cibernética ... 261
9.2 Teoria Geral de Sistemas ... 261
9.3 Teoria de Sistemas ... 263
9.4 Sistema ... 264
9.5 Características dos Sistemas ... 264
9.6 Elementos do Sistema ... 267
9.7 Classificação dos Sistemas ... 270
9.8 Tipos de Sistema ... 272
9.9 Sistema Empresa ... 277
9.10 Administração por Sistemas ... 278
9.11 Avaliação do Sistema ... 278
9.12 Desenvolvimento de Sistema ... 279
9.13 Testes de Desenvolvimento do Sistema ... 280
9.14 Subsistema ... 280
9.15 Sistema de Informação ... 281
9.16 Objetivos dos Sistemas de Informação ... 282
9.17 Elementos do Sistema de Informação ... 282
9.18 Papel dos Sistemas de Informação ... 284
9.19 Problemas nos Sistemas de Informação ... 284
9.20 Sistemas Complementares de Informação ... 285
9.21 Sistema Integrado de Gestão ... 286
9.22 Sistema de Informações Gerenciais ... 287
9.23 Elementos do SIG ... 288
9.24 Classificação do SIG ... 289
9.25 Sistema de Suporte à Decisão ... 290
9.26 Componentes do DSS ... 291
9.27 Classificação do DSS ... 292
9.28 Construção do DSS ... 293
9.29 Sistemas Especializados ... 294
9.30 Aplicativo ... 295
9.31 Pacote ... 296
9.32 Análise de Sistema ... 297
9.33 Elementos da Análise de Sistema ... 298
9.34 Fases da Análise de Sistema ... 299
9.35 Analista de Sistema ... 300
9.36 Papel do Analista de Sistema ... 301
9.37 Tipos de Analistas de Sistema ... 302
9.38 Projeto de Sistema ... 303
9.39 Gerente de Projeto ... 304

Capítulo 10 - DOCUMENTAÇÃO e REUNIÃO ... 307
Objetivos do Capítulo ... 307
10.1 Documentação ... 307
10.2 Documento ... 307
10.3 Classificação dos Documentos ... 308
10.4 Documentos Empresariais ... 309

10.5 Reunião ... 317
10.6 Reunião e Avaliação ... 317
10.7 Considerações sobre Reuniões ... 318
10.8 Planejamento da Reunião ... 319
10.9 Condução da Reunião ... 319
10.10 Metodologia da Reunião ... 320
10.11 Tipos de Reunião ... 321

Capítulo 11 - TECNOLOGIA ... 327
Objetivos do Capítulo ... 327
11.1 Tecnologia ... 327
11.2 Influência da Tecnologia ... 327
11.3 Imperativo Tecnológico ... 328
11.4 Tecnologia na Organização ... 329
11.5 Classificação da Tecnologia ... 330
11.6 Tipos de Tecnologia ... 332
11.7 Tecnologia da Informação ... 334
11.8 Tecnologia Digital ... 335
11.9 Gerência da Tecnologia ... 335
11.10 Inovação ... 336
11.11 Capacidade Inovadora ... 338
11.12 Criatividade ... 338
11.13 Elementos da Criatividade ... 339
11.14 Capacidade Criativa ... 340
11.15 Potencial Criativo ... 341
11.16 Gerência das Novas Ideias ... 342
11.17 Conhecimento ... 343
11.18 Compartilhamento do Conhecimento ... 343
11.19 Tipos de Conhecimento ... 344

Capítulo 12 - CUSTO, PREÇO e LUCRO ... 347
Objetivos do Capítulo ... 347
12.1 Custo ... 347
12.2 Custo Unitário do Produto ... 348
12.3 Redução do Custo ... 348
12.4 Tipos de Custo ... 349
12.5 Sistemas de Custeio ... 351
12.6 Rateio do Custo Fixo ... 352
12.7 Preço de Venda ... 353
12.8 Tipos de Preço ... 354
12.9 Determinação do Preço de Venda ... 355
12.10 Cálculo do Preço de Venda ... 356
12.11 Preço de Markup ... 357
12.12 Preço de Tabela ... 358
12.13 Lucro ... 358
12.14 Receita, Gasto e Despesa ... 359
12.15 Taxa de Depreciação ... 360
12.16 Gerência do Lucro ... 361
12.17 Ponto de Equilíbrio ... 362
12.18 Faturamento de Equilíbrio ... 363
12.19 Ponto de Ruptura ... 363
12.20 Capacidade Instalada ... 363
12.21 Fluxo de Caixa ... 364

12.22 Controle do Fluxo de Caixa ... 366
12.23 Otimização do Lucro ... 366
12.24 Modelos de Otimização do Lucro ... 367
12.25 Lote Econômico ... 368

Capítulo 13 - CONTROLES CONTÁBEIS ... 371
Objetivos do Capítulo ... 371
13.1 Conta ... 371
13.2 Controles Contábeis ... 372
13.3 Controle do Caixa ... 372
13.4 Controle das Despesas de Instalação ... 374
13.5 Controle das Despesas Mês ... 374
13.6 Controle de Contas a Receber ... 375
13.7 Controle de Duplicatas a Receber/Cliente ... 375
13.8 Controle Geral de Estoque ... 376
13.9 Controle de Estoque/Produto ... 376
13.10 Controle do Custo Fixo ... 376
13.11 Controle Geral do Patrimônio ... 377
13.12 Controle do Bem Patrimonial ... 377
13.13 Controle de Contas a Pagar ... 378
13.14 Controle de Faturas a Pagar/Fornecedor ... 378
13.15 Controle da Conta Cliente ... 379
13.16 Controle da Conta Capital ... 379
13.17 Controle do Disponível Circulante ... 380
13.18 Controle do Faturamento ... 380
13.19 Controle do Faturamento de Equilíbrio ... 380
13.20 Controle da Conta Investimento ... 381
13.21 Controle de Vales ... 381
13.22 Balancete de Verificação ... 382
13.23 Demonstrativo de Resultado ... 382
13.24 Balanço Patrimonial ... 383

Capítulo 14 - INDICADORES de GESTÃO ... 385
Objetivos do Capítulo ... 385
14.1 Índice e Indicador ... 385
14.2 Indicadores Econômicos ... 386
14.3 Indicadores Financeiros ... 388
14.4 Indicadores de Performance ... 391
14.5 – Indicadores de Mão de Obra ... 395
14.6 Indicadores de Vendas ... 396
14.7 Indicadores de Produção ... 399

REFERÊNCIAS BIBLIOGRÁFICAS ... 403

ÍNDICE REMISSIVO ... 405

Introdução

Os recursos (meios auxiliares que permitem à organização a consecução de seus objetivos) aplicados no empreendimento são considerados investimento. Então os problemas do dirigente da empresa estão em como planejar, captar e gerir tais recursos. Também caberá questionar quanto, quando, quais e por que da captação de tais recursos.

É muito importante que o investidor faça uma análise da conveniência do investimento, bem como se deve comprar ou alugar alguns dos recursos que farão a empresa funcionar.

Um empreendimento precisará de capital financeiro para levar adiante os seus projetos, mas quanto? Qual capital de giro é necessário? Que fonte de capital será? Será por meio de financiamento, empréstimo, leasing ou crédito? Qual a disponibilidade financeira (capital próprio)?

Quando se quer programar a futura atividade de uma empresa, deve-se tomar em consideração os meios financeiros disponíveis que, muitas vezes, devem ser condicionados aos objetivos do empreendimento, e vice-versa.

Os investimentos empresariais podem ser vistos pela massa de capitais aplicados e pelo tempo da aplicação. Embora o volume de capital seja preponderante em qualquer investimento, o que realmente interessa é quanto tempo vai se levar para ter o dinheiro de volta.

Em um volante mecânico, o momento de inércia é função da massa e da posição da mesma em relação ao eixo de rotação. Analogicamente, em um sistema empresarial, o volante tem uma função de inércia na acumulação dos capitais investidos e da percentagem de atribuição ao capital.

Quanto maior a dimensão empresarial (capital investido em instalações, máquinas, equipamentos, móveis, utensílios, sistemas e pessoas), mais o sistema apresenta inércia às mutações e dificuldades de adaptação à nova situação. Em outras palavras, a inércia econômica faz com que sejam mais elevados os níveis operacionais mínimos em que a empresa começa a produzir suficientes lucros.

Teoricamente, uma empresa pode viver, anos a fio, sem investir, apenas usando instalações, máquinas e equipamentos que possui. No entanto, ela não sobreviveria um mês sem capital de giro, que são os recursos que mantêm as engrenagens do negócio.

A decisão de reter dinheiro em caixa, não se valendo de bancos, para ser usado como capital de giro significa comprometer o crescimento no longo prazo e ter menos dinheiro para repartir lucros com os sócios.

É importante compreender os diferentes resultados que se pode obter de diferentes investimentos. A diferença pode ser nas taxas de remuneração e de reditividade, para um determinado tempo. Em alguns casos, os resultados podem ser obtidos, rapidamente, enquanto em outros podem manifestar-se somente depois de um longo período de tempo.

O intervalo necessário para se obter resultados de um investimento é denominado tempo de resposta. Este tempo permite o conhecimento da antecipação com que é preciso efetuar um investimento, com relação ao momento em que se deseja obter os resultados.

Em outros casos é necessário aguardar anos para melhorar o nível de treinamento do pessoal e introduzir aumentos substanciais no volume de produção. Enfim, obter resultados concretos por meio de: políticas, táticas e estratégias.

Finalmente, é bom tomarmos em consideração o seguinte: Aumentar o capital recebido como empréstimo, aumenta o risco de insolvência. Por outro lado, os juros pagos sobre as obrigações, ou sobre os débitos, são dedutíveis do lucro líquido, antes do imposto de renda.

Durante os últimos anos vêm-se acumulando alguns dados de pesquisa a respeito das fases do desenvolvimento empresarial. Parte dessas pesquisas é quantitativa, assim como análises, que revelam os modelos de desempenho econômico em relação ao tempo.

Na maioria das vezes, porém, esses estudos referem-se a fatos biográficos de empresas que utilizam dados e registros dos arquivos e entrevistas para reconstruir um belo retrato do desenvolvimento da empresa. No entanto, ambos os tipos de pesquisa costumam ser bastante empíricos, porque não procuram obter declarações mais amplas acerca do processo de desenvolvimento em todos os seus aspectos.

Da análise de recentes estudos surgem aspectos como fatores essenciais na elaboração de um modelo de desenvolvimento empresarial, como: a idade da empresa, o tamanho da empresa, a evolução da empresa, a mudança na empresa e o conhecimento na empresa.

O aspecto mais evidente e básico de qualquer modelo de desenvolvimento é o tempo de existência de uma empresa. Todos os estudos históricos reúnem dados e informações de diversos pontos no tempo e então fazem as comparações. Dessas observações torna-se evidente que os mesmos métodos empresariais não são mantidos o tempo todo. Isso vem provar algo fundamental: "Os problemas e princípios administrativos estão enraizados no tempo".

O conceito de descentralização, por exemplo, pode ter algum sentido na descrição dos métodos utilizados pela empresa num certo período. O passar do tempo também contribui para a institucionalização da atuação empresarial. Em virtude disso, o comportamento dos empregados torna-se não apenas previsível como também mais difícil de se alterar, quando essa atitude funcional já não mais atende às necessidades ou está superada.

Os problemas e as soluções de uma empresa costumam mudar de forma marcante, à medida que o número de empregados e o volume de vendas aumenta ou diminui. Assim, o tempo não é o único fator determinante da estrutura empresarial.

Na verdade, as empresas que não se expandem em tamanho podem manter muitos de seus aspectos e métodos empresariais intactos durante longos períodos. Além disso, crescem os problemas de comando, coordenação e comunicação, surgem novas funções, multiplicam-se os níveis hierárquicos, aumentam os cargos, à medida que a empresa aumenta de tamanho.

Durante períodos de crise, inúmeras empresas vão à falência. Incapazes que são de abandonar métodos antigos e adotar modificações estruturais. Elas ou fecham as portas ou param de se expandir e morrem.

Este livro abordará assuntos que capacitarão o leitor a, pelo menos, ter instrumentos que o ajudem a determinar se o negócio sobreviverá. Também pretende mostrar a importância do conhecimento dos elementos que fundamentam uma empresa.

Capítulo 1

ORGANIZAÇÃO

"A velocidade com que uma organização se adapta ao ambiente é traduzida como vantagem competitiva."

Michael Porter

Objetivos do Capítulo

- Mostrar que nossa sociedade é composta de organizações.
- Mostrar os fatores que diferenciam as organizações.
- Mostrar que a empresa é uma organização social, cuja existência se deve à sociedade da qual ela faz parte.
- Mostrar que, quando não se tem um objetivo, qualquer resultado serve.

1.1 Organização

Organização é um conjunto, intencional, interativo e cooperativo de: recursos, funções, políticas, procedimentos, atividades, tarefas e responsabilidades regidas por pessoas para alcançar objetivos predeterminados e congruentes com a missão para a qual a organização foi criada.

Desde as épocas mais remotas existiu a organização como atividade contínua e permanente, dado que o homem sempre procurou racionalizar, aperfeiçoar e simplificar suas ações para conseguir maior rendimento ou o máximo de bem-estar com o mínimo de esforço. E este é o princípio básico e o objetivo da organização.

O mundo de hoje é uma sociedade composta de organizações. As pessoas nascem, crescem, vivem, trabalham, recebem tratamento de saúde, estudam, se divertem e são enterradas em organizações, que exercem um papel, cada vez maior, na vida moderna.

A organização procura dispor de recursos de tal forma que o conjunto, assim empregado, seja capaz de realizar uma atividade econômica ou um trabalho, com um mínimo de risco, esforço, custo e tempo. Uma empresa é uma organização de finalidade econômica. Utiliza e elabora recursos para facilitar o seu desenvolvimento e o seu rendimento, assegurando-lhe as melhores condições operacionais

Organizações são estruturas para satisfazer o seguinte:

- Necessidade de clareza, simplicidade e economia de esforços e de manutenção.
- Direção de visão para o produto e não para o processo.
- Facilidade em administrar conflitos e atingir resultados positivos.
- Compreensão de cada indivíduo quanto a sua tarefa, bem como a da organização como um todo.
- Tomada de decisão que focalize as questões certas e que sejam orientadas para a ação e execução no mais baixo nível possível de administração.
- Estabilidade, em oposição à rigidez, para sobreviver à agitação.
- Flexibilidade para compensar a incerteza.
- Inovações (abertura para novas ideias) e atendimento do mercado.

Assim, como as pessoas, as organizações têm um caráter próprio que as distingue das demais, isto é, elas desenvolvem uma identidade. Este caráter desenvolve-se da mesma maneira pelo qual evolui o caráter dos indivíduos. Quanto maior o número de interações pessoais e grupais, mais acentuada é a personalidade da organização.

A seguir, alguns aspectos das organizações:

- As organizações existem para cumprir objetivos que os indivíduos isoladamente não podem alcançar, em face das suas limitações pessoais.

- Uma organização é um sistema composto de subsistemas.
- Uma organização divide o trabalho, de acordo com a funcionalidade, espaço e tempo.
- As organizações precisam agir de forma congruente com o ambiente onde habitam, porque correm um risco muito grande de entrarem em dissonância com o mesmo, o que, em geral, é catastrófico para a empresa, isto é, a organização deve dançar conforme a música.

Uma das razões que explicam a enorme variedade e densidade de organizações no mundo atual é o fato de que a organização é o mais eficiente meio de satisfazer um grande número de necessidades humanas. Em geral, as organizações são compostas de duas ou mais pessoas que interagem e integram-se para atingir determinados objetivos comuns.

Segundo Chiavenato, existem razões da existência das organizações:

Razões Sociais – As pessoas são seres gregários que necessitam de relacionamento com outras pessoas para viver.

Razões Materiais – As pessoas se organizam para alcançar: maiores e melhores habilidades; uma utilização do tempo que seja a melhor possível; conhecimentos que sozinhas levariam mais tempo para conseguir; uma efetiva comunicação.

Razões Psicológicas – As pessoas apresentam um efeito multiplicador (sinergia), quando reunidas para trabalharem num mesmo projeto.

Todas as organizações são constituídas de recursos humanos, materiais, físicos, tecnológicos, financeiros, contábeis, administrativos, mercadológicos e sistêmicos de informação e de comunicação. Pode-se dizer que o conceito de administração se acha intrinsecamente ligado ao de organização. São aspectos de um mesmo e único problema, no qual as atividades de inúmeras pessoas são coordenadas em entidades que visam um objetivo comum.

A organização e a administração dependem da racionalização que leva o homem a um procedimento técnico, através do raciocínio analítico, lógico e resolutivo. Para Chester I. Barnard "a organização é um sistema de atividades conscientemente coordenadas de duas ou mais pessoas. Assim, a organização existirá quando houver pessoas capazes de se comunicarem e trabalharem para um propósito comum".

1.2 Classificação das Organizações

A classificação é um ato ordenado e sistemático de fatos, fenômenos, teorias e itens, por exemplo, que os agrupa, de acordo com suas especificações e propósitos. As organizações são heterogêneas e diversificadas. Daí, a necessidade de estabelecer uma classificação das organizações (tipologia), a fim de que o dirigente possa estabelecer o modelo de atuação e comparar com as demais.

É possível que uma organização não esteja dando certo devido ao modelo adotado.

Os critérios para classificar as organizações podem ser:

Quanto ao Tamanho – As organizações podem ser: micro, pequena, média, grande, conglomerado.

Quanto à Complexidade – As organizações podem ser: normativas, reguladoras, burocráticas.

Quanto às Funções Administrativas – As organizações podem ser voltadas para: planejamento, execução, organização, controle, pesquisa, análise.

Quanto às Estratégias – As organizações podem ser cooperativas, competitivas, funcionais.

Quanto à Atuação – As organizações podem ser industriais, comerciais, extrativas, sociais, militares, representativas, prestadoras de serviços, jurídicas, públicas.

Quanto às Funções Organizacionais – As organizações podem ser de: marketing, produção, vendas, finanças, contabilidade, logística, material, pessoal, sistemas de informação, informática, qualidade, processamento de dados, desenvolvimento organizacional, desenvolvimento humano, segurança, manutenção, tecnologia, por exemplo.

Quanto à Estrutura – As organizações podem ser: linear, funcional, mista (linha-assessoria), matricial.

Quanto à Decisão – As organizações podem ser: tradicionais, burocráticas, carismáticas e adhocráticas.

Quanto à Ação Administrativa – As organizações podem ser: estratégicas, táticas, operacionais, integrativas, programadas, não programadas, especializadas, não especializadas.

Quanto aos Recursos – As organizações podem ser: financeiras, agrícolas, produtoras de matéria-prima e insumos, construtoras de imóveis, prestadoras de serviços, produtoras de tecnologia.

Quanto ao Espaço de Operação – As organizações podem ser: reais ou virtuais.

Quanto ao Poder – As organizações podem ser: centralizadas, descentralizadas, coercitivas.

Quanto ao Retorno do Investimento – As organizações podem ser de retorno rápido, de retorno médio ou retorno de longo prazo.

Quanto ao Tempo de Duração – As organizações podem ser: de curta ou de longa existência.

Quanto à Filosofia Empreendedora – As organizações podem não só ter uma visão empreendedora quanto ao mercado, como também desenvolver em seus funcionários uma mesma filosofia no âmbito interno.

Quanto aos Sistemas de Informação – As organizações deste tipo tratam seus departamentos como sistemas de informação de um sistema maior, a empresa (organização).

Quanto ao Canal de Comunicação – As organizações podem ser: unidirecional ou multidirecional. Alguns autores admitem que a formalidade e a informalidade são uma questão de comunicação.

Quanto à Formalidade – As organizações formais seguem a seguinte "cartilha": obediência à estrutura (organograma), às regras, às políticas e aos padrões estabelecidos. Nestas organizações:

- As atividades são definidas por escrito (rotina e procedimento).
- Cada participante tem um cargo, ou posição, definido com esfera específica de competência.
- Cada funcionário é submetido a ordens impessoais que guiam suas ações.
- O funcionário deve desempenhar com impessoalidade seu relacionamento com outros colegas de trabalho.
- A seleção e a escolha dos participantes são baseadas na competência técnica.
- A qualificação profissional dos candidatos é política organizacional.

Quanto à Informalidade – As organizações informais se pautam em função da cultura, dos usos e costumes, das tradições, dos ideais e das normas sociais. Sejam quais forem as diferenças de hierarquia impostas pela organização formal, a organização informal cria seus próprios papéis e posições. Algumas pessoas chegam a adquirir mais prestígio e influência do que sua posição formal lhes empresta.

Muitas vezes, os grupos inventam seus próprios métodos e práticas, ignorando aquilo que é oficialmente recomendado. Tais grupos se formam, espontaneamente, em todas as organizações, condicionando o comportamento dos outros. A organização informal surge para compensar as limitações do sistema formal.

1.3 Tipos de Organização

As organizações são denominadas pelas suas características, funções e operações. Seus dirigentes devem entender a estrutura de sua organização para garantir equilíbrio e funcionalidade. Assim, uma organização pode apresentar mais de uma configuração, ou, ainda, ter configurações diferentes em suas partes.

A seguir, alguns tipos de organizações:

Organização Adhocrática: Organização que é o inverso da burocrática.

Organização Burocrática: Organização humana que se baseia na racionalidade, isto é, na adequação dos meios aos objetivos (fins) para garantir a máxima eficiência possível. Tipo de organização caracterizada pela paixão à rotina e à não criatividade.

Organização Coercitiva: Organização que funciona à base de prêmios e punições.

Organização Comercial: Organização que é o ponto de interseção entre o mercado, o fornecedor e o comprador. Ver comércio.

Organização como Sistema: Organização que busca criar um sistema cooperativo e coordenado de trabalho, em função dos objetivos gerais. As relações entre sistemas e organizações estão eternamente em conflito.

Organização Complexa: Organização que seja maior e mais difícil para operar.

Organização de Aprendizagem: Organização que incentiva e encoraja a aprendizagem, por meio do trabalho em equipe e forte interação social.

Organização de Manutenção da Ordem – Organização dedicada à socialização das pessoas, como igrejas e escolas. Esta organização derivara da organização familiar.

Organização de Manutenção: Organização dedicada à socialização das pessoas, como igrejas e escolas. Estas organizações derivaram da organização familiar.

Organização Democrática – Organização em que a fonte do poder é resultado da vontade da maioria. Mesmo assim, as pessoas obedecem aos estatutos e regulamentos. Este modelo de organização tem seu foco na distribuição do poder.

Organização Diversificada: Organização que é uma grande corporação, com muitas unidades de negócios. Tal organização pode apresentar certa tendência ao feudalismo, quando as unidades de negócio têm autonomia para agir.

Organização Econômica – Organização dedicada à criação de riqueza. Pode ser dividida em primária (agricultura), secundária (manufatura) e terciária (serviço). Atende as necessidades dos serem humanos, bem como mantem a ordem coletiva.

Organização Econômica: Organização que se dedica à criação de riqueza. Pode ser dividida em primária (agricultura), secundária (manufatura) e terciária (serviço). Elas estão voltadas a atender às necessidades dos seres humanos, bem como manter a ordem coletiva.

Organização em Linha: Organização em que as decisões são tomadas sem aconselhamento de pessoal de assessoria (staff).

Organização Empresarial – Organização que produz bens, serviços e ideias, só existindo por concessão da sociedade, tendo como objetivo principal sua sobrevivência, para remunerar o capital investido, bem como seus proprietários, dirigentes e funcionários.

Organização Fabril – Organização voltada a produzir bens de consumo.

Organização Familiar – Organização empresarial do tipo mais simples de organização, fortemente centralizada na figura do executivo principal ou de um empreendedor que fundou e a dirige. A equipe de especialistas funcionais é mínima, assim como a hierarquia.

A organização desse tipo tem pouca atividade de planejamento ou treinamento. Certas pessoas gostam de trabalhar neste tio de organização, porque tem acesso direto ao patrão e encarnam como missão de vida a própria missão da organização.

Organização Formal: Organização baseada nos seguintes elementos: obediência à estrutura, às regras, às políticas e aos padrões estabelecidos

Este tipo de organização já foi abordado, quando estudamos classificação das organizações, no item quanto à formalidade.

Organização Funcional: Organização criada para atender determinada função, que quando atingida é extinta.

Organização Global: Organização que faz parte da cadeia produtiva de forma mundial.

Organização Hierárquica – Organização baseada numa estrutura de níveis de poder.

Organização Horizontal: Organização na que é baseada em diferentes processos de produção.

Organização Hospitalar: Organização de conhecimento complexo, cujos elementos são: médicos, enfermeiros, nutricionistas, terapeutas, técnicos e imagem, engenheiros, farmacologistas, psicólogos, assistentes sociais, paramédicos, patologistas, auxiliares e outros profissionais que precisam trabalhar com o mesmo paciente, com um mínimo de comando consciente e supervisão de alguém.

Organização Individual: Qualidade de uma pessoa objetiva. A chave para ser organizado não está nas anotações, mas na autodisciplina.

Organização Informal: Organização que se constitui a partir das relações de amizade e do surgimento de grupos informais que não aparecem no organograma ou em qualquer outro documento. Ela se forma das interações e relacionamentos sociais entre as pessoas que não têm liberdade para se expressarem na organização formal.

Organização Inovadora: Organização cujo departamento mais importante é o de Pesquisa & Desenvolvimento. Diferentemente da organização profissional, que busca a aplicação padronizada do conhecimento. A organização inovadora busca encontrar novidades para criar novos nichos de mercado.

Organização Máquina: Organização que tem caráter repetitivo, que favorece a uniformidade dos procedimentos, políticas e padronizações. Na organização máquina, a parte mais importante é a tecnoestrutura, que compreende os especialistas e dirigentes de áreas como planejamento, finanças, treinamento, pesquisa operacional ou produção.

Podemos destacar neste tipo, o seguinte:

- A organização é altamente centralizada.
- O poder está dividido.
- A organização enfatiza a estrutura e a hierarquia.
- A organização procura deixar bem claro quais são as responsabilidades.
- A organização define quem tem autoridade sobre quem.
- A organização tem seu ponto fraco na desumanização do trabalho.

Organização Militar – Organização que importa recursos humanos por meio de recrutamento de voluntários. É regida por regulamentos internos e presta conta ao governo de seus gastos. Sua missão principal é manter a ordem interna do país e sua soberania.

Organização Missionária: Organização que é orientada por um sistema de crenças e valores. Respeito às tradições é o ingrediente que reforça tal tipo de organização e até motiva as pessoas a cooperarem entre si.

Organização Moderna: Organização vista como sistema aberto que precisa responder, de forma efetiva, às pressões externas ou ao que se chama de imperativo ambiental, para que tenham sucesso.

Organização Profissional – Organização baseada na gestão do conhecimento e sua principal parte é a operação. Assim, num hospital são os médicos e os enfermeiros, como na escola são os professores e na indústria os operadores de máquinas e equipamentos, os profissionais que tocam a organização.

Nesta organização o conhecimento técnico dá o poder aos seus dirigentes. Em geral, há um clima de democracia que cessa quando é preciso responsabilizar alguém por um desvio ou erro.

Organização Racional do Trabalho: Movimento do final do Século XIX, para substituir métodos empíricos e rudimentares pelos métodos científicos em todos os ofícios. A organização racional do trabalho estuda basicamente: simplificação, divisão, programação e posto de trabalho.

Organização Sem Fins Lucrativos – Organização cuja missão principal é ajudar as pessoas socialmente. Não produzem bens, mas produzem serviços e ideias para mudar o comportamento do ser humano. Antigamente eram consideradas organizações humanitárias.

Hoje, todas estão no chamado Terceiro Setor, isto é, organizações não governamentais (Ongs). Também estão nesse time: clubes, igrejas, partidos políticos, hospitais públicos, fundações, associações patronais, sindicatos.

Organização Social: Organização baseada em pessoas. As empresas constituem organizações sociais inventadas pelo homem para se adaptarem às circunstâncias ambientais, a fim de alcançarem determinados objetivos. Se essa adaptação é conseguida e os objetivos alcançados, então a empresa terá condições de sobrevivência e de crescimento.

Organização Societária – Organização composta de sócios.

Organização Utilitária: Organização de caráter econômico, utilizando a remuneração como principal guia de motivação para o trabalho.

Organização Varejista: Organização de loja de rua.

Organização Vertical: Organização cuja estrutura é baseada nos produtos que fabrica.

Organização Virtual: Organização que atua no espaço virtual.

1.4 Elementos da Organização

A seguir, alguns elementos da organização:

Leis da Organização de Victor Thompson:

- Uma comissão não é uma estrutura, mas uma planta que cresce, floresce, murcha e morre, espalhando as sementes que farão nascer outras comissões.
- A perfeição da estrutura planejada só é alcançada quando a instituição está no ponto de colapso.
- Quanto mais complexa for a organização, mais cedo morre.
- A preocupação principal da administração é a sobrevivência.
- Num dado tempo, qualquer organização perde a sua capacidade de sobreviver.
- Comitê é uma reunião de pessoas erradas, escolhidas por incompetentes, entre as que não querem, para fazer o que não é necessário.
- Comitê é um grupo de pessoas que, individualmente, não podem fazer nada, mas que, coletivamente, podem decidir que nada pode ser feito.
- Comitê é um grupo que consegue fazer alguma coisa apenas quando ele consiste de três membros, um dos quais está doente e o outro ausente.
- Se houver muitas reuniões num certo período de tempo, as mesmas se tornam mais importantes do que o problema que elas deviam resolver.

- As empresas consomem, em geral, 40% a mais do tempo administrativo que seria necessário, tornando-se, portanto, mais lentas e menos competitivas, em decorrência dos elevados custos e da morosidade no processo decisório.
- Os mecanismos burocráticos cresceram de uma forma descontrolada, passando a representar uma ameaça à eficácia das empresas.

Princípios da Organização:

- Ação – Toda organização utilizará a ação administrativa para gerir suas atividades e maximizar o uso de seus recursos.
- Ambiente – Toda organização pode ignorar, temporariamente, o ambiente que a cerca, mas, não por muito tempo.
- Automação – Toda organização deve buscar a automação de seus processos, sem desconsiderar o aspecto humano.
- Coordenação – Toda organização deve trabalhar as diferentes atividades de maneira coordenada, buscando uma sinergia capaz de facilitar o objetivo máximo da própria organização. Entende-se por sinergia o resultado que é maior quando conseguido em conjunto do que o somatório das partes isoladas.
- Delegação – Toda organização necessita que seus administradores deleguem trabalho e poder a outros para que os objetivos sejam mais rapidamente alcançados. Não esquecer que a responsabilidade é compartilhada entre delegado e delegante.
- Divisão – Toda organização deve decompor suas atividades em tarefas e operações.
- Equilíbrio – Toda organização deve aplicar métodos e técnicas de maneira equilibrada, sem exageros e gastos desnecessários. A autoridade será dada, em função das tarefas.
- Esforço – Toda organização deve buscar o bem-estar com o mínimo de esforço.
- Evolução – Toda organização deve incentivar seus recursos humanos a estudar, pesquisar, analisar e desenvolver novos e melhores produtos.
- Finalidade – Toda organização precisa, como um todo, bem como cada uma de suas partes, contribuir para a sua sobrevivência e cumprir a sua finalidade.
- Flexibilidade – Toda organização deve ser estruturada e dinamizada, em função das condições e circunstâncias que caracterizam o ambiente em que ela opera. A forma obedece a função.
- Funcionalidade – Toda organização busca uma melhor performance e desempenho a fim de justificar a própria existência.
- Integração – Toda organização deve construir elos ou canais para melhor integrar seus recursos, quaisquer que sejam.
- Liderança – Toda organização deve incentivar lideranças.
- Percepção – Toda organização deve entender que as pessoas têm níveis de percepção diferentes.
- Relacionamento – Toda organização deve sua origem e existência à facilidade que o ser humano tem de se relacionar.
- Resultado – Toda organização deve buscar eficiência, eficácia e efetividade.
- Crescimento – Toda organização deve crescer com cautela, porque, nem sempre, o gigantismo é certificado de garantia de sobrevivência.
- Dificuldade – Toda organização, em períodos de dificuldades, pode obter apoio externo.
- Tamanho – Toda grande organização tem melhores condições de maximizar o poder, a renda, o prestígio e a segurança do emprego e de status social de seus gerentes.
- Racionalidade: Toda organização deve ter suas atividades executadas com inteligência e lógica.
- Funcionalidade: Toda organização, quando na montagem de sua estrutura deve primar por clareza e alta economia; tornar fácil a cada um compreender sua própria tarefa; ter alta estabilidade, mas pouca adaptabilidade.
- Orçamento: Toda organização tem por obrigação mostrar onde o dinheiro é aplicado e quais são suas fontes de recursos.
- Disciplina: Toda organização deve ter pessoas que terminam aquilo que começaram e fortaleçam sua autodisciplina, senso ético e íntegro.
- Meta: Toda organização deve fixar metas objetivas, qualificadas, quantificadas e claras.
- Tarefa: Toda organização deve ter pessoas que procurem ser designados para tarefas excitantes, desafiantes e estimuladoras.
- Oportunidade: Toda organização de buscar oportunidades.

- Erro: Toda organização deve encarar o programa *Zero Defeito* como aquele que visa a melhoria da qualidade. Qualidade: Toda organização deve verificar a qualidade do seu próprio trabalho, antes de passá-lo adiante.
- Padrão: Toda organização deve se certificar que as pessoas confiam no seu trabalho e esperam que seja isenta de desvios do padrão estabelecido.
- Valor: Toda organização deve ter o valor como um sistemático processo de trabalho para questionar se está fazendo a coisa certa.
- Previsão: Toda organização deve prever a relação saída/entrada do sistema, o custo, o resultado, as vantagens e as desvantagens.
- Otimização: Toda organização deve otimizar seus recursos para ter mais qualidade e menor custo.

Considerações sobre Organização:

- As organizações existem para cumprir objetivos que os indivíduos isoladamente não podem alcançar, em face das suas limitações.
- Uma organização é um sistema composto de subsistemas: operacionais, táticos e estratégicos.
- Uma organização divide o trabalho, de acordo com a funcionalidade, espaço e tempo.
- As organizações precisam agir de forma congruente com o ambiente onde habitam, porque corre um risco muito grande de entrarem em dissonância com o mesmo, o que, em geral, é catastrófico, isto é, a organização deve dançar conforme a música.

Manual da Organização:

O manual da organização é uma coleção integrada, sistematizada e classificada de documentos de modo que se torne um instrumento de consulta e referência. Este manual, geralmente, se divide em duas partes:

Parte geral apresenta: histórico da empresa; princípios, filosofia e missão da empresa; glossário de termos; organograma geral; principais áreas de trabalho (atuação, conhecimento); segmento de mercado.

Parte específica apresenta: organogramas funcionais, descrição de cargos, objetivos, estratégias, políticas, procedimentos, instruções, regulamentos, processos, programas, modelos, formulários, documentos, diagramas, controlgramas, rotinas, competências, responsabilidades, regimentos, quadro de pessoal, níveis hierárquicos, funções organizacionais, funções administrativas, anais de comunicação, canais de distribuição, sistemas de informação, tecnologias, padrões, simbologia, terminologia, códigos, senhas, siglas, correspondências, análises, formulários, arranjos físicos, questionários, distribuição do trabalho, sistemas de segurança, suprimentos, recrutamento, seleção, treinamento.

Planejamento da Organizacão:

Planejamento relativo à estrutura organizacional da empresa, que, em função da complexidade, tem como principal desafio gerencial a manutenção da ordem em meio ao caos circundante.

1.5 Problemas Organizacionais

As crescentes intensidades e velocidades de mudança atingem as organizações, exigindo destas decisões rápidas e respostas imediatas, através do planejamento de estratégias adequadas. A necessidade de possuir registros históricos ajuda a organização a ter uma razoável capacidade de prever o seu futuro, associando o passado com as ameaças presentes.

Cabe à organização fazer sempre uma leitura prospectiva do ambiente que a cerca. Os problemas organizacionais mais importantes são:

Fator Humano – Uma organização depende da qualidade, do valor e da integração das pessoas que nela trabalham. A ênfase central de Drucker é na realização do ser humano, porque ele só se realiza sendo produtivo. Organizações são importantes, porque são os instrumentos para que as pessoas sejam produtivas, e a administração é que faz com que a organização cumpra o seu papel.

Cultura Organizacional – Uma organização deve levar em consideração o conhecimento de sua cultura, conceituada como um conjunto de crenças, hábitos, tradições, valores, normas e regulamentos predominantes que caracterizam os processos interativos pessoais que ocorrem nas operações do dia a dia da organização. A definição de cultura organizacional procura explicar que a única maneira viável de mudar os sistemas, dentro dos quais as pessoas estão inseridas, é alterar sua cultura e o seu comportamento.

Diversidade – É um fator de diferenciação entre seres humanos, que precisa aceitação e inclusão de todos os grupos (raça, nacionalidade, religião, sexo), em todos os níveis da empresa. A diversidade precisa de uma cultura especial que afugente os preconceitos e fatores irrelevantes ao desempenho funcional. Então, essa diversidade pode ser uma vantagem competitiva? Em que a diversidade dos recursos humanos ajuda?

Num primeiro momento parece que não, tendo em vista a dificuldade de lidar com contrários. Mas, de onde vem a luz, a criatividade e a inovação, senão em se relacionar com pessoas diferentes e, às vezes, mais inteligentes do que nós.

Clima Organizacional – Uma organização deve cuidar do clima organizacional que retrata a qualidade do seu ambiente psicológico. Em decorrência do estado motivacional das pessoas, este clima pode ser positivo ou negativo, quando é favorável, receptivo e agradável ou quando é desfavorável, frio e desagradável, respectivamente.

A organização começa a se desintegrar, geralmente, em função de um clima negativo. A seguir, são colocadas, como exemplos, algumas ações desastrosas que afetam a organização, acarretando problemas: Não comunicar; não escutar; não liderar; não interagir; não agir com imparcialidade; não reconhecer; não recompensar; não comemorar.

Ambiente – Uma organização depende do estudo do ambiente para a sua própria estabilidade, manutenção e sobrevivência.

Contingência – Uma organização precisa saber lidar com a contingência, que é algo que pode ou não acontecer. Considera-se contingência as ameaças, restrições, oportunidades e fatos imponderáveis.

Complexidade – À medida que os ambientes forem se tornando cada vez mais mutáveis e imprevisíveis, as empresas mais progressistas terão de desenvolver sistemas mais sutis, complexos e rápidos. Está se tornando consenso entre os cientistas que, hoje em dia, há muita evidência de que a complexidade da sociedade já é superior à compreensão dos que são responsáveis por sua direção, e de que o tamanho e a relação de algumas empresas estão acima da capacidade de seus diretores.

A crescente complexidade organizacional torna obsoletos modelos e políticas, fazendo com que seus dirigentes tenham de conviver com ambiguidades e incertezas. Terão poucas chances de desenvolvimento as organizações que tiverem dificuldades de lidar com a complexidade, tendo em vista a produtividade e a construção de novos métodos de trabalho.

1.6 Trabalho na Organização

Toda vez que fazemos um esforço para obter coisas que satisfazem as nossas necessidades, realizamos trabalho, que é a verdadeira medida do valor de troca de todas as coisas. O trabalho é toda atividade humana voltada para a transformação da natureza, no sentido de satisfazer uma necessidade. Para os economistas é um dos fatores de produção.

O trabalho significa o esforço, exercício ou atividade para realizar alguma coisa. Este esforço pode ser físico, mental, voluntário ou forçado. É através do trabalho que o homem transforma o ambiente onde vive. Uma organização está dividida nos seguintes níveis de trabalho:

Nível 01: Objetivos e Estratégias.
Nível 02: Decisões, Políticas e Táticas.
Nível 03: Funções e Atribuições.
Nível 04: Atividades.
Nível 05: Operações

Nível 06: Tarefas.
Nível 07: Movimentos.

O leitor não deve confundir níveis de trabalho da organização com níveis hierárquicos, que dizem respeito à estrutura da organização. Um nível hierárquico pode abrigar mais de um nível de trabalho.

Atividade é um conjunto de operações reunidas segundo critérios complementares e similares e que servem para definir a finalidade do setor.

Operação é uma tarefa específica, visando um objetivo imediato no curto prazo.

Tarefa é um conjunto de passos (etapas) interligados segundo uma sequência lógica, cuja continuidade estará em função, principalmente, do tempo, produtividade e custo.

Movimento constitui a menor unidade possível dentro da divisão do trabalho.

Uma das características da organização é dividir o trabalho entre os mais habilitados a fazê-lo, tendo em vista as diversas funções que terá de realizar ao longo de sua existência. O procedimento da divisão do trabalho foi acelerado desde a Primeira Revolução Industrial.

Sem uma minuciosa análise e integração das funções jamais a organização conseguiria uma estrutura enxuta e uma boa distribuição da carga de trabalho.

Hoje, é comum que organizações, através de parcerias, dividam funções, atribuições, atividades, operações e tarefas, com a finalidade de minimizar custo.

1.7 Trabalho em Equipe

Se através dos tempos o homem, gregário, vem necessitando cada vez mais de tecnologia para sobreviver e enfrentar novos desafios; se a participação em todas as atividades dá ao homem a condição de ser, ou parecer indispensável, devido a sua inteligência, somente o ser humano, peça básica da empresa, poderá criar, mudar, inventar, inovar e desenvolver ações inteligentes.

Embora não seja muito fácil definir o que seja uma equipe, ela possui certas características que tornam possível a sua identificação e que são: finalidade e estrutura. Finalidade, porque sempre existe um motivo básico que reúne pessoas que formam um grupo. Estrutura, porque a formação do grupo estabelece posições, mais ou menos, determinadas dos seus membros.

Uma equipe não é simplesmente o somatório de indivíduos. Cada um, com as suas propriedades e traços diferentes, é um elemento que influencia o grupo e que por este se deixa influenciar. Essas interações dão ao grupo um caráter ativo e dinâmico. A convivência grupal cria sentimentos, laços de simpatia e amizade, por exemplo, que dão ao grupo certa força interna, formando uma verdadeira trama de tensões.

As pessoas sozinhas fazem perguntas, veem problemas, formam metas e ideias, transcendem seu estado presente, superam obstáculos, alteram modelos de pensamento, criam ambientes, formam unidades e seguem causas comuns. Mas, quando colocadas em equipe, estas mesmas pessoas apresentam um rendimento bem maior, tendo em vista o efeito sinergético que a equipe promove.

No trabalho em equipe, as barreiras hierárquicas e os interesses específicos de cada departamento são minimizados, proporcionando uma predisposição para a colaboração e a inovação.

Se uma pessoa está trabalhando numa equipe, ela é naturalmente motivada, porque há um compromisso entre as partes. E esta é a grande diferença num sistema tradicional em que os subordinados atendem seus chefes.

A importância do trabalho em equipe é que cada membro é responsável também pelo resultado do grupo. Não basta apenas cumprir tarefas.

Equipe é uma dessas palavras, excessivamente, utilizadas no campo da administração. Sugere uma coesão e unidade que você raramente obtém e talvez não queira que, realmente, aconteça o tempo todo. O trabalho em equipe é a combinação de diferentes indivíduos, trabalhando ao longo de rotas independentes e colaborativas para objetivos comuns.

As equipes não podem ser formadas da noite para o dia. É necessário um longo período antes que possam funcionar. Elas são baseadas na confiança mútua e no entendimento recíproco, e isso leva anos para se conseguir.

O desenvolvimento de equipes é uma técnica comportamental muito utilizada pelas organizações. Grupos de empregados, de vários níveis e de especializações diversas, reúnem-se, procurando um ponto de convergência, para que se alcance a colaboração, eliminando as barreiras interpessoais de comunicação pelo esclarecimento e compreensão de suas causas.

A equipe passa a autoavaliar o seu comportamento por intermédio de determinadas variáveis, como: o grau de confiança entre os participantes, comunicação existente entre eles, grau de apoio recíproco, compreensão dos objetivos da equipe, tratamento dos conflitos dentro da equipe, utilização das habilidades dos participantes, métodos de controle.

O comportamento, a atitude e a reação de um indivíduo, em uma equipe (gripo) de trabalho, são influenciados pelos motivos que levam o indivíduo a trabalhar ou ter gosto pelo trabalho. A alguns pode parecer que as pessoas trabalham somente por causa do dinheiro. Isso é falso.

Existem diversos motivos para trabalhar, tais como: manter-se ativo, descarregar tensões emocionais, adquirir prestígio junto ao grupo, ganhar a vida, realizar-se, encobrir outras atividades, exibir-se, competir, fazer auto expiação, colocar o grupo acima de si mesmo e, principalmente, ter prazer no que faz.

As variações desses motivos dependem, em grande parte, da posição do indivíduo dentro da empresa, isto é, do seu nível hierárquico, do cargo que ocupa, do poder que possui e das atividades que desenvolve. Os motivos que levam as pessoas a não cooperarem são de natureza: orgânica, ambiental, social e psicológica.

1.8 Organização do Trabalho

Organização do trabalho é a ação voltada a fazer com que o trabalho seja mais leve, criativo e prazeroso. Foi um movimento do final do Século XIX, para substituir métodos empíricos e rudimentares pelos métodos científicos em todos os ofícios.

Taylor verificou que, em todos os ofícios, os operários aprendiam a maneira de executar as tarefas do trabalho por meio da observação dos companheiros e isso levava a diferentes maneiras e métodos para fazer a mesma tarefa.

Os elementos de organização do trabalho são:

Simplificação do Trabalho – A simplificação do trabalho tem sido definida como a análise sistemática de todos os fatores que afetam ou afetarão o trabalho, a fim de economizar recursos. Procurar uma maneira mais simples de fazer o trabalho, tornando-o mais rápido, menos cansativo, menos dispendioso e, consequentemente, mais produtivo é o que se chama de simplificação do trabalho. Esta filosofia se fundamenta nas seguintes premissas:

- Há sempre uma maneira melhor de se executar uma tarefa.
- A melhor maneira jamais é conseguida, ela deve ser um desafio.
- A simplificação do trabalho pode ser aplicada, se houver interesse em economizar recursos.
- O trato sistemático e ordenado dos problemas de trabalho produzirá melhores resultados do que um tratamento casual ou impulsivo.

Divisão do Trabalho – A divisão do trabalho pode ser analisada sob dois aspectos: o individual e o coletivo. A divisão do trabalho será feita de acordo com a posição que cada participante ocupa na estrutura organizacional e as relações mantidas entre eles. Cada indivíduo ou grupo realiza um tipo de atividade.

Posto de Trabalho – A organização do posto de trabalho consiste em determinar um lugar para cada coisa, de modo mais eficiente.

Estudo do Trabalho – O estudo do trabalho desenvolve-se no sentido de melhor utilização (otimização) dos recursos à disposição da empresa. Os objetivos do estudo do trabalho, para o consequente aumento de produtividade, são: melhorar os métodos de trabalho, melhorar a distribuição das tarefas e determinar o rendimento do trabalho. Durante a crítica do método existente é necessário ter uma atitude interrogativa e imaginativa. O senso comum deve prevalecer, para efeito de economia e de operacionalidade.

Custo e Rendimento do Trabalho – Quando se elabora o novo método de trabalho, além da sua exequibilidade, é preciso fazer uma estimativa do custo da sua implementação e do rendimento a mais que ele dará, fazendo-se, inclusive, o cálculo da amortização dos gastos que serão necessários na implantação.

Análise do Trabalho – A análise de distribuição do trabalho tem por finalidade avaliar as tarefas de um grupo, eliminar as atividades supérfluas e distribuir as tarefas necessárias, de forma a conseguir maior efetividade. Tal análise segue as seguintes fases: Análise das tarefas individuais; Grupamento das tarefas em atividades; Elaboração do quadro de distribuição de tarefas; Análise do quadro de distribuição de tarefas.

Agenda de Trabalho – Lista sumária, geralmente, com data e hora marcadas, em que são feitas anotações de compromissos, apontamentos pessoais, questões a serem debatidas, tarefas a serem cumpridas, ações e decisões a tomar; Agenda de trabalho.

Tempo do Trabalho – O tempo deve ser considerado um aliado e não um inimigo do homem. Assim, qualquer uso mais efetivo do tempo tem de começar com um controle. Fazer uma lista do que é preciso fazer, priorizar os itens, ajuda o trabalho do administrador.

Automação do Trabalho – Automação significa a transferência de atividades de controle, regulagem e correção de processos feitos pelo ser humano para equipamentos cibernéticos. As máquinas automáticas são capazes de realizar uma sequência de operações até certo ponto semelhantes aos processos mentais humanos, podendo ainda corrigir erros que ocorram no curso de suas operações, seguindo critérios preestabelecidos.

Programa de Trabalho – O programa de trabalho se resume em:

- Estudar uma maneira mais simples de fazer o trabalho, a fim de economizar recurso, esforço e tempo.
- Dividir o trabalho em função do grupo, da posição dos indivíduos, da estrutura organizacional e das relações entre eles.
- Dividir o trabalho em função das tarefas, movimentos e detalhamentos de execução.
- Considerar, na construção do programa, ritmo, método, tecnologia e adaptação do homem ao processo produtivo.
- Organizar o posto de trabalho de modo que haja um lugar para cada coisa e que cada coisa ocupe o seu lugar.

Programação do Trabalho – Programação que terá de levar em conta o estudo dos ritmos e métodos de trabalho com a finalidade de adaptação do homem ao processo de produção. Este estudo é feito pela Ergonomia, ou seja, a ciência da engenharia humana. É a distribuição racional dos recursos e tempos das diversas fases ou etapas de uma tarefa ou trabalho planejado.

Plano de Trabalho – Plano que possibilita a obtenção de uma visão global do sistema. Alguns aspectos podem contribuir para a otimização deste documento. No desenvolvimento e implementação de um plano de trabalho existe, em geral, um mecanismo de negociação, por meio de reunião, cuja decisão grupal mais produtiva é o consenso em que todos sentem que ganharam, ou pelo menos sentem que mesmo se não obtiveram, exatamente, o que queriam, podem aceitar a decisão sem comprometer qualquer convicção ou requisito importante.

1.9 Fatores Organizacionais

Fator é aquilo que contribui para um resultado. A crescente intensidade e velocidade das mudanças atingem as organizações, exigindo destas decisões rápidas e respostas imediatas, através de planejamento e estratégias adequadas. A necessidade de possuir registros históricos ajuda a organização a ter uma razoável capacidade de prever o seu futuro, associando o passado com as ameaças presentes.

Cabe à organização fazer sempre uma leitura prospectiva do ambiente que a cerca. A crescente complexidade organizacional torna obsoletos modelos e políticas, fazendo com que seus dirigentes tenham de conviver com ambiguidades e incertezas.

Como novas necessidades humanas surgirão, será necessário o conhecimento de fatores, visando integrar estas necessidades aos recursos organizacionais.

A seguir, são mostrados alguns fatores organizacionais que devem ser considerados, quando da construção ou desenvolvimento de uma organização:

Ser Humano – Uma organização depende da qualidade, do valor e da integração das pessoas que nela trabalham. A ênfase central de Drucker é na realização do ser humano, porque ele só se realiza sendo produtivo. Organizações são importantes, porque são os instrumentos para que as pessoas sejam produtivas. A administração é que faz com que a organização cumpra o seu papel, isto é, a missão para qual foi criada.

Cultura – Uma organização deve levar em consideração o conhecimento de sua cultura organizacional, conceituada como um conjunto de crenças, hábitos, tradições, valores, normas e regulamentos predominantes, que caracterizam os processos interativos pessoais nas operações do dia a dia da organização.

A definição de cultura organizacional procura explicar que a única maneira viável de mudar os sistemas, dentro dos quais as pessoas estão inseridas, é alterar sua cultura e o seu comportamento.

Ambiente Psicológico – Ver clima organizacional.

Linguagem – A linguagem é uma instituição psicológica que somente surge e evolui na vida social. Na linguagem organizacional saber se comunicar com subordinados, superiores e pares é de fundamental importância. Nela é a inteligência verbal que resolve os problemas de conflitos e mal-entendidos.

A inteligibilidade ou clareza de um texto, em geral, está relacionada com frases curtas e harmônicas, uso de verbos na voz ativa, utilização de vocabulário simples (não técnico), eliminação de palavras desnecessárias.

O objetivo da linguagem é oferecer o formalismo e a precisão para o bom entendimento entre as pessoas da organização. Portanto, todos os participantes devem utilizar-se de uma terminologia apropriada ao contexto organizacional.

Ciclo de Vida – As organizações, ao contrário dos seres vivos, não possuem ciclo de vida definido. Também não são seres completos, pois para sobreviver necessitam de interação e cooperação permanentes.

A sobrevivência da organização é uma preocupação constante, tanto que, para muitos, passa a ser seu objetivo principal. Ela pode não maximizar seu lucro, nem aumentar prestígio ou renda, mas tem que se adaptar para sobreviver num cenário de mutações constantes.

Complexidade – À proporção que a organização cresce, aumenta a complexidade e a estrutura organizacional, multiplicando os níveis hierárquicos. A dispersão de poder, face à multiplicidade dos órgãos de responsabilidade decisória, faz com que a inovação se torne um problema difícil de ser concluído, em virtude das inúmeras linhas de autoridade e de influência, que mantêm o equilíbrio de poder.

Mudança – Nas unidades da organização cresce a resistência conta a mudança, porque afetará um número de pessoas, repercutindo sobre o equilíbrio de poder entre os órgãos envolvidos. Este sistema complexo e de múltiplas unidades, mais comum às organizações públicas, torna tais instituições incapazes de reagir às mudanças externas pela impossibilidade de adaptar rapidamente a estrutura organizacional às novas demandas do mercado.

1.10 Assessoria

Assessoria é uma atividade auxiliar do executivo que inclui o provimento de informações pertinentes e relevantes, por meio da pesquisa, análise, previsão e avaliação.

O uso da assessoria (staff) que pode ser feita por intermédio de assistentes do executivo de linha ou de especialistas funcionais e permite aumentar a quantidade de informação que aquela posição na hierarquia pode processar.

Embora organizações vivam a Era da Informação, onde a tecnologia da informação deu saltos espetaculares, proporcionando a dirigentes canais de informação conectados a tudo e a todos (Economia de Rede), a figura do assessor aparece como aquele especialista a ser consultado para embasar a ação administrativa.

Existem duas restrições à utilização do staff como esquema integrativo:

A primeira, é o custo, principalmente, nas pequenas empresas, onde a assessoria quase sempre precisa ter um tamanho diminuto.

A segunda, é que o staff pode resolver alguns problemas de integração, mas ele próprio costuma criar um problema particular de integração.

A assessoria significa uma pessoa ou um grupo que dá conselhos, recomendações, sobre um assunto especializado a um órgão de linha. Um órgão de linha é caracterizado por ser uma unidade que tem a responsabilidade direta sobre as atividades que levarão a organização a atingir seus objetivos, isto é, cumprir a sua missão.

A natureza básica da assessoria como uma relação de aconselhamento caracteriza perfeitamente a ausência de autoridade da assessoria. A informação que fornece, relatórios ou planos fluem para cima até seu superior, o qual decide se devem ser transformados em ação ou não. As atividades de assessoria incluem: provimento de informações pertinentes e relevantes; pesquisa e análise; estudos de previsão e avaliação de desempenho.

O trabalho dos assessores pode ser discutido com base nas funções administrativas que eles ajudam a desempenhar. Algumas unidades de assessoria devotam a maioria de seu tempo em seus esforços para uma função administrativa, tal como planejamento, por exemplo. A grande variedade de tarefas desempenhadas por assessores origina uma pergunta importante: De que modo a assessoria obtém e exerce autoridade para o desempenho de suas obrigações?

Quaisquer que sejam os direitos dos assessores estes são delegados por alguém superior. A assessoria está fora da estrutura básica de linha, da qual é auxiliar. Assessores são empregados para ajudar executivos a tomar decisões, por absoluta falta de tempo para fazer "tudo".

A diferença entre as funções de linha e de assessoria é que os executivos posicionados em linha têm prerrogativas de comando e o pessoal de assessoria não. A assessoria pode fazer qualquer coisa menos comandar, mas pode exercer uma grande influência. Ela torna possível a utilização de especialistas funcionais, sem violar a unidade de comando.

Pode-se afirmar que assessor é uma extensão do executivo em termos de tempo e de aspectos técnicos. Numa estrutura organizacional que tenha atividades de linha e assessoria podem surgir determinados conflitos.

As principais funções do staff estão relacionadas com atividades especializadas, como: contabilidade, compras, pessoal, pesquisa e desenvolvimento, processamento de dados, propaganda, assistência jurídica, métodos e processos, consultoria trabalhista, avaliação e acompanhamento de uma atividade, levantamento de dados, elaboração de relatórios, pesquisas de mercado, planejamento e controle financeiro, orçamento, processos de produção, manutenção de máquinas e equipamentos, controle de qualidade.

1.11 Valores Organizacionais

O valor pode ser considerado como crença, qualidade ou mérito a respeito de algo importante, sendo um dos pilares que norteia a filosofia de uma organização ou de um indivíduo.

A seguir, os principais valores organizacionais:

Valor a Pagar: Valor que se faz, numa data qualquer, para determinar quanto, em dinheiro, a empresa terá de pagar aos seus credores e fornecedores.

Valor a Receber: Valor que se faz, numa data qualquer, para determinar quanto, em dinheiro, a empresa terá de receber de seus devedores.

Valor Agregado: Valor acrescido ao produto de forma direta ou indireta, como maior durabilidade, melhor imagem, maior confiança, melhor serviço, melhor atendimento, maior tempo de garantia. Todo e qualquer valor que se agregue a um produto é traduzido por uma maior confiança do consumidor.

Valor Aumentado: Valor subjetivo que é visto pelo consumidor. Assim, os cosméticos como a esperança de ficar bonito e as vitaminas como a ter saúde e potência sexual.

Valor Concorrente: Valor que se diferencia, em função do grau de concorrência. Teoricamente, são possíveis quatro graus de concorrência: Pura (perfeita); Monopólio; Imperfeita; Oligopólio.

Valor Contábil: Valor da diferença entre o custo e a depreciação acumulada de um ativo; Diferença de ativos menos passivos.

Valor da Clientela: Valor traduzido pela clientela cativa que volta sempre a comprar, aumentando a imagem da empresa.

Valor da Informação: Valor dado pela necessidade de seu uso. O usuário deve especificar suas necessidades, determinar as fontes (quando possível), avaliar, decidir e administrar as informações (dados) coletadas; Valor que está intimamente ligado à capacidade de alterar o estado de conhecimento do usuário. A capacidade do indivíduo de receber informação, de avaliar sua relevância é muito limitada.

Valor da Marca: Valor dado pela clientela, exatamente, como é dado ao produto. Assim, nesta perspectiva, desenvolver este valor é o mesmo que fomentar os relacionamentos entre a marca e seus clientes, bem como seus agentes de influência. O projeto de uma marca estará sempre fundamentado no valor que a mesma pode dar para a empresa que a construir.

Valor da Qualidade: Valor associado ao preço do produto. Para muitas pessoas o conceito de produto de qualidade está associado a um valor mais caro. Ainda ouvimos a expressão: “Se você quer qualidade, tem de pagar por ela”. Mas, hoje, isso nem sempre é verdadeiro, pois existem produtos de qualidade a preços bastante competitivos.

Valor da Transação: Valor contratado e sua forma de pagamento. Tais pagamentos estão amarrados a determinadas etapas (eventos) a serem cumpridas. Os valores são expressos em percentuais do valor total, sendo embutida uma fórmula de reajuste para pagamentos futuros, em função de um índice de inflação acordado.

Valor de Compra: Valor relativo à soma do preço pago, gasto com tempo e gasto de energia física e psíquica.

Valor de Mercado: Valor dado em função do equilíbrio entre a oferta e a procura de um bem.

Valor de Troca: Valor que está em função da necessidade. A utilidade da água é diminuída pela sua relativa abundância, mas no deserto a água tem mais valor do que um diamante. O valor de troca é dado pelo mercado.

Valor de Uso: Valor dado pela constante utilização do produto. O valor de uso está associado à utilidade que um bem tem para o consumidor.

Valor de Venda: Valor que considera o custo acrescido de uma margem de lucro, para constituir o preço de venda do produto.

Valor do Produto: Valor dado pela fórmula:

Valor do Produto = Preço de Mercado + Valores Agregados - (Preço Pago + Gastos de Aquisição)

Onde:
Preço de Mercado = Preço máximo que o mercado pode pagar.
Valores Agregados = Valores adquiridos com a compra do produto, tais como imagem, benefícios, status (estes valores estão em função do consumidor e são, em geral, subjetivos).
Preço Pago = Valor de gasto.
Gastos de Aquisição = Gastos de Tempo + Gastos de Energia Física e Psíquica.

Valor do Projeto: Valor dado pelo resultado do projeto.

Valor Econômico: Valor formado pelo estímulo a pagar por um produto de alto valor agregado.

Valor Empresarial do Produto: Valor que a empresa dá ao produto sob os enfoques: econômico, financeiro, operacional e comercial.

Valor Estimado: Valor esperado; Valor que é média aritmética de uma série de valores, medidos anteriormente. Assim, sempre teremos de ter um estudo entre o valor estimado e o valor real.

Valor Futuro: Valor esperado acrescido de juros compostos (ver montante).

Valor Intrínseco: Valor percebido por um investidor, em função dos cenários disponíveis para análise.

Valor Justo: Valor que pode ser entendido como o valor líquido da negociação, obtido numa situação normal de oferta e procura.

Valor Líquido: Valor resultante da diferença entre o valor bruto e o desconto.

Valor Percebido do Produto: Valor artificial feito por "apelos" para que o consumidor veja o produto de forma aumentada.

Valor Presente: Valor do ativo na data presente.

Valor Quantitativo: Valor que pode ser medido por uma unidade de quantidade.

Valor Realizado: Valor da transação ocorrida entre o vendedor e o comprador.

Valor Residual: Valor resultante pós-depreciação.

1.12 Funções Organizacionais

O estudo das funções organizacionais é imprescindível, considerando que os órgãos e as instituições só devem existir, havendo funções que lhes justifiquem a existência e lhes discipline a ação. Mesmo estudando as funções isoladamente, é necessário considerar que elas agem e interagem de forma global, existindo, sempre, uma ação integradora que busca a sinergia funcional de todo o sistema.

O principal objetivo do estudo dessas funções é permitir a compatibilização e coordenação de esforços cooperativos e a eliminação de tudo aquilo que for desnecessário.

As funções organizacionais são classificadas em:

A) Funções Organizacionais Primárias – São funções essenciais à vida e ao desenvolvimento da organização. Englobam as funções e atividades envolvidas diretamente no ciclo de transformação de recursos em produtos e de sua colocação no mercado. Pertencem a esta categoria as funções:

Função Econômica – É a função de produzir bens e serviços e de manter o equilíbrio entre a organização e o ambiente.

Função Marketing – É a função relativa à identificação das necessidades de mercado, bem como a colocação de bens, serviços e ideias junto ao público, devendo, ainda, criar e manter consumidores.

Função Produção – É a função relativa à transformação das matérias-primas e insumos em produtos a serem colocados no mercado.

B) Funções Organizacionais Secundárias – São funções auxiliares e acessórias que proporcionam os meios para que os recursos sejam operacionalizados e controlados. Pertencem a esta categoria as funções:

Função Financeira – É a função relativa a planejamento, captação e gestão dos recursos financeiros, envolvendo também os registros contábeis das operações realizadas nas empresas e seus respectivos orçamentos.

Função Logística – É a função relativa ao suprimento de materiais (máquinas e equipamentos), armazenagem, movimentação e distribuição física de produtos.

Função Qualidade – É a função relativa a atender às exigências ou adequações dos clientes da organização. É uma espécie de sistema voltado para conseguir, em primeiro lugar, a satisfação dos consumidores, tendo a participação de todas as áreas e indivíduos e, em segundo lugar, acompanhar as atividades da empresa desde o planejamento até o fim da vida útil do produto vendido.

Função Pessoal – É a função relativa ao atendimento dos funcionários, ao planejamento das necessidades de mão de obra, treinamento, política de benefícios e obrigações legais.

Função Serviço – É a função relativa ao transporte de pessoas, manutenção e limpeza dos escritórios, documentação, arquivos, patrimônio imobiliário da empresa, serviços jurídicos, segurança e alimentação.

Função Vendas – É a função que envolve persuadir uma pessoa a comprar determinado produto.

Função Sistemas – É a função do tratamento da informação (dado) e de sua comunicação, englobando a análise de sistemas, o processamento de dados e os bancos de dados.

Função Desenvolvimento – É a função voltada para a pesquisa, criação de novos produtos, aplicação de tecnologia e aquisição de conhecimento (capital intelectual).

C) Funções Organizacionais Terciárias – São as funções sociais que visam manter a satisfação dos participantes da organização, isto é, manter o equilíbrio interno (organização) e externo (sociedade). Pertencem a esta categoria as funções social e pública.

1.13 Responsabilidade Social

A questão da responsabilidade social também é inerente à sociedade das organizações. Uma organização deve ter poder para contratar, demitir, promover, estabelecer normas de conduta, exigir resultados, atribuir cargos e tarefas, por exemplo. Mas, tal poder pode ser limitado pelo poder do governo.

É por isso que a sociedade fala tanto de responsabilidade social da organização. E numa empresa? O desenvolvimento econômico é a principal responsabilidade de uma empresa, porque ele é a base de sustentação da própria empresa e respaldo para todos os outros compromissos que a mesma venha assumir.

Responsabilidade social é a obrigação que tem uma instituição para com a sociedade em que está inserida. As responsabilidades sociais, seja de uma empresa, de um hospital ou de uma universidade, podem aparecer em duas áreas. Podem surgir dos impactos sociais causados pela instituição ou surgir como problemas da própria sociedade.

Responsabilidade social da empresa é com o ambiente e o bem-estar dos funcionários. Participando ativamente da comunidade, a empresa não pode se furtar de rever suas estratégias e planos de ação, tendo em vista estar inserida numa sociedade altamente mutante. Uma rápida análise do papel da empresa será suficiente para determinar um profundo exame das suas áreas de responsabilidade.

Diante de quem a administração da empresa é responsável? De acordo com a lei, a administração deve gerir os negócios no melhor interesse dos sócios (cotistas, acionistas). Aqueles que se opõem acham que a administração deve ter responsabilidade para com a sociedade, os consumidores, os empregados, os fornecedores e os governos. Muitos executivos defendem que ela deve ser responsável para com a empresa e todos os grupos interessados.

Para os economistas o mercado é o grande responsável, porque contra as forças de mercado não há responsabilidade que resista (modelo neoliberal). Por muito tempo, os objetivos políticos e resultados das empresas eram direcionados para o atendimento das exigências de duas partes, que investiam na organização e esperavam retorno do dinheiro investido.

De um lado, o acionista aplica seu capital e aguarda índices de rentabilidade que satisfaçam suas aspirações e que lhe permita desfrutar ou obter o máximo de retorno. De outro, o mercado, que quer, como contrapartida, um produto com qualidade e preço baixo.

Está bastante claro que o mito da empresa, fundamentalmente, preocupada com lucro, continua suficientemente livre para tratar das responsabilidades sociais como uma opção extra. Mas, aceitando ou não, a empresa sempre esteve obrigada a adaptar-se às expectativas altamente mutáveis da comunidade.

Faz poucos anos que a utilização de menores nas fábricas era feita sem nenhum escrúpulo ou legislação adequada. Na época era tido como algo muito normal, quando, hoje, isto é inaceitável. O uso abusivo da natureza começa a sofrer restrições. Em síntese, começam as empresas a ser pressionadas a melhor avaliar seus planos futuros, levando em consideração pontos que, no passado, eram deixados de lado.

Por que considerar a responsabilidade social como função da empresa, quando isso pode ser perfeitamente atribuído ao governo? A verdade é que a empresa é uma instituição de caráter muito especial, pois representa uma fonte de riqueza econômica para a comunidade, e como tal ela não poderá ficar isenta deste mister. Isso será cada vez mais acentuado a cada dia que passa.

Embora a responsabilidade social não possa ainda ser caracterizada como um setor autônomo na estrutura organizacional, pode, no entanto, ser implantada como uma área de resultados que exige uma filosofia comum. É importante recomendar que sua vinculação deve estar o mais próximo possível do centro das decisões estratégicas da empresa.

Segundo Drucker, a finalidade do hospital não é dar emprego a médicos, enfermeiros, cozinheiros, atendentes e faxineiros. É cuidar dos seus pacientes. Mas, para cumprir essa finalidade, precisa de todos eles. E, em nenhum momento, essas pessoas formam uma comunidade de trabalho com suas próprias tarefas e problemas comuns.

É importante frisar que os problemas sociais que acontecem na empresa, nem sempre surgem dela própria. Mas, sim, da sociedade na qual ela está inserida. Uma vez que as instituições só podem existir dentro de um ambiente social, os problemas da sociedade afetam as empresas. São de sua competência, mesmo que a própria comunidade não os enxergue como problemas e resista a qualquer intenção da empresa em resolvê-los.

Uma indústria, uma universidade, um hospital saudável não poderão existir dentro de uma sociedade doente. Uma sociedade saudável é do interesse da direção da organização, mesmo que a causa da enfermidade da sociedade não seja fruto da mesma.

Capítulo 2

EMPRESA

"A propriedade essencial de um cargo não é definida pelo fato de ser especializado ou não, de ser de linha ou de staff, mas sim pela natureza das decisões que ele exige".

Peter Drucker

Objetivos do Capítulo

- Mostrar que empresas são criadas com a finalidade de atender diversos objetivos, às vezes até escusos.
- Mostrar que a vontade de ser empresário muitas vezes fica no sonho, devido às múltiplas dificuldades e adversidades.
- Mostrar as diversas associações empresariais.
- Mostrar alguns problemas vivenciados na empresa.

2.1 Empresa

Empresa é todo empreendimento humano que procura reunir e integrar recursos no sentido de se autossustentar e de lucrar, através da produção e comercialização de bens e serviços. É bom lembrar que a empresa constitui, segundo Chiavenato, a instituição mais complicada e engenhosa, que o ser humano inventou.

As empresas são tão complexas que dedicamos a elas um longo tempo de estudo e não chegamos a conhecê-las na sua totalidade. Da mesma forma, como acontece com as pessoas, não existe duas empresas iguais.

As empresas são compostas de pessoas que trabalham para servir outras pessoas e os preços são ditados pela lei da oferta e da procura

Uma empresa não é um fenômeno da natureza e sim uma concessão da sociedade. É uma organização de finalidade econômica. Esta organização elabora e utiliza recursos, meios, métodos e instrumentos para facilitar o seu desenvolvimento e o seu rendimento, assegurando-lhe as melhores condições operacionais.

Sem recursos atuais e modernos a empresa se tornará lenta, cara e não competitiva, porque, hoje, existem máquinas, equipamentos e sistemas que facilitam o trabalho das pessoas, tendo em vista apresentarem resultados rápidos, com qualidade suficiente para atender os desejos dos consumidores mais exigentes

Cada empresa tem características próprias e individualizadas, assim como seus objetivos, seus produtos, seus recursos, seus problemas. Mas, embora sejam diferentes, elas guardam alguns aspectos comuns, todas são organizações sociais.

A empresa é uma organização social que por meio de seus recursos explora um negócio, visando atender uma necessidade da sociedade. É um núcleo gerador de riqueza que permite o desenvolvimento econômico e o bem-estar de sua população.

Empresa é a organização que tem por objetivo produzir bens, serviços e ideias, só existindo num grupo social, tendo como meta fundamental sua sobrevivência. Acostuma-se ver a empresa através de sua estrutura organizacional, cuja finalidade é definir com clareza as responsabilidades e relações funcionais.

A empresa, seja ela qual for, possui um critério de organização que pode ser por: finalidade, estratégia, objetivo, função, atividade, recurso, área geográfica, clientela, produto.

Empresas só existem por delegação da sociedade, e têm de prestar contas a ela. Só se legitimam quando funcionam como veículo para que as pessoas se realizem e não apenas para que seus donos fiquem ricos.

É a lucratividade o estímulo básico capaz de assegurar a livre iniciativa, manter e aumentar o empreendimento.

O que faz as empresas diferentes das demais organizações é que as mesmas são orientadas para o mercado, assumem riscos, são dirigidas e reconhecidas como um negócio, geralmente, avaliadas sob um ponto de vista contábil e constituem propriedade.

As empresas são unidades sociais (ou agrupamentos humanos), construídas com a intenção de atingir objetivos específicos.

As empresas constituem organizações sociais inventadas pelo homem, para se adaptarem às circunstâncias ambientais, a fim de alcançarem determinados objetivos. Se essa adaptação é conseguida e os objetivos alcançados, a empresa terá condições de sobrevivência e de crescimento.

A seguir, um esquema simples que mostra como as empresas atuam na sociedade:

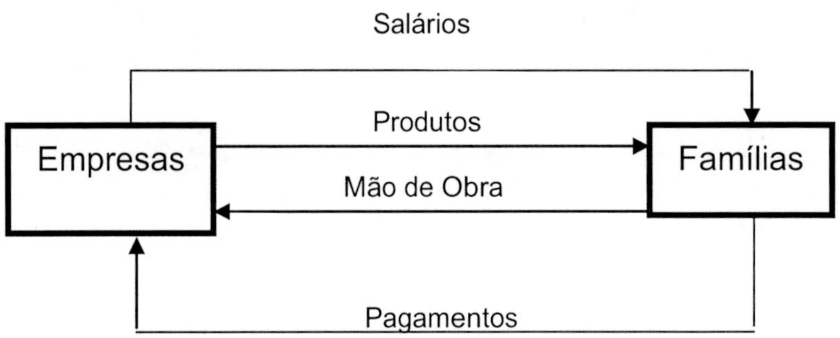

Figura 2.1: Empresas na Sociedade.

2.2 Elementos da Empresa

A seguir, os mais importantes elementos da empresa:

Objetivo da Empresa – As empresas podem ser estudadas por meio de seus objetivos. Estes estabelecem as relações que a empresa deve ter com seu ambiente. A empresa não busca um só objetivo, pois precisa satisfazer uma enorme quantidade de requisitos e exigências internas e externas.

Teoria da Empresa – É a teoria que aborda os motivos pelos quais a empresa deve ser remunerada pelo que faz.

Finalidade da Empresa – Uma empresa é uma organização de finalidade econômica. Utiliza e elabora recursos (meios, métodos, ferramentas, instrumentos) para facilitar o seu desenvolvimento e o seu rendimento, assegurando-lhe as melhores condições operacionais.

Criação da Empresa – A História mostra que a empresa é criada e dirigida por pessoas e não por forças. As forças econômicas fixam limites à atuação da direção. Criam oportunidades para agir, mas não determinam por si só o que a empresa seja ou faça. Não há nada mais tolo de se afirmar, como constantemente se faz, que a direção só adapta a empresa às forças do mercado (política neoliberal).

Propósito da Empresa – O propósito da empresa é fornecer valores ao seu público-alvo para que as pessoas tomem decisões inteligentes, relevantes e esclarecidas. O lucro que decorre dessa oferta de valor mostra que a empresa é eficiente, eficaz e efetiva. E mais, a empresa corresponde às expectativas da clientela. O propósito da empresa começa no lado de fora, com o consumidor, pois este é quem determina o que o negócio é, o que produz e se prosperará.

Orientação da Empresa – A empresa orientada para o mercado é a que aloca recursos a fim de coletar dados sobre as expectativas e comportamentos. Isso implica a participação de todas as áreas funcionais da organização. Existem empresas, por exemplo, orientadas para a produção, cujo objetivo é manter um baixo custo. Neste caso, elas preferem produtos simples, linhas estreitas de produtos e alto volume de produção.

Missão da Empresa – A criação de uma empresa está em função da sua missão, isto é, qual a razão da sua existência.

Imagem da Empresa – Uma boa imagem é um dos principais objetivos da empresa. Muitas vezes, o consumidor possível se torna impossível, porque a imagem não ajuda ou porque esta deixou de ser favorável por alguma razão. Portanto, devemos ter cuidado com o grupo que lida com o público como um conjunto que pode valorizar ou jogar fora todo o esforço feito para bem servir. Tal grupo pode valorizar, aproveitar, atrapalhar ou destruir a imagem da empresa.

História da Empresa – Embora sempre ter existido o trabalho organizado e dirigido, a história das empresas e, sobretudo, a história da sua administração é recente, pois data do início do Século XX.

Grupos Interessados na Empresa – Os grupos interessados numa empresa são muitos. Os que mais se destacam são: governo (tributos); sócios (retiradas); acionistas (dividendos); empregados (salários); consumidores (qualidade, atendimento, preço); credores (juros); distribuidores (descontos, volume de vendas, prazos de pagamento); fornecedores (liquidez); associações patronais (interesses econômicos setoriais); associações de empregados (qualidade de vida); comunidade (apoio social).

O intervencionismo estatal, no Brasil, leva os governantes a pensar que podem ditar as regras de como administrar negócios da livre iniciativa.

Ciclo de Vida da Empresa – Similarmente ao que ocorre com qualquer organismo vivo, as empresas nascem, crescem e morrem. Elas são, geralmente, pequenas quando nascem. Algumas se mantêm pequenas e saudáveis durante um longo tempo; outras crescem rapidamente e depois estacionam; enquanto outras crescem de maneira gradual e constante.

Na medida em que são bem-sucedidas, as empresas tendem a sobreviver. Se o resultado for positivo, elas tendem a crescer. A sobrevivência e o crescimento são sinais evidentes de sucesso empresarial.

Desempenho da Empresa – Alguns indicadores balizam o desempenho da empresa. Estes indicadores podem ser: fatia de mercado, rentabilidade, patrimônio, vendas, margem de venda, endividamento, produtividade, liquidez, carga tributária, competitividade, investimento, eficiência operacional, lucro, prejuízo, ativo imobilizado, riqueza criada.

Setor da Empresa – A empresa será enquadrada, em função de suas atividades de produção, num determinado setor da economia, tais como, segundo a Revista Exame, os seguintes: Alimentos; Atacado e Comércio Exterior; Automotivo; Bebidas; Comércio Varejista; Comunicações; Confecções e Têxteis; Construção; Eletroeletrônico; Farmacêutico; Fumo; Higiene, Limpeza e Cosméticos; Material de Construção; Mecânica; Mineração; Papel e Celulose; Plásticos e Borracha; Química e Petroquímica; Serviços de Transporte; Serviços Diversos; Serviços Públicos; Siderurgia e Metalurgia; Tecnologia e Computação; Telecomunicações.

Desenvolvimento da Empresa – A tarefa mais crítica com que se defronta a direção da empresa, em cada período, é a de encontrar um novo conjunto de métodos empresariais que se torne a base para administrar o período seguinte de expansão evolutiva. Por mais curioso que pareça, esses novos métodos com o tempo dão origem as suas próprias sementes de decadência e levam a outro período. Por conseguinte, as empresas sofrem a ironia de ver uma genial solução de agora se tornar um grave problema amanhã.

Conhecimento da Empresa – Ter uma força de trabalho fundamentada no conhecimento é uma grande vantagem competitiva. Por isso, que o administrador terá de encarar esta aquisição como um desafio a ser perseguido, diariamente, porque precisará fazer pessoas comuns realizarem coisas extraordinárias. O segredo é descobrir o potencial das pessoas e ajudá-las a desenvolver-se.

Tecnologia da Empresa – A tecnologia adotada pela organização será adaptada às suas necessidades e recursos. Porém, uma coisa é certa: toda empresa utilizará um tipo de tecnologia. Dentre a enorme variedade de coações e contingências que o ambiente impõe, a tecnologia aparece como a variável crucial, principalmente, quando as inovações tecnológicas acontecem em outras empresas concorrentes.

É comum que alguns autores mencionarem tecnologias de: capital intensivo (tecnologia, automação e robótica) e de recurso humano intensivo (pessoas com habilidades manuais e intelectuais).

Premissas da Empresa – As seguintes premissas, relativas à empresa, ajudarão a construir um bom plano empresarial:

- Toda empresa precisa definir, claramente, o objetivo de sua própria existência e oferecer para seus funcionários metas bem definidas.
- As empresas devem colocar sempre a satisfação do consumidor à frente do lucro.
- As empresas devem ter a qualidade por objetivo a ser perseguido, com rigor, mediante técnicas de controle estatístico de qualidade.
- Todo funcionário deve ser tratado com o mesmo respeito devido aos ocupantes dos cargos executivos.
- A missão principal da empresa é criar clientes satisfeitos e cativos para que voltem a comprar seus produtos.
- A empresa deve evitar aqueles produtos que não se enquadram dentro dos melhores interesses do seu público-alvo e do ambiente circundante.
- Os consumidores apoiarão aquelas empresas que demonstrem preocupação com sua satisfação e bem-estar.

Responsabilidade da Empresa – Uma empresa deve ter poder para contratar, demitir, promover, estabelecer normas de conduta, exigir resultados, atribuir cargos e tarefas, por exemplo. Mas, tal poder pode ser limitado pelo governo local. É por isso que a sociedade fala tanto de responsabilidade social da organização. E numa empresa?

O desenvolvimento econômico é a principal responsabilidade de uma empresa, porque ele é a base de sustentação da própria empresa e respaldo para todos os outros compromissos que a mesma venha assumir.

Análise da Empresa – A análise da empresa objetiva buscar informações sobre seus produtos, pontos fortes, pontos fracos, fontes de recursos, setor econômico, práticas do comércio local, tecnologias, custos, canais de distribuição, oportunidades, ameaças, preços de mercado, margem de lucro, políticas...

Linguagem na Empresa – A linguagem utilizada numa organização deve ser entendi por todos que nela trabalham.

Considerações sobre a Empresa:

A seguir, algumas considerações sobre a empresa:

- A teoria da empresa mostra porque ela deve ser remunerada naquilo que faz.
- Finalidade da empresa é seu motivo básico de criação.
- A criação da empresa é o desejo do empreendedor.
- Propósito da empresa esclarece em detalhes os objetivos de sua criação.
- Orientação da empresa é a sua definição do campo de atuação.
- Missão da empresa mostra o porquê que ela foi criada.
- O ambiente empresarial (corporativo, organizacional, unidade de negócio) não é um conjunto estável, uniforme e disciplinado.

2.3 Empresário

O empresário é peça básica da empresa que, através de seu trabalho, conhecimento e criatividade, manterá a empresa viva e crescente. Todo empresário inteligente colocará a empresa acima de seus interesses pessoais e preconceitos.

Portanto, o empresário, coração da empresa, deve aprender a convivência com o risco, aproveitar situações, adquirir conhecimento das funções administrativas e organizacionais, liderar mais do que chefiar, ser independente e agir com otimismo, não exagerado.

O empresário apóia empreendimentos, cujas virtudes e consequências são, infinitamente, menos previsíveis, menos mensuráveis e menos demonstráveis para a maioria das outras pessoas. Empreender não é coerente com certeza, pois requer fé fortificada por energia, ousadia e sorte.

O empresário exerce atividades próximas da audácia. Assim, é preciso que descubra, a tempo, que cabe, basicamente, a ele abrir este espaço para sua empresa. E não esperar, milagrosamente, por um anjo salvador que apareça a partir de anúncios de emprego.

Os administradores são calculistas cuidadosos de prós e contras, homens que merecem confiança por seu equilíbrio mental. Embora possam ter grande conhecimento, autoconfiança e energia, estes talentos têm pouca probabilidade de aplicar-se a novos empreendimentos, altamente arriscados. Seus talentos, em geral, se aplicam a uma situação existente.

Entende-se que o maior impedimento ao desenvolvimento da empresa (não do empresário) está na incompetência administrativa.

A capacidade empresarial é inerente à criação, existência e desenvolvimento do empreendimento. Através dela o empresário concebe projetos alternativos, geralmente, em resposta a: estímulos financeiros, solicitações do mercado, incentivos fiscais e facilidades cambiais.

A carência de conhecimentos de administração entre os empresários que não foram bem-sucedidos pode até não ser claramente admitida. A falta de organização administrativa é a décima razão por eles apontada para seu insucesso, mas vem à tona sem disfarce quando se observam as respostas dos mesmos entrevistados sobre procedimentos que adotariam na abertura de uma nova empresa.

Pela ordem eles iriam procurar assistência técnica, levar adiante uma pesquisa de mercado, adquirir conhecimento administrativo e ampliar seus conhecimentos sobre o setor em que atua.

As explicações são muitas para o sucesso e o fracasso dos empreendimentos de pequeno porte. Até a sorte, esse aliado abstrato, pesa. Mas a principal explicação, em ambos os casos, é uma só e gira em torno do dinheiro. Não se trata da simples disponibilidade de capital.

Dinheiro, nesse caso, é um conceito que vai além do saldo bancário do empreendedor. Envolve desde a adequada captação de recursos para o pontapé inicial até o cálculo exato do preço do produto que se pretende vender. É comum o empresário apontar, como fatores de sucesso e de fracasso, os seguintes:

Fatores de Sucesso: Persistência, boa administração, dedicação do empresário, boa estratégia de vendas, capital próprio, experiência no ramo, mercado favorável, investimento, qualidade do produto, fonte de renda, otimismo, tino empresarial, sorte, criatividade, boa localização, ajuda da família, relação com fornecedores, preços competitivos, riscos calculados e imóvel próprio.

Fatores de Fracasso: Recursos financeiros, instabilidade econômica, limitação do mercado, concorrência, problemas pessoais, planos de governo, localização inadequada, inflação, encargos financeiros, desorganização administrativa, custos das matérias-primas, desinteresse, incentivos oficiais, burocracia governamental, tempo, baixa lucratividade, maus pagadores, experiência, mão de obra e mudança de ramo.

A riqueza, por si só, não produz utilidade nem individual e muito menos coletiva, na medida em que ela é praticada apenas dentro de uma visão acumulativa e não empreendedora. Além de gerar empregos, pagar tributos e movimentar um mercado cada vez mais incerto, turbulento, mutável e competitivo.

O empresário só terá condições de exigir um papel mais comprometido do governo na proporção direta da sua abertura para uma ação mais associativa e menos individualizada.

A formação de corporações gigantescas faz parte de um momento histórico em que capitalismo e capitalista se distanciam cada vez mais. Os tempos em que uma empresa era a versão corporativa da personalidade do seu fundador parecem ter ficado para trás. Mas isso não significou que tenham sumido os valores que funcionam como um fator invisível entre os funcionários e que, em tantos casos, os motivam muito mais do que o salário.

2.4 Classificação das Empresas

Classificação, como já foi abordado, é o ato ordenado e sistemático de fatos, fenômenos, teorias e itens, por exemplo, que os agrupa, de acordo com suas especificações e propósitos.

As empresas apresentam uma enorme heterogeneidade. Elas são profundamente diferentes entre si. Por isso, independentemente da espécie de sociedade escolhida, é a seguinte a classificação das empresas:

A) Quanto aos Recursos:

Empresa Grande – Também chamada de corporação é uma organização de grande porte em que o controle financeiro é centralizado e as decisões operacionais são descentralizadas. Esta organização pode reunir diversas empresas com objetivos comuns.

Empresa Média – Empresa com razoável volume de recursos, onde existem profissionais em sua direção.

Empresa Pequena – É aquela na qual o administrador (geralmente o proprietário) enfeixa o comando de todas as áreas funcionais, não havendo um segundo nível diretivo para essas responsabilidades. As empresas pequenas podem ser desdobradas em miniempresas e microempresas.

A maioria das pequenas empresas tem muito pouca disponibilidade de caixa, durante, pelo menos, os primeiros anos de operação e ficam altamente vulneráveis a qualquer mudança repentina do ambiente. Muitas delas, por necessidades de dinheiro, fracassam num momento em que estão tendo lucro, apesar de economicamente viáveis.

B) Quanto ao Número de Empregados:

Setor da Economia	**Classificação das Empresas**			
	Micro	Pequena	Media	Grande
Comércio e Serviço	Até 9 Empregados	De 10 até 49 Empregados	De 50 até 99 Empregados	Acima de 100 Empregados
Indústria	Até 19 Empregados	De 20 até 99 Empregados	De 100 até 499 Empregados	Acima de 500 Empregados

Quadro 2.1: Classificação das Empresas pelo Número de Empregados.

C) Quanto à Atividade:

Empresa Agrícola – É aquela que trabalha a terra na produção de alimentos.

Empresa Industrial – É aquela que transforma recursos em bens econômicos.

Empresa Comercial – É aquela que faz a ligação entre o produtor e o consumidor.

Empresa Financeira – É aquela que trabalha com dinheiro, títulos, ações e valores.

Empresa do Conhecimento – É aquela voltada para a educação, treinamento, tecnologia educacional, capital intelectual, informação, talento, criatividade.

Empresa Virtual – É aquela que negocia via Internet.

Empresa de Comércio Exterior – Estas empresas são conhecidas como "trading companies".

Empresa de Serviço – É aquela que atende as necessidades humanas.

Empresa Transportadora – As empresas prestadoras de serviços de transporte cobram, como qualquer outra empresa, uma taxa ou tarifa pelos seus serviços. Quando se trata de cargas, o valor que se paga é denominado frete.

D) Quanto à Cultura:

Empresa Conservadora – Comportamento formal.

Empresa Empreendedora – Preocupa-se em investir em novidades.

Empresa Tradicional – Valoriza o trabalho em grupo.

Empresa Individualista – Valoriza a competição.

Empresa Racional – Maximização do desempenho individual.

Empresa Desenvolvimentista – Viabiliza-se através de líderes que optam por ações de curto prazo, devido à incerteza ambiental.

Empresa Consensual – Viabiliza-se através de líderes do tipo empreendedor que optam por linhas de longo prazo.

Empresa Hierárquica – Viabiliza-se através de líderes do tipo experimental (especialista).

Empresa Imitadora – Copia algumas coisas da empresa líder, mas mantém a diferenciação em termos de preço, embalagem, propaganda, atendimento, serviço e outros fatores.

Empresa Inovadora – Eficiente na produção de novos inventos comercialmente viáveis.

Empresa Moderna – Tem predicados para alcançar uma importância no conceito público, que representa a sua finalidade essencial.

E) Quanto à Propriedade:

Empresa Pública – As empresas públicas constituem o chamado setor público e compreendem as empresas, cujos objetivos são o bem-estar social, pois estão voltadas para o benefício da sociedade em geral. São as chamadas empresas não-lucrativa. Elas são propriedades do estado (100% do governo, em nível federal, estadual e municipal).

Empresa Privada – As empresas privadas são de propriedade de particulares, ou seja, fazem parte da livre iniciativa. Compreendem as organizações cuja constituição visa a lucratividade.

Empresa Mista – As empresas mistas são sociedades por ações de participação pública e privada, simultaneamente. Todavia, o governo é o sócio majoritário e, portanto, detém o controle administrativo. São empresas que prestam serviços de utilidade pública.

F) Quanto à Gestão:

Empresa Profissional – É gerida por administradores profissionais.

Empresa Familiar – É gerida pelo dono, herdeiros e familiares.

2.5 Ambiente Empresarial

Ambiente é todo um espaço (contexto) que envolve externamente uma organização de forma direta e indireta. É constituído de: pessoas, sistemas, recursos, grupos, famílias e organizações que formam a sociedade. Alguns autores ainda consideram que existem dois ambientes: externo e interno (a organização).

O ambiente é um fator incontrolável que pode causar prosperidade ou desastre em um mercado. Mas, com esforço e resolução, pode-se conseguir considerável controle sobre o mesmo.

As empresas não vivem no vácuo, isoladas e totalmente autossuficientes, mas funcionam dentro de um contexto, do qual dependem para sobreviver e crescer. É do ambiente que as empresas obtêm os recursos para poderem agir e devolver, ao mesmo tempo, bens, serviços e ideias.

Ambiente empresarial é o ambiente voltado ao estudo da cultura e do conhecimento organizacional da empresa. Isto inclui atitudes, impulsos, valores, objetivos, metas, funções administrativas, funções organizacionais, mudanças, leituras de cenário, riscos, estratégias, negócios, ameaças, restrições, oportunidades.

O ambiente empresarial (corporativo, organizacional, unidade de negócio) não é um conjunto estável, uniforme e disciplinado, mas um conjunto bastante dinâmico que muda a cada momento.

As relações entre as organizações e o ambiente são altamente complexas, uma vez que as organizações vivem em um mundo humano. As empresas constituem organizações sociais inventadas pelo homem para se adaptarem às circunstâncias ambientais, a fim de alcançarem determinados objetivos. Se essa adaptação é conseguida e os objetivos alcançados, então a empresa terá condições de sobrevivência e de crescimento.

A seguir, os principais tipos de ambientes empresariais:

Ambiente Estável – Ambiente que apresenta estabilidade, quando não há mudanças relevantes de comportamento. Normalmente, é conservador, previsível e rotineiro.

Ambiente Instável – Ambiente de constantes mudanças, gerando incertezas. Uma das características do ambiente instável é que ele potencializa as oportunidades e as ameaças à empresa. É crucial, portanto, que os empresários aprendam a reconhecer os solavancos do mercado e a lidar com eles.

Ambiente Mutável – Ambiente também chamado dinâmico apresenta instabilidade no comportamento dos clientes (consumidores, usuários, fornecedores, funcionários, pacientes, concorrentes, agentes do governo, intermediários). Neste ambiente as reações empresariais são diferentes e variadas, em função do tempo.

Ambiente Turbulento – Ambiente onde as estratégias passadas são suspeitas, a rentabilidade não acompanha o crescimento, o futuro é muito incerto e cheio de surpresas. Em ambientes turbulentos, a alternativa ao incremento lógico é o planejamento estratégico, abrangente e sistemático, que desafia, reexamina e reforma a lógica de desenvolvimento da empresa.

Ambiente de Tarefa – Ambiente operacional e específico de cada organização. Corresponde ao segmento do ambiente geral mais imediato e próximo da empresa. É constituído por pessoas e seus recursos com as quais são mantidos contatos diretos para poder operar. É o contexto mais relevante para a empresa poder cumprir sua missão.

Ambiente Tecnológico – Ambiente que fornece o desenvolvimento de novos produtos e processos, função dos avanços tecnológicos.

Ambiente Cultural – Ambiente traduzido pelos usos e costumes da região. Uma organização poderá mudar hábitos culturais ou não. As diferenças culturais são assustadoras, baseiam-se, em grande parte, nas tradições: religiosa, social e econômica. Para os americanos, a pontualidade e o estabelecimento de datas limites são procedimentos comerciais normais. Mas, no Oriente Médio, tal atitude é considerada rude, atrevida e exigente.

Ambiente Político – Ambiente ditado pelo sistema político onde a organização está inserida.

Ambiente Econômico – Ambiente que retrata o poder de aquisição da população. O poder de compra existente em uma economia depende da renda atual, preço, poupança, empréstimo e disponibilidade de crédito.

As empresas devem prestar muita atenção às principais tendências nos padrões de renda e de gastos em bens de consumo. Assim, para que existam mercados, é preciso que haja pessoas e poder de compra.

Ambiente Legal – Ambiente que mostra à organização restrições legais para a sua criação e desenvolvimento. A sociedade reconhece que se criam desigualdades quando os sistemas social e econômico ficam entregues a si mesmos.

Teoricamente, o governo representa os desejos e necessidades de seus cidadãos e promulga leis em seus benefícios. Assim, como as pessoas não podem dizer que não conhecem a lei, os empresários precisam estar conscientes das leis e regulamentações governamentais que afetam seus produtos e projetos.

Ambiente Demográfico – Ambiente que mostra à organização o crescimento da população e suas faixas etárias. As tendências demográficas são altamente confiáveis a curto e a médio prazos. Há pouca justificativa para uma empresa ser repentinamente surpreendida por desenvolvimentos demográficos.

O estudo do ambiente demográfico é muito importante, pois dará à empresa as informações necessárias para que ela possa ler e avaliar o cenário. As empresas operam em mercados, que são compostos de pessoas (físicas e jurídicas).

As empresas precisam atentar para as faixas etárias, para que nenhum grupo seja esquecido, quando produzirmos uma mensagem de divulgação dos nossos produtos. Cada geração tem costumes e hábitos diferentes.

Se nossos consumidores potenciais são solteiros, casados, divorciados, sozinhos e trabalhadores de tempo integral, precisamos saber como atendê-los da melhor maneira possível.

Ambiente de Mercado: Ambiente propício à criação e desenvolvimento de um nicho de mercado.

Ambiente de Negócios: Ambiente que facilita a realização de negócios, onde os recursos são disponíveis a baixo custo, as legislações são favoráveis e a infraestrutura ajuda a mobilidade e a distribuição dos produtos.

Ambiente de Produção: Ambiente interno da organização onde são transformados matérias-primas e insumos em produtos.

Ambiente de Trabalho: Ambiente onde os recursos humanos são agrupados em equipes de trabalho.

Ambiente Direto: Ambiente representado por um conjunto de fatores através do qual a empresa tem condições não só de identificar, mas também de avaliar ou medir, de forma mais efetiva e adequada, o grau de influência recebido e/ou proporcionado.

Ambiente do Empreendimento: Ambiente que reúne e integra recursos no sentido de que o mesmo seja autossustentável e lucrativo.

Ambiente do Sistema: Ambiente que está fora do sistema, mas que exerce uma forte influência sobre o mesmo.

Ambiente Empresarial: Embora já tenha sido abordado, é sempre bom lembrar que ele um conjunto de recursos bastante dinâmico em que atua, constantemente, grande quantidade de forças, de diferentes dimensões, natureza e direção, e que muda a cada momento, tendo em vista a interação das mesmas.

Ambiente Estratégico: Ambiente caracterizado por flutuações frequentes e imprevisíveis, exigindo que as atividades de produção e marketing estejam juntas para permitir rápidas respostas a novos cenários.

Ambiente Externo: Ambiente que envolve a organização.

Ambiente Físico: Ambiente, cujos fatores iluminação, temperatura, ar, ruído, umidade, insalubridade e pintura, determinam a qualidade de vida dos funcionários da organização.

Ambiente Geral: Ambiente comum a todas as organizações (macroambiente), também conhecido como ambiente externo. É constituído de um conjunto amplo e complexo de condições e fatores externos que envolvem e influenciam todas as empresas.

Ambiente Heterogêneo: Ambiente de muita diferenciação entre seus componentes.

Ambiente Homogêneo: Ambiente de pouca diferenciação (segmentação) de mercados. O ambiente homogêneo é simples, permitindo à empresa pequena diferenciação de atividades e, portanto, uma estrutura organizacional com poucos departamentos para lidar e, ao mesmo tempo, centralizada.

É o caso das empresas que têm consumidores, fornecedores e distribuidores pouco diferentes entre si e que podem ser tratados, com certa uniformidade de critérios, por parte da empresa.

Ambiente Incerto: Ambiente onde faltam informações e conhecimentos para a consecução de objetivos empresariais; onde o risco é grande. Para sobreviver em um ambiente incerto e para lidar com tecnologias de difícil domínio, a empresa precisará estabelecer estratégias de sobrevivência.

Ambiente Indireto: Ambiente que representa o conjunto de fatores, através do qual a empresa não tem condições, no momento, de avaliar ou medir o grau de influência entre as partes.

Ambiente Interno: Ambiente relacionado às qualidades ambientais de operação da organização.

Ambiente Natural: Ambiente preocupado com: escassez de matéria-prima e insumo; custo crescente de energia; nível de poluição; proteção ambiental; ecologia; ecossistema.

Ambiente Organizacional: A própria organização.

Ambiente Psicológico: Ambiente comportamental relacionado às necessidades humanas. É a situação que a pessoa percebe e interpreta a respeito de seu ambiente externo mais próximo.

Ambiente Sistêmico: Ambiente cujos mercados (elementos, componentes) possuem reações semelhantes. Uma modificação em um mercado muda todo ambiente e vice-versa.

Ambiente Social: Ambiente representado pela sociedade (reunião de pessoas e organizações).

Ambiente Tecnológico: Ambiente que fornece o desenvolvimento de novos produtos e processos, função dos avanços tecnológicos.

Ambiente de Desenvolvimento: Ambiente construído pelos programadores e analistas de sistemas, contendo Bancos de Dados.

Ambiente de Consulta: Ambiente usado pelos usuários não especialistas, que precisam de conhecimentos para solucionar seus problemas e tomar decisões.

2.6 Diagrama de Atividades da Empresa

Diagrama é um gráfico, geralmente, em um espaço bidirecional, onde podemos representar, por meio de pontos, linhas e superfícies, resultados, estruturas, rotinas, relações, atividades, programas, controles, prazos, gargalos e programações, por exemplo.

Os mais clássicos diagramas utilizados são: organogramas, fluxogramas, cronogramas e congestionogramas. É uma ferramenta importante para análise de séries históricas, pois uma simples apreciação permite, com razoável rapidez, chegar-se a conclusões não só sobre a evolução do fenômeno, mas também sobre o relacionamento entre este e os dados que compõem a série.

Como o diagrama facilita o entendimento do fato, o mesmo sempre deve ser precedido de um estudo analítico, pois as conclusões tiradas ajudam a determinar o método mais inteligente de abordar a situação.

O diagrama de atividades da empresa serve para mostrar o fluxo de informações entre os diversos setores da empresa. Tal diagrama ajudará a determinar estratégias, táticas, decisões, políticas, procedimentos, regras, relações, canais de comunicação, necessidades de informações e necessidades de recursos.

A partir do diagrama de atividades de uma empresa é possível começar a determinar que tipos de decisão são necessários.

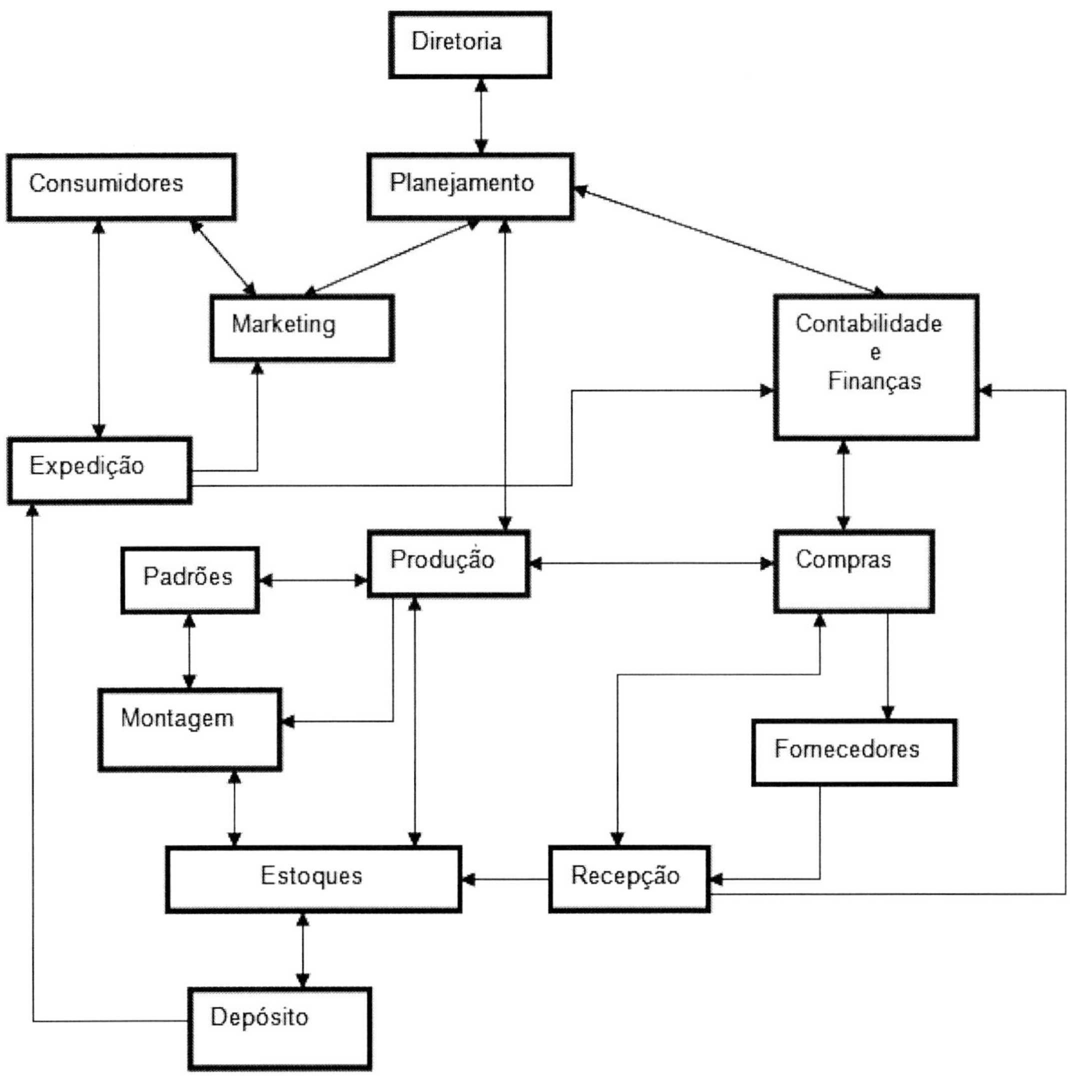

Figura 7.2: Diagrama de Atividades da Empresa.

2.7 Ciclo de Vida da Empresa

Assim, como os seres humanos, os produtos e as organizações possuem um ciclo de vida, pois eles não são eternos, também um projeto terá seu ciclo de vida, que será maior ou menor, em função do seu objetivo. Este ciclo é constituído de diversas etapas ou fases que vão da concepção até a finalização.

Ao final de cada etapa é gerado um conhecimento que permite, ou não, que a empresa continue. Quanto mais avançamos na empresa mais entendemos o produto que está sendo desenvolvido.

Assim, o ciclo de vida da empresa é dividido em fases como mostrado, a seguir:

Fase de Criação – As características básicas deste período são:

- Os fundadores da empresa, geralmente, agem com técnica, desprezando as atividades administrativas.
- Tudo é concentrado em fabricar e vender.
- A comunicação é frequentemente informal.
- Longos períodos de trabalho são recompensados com salários modestos e a promessa de participação na empresa.
- O controle das atividades é feito com base em informações imediatas recolhidas diretamente no mercado,
- A diretoria age conforme a reação dos consumidores.

Fase de Direção – As características básicas deste período são:

- É criada uma estrutura empresarial, separando a parte industrial da comercial, enquanto que os cargos se tornam mais especializados.
- São introduzidos programas (softwares) aplicativos para diversos sistemas de controle.
- São adotados incentivos para as pessoas, orçamentos e normas de trabalho.
- A comunicação se torna mais formalizada e impessoal, à medida que vão surgindo os cargos e as posições hierárquicas.
- O novo diretor-geral e seus principais gerentes assumem a maior parte da responsabilidade pela direção da empresa, enquanto que os administradores de nível inferior são tratados mais como especialistas em suas funções do que como dirigentes autônomos que tomam suas próprias decisões.

Fase de Crescimento – As características básicas deste período são:

- Acumulação de Recursos.
- Ampliação das instalações.
- Aumento dos canais de distribuição.
- Preocupação em vender.
- Esforço para conquistar mercado.

Fase de Delegação – As características básicas deste período são:

- Muito maior responsabilidade é concedida aos superintendentes de fábrica e diretores regionais de venda.
- Os dirigentes passam a utilizar métodos de motivação.
- Os altos dirigentes no escritório central restringem-se a administrar por exceção, baseando-se em relatórios periódicos sobre a atuação da equipe de vendas.
- A diretoria concentra sua atenção em novas incorporações, as quais podem ser colocadas ao lado de outras unidades industriais autônomas.
- A comunicação da alta administração é pouco frequente e, geralmente, é feita por papel, meio eletrônico ou através de visitas rápidas.
- Diretorias descentralizadas, com maior autonomia e mais incentivos, são capazes de penetrar num maior número de praças, reagir mais rapidamente à demanda e criar novos produtos.

Fase de Coordenação – As características básicas deste período são:

- O período evolutivo se caracteriza pelo uso de sistemas formais para conseguir maior coordenação e pelo fato de altos executivos assumirem responsabilidades pela criação e administração destes novos sistemas.
- As unidades descentralizadas fundem-se com grupos de produtos.
- Processos formais de planejamento são estabelecidos e revistos com grande frequência.
- Inúmeros funcionários são contratados e colocados no escritório central para criar e desenvolver programas, planos, políticas, procedimentos, regras e mecanismos de controle que envolva toda a empresa.
- Investimentos são cuidadosamente avaliados e distribuídos por toda a organização.
- Cada grupo de produtos é tratado como um centro de investimento no qual os lucros sobre o capital investido constituem um critério importante para a distribuição de verbas.
- A compra de ações e de outras empresas e a distribuição do lucro são usadas para promover a imagem da empresa.

Fase de Colaboração – As características básicas deste período são:

- Uma forte colaboração pessoal numa tentativa de superar as crises e as mutações ambientais.
- A atenção concentra-se na rápida solução de problemas, através da ação conjunta e aplicação de alta tecnologia.
- As equipes combinam seus esforços para uma determinada atividade.
- Os especialistas do escritório central são reduzidos em número, remanejados em seus postos e, por fim, colocados em equipes interdisciplinares para assessorar unidades de vendas.
- Estruturas matriciais são usadas, geralmente, para montar projetos e solucionar problemas.
- Os sistemas anteriores são simplificados e combinados em novos sistemas, simples, de finalidades múltiplas.
- Há mais reuniões e programas de educação e treinamento.
- Sistemas de informação são integrados nas decisões cotidianas.
- Compensações em dinheiro são ajustadas mais ao desempenho da equipe do que à atuação de cada um.
- Experiências com novos métodos são estimuladas em toda a empresa.

Fase do Desenvolvimento – As características básicas deste período são:

- Preocupação com racionalização dos meios, eficiência e eficácia.
- Busca do aumento do lucro.
- Melhora das funções administrativas e organizacionais.
- Adoção de uma visão estratégica.
- Filosofia de marketing.

Fase de Novo Crescimento – As características básicas deste período são:

- Passa a ter dificuldades em reduzir custos.
- Busca o desenvolvimento de novos produtos e mercados.
- Dá ênfase à pesquisa.
- Busca novos recursos tecnológicos.
- Aumenta a produtividade.

Fase de Sobrevivência – As características básicas deste período são:

- Criar práticas de austeridade.
- Implantar planos participativos.
- Melhorar processos e métodos.
- Enxugar custos.
- Aumentar a produtividade.
- Utilizar a melhor tecnologia possível.

- Melhorar a qualidade dos produtos.
- Comprometer as chefias com os resultados da empresa.
- Ampliar o grau de adesão dos funcionários.
- Integrar horizontalmente os níveis de gerência.
- Eliminar o nepotismo e a corrupção.
- Sobrepor o coletivo ao individual.
- Treinar recursos humanos para novas tecnologias.
- Educar funcionários.

Fase de Declínio – As características básicas deste período são:

- Não consegue acompanhar as mudanças.
- A alta administração não sabe mais ler o cenário.
- Capital intelectual da empresa em processo de esclerose.

2.8 História das Empresas

Embora este assunto já tenha sido abordado, vale revisar.

Esta história pode ser dividida em fases de desenvolvimento, tais como:

Fase Artesanal – É a fase que vai até aproximadamente 1780, quando se inicia a Revolução Industrial.

Fase Inicial da Industrialização – É a fase que corresponde à Primeira Revolução Industrial, entre os anos de 1780 e 1860.

Fase do Desenvolvimento Industrial – É a fase que corresponde à Segunda Revolução Industrial, entre os anos de 1860 e 1914.

Fase do Gigantismo Industrial – É a fase situada entre as duas Grandes Guerras Mundiais, entre 1914 e 1945, na qual se utilizam organização e tecnologia para fins bélicos. A preocupação era com a produção.

Fase Moderna – É a fase mais recente, que vai de 1945 a 1980, marcando uma nítida separação entre os países desenvolvidos (industrializados) e os em desenvolvimento. As preocupações eram com: melhoria da distribuição, funcionários felizes (Teoria Y), planejamento estratégico, implementação da qualidade no produto e globalização.

Fase da Incerteza – É a fase pós 1980, carregada de desafios, dificuldades, ameaças, coações, contingências, restrições e toda sorte de adversidades para as empresas. É a fase em que o ambiente (exterior da empresa) se caracteriza por uma complexidade e mutabilidade que as empresas não conseguem entender adequadamente.

As preocupações são com a tecnologia digital da informação e mercados eletrônicos.

2.9 Legalização da Empresa

Para que uma empresa possa iniciar suas atividades, é necessário que esteja devidamente legalizada, ou seja, deverá estar registrada em determinados, órgãos dos governos: federal, estadual e municipal. Tais registros são comuns a todas as empresas, mas em função de suas atividades, é possível que outras exigências devam ser cumpridas.

Um estudo divulgado pelo Banco Mundial afirma que o processo de abertura de uma empresa no Brasil, em geral, é muito mais lento que no resto do mundo. Os levantamentos lidos sobre o tempo de abertura de uma firma variam de 40 até 60 dias. Para evitar prejuízos ou problemas, é conveniente, antes de alugar ou comprar um imóvel ou realizar qualquer registro de documento de uma nova empresa, verificar previamente se não existe restrição para o exercício da atividade empresarial.

Em função do investimento, verificar se o capital social disponível é compatível com o porte da empresa. É importante definir o tipo de sociedade a ser configurada. Para pequenos negócios, o recomendado é que seja Sociedade Comercial por Cotas de Responsabilidade Limitada.

A seguir, as etapas a serem cumpridas para a legalização da empresa:

Passo 01 – Consulta prévia do local onde a empresa funcionará (endereço) na Prefeitura Municipal.
Passo 02 – Consulta sobre o nome da empresa na Junta Comercial da localidade.
Passo 03 – Redigir um contrato social, no qual ficam estabelecidos as condições do regime jurídico, o funcionamento e a liquidação da sociedade.
Passo 04 – Registro do contrato social na Junta Comercial da localidade.
Passo 05 – Inscrição no CNPJ (Cadastro Nacional da Pessoa Jurídica) após o registro na Junta Comercial.
Passo 06 – Certificado de aprovação e laudo de exigências do Corpo de Bombeiros.
Passo 07 – Inscrição estadual na Secretaria de Estado de Fazenda, para fins de recolhimento do ICMS (Imposto sobre Circulação de Mercadorias e Serviços).
Passo 08 – Inscrição no INSS (Instituto Nacional do Seguro Social).
Passo 09 – Requisição à Inspetoria Regional de Licenciamento e Fiscalização do alvará de licença para estabelecimento e a inscrição municipal.
Passo 10 – Aquisição e autenticação de livros fiscais.
Passo 11 – Definição e confecção de notas fiscais (cupom fiscal, nota fiscal eletrônica).

2.10 Modelos de Empresa

Desde a década de 1980, novas formas de pensar as organizações empresariais têm surgido, como as que vamos analisar.

A seguir os principais modelos de empresa:

Modelo de Empresa Aberta – A empresa aberta é visualizada como um dinâmico relacionamento com o seu ambiente, recebendo vários insumos (entradas), transformando-os em resultados na forma de bens, serviços e ideias (saídas).

Modelo Capitalista Popular – Modelo que se inspirou nas iniciativas do governo Tatcher, da Inglaterra, para confrontar soluções socialistas para problemas básicos da sociedade. O ponto principal da política capitalista popular, que afeta diretamente as empresas, é a tentativa de aproximar objetivos pessoais dos da organização, tornando o empregado sócio do empreendimento e a conversão de empresas estatais em iniciativa privada, para que os recursos do governo sejam investidos em programas sociais e também em programas de desenvolvimento, a fim de ampliar as oportunidades de negócios e beneficiar as organizações e seus sócios.

O trabalho é estruturado em pequenas equipes de menos de vinte pessoas com um líder. Os líderes são treinados para falar em público e estimulados a manter diálogo com a força de trabalho, fazendo convergir seus interesses com os interesses organizacionais, esvaziando a ação sindical.

As estruturas de cargos e salários procuram trabalhar com diferenças salariais nas quais o maior salário não pode ser mais do que cinco vezes o menor salário. O número de cargos é reduzido e as funções são ampliadas, a fim de evitar reivindicações trabalhistas por isonomia salarial.

A participação nos lucros torna o empregado sócio do negócio, através da distribuição de ações e formação de uma poupança para tempos difíceis, evitando-se as greves e as reivindicações salariais.

Modelo da Co-Gestão – Modelo que tem sua origem nas lutas trabalhistas alemãs, desde o Século XIX. Seu objetivo não é apenas estimular a participação efetiva dos empregados nos resultados e nos destinos das empresas ou chamar os empresários às suas responsabilidades sociais para com os recursos humanos. Vai mais além, ao tentar despertar a consciência civil e o sentimento de cidadania.

O modelo é todo regulamentado por lei e ganhou formas mais bem definidas a partir da década de 1980. Tomando por base as sociedades anônimas, que são a forma mais comum das grandes empresas, o modelo se constitui na assembleia-geral, conselho fiscal, diretoria e comissão dos trabalhadores.

A assembleia é formada pelos acionistas, que decidem, entre outros assuntos, sobre a aplicação dos lucros, fusões, aquisições, dissolução da empresa e mudanças no estatuto.

O conselho fiscal é formado por número igual de representantes dos empregadores e dos empregados. A diretoria é o grupo executivo responsável pela gestão da empresa. A comissão dos trabalhadores é composta por eleitos que decidem sobre assuntos que afetam os funcionários.

Modelo da Administração pela Qualidade – Modelo que coloca algumas premissas, que devem nortear a forma de se organizar a empresa, e, principalmente, os comportamentos e atitudes que reforçam os valores. O planejamento é de longo prazo e há um objetivo único a ser perseguido, que é o da melhoria contínua. A empresa deve pensar em pessoas, depois em qualidade e, por fim, na rentabilidade.

O chefe é substituído pelo líder, o mentor. A avaliação de desempenho deve ceder espaço à educação e ao treinamento. A busca do zero defeito deve evitar o medo de errar e a vontade de mentir. O gerente se responsabilizará pela educação dos funcionários, isto é, pelo seu desenvolvimento pessoal e profissional e as empresas devem dar total apoio.

Modelo da Empresa Atomizada – Modelo que é uma concepção de organização que troca o modelo piramidal por um de três níveis de atividade: núcleo, franja contratual e mão de obra flexível, lembrando a estrutura de um átomo.

O núcleo é formado por um número de pessoas superqualificadas, cujo trabalho é essencial para a organização, com grande flexibilidade e autonomia na forma de realizar o trabalho. A franja é formada pela terceirização de funções não-essenciais, pelo sistema de parcerias e pela prestação de serviços, que são atividades diretamente vinculadas ao negócio da empresa, só que realizadas por firmas externas e pessoas contratadas.

A mão de obra flexível está ligada à sazonalidade de mercado, ao melhor, ou pior, pique dos negócios, ao trabalho por tarefas, chegando a ter horários flexíveis e contratos por tempo determinado. Há participação e tomada de decisão por pessoas que atuam na ponta do negócio.

O órgão central trabalha em função das áreas de interface intensa com consumidores e fornecedores e as unidades regionais e locais possuem autonomia para agir com o mínimo de interferência da alta administração.

Em todos os modelos apresentados, as relações de trabalho, a vinculação profissional, as estruturas organizacionais e as formas de gerência são afetadas. Novos modelos ainda poderão surgir. Assim, as empresas, os empresários e os dirigentes devem construir modelos que respondam à realidade do mercado e às necessidades dos consumidores, o mais rápido possível.

2.11 Tipos de Empresa

A seguir, os principais tipos de empresa:

Empresa Agrícola: Empresa que trabalha a terra na produção de alimentos.

Empresa Atacadista: Empresa independente que assume a posse dos bens que vende. Recebe diversos outros nomes, como: distribuidor, intermediário, fornecedor, polo de suprimento.

Empresa Autogestionária: Empresa em que todos os seus associados participam da administração.

Empresa Comercial: Empresa que faz a ligação entre o produtor e o consumidor.

Empresa Competitiva: Empresa que está atrelada à capacitação tecnológica, como ferramenta de competição.

Empresa Consensual: Empresa cujos líderes têm uma visão de longo prazo (estratégica).

Empresa Conservadora: Empresa que tem dificuldades de promover mudanças.

Empresa de Comércio Exterior: Empresa que pratica importação e exportação. As empresas de comércio exterior são conhecidas como "trading companies".

Empresa de Embalagem: Empresa que produz embalagens personalizadas.

Empresa de Primeiro Tipo: Empresa de tecnologia simples, de produção rotineira, de ambiente estável, mecanicista, com ênfase em suas próprias atividades.

Empresa de Qualidade: Empresa que produz satisfação em todos os seus clientes.

Empresa de Segundo Tipo: Empresa um pouco mais complexa, tanto no que diz respeito à tecnologia utilizada, quanto no que se refere ao cenário de produção, não tão programável, de ambiente com certa complexidade, com ênfase no indivíduo, procurando motivá-lo no trabalho.

Empresa de Serviço: Empresa que fornece atividades funcionais (benefícios), cujos valores são intangíveis, isto é, não possui estoque para vender.

Empresa de Terceiro Tipo: Empresa de tecnologia de ponta, às vezes nova, de ambiente de alta incerteza (turbulento), de alta interdependência entre suas diversificadas áreas, com ênfase grupal, buscando a mobilização da força de trabalho, induzindo a uma abordagem adhocrática e contingencial, com estruturas predominantemente temporárias (matricial).

Empresa de Transformação: Empresa que processa e transforma matérias-primas e insumos em produtos finais, isto é, de produtos tangíveis. Nesta classificação entram as indústrias, quaisquer que sejam seus produtos finais. Também são conhecidas como empresas secundárias.

Empresa de Transporte: Empresa prestadora de serviços de transporte que cobra, como qualquer outra empresa, uma taxa ou tarifa pelos seus serviços. Quando se trata do transporte de pessoas, a cobrança dessa tarifa se faz através de um bilhete. Quando se trata de cargas, o valor que se paga é denominado frete.

Empresa Desenvolvimentista: Empresa que através de líderes opta por ações de curto prazo, devido à incerteza ambiental.

Empresa do Conhecimento: Empresa voltada para a educação, treinamento, tecnologia educacional, capital intelectual, informação, talento, criatividade, patentes, direitos autorais, softwares, marcas.

Empresa Empreendedora: Empresa que se preocupa em investir em novidades.

Empresa Estatal: Ver empresa mista.

Empresa Extrativa: Empresa que executa atividades extrativas, por exemplo, a empresa agrícola, a de mineração, a de prospecção e a de extração de petróleo. São chamadas primárias, porque se dedicam basicamente à obtenção de matérias-primas (commodities).

Empresa Familiar: Empresa gerida pelo dono, herdeiros e familiares. Empresa que valoriza o trabalho em grupo.

Empresa Financeira: Empresa que trabalha com dinheiro, títulos, ações e valores econômicos.

Empresa Global: Empresa que opera em mais de um país e obtém vantagens em pesquisa e desenvolvimento, produção, logística, marketing, finanças, custos e reputação, que não estão disponíveis para os concorrentes basicamente domésticos. As empresas globais planejam, operam e coordenam suas atividades em base mundial.

Empresa Grande: Empresa também chamada de corporação é uma organização de grande porte em que o controle financeiro é centralizado e as decisões são descentralizadas. Esta organização pode reunir diversas empresas com objetivos comuns.

Empresa Hierárquica: Empresa que se viabiliza, através de líderes especialistas.

Empresa Imitadora: Empresa que copia algumas coisas da empresa líder, mas mantém a diferenciação em termos de preço, embalagem, propaganda, atendimento, serviço e outros fatores. A líder não se preocupa com a imitadora, à medida que esta não a ataque agressivamente. A imitadora até contribui para que a líder não seja acusada da prática de monopólio.

Empresa Individualista: Empresa que valoriza a competição.

Empresa Industrial: Empresa que transforma recursos em bens econômicos.

Empresa Inovadora: Empresa de capacidade visionária em que o empreendedor não precisa ter uma forte imaginação, mas ele precisará de uma capacidade para imaginar cenários de negócios lucrativos.

Empresa Internacional: Empresa que mantém relações com empresas do resto do mundo.

Empresa Líder: Empresa que detém a maior fatia de mercado de determinado produto.

Empresa Média: Empresa com razoável volume de recursos, onde existem profissionais de administração em sua direção.

Empresa Mista: Empresa cuja participação no capital social tem a seguinte composição: governo e público. É uma sociedade por ações. Todavia, o governo é o sócio majoritário e, portanto, detém o controle administrativo.

Empresa Moderna: Empresa que deve projetar sobre o público suas características qualitativas, como segurança, confiabilidade, pontualidade, precisão, progresso tecnológico, diversificação de produtos, a fim de destacar-se das demais. A empresa moderna necessita desses predicados, não somente para seus produtos, mas também para alcançar uma importância no conceito público, que representa a sua finalidade essencial, devendo encontrar um perfil capaz de criar na comunidade uma imagem definida, pois o anonimato não inspira confiança.

Empresa Multinacional: Empresa que atua em diversos países, mantendo produção de bens e serviços nestes locais.

Empresa Nacional: Empresa que atua no país, podendo exportar.

Empresa Pequena: Empresa em que o administrador (geralmente o proprietário) enfeixa o comando de todas as áreas funcionais, não havendo um segundo nível diretivo para essas responsabilidades. As empresas pequenas podem ser desdobradas em miniempresas e microempresas. A maioria das pequenas empresas tem muito pouca disponibilidade de caixa, durante, pelo menos, os primeiros anos de operação e ficam altamente vulneráveis a qualquer mudança repentina do ambiente. Muitas delas, por necessidades de dinheiro, fracassam num momento em que estão tendo lucro, isto é, são economicamente viáveis, mas fracassam financeiramente.

Empresa Privada: Empresa de propriedade particular, ou seja, faz parte da livre iniciativa.

Empresa Profissional: Empresa que é gerida por administradores profissionais.

Empresa Pública: Empresa do chamado setor público e compreende a empresa, cujos objetivos são o bem-estar social, pois estão voltadas para o benefício da sociedade. É chamada de empresa não lucrativa, cuja propriedade é do estado (100% do governo, em nível federal, estadual ou municipal).

Empresa Racional: Empresa que maximiza o desempenho individual.

Empresa Transnacional: Empresa que atua em diversos países, sem, necessariamente, possuir empresas nestes países onde, normalmente, mantém representações.

Empresa Virtual: Empresa que negocia via Internet.

Empresa Varejista: Empresa cujo espaço (real ou virtual) onde o consumidor compra um determinado produto. É no varejo que são executadas todas as atividades ligadas à venda ao consumidor final.

Empresa de Autosserviço: Empresa usada em muitas operações, especialmente, para oferecer bens de conveniência. É o varejo onde se encontra os menores preços, porque utiliza o próprio consumidor para localizar, escolher, comparar e comprar seus produtos. Pesquisas revelam que 80% dos consumidores decidem pelo produto e pela marca no momento da compra e, portanto, pela importância do merchandising no ponto de venda.

Empresa de Liquidação: Empresa que vende por preços abaixo do atacado e transfere parte da vantagem aos consumidores. Varejo que trabalha com sortimento variável de produtos, frequentemente, pontas de estoque, números e modelos esparsos obtidos a preços reduzidos de fornecedores.

Empresa Ecológica: Empresa que se preocupa com a poluição ambiental, fazendo todo o possível para mostrar esta preocupação, como também demonstrar com ações que previnam a contaminação, a degradação e a sujeira do lugar em que está estabelecido. O varejista deve manter seu negócio sempre limpo, higienizado e agradável.

2.12 Plano Empresarial

Um plano é como um mapa, ele mostra à empresa como ela deve se conduzir, aonde deve ir e como chegar lá. O plano (produto do planejamento) é um curso de ação, onde se estabelece quem fará o que, onde, como e por que atingir objetivos. Todo e qualquer plano é retratado, formalmente, através de um documento. Se não for escrito não é plano.

O plano disciplina a pessoa a colocar suas ideias, recursos, métodos e decisões de uma maneira lógica, racional e inteligente, levando a mesma a não perder tempo, como também a agir de maneira lógica, que pode ser seguida por outros.

Um plano empresarial pode ajudar muito, porque tem uma estrutura formal e assim, além de ser escrito, proporciona condições para uma decisão cuidadosa, disciplina o pensamento, define claramente os objetivos, explicita responsabilidades de execução, enfatiza fatores chaves para o sucesso, analisa mais cuidadosamente as condições de um negócio, proporciona detalhes mais bem pensados, fornece um mínimo de coordenação, enfatiza as oportunidades e ameaças, ajuda a construir uma orientação da empresa para o mercado.

Haverá problemas com um plano, se ideias, condições, recursos, métodos e objetivos não forem dispostos de maneira lógica, para poder ser seguido por outros.

Uma empresa deve planejar desde os aspectos arquitetônicos até: as técnicas de conservação; manipulação e escolha de alimentos; preparação do cardápio; armazenamento; higiene; limpeza; otimização dos recursos.

Independentemente do escopo do plano ou dos detalhes que possam ser necessários, o procedimento a ser adotado e a estrutura do plano a ser desenvolvido, sempre segue um determinado paradigma.

A seguir uma metodologia do plano empresarial:

- **Definir Objetivos Corporativos –** Os objetivos corporativos são estabelecidos pela alta administração e você deve ter ciência deles. Normalmente, são expressos em números (metas) e definem aquilo que a organização pretende ser, num determinado momento.
- **Avaliar Forças Externas –** Desde que a empresa opere num ambiente de marketing, o primeiro passo é fazer uma pesquisa de mercado. A pesquisa visa colher dados: dos produtos transacionados; dos índices e indicadores; dos fatores políticos, fiscais, sociais e culturais.
- **Avaliar Forças Internas –** Talvez ainda mais importante do que a informação do mercado seja a informação histórica disponível dentro da empresa. A pesquisa interna incluirá um estudo detalhado do composto mercadológico.

- **Realizar uma Análise dos Pontos Fortes e Fracos –** Estes pontos se referem àquilo que denote potencialidades e fragilidades em: estratégias, estruturas, produtos, mercados, conhecimentos, informações, recursos.
- **Realizar uma Análise de Oportunidades e Ameaças –** Significa saber "ler" o cenário que envolve a empresa e colher informações sobre governos, concorrentes, sindicatos, instituições patronais, bancos de fomento, incentivos fiscais.
- **Fazer Suposições (levantamento de hipóteses) –** O plano em si tem de se basear num conjunto de suposições claramente entendidas. As suposições devem ser em número pequeno e devem relacionar-se apenas às questões relevantes. Para levantar hipóteses você precisará cumprir todas as etapas anteriormente apresentadas.
- **Desenvolver Estratégias –** Estratégias são os meios que capacitarão a empresa atingir objetivos e metas preestabelecidos. É comum se estabelecer uma estratégia para cada objetivo.
- **Definir Programas –** Programas estabelecem quem, o que, quando, por que, onde e como fazer.
- **Elaborar Orçamentos –** Os planos precisam ser custeados e para que os orçamentos devem ser estabelecidos. A elaboração de orçamentos define os recursos exigidos, quantifica os custos e os riscos do financiamento. A adoção de um orçamento precisará de um sistema contábil eficiente, de onde o orçamento retirará os dados necessários.
- **Escrever o Plano –** Logo que todos os passos anteriores tenham sido executados, você estará na posição de escrever o plano, que deve ser conciso e claro, sem detalhamentos e informações irrelevantes. Depois de escrever deve-se partir para a editoração propriamente dita, onde são observadas certas normas textuais. É importante atentar para o seguinte: não abarrotar de números uma única página; use um tamanho de letra que seja de fácil leitura; evite um plano muito longo, porque não será lido; explicite termos técnicos e abreviações; se precisar, informar em detalhes alguns assuntos, utilize-se de anexos.
- **Comunicar o Plano –** Se o plano não for adequadamente comunicado, àqueles responsáveis por sua implantação, ele fracassará. Certifique-se de que todos entendam o plano. Apresente o plano em vez de apenas enviar uma cópia escrita aos interessados. Um plano que não seja entendido adequadamente será pior do que a não existência de um plano em absoluto, porque ele será trabalhado incorretamente, ou não será trabalhado de forma alguma.
- **Implementar o Plano –** Após a comunicação do plano é chegada a hora de passar à ação. Caso o plano seja substituto de outro plano, temos de ter cuidado e agir progressivamente, isto é, em etapas, em módulos ou incrementos. Existem vantagens na implementação incremental, tais como: a correção é mais rápida; o projeto tem maiores chances de sobreviver; o coordenador tem uma ideia melhor sobre seu progresso da implementação. A implementação dependerá dos recursos disponíveis e da natureza do plano.
- **Usar um Sistema de Controle –** É preciso controlar a implementação e avaliar o desempenho do plano. O plano deve ser monitorado à medida que se avança e correções devem ser recomendadas quando o desempenho se desviar do previsto. O sistema de controle deve trabalhar com padrões predeterminados para a avaliação dos desvios. Estes padrões podem ser criados em laboratório.
- **Avaliar Resultados –** Os controles ajudam a medir, basicamente, se há eficiência, eficácia e efetividade dos resultados apresentados. O coordenador do plano deve rever, ajustar, atualizar e propor mudanças.
- **Fazer Correções Necessárias –** Toda a implementação será um processo interativo. Se ocorrerem grandes desvios, talvez você precise modificar os objetivos, mudar as estratégias ou revisar os prazos e orçamentos. Enfim, fazer as correções necessárias.
- **Fazer Revisão e Atualização –** Todos os planos devem ser revistos e atualizados em base regular, o que deve acontecer pelo menos em cada seis meses.

2.13 Local da Empresa

Um dos princípios básicos na implantação de uma empresa é buscar a localização mais adequada, pois é muito comum achar que o preço, a qualidade a marca e o produto trarão o sucesso de imediato. Este é um raciocínio muito arriscado, porque não considera a geografia do local das instalações, podendo redundar em fracasso.

A escolha adequada do local da empresa tem importância considerável no funcionamento e cumprimento de seus objetivos.

A localização ideal, nem sempre possível, deve atender, principalmente, aos seguintes requisitos:

- **Público-Alvo –** Para conhecer o público a ser atendido é preciso levantar aspectos de demografia, perfil do consumidor (renda, idade, hábito), padrões de consumo, concentrações comerciais e poder da concorrência.
- **Visibilidade –** O local precisa ser visível e identificável, se a empresa precisar colocar uma loja de varejo, na frente da fábrica.
- **Acesso –** A chegada a um estabelecimento comercial, assim como a saída, deve ser facilitada pelas vias de acesso. Se houver muitas dificuldades, o consumidor procurará outro lugar.
- **Funcionalidade –** É um fator que diz respeito especialmente ao projeto de construção. Adaptações em edificações antigas podem sair mais caras do que a montagem de uma loja em local projetado para esse fim.
- **Tamanho da Área –** É indispensável avaliar o local de acordo com o tipo de negócio. Certos empreendimentos exigem grande fachada, outros podem requerer profundidade, outros estacionamentos. Não se pode esquecer também da possibilidade de expansões futuras.
- **Infraestrutura –** Pode parecer prosaico, mas nenhum estabelecimento comercial funciona bem, se não houver disponibilidade de serviços públicos no próprio local, como energia elétrica, sistema de telefonia, água encanada e potável, esgoto, gás, posto de saúde, hospital, escola, correio, banco, policiamento, transporte e segurança.
- **Tipo de Solo –** Trata-se de critério especialmente importante, quando se vai construir. Os custos de construção podem ser multiplicados se as fundações toparem com rochas no subsolo ou se precisarem ser muito profundas, pela inconsistência do terreno.
- **Planejamento Urbano –** Devem-se conhecer previamente os planos e projetos de desenvolvimento, ou renovação urbana, que influenciarão o local. A criação, por exemplo, de uma rua de pedestres pode ser uma bênção para alguns e uma desgraça para outros.
- **Planejamento Viário –** O desconhecimento do projeto de construção de um viaduto, ou um anel viário, da inversão de mão de tráfego, da implantação de vias expressas, ou corredores de ônibus, pode inviabilizar o negócio.
- **Restrições Legais –** Ninguém deve escolher um ponto sem estudar antes, em detalhes, as leis de zoneamento da cidade, para evitar alguma surpresa.
- **Recursos Naturais –** Recursos que podem ser utilizados sem precisar de gastos adicionais, tais como: luz natural, ventilação, minerais, vegetação, água, terra.
- **Potencial de Mercado –** O potencial de mercado é o limite a que tende a demanda de mercado, à medida que o esforço da empresa tende ao infinito, para determinado ambiente, isto é, a receita máxima com vendas que a empresa, de um determinado setor, pode conseguir num período de tempo.
- **Topografia –** A localização no pavimento térreo deve, sempre que possível, ser a melhor opção, de forma a proporcionar fácil acesso externo para abastecimento, iluminação natural e ótimas condições de ventilação. Na impossibilidade da localização no andar térreo, sugere-se a instalação de elevadores de carga. As instalações e suas áreas circundantes devem facilitar as operações de manutenção e limpeza, evitar as contaminações ambientais e impedir a entrada de animais, de qualquer espécie. Dentre outras condições favoráveis, a localização térrea facilita o acesso de fornecedores, remoção de lixo, redução nos custos de manutenção dos dutos de água, vapor e energia. O movimento do Sol deve ser levado em consideração.
- **Entorno –** A construção ou locação da fábrica deve ser em áreas onde os arredores sejam pavimentados e não ofereçam riscos às condições gerais de higiene e limpeza, ou seja, em áreas livres de infestações de mosca, mosquitos, roedores. O entorno deve permitir livre acesso, direto e independente, isto é, não comum a outros usos.
- **Configuração Geométrica –** A forma mais indicada é a retangular, desde que o comprimento não exceda mais de 1,5 a 2 vezes a largura. Esta forma propicia melhor disposição dos equipamentos e tem a vantagem de evitar: caminhadas supérfluas, conflitos de circulação e outros problemas de arranjo físico mal feito. A configuração das áreas de preparação dos alimentos deve propiciar um fluxo linear, sem cruzamento de atividades entre os vários gêneros de alimentos. Se não houver áreas separadas para os vários produtos, deve existir, no mínimo, um local para pré-preparo, evitando a contaminação cruzada.

2.14 Sociedade

Sociedade é uma organização dinâmica de indivíduos autoconscientes que compartilham objetivos comuns e são capazes de ação conjugada. A sociedade humana é um conjunto de pessoas que vivem em certa faixa de tempo e de espaço, seguindo normas comuns, e que são unidas pelo sentimento de consciência de grupo.

Definir uma sociedade é tão difícil quanto definir a vida, pois as características simples e básicas desaparecem sob uma massa complexa e atordoante de detalhes.

Em sua vida social e política o ser humano precisa de uma sociedade que funcione. Mas o fato de que o homem precise de uma sociedade não significa necessariamente que ele a tenha. Uma massa humana desorganizada não é uma sociedade, mas um grupo de pessoas.

Sociedade e civilização, no mínimo, só são possíveis com a ajuda de algum mecanismo ou regra que gere ordem e acomodação. É então que entram os costumes, as culturas, as leis, os valores, os princípios, as filosofias, as religiões, as ideologias.

Sócio é aquele que participa de uma sociedade (organização) da qual espera auferir lucro (social ou financeiro), isto é, algum benefício mesmo que tenha de pagar (investir) para entrar. Os sócios recebem cotas ou ações da sociedade, que representam frações do capital social. Essas cotas passam a integrar o patrimônio do sócio.

As cotas são a contrapartida dos bens de um sócio transferidos à sociedade. Sendo titular de cotas sociais, o sócio mantém, em relação a estas, direitos e obrigações.

Procede-se à constituição de uma sociedade, por meio de instrumento público ou particular, firmado por todos os sócios, no qual se declaram as condições básicas da entidade, inclusive nome, domicílio, capital social, cota de cada sócio, objeto social, forma de administração, prazo de existência e processo de liquidação. Esse ato constitutivo deverá ser arquivado num órgão público.

A seguir, as principais formas de sociedades:

Sociedade por Firma – É uma associação de duas ou mais pessoas, operando sob nome ou firma comum, seja comercial ou industrial, ficando os sócios responsáveis solidariamente pelos direitos e obrigações da firma, sem qualquer limite.

Sociedade de Capital e Indústria – É uma associação de dois tipos de sócios. Os sócios capitalistas respondem, solidariamente e ilimitadamente, pelas obrigações da sociedade, pois contribuem com os recursos (físicos, materiais, financeiros). Os sócios industriais contribuem com mão de obra especializada, não respondendo pelo capital social.

Sociedade por Cotas de Responsabilidade Limitada – Nesta forma jurídica, a responsabilidade dos sócios está limitada ao valor do capital social como registrado no contrato que constituiu a sociedade. Pode funcionar com o nome de algum sócio ou adotar uma denominação social.

Sociedade Anônima – É uma associação na qual o capital social é dividido em ações de um mesmo valor nominal e constituído através de subscrições. Ou seja, cada pessoa adquire (subscreve) o número de ações que lhe convier, tornando-se acionista desta sociedade. A pessoa, ou grupo, que tiver o maior número de ações pode eleger os dirigentes da empresa.

A sociedade anônima, como qualquer pessoa jurídica, manifesta-se através de órgãos aos quais compete produzir a vontade social. Os órgãos da sociedade anônima são: a assembleia geral, o conselho de administração, a diretoria e o conselho fiscal. Além desses, dos quais apenas o primeiro e o terceiro são de funcionamento obrigatório em todas as sociedades anônimas, poderá o estatuto criar outros órgãos com funções técnicas ou de aconselhamento (staff).

Sociedade em Comandita Simples – É uma associação na qual o capital social é formado pelas contribuições de duas classes de sócios: os sócios comanditários ou capitalistas que respondem limitadamente ao capital subscrito, e os sócios comanditados, que respondem solidária e ilimitadamente pelas obrigações sociais, empenham seu patrimônio, seu trabalho e são os sócios comerciantes da sociedade.

Esta sociedade é uma forma jurídica através da qual o empresário obtém capital, vinculando os investidores ao limite proporcional à importância por eles aplicada.

Sociedade em Comandita por Ações – Assemelha-se à sociedade anônima com a diferença de que a direção é exercida pelos sócios ou acionistas.

Sociedade Cooperativada – Trata-se de uma associação voltada exclusivamente para suprir necessidades e interesses dos associados. O objetivo desta sociedade é amparar os associados por meio de uma cooperativa. O capital é formado por cotas que não podem ser transferidas a terceiros alheios à sociedade. As decisões são tomadas em assembleia por meio do voto.

Sociedade por Conta de Participação – É a forma jurídica que ocorre quando duas ou mais pessoas, sendo pelo menos uma delas comerciante, se reúnem, sem firma social, em uma ou duas operações comerciais previamente determinadas, com o objetivo de lucro comum, trabalhando uma, algumas ou todas elas, em seu nome individual para o fim social.

Neste tipo de associação, existem dois tipos de sócios: o ostensivo que é o único que se obriga com terceiros e o oculto, que fica obrigado somente com o sócio pelos resultados das transações e obrigações sociais, nos termos daquilo que ficou acordado. Esta sociedade não está sujeita às formalidades legais prescritas para a formação das demais sociedades.

Sociedade de Economia Mista – É uma associação de capital privado e público, em forma de sociedade anônima. O estado subscreve parte majoritária do capital e canaliza o restante do capital, por meio da participação privada. Desta forma o controle é exercido pelo governo e sua constituição depende de autorização do Congresso.

Sociedade Burocrática: Sociedade fundamentada na racionalização ou em normas impessoais, cuja autoridade acontece por conhecimento técnico, mérito, dedicação ou habilidade especial.

Sociedade Carismática: Sociedade que pode ser mística, arbitrária ou personalística, cuja autoridade acontece por influência pessoal ou poder extraordinário.

Sociedade Comercial: Sociedade voltada para o comércio. A escolha do tipo de sociedade comercial depende de um conjunto de fatores relacionados entre si, tais como: a capacidade financeira dos sócios, o volume de capital necessário, o tipo de mercado, o que será produzido, o risco envolvido, a estratégia, a estrutura, por exemplo.

Sociedade do Conhecimento: Sociedade pós-capitalista que se baseia tanto na sociedade do conhecimento quanto na sociedade de organizações, pois uma depende da outra e, no entanto, uma é bem diferente em seus conceitos, visões e valores. Para Peter Drucker, a maioria das pessoas instruídas, senão todas, praticará seu conhecimento como membro de uma organização.

Sociedade Humana: Conjunto de pessoas que vivem em certa faixa de tempo e de espaço, seguindo normas comuns, e que são unidas pelo sentimento de consciência de grupo.

Sociedade Industrial: Sociedade na qual o estímulo para a perfeição coincide com as necessidades tecnológicas. As máquinas precisam ser aperfeiçoadas para minimizar os perigos à segurança humana.

Sociedade Legal: Sociedade onde predominam as normas impessoais.

Sociedade Tradicional: Sociedade que pode ser patriarcal ou matriarcal, cuja autoridade acontece por direito divino, herança, dinastia ou movimento histórico.

2.15 Parceria

A competitividade e a sobrevivência das empresas dependerão, cada vez mais, da sua capacidade em estabelecer e manter relações de parceria com outras organizações que complementem as suas atividades ou com as quais compartilhem investimentos em tecnologia, infraestrutura de produção e/ou de distribuição.

É interessante observar que uma das formas mais comuns de capitalizar uma empresa é sua associação a outra empresa mais dotada de recursos.

É possível que a parceria possa acontecer por força do dinheiro, do tempo, do trabalho e da ideia. A escolha do parceiro talvez seja a decisão mais importante de todo o projeto de associativismo. É preciso avaliar a competência técnica e cultural da empresa parceira e ver até que ponto ela se adaptará a reformulação pretendida.

A parceria é hoje, reconhecidamente, uma ferramenta de competitividade, porque trás ganhos de produtividade, pois os parceiros ficam engajados num mesmo processo. Dependendo do objetivo da parceria, esta pode ter as seguintes conotações:

Aliança Estratégica – Na aliança estratégica duas ou mais empresas se juntam para compartilhar e competir no mesmo mercado, cada uma participando com a parte ou etapa do processo onde detém maior conhecimento (pontos fortes). Esta forma de parceria é muito difícil e está sempre relacionada aos grandes cartéis.

Associativismo Empresarial – O efeito destruidor que crises econômicas e políticas exercem sobre as atividades das empresas é enorme, sendo que o principal deles é a desatenção do governo. A urgência de se criar, principalmente entre os pequenos empresários, uma atitude, no sentido de conscientização do seu papel social e político na sociedade, bem como de torná-los menos dependentes da assistência estatal, é um passo fundamental no caminho da livre iniciativa.

O associativismo empresarial propicia ações coletivas, programas integrados, informações sobre o segmento em que opera a empresa, desenvolvimento e aplicação de recursos.

Franquia – O sistema de franquia não se constitui num negócio em si mesmo, mas meramente num método de distribuir bens e serviços. Os franqueadores são empresas detentoras de marcas fortes e famosas, seus produtos já são consagrados no mercado consumidor e seus conhecimentos tecnológicos e administrativos são repassados aos franqueados.

Joint-Venture – A associação de grupos nacionais com empresas estrangeiras, através de joint-venture, surge como uma alternativa capaz de interessar ambos os participantes do negócio. Com a saturação das oportunidades de investimento em outras regiões e o desenvolvimento acelerado das nações emergentes, os grupos internacionais têm adotado uma perspectiva mais construtiva em relação ao problema.

Os fatores básicos são: necessidade de capital para expansão, busca de tecnologia para diversificação, necessidade de conhecimento, abertura de mercado no exterior, disponibilidade de matérias-primas e mão de obra, aparecimento de empresários inovadores, empreendedores e progressistas em nível nacional. As joint-ventures passaram a ser consideradas como oportunidades realmente interessantes de aplicação de recursos se as restrições às tecnologias forem aos poucos sendo eliminadas.

Terceirização – A ordem é baratear o custo com elevação da produtividade e melhoria da qualidade, dando um serviço de excelência, já que a empresa terceirizada é orientada para isso. A terceirização tem-se mostrado, entre as diversas estratégias de parceria, a que teve o maior sucesso. Mas, em alguns casos a terceirização tem sido aplicada de forma inadequada em muitas empresas. Sobretudo, quando o objetivo não está voltado para a competitividade e sim para a redução de custos.

O comportamento do mercado de trabalho está passando por um período de mudanças, e observa-se que as empresas estão procurando acompanhar este processo de modernização de suas ações e operações. Um bom exemplo é a redução da folha de pagamento de pessoal das empresas, desativando grande parte da área de serviços gerais.

A prestadora de serviços de terceirização necessita dispor de um efetivo de pessoal, formado por profissionais competentes, que atenda a demanda e a expectativa de seus clientes.

Não há como fugir da terceirização. As necessidades de baixar custos, aumentar produtividade, diminuir os níveis hierárquicos, reengenharia, conhecimento aprofundado naquilo que faz (ou produz), encargos sociais com pessoal, satisfação com o serviço prestado, qualidade, rapidez na aplicação, descentralização, modernidade, necessidade de treinamento, custos de demissão, flexibilidade, distribuição, fornecedores de recursos e maior competitividade são alguns fatores que contribuíram para a criação deste mercado.

Outra vertente a ser considerada é a legislação trabalhista, que pode inviabilizar o próprio trabalho, porque cria mais obstáculos do que facilidades.

A terceirização proporciona vantagens, tais como: permite direcionar melhor os investimentos; divide riscos do mercado; proporciona elevada agilidade decisória e administrativa pela maior flexibilidade nos processos; provoca redução na cadeia de custos indiretos; ameniza o impacto dos encargos trabalhistas em seus custos fixos; proporciona melhor qualidade pela atuação de empresas especializadas, contribuindo para a melhoria do produto; permite redução dos serviços de apoio; simplifica a organização e incrementa a produtividade. Porém, uma grande desvantagem é o desemprego na empresa que terceiriza.

Como, hoje, se terceiriza tudo, desde a gerência de sistemas até a fabricação, parte da motivação, para isso, vem da natureza da economia que se pratica na atualidade. Devido ao avanço da tecnologia, o conhecimento necessário ao desempenho de qualquer atividade relevante tornou-se altamente especializado, sendo cada vez mais dispendioso e difícil manter sob controle uma massa crítica de gente para cada tarefa específica.

Tendo em vista que o conhecimento se deteriora rapidamente, manter pessoas contratadas sem reciclagem gera ineficiência. Mas como reeducar recursos humanos, sem alterar custos de produção?

A seguir, algumas premissas da terceirização:

- A redução de custos não deve ser a finalidade principal da terceirização.
- Nem sempre é mais econômico desenvolver uma atividade que não seja a principal.
- Uma regra importante da terceirização é a definição das áreas que, por segurança ou segredo tecnológico, devem permanecer na empresa.
- Alguns executivos não querem um enxugamento da estrutura da área sob o seu comando.
- As empresas devem evitar superestruturas para administrar empresas terceirizadas.
- Na terceirização é necessário fazer um diagnóstico preciso das atividades a serem repassadas.
- A empresa não deve criar laços paternalistas com o terceirizado.
- Para transformar o terceirizado em parceiro, é preciso: diálogo, conveniência, confiança e identificação cultural.

Parceria em Rede – A tecnologia digital da informação possibilita criar uma rede de parcerias para melhor servir os consumidores. É possível criar uma empresa virtual onde se integrem serviços de comércio, administração, marketing e sistemas operacionais de informação e comunicação. Esta tecnologia dará também à empresa apoio logístico do tipo Just-in-Time.

Segundo Gates, "O fluxo de informação digital torna possível que uma empresa crie uma organização sem limites, mas precisa de uma nova mentalidade e uma nova cultura empresarial para transformar os fornecedores em cúmplices do negócio, isto é, parte integrante do processo de servir bem o consumidor". Todos estão integrados eletronicamente no negócio, podendo dar opinião e participar com ideias inovadoras.

Aliança de Produto – Uma empresa licencia outra para fabricar seu produto, ou duas empresas, em conjunto, vendem produtos complementares. Esta aliança pode ser a nível da propaganda, da promoção, da logística e do preço, por exemplo. Todo este esforço é para equilibrar pontos fracos e pontos fortes. Quando bem administradas, estas alianças permitem que as empresas maximizem lucros e minimizem custos.

Cooperativa – A cooperativa é uma associação de produtores, intermediários ou consumidores que se reúnem com o propósito de fazer negócios a custo reduzido e, geralmente, no curto prazo. A cooperação supõe, de certa forma, uma espécie de divisão de trabalho entre os indivíduos participantes de um mesmo grupo, porque ela aumenta a capacidade da performance humana.

Parceria Público-Privada – Tidas como grande alternativa à incapacidade financeira do Estado de investir em infraestrutura, estas parcerias transformaram-se numa espécie de panacéia, tanto no discurso governamental como no dos empresários. As PPPs são contratos em que o setor privado se torna sócio do Estado no fornecimento de obras e serviços para a população, mediante contrapartidas em recursos públicos. Criadas no início dos anos de 1990, na Inglaterra, nem sempre as PPPs corresponderam às altas expectativas dos países que as adotaram.

Os principais problemas das parcerias são:

Aliança Estratégica – Na aliança estratégica, a parceria é muito difícil, porque está relacionada aos grandes cartéis.

Associativismo Empresarial – No associativismo empresarial, a dificuldade está no nivelamento por baixo e nas regras estabelecidas nos estatutos da associação.

Franquia – Na franquia, os importantes problemas são: independência limitada, inflexibilidade para estratégias e táticas, submissão na hora do pedido, falta racionalidade na política de expansão.

Joint-Venture – Na joint-venture, os problemas estão na remessa de lucro, na restrição de transferência de conhecimento, na legislação do país sede e na legislação do país de origem.

Terceirização – Na terceirização, os principais problemas são: qualificação do terceirizado, expectativas e contratos não cumpridos, indefinição do objetivo (competitividade ou redução de custos) e legislação trabalhista.

Parceria de Rede – Na parceria em rede, o maior problema é criar uma cultura baseada na tecnologia digital da informação.

Aliança de Produto – Na aliança de produto, o problema maior é conhecer os pontos fortes e pontos fracos dos participantes.

Cooperativa – Na cooperativa os mais importantes problemas são: limitações dos associados, controle do capital de giro, juros a serem aplicados, concorrência, modalidade das transações, distribuição dos lucros e neutralidade política, por exemplo.

Parceria Público-Privada – Na parceria público-privada, os problemas deste tipo de associação referem-se à divisão dos riscos de maneira eficiente e ao cumprimento fiel dos prazos. Portanto, conhecer a experiência internacional ajuda a evitar erros.

2.16 Regulamentação

A regulamentação é uma iniciativa dos governos sobre as empresas, os mercados, os consumidores, os usuários, as sociedades, os distribuidores, os industriais, os fornecedores. Os regulamentos e controles governamentais têm produzido grandes efeitos, porque afeta tanto a compra quanto à venda, já que se trata simplesmente de dois aspectos do mesmo processo.

A história das regulamentações, em todo o mundo, revela os seguintes objetivos: manter a concorrência, repelir monopólios e oligopólios, estimular interesse para projetos especiais, cuidar para que a população tenha maior poder de compra, coibir propaganda enganosa, criar mecanismos de defesa do consumidor, proteger a propriedade de marcas e patentes.

A empresa precisa estar atenta às diversas políticas governamentais que regulam a vida nacional e, por tabela, interferem nas organizações públicas e privadas. Os regulamentos e controles governamentais têm produzido grandes efeitos. Na maior parte das vezes, o governo atravanca o crescimento econômico por omissão.

Mas há momentos em que a administração pública atrapalha o progresso não pela omissão, mas pela ação. É exatamente isso que está acontecendo no manejo do meio ambiente, em que as autoridades responsáveis pela aprovação dos projetos criam dificuldades em nome de "causas nobres".

O protecionismo é frequentemente excessivo, daí resulta o afastamento do comprador e um consequente prejuízo para a própria indústria que se pretendeu beneficiar. A indústria protegida gera um caráter parasitário, que a desvitaliza e a desprepara para as contingências econômicas do futuro.

É preciso estar atento às regulamentações governamentais e seus objetivos:

Regulamentação Econômica – A regulamentação econômica objetiva regulamentar as atividades industriais, comerciais e de serviços, cuidar para que a população tenha maior poder de compra, apresentar medidas antidumping.

Regulamentação do Comércio – A regulamentação do comércio afeta tanto a compra quanto a venda, já que se trata simplesmente de dois aspectos do mesmo processo. Esta regulamentação objetiva a defesa do consumidor, bem como mostrar restrições legais de instalações comerciais.

Regulamentação da Indústria – A regulamentação da indústria objetiva segurança no trabalho, insalubridade, condições ambientais de trabalho, perigo de contaminação, melhoria ambiental, poluição, degradação ambiental, higiene, limpeza, embalagem, qualidade do produto, validade de duração, garantia, qualidade de vida do empregado, controle de acidentes.

Regulamentação do Transporte – A regulamentação do transporte objetiva estabelecer controles de tarifas, posse e operação do meio de transporte (duto, fluvial, marítimo, esteira, terrestre, aéreo).

Regulamentação do Armazenamento – A regulamentação do armazenamento objetiva higiene, qualidade ambiental, normas de segurança, limpeza, validade do produto, prazo de armazenagem.

Regulamentação do Preço – A regulamentação do preço objetiva não permitir desabastecimento, vigiar a evolução dos preços, questionar os motivos de alta, evitar congelamento dos preços, dar bom exemplo quando do aumento das tarifas públicas, interferir em aumentos abusivos.

Regulamentação do Seguro – A regulamentação do seguro objetiva controlar os repasses, controlar a relação preço/valor, controlar o cumprimento dos contratos (forma legal).

Regulamentação das Comunicações – A regulamentação das comunicações objetiva controlar o abuso da mídia e da transmissão de dados.

Regulamentação Tributária – A regulamentação tributária objetiva o arrocho (controle) fiscal, taxa de juros, alíquota do imposto de renda. Cuida, ainda, das contribuições, taxas e impostos sobre produtos, empresas e pessoas físicas.

Regulamentação das Bolsas: Regulamentação que objetiva normalizar as operações nas bolsas de mercadorias e de ações.

Regulamentação Monetária: Regulamentação que objetiva controlar a inflação, a base monetária, a cotação do dólar, a dívida externa, o déficit público, o depósito compulsório dos bancos, a dívida interna, a balança de pagamentos, os títulos negociados pelo governo, as condições de crédito.

2.17 Legislação

Legislação é o conjunto de leis acerca de determinado assunto. É importante observar as premissas da lei:

- A lei possui, invariavelmente, um conteúdo empírico determinado, que, em princípio, pode sempre ser controlado por elementos observacionais, obtidos através de procedimentos próprios.
- A lei é formulada sem exceção, por intermédio de um só e único enunciado.

Qualquer que seja a legislação, ela estabelece basicamente: Quem é o responsável; Como fazer; Onde atuar; Com que frequência acompanhar; Por que das precauções; Quais produtos são autorizados; Quanto de obrigatoriedade assumir; Qual documentação utilizar; Quais as boas práticas de obediência; Quando é preciso mudar; O que fazer.

A seguir, abordaremos os principais tipos de legislação, que afetam a vida empresarial e que são, cada vez mais, restritivas para a livre iniciativa:

Legislação Comercial – A legislação comercial visa proteger as empresas da concorrência desleal; os consumidores de práticas comerciais injustas; os interesses da sociedade contra o comportamento desenfreado das empresas; os consumidores dos abusos da propaganda enganosa; o ambiente da degradação; os agentes do governo da corrupção.

Um importante propósito dessa legislação e/ou obrigação é cobrar das empresas os custos sociais gerados por seus produtos ou processos de produção. Esta legislação restringe as horas de trabalho dos empregados e limita, por exemplo, o horário dos estabelecimentos comerciais. Seria aceitável se, para a sua promulgação, se estudasse devidamente o equilíbrio a estabelecer entre as concessões legítimas a fazer aos empregados e as necessidades, não menos legítimas, da produção e do consumo.

A legislação sobre o comércio eletrônico ainda está sendo definida. Não há consenso sobre assuntos como a natureza dos contratos eletrônicos, a distribuição de material protegido por direitos autorais, a pornografia, a indevida divulgação.

Legislação Ambiental – A maior parte das vezes, o governo atravanca o crescimento econômico por omissão. Mas, há momentos em que a administração pública atrapalha o progresso pela ação. É exatamente isso que está acontecendo no manejo do meio ambiente, em que as autoridades responsáveis pela aprovação dos projetos criam dificuldades em nome de causas nobres.

Hoje, por pressão de grupos verdes, de ONGs e de alguns setores do governo, obras importantes para o crescimento do país estão paralisadas, fazendo com que o Brasil tenha um dos mais baixos índices de concessão de licenças ambientais do mundo. O processo demora, em média, o dobro do que nos Estados Unidos, conhecido como um país rigoroso até demais na preservação dos seus recursos naturais.

Legislação Trabalhista – Legislação que trata da contratação e descontratação e se baseia inteiramente na regulação criada por lei e na negociação entre empregado e empregador. Ao criar um novo emprego formal, as empresas têm de arcar com despesas absurdas sobre o salário do empregado. Nenhum dos itens pode ser negociado. As despesas, altas e rígidas, até podem ser eventualmente toleradas pelas grandes corporações, mas são inviáveis para micros e pequenas empresas, que constituem a maioria dos negócios no país.

Na busca por maior eficiência e competitividade, grandes companhias optam por arcar com despesas adicionais. É o caso da previdência privada, dos seguros de saúde e de vida, dos bônus por produtividade. Essa é, porém, uma atitude inimaginável para empresas como uma barbearia, que emprega oito pessoas e vive uma realidade completamente diferente.

A legislação trabalhista, como está formatada, não consegue proteger os trabalhadores e nem a esmagadora maioria das empresas. É isso que gera o desestímulo para empregar e estímulo para contratar na informalidade, reduto da mão de obra nacional não especializada. Quando isso ocorre, todos perdem.

Perde a Previdência Social, que deixa de recolher contribuições sociais de empregados e empregadores. Perde o trabalhador, que fica desprotegido. Perde a empresa, que não investe no treinamento e não ganha em produtividade. Perde a sociedade.

Contratar e descontratar no Brasil se baseia inteiramente na regulação criada por lei. Ao criar um novo emprego formal, as empresas têm de arcar com despesas que podem chegar a 100% do salário líquido do empregado. Felizmente, com a nova legislação trabalhista, aprovada em 2017, as coisas começaram a mudar, pois foi introduzido o fator negociação entre empregados e empregadores.

As questões de emprego são:

- Qual o prazo que o empregado tem para entregar o requerimento do seguro-desemprego?
- O empregado aposentado por invalidez pode ter seu contrato de trabalho rescindido?
- Quando o empregado faz jus ao recebimento do salário-família?
- Todo empregado tem direito a horas extras?
- Como deve proceder a empresa quando o dia do vencimento do pagamento da rescisão contratual cair em sábado, domingo ou feriado?
- As férias podem se iniciar em dia não útil?
- A quem compete o pagamento do salário-família quando o empregado está afastado por auxílio-doença?
- Como deve ser calculada a remuneração referente aos primeiros 15 dias de afastamento do empregado por motivo de doença?
- No caso de falecimento de algum parente, o empregado tem direito a se ausentar do trabalho?
- O empregador pode conceder férias ao empregado em dois períodos consecutivos?
- O empregado que vier a ser convocado para a prestação do serviço militar obrigatório fará jus aos avos de 13º salário referente ao período trabalhado?
- A alimentação fornecida ao empregado será considerada salário *in natura*?
- O aviso prévio integra o tempo de serviço para todos os efeitos legais?
- Existe o chamado aviso prévio domiciliar?
- O empregador pode descontar assistência médica, odontológica, seguro e associação de empregados?
- Qual o prazo que o empregador tem para o pagamento das férias?
- Qual são os direitos a que não faz jus o empregado doméstico?
- A rescisão contratual de empregado doméstico precisa ser homologada?
- O empregador pode descontar do empregado quebra de material utilizado para a realização do seu trabalho?
- Quando deve ser iniciada a contagem do aviso prévio?
- O empregado que presta serviço eleitoral tem algum benefício?

Legislação Protecionista – A legislação protecionista, quando sabidamente orientada, consegue realmente proteger a indústria e proteger a saúde do consumidor, minimizar os conflitos entre produtores e consumidores, bem como direcionar as ações dos órgãos fiscalizadores do poder público. E, se estes interesses se equilibram, não se trata de uma lei restritiva, porém de uma simples medida econômica sem caráter especial.

Legislação de Franquia – Legislação que regula os procedimentos entre franqueadores e franqueados, para que o acordo entre eles aconteça da melhor forma possível. É bom lembrar que, embora elaborado por profissionais de franquia, o contrato deverá garantir a situação de insolvência de cada parceiro.

A experiência nos ensina que a legislação de franquia deve conter alguns dispositivos, tais como:

- O franqueado deve se obrigar a acatar, sem quaisquer reservas, todas as instruções e orientações que lhe der o franqueador.
- É vedado ao franqueado utilizar suas instalações para atividades que não sejam objeto do contrato.
- É preciso ficar esclarecido se será permitido ao franqueador ter seus próprios pontos de vendas, ou que trabalhe com outros produtos que não os listados no contrato de franquia.
- O franqueado se obriga a guardar absoluto sigilo sobre suas negociações com o franqueador.

Legislação do Comércio Eletrônico – A legislação sobre o comércio eletrônico ainda está sendo definida. Não há consenso sobre assuntos como a natureza dos contratos eletrônicos, a distribuição de material protegido por direitos autorais, a pornografia, a indevida divulgação.

Legislação Tributária – Legislação que regulamenta a aplicação e recolhimento de tributos.

2.18 Imagem

Imagem é a representação de determinado objeto ou cenário pretendido de algo, como sendo bastante aceitável pelo público. A imagem é considerada como um contexto de representações mentais criado pelas pessoas em relação a um objeto.

A seguir, os principais tipos de imagem:

Imagem da Empresa: Embora a imagem da empresa tenha sido abordada, vale lembrar que para a empresa a imagem é uma ferramenta estratégica, um conjunto de valores positivos, motivadores e duradouros. Estes valores são reforçados ao longo do tempo por meio dos serviços de comunicação. A imagem da empresa deve ser uma preocupação de todos os seus funcionários, desde o presidente ao faxineiro, que estarão, a todo instante, trabalhando suas marcas, seus bens, seus serviços e suas ideias.

Toda empresa famosa tem sua imagem na cabeça do público consumidor. Muitas vezes, o consumidor possível se torna impossível, porque a imagem não ajuda ou porque esta deixou de ser favorável por alguma razão.

O valor da clientela cativa que volta sempre a comprar e a imagem da empresa, que tanto custa construir, são arranhados. É razoável, pois, ficar em pânico, sabendo que todo dispêndio com inteligência, esforço, tempo, energia e dinheiro está nas mãos daqueles que lidam com o público e que não avaliam, certamente, a tremenda responsabilidade que lhes é confiada.

Que deve fazer um empresário para melhorar a imagem de sua empresa? A publicidade era o único recurso para isto, mas "designers" do mundo inteiro começaram a desenvolver técnicas que substituem, com vantagens, a propaganda convencional.

De nada adianta elaborar, por exemplo, um relatório de esmerado acabamento gráfico, mas completamente dissociado dos elementos de identificação da empresa. Assim, um esforço, que pode ter sido grande, não tem resultado à altura, pois a peça encerra-se em si mesma, sem um alcance maior.

A imagem empresarial é um fator determinante, pois o trabalho de coordenação visual beneficia as empresas em dois planos:

Externamente (controla todos os aspectos que possam ser transmitidos por meios visuais das empresas).

Internamente (estabelece um programa de racionalização).

Um dos ramos onde a imagem empresarial pode ter sua importância, devidamente aquilatada, é o dos transportes aéreos. Em nenhuma outra atividade comercial, a oferta de aviões, rapidez, escalas, serviços de bordo e tarifas é tão idêntica.

Neste caso, a empresa deve projetar sobre o público suas características qualitativas, como segurança, confiabilidade, pontualidade, precisão, progresso tecnológico, diversificação de produtos, a fim de destacar-se das demais.

A empresa moderna necessita desses predicados, não somente para seus produtos, mas também para alcançar uma importância no conceito público, que representa a sua finalidade essencial, devendo encontrar um perfil capaz de criar na comunidade uma imagem definida, pois o anonimato não inspira confiança.

Os meios e instrumentos de comunicação são fundamentais para construir e fortalecer a imagem de uma empresa/marca/produto.

A fim de melhorar a imagem, a organização utilizará:

- Instrumentos: Publicidade; Propaganda; Promoção; Treinamento; Relações Públicas.
- Meios visuais: Aparência Moderna; Cores Compatíveis; Logomarca Bonita; Arquitetura da Loja; Página Agradável na Internet; Embalagem Apropriada (etiquetas, rótulos, cor e estrutura).

- Serviços: Atendimento na Venda; Atendimento Pós-Venda; Atendimento no Crediário; Sinalização das Mercadorias.

Imagem da Marca – Imagem da marca é a percepção que um indivíduo cria, após uma série de contatos com uma empresa, somada à experiência com seus produtos, tendo como base seus valores e crenças pessoais.

A boa imagem é um dos objetivos buscados por qualquer empresa. Hoje, como as marcas têm forte influência, é comum usar a propaganda para criar uma boa imagem da marca junto aos consumidores. Assim, a imagem da empresa é uma estratégia interna e externa. Mas, a imagem da marca é para o mercado.

Quando a imagem da empresa é melhorada, com certeza se está criando novos consumidores, que, satisfeitos, divulgam o produto e a marca, aumentando o seu valor.

Só uma pesquisa pode responder, perfeitamente, às perguntas referentes ao que o público pensa de determinada empresa. Mas, sem fazer pesquisa, sabe-se muito bem que só se terá uma boa imagem à medida que a empresa for capaz de tratar o consumidor como alguém muito importante para a organização.

Imagem do Tempo: Imagem determinada pelas pessoas e pelos ambientes. Muitos utilizam o tempo de forma inconsciente, como uma máquina, sem se dar conta do seu valor.

2.19 Burocracia na Empresa

Burocracia é o nome dado a uma ação que se baseia na racionalidade, isto é, na adequação dos meios aos objetivos (fins) para garantir a máxima eficiência possível. Tipo de organização caracterizada pela paixão à rotina e à não criatividade. Processo caracterizado por regras, regulamentos, estatutos, regimentos.

Nota: O conceito de organização burocrática foi abordado no Capítulo 1.

Teoria da Burocracia apareceu no Campo da Administração, a partir da década de 1940, em função da fragilidade das teorias de administração existentes, tendo em vista posições contraditórias e sem possibilidades de uma abordagem global da organização.

Por outro lado, havia a necessidade de um modelo organizacional racional capaz de envolver todas as variáveis que dariam solução aos problemas da época. Entretanto, a burocracia não acompanhou a evolução da sociedade nem a das organizações, tornando-se um obstáculo ao pleno desenvolvimento e progresso atuais.

Emergiu, destarte, uma outra perspectiva, popular, emocional, imprecisa, em que a burocracia é considerada como um tipo de organização caracterizada pela paixão à rotina e à não criatividade. A teoria da burocracia surgiu da necessidade de se possuir uma abordagem que não fosse mecanicista, como na teoria clássica, e nem tivesse a ingenuidade da teoria das relações humanas.

A burocracia não constitui problema exclusivo do serviço público, aqui ou no estrangeiro. Na verdade, o fenômeno da burocracia está intimamente associado ao da dimensão. Atingida certa dimensão, toda organização tende a burocratizar-se. É que, com o crescimento, perde-se a dimensão humana.

O contato pessoal cede lugar à comunicação escrita. O homem transforma-se de senhor das decisões em escravo dos regulamentos. A liderança pessoal dissolve-se no texto de manuais de procedimento. A decisão individual e peculiar cede lugar à padronização e à uniformização das decisões (políticas).

A organização perde o calor, a garra, a motivação, o sentido de urgência e a clara consciência de seus objetivos. Torna-se insensível e vagarosa.

Não há dúvida de que a dimensão favorece a burocratização, por força do inevitável processo de falta de personalidade que dela decorre. Mas a burocratização não se alimenta apenas da dimensão. Tem raízes profundas no próprio comportamento humano e, sobretudo, na tendência à centralização da autoridade.

A concentração do poder decisório nos níveis mais altos da administração de empresa é uma doença crônica do serviço público, que também se observa na empresa privada, muitas vezes como sobrevivência da fase inicial, heroica e pioneira, marcada pela personalidade dos fundadores.

Consciente dos problemas da burocratização, os estudiosos da organização, inclusive, dentro do governo, passaram a procurar fórmulas, regras, técnicas que pudessem minimizar as dificuldades, surgindo, assim, a desburocratização, referindo-se não só aos meios indicados para correção, reequilíbrio e efetividade do sistema organizacional, como também, à internacionalização de novos processos que melhor atendam às exigências dinâmicas de uma sociedade permanentemente em mudança.

A burocracia inferniza as organizações governamentais, as empresas e aqueles que dependem dos dois. Gera a perda de bilhões de dólares, pois cada funcionário gasta em média duas horas com atividades burocráticas. Atualmente, o ambiente de negócios se defronta com o paradoxo: Há, de um lado, a necessidade de informações, redução de custos, estruturas enxutas, otimização dos recursos, minimização de erros, previsibilidade dos resultados, monitoramento dos clientes e, de outro lado, um mundo de controles e padrões para tudo o que foi dito.

Segundo Weber, burocracia significa um sistema social organizado por normas escritas, visando uma racionalidade e igualdade no tratamento dos clientes (consumidores, usuários, pacientes, funcionários, fornecedores, agentes do governo, intermediários). Weber dividiu a sociedade em: sociedade tradicional (autoridade acontece por direito divino), sociedade carismática (autoridade acontece por influência pessoal) e sociedade burocrática (autoridade acontece por conhecimento técnico, mérito ou por aplicação de regras, procedimentos e políticas).

Os ingredientes formais do modelo burocrático são: Hierarquia, Estrutura, Especificação, Disciplina, Delegação, Norma, Regulamento, Procedimento, Diretriz, Política, Formulário, Documentação e Arquivo.

2.20 Família

Família ou grupo primário de referência para que um indivíduo interaja com os demais membros do grupo. A família precisa satisfazer as necessidades individuais e comuns, partilhando seus recursos relativamente fixos.

Os problemas de família são aqueles que se referem as relações entre parentes, herdeiros e sucessores, que trabalham na organização, como dirigentes da mesma, donos ou não. Uma empresa da qual participam numerosos membros de uma família, com variadas idades e relações entre si, muitas vezes, se desintegra por questões de domínio e sucessão.

Os dirigentes de empresas de maior êxito são, muitas vezes, homens que edificaram suas próprias companhias. Não deixa de ser irônico o fato de que seu próprio sucesso, frequentemente, lhe causa e aos membros de sua família problemas pessoais de uma intensidade raramente encontrada pelos administradores profissionais.

Uma empresa da qual participam numerosos membros de uma família, com variadas idades e relações entre si, muitas vezes se desintegra por questões de domínio e sucessão. Os problemas em família mais importantes de serem abordados são:

Problemas com Herdeiros – Geralmente, uma empresa familiar terá sérios problemas, quando as decisões da direção são influenciadas por sentimentos e responsabilidades, para com parentes em atividade na empresa. O nepotismo exerce uma influência muito grande e a empresa é administrada mais em honra a uma tradição de família do que por suas próprias necessidades e objetivos.

As dificuldades da empresa de família começam com o fundador, porque, em geral, ele é um empreendedor, não se sente à vontade quando está sendo supervisionado, tem dificuldade em delegar, recusa a se aposentar e precisa demonstrar que é ainda competente, embora queira passar o negócio para um sucessor.

Para o empreendedor, o negócio é essencialmente uma extensão de si mesmo e, sobretudo, um meio de satisfação e realização pessoal. É característico o fato de que aqueles que trabalham para ele são seus instrumentos na modelagem da organização.

As fontes de conflito numa empresa familiar, em geral, são: o filho procura assumir responsabilidades cada vez maiores; o filho se aborrece por ser sempre um menino aos olhos do pai; o pai abriga o sentimento de que o filho jamais será homem bastante para gerir o negócio; o filho anseia pela oportunidade de dirigir a empresa e espera impaciente sua vez de entrar em cena; as concepções administrativas do pai se tornam obsoletas.

Muitas empresas, ao fim da gestão de seus fundadores, se desintegram, são saqueadas ou se fundem, formando outra organização.

A rivalidade entre irmãos na disputa da preferência do pai, que começa na infância, continua na vida adulta e pode atingir e influenciar nas decisões da empresa. A luta pelo poder dentro da família pode atrapalhar o futuro da empresa familiar.

Talvez muitos dos problemas nas empresas de família pudessem ser evitados se os sucessores fizessem uma autoanálise, devendo perguntar a si mesmo por que preferiu (se preferiu) entrar para o negócio da família, tentar mostrar ao pai, de forma gradual, o seu valor como profissional e ser humano, procurar controlar seus sentimentos de rivalidade e frustrações, respeitar a competência do pai que criou um novo negócio, o que não é fácil.

Alguns métodos para solucionar problemas familiares são os seguintes:

- Reunião – Esse processo talvez possibilite aos pais e filhos dar-se conta de que eles não são os únicos a terem esses problemas e obter o apoio daqueles que sofrem a mesma dificuldade.
- Uma Terceira Pessoa – Recorrer a uma pessoa, geralmente ligada à família ou de competência reconhecida por pai e filho, para discutir o problema de forma conjunta e antecipar futuros conflitos com a finalidade de bem administrar a empresa.
- Um Consultor – Há casos raros, geralmente quando o conflito se torna grave, em que o pai e o filho se dispõem a recorrer juntos, ou separadamente, a um profissional. O consultor deve estimular o pai a manifestar seus receios de perder o controle, de não mais ser necessário e de sofrer rejeições. E ao filho a expressar sua preocupação em ser alvo de controle excessivo e em ser tratado como criança.

Problemas com Parentes – O conflito suscitado por rivalidades entre familiares e outros parentes têm um efeito cronicamente abrasivo nos diretores da empresa. Esses membros da família precisam enfrentar o impacto causado por tais relações e precisam aprender a conduzi-las não somente em benefício de sua própria saúde emocional, mas para o bem do negócio.

Os problemas do pai e irmãos estendem-se para outros parentes quando eles também passam a participar do negócio. Em algumas famílias, espera-se que todos que queiram entrar para a companhia lá tenham seus lugares. Isto pode ter efeitos arrasadores.

O dirigente máximo de uma empresa familiar sente naturalmente uma enorme responsabilidade pelos destinos da família. Se ele não obtiver lucro, o efeito disso pode significar cortes nos rendimentos da família. Onde houver conflito, ou territórios inadequadamente racionalizados, os membros da família devem ser promovidos a cargos aos quais cabe o estabelecimento de políticas, afastando-se da administração o mais depressa possível. Tal medida reconhece a realidade da propriedade, mas não confunde propriedade com administração.

Em geral, o mais sensato para qualquer empresa de família é passar à administração profissional o mais rapidamente possível. Mais do que os outros, os membros da família precisam ter suas próprias atividades externas nas quais encontrem satisfação igual à que podem ter na empresa.

Caso contrário, não cederão e continuarão a constituir obstáculos para outros. Mais ainda, dificultarão o recrutamento e preparo de jovens com potencial de liderança, os quais, aos se tornarem amadurecidos, perceberão os obstáculos inevitáveis.

Problemas na Admissão de Parente – Para evitar problemas posteriores, a admissão de um parente deve ser cuidadosa, pois para se julgar se um parente é ou não adequado é bom observá-lo em outro emprego, durante alguns anos, antes de entrar na empresa. O ponto de partida é fazer com que todos os parentes, principalmente filhos de sócios, comecem a trabalhar fora e só entrem mediante um currículo comprovado.

Mesmo assim, a informalidade que rege as relações entre parentes próximos e a acomodação natural das pessoas que trabalham juntas, há muitos anos, levam a inúmeros problemas de relacionamento.

Transformado em verdadeiro flagelo, o ingresso de novas gerações nos negócios da família pode ser contornado, desde que a empresa proponha rígidas normas de admissão para o herdeiro, como por exemplo: ter curso superior; experiência profissional fora do grupo; capacitação comprovada para abrir "lacunas" na empresa; ser submetido a testes de admissão como para os demais; fazer com que o mesmo viabilize um projeto para uma área problemática da empresa.

Problemas no Desempenho do Parente – Desempenho inadequado no trabalho compromete resultados. Muitas das vezes, tais problemas ocorrem por treinamento deficiente, indisciplina, desmotivação e falta de supervisão. Pior, quando o parente foi recentemente promovido e já tem tempo suficiente de empresa para apresentar uma performance compatível ao esperado.

Se os problemas persistirem, são necessárias algumas providências:

- Modificar o cargo, reduzindo tarefas e concentrando a pessoa nas atividades que mais bem sabe fazer. Esta é uma redução que não implica diminuição de cargo para efeito da legislação trabalhista.
- Transferir a pessoa horizontalmente para outro cargo, cujo perfil seja mais compatível com o seu.
- Promover o parente para uma função de staff, não afetando o desempenho do grupo de trabalho.
- Designar um novo chefe para ele, escolhendo uma pessoa que consiga entendimento e melhor desempenho.
- Transferir o parente para uma função menor, informal e periférica, ou para uma função ou local de trabalho que o leve a pedir demissão.
- Obter seu pedido voluntário de demissão.
- Passar o parente para o conselho de administração, ou contratá-lo como consultor autônomo. Às vezes, é preferível pagar para o parente ficar fora.

2.21 Sucessão

Sucessão é o nome dado ao processo de iniciação daqueles que irão comandar a empresa, depois da morte do fundador ou dirigente. A sucessão é um gatilho de mudança, pois o dirigente precisa preocupar-se com seus legados, sócios, empregados e diversos públicos.

Este processo deve começar pela educação dos filhos. O momento de iniciar a discussão sucessória coincide com a fase em que os filhos começam a fazer suas opções profissionais, sendo importante que cada um busque a realização pessoal.

Quando a empresa familiar perde o seu principal líder, é aconselhável:

- Criar um grupo de contingência, com membros da diretoria, do conselho e, eventualmente, consultores externos.
- Indicar rapidamente o sucessor em, no máximo, uma semana.
- Criar uma força-tarefa, com diretores e gerentes, até que o novo dirigente assuma.
- Elaborar um plano de comunicação interna e externa para evitar especulações e garantir a transparência.
- Deixar claro se a pessoa escolhida assumirá definitivamente, ou não, o cargo.

Quanto à sucessão, o líder dominante pode passar seu lugar para outros parentes, mais velhos, que dirigirão a empresa cada um por seu turno. Ele pode até prometer-lhes funções de liderança, particularmente, se tiver de formar uma coalizão para poder ter apoio.

Mas, tanto por razões realísticas como irracionais ele pode muito bem acabar acreditando que ninguém na família tem capacidade de preencher o cargo. Também não pode, entretanto, revelar completamente sua decisão sem provocar um conflito e não pode trazer administrador de fora sem trair seus parentes ou faltar às suas promessas.

Por outro lado, o dirigente teme o que aconteceria se morresse sem designar um sucessor. Pode, também, decidir pela venda da empresa. Mas essa solução é dispendiosa, não somente acarreta a perda do negócio como meio de trabalho, mas também representa a tradição e, inevitavelmente, a dissolução de estreitos vínculos familiares que foram mantidos por meio do negócio.

Todas as organizações precisam preparar os subordinados de maneira sistemática, criando assim a condição básica para a sua própria sobrevivência. Quanto mais competitivas forem as condições do negócio, mais bem trabalhada será a forma de sucessão.

Cuidar do processo sucessório de forma a evitar sobressaltos, sabendo a hora propícia de passar o bastão, faz toda a diferença para a perenidade de uma empresa. Nas organizações familiares, a questão é ainda mais crucial, pois envolve instâncias de poder, propriedade e gestão, mescladas a aspectos afetivos e emocionais.

Lidar com a transitoriedade exige desapego do mandatário para com velhas práticas, bem como determinação e assertividade para enfrentar os percalços no caminho. Um elemento complicador é o fato dos papéis de herdeiro e sucessor nem sempre serem coincidentes, frustrando expectativas.

No entanto, é imprescindível perceber que o processo de sucessão representa um grande desafio, devendo começar, de fato, na educação dos filhos. Tolher iniciativas, definitivamente, não constitui o melhor caminho, por que sufoca o espírito empreendedor.

O momento de iniciar a discussão sucessória coincide com a fase em que os filhos começam a fazer suas opções, sendo importante que cada um busque a realização pessoal.

Ser herdeiro é um direito, tornar-se sucessor demanda competência e exige a conquista da legitimidade. Embora delicada e complexa a sucessão tem de ser tratada com tempo suficiente para o preparo de todos e a busca da solução mais adequada. Não encontrando o sucessor na estrutura familiar, há de se considerar outras alternativas.

A sucessão é um gatilho de mudança, pois o dirigente precisa preocupar-se com seus herdeiros, sócios e empregados.

2.22 Problemas Empresariais

Problema pode ser considerado como uma situação que exige busca e solução. Esta resposta pode alterar um processo, uma decisão, uma realidade, um objetivo, uma estratégia, uma política, um procedimento, um plano e um projeto, por exemplo.

Chiavenato admite que “um problema acontece quando encontramos uma discrepância entre o que é e o que deveria ser”. Hampton afirma que “a mola que aciona o processo decisório é a consciência de que existe um problema”.

Um problema (questão) é algo (situação, dificuldade, necessidade) não resolvido, que pode causar discussão, constrangimento, conflito, hesitação, perplexidade, por difícil de explicar ou de solucionar, em qualquer campo do conhecimento, e que merece um estudo aprofundado.

Problema Empresarial é o problema que envolve a missão, os objetivos e os resultados da empresa, visando a sua sobrevivência. As pessoas agem como se os problemas empresariais fossem resolvidos por um único cérebro.

As decisões têm um caráter descentralizado na sua essência, já que ninguém poderá sozinho controlar as decisões em todos os níveis de uma organização. Para decidir qual o caminho a tomar para a solução de um problema empresarial, normalmente, deve-se agir com maturidade, objetividade e método.

Cerca de 90% dos problemas das empresas, ou seja, a maior parte, não é da responsabilidade dos seus empregados, mas resultado de estruturas deficientes de trabalho. Então, é necessário que se afaste o medo dentro das empresas, para que se dê liberdade à criatividade.

As pessoas receiam apontar problemas pelo medo de serem culpadas por eles. Deve-se cessar a ação de avaliar as transações, do dia a dia, apenas à base do custo em detrimento da qualidade e instituir o treinamento dentro do trabalho, ao invés da prática vigente, onde os novos empregados aprendem os serviços com os mais antigos, que por sua vez tiveram a mesma forma de ensinamento, quando entraram na companhia, acarretando com isso uma execução da tarefa que, cada vez mais, se afasta do determinado inicialmente.

Eliminar as barreiras entre as diversas áreas da empresa deve ser tomado como premissa. O que se observa nas companhias é que os seus diversos departamentos têm objetivos diferentes e não trabalham em equipe para resolver os problemas comuns. Um dirigente empresarial terá de enfrentar muitos problemas.

A seguir são listados alguns tipos de problemas empresariais:

Problemas com Produção: Mudanças excessivas nos produtos; rendimento baixo das máquinas e equipamentos; tempo residual excessivo; baixa produtividade; resposta irreal sobre pedido do cliente; pedidos de afogadilho; cancelamento de pedidos em função do prazo; padrões de qualidade abaixo dos do mercado; diversificação fora de condições de atendimento; atraso tecnológico; Departamento de Vendas desconsidera os problemas de produção.

Problemas com Estoque: Excesso de matéria-prima e insumos; falta de matéria-prima; controle de estoque ineficiente; baixa rotação de produtos; falta de produtos de venda rápida; fornecedores inadequados; sistema de informação inoperante; baixo nível tecnológico para respostas imediatas.

Problemas com Vendas: Vendedores tendem a promover artigos não lucrativos; datas de entrega irreais são prometidas; pouco esforço é desenvolvido para promover os artigos que se encontram em quantidade apreciável no estoque; vendedor insiste na manutenção dos preços; pouco caso na avaliação do custo; vendedor aceita pedido para lote não econômico e não previsto nas linhas de produção; Departamento de Produção tem apreciação inadequada dos problemas de vendas e das necessidades dos consumidores.

Problemas com Subordinados: Aparecimento de reivindicações sindicais; não cumprimento de promessas de melhoria salarial; reclamações sobre qualidade de vida e segurança nas operações.

Problemas com Consumidores: Produtos de qualidade inferior; reclamações contra fraudes; ineficiente serviço pós-venda; baixo nível de qualidade no atendimento; campanhas publicitárias malfeitas; falta de calor humano, devido ao alto grau de automação; produtos não disponíveis, apesar da propaganda.

Problemas com Governo: Tributação exagerada; poluição ambiental; juros de crédito elevados; burocracia legal; tratamento fiscal igual para grande e pequeno; insegurança.

Problemas com Credores e Fornecedores: Prazos de pagamento; juros extorsivos; prazos de entrega; canal de distribuição; contratos leoninos.

Problemas com Sócios (acionistas): Distribuição dos lucros; dividendos; política de reinvestimento; propriedade dissociada do controle; a direção se relaciona mal com os sócios; falta de transparência; a grande empresa desconsidera o acionista.

Problemas com Contratação: Excesso de regulamentações; desemprego; informalidade; demissão.

Problemas de Caixa: Sobras de caixa; aplicações; liquidez; solvência; endividamento; fluxo de caixa.

Problemas Legais: Contenciosos (entre diretorias, funcionários, governos, outras empresas).

2.23 Doenças da Empresa

Uma organização é como um corpo humano. Assim, como é preciso zelar pela saúde do corpo, é preciso, também, cuidar da saúde de sua estrutura. Esta pode sofrer de esclerose, infantilismo, senilidade, paralisia. Ela até pode ser desequilibrada. Algumas vezes, as empresas já nascem com doenças, outras vezes adquirem-nas através de constantes mudanças.

Dentre as doenças da empresa destacamos:

Falta de Comunicação – A falta de esclarecimento aos empregados sobre o papel que devem desempenhar na equipe empresarial, a falta de clareza na descrição das atribuições individuais e das delegações de autoridade, explica, provavelmente melhor do que qualquer outro defeito, o conflito, a politicagem e a ineficiência.

A falta de formalização das tarefas e linhas de autoridade, a falta de uma clara determinação da responsabilidade pela execução de um trabalho, pode fazer de uma equipe um grupo de indivíduos invejosos, inseguros e tendentes a passar adiante as responsabilidades.

Falta de Delegação – Um dos problemas mais comuns é a relutância por parte dos dirigentes em dar poder de decisão aos escalões inferiores da organização. Outrossim, o excesso também não é bom, porque pode virar uma casa sem dono.

Incongruência de Atividades – Há casos em que determinadas atividades não devem coexistir sob uma mesma chefia, por serem, por assim dizer, divergentes, opostas ou mesmo conflitantes.

Macrocefalia Administrativa – Tendência ao crescimento desordenado com o propósito de justificar posições de poder.

Microcefalia Administrativa – Tendência à centralização para controlar um número de subordinados muito grande, para a capacidade de rapidez e de resposta aos problemas.

Excesso de Filtragem – Criação de polos de decisão que podem filtrar em excesso ou distorcer as determinações da direção superior.

Excesso de Contatos Funcionais – Tendência nas estruturas em que a direção é muito preocupada em não aumentar os custos administrativos. É a existência de excessivo número de contatos funcionais. Assim, não existindo chefias intermediárias a direção superior não tem a quem delegar e acaba tendo que dar instruções diretamente ao pessoal do nível operacional.

Dupla Incidência de Autoridade – O problema da acomodação de pessoas aos cargos sem que haja uma perfeita delimitação de atribuições e de áreas de influência. Não raras vezes, resulta em subordinados com mais de um chefe.

Integração Ilógica – A dificuldade consiste em integrar racionalmente, considerando as similitudes e afinidades, pois é erro aproximar e colocar sob a mesma chefia partes heterogêneas, que não se ajustam bem.

Falta Flexibilidade – A necessidade de flexibilização é cada vez mais importante num mundo onde as turbulências se acentuarão em escopo, espaço, tempo, velocidade e complexidade. O executivo que não tiver uma flexibilidade operacional deixará de atender urgências e oportunidades.

Falta Documentação – A documentação é a ponte entre os especialistas e os generalistas, por isso uma empresa, que não tenha uma documentação acessível e logicamente organizada, não poderá diagnosticar problemas, baseada nas fontes de informações passadas (séries históricas) e projetar, com isso, o seu futuro.

Falta Visão Estratégica – A falta de uma visão de longo prazo agrava o resultado da empresa. O dirigente que não tem este tipo de visão se valerá da sorte.

Falta Assessoria – Assunto já abordado.

2.24 Licenciamento

Uma empresa tem como dever legal licenciar aquilo que projeta, desenvolve e constrói. Pode ser uma tecnologia, um processo, um produto, uma marca, por exemplo. Em geral, as licenças são buscadas para aumentar a rentabilidade ou adquirir uma vantagem competitiva. A concessão de licenciamento pode ser aconselhável em termos estratégicos sob uma série de circunstâncias, tais como:

Incapacidade de explorar a tecnologia; abrir nichos de mercado; desenvolver padrões; estrutura organizacional insatisfatória; criar bons concorrentes.

As principais licenças são:

Licença Tecnológica – A licença tecnológica é uma forma de obter acesso a uma determinada tecnologia. Quando a tecnologia constitui uma fonte importante de vantagem competitiva, as decisões sobre licenças são vitais.

Licença de Funcionamento – Os estabelecimentos que produzem e/ou manipulam alimentos, somente poderão funcionar, mediante licença de funcionamento e alvará expedido pela autoridade sanitária competente. Para a concessão da licença e alvará, os estabelecimentos deverão estar cadastrados no Cadastro Municipal de Vigilância Sanitária, do Sistema Estadual de Vigilância Sanitária. Esta licença de funcionamento é um documento obrigatório.

A fiscalização observará os seguintes aspectos técnicos: Higiene; Organização; Áreas de Operação e Entorno da Fábrica; Máquinas e Equipamentos; Quadro de Funcionários; Produtos; Procedimentos; Preparações; Armazenamentos e outros aspectos.

Licença Ambiental – As indústrias deverão submeter seus projetos ao Instituto Estadual do Ambiente (INEA), para obtenção de licenças ambientais. O Sistema de Licenciamento de Atividades Poluidoras (SLAM) foi instituído pelo Decreto Estadual nº 42.159, de 2/12/2009, em consonância com o Decreto-Lei nº 134, de 16/06/1975, alterados, em parte, pela Lei Estadual nº 5101, de 4/10/2007, que criou o Instituto Estadual do Ambiente (INEA).

O INEA, instalado em 12/1/2009, unifica e amplia a ação dos três órgãos ambientais, vinculados à Secretaria de Estado do Ambiente (SEA), que reúne a Fundação Estadual de Engenharia e Meio Ambiente (Feema); a Superintendência Estadual de Rios e Lagoas (Serla) e o Instituto Estadual de Florestas (IEF).

O Sistema de Licenciamento Ambiental (SLAM) foi reformulado em 2009, para fiscalizar qualquer empreendimento que interfira no ambiente. Este sistema divide as atividades empreendedoras em seis classes para fins de licenciamento ambiental, de acordo com o potencial poluidor da atividade e com o seu porte. Cada classe definirá quais empreendimentos precisarão ser licenciados ou não.

A microempresa e a pequena empresa, consideradas pela Lei 9.841/99 (Estatuto da Micro e Pequena Empresa), recebem tratamento diferenciado em vários órgãos governamentais, inclusive quanto à redução ou isenção das taxas de registros e licenças.

A seguir, os tipos de licenças ambientais:

- Licença Prévia – Concedida na fase preliminar do planejamento do empreendimento, aprovando sua localização e concepção, atestando a viabilidade ambiental e estabelecendo as condicionantes a serem atendidas nas próximas fases de sua implantação.
- Licença de Instalação – Autoriza a instalação do empreendimento de acordo com as especificações constantes dos planos, programas e projetos aprovados, incluindo as medidas de controle ambiental e demais condicionantes. Também pode autorizar a pré-operação, por prazo definido na licença, visando à obtenção de dados e elementos de desempenho necessários, para subsidiar a concessão da Licença de Operação.

- Licença de Operação – Expedida após a verificação do efetivo cumprimento do que consta nas licenças anteriores, com as medidas de controle ambiental e demais condicionantes para a devida operação.
- Licença Ambiental Simplificada – Concedida em uma única fase, atesta a viabilidade ambiental, aprova a localização e autoriza a implantação do projeto.
- Licença Prévia de Instalação – Atesta a viabilidade ambiental do empreendimento e sua implantação, quando não depender do Estudo de Impacto Ambiental.
- Licença de Instalação e de Operação – Aprova a instalação e operação do empreendimento, se o potencial poluidor for insignificante.
- Licença Ambiental de Recuperação – Aprova a remediação, recuperação, descontaminação ou eliminação de passivo ambiental existente, na medida do possível e de acordo com os padrões exigidos, para empresas fechadas, desativadas ou abandonadas.
- Licença de Operação e de Recuperação – Autoriza a operação do empreendimento concomitante à recuperação do passivo ambienta, caso não haja risco à saúde pública.

Nota: A solicitação de licenças, autorizações, certificados e demais documentos devem ser entregues à Central de Atendimento do INEA e/ou a SERLA da região.

O licenciamento ambiental do empreendimento está sendo feito pelas Secretarias Municipais de Meio Ambiente. São os seguintes os documentos para obter o licenciamento ambiental:

- Formulário de requerimento preenchido e assinado pelo representante legal.
- Declaração de entrega de documentos em meio impresso e digital.
- Cópia dos documentos de qualificação daquele que assina o requerimento. Se for pessoa física, deve também apresentar comprovante de residência.
- Em havendo procurador, apresentar cópias da procuração pública, ou particular, com firma reconhecida e cópias dos documentos de qualificação ao INEA.
- Cópias das atas de constituição e eleição da última diretoria, quando se tratar de sociedade anônima. Contrato social atualizado, quando se tratar de sociedade por cotas de responsabilidade limitada.
- Cópia de Inscrição no Cadastro Nacional de Pessoa Jurídica (CNPJ).
- Cópia da Certidão da Prefeitura Municipal, declarando que o local e o tipo de empreendimento estão em conformidade com a legislação aplicável ao uso e ocupação do solo.
- Cópia do registro de propriedade do imóvel, do Serviço Registral de Imóveis, ou do contrato de locação (ou comodato).
- Cópia do IPTU ou ITR, se for o caso.
- Cópia do Registro no Conselho de Classe do profissional responsável pelo empreendimento, operação ou construção, devidamente atualizado.
- Planta baixa da localização do empreendimento, de acordo com mapas do programa Google Earth, indicando: coordenadas geográficas; localização do terreno e seus entornos; usos dos imóveis e áreas vizinhas, num raio de, no mínimo, 100 metros.

De acordo com as características do empreendimento, pode ser exigida mais burocracia. Recomenda-se especial atenção ao gerenciamento de resíduos, controlados pelo INEA.

Capítulo 3

EMPREENDIMENTO

"Leonardo da Vinci podia imaginar todos os tipos de brilhantes dispositivos mecânicos, mas todos eles ficaram no papel, sem serem construídos, porque ele não conseguiu informações suficientes para criar um motor para movê-los".

Lester Thurow

Objetivos do Capítulo

- Mostrar que um empreendimento só será viabilizado, se o empreendedor tiver conhecimento pertinente àquilo que pretende realizar.
- Mostrar os fatores básicos que dão suporte a um empreendimento.
- Mostrar que um empreendedor, para ser bem-sucedido, precisará contar com certas habilidades.
- Mostrar as dificuldades iniciais, para que um empreendimento tenha sucesso.

3.1 Empreendimento

O empreendimento, por definição, transfere recursos de áreas de baixa produtividade e rendimento para áreas de produtividade e rendimento mais elevados. Naturalmente, existem os riscos de o empreendedor não ser bem-sucedido. Porém, se apresentar resultados positivos, mesmo que modestos, estes justificarão os riscos assumidos.

Todo empreendimento procura reunir e integrar recursos no sentido de se autossustentar e de lucrar, através da produção e comercialização de seus bens, serviços e ideias. Como já observado, é a lucratividade o estímulo capaz de assegurar a livre iniciativa e de manter, ou de aumentar, o empreendimento.

Segundo Drucker, as primeiras tentativas de criar um empreendimento data de 1857, quando os irmãos Pereire fundaram o Credit Mobilier, cuja finalidade era mobilizar dinheiro de terceiros para dar apoio aos novos empreendimentos. Toda prática se baseia na teoria, mesmo que o próprio praticante não se dê conta disso.

A prática do empreendimento está assentada em teorias econômicas e administrativas, dentro de uma sociedade organizada. É preciso assinalar que tal prática é extremamente arriscada. Há quase duzentos anos, tem havido uma total confusão sobre a definição de empreendedor e empreendimento.

Todo empreendimento humano procura reunir e integrar recursos no sentido de se autossustentar e de lucrar, através da produção e comercialização de seus bens, serviços e ideias. É a lucratividade o estímulo capaz de assegurar a livre iniciativa e de manter ou de aumentar o empreendimento

Os empreendedores precisam agir de forma congruente com o ambiente onde habitam, porque correm um risco muito grande de entrarem em dissonância com este ambiente, o que, em geral, é catastrófico para o negócio, isto é, a organização deve dançar conforme a música.

Os desafios que o ambiente trará serão cada vez mais difíceis de serem aceitos e resolvidos, porque exigirão um alto grau de complexidade tecnológica. A visão darwiniana de sobrevivência do mais apto prevalecerá.

Tampouco o empreendedor é um capitalista, embora, naturalmente, ele precise de dinheiro como qualquer atividade econômica e não econômica. Ele também não é um investidor. É claro que ele assume riscos. Mas, isso também acontece com todos os que se envolvem em qualquer atividade econômica.

O empreendedorismo é, portanto, uma característica distinta, devendo ser de um indivíduo ou de uma instituição. Também não é um traço de personalidade.

Portanto, é de se esperar que o empreendimento seja uma atividade, consideravelmente, menos arriscada que a otimização de recursos. Realmente, nada pode ser tão arriscado quanto otimizar recursos em áreas onde o caminho é a inovação. Um grande empreendimento só se torna próspero e viável quando a captação de recursos é criteriosa.

Em princípio, a atividade empreendedora deve ser a menos arriscada e não um tiro no escuro. De fato, existem tantas organizações empreendedoras que deram certo, embora haja a crença generalizada que o risco de empreender seja elevado.

3.2 Considerações sobre Empreendimento

A seguir, algumas considerações sobre empreendimento:

Critério – É comum se achar que com uma ideia brilhante e com dinheiro é possível levar adiante um empreendimento. Assim, achar que vai dar certo não é critério para desenvolver um empreendimento. Por outro lado, o dinheiro não é tão difícil de se conseguir. O complicado é manter o negócio e até ter lucro. Quem determina o sucesso do empreendimento é o mercado. Um erro fatal é ter pressa.

Sócio – Se você precisa mesmo de sócio, busque-o antes de abrir a empresa, e não depois. Esse sócio, além de dinheiro, deve ter os mesmos ideais e objetivos que você. O item sócio errado também está no topo da lista das razões pelas quais os empreendimentos fracassam.

Despesas – Mapear cada despesa, cada centavo gasto para manter em operação a empresa. Faça um controle de caixa rigoroso. A falta de controle financeiro é um dos venenos mais mortais para toda e qualquer empresa, seja pequena ou grande.

Contabilista – A mentalidade de que a contabilidade só serve para atender a legislação governamental precisa mudar. Contabilidade é essencial. Sendo bem-feita, ela registra todo o passado, aponta caminhos no presente e projeta o futuro da empresa. Com números confiáveis, sabe-se quanto faturou, qual é o custo da operação, a margem de lucro, a despesa financeira, entre outras inúmeras informações, que são a base da análise gerencial.

As atribuições do contador, além da escrituração, são preparar as guias de recolhimento de impostos e taxas. Sem um contabilista habilidoso você poderá se ver em maus lençóis.

Otimismo – Os gerentes costumam tomar decisões baseados mais em otimismo lúdico do que pesando racionalmente a possibilidade de ganhos e perdas. Superestimam os benefícios, subestimam os custos e constroem cenários de sucesso, deixando de lado o potencial de erros. Como resultado, tais pessoas adotam iniciativas que dificilmente cumprirão, como também investimentos que nunca darão retorno.

Os otimistas tendem a viver num mundo de ilusões. Eles, frequentemente, atribuem seus sucessos à própria habilidade e os fracassos à falta de sorte. Os prudentes, de temperamento angustiado, costumam começar seus projetos, imaginando que tudo vá dar errado. Por isso, trabalham, diligentemente, sobre todos os detalhes e acabam se saindo bem.

Dirigentes predispostos ao pessimismo usam sua ansiedade como preparação para o momento em que terão de agir. O pensamento negativo concreto e detalhista pode ajudar os executivos a antecipar coisas, que possam dar errado, e a mais bem planejar, para evitar resultados ruins.

Controle – É difícil crescer rapidamente e não se encontrar diante de um problema. Mas, a chave da questão está no sistema de gestão, que deve acompanhar a expansão do negócio. Se os controles não forem rigorosos, o feitiço pode virar contra o feiticeiro. Assim, muitas das conquistas obtidas ficam comprometidas.

Observe que há uma diferença enorme entre controlar e centralizar. No início da empresa, um empreendedor tende a fazer os dois. Mas, se mantiver a mesma postura no momento de expansão, vai causar confusão e conflito.

Caixa – Entende-se por caixa o controle diário onde são registradas todas as transações, em dinheiro, da empresa. O controle do fluxo de caixa sempre foi de extrema importância. Muitos empreendimentos são inviabilizados pela falta de cuidado com tal controle.

Fazer controle diário do que entra e sai na empresa é fundamental, porque evita a falta de dinheiro para tocar o negócio, proporciona condições do que fazer com as sobras de caixa, adquire-se conhecimento da série histórica das entradas e saídas, dá condições de se fazer projeções no curto prazo.

Fracasso e Sucesso – As explicações são muitas, para o sucesso e o fracasso dos empreendimentos. Até a sorte, esse aliado abstrato, pesa. Mas a principal explicação, em ambos os casos, é uma só e gira em torno do dinheiro. Não se trata da simples disponibilidade de capital.

Dinheiro, nesse caso, é um conceito que vai além do saldo bancário do empreendedor. Envolve desde a adequada captação de recursos para o pontapé inicial até o cálculo exato do preço do produto que se pretende vender. É preciso estar muito atento à relação capital próprio e capital de terceiros

3.3 Análise Preliminar

Análise é a busca da melhor solução (resposta) para uma questão colocada em estudo ou dúvida. Ela permite dividir aquilo que se deseja conhecer em tantas partes, quanto possível, de modo a trazer conhecimento de cada uma delas, e, com isso, chegar ao detalhamento do todo.

O estudo de um processo (sistema, projeto, solução, atividade), em todos os seus detalhes, recebe o nome de análise.

Os principais objetivos da análise procuram apontar: alternativas de decisão; sugestões de solução; falhas estruturais; objetivos, propósitos e metas mal definidos; desperdícios; controles insuficientes; carga de trabalho mal distribuída; inadequabilidade de meios e recursos; rotinas ineficientes; estratégias mal formuladas; falta de conhecimento adequado.

Quando fazemos uma análise, corremos o risco de encontrar uma série de erros, verdadeiras armadilhas à espera do incauto capaz de nelas tropeçar, como por exemplo: pressa excessiva, excesso de alternativas, metas utópicas, documentação insuficiente, informações irrelevantes, recursos inadequados, falta de coordenação e de liderança, canais de comunicação confusos, cronogramas apertados.

A análise deve ser feita, sempre, de acordo com um objetivo. Qualquer que seja o empreendimento, devemos fazer uma análise preliminar, fundamentada nos seguintes fatores:

Interesse – O interesse dos investidores deve ser congruente com as atividades que praticam na atualidade. A experiência acumulada com o trato de alimentos dará aos sócios uma plataforma mais bem preparada para o sucesso de um varejo que vende alimentos prontos para o consumo final.

Justificativa – Um dos aspectos básicos da sobrevivência do ser humano é a sua alimentação, que quanto mais saudável for, maior será a qualidade de vida. Por outro lado, há uma pressa para se atender essa necessidade, por um preço que caiba no bolso do consumidor.

Um projeto de alimentos tem como missão principal o bom atendimento de seu público-alvo, ou seja, alimentos com qualidade que atinjam a máxima satisfação daqueles que distribuem e daqueles que consomem.

Relevância – O conhecimento que será adquirido poderá ser utilizado para a profissionalização do pessoal de cozinha e do pessoal de atendimento do salão.

Momento – Começar do zero, em um país como o nosso, não é recomendado, no presente momento, devido ao seguinte: alto grau de incerteza, uma tributação governamental acima do razoável, a necessidade de se repassar para o consumidor o custo país, a perda de tempo com papelada, a despesa com diversos registros, esforço desmesurado para implantar um negócio e burocracia governamental.

Motivo – Muitos são os motivos que levam as pessoas a acreditar que podem fazer fortuna com um negócio. Motivo é a razão de se querer qualquer coisa. É o propósito, o objetivo, a finalidade, o intento, a meta, a vontade, o alvo, o desejo, a expectativa, por exemplo. É importante assinalar que motivo de alguém pode ser influenciado pela mídia e redes sociais.

Planejamento – É necessário que qualquer novo projeto seja muito bem pensado e planejado na sua implementação e na sua captação de recursos (todos). Os recursos existentes devem ser otimizados (melhor uso) e os novos recursos devem ser comprados ou alugados se a sua utilização for para curto prazo. O governo do Brasil passa por um impasse político que leva a uma degradação econômica cada vez maior.

Situação – Esta análise determinará quais as funções são necessárias, ou quais as que devem sofrer algum tipo de incremento, porque fará comparação entre o real e o desejado, determinando os desvios dos sistemas de controle. As principais ferramentas de pesquisa e análise são: a observação, a entrevista, o questionário e a experimentação.

Cenário – A análise do cenário objetiva produzir futuros desejados, isto é, caracterizar situações futuras que não têm, necessariamente, ligação com situações presentes e passadas. Como o ambiente, normalmente, apresenta várias hipóteses, é comum a necessidade da construção de cenários para momentos diferentes no futuro.

Valor – A análise de valor pode ser definida como o exame crítico das funções do projeto, com o objetivo de dotar o mesmo de condições de sobrevivência. O valor do projeto é dado, principalmente, pela finalidade, uso, novidade e custo.

Risco – Os riscos de fracasso rondam permanentemente o grupo gestor do projeto. Numa economia dinâmica, livre e competitiva, o risco é inevitável. Desafio que cabe enfrentar o empreendedor, o investidor, o empresário e o administrador, porque sua estimativa correta é muito difícil.

Risco é toda e qualquer possibilidade de uma decisão, política, estratégia, plano, projeto não dar certo. Assim, se torna importante todo esforço para minimizá-lo. Por outro lado, expõe o empreendedor ao perigo de prejuízo financeiro, que pode ser causado por: deterioração física, roubo, danificação, perda, alterações de oferta e procura, oscilações do nível de preço.

Deve-se levar em conta que qualquer investimento tem uma expectativa de risco. Como não existe risco zero, este deve ser o mais bem calculado possível.

Finanças – A sobrevivência antecede o sucesso. A única pré-condição absoluta para a sobrevivência da sua empresa é a disponibilidade de dinheiro à mão, quando você precisar. Ficar sem capital de giro significa o fim de um negócio. Um desequilíbrio de caixa pode ser sintoma de um problema mais profundo.

Em geral, não é simplesmente a consequência de uma falta de liquidez passageira, mas de uma administração financeira deficiente. Para ter êxito, os administradores precisam se envolver com as mudanças que ocorrem constantemente, em ambiente de constante competitividade. Precisam estar atentos ao humor do mercado. O conhecimento de finanças não deve se restringir aos tesoureiros, controladores e planejadores financeiros.

Os problemas financeiros, basicamente, estão voltados para o fluxo de dinheiro que corre na empresa e se ela terá condições de saldar compromissos assumidos (liquidez). Assim, é preciso ter presente a noção de conta, que é o registro de uma transação que envolve valores, devendo ter um nome para caracterizar se a mesma é do ativo ou do passivo.

O saldo, ou diferença, é o resultado do confronto entre os totais de débitos e de créditos, levados a uma conta corrente. Este saldo, como é óbvio, poderá ser nulo, positivo ou negativo. Em última análise, a conta corrente é o registro para mostrar a liquidez de uma transação.

3.4 Empreendedor

Samuel P. Newman escreveu, em 1835, que "um bom empreendedor devia ter uma combinação de qualidades raramente encontradas num só indivíduo, pois deve possuir uma incomum intuição para negócios, bem como ser muito bom com números. Deve mostrar perseverança e constância de propósitos".

Empreendedor é aquele que persegue com vigor novas oportunidades e não considera os recursos de que dispõe, naquele momento. Fato considerado por muitos como temerário. Por mais bem preparado que esteja, terá pela frente grandes desafios.

O que há em comum com homens como Bill Gates, criador da Microsoft; Samuel Klein, o ambulante que se transformou no rei dos carnês com as Casas Bahia; Rolim Amaro, que fez da paixão por aviões a semente da TAM e David McConnel, o responsável pela renda de milhares de consultores de beleza da Avon por todo o mundo? Indiscutível, uma imensa capacidade de transformar sonhos em realidades.

Mais do que isso, eles são indivíduos com grande sensibilidade para enxergar uma nova oportunidade e que esbanjam habilidade e disciplina para encontrar os recursos necessários à transformação da oportunidade em um negócio rentável.

Engana-se redondamente quem insiste em acreditar que empreendedores, no conceito mais puro da palavra, são apenas alguns poucos predestinados. Segundo Drucker, considerado o papa da moderna administração, o empreendedorismo é um comportamento e não um traço de personalidade.

Assim, não apenas nomes iluminados como os citados acima são considerados empreendedores. Podem ser vistos como tais, todos aqueles que enxergam as mudanças e sabem aproveitá-las, transformando-as em oportunidades de negócios.

Nem todos são gênios, fazem fortunas, ficam famosos. Muitos passam por dificuldades, outros tantos fracassam várias vezes até chegar ao sucesso. Mas, de uma forma ou de outra, no seu próprio ritmo, todos fazem a diferença e alavancam a economia.

No início do Século XXI, apesar da falta efetiva de incentivos à formação de empresários, ainda hoje tanto os cursos profissionalizantes como os universitários são orientados a formar um candidato a emprego.

Embora uma boa fatia dos jovens esteja preferindo concretizar o próprio negócio, do que seguir uma carreira em uma grande organização. É importante que seja dito que também tem a ver com um conjunto de fatores, entre eles, a maior dificuldade de acesso ao mercado de trabalho, necessidade de sucesso rápido e desencanto com os empregos oferecidos pelas empresas.

Um estudo realizado por David Mc Clelland, um dos cientistas que estudou o comportamento dos empreendedores, identificou características fundamentais para o empreendedor conquistar o sucesso. A tarefa não é nada simples. Pelo contrário, exige esforço de maratonista e fôlego de leão para driblar as adversidades e manter a chama do sonho sempre acesa.

É alto o volume de empresas que fecham as portas antes de completar o quinto ano de vida. Em cada dez negócios abertos, sete fracassam, segundo dados da Fipe, entidade ligada à Universidade de São Paulo.

Ao contrário do que a maioria acredita, muitos empresários beijam a lona ainda no primeiro assalto por puro despreparo. Muitas vezes, o candidato a empresário subestima a importância de estudar detalhadamente o setor em que vai atuar, achando que a prática é mais importante do que a teoria. Erro fatal para um incipiente empreendedor.

Os especialistas insistem, porém, que a capacitação deve ser um processo contínuo e não uma ferramenta sacada nos momentos de crise. Erra o empreendedor que vê a reciclagem como despesa e, mais ainda, o empresário que se recusa a aprender mais, quando os negócios vão bem.

A realidade é cruel e revela cada vez mais que não há mais espaço para empresas que mantêm as portas abertas apenas para sobreviver. Assim, é preciso fazer a mesma coisa, melhor a cada dia, e tocar o presente com os olhos, ambiciosamente, voltados para o futuro.

É muito comum se ouvir que o empreendedor é aquele que preenche lacunas do mercado; aquele que, além de dominar as ferramentas administrativas, precisa estudar de maneira continuada, para não ser pego no contrapé. O segredo de um vencedor está na sua conduta.

A formação técnica e o conhecimento de administração são fatores necessários, mas não são suficientes para desencadear a abertura de um negócio e nem tampouco capazes de levar um empreendedor ao sucesso. Nem todo empreendedor se torna empresário, mas todo empresário precisa ser um empreendedor.

Sem coragem e ousadia, uma grande ideia não acontece, fica no nível da abstração. Como as pessoas têm medo de ouvir um não, não correm riscos, algo inconcebível para quem sonha ser um empreendedor.

Assim, nunca é demais rezar pela cartilha tradicional e fazer uma boa pesquisa do setor em que se deseja atuar. Ter consciência de que empreendimento pode ser parecido com uma montanha russa.

O empreendedor, cada vez mais, combina sua intuição, perspicácia e disposição para o trabalho a uma dose, cada vez maior, de audácia recheada de sofisticação administrativa e mercadológica. Terá de ser, não só um bom gestor, como estar sempre pronto para encarar os princípios do empreendedor:

- Ir para o seu negócio preparado para o pior.
- Contornar qualquer empecilho que objetive interromper seu sonho.
- Desempenhar qualquer função necessária à execução do seu projeto, mesmo que se sinta subutilizado.
- Estar preparado para as dificuldades de encontrar pessoal capacitado a ajudá-lo.
- Seguir a intuição sobre o pessoal que escolher.
- Trabalhar secretamente, tanto quanto puder.
- Apostar numa corrida de negócios, a menos que esteja participando dela.
- Lembrar de que é mais fácil pedir desculpas do que permissão.
- Estar seguro de que suas metas são realistas.
- Honrar as pessoas que lhe dão ou deram apoio.
- Promover e organizar o negócio.
- Dar continuidade àquilo que iniciou.
- Fazer mais do que foi prometido.
- Dedicar-se radicalmente ao empreendimento e não olhar para trás.
- Estar pronto a reorganizar ou liquidar o empreendimento, quando sentir que não possui meios para continuar, porque estará perdendo tempo, esforço e dinheiro (seu e dos outros).

3.5 Elementos do Empreendedor

A seguir, alguns elementos do empreendedor:

Premissas do Empreendedor – As premissas servem de base para mostrar coisas evidentes, difíceis de serem contrariadas. São como conclusões lógicas e antecipadas, frutos de estudos e experiências anteriores. O conhecimento de premissas é de extrema valia para a solução de problemas.

As principais premissas do empreendedor são as seguintes:

- O empreendedor precisa jogar toda a energia na operação do negócio, ou seja, primeiro viabilizar a ideia, vender o produto e depois estruturar o empreendimento.
- O empreendedor não deve tentar impor nada ao mercado e, sim, identificar possíveis nichos.
- O empreendedor, dentro do possível, deve procurar a originalidade, criatividade e inovação, mesmo quando trilhar um caminho conhecido.
- O empreendedor não deve ter medo de constituir sociedade, porque os sócios ajudam a alavancar a construção de um novo negócio, permitindo dividir responsabilidades e conhecimentos.

- O empreendedor tem de trabalhar muito mais do que um empregado e não ter a pretensão de ficar milionário.
- O empreendedor não tem horário, férias e salários extras, não podendo nem ficar doente.
- O empreendedor de sucesso é um preenchedor de lacunas do mercado.
- O empreendedor deve desempenhar muitos papéis, em função dos diversos compromissos que tem de assumir, sendo, portanto, importante trabalhar em equipe.
- O empreendedor para ter sucesso, baseado numa economia do conhecimento, precisa criar um ambiente próprio e receptivo às suas ideias.
- O empreendedor precisa encontrar fórmulas criativas e compatíveis com sua capacidade de investimento, para se apresentar ao mercado e promover o produto.
- O empreendedor precisa saber se seus objetivos de vida são congruentes com os objetivos do negócio.
- O empreendedor precisa saber trabalhar com as principais ferramentas administrativas.
- O empreendedor deve usar de humildade, se não tiver um bom potencial em todas as funções organizacionais do projeto, pois precisará considerar o conhecimento de terceiros.
- O empreendedor jamais deve ser arrogante, prepotente e cabotino, pois isso o descredencia junto aos investidores.
- O empreendedor deve saber ouvir os mais sábios, os experientes e os membros da equipe.
- O empreendedor quando estiver conversando, não deve só falar do assunto que domina, para não parecer um chato.
- O empreendedor precisa estar comprometido com as metas e propósitos do projeto.

Fracasso e Sucesso – Assunto já abordado.

Erros e Acertos – A carência de conhecimentos de administração entre os empresários que não foram bem-sucedidos pode até não ser claramente admitida, a falta de organização é a décima razão por eles apontada para seu insucesso, mas vem à tona, sem disfarce, quando se observam as respostas dos mesmos entrevistados sobre os procedimentos que adotariam na abertura de um novo negócio.

Pela ordem eles iriam procurar assistência técnica, levar adiante uma pesquisa de mercado, procurar entender o que são funções administrativas e ampliar seu conhecimento do seu setor de atuação.

Em contrapartida, evitariam utilizar recursos de terceiros, arriscar demais, manter maus pagadores em sua carteira e até vender a prazo. Tudo, enfim, que diz respeito à administração financeira, o ponto mais vulnerável dos empreendimentos nascentes. Criatividade para esticar os geralmente minguados recursos disponíveis é uma regra de ouro para os que sobrevivem no mundo dos negócios.

Há empresas que mudam completamente seu ramo de atividade para evitar sua expulsão do mercado. Isso é competência do empreendedor, que sabe detectar, a tempo, a hora em que um determinado tipo de atividade está esgotado. O entra e sai, num certo sentido, é saudável para a economia como um todo, inclusive para preservar a competição. Quem sai, deixa boas lições para os que estão pretendendo entrar no mercado.

Uma pesquisa do Sebrae, orientada no sentido de medir o fracasso e descobrir as causas efetivas do insucesso, revela que, em cada cem micros, pequenas e médias empresas brasileiras setenta desaparecem antes de celebrar seu primeiro aniversário. Outras vinte sobrevivem até o quinto ano, no máximo. Só dez têm vida longa, sendo que somente uma atravessa três gerações.

Como se fosse uma bússola, a pesquisa indica, nas entrelinhas, o caminho certo. A maioria das empresas que fecharam teve problemas nas áreas de vendas e compras, por exemplo. Poucas treinaram seus funcionários e se preocuparam em modernizar as técnicas de colocação do produto no mercado.

Muitas tropeçam e caem nas negociações de prazo de pagamento com os fornecedores. A maioria não sabe situar-se diante da concorrência, tenta vender mais barato, e, como o capital de giro é muito pequeno, ele entra em apuros.

O momento da tomada de decisão de se montar um negócio próprio, abandonando a vida de empregado, é muito complicado.

O futuro empreendedor tem de estar no auge de sua energia e muito afinado com o mercado que vai atuar. Não ter visão estratégica é um grande problema. A solução é trabalhar com um horizonte de dois a cinco anos.

Perfil do Empreendedor – Os principais fatores que formam o perfil do empreendedor são: capacidade de liderança; envolvimento com o trabalho; experiência profissional; propensão ao risco; competência técnica; visões: holística, generalista, estratégica e sistêmica; boa saúde; senso crítico; capacidade de análise; conhecimento muito grande das funções administrativas e organizacionais; estabilidade emocional; rapidez na tomada de decisão; propensão ao trabalho em equipe; disponibilidade financeira com austeridade; dificuldade em desfrutar suas próprias conquistas.

Características do Empreendedor – Além de tudo que foi apontado, até agora, é necessário que o empreendedor tenha as seguintes características: Precisa de liberdade; É orientado por metas; É autoconfiante e automotivado; Tem um horizonte bastante amplo; Trabalha com objetivos de longo prazo; Sabe delegar e põe a mão na massa; É voltado para o mercado; Acompanha a evolução de seus produtos; Assume riscos moderadamente; Investe pesado, esperando sucesso; Não tem medo do fracasso; Procura fazer dos erros aprendizagem; Segue em frente; Apoia-se em pessoas e em sua capacidade de liderança; É minimamente controlador; Acompanha as coisas no atacado; É orientado para a ação; Tenta incutir sua visão pessoal do empreendimento nos outros; Possui um rol de argumentos favoráveis ao novo negócio.

Comportamento do Empreendedor – O comportamento do empreendedor envolve uma atitude diferente em relação à mudança, porque, em vez de suprimir ou minimizá-la o empreendedor procura a mudança, em vez de reagir a problemas.

O empreendedor se antecipa às ameaças e oportunidade futuras; em vez de soluções locais, há uma busca geral de alternativas de ação; em lugar de uma única alternativa, gera múltiplas alternativas; em lugar de buscar a satisfação, o processo decisório visa a escolha da melhor dentre as alternativas disponíveis.

O comportamento empreendedor não ressurge a não ser sob condições de crise extrema, em geral, por uma erosão da função social da organização.

Qualidades do Empreendedor – A seguir, os principais parâmetros de qualidade do empreendedor:

- Jogar toda a energia na operação do negócio, ou seja, primeiro viabilizar a ideia, vender o produto e, depois, estruturar o empreendimento.
- Não tentar impor nada ao mercado, identificando possíveis nichos.
- Não ter medo de sociedade, porque os sócios são uma espécie de alavanca para a construção de um novo negócio, permitindo dividir responsabilidades e conhecimentos.
- Procurar a originalidade, criatividade e inovação mesmo quando trilhar um caminho conhecido.
- Trabalhar muito mais do que um empregado e não ter a pretensão de ficar milionário.

Capacidade Empreendedora – A capacidade empreendedora é aquela voltada para a inovação, a mudança e a criatividade. Ela é capaz de vislumbrar novas oportunidades, iniciar novos negócios e ver “nichos” de mercado.

Percepção do Empreendedor – Embora este assunto tenha sido abordado, vale acrescentar que as diferenças de percepção podem afetar a comunicação. Duas pessoas sempre têm visões diferentes da mesma situação. A percepção também pode ser encarada como fenômeno de grupo.

Pessoas da mesma família, religião, partido político, escola ou clube tendem a ter comportamentos semelhantes em muitos assuntos.

Mas há, frequentemente, grandes diferenças de percepção entre pessoas de grupos diferentes. Alguns destes fatores são: sensoriais, fisiológicos, físicos, etários, sexuais, educacionais, econômicos, regionais, religiosos, psíquicos, organizacionais, de personalidade, de interesse.

O processo de aprendizagem desempenha importante papel na percepção. As pessoas trazem, para a organização, determinados padrões aprendidos e não outros possíveis. De fato, as expectativas oriundas de experiências passadas podem fazer com que as pessoas introduzam fenômenos que não estão presentes no objeto que está sendo estudado e, também, por influências individuais.

Empreendedor Interno: Tipo especial de dirigente que recebe salário no fim do mês e que assume responsabilidade pela criação de inovações, transformando uma ideia numa realidade lucrativa. Responsabilidade, iniciativa própria, vontade de fazer negócios, vocação para assumir riscos e capacidade para motivar são suas características básicas.

Espírito Empreendedor – O espírito empreendedor não é natural, não é criativo. É trabalho. Por consequência, a conclusão a que geralmente se chega, baseando-se nas evidências, é exatamente o oposto da correta. Como um número substancial de empresas em funcionamento consegue sucesso como empreendedoras, indica que o espírito empreendedor e o espírito inovador podem ser conseguidos por qualquer organização.

Mas é preciso se empenhar conscientemente neles.

Ação Empreendedora – Os empreendedores precisam buscar, com propósito deliberado, as fontes de inovação, as mudanças e seus sintomas que indicam oportunidades para que uma inovação tenha êxito.

J. B. Say, economista do Século XIX, dizia que o empreendedor transfere recursos de um setor de baixa produtividade para um de alta produtividade e de maior rendimento.

3.6 Ideia Empreendedora

A ideia, também chamada de noção ou conceito, é a simples representação intelectual de um objeto, porque se constitui num ato cognitivo.

Todo e qualquer projeto é desenvolvido partindo-se de uma ideia empreendedora ou ideia inicial (problema não resolvido, concorrência, solicitação da clientela, imposição legal, influência dos diretores, sugestões de consultores, necessidade de mudança). Tanto que as ideias são consideradas soluções plausíveis para atender uma ou mais necessidades, desde que sejam confrontadas com a realidade.

Não se confunde com a imagem que é a representação apenas sensível do objeto. Uma ideia pode ser expressa por vários termos, assim como um termo pode exprimir várias ideias. Pode-se considerar a ideia, segundo a sua compreensão e sua extensão.

A ideia pode ser: singular, particular, geral, universal, transcendental (metafísica).

As ideias atraentes devem ser aperfeiçoadas em conceitos de produtos. A ideia de produto representa o possível produto que a empresa pode oferecer ao mercado, já que o conceito de produto é uma versão elaborada da ideia expressa em termos significativos para o consumidor.

Para levar uma ideia adiante, o empreendedor deverá ponderar sobre alguns fatores decisivos para o futuro de seu negócio, como: a sazonalidade, a situação econômica da sociedade, o controle governamental, a própria disponibilidade financeira, o custo do investimento e a lucratividade, por exemplo. Eleita a ideia mais adequada, o futuro empreendedor/empresário deve transformar a mesma num conceito de negócio.

A ideia empreendedora tem de ter uma validade econômica.

As ideias são inúteis quando não usadas. A prova de seu valor está em sua implantação. Até que isso aconteça, elas se acham em um limbo. Isto não quer dizer que todas as ideias têm de ser minuciosamente documentadas antes que sejam mencionadas a qualquer um.

Para que uma ideia seja considerada, é preciso analisar a posição ou cargo da pessoa que originou a ideia, sua complexidade, a natureza do negócio e a reação de quem a ideia é submetida. A ideia empreendedora básica pode ser uma mera imitação de algo que funciona bem, em outro país ou em outro setor da economia.

Quanto mais complexas e envolventes as implicações de uma ideia, e quanto mais rearranjos exijam mudança, em relação à maneira atual de fazer as coisas, obviamente tanto maior será a necessidade de argumentar sobre a mesma.

Fazer o futuro exige coragem. Exige trabalho. Mas também exige fé. Estabelecer um compromisso com o imediato não é prático, pois nenhuma ideia é infalível, nem deve ser. A ideia sobre a qual vamos construir um empreendimento é por natureza incerta, porque a ninguém é dado o direito de prever o futuro.

Portanto, a probabilidade de sucesso existe, como também a de fracasso. Se não for nem incerta e nem arriscada, simplesmente não é singular, tendo toda a chance de fracassar.

3.7 Fatores Básicos do Empreendimento

A seguir, os fatores básicos do empreendimento:

Ambiente – Assunto já abordado.

Mercado – Mercado é um lugar organizado, onde as pessoas transacionam preços, quantidades e qualidades de determinados produtos. É todo ambiente onde compradores e vendedores de produtos se mantêm em estreito contato uns com outros. Este contato se faz, em função das necessidades, desejos e disponibilidades dos consumidores.

Conhecer o mercado é de fundamental importância. Não basta fazer afirmações infundadas e trilhar caminhos viciados no trivial e no cotidiano.

Prever a evolução do mercado ajudará a minimizar o risco do negócio. Duas regras a serem utilizadas: nunca seguir a onda, a não ser que esteja muito seguro do que está fazendo; não imaginar que descobriu uma fórmula mágica para driblar os veteranos do mercado.

Todas as economias modernas operam em mercados. Os fabricantes procuram os mercados de recursos, compram e os transformam em bens e serviços, vendendo-os para o mercado de intermediários, que vendem ao mercado consumidor. Os consumidores vendem sua força de trabalho pela qual recebem dinheiro para pagar os bens e serviços que compram.

O governo utiliza as receitas da tributação para comprar produtos, utilizando-os para bem servir a população. Assim, a economia de cada país e do mundo inteiro consiste de complexos conjuntos de mercados interrelacionados e unidos através de um processo de troca.

Portanto, um estudo, ou uma análise, do mercado deve, tanto quanto possível, ser o mais completo, não apenas com o objetivo de viabilizar um determinado empreendimento, mas servir de subsídio concreto à administração da empresa.

Produto – Um produto é tudo aquilo que, oferecido ao mercado, seja capaz de satisfazer a um desejo ou uma necessidade. O mais importante de um produto é o serviço que ele presta. O produto não é somente o que o vendedor diz dele, mas, também, o que está implicado por sua concepção, embalagem, distribuição, preço, qualidade, garantia. Um produto é a síntese do que o vendedor pretende que o consumidor perceba.

O produto pode ser um bem, um serviço ou uma ideia. Uma informação, ou uma ideia, se for paga, é um produto. É algo que as pessoas compram. Se não vende, não é produto. As pessoas não compram produtos e sim as expectativas de seus benefícios. Em vestuário, não são os vestidos que são vendidos, mas a moda. O produto é tudo aquilo com que se acha cercado, elaborado, reforçado e que tem o poder de afetar a escolha do consumidor.

Um produto é fator básico no processo de troca. A expectativa de que será conseguida determinada satisfação, através de troca, é o que representa um produto, isto é, ele é o foco da reunião entre compradores e vendedores. Por outro lado, vivemos numa época em que nossa ideia do que seja um produto é muito diferente do que foi no passado. Hoje, o que conta é o aglomerado das satisfações.

Pouco vale fazer um produto muito bem elaborado, se "melhor" tem o significado de bonito, funcional, prático, útil e barato. Em geral, as características básicas de um bem, ou serviço, estão fundamentadas na tecnologia empregada.

Consumidor – Consumidor é aquele (indivíduo ou instituição) que compra um produto. Ele não consome coisas, mas os benefícios que espera do produto. Como criar e conservar um consumidor são muito importantes para o êxito do negócio, é bom que o empresário o veja como o principal objetivo da empresa.

Quando um consumidor procurar uma empresa, esta deve ter o máximo cuidado em fazer um atendimento de qualidade para que aquele possa retornar. O consumidor deve ser o propósito de um negócio.

A abordagem econômica diz que os consumidores são os agentes da demanda, isto é, aqueles que se dirigem ao mercado com o intuito de adquirir um conjunto de bens e/ou serviços que lhes maximize sua função utilitária. Por outro lado, o conhecimento sólido das necessidades e desejos dos consumidores proporciona a base de informação para que haja maiores e melhores vendas, bem como resultados promissores.

O consumidor desempenha um duplo papel no mercado. Em primeiro lugar, ele atua como comprador. Em segundo lugar, elabora um estudo crítico daquilo que compra, como, também, dos métodos de comercialização.

Cenário – Segundo Michael Porter, "Um cenário é uma visão internamente consistente daquilo que o futuro poderia vir a ser. Com a maior necessidade de uma abordagem explícita da incerteza no planejamento, algumas empresas começaram a utilizar cenários como instrumentos para que pudessem compreender as implicações estratégicas da incerteza de um modo mais completo".

Com a construção de múltiplos cenários, uma empresa pode explorar, sistematicamente, as possíveis consequências da incerteza para a sua opção de estratégia.

O uso de cenários, embora sempre tenha sido utilizado, passou a ser intensificado a partir da segunda metade do Século XX.

Um cenário não é uma previsão, e sim uma estrutura futura possível. O conjunto completo de cenários, e não o mais provável, é então empregado para projetar uma estratégia competitiva. O período de tempo usado em cenários deve refletir um horizonte possível.

Para a construção do cenário basta seguir uma simples metodologia, como:

a) Identificar as incertezas que podem afetar a estrutura organizacional.
b) Determinar as causas que geram as incertezas.
c) Fazer uma série de hipóteses sobre cada causa da incerteza.
d) Combinar hipóteses com cenários consistentes.
e) Analisar qual estrutura sobreviveria a cada cenário.
f) Determinar as fontes de vantagem competitiva sob cada cenário.
g) Prever comportamentos da concorrência.
h) Delinear cenários.
i) Escolher cenário mais favorável.

Leitura do Cenário – Ler o cenário significa não só ler o presente, mas também ter uma dose de previsão do futuro. Saber ler o cenário é fundamental, porque aquele dirigente que não observar as mudanças e tendências ambientais perderá tempo, dinheiro, esforço e recursos até conseguir acompanhar o novo contexto. É claro, se conseguir.

O empreendedor que não encontrar espaço na empresa em que trabalha, certamente, procurará outra. Pode até abrir seu próprio negócio se tiver coragem e conhecimento.

É preciso que o empresário descubra, a tempo, que cabe, basicamente, a ele abrir este espaço e esta oportunidade para sua empresa. E não esperar, milagrosamente, por um anjo salvador, que apareça a partir de anúncios de emprego.

As organizações precisam saber ler os cenários e buscar alternativas de enquadramento, através de novas estratégias. Quando uma organização não consegue mais ler os parâmetros de seu cenário é porque ela está em declínio.

A leitura do cenário objetiva prever futuros desejados, isto é, caracterizar situações futuras que não têm, necessariamente, ligação com situações presentes e passadas.

Os problemas de leitura do cenário advêm da falta de hábito de ler e pela incapacidade de filtrar aquilo que é principal do acessório. Assim, o leitor do cenário precisa possuir as seguintes características: imaginação, capacidade crítica, capacidade de ouvir, capacidade analítica, vontade para falar e escrever, inovação, criatividade, mediação, liderança, negociação, persistência, clareza de raciocínio, visão sistêmica, visão estratégica, visão holística, espírito de equipe, humildade, satisfação profissional, capacidade de comunicação.

Oportunidade – A oportunidade pode ser considerada como um acontecimento que favorece uma ação empresarial. É uma espécie de "força" ambiental incontrolável que pode ajudar na consecução dos objetivos organizacionais. Já as ameaças criam obstáculos. A oportunidade é vista como algo que consolida condições que darão a empresa uma vantagem concreta.

Como a oportunidade é um acontecimento que favorece a ação estratégica, o problema está em identificar aquilo que seja uma oportunidade, bem o que seja uma ameaça. A questão é como aproveitar a oportunidade. A identificação e aproveitamento de uma oportunidade transcendem o conhecimento comum de um gerente, porque ele precisa levar em consideração as premissas da oportunidade:

- As oportunidades desaparecem com a mesma rapidez com que são detectadas.
- O indicador de gestão mais importante é a capacidade de antecipar oportunidades.
- As oportunidades aparecem do inesperado, da disparidade setorial, da vulnerabilidade dos processos, da incongruência, da transformação, da mudança, da percepção, do novo conhecimento.
- Quando a demanda e a oferta não se equilibram, conforme as expectativas, há uma oportunidade.
- As oportunidades raramente são compatíveis com os métodos tradicionais de atuação, em relação aos negócios existentes, exigindo novas abordagens.

Quando a empresa não está sendo confrontada com ameaças e/ou oportunidades, algo errado está acontecendo. O termo "Janela de Oportunidade" é utilizado para indicar o momento em que determinado projeto (produto) tem chance de ser colocado no mercado, com um retorno de investimento bastante favorável.

A oportunidade é avaliada pela ponte que faz dos recursos da empresa com o mercado, no momento e lugar certos. Mas, é importante que se diga que não é muito fácil, principalmente, quando se é jovem, tendo em vista o seu próprio conhecimento (nível de percepção do mundo). Mesmo porque, a oportunidade se caracteriza por forças ambientais incontroláveis pela empresa, que podem favorecer o seu planejamento estratégico, ou não.

A avaliação da oportunidade leva o projetista a traçar um paralelo entre as hipóteses e realidades daquilo que parece ser uma oportunidade. Uma oportunidade é algo que deve ser explorado em seu favor.

Inovação – A inovação não se limita somente a produtos, ela pode ser considerada como a capacidade de receber, idealizar, estruturar e operacionalizar situações novas. Pode-se renovar tudo, desde: os processos de manufatura à relação com o mercado e com os consumidores. O inovador além de pesquisador precisa ter ousadia. Em mercados altamente competitivos, a busca pela inovação tornou-se um "mantra", segundo Philip Kotler. Paradoxalmente, se as inovações não forem bem-sucedidas também perecerão.

Uma inovação refere-se a qualquer bem ou serviço que é percebida por alguém como sendo algo novo. As inovações levam tempo para se difundir através do sistema social. Invenção é o ato de gênio ao criar um novo conceito para um novo produto potencialmente útil.

Quando a invenção é feita, a segunda metade da inovação começa, isto é, transformar a nova ideia em um sucesso comercial. Este segundo passo pode ser chamado de: implementação, desenvolvimento comercial, criação de novo empreendimento ou qualquer um de outros nomes.

A inovação é, hoje, um dos requisitos do mundo dos negócios. Um sem número de livros aponta a administração da inovação como uma das características essenciais para o sucesso no Século XXI. O raciocínio é que, para se distinguir num mercado cada vez mais competitivo, as empresas têm de obter avanços na produtividade, em geral, decorrentes de uma nova forma de fazer as coisas, seja um modo mais eficiente de aproveitar os recursos, seja a entrada em um mercado diferente ou a aposta num produto extraordinário.

O objetivo da inovação é aquele pelo qual uma empresa operacionaliza sua definição de qual deve ser o nosso negócio. Mas, o problema para estabelecer objetivos de inovação é a dificuldade de medir o impacto e a importância relativos das diversas inovações. A inovação traduz-se como: Algo de melhor vai acontecer! Ajuda-nos, assim, a criar a esperança de dias melhores, a incentivar sonhos e a aceitar mais facilmente as agruras do presente.

Por isso é que a inovação, quando proposta, tem aceitação fácil e até desejada por todos. Entretanto, a inovação é alguma coisa específica e coletiva, que altera crenças, hábitos e interesses sedimentados ao longo dos anos.

A inovação refere-se à introdução de uma mudança julgada positiva, benéfica, isto é, constitui-se no uso prático de uma descoberta ou invenção.

Criatividade – A criatividade está ligada a algo novo e diz respeito a uma capacidade de encontrar novos caminhos ou novas soluções para problemas e/ou oportunidades do momento; pressupõe um poder de alterar o ambiente corporativo para melhor; refere-se a um processo crítico da realidade que resulta em algo antes desconhecido e não praticado.

A criatividade leva ao encontro com o inesperado, normalmente, depois de um período consciente, ou inconsciente, de processamento de ideias e informações, relativas a um tema (problema) sobre o qual a mente foi alimentada.

A criatividade e a inovação são processos organizacionais contínuos e concomitantes, que prosseguem durante todas as fases de introdução e uso de ideias novas. Inovar é, antes de tudo, aplicar o incomum, o novo. É uma espécie de solução criativa para problemas que vão sendo detectados.

Não há fórmula prévia para se inovar, porque a inovação faz parte de um processo que descobre suas próprias regras. Assim, para inovar, não há que estabelecer uma lógica sequencial determinística entre inventar ou descobrir.

A experimentação atua como uma forma de aprendizado barato para a maioria das empresas e, usualmente, revela-se menos cara e mais útil do que pesquisas de mercado sofisticadas. Antes de podar uma ideia e antes que alguma avaliação convença de que ela não funcionará, surgem as questões:

- Existe alguma maneira de experimentar a inovação a baixo custo?
- O experimento é o instrumento mais poderoso para transformar a inovação em ação?
- Sempre é possível, para qualquer um de nós, nos tornarmos prepotentes a respeito de uma nova ideia?

3.8 Negócio

Todo negócio tem de ser rentável. Mas é preciso respeitar o tempo de maturação, ter paciência para colher os frutos e não comer tudo de uma só vez, lembrando que é preciso continuar plantando. O caminho é adotar a prática de avaliar causa e efeito, fazendo perguntas como:

O consumidor está feliz? Por que ele compra meu produto? Onde estão problemas e desvios dos resultados esperados?

O maior problema de um negócio é a falta de uma definição da finalidade pela qual o empreendimento foi criado, embora o conceito de um negócio possa ser entendido como uma atividade lucrativa. Um negócio se apresenta como o único caminho possível para vencer o desemprego ou se esquivar de baixos salários. Para alguns, é o projeto de toda uma vida.

Um negócio, qualquer que seja, descreve como um instrumento cujo propósito é criar e manter um consumidor. Isto significa fazer aquelas coisas que levarão o consumidor a desejar continuar fazendo negócios conosco. Se tal não acontecer, o empreendimento não prosperará.

A questão é que tão, raramente, perguntamos, de forma clara e direta: Por que dedicamos pouco tempo a uma reflexão mais acurada sobre o negócio que queremos fazer? Um negócio pode ser conduzido por uma ou mais pessoas, proprietários ou não, bem como ser operacionalizado de diversas maneiras.

É indispensável ter clareza em relação à ideia do negócio. Uma pista é ouvir as opiniões e desenvolver respostas para suas observações, isto é, uma maneira de evitar pecados capitais, como subestimar as necessidades, subavaliar problemas e escolher parceiros errados. Ninguém deve tapar os ouvidos para aqueles que colocam obstáculos ao projeto.

A decolagem de um negócio depende também de um bom desenvolvimento do seu projeto de negócio.

O mundo dos negócios é, por natureza, competitivo. Desde sempre as empresas tentam prever os passos dos concorrentes e se antecipar às suas ações. O fato é que a maioria tende a enfatizar muito mais o paradigma da guerra do que o da cooperação.

Hoje é preciso que o empreendedor decida se vai atuar no mercado virtual, real ou ambos. Também é necessário lembrar que, para concorrer no mercado, terá de verificar se há recursos disponíveis para ter uma capacidade produtiva que permita negociar com lucro, mesmo que seja mínimo.

A análise do negócio objetiva: inventariar sintomas, definir a missão do negócio, determinar aquilo que é essencial, definir objetivos das funções vitais, comparar o real com o desejado, determinar os desvios, escolher variáveis a serem alteradas, decidir sobre o método de produção e a tecnologia que irá empregar, bem como as políticas de crédito, preço, distribuição e relacionamento com fornecedores, funcionários e consumidores. Finalmente, montar um plano de ação.

3.9 Elementos do Negócio

A seguir, alguns elementos do negócio:

Programa de Análise de um Negócio:

- Deixar o sentimento de lado e tomar uma atitude pragmática, lógica e racional.
- Analisar posição e perspectiva do mercado de atuação.
- Dimensionar os indicadores básicos de gestão (econômicos, financeiros, de performance, de mão-de-obra, de venda, de produção e de tempo).
- Averiguar se mudanças tecnológicas afetariam substancialmente o negócio.
- Descobrir se setores de fraco desempenho podem ameaçar o negócio.
- Descobrir pontos fortes e fracos do negócio.
- Descobrir que áreas são autossustentadas e qual a margem de contribuição de cada produto.
- Verificar se os dirigentes conhecem bem as funções administrativas e se otimizam os recursos disponíveis.
- Atribuir às áreas de maior potencial de resultados positivos os melhores recursos em quantidade e qualidade.
- Pesquisar como o tempo executivo é utilizado.
- Verificar se as verbas com as comunicações do produto e do relacionamento com consumidores estão sendo mais bem aplicadas.
- Emitir relatório e apresentar proposta.

Programa para a Criação de um Negócio:

- Montar uma sinopse do projeto.
- Montar um controle para despesas e investimentos.

- Pesquisar os concorrentes (local, estrutura organizacional, arranjo físico, infraestrutura, mercado e ambiente).
- Pesquisar restrições governamentais.
- Criar arquivos informatizados e de papéis.
- Criar um nome fantasia.
- Pesquisar mercados: consumidor, produtor, intermediário, fornecedor de recursos e governamental.
- Decidir se aluga ou compra o ponto.
- Verificar a existência de recursos primários (água, esgoto, energia, gás, telefone).
- Redigir contrato social (participação dos sócios).
- Decidir sobre o nome da firma.
- Escolher contador e combinar suas atribuições.
- Legalizar a empresa.
- Estudar arranjo físico (planta baixa) para máquinas, equipamentos, móveis, utensílios, instalações.
- Desenvolver projetos de: arquitetura, exaustão, eletricidade, esgotamento sanitário, hidráulica, luminoso, prevenção contra incêndio, iluminação, climatização, telefonia, decoração.
- Montar cronograma do projeto.
- Orçar recursos necessários.
- Adquirir recursos e/ou incorporar os dos sócios.
- Criar conta bancária da firma.
- Adquirir e autenticar livros e notas fiscais.
- Montar um plano de ação.
- Levantar custos: fixo e variável (planilhas).
- Montar controles.
- Estabelecer estratégias, táticas, normas, diretrizes, práticas e procedimentos.
- Calcular faturamento de equilíbrio (lucro zero).
- Definir política de preços e contratar pessoas
- Efetuar compras complementares.
- Concluir projetos faltantes.
- Recrutar, selecionar e treinar recursos humanos.
- Definir política salarial.
- Definir atribuições dos sócios.
- Definir horários de trabalho.
- Definir capital de giro.
- Definir política de relacionamento com consumidor (CRM).
- Definir política de comunicação do produto.
- Iniciar compra de matérias-primas, insumos, produtos semiacabados ou produtos acabados.
- Produzir e/ou ofertar ao mercado bens, serviços e ideias.
- Iniciar atividades.
- Montar um fluxograma de programa para ajudar a tomar decisões futuras.

Plano de Negócio: Plano de partida do empreendedor que busca financiamento. Ele é o cartão de visitas para apresentar o empreendedor e o empreendimento. É pelo movimento do dinheiro que o empreendedor irá detectar a saúde de seu negócio. No início das operações, raramente, se escapa do vermelho.

O plano de negócio é o ponto de partida do investidor, empresário, ou empreendedor, que busca financiamento, isto é, uma espécie de cartão de apresentação.

A meta, porém, é perseguir o faturamento de equilíbrio, quando as entradas se harmonizam com as saídas. Nesta fase, o negócio começa a remunerar o capital investido (principal), por meio de um excedente positivo de caixa.

Este plano formaliza a ideia, define a oportunidade do negócio, conceitua a operação, estima os riscos e traça o roteiro de viabilização do novo negócio. É um documento básico para atrair investidores.

Assegure-se como roteiro para negócio o seguinte:

- Descrever os aspectos econômicos, tais como: setor da economia (ramo); produto que se pretender desenvolver; mercado de atuação; recursos necessários e meios de comercialização.
- Descrever os aspectos técnicos, quanto se quantifica e qualifica a produção, quando apresentar o processo produtivo e quais serão as especificações.
- Descrever os aspectos financeiros como informações sobre o investimento fixo, os recursos e projeções sobre receitas, custos e resultados. Projeções do fluxo de caixa e de capital de giro também fazem parte do plano.

Visão de um Negócio:

Há certos desafios comuns na vida de homens e mulheres de negócios, não importa o tamanho de suas empresas, o setor no qual elas estão inseridas, bem como bens e serviços que ofereçam. São circunstâncias que se repetem e que, dependendo da forma como serão encaradas, definirão os limites do que é sucesso ou fracasso, perenidade ou fugacidade.

Quantos empresários não enfrentaram dificuldades no relacionamento com um parceiro estratégico ou tiveram de lidar com os perigos de conquistar um novo mercado? Quantos, em algum momento, não esbarraram na ruína e tiveram de encontrar soluções para resgatar o negócio de sua vida? Que gestor não enfrenta o desafio diário de formar equipes com espírito empreendedor e de mantê-las permanentemente motivadas?

A visão factível de um negócio, qualquer que seja, descreve-o como um instrumento cujo propósito é criar e manter um cliente. Se não for capaz de criar e manter um cliente, um negócio não pode prosperar ou sobreviver. Não se deve supor que metas e estratégias cuidadosamente desenvolvidas e claramente definidas produzam automaticamente coerência e harmonia.

Onde não há congruência de objetivos, o conflito e a ineficiência prevalecerão. O ruído intensifica-se à medida que as reclamações são vigorosamente defendidas.

Os candidatos a empresário costumam tropeçar justamente na parte objetiva do empreendimento: custo, preço, faturamento de equilíbrio, capacidade instalada, qualidade, lucro, legislação, documentação. Lucro não deve ser uma meta empresarial.

Na verdade, se analisado com propriedade, o lucro não pode nem ser tratado como uma consequência da ação empresarial, mas sim como uma expectativa do negócio. É uma condição necessária à vida empresarial tal como comer é uma condição necessária à vida humana.

Para se criar um negócio (está sendo visto aqui como criar uma empresa, qualquer que seja o tipo) é preciso e recomendado que seja feito um programa preliminar. Tal programa listará as diversas atividades necessárias à viabilização ou não do negócio.

Quando da montagem do programa, o empreendedor deve ter um comportamento sistemático, organizado e criterioso, colocando as tarefas, se possível, numa ordem cronológica. Tal ordem será mudada ao longo do tempo função das circunstâncias e prioridades.

O primeiro passo a ser dado é: definir a missão do negócio, analisar o ambiente quanto às oportunidades e ameaças; verificar quais recursos possui e quais são as suas restrições; conhecer a situação do mercado alvo é vital; saber quais são os concorrentes e como estes atuam; verificar mercados em expansão; viabilizar ideias; entender o conceito de negócio.

Quando se fala em pesquisa de mercado para a criação de um negócio, não se está falando em nada muito complicado. Avaliar a concorrência pode resumir-se a uma volta pelo bairro e sair conversando, com lápis e papel na mão.

Transparência: A transparência é uma atitude corporativa que pode ser decisiva não apenas para a imagem da empresa, mas para as suas vendas. Hoje, ela é fundamental para a sobrevivência de um negócio. Evidentemente que a transparência total é uma ingenuidade e um sonho, pois afinal de contas "o segredo é a alma do negócio".

Não podemos desconsiderar, entretanto, que algumas organizações têm a obrigação ética e legal de praticar a transparência como é o caso do governo. O maior ou menor grau de visibilidade de uma organização deve ser função do seu ramo de atividade e da sua formação, bem como o universo tomado como referencial.

Como já ressaltamos, não se pode desejar organizações totalmente transparentes para todos os níveis e em relação a tudo o que ocorre. O que é importante é ter em conta que o grau de transparência estará em função do público-alvo, do assunto, da preparação e da pregação de honestidade feita pela própria empresa. Mas nem tudo o que ocorre pode ser transparente para todos, em todos os momentos.

Antes de rotularmos uma empresa como transparente, translúcida ou opaca é fundamental analisarmos o contexto onde a situação ocorre e definirmos alguns dos seus indicadores.

Desafio: Há certos desafios comuns na vida de homens e mulheres de negócios, não importa o tamanho de suas empresas, o setor no qual elas estão inseridas, os produtos ou serviços que oferecem. São circunstâncias que se repetem e que dependendo da forma como serão encaradas definirão os limites do que é sucesso ou fracasso, perenidade ou fugacidade.

Quantos empresários não enfrentaram dificuldades no relacionamento com um parceiro estratégico ou tiveram de lidar com os perigos de conquistar um novo mercado? Quantos, em algum momento, não esbarraram na ruína e tiveram de encontrar soluções para resgatar o negócio de sua vida? Que gestor não enfrenta o desafio diário de formar equipes com espírito empreendedor e permanentemente motivado?

Lucro – É básico assinalar que o problema com que se defronta o empreendedor/investidor é o conflito entre a responsabilidade social e o lucro da empresa, porque há um pensamento completamente divergente entre empresários e pessoas do povo, pois estas acham que a empresa é para dar emprego e os empresários que é para dar lucro.

Lucro não é uma designação ampla nem prescritiva do objetivo da empresa. É meramente o resultado ou a decorrência da atividade nos negócios. Não diz nada sobre o que essas atividades deverão ser.

Dizer-se que um negócio existe para dar lucro aos seus proprietários não oferece prescrição acerca de como conseguir isso, não é um guia de como essa ação deve ser para acomodar exigências, conflitos e mudanças.

O lucro, na verdade, é uma noção não acumulativa de dinheiro, mas de distribuição do mesmo. O sucesso econômico de longo prazo depende de melhorias no nosso desempenho financeiro, ambiental e social. Mas, empresas engajadas em crenças e valores sociais correm o risco de caírem numa armadilha, isto é, depois que entram neste sistema não podem mais sair, porque arranharão sua imagem e marca.

Qual o destino do lucro? Os lucros deverão ser retirados ou distribuídos? Serão os lucros retidos suficientes para atender às nossas necessidades, ou precisaremos obter fundos adicionais fora da empresa? Há certa combinação de capital de terceiros e de capital próprio que é a mais adequada à empresa?

Uma vez distinguidos os tipos de fundos que estamos procurando, o passo seguinte será estudar onde poderemos obter tais modalidades de financiamento e em que condições poderão ser conseguidas.

O lucro é como saúde. Você necessita dele e quanto mais acontecer, mais suave será a sua vida. Mas não é a razão de sua existência.

3.10 Investimento

Investimentos são gastos aplicados em bens duráveis, direitos de marca, tecnologias, máquinas e equipamentos, bem como recursos aplicados em participações (empresas coligadas e/ou controladas) e em outras sociedades (direitos de qualquer natureza).

É importante assinalar que os investimentos são aplicações, relativamente, permanentes com o objetivo de produzir renda. Os investimentos empresariais podem ser vistos pela massa de capitais aplicados e pelo tempo da aplicação.

Embora o volume de capital seja preponderante em qualquer investimento, o que realmente interessa é quanto tempo vai se levar para ter o dinheiro de volta, isto é, tempo de resposta.

É muito importante que o investidor faça uma análise da conveniência do investimento, bem como se deve comprar ou alugar alguns dos recursos que farão a empresa funcionar, porque os gastos com aluguel podem ser jogados na conta de despesas.

A análise do investimento objetiva verificar a conveniência da otimização tecnológica para a substituição de máquinas e equipamentos, melhoria da produtividade (reditividade), avaliando o impacto na estratégia empresarial e qual a mudança no comportamento e cultura da organização.

Evidentemente, esses benefícios não são os únicos a se considerar, quando se precisa de uma máquina ou equipamento. Além da disponibilidade de caixa e da conjuntura econômica, fatores como o preço do equipamento desejado e o custo da locação devem ser, obrigatoriamente, pesquisados e analisados.

Nesta análise, é importante que o tempo de utilização do ativo deva ser considerado, pois é esta variável que determinará o aluguel ou a compra.

O investimento tem uma relação inversamente proporcional com as taxas de juros de mercado. Se a empresa já dispõe de capital próprio, a taxa de juros representará o quanto a empresa ganharia se, em vez de investir em suas instalações, aplicasse no mercado de capitais.

Se a empresa precisa tomar emprestado, para comprar bens duráveis ou ampliar suas instalações, a taxa de juros de mercado representa para ela o custo do empréstimo. Nas duas situações, quanto maior a taxa de juros de mercado, menores os investimentos.

A seguir os principais elementos do investimento:

Plano de Investimento: Plano que ajudará a coordenar, controlar e constatar a conveniência de investir capital financeiro a fim de cobrir todas as despesas de operação e de imobilização para viabilizar o projeto. Tal plano deve ser submetido a revisões periódicas, para assegurar a sua adequação às situações variáveis da empresa.

É um plano dentro do plano de negócio, e procura demonstrar um conjunto de projeções abrangentes que possam refletir o desempenho futuro da empresa em termos financeiros. Com este instrumento é possível estabelecer e cumprir metas. Quando bem fundamentado, transmite uma imagem positiva e dá crédito aos empreendedores, pois se estabelece como um dos referenciais do projeto.

Tipos de investimento:

Investimento Agregado: investimento que permitirá o aumento de renda.

Investimento em Qualidade: Investimento calcado na filosofia da qualidade. Não se trata mais de uma questão de produzir para satisfazer às expectativas dos clientes, mas também de inspirar as pessoas que os produzem, para que façam da melhor maneira possível.

Investimento em Tecnologia: Investimento que aproveita os avanços em tecnologia para aumentar produtividade e qualidade dos produtos.

Investimento Empresarial: Massa de capitais aplicada em um empreendimento.

Investimento Estratégico: Investimento voltado para o mercado. Este investimento, dificilmente, permite uma avaliação mais concreta dos futuros resultados.

Investimento Imobilizado: Ver imobilizado.

Investimento Inicial: Capital inicial para criação de um negócio.

Investimento Permanente: Imobilizado.

Rentabilidade – A rentabilidade do capital investido deve ser uma preocupação do empreendedor, tendo em vista que este indicador econômico mede a perspectiva de retorno do investimento dos proprietários.

Captação de Recursos Financeiros – Os recursos financeiros aplicados no empreendimento são considerados investimento. Então, os problemas do gerente financeiro estão em como captar e gerir tais recursos. Também caberá questionar quanto, quando, quais e por que da captação de tais recursos.

Retorno do Investimento – O retorno do investimento é dado pela fórmula:

Retorno do Investimento = Lucro do Exercício × Giro do Ativo Total

Onde:
Lucro do Exercício = Lucro Líquido
Giro do Ativo Total = Receita com Vendas / Ativo Total

Exemplo:
Lucro do Exercício = $ 1.000,00
Giro do Ativo Total = 2
Retorno do Investimento = $ 1.000,00 × 2 = $ 2.000,00

Análise: Este indicador mostra o quanto retorna do investimento por ano. Se o capital investido foi de $ 10.000,00, significa que, sendo o retorno do investimento igual a $ 2.000,00/ano, o investimento retornará em 5 anos (10.000 ÷ 2.000).

Decisão de Investir – A tomada de decisão sobre os gastos com investimento ficará em função do retorno do investimento, da taxa de juros praticados no mercado e da disponibilidade de fundos de longo prazo patrocinados pelos governos e bancos de desenvolvimento (fomento).

Tanto os investimentos públicos como os privados podem ser feitos de forma ineficiente. Sempre que uma empresa deixa de obter uma taxa de retorno competitiva sobre seus investimentos, é porque foi feito um mau investimento. No setor privado, os índices de fracasso são elevados, porque muitas empresas não conseguem obter um retorno que compense tanto esforço, tempo e dinheiro.

Pay Back – Pay back é o intervalo de tempo necessário para que o investimento proporcione, em entradas líquidas de caixa, um montante igual ao total investido. Sua fórmula é:

Pay back = Ativo Total / Resultado Final do Exercício = Investimento / Lucro Líquido

Onde:
Ativo Total = Investimento
Resultado do Exercício = Lucro Líquido
Lucro Líquido = Lucro - (Imposto de Renda + Depreciação)

Exemplo:
Investimento = $ 100.000,00
Valor Residual = $ 10.000,00
Vida Útil = 9 anos
Lucro = $ 40.000,00
Imposto de Renda (IR) = 20% do lucro

Solução:
Investimento Líquido = 100.000 - 10.000 = 90.000
Depreciação = (100.000 - 10.000) / 9 = 10.000
Pay Back = (100.000 - 10.000) / 40.000 - (8.000 + 10.000) = 90.000 / 22.000 = 4 anos (aproximadamente)

3.11 Imobilização

A imobilização é o mesmo que retenção de dinheiro em determinados ativos ou ação de imobilizar capital no longo prazo. São considerados ativos imobilizados os bens e direitos de natureza permanente, destinados à manutenção das atividades da organização.

Como é óbvio, o termo imobilizado não diz respeito à falta de mobilidade física dos bens de uma empresa, mas ao fato de que uma parcela dos recursos da sociedade (empresa) foi aplicada em ativo permanente. O imobilizado só pode ser amortizado, em geral, em cinco ou mais anos.

A classificação de investimento permanente, ou ativo imobilizado, repousa na sua destinação, de forma que todas as contas relativas às atividades operacionais são classificadas no grupo imobilizado, que a empresa utiliza ou utilizará.

O custo de instalação de uma câmara fria, por exemplo, compreenderá todos os gastos necessários para ter a mesma funcionando.

É importante esclarecer que a imobilização de capital e o investimento seriam idênticos se todos os bens e serviços fossem pagos à medida que são comprados, e se os pagamentos dos produtos vendidos fossem recebidos, no momento da entrega. Fato muito difícil de acontecer.

A taxa de imobilização é dada pela fórmula:

Taxa de Imobilização = Ativo Imobilizado / Patrimônio Líquido

Onde:
Ativo Permanente = Investimentos + Ativo Imobilizado + Ativo Diferido
Ativo Imobilizado = Soma dos imóveis, instalações, veículos, móveis, utensílios, marcas, patentes, direitos de publicação, cauções, reserva técnica de estoque.
Ativo Diferido = Aplicações de recursos em despesas (gastos com desenvolvimento de novos projetos) que contribuirão para a formação do resultado de mais de um exercício social.

Exemplo:
Ativo Permanente = $ 11.000,00
Patrimônio Líquido = $ 6.000,00
Taxa de Imobilização = 11.000 / 6.000 = 1,84

Análise:
A taxa de imobilização informa quanto uma empresa conseguiu imobilizar e investir com relação ao capital próprio (patrimônio líquido). No exemplo acima, o ativo permanente é quase o dobro do patrimônio líquido, sendo, portanto, um alto risco, porque ativos imobilizados não têm liquidez imediata. O aumento dos investimentos só se justifica se a empresa apresentar bons resultados. Mesmo assim, é necessário saber ler muito bem o cenário.

O aumento dos investimentos só se justifica se a empresa apresentar bons resultados. Mesmo assim, é necessário saber ler muito bem o cenário.

3.12 Locação

Locação é o contrato pelo qual uma das partes se compromete, mediante remuneração que a outra paga, a fornecer-lhe, durante certo tempo, ou uso e gozo de uma coisa (mão de obra, objeto, imóvel, máquina). É contrato bilateral, consensual, oneroso, comutativo, de execução continuada e não solene.

Temerosas de realizar novos investimentos as empresas tem, no entanto, uma opção para atender a eventualidades, como a súbita parada de uma máquina ou equipamento, ou, até mesmo, uma inesperada bolha de consumo. Trata-se da locação (ou aluguel).

Uma questão que se coloca de saída a respeito da situação do imóvel, da localização e da propriedade: Ele deve ser próprio ou alugado? Em ambos os casos o que importa é o custo da opção. Os consultores não recomendam a imobilização em imóveis, pelo menos na fase inicial do projeto.

Difícil de dimensionar, o mercado de recursos oferece praticamente de tudo. Somam-se a essa gama variada, serviços complementares, como a instalação, assistência e, mesmo, a operação dos bens alugados, permitindo aos usuários reduzir seus custos com manutenção e mão de obra. Este tipo de vantagem, geralmente, ignorada pelos empresários ao tomarem suas decisões de investimento, costuma vir acompanhada por outro de ordem fiscal.

A compra de um imóvel é um custo pesado demais para quem necessita amealhar todo o capital de giro que lhe seja possível sem ônus dos juros cobrados pelos bancos. Então, fica a dúvida: comprar ou alugar?

O aluguel também deve estar compatível com as expectativas de retorno do capital investido. A experiência estabelece regras que devem ser seguidas, tais como:

- Caso a perspectiva de uso seja de pelo menos cinco anos, tempo médio para a amortização do ativo imobilizado, deve-se comprar a máquina.
- Caso o tempo provável de utilização fique abaixo desse patamar, deve-se alugar.
- Caso o fator tecnologia seja preponderante, será preciso analisar a relação custo/benefício. Considera-se benefício como: maior produtividade, menor consumo de energia, maior segurança e melhor qualidade, por exemplo.

Válido para situações de rotina, o aluguel ganha importância em momentos de emergência, que vão desde um pico de vendas a trabalhos não habituais da empresa. A parada ou retração da economia e a ênfase na prestação de serviços deverão constituir-se num forte argumento para investir, já que a maioria das empresas se esquece de que os custos com equipamentos não se esgotam na compra.

Há toda uma estrutura de manutenção e de reparos a ser considerada. O maior empecilho está no preconceito com que o empreendedor trata a locação. A maior parte das pessoas quer ser "dona", sem se preocupar com os resultados.

Se o aluguel é uma boa alternativa para as empresas que precisam de equipamentos por prazos curtos, para prazos mais longos a opção é recorrer ao arrendamento mercantil ou leasing. Contratado para período que pode variar entre três e cinco anos, esse sistema combina as operações de locação e financiamento, permitindo, ao final do arrendamento, que o bem seja adquirido ou, então, devolvido à empresa contratada.

Caso se decida pela compra, o interessado pagará à financeira o valor residual, um preço básico, previamente combinado, que pode ser de 1% a 100% do valor do equipamento. O leasing funciona mais como uma linha de financiamento.

Comparado à locação normal, o *leasing* tem de diferente a obrigação contratual que estabelece para o arrendatário, ou seja, uma vez realizada a operação, não tem como desistir, ao contrário da locação, em que a devolução do equipamento pode ser feita a qualquer tempo.

A parte que concede o uso da coisa é conhecida como locador, mas também se chama de senhorio por pertencer-lhe a titularidade do bem. Quem recebe a coisa em virtude desse contrato chama-se locatário, ou inquilino.

A locação pode ser por tempo determinado ou indeterminado. Inegavelmente os longos prazos são prejudiciais para a movimentação das relações patrimoniais.

A locação por tempo determinado cessa de pleno direito, findo o prazo estipulado, independentemente de notificação ou aviso.

As mais importantes obrigações do locador são:

- Entregar a coisa locada com seus acessórios em bom estado de conservação e mantê-la nesse estado, durante a vigência do contrato.
- Garantir-lhe a posse, uso e gozo pacífico do locatário.
- Havendo deterioração da coisa alugada, independentemente de culpa do locatário, poderá este optar pela rescisão do contrato ou pelo abatimento proporcional do aluguel.

As mais importantes obrigações do locatário são:

- Servir-se da coisa locada para o fim convencionado, bem como tratá-la com mesmo cuidado como se sua fosse.
- Pagar pontualmente o aluguel.
- Levar ao conhecimento do locador as turbações de terceiros.
- Restituir a coisa, finda a locação, no estado em que a recebeu, salvo as deteriorações naturais do uso regular.

Os mais importantes contratos de locação são: Contrato de Locação de Imóvel Residencial; Contrato de Locação de Imóvel Não Residencial; Contrato de Locação Comercial; Contrato de Locação de Armazém; Contrato de Locação de Máquina; Contrato de Comodato.

3.13 Capital

Capital é o montante de recursos financeiros a serem investidos em um projeto, isto é, a soma do Capital Realizado mais o Capital a Realizar. Os investidores assumem o risco do Capital Investido, tendo o direito de controle e gerência do projeto e, logicamente, auferirem os benefícios futuros gerados pelo capital aplicado.

Um empreendimento precisará de capital financeiro para levar adiante os seus projetos. Assim, devemos questionar sobre: Quanto é preciso? Qual capital de giro é necessário? Qual fonte de capital? Será por meio de financiamento, empréstimo, leasing ou crédito? Qual a disponibilidade financeira? Dentre os problemas levantados, os mais graves são: o capital de giro e o capital próprio.

Quando se quer programar a futura atividade de uma empresa, devemos tomar em consideração os meios financeiros disponíveis que, muitas vezes, devem ser condicionados aos objetivos do empreendimento, e vice-versa.

Para fazer o capital inicial, recomenda-se a utilização do patrimônio pessoal, resultante de indenizações, alienação de bens, hipotecas de imóveis, poupanças, aplicações, por exemplo. Somente como recurso final, recorrer a dinheiro emprestado.

Nesse caso, a taxa de retorno tem de ser calculada com precisão, ela não pode ser inferior à taxa de juros, cobrada pelo mercado, sob pena de condenar o negócio à falência.

A lucratividade não pode estar abaixo da taxa de inflação real somada a taxa de juros de empréstimos.

O capital próprio é a participação dos proprietários no ativo. Ele não tem data de vencimento. Quando os proprietários investem numa empresa, não há acordo sobre a devolução do seu investimento inicial. Se um proprietário desejar reaver seu investimento, terá que achar outro comprador para sua parte ou liquidar a empresa.

Se o empreendedor vai ou não conseguir seu investimento original intacto, é uma questão que depende de sorte e de sua capacidade de gerenciamento do negócio.

Os capitais obtidos de terceiros têm prazos de vencimento. É preciso resgatá-los nas datas especificadas nos contratos realizados entre a empresa e seus credores. Se a dívida não for paga no vencimento, os credores podem penhorar o ativo ou forçar a liquidação da empresa, em função do contrato firmado.

Teoricamente, uma empresa pode viver muitos anos, sem investir, apenas usando instalações, máquinas e equipamentos que possui. No entanto, ela não sobreviveria um mês sem capital de giro, que são os recursos financeiros que mantêm as engrenagens do negócio.

A decisão de reter dinheiro em caixa, não se valendo de bancos, para ser usado como capital de giro significa comprometer o crescimento no longo prazo e ter menos dinheiro para repartir lucros com os sócios.

Em relação ao direito sobre lucros, três são os aspectos que diferenciam o capital de terceiros do capital próprio:

Prioridade da Exigibilidade – Os direitos dos credores têm prioridade em relação aos direitos dos proprietários. Em certas ocasiões, os proprietários não poderão retirar o lucro, se isto prejudicar os direitos dos credores.

Certeza da Exigibilidade – Se a empresa se comprometeu a pagar juros sobre a dívida contraída terá de pagá-los, independentemente, do montante do lucro auferido ou, então, enfrentar uma ação legal. O pagamento de juros constitui uma despesa fixa. Os pagamentos aos proprietários são chamados de retiradas, em se tratando de firmas individuais e sociedades de pessoas.

No caso de sociedades anônimas, o lucro é distribuído na forma de dividendos. No primeiro caso, o pagamento fica a critério do proprietário ou dos sócios. No segundo, a critério da diretoria e/ou do conselho de administração.

Valor da Exigibilidade – Os juros pagos sobre os empréstimos são cobrados pelos credores, independentemente da rentabilidade da empresa.

Raramente credores e proprietários investem numa empresa na expectativa de participarem da sua liquidação final. Não obstante, seus temores em períodos de dificuldades causam-lhe certa preocupação. Enquanto a consideração dos direitos sobre os lucros é mais importante para uma empresa em funcionamento, os direitos sobre os ativos são, geralmente, mais significativos quando a empresa enfrenta dificuldades, especialmente se o ativo estiver sendo liquidado. Os direitos dos credores sobre o ativo têm sempre prioridade.

3.14 Tipos de Capital

A segui, os principais tipos de capital:

Capital Próprio – Somatório dos capitais dos patrocinadores (investidores) do projeto.

Capital de Terceiros – Capital de credores, com prazos preestabelecidos de resgate. Aqueles que aportarem capitais no projeto, como terceiros, exigirão informações e garantias sobre a viabilidade do projeto, o retorno do investimento e a credibilidade dos gestores.

Capital Intelectual – Conjunto de todo conhecimento científico, tecnológico e metodológico que possui uma organização, através de seus registros, arquivos e pessoas.

Capital Social – É o capital declarado que tem o seu valor fixado pelo estatuto ou contrato social.

Capital Subscrito – É o valor do capital social representado por cotas (ações) totalmente subscritas pelos investidores.

Capital a Integralizar (a Realizar) – Capital que falta para compor o capital social (declarado em contrato entre sócios).

Capital de Empréstimo – Capital tomado no mercado de recursos, sob a forma de dinheiro, material, máquinas e equipamentos.

Capital de Giro Próprio – Diferença entre ativo circulante e passivo circulante.

Capital de Movimento – Soma do capital próprio com as exigibilidades correntes.

Capital Autorizado – É o capital limitado pelo o que estabelece o estatuto. O capital autorizado não precisa ser contabilizado, mas seu limite deve ser divulgado nas demonstrações financeiras.

Capital Declarado – Capital estabelecido no contrato social.

Capital Realizado – Diferença entre capital declarado e capital a realizar.

Capital Efetivo – Diferença entre capital realizado e valores consumidos no projeto.

Capital Financeiro – Valores que podem ser transformados em dinheiro.

Capital Humano – Conjunto de pessoas que detém conhecimentos úteis à empresa.

Capital Imobilizado – Capital retido em ativos necessários ao andamento das atividades do projeto, para maior eficiência, eficácia, efetividade e produtividade.

Capital da Marca – O capital da marca é o ativo que o responsável pelo marketing acumula para garantir a continuidade do consumidor e o lucro. Ele pode ser considerado como reserva de lucro da empresa.

Capital de Giro Líquido – Diferença entre o capital de giro e as receitas conseguidas durante a construção do projeto.

3.15 Capital de Giro

O capital de giro é o capital necessário às operações do projeto. Também é preciso lembrar que o capital de giro são os recursos financeiros para pagar as despesas operacionais, como a compra de matérias-primas, insumos, materiais de higiene e limpeza, materiais de escritório, manutenção de máquinas, manutenção das instalações, salários, despesas diversas. Também deve servir de reserva de capital para os primeiros meses de operação, depois de implantação do projeto.

É de fundamental importância saber quanto o empreendedor vai gastar para operacionalizar a empresa e quando executar os pagamentos. A preocupação com o capital de giro é a chave para uma administração financeira bem-sucedida, como também para o fluxo de caixa e as estratégias de crescimento e de lucratividade.

A necessidade de capital de giro aumenta quando acontece: compras à vista; redução dos prazos dos fornecedores; vendas a longo prazo; ineficiência nas cobranças; níveis elevados de estoques; dinheiro parado no caixa; imobilizações; retiradas excessivas.

A necessidade de capital de giro diminui quando acontece: vendas à vista; eficiência da cobrança; alienação de ativos desnecessários; aumento de capital com recursos próprios; otimização de recursos; maior margem de lucro; utilização de capitais de terceiros; maiores prazos de pagamento dos fornecedores; maior rotação dos estoques.

As ilustrações, a seguir, ajudarão a mais bem esclarecer o que seja capital de giro:

Nº	Descrição	Valor	%
1	Necessidades de Capital de Giro: (2 + 3 + 4 + 5)	69.620,00	100,00
2	Caixa e Bancos	850,00	1,30
3	Contas a Receber	17.500,00	25,10
4	Estoques	42.750,00	61,40
5	Outros Créditos e Recebíveis	8.520,00	12,20
6	Fontes Externas de Capital de Giro: (7 + 8 + 9 + 10)	56.205,00	80,70
7	Fornecedores a Pagar	38.750,00	55,70
8	Contas a Pagar	6.785,00	9,70
9	Duplicatas Descontadas	6.320,00	9,10
10	Financiamento a Curto Prazo	4.350,00	6,20
11	Capital de Giro (1 - 6)	13.415,00	19,30

Quadro 3.1: Capital de Giro – Fontes e Aplicações.

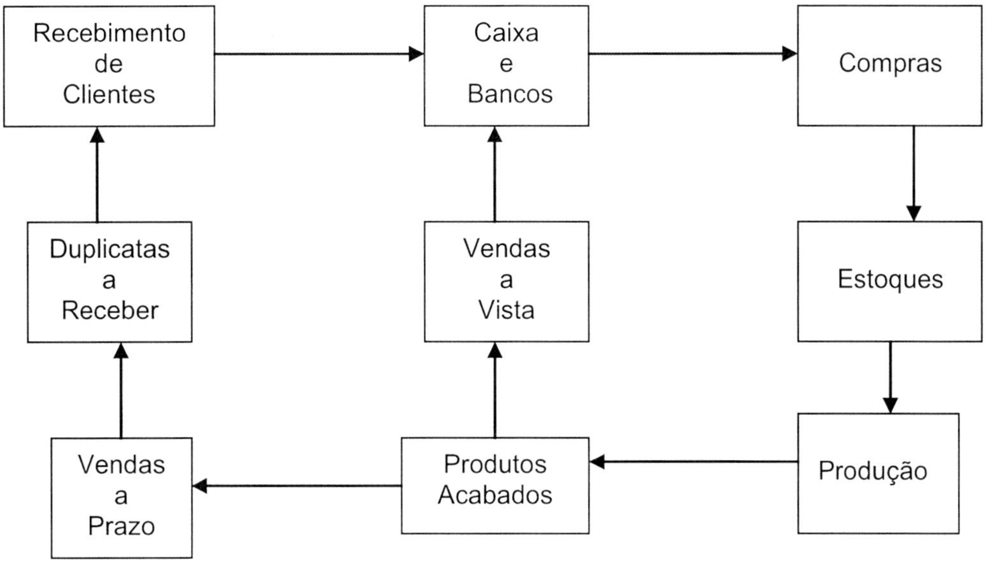

Figura 3.1: Fluxo do Capital de Giro.

O Capital de Giro Próprio é dado pela fórmula:

Capital de Giro Próprio = Ativo Circulante - Passivo Circulante

Onde:
Ativo Circulante = Disponível + Realizável de Curto prazo
Passivo Circulante = Exigível de Curto Prazo
Disponível = Caixa + Bancos
Realizável de Curto Prazo = Estoques de Matéria-Prima + Produtos Acabados + Contas a Receber
Exigível de Curto Prazo = Fornecedores a Pagar + Contas a Pagar + Empréstimos Bancários

3.16 Capital de Giro Próprio

Muitas vezes se quer saber quanto é preciso para estabelecer um novo negócio ou uma nova linha de produção, ou, ainda, um novo produto. Saber, enfim, quanto dinheiro é necessário.

A seguir, é apresentado o cálculo do capital de giro próprio:

Dados:

- Custo variável anual de produção = $ 180,00
- Custo fixo anual de produção = $ 90,00
- Receita anual prevista de vendas = $ 300,00
- Vendas a prazo = 80% da receita total
- Prazo médio de vendas = 2 meses
- Estoques médios de matéria-prima = 2 meses de custo variável
- Estoques médios de produtos acabados = 1 mês de custo total
- Disponibilidade mínima de caixa = 1 mês de custo fixo
- Crédito bancário = desconto de duplicatas correspondente a 70% das vendas a prazo
- Crédito de fornecedores = 2 meses de custo variável

Definições:

Capital de Giro Próprio = Ativo Circulante – Passivo Circulante
Ativo Circulante = Disponível + Realizável de Curto prazo
Passivo Circulante = Exigível de Curto Prazo
Disponível = Caixa + Bancos
Realizável de Curto Prazo = Estoques de Matéria-Prima + Produtos Acabados + Contas a Receber
Exigível de Curto Prazo = Fornecedores a Pagar + Contas a Pagar + Empréstimos Bancários

Solução:

Disponível = (Custo Fixo) /12 meses = $ 90,00/12 = $ 7,50
Estoque de Matéria-Prima = (Custo Variável/12) x 2 = $ 180,00/6 = $ 30,00
Estoque de Produtos Acabados = (Fixo + Variável) /12 = ($ 180,00 + $ 90,00) /12 = $ 270,00/12 = $ 22,50

Cálculo de Duplicatas a Receber:

Rotação de Estoques (vendas) = 12 meses/2 meses = 6
Faturamento a Prazo = 80% x $ 300,00 = $ 240,00
Duplicatas a Receber = $ 240,00/6 = $ 40,00

Fornecedores = (Custo Variável/12) x 2 = $ 180,00/6 = $ 30,00
Empréstimos Bancários = 70% x $ 40,00 = $ 28,00

O quadro, a seguir, mostra as fontes de financiamento e investimento, na forma de um Balanço Patrimonial.

Ativo		Passivo	
Disponível:		Exigível de Curto Prazo:	
Caixa e Bancos	7,50	Fornecedores	30,00
Realizável de Curto Prazo:		Empréstimos Bancários	28,00
Matérias-Primas	30,00	Total	58,00
Produtos Acabados	22,50	Capital de Giro Próprio	
Duplicatas a Receber	40,00	(100,00 - 58,00)	42,00
Total	92,50		
Total do Ativo	100,00	Total do Passivo	100,00

Quadro 3.2: Fontes de Financiamento e Investimento.

Resposta: Você precisará de $ 42,00 em dinheiro vivo para iniciar o negócio, nas condições colocadas acima.

3.17 Tributação

Tributação é somatório de taxas, contribuições e impostos pagos compulsoriamente ao governo. Entende-se como tributo à prestação monetária compulsória devido ao poder público ou, de forma mais simples, o somatório de impostos mais taxas. O empreendedor deve saber, de antemão, qual a carga tributária a incidir sobre o seu negócio, pois um país, como o Brasil, desanima qualquer investidor.

O conselho é se informar sobre impostos e taxas antes de se aventurar num empreendimento.

Se você não tiver conhecimento das exigências tributárias ou se por qualquer outro motivo deixar de pagar impostos nos prazos e valores corretos, poderá ter sérios transtornos em sua empresa vários anos mais tarde, porque a cobrança de impostos passados fatalmente será executada em algum momento. Pior ocorre, quando se desconsideram as notificações oficiais, que, se não levadas a sério, podem encerrar sua empresa.

Por menor que seja o negócio, é mais sábio contratar um especialista e fazer um bom planejamento tributário. Entenda-se por isso a adoção de estratégias para minimizar o impacto dos impostos e, assim, aumentar a rentabilidade.

O custo inicial pode até ser alto, mas a economia que pode ser feita é para toda a vida da empresa.

Há muitos casos de empreendedores que, ao fazer esse planejamento, perceberam que se mudassem as características de seu produto, ou mesmo a área de atuação, pagariam menos impostos do que se mantivessem o projeto original.

Além disso, as empresas que agem corretamente ainda se vêem obrigadas a custear, na forma de benefícios sociais: plano de saúde, cartão transporte, cartão refeição, seguro de vida, previdência privada, plano de educação, treinamento e reciclagem profissional, programa de saúde dentária, programa de apoio educacional à família e outros benefícios, como colônia de férias.

É um duplo pagamento. Um feito ao governo e outro para pagar benefícios que são responsabilidade do estado.

Neste contexto, a interpretação incorreta das normas fiscais, faz com que os empresários e profissionais da área fiscal deixem de aproveitar alguns créditos nas apurações, pois exige muito estudo da legislação, como no caso do cálculo incorreto dos créditos do estoque inicial que, em inúmeras vezes, o empresário deixou de aproveitar os créditos.

A carga tributária penaliza, de forma igualmente perversa, as empresas que pagam impostos, sobretudo, no: faturamento, lucro e folha de pagamento.

Quando contrata um funcionário, para cada 100 reais de salário, a empresa precisa recolher 86 reais em tributos.

Assim, a realização de um planejamento tributário das apurações das contribuições por profissionais especializados, envolvendo o período dos últimos cinco anos, possibilita a regularização das apurações, evitando penalidades por parte da Receita Federal, como serve para a recuperação de créditos, possibilitando a redução da carga tributária.

As autoridades tributárias são como lobos à sua porta. Independente da honestidade da sua informação, uma consulta ou preparação de impostos desleixada e de baixa qualidade pode destruir a empresa.

Assim, ao planejar os impostos observe:

- O regime jurídico apropriado.
- As melhores formas de integralizar capital.
- As melhores alternativas para o financiamento.
- As melhores maneiras de distribuir lucros.
- Como acelerar ou adiar receitas.
- Quando e como incorrer em despesas.
- Os melhores métodos para aplicar depreciação e valorizar estoque.

Tais impostos guardam proporcionalidade com o preço de venda, mesmo que o respectivo montante integre a base de cálculo, como: imposto sobre circulação de mercadorias e serviços; imposto sobre serviços; imposto de exportação; imposto único sobre energia elétrica; imposto único sobre combustíveis e lubrificantes; parcela de contribuição para programa de integração social, que incide sobre o faturamento; cota de retenção cambial e outros tributos, em função do setor que ocupe a empresa.

O Instituto Brasileiro de Planejamento Tributário informa que a carga de impostos saltou de 14% do PIB, em 1947, para 37% do PIB, em 2008. Mas estes valores não contam toda a verdade, devido à economia informal, aliás, cada vez mais informal. O IBGE fala que a informalidade atinge 10%. Será?

E a pirataria alguém incluiu? O drama não termina aí. Com a privatização de empresas públicas, quem custeia, hoje, os investimentos em telefonia, siderurgia, mineração, banco, eletricidade e estrada é a população. Os impostos deveriam ter diminuído com as economias da privatização, mas isso não aconteceu.

O resultado dos sistemas de tributação pode ser particularmente difuso. Frequentemente, eles concedem, na prática, isenções fiscais às empresas, ao permitirem uma apuração generosa das despesas e uma quantificação modesta das receitas, mas esses dados são utilizados para fins genéricos de divulgação dos resultados.

As empresas recebem fortes incentivos para se beneficiarem dessas concessões fiscais. A maior desvantagem, contudo, é a falta de transparência para os investidores.

3.18 Crédito

Desde os primórdios da civilização humana, as emergências com morte, doença e incêndio, por exemplo, têm exigido do indivíduo maior soma de bens do que ele eventualmente possui, no momento. Daí, a figura do crédito. Os créditos mais comuns, que o mercado utiliza, são: crédito mercantil e crédito ao consumidor.

O crédito pode ser considerado como cessão de mercadoria, serviço ou dinheiro para pagamento futuro. Também é dito que uma pessoa tem crédito pela sua capacidade de levantar empréstimos em instituições financeiras. Tanto que o crediário é um crédito aberto em troca da promessa de reembolso do valor com juros, em prestações iguais pagas dentro dos intervalos especificados.

Os profissionais de crédito avaliam as condições de crédito aos consumidores potenciais, negando ou limitando para consumidores duvidosos. Acham que os vendedores atendem a todos os consumidores, inclusive aqueles que se encontram em situação financeira duvidosa.

Por outro lado, os vendedores acham que zerar os devedores significa perda de venda e lucro. Reclamam que trabalham arduamente para fazer o consumidor e, depois, têm que ouvir: “ele não é bom o suficiente para receber crédito”.

A seguir, algumas considerações sobre créditos:

Crédito Mercantil – Valores que uma empresa concede a outra na venda de mercadorias a serem comercializadas pelo tomador, sendo pagas dentro de prazos contratados. É, na verdade, um empréstimo indireto ao consumidor final. No crédito mercantil o vendedor fornece os bens e espera pelo pagamento após um prazo predeterminado.

Esse crédito aparece como contas a receber na contabilidade do vendedor e como contas a pagar na contabilidade do comprador. Este crédito é dado ao comprador, representando capital que ele não precisa desembolsar até a data do pagamento.

Provavelmente, a forma mais comum de financiamento a curto prazo é o denominado crédito comercial ou mercantil. Embora não atinja o montante das outras modalidades de crédito, praticamente, toda empresa, seja individual, sociedade de pessoas ou sociedade anônima, recorre a alguma forma de crédito comercial.

Também podemos definir crédito comercial como sendo o crédito a curto prazo concedido por um fornecedor a um comprador, em decorrência da compra de mercadorias para posterior revenda. Quando não houver o benefício do desconto para pagamento à vista, o crédito mercantil é, frequentemente, uma das mais dispendiosas fontes de fundos.

A utilização de crédito comercial em excesso é, muitas vezes, causa direta de falência. Visto ser mais facilmente obtido do que a maior parte dos outros créditos. Existe a tendência de alavancar uma empresa com crédito mercantil do que com capital próprio.

O aumento da utilização desta modalidade de crédito é inadequado para acompanhar o aumento dos ativos de uma empresa, isto é, as contas se tornam perigosas, fazendo com que os fornecedores suspendam a concessão de novo crédito. Uma situação em que a empresa pode não ter a quem recorrer. Se nossa situação de liquidez for muito fraca, teremos de procurar os fornecedores que ofereçam prazos mais convenientes.

Crédito ao Consumidor – Crédito ao consumidor é a facilidade que é dada a um indivíduo para que ele obtenha bens e serviços com a finalidade de consumo final, sob a promessa de pagar o equivalente num prazo futuro combinado. O crédito ao consumidor, como é entendido em nossos dias, só se tornou acessível, à grande maioria, no Século XX.

Um modelo comum de crédito ao consumidor envolve o consumidor, o lojista, a financeira e o investidor. A mais recente modalidade de crédito ao consumidor é o cartão de conta corrente da própria loja, onde o mesmo tem um máximo de crédito e um mínimo a debitar mensalmente.

O crediário é uma atividade que absorve uma boa parte dos recursos humanos da empresa, que cria um Departamento de Crédito e Cobrança para tratar deste assunto, tendo em vista o problema da inadimplência. O crédito ao consumidor traz vantagens e desvantagens, tanto para a empresa quanto para o consumidor.

CONSUMIDOR	Aumenta aparentemente seu poder aquisitivo
	Faz uma poupança forçada
	Melhora seu padrão de vida
EMPRESA	Aumenta o volume de vendas
	Aumenta o tráfego na loja
	Cadastro atualizado dos consumidores

Quadro 3.3: Vantagens do Crédito ao Consumidor

CONSUMIDOR	Preços mais caros
	Estímulo à compra de produtos supérfluos
	Risco de desabastecimento
EMPRESA	Aumenta serviços e custos
	Riscos de inadimplência dos consumidores
	Necessidade de maior capital de giro

Quadro 3.4: Desvantagens do Crédito ao Consumidor

3.19 Empréstimo

O empréstimo é o capital tomado de terceiros, cujo ressarcimento se faz, geralmente, com acréscimo de juros. Para facilitar o processo de concessão de empréstimos e reduzir a papelada e o desperdício de tempo nas negociações, os bancos colocam à disposição linhas de crédito de determinadas quantias para serem utilizadas nas empresas.

Devido ao seu conceito como emprestadores a determinados setores da economia, alguns bancos são considerados como importantes fontes de referência de crédito. A área de ação de um banco estabelece determinadas limitações, quanto ao volume de capital emprestado, que poderá conceder aos tomadores individuais. Além de guardar nossos depósitos e emprestar dinheiro, um banco oferece muitos outros serviços.

Se estivermos nos dedicando à exportação e importação, precisamos saber qual a capacidade de câmbio do banco. É normal que as empresas escolham determinado banco, em função da conveniência do local e pelo atendimento recebido.

Quando solicitamos um empréstimo, o banco procura obter informações básicas sobre: as pessoas que dirigem a empresa; os cadastros e referências que possui a empresa; as condições e formas de pagamento; as possibilidades de alienação de ativos (imóveis, bens duráveis); os demonstrativos de resultado e balanços patrimoniais.

A seguir, alguns motivos da recusa de empréstimo por parte de bancos:

- Capital próprio insuficiente.
- Lucros e reservas insatisfatórios.
- Capacidade administrativa duvidosa.
- Garantias insuficientes.
- Inadequado sistema contábil.
- Iniciantes sem imagem de bom pagador.
- Inadimplência para com fornecedores.
- Solicitações descabidas de condições e formas de pagamento.

- Solicitante não possui saldo favorável no banco.
- Carteira de empréstimos saturada.

O empréstimo bancário é amplamente utilizado, embora não tão comum quanto o crédito mercantil. Grandes empresas têm maiores possibilidades de acesso a outras fontes de fundos do que as pequenas, porque estas, em geral, não têm a solvabilidade suficiente para resgatar empréstimos e, também, porque não possuem um grande ativo circulante.

O empréstimo governamental possui as seguintes características:

- A maior ênfase é dada aos empréstimos de longos prazos.
- As agências governamentais não fornecem diretamente fundos para capital próprio.
- O governo é considerado como um tribunal de última instância.
- Geralmente os empréstimos aprovados são concedidos a uma taxa de juros inferior à taxa de mercado, como se fosse uma subvenção.
- Uma parte relativamente grande de empréstimos é concedida às empresas industriais, para que comprem as novidades tecnológicas.
- Os empréstimos são concedidos mediante a garantia de ativos sólidos.

A seguir, uma simulação de empréstimo de uma empresa que toma $ 50,00 de empréstimo.

Antes da tomada do empréstimo:

Caixa	10,00	Passivo Circulante	40,00
Valores a Receber	30,00	Capital Próprio	110,00
Estoques	40,00		
Máquinas e Equipamentos	70,00		
Total	150,00	Total	150,00

Depois da tomada do empréstimo, a curto prazo, para capital de giro:

Caixa	60,00	Passivo Circulante	90,00
Valores a Receber	30,00	Capital Próprio	110,00
Estoques	40,00		
Máquinas e Equipamentos	70,00		
Total	200,00	Total	200,00

Depois da tomada de empréstimo, no longo prazo, para imobilização em máquinas e equipamentos:

Caixa	10, 00	Passivo Circulante	40,00
Valores a Receber	30,00	Exigível de Longo Prazo	50,00
Estoque	40,00	Capital Próprio	110,00
Máquinas e Equipamentos	120,00		
Total	200,00	Total	200,00

Depois da liquidação do empréstimo no longo prazo é possível encontrar a seguinte situação:

Caixa	10,00	Passivo Circulante	40,00
Valores a Receber	40,00	Capital Próprio	110,00
Estoques	50,00	Lucros Retidos	50,00
Máquinas e Equipamentos	100,00		
Total	200,00		200,00

Nota: Lucros retidos podem ser encaminhados para distribuição de lucros, provisão para devedores duvidosos, provisão para depreciação, provisão para impostos a pagar, por exemplo.

Observe-se que após a liquidação do empréstimo no longo prazo, o ativo circulante aumentou e permaneceu em um nível mais elevado. Num período de recessão ou depressão prolongado é possível reduzir o ativo circulante para pagar empréstimos de longo prazo. Alternativa pouco atraente.

Se a recessão for temporária, temos apenas de reconstituir o ativo circulante, talvez em condições desvantajosas. Se a depressão é de longa duração, não tome empréstimos, porque os credores de recursos financeiros então interessados mais na sua capacidade de geração de lucro do que na avaliação da posição econômica no mercado. Assim, a atenção converge para o Demonstrativo de Resultados e não para o Balanço Patrimonial.

A análise financeira da empresa é tarefa bastante complexa e de fundamental importância numa sociedade moderna. No caso de análise da empresa, a razão mais frequente que nos leva a desenvolvê-la tende a ser de caráter econômico-financeiro. Para o credor, certamente, sua principal preocupação será no sentido de receber aquilo que tem direito.

Para o investidor, seu objetivo primeiro é ter um retorno sobre o seu investimento, mantendo certo grau de segurança. Paralelamente, o analista deverá buscar referências que lhe permitam comparar o desempenho da empresa com outras que tenham atividades semelhantes.

Historicamente, a análise financeira, feita por elementos de fora da organização, como no caso de credores, fornecedores de recursos e investidores, sempre esteve muito ligada à necessidade de identificar a solidez, o risco, a rentabilidade, a liquidez e a performance, por exemplo.

3.20 Financiamento

O financiamento é o valor dado a uma pessoa (física ou jurídica) para obtenção de: bens, capitais, instalações, máquinas, equipamentos. Suas duas figuras mais importantes são leasing e alienação fiduciária. Os financiamentos representam empréstimos de financeiras, com prazo de vencimentos superior a um ano. São compostos de: Principal e Encargos Financeiros.

O principal representa o valor da dívida, o montante recebido como empréstimo. Normalmente, esses financiamentos estão sujeitos a ajustes pela desvalorização da moeda, os quais, dependendo dos termos do contrato de financiamento, podem ser pagos periodicamente (mensais, trimestrais, semestrais, anuais) ou incorporados ao principal, para que seja pago juntamente com este.

Os encargos financeiros são os juros e comissões diversas que a empresa tomadora do empréstimo deve pagar, conforme contrato. Os ajustes pela desvalorização da moeda também representam encargos financeiros.

Ao configurarmos um projeto, devemos, portanto, indicar: as necessidades de recursos, as possíveis fontes de captação e onde serão aplicados tais recursos. Alguns cuidados básicos no financiamento de um empreendimento devem ser seguidos, tais como:

- O custo financeiro é de extrema importância, devendo ser muito bem estudado.
- O custo de cada financiamento deve ser o menor possível, nunca superior ao custo de mercado e bem abaixo da taxa interna de retorno do negócio.
- O prazo de cada financiamento deve ser negociado, em função do fluxo de caixa do empreendimento, isto é, os vencimentos devem coincidir com as disponibilidades de caixa geradas pelo negócio.

As garantias de pagamento devem ser as menores possíveis para não comprometer, excessivamente, a capacidade de obtenção de recursos adicionais. Em casos de emergência, devem ser, particularmente, evitadas as garantias pessoais do empreendedor. Um grande empreendimento só se torna algo próspero e viável quando a captação de recursos é criteriosa.

As experiências bem-sucedidas mostram que a mesma criatividade, que pauta a construção de uma boa ideia de negócio, é capaz de descobrir o "pulo do gato" na hora de procurar dinheiro, como somar pequenos financiamentos, por exemplo.

É bem mais fácil e barato conseguir financiamento de um fornecedor de máquinas do que de um banco. As formas de financiamento mais comuns são: compra de ativos a prazo, com carência; aluguel ou leasing de ativos; crédito de fornecedores através de prazos de pagamento; crédito de clientes sob a forma de adiamento por conta de entregas futuras; desconto de duplicatas; cheque especial (saque a descoberto, disponibilidade além do saldo real).

Só no caso de esgotamento de todas essas fontes de pequenos financiamentos e na eventualidade de se necessitar de recursos financeiros é que se deve procurar financiamento nos bancos.

As principais figuras do financiamento são: Caução; Alienação Fiduciária; Leasing; Linhas de Financiamento Bancário; Juros de Despesas Financeiras; Fontes de Recursos Financeiros; Duplicatas a Receber na Carteira Bancária; Factoring.

3.21 Programa Empreendedor

O programa empreendedor foi dividido nas seguintes etapas:

A – Fase Preliminar:

- Buscar uma inovação para o mercado.
- Verificar se a inovação é uma ideia original.
- Verificar se há interesse em desenvolver o projeto.
- Buscar uma justificativa razoável para o novo negócio.
- Ler oportunidades e ameaças do cenário.
- Observar se o novo negócio pode vir a ser um nicho de mercado.
- Verificar se há valor agregado não descoberto pelo mercado para o novo produto ou o novo negócio.
- Verificar qual deve ser o público-alvo mais adequado a atingir.
- Dar um nome provisório para a empresa.
- Abrir um controle de caixa para despesas preliminares.
- Fazer um relatório.

B – Fase de Pesquisa:

- Determinar que ambientes (demográfico, econômico, social, cultural) pesquisar.
- Coletar dados através de leituras, palestras, cursos e seminários.
- Coletar dados através de questionários, visitas, observações.
- Criar um banco de dados para nomes, telefones, endereços, e-mail, sites de interesse do negócio.
- Levantar quais são os fornecedores no mercado de recursos.
- Buscar pontos (localização física) prováveis para o futuro negócio.
- Verificar condições de conservação do imóvel e de recursos primários.
- Verificar documentação do imóvel, tais como: quitação fiscal imobiliária, certidão de situação enfiteuse, certidão da dívida ativa, impostos e taxas.
- Tirar certidão de ônus reais no Serviço de Registro de Imóveis para saber quem é o verdadeiro dono do imóvel.
- Fazer consulta prévia do local onde a empresa funcionará (endereço), na Prefeitura.
- Consultar sobre o pretendido nome da empresa na Junta Comercial da localidade.
- Verificar outras restrições (legais, ambientais, sindicatos).
- Verificar restrições com a vigilância sanitária.
- Verificar quais os produtos, marcas e empresas são concorrentes.
- Verificar quais os recursos materiais necessários.
- Verificar quais os recursos físicos necessários.
- Verificar quais os recursos financeiros necessários.
- Verificar quais os recursos humanos necessários.
- Verificar quais os recursos tecnológicos necessários.
- Verificar quais os recursos administrativos necessários.
- Verificar quais os recursos mercadológicos necessários.
- Verificar recursos sistêmicos de informação.
- Verificar recursos sistêmicos de comunicação.

- Fazer relatório.

C – Fase de Análise:

- Observar o cenário sob os enfoques: econômico, político e social.
- Verificar em qual segmento de mercado se enquadra o negócio.
- Buscar, na Associação Patronal, saber quais as empresas concorrentes.
- Analisar situação da concorrência nos aspectos preço, visual e qualidade.
- Examinar, em função da pesquisa, a viabilidade e risco do projeto.
- Fazer comparações entre os recursos necessários, recursos suficientes e os recursos existentes.
- Dimensionar o valor do investimento inicial.
- Comparar pontos fortes e pontos fracos da empresa.
- Analisar orçamentos-prévios para máquinas, equipamentos, material de instalação e valor da mão-de-obra de instalação de diversos fornecedores.
- Analisar projeto arquitetônico.
- Analisar projeto de exaustão.
- Analisar projeto elétrico.
- Analisar projeto hidráulico.
- Analisar projeto de iluminação.
- Analisar projeto de incêndio.
- Analisar projeto de climatização.
- Analisar projeto de telefonia.
- Analisar projeto de áudio.
- Analisar projeto de decoração.
- Fazer relatório.

D – Fase de Definição:

- Definir a verdadeira missão do negócio.
- Definir mercado de atuação.
- Definir espaço de atuação (real e/ou virtual).
- Definir objetivos.
- Definir produtos.
- Definir o local do ponto comercial (comprar ou alugar).
- Definir tecnologias.
- Definir nome fantasia.
- Definir tipo de sociedade.
- Definir como o projeto será desenvolvido (total ou incremental).
- Definir os recursos necessários para compra.
- Definir o capital social e participações.
- Redigir o contrato social.
- Definir arquivos.
- Definir atribuições e responsabilidades.
- Definir estrutura organizacional.
- Definir cargos, funções, atividades e tarefas.
- Definir procedimentos.
- Aprovar projetos analisados.
- Definir estratégias mercadológicas.
- Definir estratégias de produção.
- Definir políticas de comercialização (preços, descontos).
- Definir política salarial.
- Definir política de treinamento.
- Definir política de produto.
- Definir política de promoção.
- Definir política de relacionamento com consumidores, fornecedores e funcionários.
- Definir política de qualidade.

- Definir horários.
- Definir retirada dos sócios.
- Definir distribuição do lucro.
- Fazer relatório.

E – Fase de Desenvolvimento:

- Criar arquivos em computador e gaveta.
- Listar custos de matéria-prima e insumos.
- Decidir e desenvolver produtos.
- Desenvolver sistemas de informação.
- Determinar processos de produção.
- Construir planilhas de custo.
- Determinar fator de rateio do custo fixo para os produtos.
- Determinar custo de produção.
- Determinar capital de giro.
- Determinar margem de lucro.
- Determinar ponto de equilíbrio.
- Determinar qual a capacidade instalada necessária.
- Montar plano geral.
- Montar plano orçamentário de obras.
- Montar plano de compras e aquisições.
- Montar planos financeiros (fundos).
- Montar cronograma do empreendimento.
- Legalizar a empresa.
- Fazer relatório.

F – Fase de Implementação:

- Abrir conta bancária da firma.
- Dar andamento nos planos e projetos.
- Adquirir materiais de instalação.
- Contratar mão-de-obra de instalação.
- Aquisição e autenticação de livros fiscais.
- Mandar imprimir notas fiscais.
- Aquisição de materiais, móveis e utensílios necessários.
- Instalar sistemas.
- Recrutar, selecionar e contratar recursos humanos.
- Determinar locais de armazenagem.
- Contratar ou criar canais de distribuição.
- Iniciar treinamento.
- Criar uma força de vendas.
- Fazer relatório.

G – Fase de Implantação:

- Iniciar as atividades da empresa.
- Criar mecanismos para divulgar o empreendimento (marca, produto, imagem).
- Criar mecanismos de relacionamento com consumidores.
- Dar início ao atendimento da carteira de pedidos.
- Implantar estratégias, políticas, modelos e padrões.
- Fazer relatório.

H – Fase de Sustentação:

- Estabelecer controles para avaliação de desempenho.

- Controlar desvios.
- Criar sistema de realimentação para correções.
- Criar táticas para corrigir estratégias.
- Fazer relatório.

Capítulo 4

MERCADO

"As empresas de alto desempenho são diferentes. Preocupam-se muito com o fracasso. Isso faz com que prestem muita atenção ao que está acontecendo em seu mercado".

Guillermo G. Marmol

Objetivos do Capítulo

- Capacitar o leitor a conceituar os elementos que atuam no desenvolvimento, criação e participação de um mercado.
- Mostrar que o conhecimento do mercado é fundamental para ser empreendedor.
- Mostrar os diversos tipos de mercado, bem como o ambiente em que operam.
- Mostrar as tendências do mercado.

4.1 Mercado

Mercado é um lugar organizado, onde as pessoas transacionam preços, quantidades e qualidades de determinados produtos (bens, serviços e ideias). É todo ambiente onde compradores e vendedores de produtos se mantêm em estreito contato uns com outros. Este contato se faz, em função das necessidades, desejos e disponibilidades dos consumidores. Segundo Kotler, mercado é o conjunto de todos os compradores reais e potenciais de um produto.

Como já abordado, todas as economias modernas operam com mercados. Os fabricantes procuram recursos, compram e os transformam em bens e serviços, vendendo-os para o mercado intermediário, que vende ao mercado consumidor.

Conhecer o mercado é de fundamental importância. Não basta fazer afirmações infundadas e trilhar caminhos viciados no trivial e no cotidiano. Prever a evolução do mercado ajudará a minimizar o risco do negócio. Duas regras a serem utilizadas: nunca seguir a onda, a não ser que esteja muito seguro do que está fazendo; não imaginar que descobriu uma fórmula mágica para driblar os veteranos do mercado.

Função principal do mercado é atender a sociedade no que diz respeito ao consumo de produtos e, também, absorver os resultados da atividade empresarial.

Os mercados são importantes à medida que criam novos produtos e processos, porque dão liquidez e mobilidade aos investidores, acelerando as recompensas pelo sucesso. Os economistas usam o termo mercado para se referirem a um grupo de compradores e vendedores que transacionam valores, em torno de um ou mais produtos.

Frequentemente, os empresários usam a expressão mercado para cobrir vários grupos de consumidores. Podem também estender para grupos de não consumidores, tais como: mercado de eleitores, mercado de mão de obra e mercado de doadores, por exemplo.

Os consumidores vendem sua força de trabalho pela qual recebem dinheiro para pagar os bens e serviços que compram. O governo utiliza as receitas da tributação para comprar produtos, utilizando-os para bem servir a população.

A economia de cada país e do mundo inteiro consiste de complexos conjuntos de mercados interrelacionados e unidos através de um processo de troca.

As atividades de mercado são:

Atividades Principais: comprar, vender, trocar.

Atividades Acessórias: informar, padronizar, comunicar, armazenar, suprir, transportar, distribuir, normalizar, alugar, financiar, sistematizar, solucionar, avaliar, medir.

Um efetivo conhecimento do mercado onde a empresa vai atuar trará benefícios a seu favor, assim como possibilitará a tomada de decisão em nível estratégico. Portanto, um estudo, ou uma análise, do mercado deve, tanto quanto possível, ser o mais completo, não apenas com o objetivo de viabilizar um determinado empreendimento, mas servir de subsídio concreto à administração da empresa, antes, durante e depois da operação de compra e venda.

Muitos são os elementos de mercado, a serem considerados. A seguir, são colocados aqueles que mais se destacam, na literatura administrativa:

Tempo de Mercado – Período que uma empresa leva para ir da concepção do produto até a sua entrega ao consumidor final. Porém, alguns autores consideram-no como aquele que vai do lançamento do produto no mercado até a adoção pelos consumidores.

Elasticidade – A elasticidade é a intensidade com que a procura de um produto aumenta ou diminui, em resposta a uma baixa ou a uma alta de preços (elasticidade do preço) ou a uma alteração da renda (elasticidade da renda).

Genericamente, pode-se dizer que a elasticidade reflete o grau de reação que o mercado dá a um produto, função de alterações de preço, qualidade, quantidade, renda, crédito, liquidez.

Equilíbrio do Mercado – A intersecção das curvas de demanda e de oferta determina o preço e a quantidade de equilíbrio de um bem ou serviço em um dado mercado, isto é, preço que atende produtores, distribuidores e consumidores.

Eficiência – A eficiência de mercado pode ser traduzida como a capacidade de um mercado gerar valor (qualquer que seja).

Participante – Participam do mercado: produtores, consumidores, fornecedores de recursos, intermediários, vendedores individuais, empresas, organizações governamentais, agências reguladoras, comerciantes, atacadistas, outros mercados.

Consumidor – Já abordado.

Acessibilidade – Fator que permite compradores e vendedores trocar informações, bens, serviços e ideias. Muitas vezes, um mercado é inviabilizado pela incapacidade de seus criadores em dar, ou facilitar, meios de comunicação para interagir e integrar fornecedores e consumidores.

Público-alvo – A maior parte dos mercados é grande demais para que uma empresa possa fornecer todos os produtos necessários a todos os compradores daquele mercado. Por tal, é preciso conhecer o público a ser atendido, definido como público-alvo, bem como aspectos demográficos, perfis de consumo (renda, idade, hábito), padrões de comportamento do consumidor.

População – Como não existe um mercado sem pessoas, se torna urgente que algumas características destas pessoas sejam avaliadas, como: poder aquisitivo, disposição de trocar, faixa etária, número de domicílios, sexo, renda, educação, instrução, cultura e percepção.

Dimensão – O tamanho de um mercado depende do número de compradores e vendedores que possui.

Preferência – As preferências dos consumidores podem estar razoável e equilibradamente espalhadas por todo o espaço e sem nenhuma concentração. Os consumidores simplesmente diferem bastante no que desejam com relação aos produtos. Se houver várias marcas no mercado é provável que demonstrarão preferências diferenciadas.

Segmentação – Segmentar é tratar cada consumidor, ou grupo de consumidores, de acordo com as suas características. Para isso, é fundamental: conhecer o consumidor e suas necessidades; conhecer a imagem que o consumidor faz da empresa; conhecer o que a empresa é. Segmentar, por exemplo, não significa elitizar a clientela, nem fazer certo tipo de propaganda ou ainda sofisticar o atendimento por meio de formas de comunicação.

Concorrência – Os estudos mais recentes sobre a economia de mercado puseram em relevo os dois modelos da concorrência perfeita e do monopólio, que se constituem em extremos de difícil realização.

Conhecimento do Mercado – Conhecimento que trará à baila as análises: da situação, das fontes de recursos, da influência governamental, das inovações (próprias e concorrentes) e das condições ambientais. Análise da situação envolverá as variáveis interdependentes da economia e do mercado (previsão e demanda). Conhecimento que permite viabilizar um determinado empreendimento, por meio de pesquisa, análise, avaliação, qualificação e custeio.

Demanda de Mercado – Demanda de mercado para um produto é o volume total que pode ser comprado por um grupo, chamado consumidores, numa área geográfica definida, num período de tempo, num ambiente determinado. A demanda da empresa é a participação que a empresa tem na demanda de mercado.

Potencial de Mercado – O potencial de mercado é o limite a que tende a demanda de mercado, à medida que o esforço da empresa tende ao infinito, para determinado ambiente, isto é, a receita máxima com vendas que a empresa, de um determinado setor, pode conseguir num período de tempo.

Expansão de Mercado – A expansão, ou não, de um mercado é um elemento orientador para novos empreendedores. Para atuar num mercado não expansível, ou em retração, a empresa terá de concentrar e/ou otimizar seus recursos para poder manter sua participação efetiva no mesmo.

4.2 Tipos de Mercado

Os mercados podem ser classificados, basicamente, quanto à atividade principal, objeto de análise e estratégia de atuação. A seguir, os principais tipos de mercado:

Mercado Produtor – O mercado produtor consiste de indivíduos e organizações que adquirem bens e serviços para serem utilizados na produção de outros bens e serviços destinados à venda ou para serem alugados a terceiros. Os bens de produção são, geralmente, classificados de forma mais útil, em termos de como entram no processo de produção e na estrutura de custo dos produtos.

Este mercado também é conhecido como mercado industrial. As características mais significativas do mercado produtor são: pequeno número de compradores; elevados valores transacionados; menor frequência de compra; grande volume de compras; demora na negociação; maior conhecimento e relacionamento com o mercado; influência ambiental é presente; necessidade de pesquisar a demanda e potencial de mercado; consideração das especificidades; relacionamento estreito entre fornecedor e comprador.

Mercado Intermediário – O mercado intermediário é o mercado que consiste de indivíduos e organizações que adquirem bens com o propósito de revender ou alugar a outros. Os intermediários lidam com praticamente todos os produtos.

Mercado Governamental – O mercado governamental consiste em unidades dos governos federal, estadual e municipal que compram ou locam bens, a fim de realizarem as funções precípuas de governo. Os procedimentos de compra do governo devem ser feitos através de licitação pública. Caso não haja participação de empresas na licitação, o governo poderá pesquisar empresas que possam realizar a obra e negociar com uma delas um contrato que atenda suas necessidades.

Mercado de Recursos – O mercado de recursos é aquele que fornece matérias-primas, insumos, capital, mão de obra, projetos, instalações, equipamentos, máquinas, suprimentos, serviços de manutenção, componentes e assessorias (administrativas, mercadológicas, tecnológicas, sistêmicas, informativas).

Recursos são meios auxiliares que permitem a pessoa ou a organização atingir objetivos. A empresa para se tornar produtiva dependerá de recursos. Se você tem os recursos adequados dificilmente não será efetivo, isto é, não terá muitos problemas para atingir objetivos com rapidez e custo mínimo.

A organização procura dispor de recursos de tal forma que o conjunto, assim empregado, seja capaz de realizar uma atividade econômica ou um trabalho, com um mínimo de risco, esforço e custo. Os recursos podem ser contratados, comprados e incorporados à empresa ou adquiridos sob a forma de empréstimo, financiamento, aluguel, arrendamento ou leasing.

De modo geral, os recursos empresariais podem ser classificados em:

- Recursos Naturais: luz, ventilação, minerais, vegetação, água, terra.
- Recursos de Apoio: serviços públicos, energia elétrica, telefonia, água encanada e potável, esgotamento sanitário, gás, hospital, escola, correio, banco, policiamento, transporte, segurança.
- Recursos Físicos: imóveis, viaturas, instalações.
- Recursos Materiais: equipamentos, máquinas, móveis, utensílios, ferramentas.
- Recursos Financeiros: capital próprio, crédito, financiamento, receita com vendas, investimentos de terceiros, empréstimos, capital de terceiros.
- Recursos Humanos: mão de obra direta e indireta.
- Recursos Tecnológicos: tecnologia da produção, tecnologia da informação, tecnologia do conhecimento.
- Recursos Administrativos: funções administrativas, funções organizacionais, práticas, técnicas, procedimentos, rotinas, políticas, planos, programas, métodos, metodologias, documentos, manuais.
- Recursos Mercadológicos: perfil do consumidor, pesquisa de mercado, inovação, produto, marca, comunicação do produto, previsão de vendas, relação com consumidores, fornecedores e concorrentes, estratégias, táticas, negociação, distribuição.
- Recursos Sistêmicos: sistemas de informação, sistemas de comunicação, sistemas de suporte à decisão, sistemas simulatórios, sistemas de banco de dados.

Mercado Consumidor – O mercado consumidor é o mercado para bens e serviços que são adquiridos ou alugados por indivíduos ou famílias para uso pessoal (não comercial). Considerando-se a surpreendente variedade de produtos procurados pelos consumidores, não é possível citar qualquer desejo simples e único que não se esteja tentando satisfazer. Um vendedor precisa compreender o que os compradores estão realmente procurando em suas aquisições.

As principais características do mercado consumidor são: grande número de compradores; os valores transacionados são, geralmente, baixos; maior frequência de compra; pequeno volume de compra; negociação rápida; relação direta entre vendedor e comprador; compradores dispersos; riscos menores; influência de todos os lados; necessidade de pesquisar preços; a prosperidade está em função da renda familiar; as especificidades não são, em geral, levadas em consideração.

Mercado Vendedor – O mercado vendedor se caracteriza pelo fato de que o produtor estabelece o preço com uma ampla liberdade, impondo ao mercado as condições de venda de seus produtos. É o que acontece quando a procura é maior do que a oferta e se torna mais evidente quanto menor for a concorrência.

Mercado Comprador – O mercado comprador se caracteriza quando a oferta é relativamente grande, havendo muitas opções de escolha por produtos substitutos. O comprador exerce uma influência reguladora no mercado, impondo aos produtores as suas condições.

Mercado de Trabalho – Mercado de trabalho é o conjunto das ofertas de trabalho oferecidas pelas organizações, em certa época e em determinado lugar. É constituído de oportunidades de trabalho.

Mercado de Recursos Humanos – Mercado de recursos humanos é o conjunto estratificado de indivíduos, em função de conhecimentos específicos e aptos ao trabalho em certa época e em determinado lugar. É constituído dos candidatos potenciais a determinadas vagas oferecidas pelas organizações. Tal mercado é também conhecido, erradamente, como mercado de mão de obra, porque este mercado se constitui de todos os recursos humanos especializados ou não.

Mercado de Massa – No mercado de massa a empresa prefere não reconhecer os diferentes segmentos que compõem o mercado. O mercado de massa é também conhecido como mercado não diferenciado. Os motivos de sua defesa são baseados em custos.

Mercado Diferenciado – No mercado diferenciado a empresa decide operar em dois ou mais segmentos de mercado, mas projeta um programa separado em relação a produtos e mercados. O mercado diferenciado eleva as vendas, mas também os custos.

Mercado Concentrado – No mercado concentrado a empresa aloca suas forças numa determinada área de atuação, quando a mesma possui recursos limitados. Em vez de ir à procura de uma pequena participação num grande mercado, a empresa procura uma grande fatia num mercado menor (nicho de mercado).

Mercado de Rede – A tecnologia digital da informação possibilitou criar uma rede de parcerias para mais bem servir os consumidores. É possível criar uma empresa virtual onde se integrem: comércio, administração, marketing, sistemas de informação e sistemas de comunicação.

Segundo Gates, "o espaço virtual torna possível que uma empresa crie uma organização sem limites, mas se faz necessário uma nova mentalidade e uma nova cultura empresarial para transformar os fornecedores em cúmplices do negócio, isto é, parte integrante do processo de servir bem o consumidor". Todos os participantes da rede estão integrados eletronicamente no negócio, podendo dar opinião e participar com ideias inovadoras.

Mercado Institucional – O mercado institucional consiste de escolas, hospitais, creches, prisões e outras organizações de serviço público. Deve fornecer bens e serviços às pessoas que estão sob seus cuidados. Um mercado institucional não é sinônimo de mercado governamental.

Mercado Eletrônico – Os mercados eletrônicos permitirão maior agitação na fixação de preços, em função da demanda e da oferta e, principalmente, em função do nível de percepção do consumidor, cada vez mais bem informado. A compra eletrônica mudará o papel do ponto de venda, porque este poderá estar em qualquer lugar do mundo, a qualquer hora.

Existem outros mercados, tais como: Mercado de Câmbio; Mercado de Capitais; Mercado de Ações; Mercado de Commodities; Mercado de Nicho; Mercado de Crédito; Mercado Exportador; Mercado Importador; Mercado Globalizado...

Nicho de Mercado – Um nicho de mercado pode ser uma grande fatia de um mercado menor, como pode ser uma oportunidade não vista no mercado, que descoberta pode dar bons frutos (lucros) aos seus descobridores. Para se descobrir um nicho de mercado o empreendedor deve ter, por exemplo, perspicácia na manipulação de tecnologia, habilidade em fixar preços, conhecimento de segmentação do mercado, disposição para resolver problemas, capital para descobrir novos problemas, capacidade inovadora, criatividade que ajude a vender.

O pessoal que domina a arte dos nichos de mercado é mestre consumado em adquirir informações e experiência sobre tecnologia sofisticada num determinado nicho, em testá-la em outros usuários, em ajustar os problemas e em levar a tecnologia para outros nichos

Mercado a Termo: Mercado que trabalha com transações futuras de valores e títulos.

Mercado à Vista: Mercado que negocia ativos com preços à vista.

Mercado Aberto: Mercado executado pelo Banco Central, tais como: Fundo-Ouro, Open Market, Hot-Money, CDI, por exemplo.

Mercado Alvo: Mercado de atendimento; Mercado que, estando disponível, é visado por uma determinada empresa por entender que seja aquele que oferece mais oportunidades de negócio. Como o grau de heterogeneidade dos consumidores é muito grande, há muita dificuldade em se selecionar um alvo (clientes em potencial).

Mercado Competitivo: Mercado onde o custo dos produtos ofertados tem influência, porém influenciará muito nos lucros; Mercado em que o comprador está mais inclinado a comparar preços do que outras características do produto.

Mercado Comum: Mercado de um grupo de empresas e/ou países onde as regras apresentam vantagens tributárias de negociação e menos burocracia.

Mercado de Ações: Parte do mercado de capitais, onde são negociadas ações.

Mercado de Alimentos: Mercado que mais tem crescido nos últimos tempos é o da alimentação. O aumento populacional, a inserção cada vez maior da mulher no mercado de trabalho e, principalmente, a correria da vida moderna tem levado um número grande de pessoas a realizar suas refeições fora de casa.

Mercado de Baixa Renda: Mercado voltado a atender às necessidades da população de baixa renda, bem como entender seus hábitos de compra. Para entrar neste mercado, as empresas precisam ter a capacidade de viabilizar o sonho de consumo dessa faixa da população. Para tal, a ferramenta utilizada é o crédito facilitado.

Mercado de Câmbio: Mercado onde são realizadas a compra e a venda de moeda estrangeira, para atender a diversas finalidades dos exportadores, importadores e turistas. As operações no mercado de câmbio são realizadas pelas instituições financeiras autorizadas pelo Banco Central.

Mercado de Capitais: Mercado de valores mobiliários. À medida que os mercados de capitais se expandem e se interligam, o dinheiro corre mais rápido.

Mercado de Commodities: Mercado dedicado aos produtos primários de grande participação no comércio internacional, como: café, gado, minério de ferro, soja, milho, algodão, petróleo. Este mercado desenvolveu uma padronização, sob todos os aspectos, para que o comércio entre os países seja cada vez maior e dinâmico.

Mercado de Congelados: Mercado que está em grande expansão, devido à facilidade de se manter a qualidade, mesmo não dispondo de tempo para o preparo dos mesmos e as possibilidades de longo período de estocagem desses produtos. Com as facilidades dadas pela tecnologia de preparação e conservação de congelados, cada vez mais as empresas de varejo estão interessadas em alimentos semiprontos.

Mercado de Crédito: Mercado onde são atendidas as necessidades de recursos financeiros de curto, de médio e de longo prazos, principalmente, oriundas da demanda de crédito para aquisição de bens duráveis e da demanda por capital de giro.

Mercado de Mala Direta: Mercado que utiliza meios reais e/ou virtuais para comunicar produtos a consumidores potenciais. Os meios físicos são: catálogos e prospectos enviados pelos correios. Os meios virtuais são: mensagens pela internet e pelo telefone.

Mercado de Massa: Mercado em que a empresa prefere não reconhecer os diferentes segmentos que compõem o mercado. O mercado de massa é também conhecido como mercado não diferenciado. Os motivos de sua defesa são baseados em custos.

Mercado de Opções: Mercado que negocia opções de compra e venda de determinados ativos em data futura.

Mercado de Trabalho: Mercado em que o conjunto das ofertas de trabalho oferecidas pelas organizações, em certa época e em determinado lugar. É constituído de oportunidades de emprego e trabalho.

Mercado de Troca: Mercado onde existem trocas sem a participação do dinheiro. Podem ser até troca de favores. Quando um museu desenvolve o mercado de doadores, o mesmo oferece privilégios especiais aos contribuintes em troca de seu apoio financeiro.

Mercado Disponível: Mercado representado por um conjunto de consumidores que tem interesse, renda, acesso e qualificação para determinada oferta. Em geral, após identificar o mercado disponível, a empresa concentra-se em segmentos vantajosos.

Mercado Ecológico: Mercado que, na preservação ambiental, vê possibilidades de negócios. Ativos de carbono, controle de chuvas ácidas, agricultura autossustentada, biodiesel, biomassa, política verde, redução das emissões de poluentes, filtros antipoluição, controle do desflorestamento e tantos outros títulos na moda estão criando balcões de negócios.

Mercado Eficiente: Mercado que pratica eficiência.

Mercado Especializado: Mercado que requer algo novo, agregado e genuíno. É raramente encontrado por acidente e também é considerado por muitos como um nicho de mercado. Tal mercado é descoberto quando observamos novas oportunidades e estudos relativos à pesquisa e ao desenvolvimento de produtos.

Mercado Estratégico: Mercado voltado a entender como será seu desempenho no futuro. Assim, os mercados estratégicos para um fabricante de equipamentos para a indústria leiteira seriam: laticínios; instalações de fabricação de queijos; instalações de fabricação de manteiga; instalações de produção de iogurtes; caminhões de leite; equipamentos de ordenha; tanques de leite.

Mercado Experimental: Mercado escolhido para realizar o teste de venda de um novo produto. O teste deve ser feito dentro de uma zona delimitada do mercado, para facilitar a análise dos dados obtidos.

Mercado Exportador: Mercado voltado para o comércio internacional, onde o produtor nacional aloca bens e serviços em outros países. Os agentes que nele atuam ou que dele participam, sejam pessoas, empresas ou nações, devem mostrar capacidade e competência. Neste comércio não há lugar para aprendizes. Custo, qualidade e logística são chamados de trinômio da competência em importação e exportação.

Mercado Externo: Mercado voltado para o exterior, sendo de alto risco, em função das instabilidades políticas e sociais do mundo.

Mercado Financeiro: Mercado de várias instituições financeiras, em todo o mundo, nas quais empresas e governos participam, tomando dinheiro emprestado ou investindo as sobras de caixa. Tais mercados tiram proveito do valor da eliminação de desequilíbrios tecnológicos, sociais e científicos, avaliando as empresas em função da sua capacidade de gerar lucros.

Mercado Futuro: Mercado que negocia os preços esperados de certos ativos e de mercadorias para determinada data futura.

Mercado Globalizado: Mercado baseado na economia de rede. Administrar uma empresa, em um mercado globalizado e altamente competitivo dos dias de hoje, é arriscado e imprevisível.

Mercado Heterogêneo: Mercado composto de compradores que procuram valores diferentes dos normalmente encontrados. Este mercado é constituído de grupos de pessoas com necessidades e desejos diferenciados.

Mercado Homogêneo: Mercado onde os compradores são semelhantes nas suas escolhas.

Mercado Importador: Mercado inverso do mercado exportador. As importações representam as despesas que nós fazemos quando compramos produtos estrangeiros.

Mercado Informal: Mercado onde as transações não têm o mínimo controle do estado, a pirataria e o contrabando não são enfrentados. A ética neste mercado não é uma prioridade. É pouco provável que tal situação seja revertida, quando os governos cobram tributos absurdamente altos e recolhimentos tributários bastantes burocráticos sem quase nenhum retorno social para quem paga.

Mercado Intermediário: Mercado que consiste de indivíduos e organizações que adquirem bens com o propósito de revender ou alugar a outros.

Mercado Internacional: Mercado entre nações.

Mercado Interno: Mercado voltado para compra e venda dentro do país. Também conhecido como mercado doméstico. Muitas empresas atuam somente no mercado interno, devido à facilidade de obter informações.

Mercado Marginal: Mercado que substitui o produto que o consumidor procura por outro, chamado de produto sucedâneo.

Mercado Monetário: Mercado onde são realizadas operações de curtíssimo prazo, com a finalidade de suprir as necessidades de caixa dos diversos agentes econômicos, entre os quais se incluem as instituições financeiras.

Mercado Núcleo: Mercado cujo grau de combinação entre os produtos e as necessidades de seus consumidores seja quase perfeito.

Mercado Penetrado: Conjunto de consumidores que já compraram produtos da empresa.

Mercado Pessoal: Mercado em que as empresas, fazendo uso de bancos de dados sobre consumidores e suas transações, ofertam, de maneira personalizada, produtos que satisfaçam ou atendam às necessidades de sua clientela. É um mercado altamente seletivo, que, hoje, com a Internet ajudou muito conhecer aquilo que agrada os compradores em potencial.

Mercado Potencial: Mercado cujo limite tende à demanda de mercado, à medida que o esforço da empresa tende ao infinito, para determinado ambiente, isto é, a receita máxima com vendas que a empresa, de um determinado setor, pode conseguir num período de tempo.

Mercado Primário: Mercado em que se realiza a primeira compra/venda de um ativo.

Mercado Produtor: Mercado que consiste de indivíduos e organizações que adquirem bens e serviços para serem utilizados na produção de outros bens e serviços destinados à venda ou para serem alugados a terceiros.

Mercado Secundário: Mercado que compra e vende ativos financeiros anteriormente negociados.

Mercado Segmentado: Mercado em que a empresa dirige esforços de marketing a grupos de consumidores selecionados, para poder mais bem atendê-los, de maneira fácil e objetiva. Este mercado é diferenciado.

4.3 Considerações sobre Mercado

Embora já tenhamos visto o conceito de mercado, vale estudar algumas considerações sobre o mercado:

Participação: As empresas têm dificuldades para estimar sua participação no mercado, bem como da concorrência. Normalmente, as empresas tomam conhecimento das forças e fraquezas de seus concorrentes, através de dados secundários, experiências pessoais e boatos. Elas podem aumentar o conhecimento fazendo pesquisa junto aos consumidores, fornecedores e distribuidores.

A participação no mercado não se caracteriza apenas pelo volume de vendas, mas também pela lembrança da marca, preferência pela qualidade, cobertura regional e presença na mídia, por exemplo. É sempre bom lembrar, entretanto, que mesmo uma condição de mercado consolidado não durará para sempre.

Liderança: A liderança do mercado tende a fazer o líder dormir, pois dominar o mercado cria uma resistência à mudança e à inovação. Além do mais, quase sempre significa que a empresa colocou todos os ovos na mesma cesta, o que não é uma boa estratégia. Para compreender o conceito de domínio de mercado é preciso entender que:

- Ser a maior empresa de um setor da economia não significa ter o domínio do mercado.
- Não é necessário fazer tudo para que os concorrentes não cresçam, basta agir de maneira inovadora.

- Os lucros devem ser vistos como passageiros e a dominância como condutor.
- A dominância não é uma condição permanente da empresa, porque o mercado é cambiante, função de fatores econômicos, tecnológicos, políticos, sociais.

Criação: A criação de um mercado é um processo muito difícil, porque depende de muitos fatores que propiciam tal acontecimento. Em geral, os mercados são criados em função do aumento da renda da população; incentivos e programas governamentais; exigências ambientais; exigências dos consumidores; dinamização de uma situação de apatia (ou anomia) do mercado; surgimento de novas tecnologias; barateamento de processos produtivos; lançamento de novo produto; desenvolvimento econômico de uma região; meios de comunicação mais efetivos; facilidades de recursos.

Novo Mercado: Quando se estuda um novo mercado é preciso questionar sobre: O que o mercado compra? Por que compra? Quem compra? Onde compra? Como compra? Quanto compra? Quando compra? Em que níveis de preço e de qualidade compra? Muitas são as barreiras para se desenvolver um mercado. Mas, a maior delas é manter seus preços de venda, continuadamente, acima dos custos sem atrair novos concorrentes. Definir tamanho, local e potencial de mercado. Identificar o mercado de atuação. Observar se existe produtos similares. Verificar as condições de competição no mercado.

Embora todas as empresas se esforcem para desenvolver certas vantagens competitivas, poucas conseguem persistir em uma boa estratégia durante um longo período. Uma atividade inovadora é quase sempre seguida por ondas de imitadores. São poucos os que conseguem manter a posição inicial.

Tendência: É crescente a tendência de os consumidores discriminarem mais sobre o que compram. As pessoas estão aprendendo a valorizar aonde vai o seu dinheiro. A ideia tradicional do mercado de massa, no qual foram construídas tantas fortunas, está morrendo aos poucos. Ela está sendo substituída por um novo mercado, dominado por um novo consumidor e muito diferente.

Por menor que seja a empresa, ela precisa estar atenta ao que ocorre no mercado, porque mudanças ambientais influirão nos resultados da organização, podendo ocorrer prejuízos.

As principais tendências do mercado, hoje, são:

- Aumento da concorrência de preços e do papel do atendimento ao consumidor.
- Produtos de melhor qualidade, com muito valor agregado e inovações constantes, a preços baixos.
- Mudança de hábitos e volatividade dos desejos e necessidades dos consumidores.
- Surgimento de novos segmentos de mercado e crescentes canais de distribuição de produtos.
- Cerrada regulamentação governamental, principalmente, para o ambiente.
- Aumento do custo de comunicação do produto.
- Impacto no preço e na qualidade, em função da criação de blocos de países.
- Novas tecnologias de: produção, comunicação, venda, distribuição, cobrança e crédito.
- Recrudescimento da informalidade.

Transparência: Assunto já abordado.

Gerência: O gerente de mercado, geralmente uma função de assessoria, reúne autoridade funcional e responsabilidade a respeito da prescrição e implantação de uma política de vendas, realização dos planos de venda, cumprimento de metas de venda e desenvolvimento de pessoal. Suas principais atribuições são:

- Analisar para que direção vai o mercado e qual o novo produto a oferecer.
- Avaliar oportunidades e planejar o esforço de vendas no logo prazo.
- Estudar e mobilizar meios e recursos.
- Conhecer o volume de vendas e respectivos custos.
- Participar do grupo que define o preço de venda dos produtos.
- Participar da equipe que monta sistemas de informação e comunicação.
- Otimizar a utilização das funções administrativas para ser eficiente, eficaz e efetivo.
- Atualizar informações sobre produtos, mercados, concorrentes e consumidores.
- Orientar a força de vendas na criação de novos consumidores.

Direção: A ideia tradicional do mercado de massa, no qual foram construídas tantas fortunas, está morrendo aos poucos. Ela está sendo substituída por um novo mercado, dominado por um novo consumidor e muito diferente.

Estamos entrando rapidamente numa época do consumidor individual, cuja ambição não é imitar o que o vizinho importante faz, mas afastar-se do que este está fazendo. Assim, a direção do mercado caminha para um mercado segmentado.

Hoje, até as maiores, as mais burocráticas e as mais mesquinhas das empresas reconhecem o perigo de que suas percepções possam estar distorcidas por seus atuais compromissos. Elas sabem da necessidade de enfrentar as realidades do mundo competitivo, através de janelas que claramente dão para os dois lados: a Obsolescência e a Criatividade.

Em geral, os mercados traçam uma trajetória semelhante à curva de aprendizagem. Faz pouco progresso inicial, depois adquire maior rapidez, salta à frente e, por fim, nivela-se ou chega ao máximo atingível. Nada ilustra melhor esse ponto do que a ascensão do automóvel. Seu tamanho era uma medida do sucesso de uma pessoa. Mais tarde, o homem veio a descobrir que a utilidade é que importava, passando a comprar aquele que era grande por dentro e pequeno por fora.

Posição de Mercado: Além do volume de vendas em termos absolutos não fazer o menor sentido por si só, uma vez que tem de ser projetado contra as tendências reais e virtuais do mercado, a própria posição de mercado é intrinsecamente importante. Uma empresa que vende uma parcela muito pequena ao mercado torna-se uma fornecedora marginal.

Ser uma empresa marginal em um determinado mercado é sempre perigoso, pois um mínimo de posição de mercado é sempre desejável. Mas também o inverso não é prudente. A fim de estabelecer objetivos de posição de mercado, a empresa precisa antes de mais nada descobrir qual é o seu mercado.

Pesquisa de Mercado: Dentro das organizações de mentalidade moderna, a pesquisa de mercado tem sido um instrumento altamente valioso na solução de inúmeros problemas. O que se tem procurado é a solução técnica, baseada em fatos, e não aquela empírica, que é característica de uma grande parte de executivos. Em todos os campos da atividade negócio, dois pontos são básicos: O que produzir e como manter o fluxo constante desses produtos no mercado.

A pesquisa de mercado trata de descobrir que bens e serviços o consumidor deseja, como podem ser vendidos, e procura medir a aceitação deles junto ao público consumidor. Não se trata, evidentemente, de descobrir exatamente todas as medidas, porque nas ciências sociais ainda não existem instrumentos que permitam uma precisão, como a verificação na física ou na matemática. Porém, usando os instrumentos disponíveis à pesquisa de mercado, existem grandes possibilidades de medir as tendências corretas e aproximações que são peculiares, naquele momento, ao mercado em questão.

Questionamento do Mercado: As questões que dão suporte ao empreendedor são aquelas que justificam a entrada de uma empresa em um determinado mercado. Elas podem ser: Qual o tamanho do mercado? O mercado é segmentado? Quais são os principais concorrentes? Quais são os fornecedores? Quais são os principais produtos vendidos? É um mercado novo? É um mercado maduro? É um mercado saturado? Como estão se saindo as empresas do setor? Quais são os canais de distribuição? Que métodos de comunicação com o público são usados? Quais as restrições fiscais? Quais as restrições legais?

Segmentação do Mercado: Qualquer atitude relacionada à segmentação de mercado precisa levar em consideração as premissas:

- A segmentação não depende do tamanho do mercado.
- A segmentação é uma decisão sistêmica e progressiva.
- A segmentação se fundamenta num planejamento.
- A segmentação é para mercados e não para produtos.
- A segmentação deve ser uma estratégia sem a pretensão de dominar o mercado.
- A segmentação decorre do desejo dos consumidores e do atendimento de suas variadas necessidades.
- A segmentação objetiva examinar para qual público-alvo o produto é destinado.

Há, contudo, muitas confusões a serem desfeitas em torno da segmentação. Segmentar não é, por exemplo, uma forma que conduz, necessariamente, a atender menos clientes, nem atender pior. Tampouco, é uma forma de diminuir custos. Pelo contrário, uma boa e correta política de segmentação deve conduzir a um atendimento melhor para mais clientes e com maior rentabilidade para a empresa.

4.4 Globalização

A globalização se refere a ambientes cada vez mais amplos, devido à integração econômica, política, populacional e tecnológica. Globalização significa a internacionalização dos negócios e do sistema produtivo e financeiro, fazendo com que o ambiente organizacional se torne imenso, complexo, mutável e incerto.

O novo século se apresenta para as pessoas que, cada vez mais, veem o futuro com desconfiança e incerteza. Livros recentes preconizam o fim do trabalho e da abundância, promovendo, desta forma, ameaças como desemprego e deterioração do poder de compra. As transformações nas economias nacional e internacional são rápidas demais e frequentemente violentas.

Hoje, nenhum país pode permanecer isolado do resto do mundo. Se fechar seus mercados à concorrência estrangeira, os consumidores pagarão mais por bens e serviços de qualidade inferior. Mas, se abrir totalmente seus mercados, enfrentará concorrência selvagem e predatória, porque muitas empresas (mesmo conglomerados) nacionais não aguentarão o tranco e irão à falência. A isto chamamos globalização.

Já a Globalidade é o nome que se dá ao foco de uma visão holística, onde há a necessidade de encarar tudo e todos inseridos num mesmo contexto. E Globalismo é característica de um sistema que reage como um todo quando uma de suas partes é atingida.

Paradoxalmente a globalização e os avanços tecnológicos abrem muitas oportunidades em detrimento de empresas que não conseguem promover as mudanças de adequação.

As empresas operam num mercado altamente seletivo, onde os mais capacitados vencem, isto é, quem é rico fica mais rico e quem é pobre fica mais pobre. O sucesso é conquistado pelas empresas mais ajustadas ao imperativo ambiental e tecnológico. Portanto, passa a ser de extrema importância saber “ler” o cenário. Por tal, é que existe um movimento contra a globalização, patrocinado, em muitos países pela direita, dita democrática.

Os países querem opinar sobre seu próprio destino e não ser comandados por outros, cujos valores, costumes e hábitos são totalmente diferentes, principalmente, os interesses econômicos e financeiros.

No processo de globalização as empresas crescem, ganham escala, baixam custos e aumentam a competitividade ou desaparecem. A globalização é um jogo de comparação de todos com todos, e os perdedores costumam ser duramente castigados. Ela promove uma espécie de seleção natural, na qual só os melhores sobrevivem, exatamente como na Teoria das Espécies de Charles Darwin.

O problema da globalização não é tanto econômico, como pensa a maioria das pessoas, mas sim cultural. Tudo começa pelo comércio e acaba na mudança cultural. Hoje, o Império Americano impõe sua cultura e ciência pelo mundo inteiro, fundamentado no seu poder econômico e num exército de alta tecnologia e muito bem treinado. Em que pesem todos os protestos mundiais contra a globalização, parece que a mesma é inexorável.

A explosão iminente de investimento direto externo é vulnerável a um retrocesso sério na recuperação da economia mundial. Além disso, o fluxo global de capitais ainda é menos impressionante que o esperado, fato que deve servir de alívio àqueles que se opõem à globalização. Isto se explica com a análise dos problemas:

- Grande parte dos investimentos está concentrada no mundo rico.
- Menos de um terço vai para os países em desenvolvimento.
- Os investidores estrangeiros ainda se deparam com barreiras formidáveis de burocracia, que, em muitos casos, os governos não estão dispostos a removê-las, ou não são capazes de fazê-lo rapidamente.
- Aumento das desigualdades entre os povos.
- O protecionismo passou a ser bandeira política de muitos países que se opõem a globalização.

O advento de uma onda vigorosa de investimento direto mostra que a globalização tem uma resistência impressionante diante dos choques políticos e econômicos dos últimos tempos. Isso deve ser motivo de satisfação ou de preocupação?

A profusão de marcas, bens e serviços, fenômeno aumentado com a globalização, são algumas das principais influências externas que atuam na cabeça do consumidor, modificando rapidamente suas preferências. Tudo isso modifica o seu nível de percepção. Por outro lado, quando examinamos as influências internas, percebemos que ainda conhecemos muito pouco da base emocional que motiva o consumidor a escolher a loja, a marca, o produto, o fabricante, o serviço, tanto no campo real quanto virtual.

A globalização, motor do crescimento mundial no decorrer dos últimos anos começou a engasgar no protecionismo. As negociações comerciais têm a infeliz tendência de se arrastar, porque, embora o mundo tenha mudado, infelizmente, as regras do jogo diplomático continuam, as mesmas do Século XVIII, isto é, brigar pela plena abertura naquilo que somos mais eficientes e proteger, a qualquer custo, os menos competitivos.

Em vez de buscar a falsa solução do protecionismo, os países em desenvolvimento fariam muito melhor se adotassem as únicas políticas capazes de lhes proporcionar progresso, como por exemplo, a política agrícola. Para tal solução é preciso trabalhar as variáveis: educação, pesquisa, tecnologia, infraestrutura, logística, assistência técnica, respeito aos direitos de propriedade e organização das associações rurais.

Administrar uma empresa, em um mercado globalizado e altamente competitivo dos dias de hoje, é arriscado e imprevisível. Os consumidores do mundo todo estão se acostumando com níveis impressionantes de qualidade a preços acessíveis. Países globalizados de verdade têm um intenso fluxo de comércio.

4.5 Elementos Ambientais

O administrador irá se defrontar com problemas cada vez mais diferentes e mais complexos do que os anteriores. Portanto, sua atenção será disputada por pessoas e grupos situados dentro e fora da organização, que lhes proporcionarão informações contraditórias que complicarão o seu diagnóstico e a sua visão dos problemas a resolver, bem como as decisões a tomar.

Qualquer empresa está dentro de um ambiente, é preciso que examinemos os seus elementos ambientais:

Restrição – As restrições causam impactos muito desagradáveis às organizações e são, de toda maneira, contornadas. Às vezes, as restrições podem revelar oportunidades ainda não visualizadas. Portanto, nem sempre dificuldades, restrições e ameaças devem ser vistas de maneira negativa.

Limite – As organizações precisam mapear o ambiente em que operam para não se perderem. Como os limites são identificados por seres humanos, os mesmos estão sujeitos à subjetividade.

Informação – O entendimento do ambiente estará em função das informações coletadas e seus meios de busca. Mas estas informações são interpretadas, em função do nível de percepção do analista. Assim, é difícil dizer se a interpretação é a melhor possível.

Adaptação – A adaptação é o movimento que o sistema empresa executa, através de reações ou respostas, para atender as modificações do ambiente a fim de não prejudicar a consecução de seus objetivos.

Congruência – As organizações precisam agir de forma congruente com o ambiente onde habitam, porque correm um risco muito grande de entrarem em dissonância com este ambiente, o que, em geral, é catastrófico para a empresa, isto é, a organização deve dançar conforme a música.

Desafio – Os desafios que o ambiente trará serão cada vez mais difíceis de serem aceitos e resolvidos, porque exigirão um alto grau de complexidade tecnológica. Um fato é evidente: As empresas terão de ser mais ágeis do que antes e deverão estar mais bem preparadas para mudar de rumo, de acordo com as circunstâncias e contingências ambientais.

Tecnologia – Existe uma tendência para uma crescente sofisticação da tecnologia. Os novos processos e ferramentas introduzidas nas empresas sempre causaram impacto sobre sua estrutura e sua estratégia. A tecnologia proporcionará, cada vez mais, uma maior eficiência, fazendo com que o ser humano tenha mais tempo para pensar sobre tarefas complicadas, que exijam planejamento e controle.

Aspiração – Toda e qualquer organização possui aspirações, retratadas em objetivos, propósitos, desafios e metas. Mas, a organização não pode aspirar altos níveis, se não possui recursos para atingi-los.

Dinâmica – O ambiente não é uma massa homogênea e estável, uniforme e bem disciplinada, mas um campo dinâmico, onde atua uma multidão de diferentes forças, de diferentes naturezas e dimensões, em direções e sentidos diversos, mudando a cada momento, pois cada uma dessas forças interfere, influencia e interage com as demais.

Mudança – Na medida em que o ambiente sofre mudanças, todo o quadro habitual das operações das empresas é tremendamente influenciado por essas mudanças, pois as condições ambientais externas às empresas contribuem fortemente para o que acontece dentro delas.

Qualidade – A qualidade é definida como sendo aquilo que vá de encontro às necessidades de alguém, proporcionando satisfação. É o atendimento das exigências do consumidor, usuário, paciente. Também é entendida como a adequação à finalidade e ao uso.

O nível de qualidade está em função do público-alvo. Geralmente, a definição de qualidade se fundamenta nos parâmetros: segurança, desempenho, garantia, preço, custo, confiabilidade, economia, risco, aparência, facilidade de uso, por exemplo.

Rendimento – Desnecessário dizer que o ambiente físico, onde se trabalha, é extremamente importante, pois em condições adversas, o ser humano tem um rendimento muito baixo, se irritando com facilidade, exacerbando conflitos e baixando a produtividade.

Iluminação – A má iluminação, causa de 15 até 25% dos acidentes de trabalho, afeta o rendimento. Mas, será que se aumentar a iluminação, aumentará o rendimento? Não, pois há um ponto ótimo a partir do qual ele começará a decrescer. O estudo da fisiologia dos olhos mostra que a acomodação da pupila à claridade do ambiente provoca esforço e fadiga. Pequenas variações, se forem frequentes, cansarão.

Para ser boa, uma iluminação deve satisfazer às seguintes condições:

- O foco luminoso deve fornecer toda a luz que a pessoa necessita.
- O foco deve ser constante e uniformemente distribuído.
- O foco não deve ser resplandecente, porque ofusca à vista.

Também é preciso evitar as oposições de claro e escuro e os contrastes violentos de luz e sombra, bem como as superfícies polidas e brilhantes que atrapalham a visada do operador.

Temperatura e Umidade do Ar – Experiências demonstraram que, numa temperatura de 8 até 13° C os acidentes eram 34% mais numerosos do que o eram nas temperaturas entorno de 20° C, quando atingiam o seu mínimo. À medida que a temperatura se elevava, os acidentes aumentavam. As condições extremas de temperatura sempre afetam o rendimento do trabalho.

Uma temperatura demasiadamente elevada deprime o trabalhador, enquanto uma excessivamente baixa provoca inibição para o trabalho. Em ambos os casos, o organismo é obrigado a gastar energia que não é aproveitada pelo trabalho. Uma temperatura de conforto proporcionará maior rendimento.

As condições do ar do ambiente de trabalho devem satisfazer aos seguintes requisitos:

- O ambiente deverá ser tão fresco quanto exija o conforto.
- O ambiente deve ter adequada circulação de ar.
- A umidade relativa do ar não deve exceder a 70% e nem ficar aquém dos 25%.
- O ar, ao nível da cabeça, não deverá ser distintamente mais quente do que próximo ao chão, e vice-versa.

- O ar deverá estar isento de odores desagradáveis, de poeiras, de gases tóxicos, de fungos, de ácaros e de bactérias.

Ruído – Fator que não pode ser desprezado, quando se deseja melhorar as condições do ambiente de trabalho, são os ruídos. Estes provocam fenômenos de intolerância acústica, os quais criam atritos entre os funcionários. Diminuindo-se os ruídos do ambiente de trabalho, evitam-se problemas de relações humanas, de acidentes, de baixa produtividade.

Para que haja conforto acústico, algumas medidas devem ser tomadas: eliminação ou atenuação dos ruídos na fonte, por meio de lubrificação de máquinas; reaperto de peças frouxas, amortecedores, silenciosos; isolamento da operação ruidosa, com paredes e tetos de material absorvente de som; proteção individual do trabalhador.

Cor – Embora seja difícil determinar com exatidão os efeitos das cores, o interesse cada vez maior pela aplicação inteligente das cores nos ambientes de trabalho e na pintura dos equipamentos vem confirmar a sua importância. As cores têm poder diferente de reflexão. A branca tem 84% e a mais baixa tem 7%, caso da cor azul-marinho. Os efeitos fisiológicos das cores são os representados pela ação sobre o funcionamento dos sistemas do nosso corpo. O vermelho, por exemplo, aumenta a tensão muscular, a pressão sanguínea e o ritmo respiratório.

Os efeitos psicológicos das cores são os mais discutidos e também os que maior interesse vem despertando. A cor laranja provoca sensação de calor, sendo reanimadora e estimulante, também reduz a fadiga. A cor rosa tem um efeito calmante no corpo. O azul-claro tem efeito calmante e tranquilizador. Se quiser estimular a memória o amarelo é a cor ideal. Para se lembrar de algo, escreva em um papel amarelo.

A cor amarela tem um efeito energizante, pode ajudar a diminuir a depressão, aumenta a pressão e a pulsação, mas em menor grau do que a cor vermelha. Verde é a cor da primavera e de novos começos, é atraente para quem está de regime, é a cor das pessoas idosas.

Melhoria – A melhoria ambiental pode abrir à indústria, em geral, uma série de mercados dinâmicos e lucrativos, representando gastos que no final se pagarão por si mesmos.

Legislação – Já abordado.

Licença – Já abordado.

Licenciamento – Já abordado.

Preservação – Informações sobre tecnologia de resíduos sólidos, programas de pesquisas, desenvolvimento de novos materiais, avaliação e programa de assistência técnica podem muito bem orientar os dirigentes das empresas, quando pensarem em novos produtos.

O fato é que tem havido problemas persistentes e efeitos secundários negativos em quase todos os métodos de ação na preservação ambiental. Afetam o ambiente a ampliação de uma rodovia, a implantação de uma hidroelétrica, a escavação de uma mina, passaram a pagar um percentual sobre o valor do investimento aos órgãos ambientais.

Na prática, a compensação só serviu para alimentar batalhas judiciais entre empresas e órgãos do governo, desestimulando investimentos e com poucos benefícios à natureza. É comum parar uma obra de milhões de dólares, porque a mesma está arriscando a extinção de uma perereca.

Análise – A análise ambiental é processo de identificação dos elementos que condicionam o ambiente. É a maneira pela qual a empresa procura conhecer e diagnosticar seu ambiente para poder sobreviver, isto é, levantar as condições externas à organização, bem como seus efeitos referenciados ao tempo. Tal análise deve abranger, principalmente, o ambiente geral e o ambiente de tarefa.

4.6 Consumo

O consumo pode ser considerado como o uso de bens e serviços. Mas, não equivale à simples compra de um produto. Consumir um produto é usar o mesmo até que deixe de atender às necessidades ou que o seu valor tenha sido anulado ou reduzido. O maior problema no consumo é o conflito entre a verdade e o sonho. O propósito de um produto não é o que o vendedor, explicitamente, diz ser, mas o que o consumidor, implicitamente, exige que seja.

O aumento do consumo faz crescer o investimento industrial, dando mais emprego às pessoas, que retornarão ao mercado de consumo. Todavia, é possível que as pessoas poupem parte de suas rendas e a conservem sob a forma monetária, não gastando nem em bens de consumo e nem em bens de investimento.

A propensão a consumir dependerá de três forças: das atitudes subjetivas do indivíduo que compra; dos dados sobre produtos; dos preços praticados. O dispêndio que faz o consumidor num bem qualquer faz supor que o mesmo varie somente como resultado da oscilação do preço. Quando se consideram todos os bens, o preço se torna menos importante.

As variações de gosto podem alterar a demanda de produtos, bem como ganhos e perdas de capital. Quando falamos que vivemos numa sociedade de consumo, é quase inevitável que a constatação seja acompanhada de uma carga negativa. Esta expressão é, frequentemente, associada a um materialismo banal.

Hoje, comprar um carro esportivo de dois lugares ou uma minivan com capacidade para sete passageiros representa uma afirmação sobre o que somos e o que não somos. Isso ajuda a nos diferençar de um vizinho.

As características do consumo mudaram ao longo da história, de modo que o consumo foi associado aos seguintes valores: liberdade, status, razão, progresso, individualidade, alienação e tédio, por exemplo.

O problema do consumo é um desafio constante, mas, infelizmente, não muito consciente nas pessoas, que precisam ser responsáveis pelo uso dos recursos, quer naturais ou não, e pelo consumo de bens e serviços.

A Lei de Pareto diz: “20% dos consumidores respondem por 80% da receita da empresa”. Na realidade, esta lei observa: “Somente 20% dos eventos/acontecimentos respondem por 80% dos resultados”.

Os mais importantes problemas de consumo são:

Cultura do Consumo – Quando falamos que vivemos numa cultura do consumo, é quase inevitável que a constatação seja acompanhada de uma carga negativa. O termo é frequentemente associado a um materialismo banal.

Características do Consumo – Estas características mudaram ao longo da história, de modo que o consumo foi associado aos seguintes valores: liberdade, razão, progresso, individualidade, alienação e tédio, por exemplo.

Quando sites gratuitos de busca ajudam o consumidor a fazer uma compra mais inteligente, na realidade o consumidor já forneceu dados importantes ao referido site, quando do seu registro como usuário. Tais dados valem dinheiro, pois a cada busca e compra que fizer o consumidor dará mais informações sobre suas necessidades, desejos e tendências.

4.7 Tipos de Consumo

Consumo de Energia – À medida que a energia foi se tornando escassa e o governo resolveu praticar uma política mais realista de tarifas, essa postura de indiferença começou a modificar-se. O fantasma do racionamento e contas cada vez mais salgadas impôs uma revisão de hábitos. Precedidos pela indústria, também o setor de serviços, onde os gastos com energia representam em média 4% dos custos operacionais, despertou para o problema.

Cada vez mais se verifica que o simples gerenciamento do consumo de eletricidade e a adoção de expedientes corriqueiros, como a substituição de lâmpadas ou o uso mais adequado do ar condicionado, diminuem sensivelmente as despesas.

Um plano de performance energética envolve também mudanças na rotina do pessoal da limpeza, passando pelo escalonamento no uso de elevadores. Grande parte do desperdício de energia é resultado da prevalência dos critérios estéticos em detrimento da funcionalidade.

Consumo de Recurso – É bom lembrar que uma empresa é uma organização de finalidade econômica. Ela utiliza e elabora recursos para facilitar o seu desenvolvimento e a sua rentabilidade, assegurando-lhe as melhores condições operacionais. Sem recursos atuais e modernos a empresa se tornará lenta, cara e não competitiva, porque, hoje, existem máquinas, equipamentos e sistemas que facilitam o trabalho das pessoas, tendo em vista apresentarem resultados rápidos, com qualidade suficiente para atender os desejos dos consumidores mais exigentes.

Consumo Final – Quem diz, se o consumo é final, é a pessoa que compra. Os gastos com consumo podem ser divididos em três componentes. O primeiro, é formado pelos bens não duráveis, como os alimentos e roupas, por exemplo, cuja vida útil é curta. O segundo, é denominado serviços e compreende as despesas feitas com aluguel, saúde, transporte, lazer, por exemplo.

O terceiro, corresponde aos bens de consumo duráveis, como automóveis, eletroeletrônicos, por exemplo, cuja vida útil é muito maior do que os outros bens, mas que se depreciam e se destroem ao longo do tempo e do uso.

Consumo Globalizado: Consumo de um produto por muitos países.

Consumo Industrial: Consumo de recursos, relativos à fabricação de bens, tais como: matéria-prima, mão de obra e insumo. Além dos recursos que uma indústria consome, é preciso destacar os conceitos de insumo, matéria-prima e mão de obra, recursos básicos para seu funcionamento:

Insumo – Material que contribui para a obtenção do produto, mas nem sempre faz parte da composição final do mesmo. Necessário para o processo de manufatura, o insumo não pode ser prontamente identificado com qualquer produto em particular, cujo custo é muito irrelevante para medir.

A disponibilidade do insumo não significa necessariamente que eles sejam baratos. Atenção especial deve ser dada aos custos de transferência, como no caso da energia, do armazenamento, do acondicionamento e da movimentação.

Matéria-Prima – Matéria utilizada na fabricação do produto final, e que pode ser prontamente identificada no produto.

Mão de Obra – Trabalho feito por uma pessoa; fator de produção remunerado pelo salário. A mão de obra pode ser: mão de obra direta (trabalho cujo tempo pode ser identificado com a produção, produto ou centro de custo); mão de obra indireta (trabalho cujo tempo não pode ser claramente identificado). Os custos da mão de obra não especializada tendem a ser mais baixos em locais mais remotos, devendo ser considerados como um agregado, que inclui, também, os encargos sociais, benefícios e prêmios.

Consumo de Congelados – O consumo de congelados cresceu muito, porque as pessoas não querem perder tempo e também, devido ao avanço da tecnologia, porque permitiu melhores meios de conservação dos produtos. Há um mito de que os alimentos congelados fazem mal à saúde e que, portanto, aqueles que agem dessa forma estão mal alimentados.

Mas, o problema não está exatamente no consumo do congelado, mas na forma em que se consomem tais alimentos, já que os congelados conservam os nutrientes melhor do que os alimentos in natura.

Uma pesquisa realizada na França indicou que até os restaurantes famosos de Paris estão utilizando, cada vez mais, produtos congelados no preparo de seus cardápios, tidos com frescos e adquiridos no mercado, durante o dia. Até o governo francês se intrometeu no assunto, porque acha absurdo o preço cobrado pelos pratos de restaurantes famosos por sua gastronomia, fato que leva o turista a comer em lanchonetes.

Consumo Eletrônico – Uma pesquisa indicou que os consumidores de baixa renda são os que mais compram iphones. Dois são os motivos: primeiro, é o preço; segundo, é uma mudança de hábito, em que o usuário prefere um iphone com acesso à internet do que um computador. Mais alguns anos para o futuro, teremos outras novidades tecnológicas, que marcarão o caminho do consumo eletrônico. Um grande passo para a democratização da informação.

4.8 Consumidor

Embora já tenhamos abordado o conceito de consumidor, vale ampliar o estudo, tendo em vista a sua importância. Pois, não haverá mercado, se não houver consumidores. Consumidor é pessoa ou unidade organizacional que desempenha um papel no processo de troca ou transação de um produto.

Por ser pessoa muito importante, o consumidor deve ser o propósito da empresa, pois este é quem determina o que o negócio é, o que produz e se prosperará. Consumidor não é mais um receptor passivo de produtos, mas, sim, alguém envolvido no projeto e na melhoria do produto. O consumidor, cada vez mais educado, começa a comparar: produto, marca, imagem, qualidade, preço, valor agregado e valor da compra.

Quem consome um produto é chamado de consumidor. Por isso, é importante observar que o consumidor deve ser o propósito da empresa. Assim, nunca o questionar, porque ele tem sempre razão. A satisfação dele proporciona lucro para a empresa.

O consumidor é quem determina o que o negócio é, o que produz e se prosperará.

Hoje, é comum se falar de CRM (*customer relationship management*) nas empresas como veículo de relações lucrativas para ambos os lados e um canal de integração. Empresas de diversos setores passaram a gastar fortunas para aprimorar a gestão do relacionamento com o cliente. Para tal, as respostas, em geral, foram: telemarketing, serviço de atendimento a clientes (SAC) e processo integrado de dados dos consumidores.

No entender de Peter Drucker, o consumidor é protagonista e comandante do espetáculo daquilo que ocorre no mercado.

A seguir, algumas premissas sobre consumidores:

- O consumidor só está interessado em seus próprios valores, suas próprias necessidades e sua própria realidade.
- Cada consumidor define uma empresa diferentemente das demais, pois suas expectativas e valores são singulares.
- A realidade do consumidor deve ser considerada, já que esta é diferente da do fornecedor.
- Como o consumidor é que paga, depende do que faz mais sentido para ele, do que faz por ele.

Como criar e conservar um consumidor são muito importantes para o êxito do negócio, é bom que o empresário o veja como o principal objetivo da empresa. Quando um cliente procurar uma empresa, deve-se ter o máximo cuidado em fazer um atendimento de qualidade para que o mesmo possa retornar. Por ser uma pessoa muito importante, o consumidor deve ser o propósito da empresa.

Assim, nunca questionar o consumidor, porque ele tem sempre razão. A satisfação dele proporciona lucro para a empresa. O consumidor desempenha um duplo papel no mercado. Em primeiro lugar, ele atua como comprador. Em segundo lugar, elabora um estudo crítico daquilo que compra, como, também, dos métodos de comercialização.

Consumidores não são mais simples receptores de bens e serviços, são participantes ativos do processo, desde a concepção do produto, seja como grupos que avaliam o projeto, seja como indivíduos que trabalham com programas de computadores e com engenheiros projetistas para personalizar tudo que compram. Hoje, os consumidores dispõem de meios para acessar prateleiras virtuais com quase todos os produtos e fazem questão de personalizar suas compras.

Os consumidores criam seus próprios blogs, com conteúdo on line exclusivo. Lemos os blogs uns dos outros e interagimos socialmente em espaços virtuais. Buscar um parceiro ficou fácil. Os consumidores conscientes se tornaram parte do processo de tomada de decisão sobre um novo produto, por exemplo. Antes, suas manifestações eram relegadas a um segundo plano.

Os consumidores, não raro, também se revelam concorrentes. Em alguns casos, eles gostam de interagir com os fornecedores, distribuidores e fabricantes, porque precisam participar do processo de construção do produto. Talvez por vaidade ou por acharem que podem melhorar a qualidade do produto. É como se atuassem nas funções de cientista e vendedor ao mesmo tempo

4.9 Tipos de Consumidor

A seguir, os principais tipos de consumidor:

Consumidor Apático: Você terá que ser cuidadoso e dar informações concisas e absolutamente corretas sobre as mercadorias e condições gerais de venda.

Consumidor Atento: Consumidor do tipo fácil de se vender.

Consumidor Ativo: Consumidor satisfeito.

Consumidor Cativo: Aquele que compra constantemente na mesma loja. Também conhecido como freguês.

Consumidor Consciente: Consumidor que faz primeiro uma pesquisa daquilo que vai comprar.

Consumidor Despreocupado: Consumidor sem pressa de comprar.

Consumidor Difícil: Consumidor que precisa ser muito bem trabalhado pelo vendedor (atendente).

Consumidor Duvidoso: Consumidor não confiável no pagamento.

Consumidor Emergente: Consumidor que está entrando pela primeira vez em um determinado mercado.

Consumidor Final: Consumidor que desempenha um duplo papel no mercado. Em primeiro lugar, ele atua como comprador. Em segundo lugar, elabora um estudo crítico daquilo que compra, como, também, dos métodos de comercialização.

Consumidor Globalizado: Consumidor usuário da Internet que atua no varejo virtual, tende a explorar primeiramente as páginas de marcas conhecidas, devido à confiança e credibilidade adquiridas no varejo real.

Consumidor Hostil: Consumidor sobrecarregado, atira para todo lado, não ataca apenas o produto, mas também a empresa, porque ele pensa que a vida é matar ou morrer. Brigar o faz se sentir vivo.

Consumidor Idoso: Consumidor que é saudável e ativo, tendo os mesmos desejos e necessidades do que os mais jovens. Suas decisões de compra, em sua maioria, são baseadas em seu estilo de vida e não na sua idade.

Consumidor Indeciso: Consumidor que possui pouca, ou nenhuma, lealdade à marca e sua decisão de comprar varia. Mas, este consumidor pode não ser um alvo atraente, devido a sua mutabilidade.

Consumidor Indiferente: Consumidor aparentemente desligado, mas que na verdade deseja crescer psicologicamente e ele o faz comprando.

Consumidor Individualizado: Consumidor que precisa ser diferente de todos os outros consumidores.

Consumidor Interativo: Consumidor que presta informações sobre determinado produto ao fabricante.

Consumidor Leal: Consumidor que é leal à marca.

Consumidor Malcriado: Consumidor que se irrita com facilidade, mas não é igual ao abusivo e impertinente.

Consumidor Nervoso: Consumidor cujo equilíbrio emocional precisa ser descoberto para que haja negociação.

Consumidor Orgulhoso: Consumidor que precisa ser tratado com respeito e consideração (aparentemente especial), transforma-se e sente-se importante, passando a comprar tudo aquilo que se lhe queira vender.

Consumidor Perdido: Consumidor que não compra por um período maior do que um ano.

Consumidor Potencial: Consumidor que é alguém disposto e habilitado a se engajar em uma troca de valores. Não se pode vender um produto a menos que se encontre um comprador. Por isso, a prospecção de localizar e classificar consumidores potenciais é o primeiro passo no processo de venda.

Consumidor Procrastinador: Consumidor que toma muito tempo para tomar uma decisão de comprar.

Consumidor Reclamão: Consumidor que reclama de tudo e de todos, pondo o vendedor na defensiva.

Consumidor Sabichão: Consumidor cabotino que se julga um especialista em tudo.

Consumidor Silencioso: Consumidor que é conciso, breve, sucinto, difícil de decifrar. Evita riscos e mantém-se imperturbável em sua estratégia de compra e negociação.

Consumidor Sofisticado: Consumidor importante para testar novos produtos.

Consumidor Taciturno: Consumidor que precisa de ajuda, para tomar a decisão de comprar. O atendente precisa ter calma e paciência.

Consumidor Vaidoso: Consumidor que é fácil de ser atendido, quando o vendedor descobre a sua vaidade maior.

Consumidor Vigilante: Consumidor que não está mais tolerando bens e serviços de má qualidade. Por outro lado, deseja que as empresas sejam mais humanas.

4.10 Considerações sobre Consumidor

O consumidor desempenha um duplo papel no mercado. Em primeiro lugar, ele atua como comprador. Em segundo lugar, elabora um estudo crítico daquilo que compra, como, também, dos métodos de comercialização.

A empresa que quiser atuar em qualquer mercado terá de fazer algumas considerações sobre o consumidor:

Movimentação do Consumidor – As facilidades de locomoção do consumidor fizeram com que o mesmo adquirisse maior grau de observação quanto a preço, qualidade e características do produto. O consumidor começou a entender que os custos da distribuição são repassados aos preços de venda dos produtos. O movimento do consumidor tem levantado assuntos que são de grande efeito sobre as atividades mercadológicas.

Queixa do Consumidor – Cada vez mais, o consumidor participa com dados para as estratégias empresariais. As queixas dos consumidores são muitas, tais como: produto de qualidade inferior; ineficiente serviço pós-venda; baixo nível de qualidade no atendimento; campanhas publicitárias malfeitas; falta de calor humano, devido ao alto grau de automação; produtos não disponíveis, apesar da propaganda; preços elevados; vendas impessoais; peso adulterado; propaganda enganosa; exploração de crianças; falsificação do produto; embalagem pouco informativa; falta de dados sobre o produto; produtos inseguros; produtos que nada valem; maus serviços; realce na quantidade e não na qualidade; complexidade tecnológica; obsolescência programada; recusa em devolver o dinheiro; altos juros no crediário; falta de concorrência; fraude contra os pobres; falta de canais diretos de comunicação.

Julgamento do Consumidor – Para que as empresas possam manter consumidores, se faz necessário abordar o modo como o consumidor julga os produtos que recebe. Os critérios são muitos, pois dependerá do próprio consumidor. Em geral, ele destaca mais os erros do que os acertos. Quer ver suas necessidades atendidas e não está preocupado com os problemas internos da empresa.

Esquece todas as mensagens de propaganda depois de uma única grosseria de qualquer funcionário. Julga ter sempre razão. Aumenta suas exigências em razão do preço que pagou ou está pagando. Se satisfeito, passa a ser um divulgador do produto, da marca e da empresa.

Motivação do Consumidor – A motivação do consumidor deve ser construída pelo vendedor, desde que este atenda às necessidades e desejos daquele.

Comportamento do Consumidor – Pesquisar tendências sobre o comportamento e o hábito do consumidor ficou complicado. Hoje, o consumidor é menos rígido, mais propenso a experimentar novidades, mais educado, cético, eclético, esperto e seletivo. São difíceis de persuadir e agem de maneira contraditória. Foi-se o tempo em que era possível dividir a população entre engajados, constantes e alienados.

O comportamento de cada indivíduo é afetado por hereditariedade e pelo ambiente em que a pessoa cresceu e no qual vive. Estas forças moldam o comportamento de compra e os distribuidores as levam em consideração antes de tomarem uma decisão.

Os consumidores de hoje têm um nível educacional mais elevado e estão mais bem informados; costumam ser céticos quanto às mensagens promocionais que não sejam acompanhadas pelo produto propriamente dito. Eles estão também mais ecléticos. Seus comportamentos não se encaixam nos velhos e convenientes esquemas de segmentação socioeconômica.

Recente pesquisa da FIESP revelou que os consumidores dão preferência a produtos que tenham selo de qualidade, sejam orgânicos, sejam enriquecidos e sejam funcionais, independentemente de serem congelados ou não.

Conhecimento do Consumidor – Apesar de se esforçarem ao máximo, muitas empresas continuam a desperdiçar o que talvez seja seu ativo mais precioso no atual contexto: aquilo que o consumidor conhece, isto é, quais são seus níveis de intelectualidade, educação, percepção, cultura, instrução e informação, por exemplo. Hoje, mais do que nunca, o conhecimento adquiriu caráter estratégico.

No consumo de alimentos as pessoas se informam, na seguinte ordem: conhecido, televisão, médico, nutricionista e internet.

Consciência dos Consumidores – O mundo dos negócios vem se preocupando, cada vez mais, com uma figura, em muitos aspectos, ainda insondável: o consumidor consciente. O problema, porém, é definir exatamente quem é ele, como pensa e age na hora de escolher entre um e outro bem ou serviço. A maior parte da população adota algumas práticas consideradas importantes para o bem da coletividade.

Segundo pesquisas, os consumidores conscientes adotam os seguintes comportamentos: 93% pedem nota fiscal quando fazem compras; 90% tem os rótulos das embalagens atentamente antes de comprar: 89% escrevem no verso de folhas já utilizadas; 79% separam o lixo para reciclagem; 72% compram produtos orgânicos, há menos de seis meses; 59% já recorreram a órgãos de defesa do consumidor; 42% deixam de comprar um produto para punir o fabricante; 26% deixam o carro em casa pelo menos uma vez na semana.

Para as empresas, os dados de pesquisa são importantes, porque dão indícios do que elas podem fazer para adequar seus produtos e suas práticas a um novo tipo de consumidor. O estudo mostrou também que, conforme o grau de consciência aumenta, fica mais difícil agradar ao consumidor.

Atitudes até pouco tempo atrás valorizadas, como o cuidado de não poluir o ambiente e de receber um bom atendimento, não são mais vistas pelo consumidor consciente como um diferencial na hora de optar por um ou outro produto/marca.

Papel do Consumidor – Em muitas facetas do mercado, os consumidores desempenharão papéis ativos e reativos. Eles se tornarão diretamente envolvidos no projeto e na personalização dos produtos que compram. Assumirão as funções de suporte e de serviço que normalmente são desempenhadas pelas empresas. Por outro lado, há consumidores que não estão nem aí para o mercado, tendo uma atitude passiva para com vendedores. Estes consumidores dão pouco trabalho, mas não ajudam as empresas a progredir.

Lugar do Consumidor – O consumidor vem sempre em primeiro lugar? Alguns autores discordam deste bordão e acham que o consumidor deve vir em segundo lugar. Cabe o primeiro lugar ao time do negócio, pois não há como agradar consumidores sem contar com funcionários comprometidos com a qualidade e felizes com o trabalho. Às vezes, os consumidores fazem queixas descabidas ou destratam os elementos da equipe.

Ouvir o consumidor é importante, mas não implica aceitar tudo o que vem dele. Pense em oferecer ao consumidor um bom ambiente, atendimento, preço e qualidade que ele agradecerá e com certeza voltará. Faça parecer que ele vem em primeiro lugar.

Avaliação do Consumidor – A avaliação de um produto pelo consumidor requererá um padrão ou um referencial anterior já conhecido. O consumidor na realidade avalia um produto mais pelos aspectos subjetivos do que por outra coisa. Uma avaliação de produto só poderá ter valor, se for feita por métodos estatísticos e para um universo significativo de pesquisados.

Premissas do Consumidor – Algumas premissas norteiam o comportamento do consumidor:

- O consumidor só está interessado em seus próprios valores, suas próprias necessidades e sua própria realidade.
- Cada consumidor define uma empresa diferentemente das demais, pois suas expectativas e valores são singulares.
- A realidade do consumidor deve ser considerada, já que esta é diferente da do fornecedor.
- Como o consumidor é quem paga, a compra que ele faz depende do sentido que dá para ela.
- Consumidor é a pessoa mais importante para a empresa, tanto que é o seu propósito.
- Consumidor não deve ser questionado.
- Consumidor é alguém que traz suas necessidades e desejos, que atendidos nos dão lucro.

Disputa pelo Consumidor – A disputa pelo consumidor é dura. Os consumidores estão ficando mais educados, espertos, seletivos e difíceis de persuadir. As palavras de ordem são: agilidade, atendimento, flexibilidade e preços baixos. Mas atenção, operar com preços baixos pode ser perigoso. O preço é importante, mas não é tudo. O Departamento de Marketing pode fazer apenas uma parte do trabalho empresarial.

Para atrair consumidores é preciso mais do que ter preços e agir corretamente, também é preciso ter o produto certo, para o público certo, no tempo certo.

Os seguintes mecanismos de atração de consumidores podem ser resumidos, no seguinte: campanhas promocionais; prêmios e incentivos à consumidores cativos; política para atingir os pequenos intermediários; esforços de venda em marcas fortes; prestação de diversos serviços gratuitos; lançamento de novos produtos; facilidades de crédito ao consumidor; melhores embalagens.

Quando sites gratuitos de busca ajudam o consumidor a fazer uma compra mais inteligente, na realidade o consumidor já forneceu dados importantes ao referido site, quando do seu registro como usuário. Tais dados valem dinheiro, pois, a cada busca e compra que fizer, o consumidor dará mais informações sobre suas necessidades, desejos, tendências, isto é, o próprio perfil.

Perda de Consumidor – As empresas precisam prestar muita atenção com sua taxa de consumidores perdidos e tomar providências para reduzir tal taxa a um mínimo aceitável. Por mais que a empresa se esforce, sempre haverá perda de consumidores. Consumidor perdido é aquele que não volta a comprar por um período mínimo de um ano.

A taxa de perda de consumidores é dada pela seguinte fórmula:

Taxa de Perda de Consumidores = Consumidores Perdidos / Total de Consumidores

Onde:
Consumidores Perdidos = Número de consumidores do ano anterior - Número de consumidores do ano em curso

Exemplo:
Consumidores Perdidos = 3.000
Total de Consumidores = 60.000
Taxa de Perda de Consumidores = 3.000 / 60.000 = 0,05 = 5%

Análise:

Esta taxa não é muito fácil de aferir devido à dificuldade de cadastrar todos os clientes consumidores e controlar quantas vezes eles voltam a comprar. Para uma fábrica este controle é bastante factível, mas para um grande varejo, onde parte dos consumidores paga em dinheiro é muito difícil. Para a perda de consumidores, vale lembrar o seguinte questionamento:

- A taxa de perda de consumidores varia durante o ano?
- A taxa varia de lugar, vendedor ou intermediário?
- A taxa varia em função do preço de venda?
- Para onde vão os consumidores perdidos?
- Qual a estratégia dos concorrentes para manter os consumidores?

Perfil do Consumidor – O perfil do consumidor nada mais é do que a descrição rápida daquilo que o consumidor representa para o mercado, a empresa e o vendedor. Cadastro do consumidor (banco de dados) que contém: nome, endereço real, endereço virtual, telefones, identificação, qualificação, classificação do consumidor, média mensal de compras, limite de crédito.

Os elementos básicos do perfil são: Classe Social; Renda; Poder Aquisitivo; Nível Econômico; Alocação da Renda; Sexo; Estado Civil; Idade; Local de Residência; Estilo de Vida; Nível Escolar; Nível de Conhecimento.

Poder Aquisitivo do Consumidor – O poder aquisitivo do consumidor representa aquilo que o mesmo pode comprar para satisfazer suas necessidades básicas e não seus desejos. Este poder está associado ao progresso de uma pessoa numa sociedade, pois quanto mais poder aquisitivo ela tem mais status possui. Toda empresa se preocupa com o poder aquisitivo de seus consumidores, a fim de se adaptar ao sobe e desce da economia e do mercado.

Ficha do Consumidor – Este controle é, na verdade, o cadastro geral dos consumidores (banco de dados), sendo atualizado diariamente. Ele deve conter: nome, endereço real, endereço virtual, telefones, fax, qualificação do consumidor (identidade, CPF, naturalidade, data de nascimento, nacionalidade, estado civil, filiação...), classificação do consumidor (média de compras, limite de crédito...).

Localização do Consumidor – Existem muitas maneiras de buscar indícios de consumidores potenciais. Obviamente, que a pesquisa de mercado é o melhor dos meios. Esta pesquisa procura obter informações sobre os consumidores dos produtos que a empresa pretende colocar no mercado. Onde estão localizados? Em que quantidades compram? Quais são seus hábitos, seu poder aquisitivo, seu perfil social e seu perfil econômico? Como abordar o consumidor?

Satisfação do Consumidor – Consumidores satisfeitos são como ativos. O mesmo raciocínio se aplica em toda atividade empresarial. Esse é o motivo pelo qual faz pouco sentido lidar com o consumidor de maneira restritiva e rígida que interfere com a sua satisfação e enfraquece a sua lealdade. A reclamação do consumidor, o pedido de devolução do pagamento, a troca, o favor especial, adquirem um significado muito maior quando se considera o consumidor como ativo que se valoriza a longo prazo.

Cada contato individual com o consumidor é uma parte importante do produto e desempenha um papel fundamental no processo de valorização desse ativo.

Segundo Deming, não é suficiente ter consumidores meramente satisfeitos. Um consumidor insatisfeito pode mudar, mas, infelizmente, um consumidor satisfeito também pode mudar, com base na hipótese de que não perderia muita coisa, e poderia até ganhar. O lucro num negócio advém de consumidores ativos, isto é, aqueles que estão comprando constantemente, e que trazem seus parentes e amigos.

Fidelização do Consumidor – Já vai longe o tempo em que para conquistar a clientela bastavam bons preços e produtos de boa qualidade. Hoje, com a grande concorrência, há todo um trabalho para atrair e, mais que isso, garantir o retorno dos clientes. É a chamada fidelização, um termo cada vez mais em voga no setor varejista e que exige, além de técnicas específicas, muita criatividade.

A fidelização tornou-se tão importante, nos dias atuais, que muitas empresas investem parte de seu orçamento em cursos de treinamento e em estratégias para garantir sua carteira de clientes. Tratamento personalizado, sorriso espontâneo dos funcionários, uma loja limpa, bem iluminada, automatizada e com som ambiente, além de café, bala, água gelada, bombom, cartão de felicitações no aniversário e atividade especiais para datas especiais, são alguns itens que pode render muito para a empresa.

Para fidelizar o cliente, temos que cativá-lo, tratá-lo muito bem, dar-lhe toda a atenção, mostrar o quanto ele é importante para nós e o quanto a empresa se preocupa em atendê-lo bem. Todo mundo gosta de ser bem atendido e a fidelização nada mais é do que isso – Dar ao cliente o que ele deseja, ou seja, atenção, respeito e produto de que necessita. Quando o cliente é bem tratado e bem informado sobre as novidades é certo que retornará.

Classe Social do Consumidor – A classe social e a renda do consumidor são uma preocupação constante da empresa que está de olho no mercado. Dados do IBGE mostram o comportamento de consumo das classes: A, B, C e D. Hoje, o poder dos consumidores de baixa renda está no centro das estratégias de venda das maiores companhias do mundo.

Cooperativa de Consumidores – As cooperativas de consumo vêm, atualmente, sendo chamadas de central de compras. A cooperativa é uma associação de produtores, intermediários e consumidores que se reúnem com o propósito de fazer negócios a custo reduzido e, geralmente, no curto prazo.

De modo geral, a cooperativa de consumo terá de lidar com: limitações dos associados, controle do capital de giro, juros a serem aplicados, concorrência, modalidade das transações, distribuição dos lucros e neutralidade política, por exemplo.

O varejo eficiente, de custo reduzido, evidenciado pelas cadeias de lojas, pelos grandes varejos e outros distribuidores de massa constitui forte concorrência à cooperativa. A cooperação supõe, de certa forma, uma espécie de divisão de trabalho entre os indivíduos participantes de um mesmo grupo, porque ela aumenta a capacidade da performance humana.

Para obter preços mais vantajosos os consumidores, na década de 1980, resolveram se reunir em associações que foram chamadas Cooperativas de Consumo e comprar diretamente do produtor ou nas Centrais de Abastecimento. Nestas cooperativas o controle é democrático, os pagamentos são feitos em dinheiro e cada associado se compromete a assumir o pagamento da cota que lhe cabe. Para contra-atacar, as lojas de varejo e os intermediários enxugaram custos, formaram cadeias de lojas e melhoraram os canais de distribuição e de comunicação.

Taxa de Compra do Consumidor – A taxa de compra é a relação entre os consumidores compradores (pessoas que passam pelo caixa da loja) e consumidores em trânsito (pessoas que entram e saem da loja, comprando ou não). A taxa de compra será influenciada por: tipos de mercado, perfil socioeconômico do consumidor, preços praticados, localização do negócio, qualidade dos produtos, época do ano, períodos de promoção, visual e condições ambientais da loja, por exemplo.

Características do Consumidor – Alguns pesquisadores tentam formar segmentos, analisando as características do consumidor. Comumente, usam características geográficas, demográficas e psicológicas.

Monitoramento do Consumidor – Claramente, a empresa centrada no consumidor está em melhor posição para identificar novas oportunidades e para estabelecer uma estratégica que faça sentido a longo prazo. Ao monitorar as necessidades dos consumidores, ela pode decidir que grupos de consumidores e de necessidades emergentes são as mais prioritárias. As empresas também devem monitorar os concorrentes.

Treinamento do Consumidor – Dificilmente encontramos empresas que se dispõe a treinar consumidores e usuários a utilizar determinado equipamento.

Globalização do Consumidor – Ver globalização.

4.11 Compra

Comprar resume-se em trocar um ativo por outro. Em geral, o fator de troca é o dinheiro. A compra feita por consumidor é fácil de entender. Mas, quando a compra é feita por uma empresa, se torna mais difícil. Seus principais elementos estão baseados nos seguintes aspectos: o processo decisório de compra, a situação econômica e a modalidade da compra.

As principais figuras do processo de compra são:

- Pessoa que sugere a ideia de comprar (iniciador da compra).
- Pessoa que abaliza a decisão de comprar (influenciador da compra).
- Pessoa que decide o que, como, quanto e quando comprar (decisor da compra).
- Pessoa que autoriza a compra (autorizador da compra).
- Pessoa que realiza a compra (comprador)
- Pessoa que vai dispor da compra (usuário, consumidor).

A situação econômica determina como o comprador da empresa deve agir, função do mercado:

- Em um mercado em alta inflacionária, o comprador deve evitar a tentação de comprar em excesso.
- Em um mercado de baixa inflação é aconselhável comprar em pequenas quantidades.
- Em um mercado estável, a compra deve ser baseada na média de movimentação do estoque.

A modalidade de compra deve se fundamentar nas condições de negociação, como: preço, quantidade, desconto, prazo de recebimento, crédito (prazo e forma de pagamento), local de entrega.

Hoje, é prática comum que microempresários se associem, através de centrais de compra, para a aquisição de recursos a preços bem mais baratos. O cargo de comprador exercido numa empresa deve ser preenchido por uma pessoa com total conhecimento do mercado de recursos.

Apesar de todo avanço tecnológico que vivemos, o comprador de hoje não possui tempo para aprender alguma coisa sobre os materiais que está adquirindo ou sobre novas especificações e processos, tendo em vista ser tudo muito rápido, fazendo com que a obsolescência chegue, às vezes, em poucos meses. Também não possui condições para julgar o valor exato do produto.

À medida que os grandes varejos assumem o comando do mercado, o gerente de compras adquire maior status, porque as compras, muitas vezes, são maiores que a metade dos custos da empresa. Este gerente terá de ter um banco de dados para: fornecedores, produtos, materiais e marcas. Precisará: ser um hábil negociador para as variáveis: quantidade, qualidade, preço de compra, prazos de recebimento e de pagamento e estar envolvido com estratégias de descentralização, diferenciação de produtos, promoção cooperativada e enxovais para novas lojas.

A aquisição refere-se àquelas atividades que ocorrem entre a empresa e os fornecedores e, geralmente, dá a impressão de tratar de compras. O termo aquisição é usado aqui para designar os aspectos da obtenção que afetam a disponibilidade e o fluxo do suprimento. Apesar de o preço e a qualidade do produto serem variáveis vitais na escolha de um fornecedor, a terceira variável é a disponibilidade de entrega.

Alguns itens, como matérias-primas, são adquiridos pelo departamento de compras, enquanto outros são adquiridos por gerentes, diretores e supervisores. Portanto, nem tudo passa por Compras. O sistema de aquisição é muito maior do que o sistema de compras.

Uma aquisição pode, em geral, estar associada a uma atividade específica, que não causa um grande impacto na empresa. Mas, o somatório de todas as aquisições pode ser muito maior do que a soma de compras de materiais para a produção. Portanto, muito cuidado com os conceitos de aquisição e de compra.

O custo de aquisição não é igual ao preço ajustado pelo fornecedor. Àquele preço, precisam ser adicionados outros custos, dependendo de sua incidência, ou não, no processo de compra. Se a embalagem é cobrada adicionalmente ou se o frete não está incluído no preço, precisam ser considera

A empresa prospera não porque seus preços sejam mais baixos, suas entregas pontuais ou porque seus vendedores são mais rápidos. Ela tem tido êxito, porque analisou cuidadosamente os problemas globais de seus clientes potenciais e, a seguir, fez algo imaginativo que descobriu. Em resultado, deu aos consumidores um conjunto especial de razões para preferir seus produtos/marcas em relação aos concorrentes e, de certo, ofertou um produto com benefícios novos e superiores àqueles que os consumidores estão acostumados.

Nas lojas de varejo, muitas vezes, a atmosfera, o sortimento, a rapidez dos serviços de entrega, a qualidade no atendimento importa tanto quanto os próprios produtos. É senso comum nas empresas de que, hoje em dia, um produto é tudo aquilo com o que se acha cercado, elaborado, reforçado e que tem o poder de afetar a escolha do consumidor.

Os problemas que se apresentam a um comprador são de uma diversidade incontestável, como: dificuldade para encontrar o material, melhores condições de pagamento, localização de fontes de suprimento confiáveis.

Compradores são aqueles que têm autoridade formal para selecionar o fornecedor e preparar as condições de compra. Podem ajudar a delinear as especificações do produto, mas desempenham papel importante na seleção de fornecedores e na negociação de compra. Em compras mais complexas, os altos executivos são chamados a opinar.

O poder de barganha dos compradores aumenta quando eles se tornam mais concentrados e organizados.

O valor do produto é, geralmente, diretamente proporcional aos seus custos. É importante observar que os compradores mudam de fornecedores, em função dos custos. Os preços influenciam muito quando eles podem alavancar os lucros. Os compradores tentarão forçar os preços para baixo, exigir mais qualidade dos serviços, colocar os concorrentes uns contra os outros, diminuir a margem do vendedor.

4.12 Elementos de Compra

Os principais elementos de compra são:

Requisição de Compra – É um formulário emitido para aquisição de item faltante no almoxarifado, depósito ou armazém. Esta requisição constitui um processo administrativo interno, além de servir de instrumento para controlar produtos dos depósitos e fornecer subsídios para avaliação do consumo. Caso sejam necessárias informações sobre o custo diário, o formulário deve conter uma coluna relativa a preços de compra.

Processamento do Pedido de Compra – Sua importância deriva do fato de ser uma atividade que inicia a movimentação do produto. Os custos de processamento dos pedidos para um fabricante consistem em custos de preparação do pedido e custos operacionais. Se os custos de preparação forem muito baixos, o fabricante poderá produzir com frequência o produto, pois o custo de fabricação é, razoavelmente, constante e igual aos custos operacionais. No entanto, se os custos de preparação forem altos, o fabricante poderá reduzir o custo unitário médio, produzindo um grande lote e mantendo um maior estoque.

Modalidade de Compra – A compra tem duas modalidades básicas que são: Compra Centralizada e Compra Descentralizada. Diz-se que a compra é centralizada, porque cabe a um centro (escritório) de compras selecionar o fornecedor, por meio de um banco de dados que mostra os seguintes atributos dos fornecedores: preço, reputação, confiabilidade, flexibilidade, responsabilidade e pagamento, por exemplo.

O órgão de compras identifica as necessidades dos departamentos e passa a comprar de maneira centralizada. Com isso, a empresa passa a ter maior poder de compra, tendo ganhos substanciais. A compra descentralizada se vale da delegação de decidir a alguns funcionários o poder de comprar pequenos itens. A empresa distribui cartões codificados para limites de valores, tempo de uso e locais de compra.

Escolha do Fornecedor – Quanto ao critério de escolher um ou outro fornecedor, são priorizadas as questões como: preço, condições de pagamento, prazo de entrega, localização, volume de itens, por exemplo. A seguir, um questionamento básico sobre o perfil do fornecedor:

- Qual é a qualidade da linha de produtos do fornecedor?
- Qual é a relação de preço/qualidade/atendimento da linha de produtos do fornecedor?
- O fornecedor oferece ajuda promocional, financeira e de consultoria?
- Qual é a amplitude do sortimento da linha de produtos do fornecedor?
- Qual o tempo total de espera para recebimento dos pedidos?
- O fornecedor tem políticas de: entrega, crédito e devolução, que são satisfatórias?

Guarda do Material – Cada empresa possui um órgão especializado no recebimento, guarda, controle e distribuição de materiais e de mercadorias. Assim, é importante conceituar almoxarifado e depósito. Almoxarifado é o nome dado a um local onde estão guardados: utilidades, materiais, ferramentas, componentes, equipamentos que a empresa comprou para serem consumidos em suas operações.

Depósito é o local onde estão guardados os produtos acabados que o varejo vai vender. Chamamos de item de estoque todo e qualquer material guardado para utilização futura. É preciso prever, com certa antecipação, a movimentação dos materiais (itens) de uma empresa, isto é, aquilo que entra e aquilo que sai. A isto chamamos de rotação de estoque, que é fluxo de entrada e saída de um determinado item, seja no almoxarifado ou no depósito.

Lista de Compras – A lista de compra é uma planilha para controlar: a quantidade necessária a comprar, o valor pago por item, o valor total da compra, a entrada de material no estoque da empresa, o nome do comprador, a data da aquisição, o percentual de desvio (inflação ou deflação) apurado no período, o valor do débito no caixa ou no controle de contas a pagar.

Taxa de Compras – Assunto já abordado.

Questionamento da Compra – Depois de ter sido tomada a decisão de que se deve manter determinado item em estoque, surge uma outra ordem de questões: Por que comprar? O que comprar? Quanto comprar? Quando comprar? De quem comprar? Como comprar?

Nível de Estoque – Considera-se nível de estoque a quantidade que garanta o fluxo de vendas de forma contínua, sem interrupções e que minimize os custos de manutenção do mesmo. A seguir, algumas considerações sobre estoque mínimo e estoque máximo:

Estoque Mínimo – Quantidade mínima de uma mercadoria que a empresa deve manter em estoque para atender às suas necessidades por determinado período, até reposição ao nível normal de operação. O estoque mínimo de um bem é dado pela fórmula:

Estoque Mínimo = (Vendas / Consumo Médio Diário) x Prazo de Cobertura

Onde:
Prazo de Cobertura = Tempo para fazer o pedido + Prazo de entrega + Prazo de conferência e codificação + Margem de segurança
Margem de Segurança = 20% do prazo de entrega

Estoque Máximo – Quantidade máxima de uma mercadoria e/ou material que a empresa deve estocar para operacionalizar suas atividades durante determinado período. Uma fórmula prática é ter o estoque máximo igual ao dobro do estoque mínimo.

Modelo de Compra – Modelo para determinar as necessidades e motivações humanas para a compra de um produto.

Modelo Econômico de Compra: Modelo em que os economistas preferem ignorar as questões de como as necessidades humanas se formam ou se modificam. Declaram que o consumidor segue o princípio da utilidade máxima e agirá a fim de maximizar sua satisfação e minimizar seus gastos.

Previsão para Compras – A previsão para compras, atividade obviamente anterior à solicitação de compras, está correlacionada com a frequência de utilização dos materiais no período da previsão. O cardápio, no restaurante, constitui fator importante a ser observado.

Solicitação ao Fornecedor – A solicitação ao fornecedor é uma atividade subsequente à sua previsão. É feita através do telefone celular, ou e-mail, que permita um controle eficaz do fornecimento em relação ao padrão de qualidade e data de entrega. Poderá ser mensal, quinzenal, semanal, com entrega única ou parcelada.

4.13 Tipos de Compra

A seguir, os principais tipos de compra:

Compra Centralizada: Compra que é feita por um centro (escritório) de compras, onde se seleciona os fornecedores, por meio de um banco de dados. O órgão de compras identifica as necessidades dos departamentos e passa a comprar de maneira centralizada. Com isso, a empresa passa a ter maior poder de compra, tendo ganhos substanciais.

Compra Descentralizada: Método em que há a delegação de decidir a alguns funcionários o poder de comprar pequenos itens. A empresa distribui cartões codificados para limites de valores, tempo de uso e locais de compra.

Compra Eletrônica: Ver compra virtual.

Compra Governamental: Compra feita pelo governo de bens e serviços para cumprir as funções: defesa, justiça, obras públicas, educação, saúde, segurança e assistência social.

Compra Industrial: Compra de matérias-primas e insumos necessários ao processo de produção.

Compra Organizacional: Compra em que organizações formais estabelecem a necessidade de comprar produtos, identificando, avaliando e decidindo sobre fornecedores alternativos.

Compra Virtual: Compra onde a empresa se conecta, por meio de redes, diretamente com os fornecedores daquilo que é desejado.

Capítulo 5

ECONOMIA e POLÍTICA

"Se você obtém sucesso, é sempre pelas razões erradas. Se você se torna popular é sempre pelos piores aspectos de sua vida".

Ernest Hemingway

Objetivos do Capítulo

- Mostrar que a economia é uma ciência social que estuda a maneira pela qual empregamos recursos.
- Mostrar a classificação da economia.
- Mostrar os elementos que fundamentam a economia.
- Mostrar que uma organização que tenha boas políticas não perderá muito tempo na busca de soluções para problemas semelhantes.
- Mostrar a dificuldade em definir a abrangência de uma política.
- Mostrar os principais tipos de política.

5.1 Economia

Economia é a ciência que consiste na análise da produção, distribuição e consumo de bens e serviços com o intuito de promover o bem-estar da sociedade, ou seja, sua sobrevivência e qualidade de vida. Estuda a eficiência e o equilíbrio do mercado.

A economia visa, basicamente, compreender:

- O quê produzir?
- Quanto produzir?
- Como produzir?
- Para quem produzir?
- Por que produzir?

Ela desempenha um papel crucial na administração de recursos escassos e está intrinsecamente ligada a todas as facetas da sociedade. Em resumo, a economia é uma ciência voltada para o estudo das atividades econômicas, que vão aumentar as riquezas de um país. Além disso, a economia elabora sistemas e práticas para melhorar a vida das pessoas, das empresas e da sociedade, como um todo.

Assim, a economia é ciência social que estuda a maneira pela qual os homens decidem empregar recursos escassos a fim de produzir diferentes bens e serviços, de modo a distribuí-los entre as várias pessoas e grupos da sociedade, para satisfazer necessidades humanas. Ciência que investiga as condições onde se possa gastar o mínimo necessário.

A Teoria Econômica se preocupa com a melhoria do padrão da coletividade, ao longo do tempo.

A economia está sendo globalizada, os consumidores cada vez mais diferem entre si e é muito difícil estabelecer um equilíbrio entre custo, preço, atendimento, qualidade, quantidade e lucro. Gerentes, sejam de onde forem, enfrentam problemas para os quais existe premente necessidade de conhecimentos para poderem:

- Delinear e entender corretamente uma questão.
- Gerar caminhos alternativos de decisão.
- Avaliar recursos e impactos decorrentes de tais soluções.
- Gerar um plano realista e factível.

Durante este último século, fomos inundados por uma onda de informações em crescimento contínuo. Mas só, recentemente, uma configuração total da informação, propriamente dita, transformou a economia como um todo.

O imperativo da modernização, os requisitos de produtividade e a importância dos fatores econômicos e tecnológicos, num mundo em que estes adquirem maior relevância do que as considerações políticas e sociais.

As economias geram desequilíbrios graves entre a capacidade produtiva e a demanda, cuja correção passa por períodos depressivos. O medo da competitividade surge em um país sempre que sua economia é ameaçada. De fato, esta economia é desestabilizada sempre que as regras da complexidade, aplicadas à economia global, começam a invadir o seu terreno.

Às vezes, porém, as duas economias (global e regional) cooperam uma com a outra. Muitas empresas realizam as suas transações em escala global. O aparecimento de redes internacionais, como a Internet, acelera esse processo. As compras e as vendas eletrônicas vão penetrar o mundo da produção como fizeram com o mundo financeiro.

É, então, correto admitir que a maior parte da criação de riqueza, em muitos países, se encontra na economia da região.

5.2 Classificação da Economia

A classificação, como já abordado, é um ato ordenado e sistemático de fatos, fenômenos, teorias e itens, por exemplo, que os agrupa, de acordo com suas especificações e propósitos. É uma análise ordenada e sistemática, segundo suas especificações.

O estudo da economia para ter um aspecto didático foi dividida em: Macroeconomia e Microeconomia.

Macroeconomia – É o estudo da economia com uma visão geral dos grandes agregados, como: produto interno brito (PIB), balança de pagamentos, base monetária, investimentos, por exemplo. Também é o nome dado a três princípios que regem a política de um país: câmbio flutuante, meta de inflação e meta fiscal.

Macroeconomia é o ramo da ciência econômica que tem por objetivo o estudo da economia de um país, pois permite compreender melhor a realidade econômica nacional. Ela funciona como uma tentativa de entender as influências dos índices econômicos em nossa sociedade, no curto e no longo prazo.

As principais políticas da macroeconomia são:

- Política Monetária.
- Política Fiscal.
- Política Cambial.
- Política Comercial.
- Política de Renda.

Macroeconomia estuda a economia, em geral, analisando a determinação e o comportamento dos grandes agregados como: renda, preço, emprego, desemprego, estoque de moeda, taxa de juros, balança de pagamentos e taxa de câmbio.

Microeconomia – É a área que estuda o comportamento econômico do grupo social, como famílias, empresas, consumidores. Esse estudo permite analisar a tomada de decisão desses grupos, bem como sua relação com o uso dos recursos, preços, bens e serviços.

A microeconomia procura entender por que as organizações tomam decisões e como isso pode impactar nas pessoas físicas. Se, por exemplo, uma grande organização reduz o preço de seus produtos, isso pode gerar um efeito cascata no mercado.

As três teorias da microeconomia são:

- Teoria do Consumido.
- Teoria do Equilíbrio.
- Teoria da Empresa.

A microeconomia explica também as práticas de mercado, sendo estas divididas em: monopólio, oligopólio (mercado com muitos compradores), oligopsônio (mercado com poucos compradores), concorrência perfeita e concorrência monopolista.

5.3 Tipos de Economia

A seguir, os principais tipos de economia:

Economia Centralizada: Economia em que as políticas econômicas são planejadas pelo governo e não pelo mercado.

Economia Competitiva: Economia em que a atuação dos governantes está próxima da livre iniciativa. O governo do país é estruturado como uma empresa.

Economia de Consumo: Economia onde bens e serviços estão cada vez mais parecidos. A disputa pela atenção do melhor consumidor está, cada dia, mais acirrada.

Economia de Escala: Economia em que uma organização produz, ela mesmo, aquilo que tem de comprar de fornecedores (peças, materiais, insumos).

Economia de Escambo: Economia em que o pagamento de um produto é feito com outro produto.

Economia de Mão de Obra: Economia baseada no estudo da oferta e demanda de recursos humanos.

Economia de Mercado: Economia cuja quantidade demandada pode variar em função do preço de venda dos produtos; Sistema em que as questões econômicas são resolvidas pelo mercado, onde os recursos são de propriedade privada.

Economia de Movimento: Economia que estuda como minimizar o tempo de operação de uma atividade.

Economia de Rede: Economia criada com o advento da Internet, onde as relações entre as pessoas são feitas no espaço virtual, sendo, com isso, muito ampliadas e intensificadas.

Economia Gerencial: Economia que realça as decisões referentes às funções gerenciais.

Economia Globalizada: Economia em que os consumidores, cada vez mais, diferem entre si e é muito difícil estabelecer um equilíbrio entre custo, preço, qualidade, quantidade e lucro.

Economia Industrial: Economia que estuda as condições que afetam a produção, distribuição e consumo de bens.

Economia Informal: Economia cujas atividades estão fora da legislação vigente, tendo em vista a alta carga tributária que penaliza a quem dá emprego às pessoas. Não há registro em carteira desses trabalhadores, nem o recolhimento de encargos sociais.

Economia Internacional: Economia que estuda as relações e transações comerciais entre países.

Economia Moderna: Ver economia de mercado.

Economia Regional: Economia não globalizada.

5.4 Elementos da Economia

A seguir, os principais elementos da economia:

Leis da Economia:

- O preço de um produto varia conforme a demanda e a oferta do mesmo. Assim, se a demanda é alta e a oferta baixa, o preço tende a aumentar, e vice-versa.
- Aumentar a produção não significa maior produtividade necessariamente.
- Ao procurarmos obter as coisas, todos nós desejamos consegui-las com o mínimo de esforço.
- Toda a equipe deve unir-se para cortar pela raiz qualquer sugestão que prometa uma melhoria além do custo marginal.
- A oferta cria a sua própria procura (Lei de Say).
- A quantidade procurada de determinado produto varia inversamente com relação a seu preço.
- Se a renda dos consumidores aumenta, a demanda por produtos aumenta.
- A oferta de um bem é afetada pelos custos dos fatores de produção, por alterações tecnológicas e pelo aumento do número de empresas no mercado.
- A oferta mostra uma correlação direta entre quantidade ofertada e nível de preços.

Regulamentação Econômica: Regulamentação que objetiva manter a concorrência num nível civilizado, repelir monopólios e oligopólios, estimular interesses especiais, regulamentar as atividades industriais, comerciais e de serviços, cuidar para que a população tenha maior poder de compra, apresentar medidas antidumping.

Regulamentação Monetária: Regulamentação que objetiva controlar a inflação, a base monetária, a cotação do dólar, a dívida externa, o déficit público, o depósito compulsório dos bancos, a dívida interna, a balança de pagamentos, os títulos negociados pelo governo, as condições de crédito.

Regulamentação Tributária: Regulamentação que objetiva o arrocho (controle) fiscal, taxa de juros, alíquota do imposto de renda. Cuida, ainda, das contribuições e impostos sobre produtos, empresas e pessoas físicas.

Teoria do Preço: Teoria baseada na razão de troca entre o objeto que se negocia e qualquer outro. Em geral, uma unidade monetária determina o preço. Então, um bem ou serviço pode ser avaliado como caro ou barato, em função do mercado, da necessidade do comprador, da persuasão do vendedor, da escassez, da fartura, do governo.

Teoria Econômica: Teoria cuja principal tarefa é explicar por que os bens têm preços e por que alguns deles são caros e outros baratos. Por que é que bens, serviços, ideias e fatores de produção têm preços? É porque eles são úteis e escassos em relação aos usos a que se destinam. A carne, por exemplo, jamais alcançaria preço numa economia composta inteiramente de vegetarianos, fossem muitos ou poucos os bois e carneiros ali existentes.

Quando se forma no mercado o preço de qualquer bem, é porque a utilidade e a escassez se exprimem concretamente na procura por parte dos compradores e na oferta por parte dos vendedores. O preço se forma pela interação de duas forças de influências: a Procura e a Oferta. Mas a utilidade e a escassez são apenas as forças subjacentes que causam a existência dos preços.

Conceitos Auxiliares da Economia:

Agricultura: É uma atividade econômica caracterizada pelo plantio e cultivo de alimentos.
Balança de Pagamentos: Documento de um país, que mostra todos os pagamentos e recebimentos efetuados com todo o mundo, durante um ano.
Base Monetária: Total de moeda em poder do setor privado, inclusive as reservas bancárias (técnicas, compulsórias e voluntárias). Total de moeda emitida, excluindo apenas a moeda que permanece com o Banco Central do país.
Bem: Tudo aquilo capaz de satisfazer uma necessidade humana.
Burocracia: Organização humana que se baseia na racionalidade, isto é, na adequação dos meios aos objetivos (fins) para garantir a máxima eficiência possível. Tipo de organização caracterizada pela paixão à rotina e à não criatividade.
Câmbio: Relação de troca entre moedas.
Carga Tributária: Somatório de taxas, contribuições e impostos pagos compulsoriamente ao governo.

Cenário: Visão internamente consistente daquilo que o futuro poderia vir a ser. Estrutura futura possível.
Comércio: Conjunto de atividades voltadas para a distribuição das riquezas no mercado. Comércio se efetiva na medida em que as riquezas, após serem produzidas, chegam até seu destino, ou seja, até o consumidor final que as retira do mercado (varejo).
Consumidor: Indivíduo, ou instituição, que compra um produto. Pessoa ou unidade organizacional que desempenha um papel no processo de troca ou transação de um produto. Por ser pessoa muito importante, o consumidor deve ser o propósito da empresa, pois este é quem determina o que o negócio é, o que produz e se prosperará. Consumidor não é mais um receptor passivo de produtos, mas, sim, alguém envolvido no projeto e na melhoria do produto.
Consumo: Uso de bens e serviços, até que deixe de atender às necessidades ou que o seu valor tenha sido anulado ou muito reduzido.
Curto Prazo: Período até um ano.
Custo: Gasto (desembolso) relativo à produção de um bem, serviço ou ideia.
Desemprego: Nome dado às pessoas com idade para trabalhar (acima de 14 anos), que não estão no mercado de trabalho, mas estão disponíveis e tentam encontrar trabalho.
Distribuição: Entrega de produtos aos consumidores.
Efetividade: Somatório da eficiência mais a eficácia, visando buscar a satisfação do consumidor dentro de um período de tempo mais curto possível.
Eficácia: Medida normativa do alcance de resultados (objetivos, propósitos, metas, desafios), isto é, refere à capacidade de satisfazer uma necessidade da sociedade através do suprimento, pela empresa, de bens, serviços e ideias. A eficácia relaciona-se com os fins almejados.
Eficiência: Habilidade de produzir o desejado com custo mínimo de esforço, recurso e desperdício.
Emprego: Conceito que surgiu na Primeira Revolução Industrial, sendo uma relação entre força de trabalho (mão de obra) e a remuneraçã como troca, isto é, algo como salário.
Empresa: Todo empreendimento humano que procura reunir e integrar recursos no sentido de se autossustentar e de lucrar, através da produção e comercialização de produtos.
Estoque de Moeda: Depósitos à vista mais papel moeda e moeda metálica em poder do público.
Família: Lista de componentes associados à determinada linha de produção. Grupo primário de referência para que um indivíduo interaja com os demais membros do grupo. A família precisa satisfazer as necessidades individuais e comuns, partilhando seus recursos relativamente fixos.
Fenômeno Natural: Acidente provocado pela natureza sem controle humano.
Finanças: Aplicação de uma série de princípios econômicos e financeiros para maximizar a riqueza ou o valor total de um negócio. O horizonte das finanças recai sobre as formas de orçar com eficácia os escassos recursos e investir os capitais nos ativos, ou projetos, que apresentem o melhor balanceamento entre o risco e o retorno do investimento.
Gasto: Todo dispêndio (saída de caixa) para cobrir um compromisso financeiro. Ele pode se referir a: aquisição de um produto (gasto de consumo), dispêndio com energia (gasto de produção), dispêndio com ativos para futuras utilizações (gastos de investimento), dispêndio não associado à produção (gastos administrativos), por exemplo. Como um gasto corresponde ao valor pago para obtenção de um ativo, quer tenha sido desembolsado à vista ou assumido a obrigação de pagá-lo posteriormente, seu destino pode ser para: custos, despesas, investimentos, desembolsos e amortizações, por exemplo.
Grupo Social: Grupo de pessoas que interagem através de determinados padrões e valores orientados para a obtenção de objetivos coletivos. Além das características que o ambiente e os indivíduos levam para o grupo, dois atributos do grupo, seu tamanho e estrutura, podem influenciar sua capacidade de operar de forma satisfatória.
Índice Econômico: Índice que mede o desempenho econômico do país.
Indústria: Empresa de fabricação(fábrica). Empresa que fabrica (monta) um grande número de produtos (acabados, semiacabados), a partir de itens de materiais ou partes componentes. A indústria, como a agricultura, são setores que geram riqueza.
Inflação: Aumento geral dos preços dos produtos, tendo como consequência uma perda de poder de compra do dinheiro. Quando os preços sobem, o valor da moeda diminui, isto é, o poder de compra do cidadão estará em função das oscilações do índice de inflação.
Leitura do Cenário: Leitura fundamental, porque aquele dirigente que não observar as mudanças e tendências ambientais perderá tempo e recursos, até conseguir acompanhar o novo contexto.
Longo Prazo: Período considerado acima de um ano. Período de tempo para o qual todos os custos são variáveis, isto é, não existem custos fixos altamente relevantes.
Lucro: Diferença entre as receitas com vendas de uma empresa e as suas despesas. É comum se ter expectativa de lucro em qualquer transação comercial que se faça, pois sem lucro é impossível uma empresa investir em novas tecnologias, criar novos postos de trabalho, treinar seus recursos humanos, por exemplo. A evolução

do lucro durante sucessivos exercícios leva a concluir se a organização vai bem ou não. Neste caso, o lucro é mais uma ferramenta de referência do que de expectativa.

Meios de Produção: São recursos, tais como: máquinas, ferramentas, equipamentos, aparelhos, matéria-prima, mão de obra, espaço físico.

Meta: Objetivo quantificado e/ou qualificado, sendo, em geral, de curto prazo, com responsabilidades definidas. A ausência de metas conduz as pessoas da organização a uma atitude passiva (reativa). As metas ajudam a orientar, melhorar e motivar os recursos humanos.

Meta de Inflação: É uma política cujo objetivo principal é conter aumento da inflação.

Meta Fiscal: Meta fixada na lei de diretrizes orçamentárias (LDO), cujo objetivo é zerar o déficit das contas governamentais.

Necessidade Humana: Força consciente ou inconsciente que leva uma pessoa a um determinado comportamento. Esta força (motivo) pode ser fisiológica, psicológica ou social. Abraham Maslow tentou explicar porque as pessoas são dirigidas por certas necessidades em ocasiões específicas. Ele considera que as necessidades humanas são hierarquizadas, partindo das mais urgentes às mais sofisticadas. As necessidades são classificadas em: fisiológicas, de segurança, sociais, de estima e de autorrealização.

Nível de Preço: Preço adequado para uma empresa buscar um equilíbrio do seu preço de venda com a média do mercado.

Nível de Trabalho: Nível que caracteriza determinado trabalho. Assim, por exemplo, uma organização está dividida nos seguintes níveis de trabalho: Nível 01: Objetivos e Estratégias; Nível 02: Decisões, Políticas e Táticas; Nível 03: Funções e Atribuições; Nível 04: Atividades; Nível 05: Operações; Nível 06: Tarefas; Nível 07: Movimentos. Não se deve confundir níveis de trabalho com níveis hierárquicos, que dizem respeito à estrutura da organização. Um nível hierárquico pode abrigar mais de um nível de trabalho.

Nível de Tributação: Nível dado pela fórmula:

Nível de Tributação = Tributos Pagos / Total do Faturamento

Onde: Tributos Pagos = Soma dos tributos que incidem nos produtos (bens e serviços) vendidos num determinado período

Exemplo: Tributos Pagos = $ 500,00; Total do Faturamento = $ 3.000,00; Nível de Tributação = 500,00 / 3.000,00 = 0,166 ≈ 17%

Análise: O nível de tributação elevado inviabiliza qualquer negócio, levando a empresa a trabalhar na informalidade.

Orçamento: Plano que especifica as receitas e os gastos, antecipadamente, em um dado período. Também pode ser considerado como um documento que discrimina a origem e a aplicação dos recursos que serão utilizados para um determinado fim, ou ainda, como um mecanismo de controle, à medida que o plano estabelece medidas para a consecução dos objetivos a serem atingidos por cada um dos responsáveis. O orçamento tratará basicamente do custo de implementação do plano, da alocação dos recursos financeiros, da receita (origens e fontes) e da justificativa dos gastos (aplicações).

Organização: Conjunto intencional, interativo e cooperativo de: recursos, funções, políticas, procedimentos, atividades, tarefas e responsabilidades, regidos por pessoas para alcançar objetivos predeterminados e congruentes com a missão para a qual a organização foi criada. O mundo de hoje é uma sociedade composta de organizações. As pessoas nascem, crescem, vivem, trabalham, recebem tratamento de saúde, estudam, se divertem e são enterradas em organizações, que exercem um papel, cada vez maior, na vida moderna. A organização procura dispor de recursos de tal forma que o conjunto, assim empregado, seja capaz de realizar uma atividade econômica ou um trabalho, com um mínimo de risco, esforço, custo e tempo. Uma empresa é uma organização de finalidade econômica. Utiliza e elabora recursos para facilitar o seu desenvolvimento e o seu rendimento, assegurando-lhe as melhores condições operacionais. Ver função administrativa organizar.

PIB (Produto Interno Bruto): Soma de tudo o que é produzido por um país, durante um ano. Não leva em conta a desigualdade, a economia informal, a qualidade da produção e a sustentabilidade do crescimento.

Política: Padrão de ação que facilita a tomada de decisão para situações parecidas, aumentando o poder de comparação e avaliação do gerente. Uma política bem traçada ajuda a se cometer menos erros. Conduta preestabelecida para problemas recorrentes. Uma política rege o trabalho a ser feito. Seu propósito é guiar a ação para os objetivos pretendidos, mas não são objetivos em si mesmo.

População: Conjunto de indivíduos da mesma espécie, localizado num determinado espaço e tempo, contendo certos atributos de um universo.

Preço: Razão de troca entre o objeto que se negocia e qualquer outro. Em geral, uma unidade monetária determina o preço. Então, um bem ou serviço pode ser avaliado como caro ou barato, em função do mercado, da necessidade do comprador, da persuasão do vendedor, da escassez, da fartura, do governo.

Previsão Econômica: Previsão voltada a medir o valor econômico do mercado.

Produção: Conjunto de atividades, procedimentos, operações e movimentos, usados para transformar a natureza em produtos. Combinação da engenharia de desenvolvimento do produto com racionalização de espaço, custo e operação.

Produtividade: Relação mensurável entre produtos e fatores de produção, ou seja, entre resultados obtidos e esforços para obtê-los. Cociente do produzido por um fator de produção (terra, mão de obra, capital). Relação entre o volume produzido e o volume total dos fatores empregados no ciclo de produção. Assim, fala-se de produtividade para investimento, hectare, máquina, funcionário. É, portanto, medida através da relação entre quantidades físicas. A produtividade é dada pela fórmula:

Produtividade = Unidade de Produto / Unidade de Gasto

Onde: Unidade de Gasto pode ser: matéria-prima, mão de obra, tempo de produção, número de máquinas, capital investido, área ocupada, recursos aplicados, gasto de produção.

Exemplo: Uma fábrica produz 200 peças / dia, a um custo de $ 25,00 / peça; Gasto Total de Produção = 200 × 25,00 = $ 5.000,00; Número de empregados = 200; Produtividade em função da produção = 200 / 5.000 = 0,04; Produtividade em função do número de empregados = 200 / 100 = 2

Análise: Cada operador produz 2 peças por dia, e que cada peça corresponde a 4% do gasto de produção. A produtividade é uma constante, desde que não comprometa a qualidade. A produtividade será maior quando a unidade de gasto é menor. É muito comum se observar, através de séries históricas, as variações da produtividade para se constatar se o aumento de recursos correspondeu ao mesmo aumento da produtividade, o que nem sempre acontece. Não é produzindo mais que se tem um indicador de produtividade maior. Existem diversas variáveis a serem consideradas, e uma delas, por exemplo, é o custo.

Produto: Bem, serviço ou ideia. Aquilo que vende. Tudo aquilo que, oferecido ao mercado, seja capaz de satisfazer a um desejo ou uma necessidade. Algo que as pessoas compram. O mais importante de um produto é o serviço que ele presta. O produto não é somente o que o vendedor diz dele, mas, também, o que está implicado por sua concepção, embalagem, distribuição, preço, qualidade, garantia. Um produto é a síntese do que o vendedor pretende que o consumidor perceba.

Recurso: Meio auxiliar que permite à organização a consecução de seus objetivos. Os recursos podem ser físicos, materiais, financeiros, humanos, administrativos, mercadológicos, tecnológicos, sistêmicos de informação e de comunicação.

Regulamentação: Ação de iniciativa dos governos sobre as empresas, os mercados, os consumidores, os usuários, as sociedades, os distribuidores, os industriais, os fornecedores.

Remuneração: Pagamento a um fator de produção (terra, capital, mão de obra).

Renda: Somatório dos rendimentos auferidos por uma pessoa, em um determinado período.

Renda do Consumidor: Renda que o consumidor tem para fazer compras. Ver poder de aquisição.

Renda Familiar: Somatório das rendas dos indivíduos de uma família.

Renda Nacional: Somatório de todas as rendas auferidas por todas as pessoas de um país.

Rendimento: Expressão matemática da eficiência onde o mesmo é medido pela razão saídas/entradas, cujo limite tende para um (unidade), pois nenhum sistema tem uma saída igual à entrada, devido às perdas.

Resposta: Reação necessária e suficiente, embora nem sempre seja a solução de um determinado problema.

Restrição Ambiental: Conjunto de restrições impostas pelo IBAMA (Instituto Brasileiro de Meio Ambiente).

Restrição Legal: Restrição imposta pelo governo que impede a localização de uma fábrica, por exemplo.

Resultado: Nome dado à saída de um sistema (um processo, uma atividade, uma operação, uma ação). Assim, o resultado de uma empresa é ter consumidores satisfeitos; de um hospital é ter pacientes curados e de uma escola é ter alunos mais bem preparados para enfrentar a vida. O resultado leva o indivíduo (a organização) a avaliar se as decisões foram apropriadas, ou não, para continuar sobrevivendo e competindo na sociedade (mercado).

Resultado do Exercício: Lucros ou prejuízos acumulados.

Serviço: Qualquer ato ou desempenho que uma parte possa oferecer a outra e que seja essencialmente intangível e não resulte na propriedade de nada. A abordagem que o proponente faz do serviço, como algo feito por indivíduos e não por máquinas, pode apresentar distorções conceituais. O serviço será considerado como algo residual e será tratado como tarefa puramente humana. Já no serviço mecanizado o ser humano deve se comportar como extensão da máquina.

Setor da Economia: Setor em que se enquadra uma empresa, em função das suas atividades, por exemplo: Alimentos; Atacado e Comércio Exterior; Automotivo; Bebidas; Comércio Varejista; Comunicações; Confecções e Têxteis; Construção; Eletroeletrônico; Farmacêutico; Fumo; Higiene, Limpeza e Cosméticos; Material de Construção; Mecânica; Mineração; Papel e Celulose; Plásticos e Borracha; Química e Petroquímica; Serviços de Transporte; Serviços Diversos; Serviços Públicos; Siderurgia e Metalurgia; Tecnologia e Computação; Telecomunicações.

Sociedade: Organização dinâmica de indivíduos autoconscientes que compartilham objetivos comuns e são capazes de ação conjugada. Definir uma sociedade é tão difícil quanto definir a vida, pois as características simples e básicas desaparecem sob uma massa complexa e atordoante de detalhes.
Taxa de Câmbio: Medida de conversão da moeda nacional em moeda estrangeira (divisa). A determinação da taxa de câmbio pode ocorrer de dois modos: institucionalmente (taxas fixas de câmbio) ou por meio do mercado (taxas flutuantes). A taxa de câmbio está intimamente relacionada com os preços dos produtos exportados e importados e, consequentemente, com o resultado da balança comercial do país.
Taxa de Juros: Taxa relativa à importância cobrada por unidade de tempo, pelo empréstimo de dinheiro. Expressão da percentagem a ser paga sobre a soma emprestada.
Teoria da Empresa: Teoria que aborda os motivos pelos quais a empresa deve ser remunerada pelo que faz.
Teoria do Consumo: Teoria que busca descrever como o consumidor toma a decisão de comprar, em função do ambiente e de sua renda.
Teoria do Caos: Teoria que afirma que nada é definitivo e que tudo é provisório. O ambiente é dinâmico em constante mutação. Não existe, portanto, equilíbrio, mas mudança.
Teoria do Controle: Teoria que afirma que todo sistema é baseado na comunicação (transferência de informação) entre o sistema e o ambiente.
Teoria do Desenvolvimento Organizacional: Teoria que apareceu no meio acadêmico e empresarial para analisar e compreender o comportamento das pessoas e o desempenho das mesmas nas organizações, porque seu objeto de estudo é a relação entre as pessoas. Esta teoria, da década de 1960, nasceu para: instrumentalizar a mudança; considerar os métodos de pesquisa, anteriormente usados, como ultrapassados; dar ênfase ao treinamento, não esquecendo da formação eclética que deve ter o administrador.
Teoria do Equilíbrio: Teoria em que o equilíbrio organizacional só será alcançado quando a remuneração, o incentivo e a motivação aos participantes derem um retorno igual ou maior à organização da qual fazem parte.
Teoria do Lugar Certo: Teoria que preconiza haver condições econômicas que governam as locações comerciais. Deve sempre haver um volume mínimo de negócios que dê suporte a sobrevivência de um varejo. A área comercial terá como limites as distâncias máximas que os consumidores estarão dispostos a percorrer antes de ir a outro local de compra.
Trabalho: Toda atividade humana voltada para a transformação da natureza, no sentido de satisfazer uma necessidade. Para os economistas é um dos fatores de produção. O trabalho significa o esforço, exercício ou atividade para realizar alguma coisa. Este esforço pode ser físico, mental, voluntário ou forçado. É através do trabalho que o homem transforma o ambiente onde vive.
Valor: Crença, qualidade ou mérito a respeito de algo importante, sendo um dos pilares que norteia a filosofia de uma organização ou de um indivíduo. Assim, é preciso compreender o valor sob a perspectiva do consumidor, pois o valor de um produto, muitas vezes, é dado por aquilo que o usuário percebe nele.
Valor de Mercado: Valor dado em função do equilíbrio entre a oferta e a procura de um bem.

5.5 Riqueza

Riqueza é um conjunto de ativos que podem gerar renda. O conceito de riqueza é, normalmente, confundido com abundância e fortuna, isto é, a antítese da pobreza. Mas em administração, um conjunto de bens, desde que sejam permutáveis, constitui riqueza.

A riqueza, por si só, não produz utilidade, nem individual e muito menos coletiva, na medida em que ela é praticada apenas dentro de uma visão acumulativa e não empreendedora. Além de gerar empregos, pagar tributos e movimentar um mercado cada vez mais incerto, turbulento, mutável e, por enquanto, muito potencial, o empresário só terá condições de exigir um papel mais comprometido do governo na proporção direta da sua abertura para uma ação mais associativa e menos individualizada.

Ao administrar a riqueza, apela-se para o crédito e, quando isto acontece, contraem-se dívidas, ou seja, assumem-se obrigações. Na administração econômica é devedor quem recebe e quem se compromete a entregar. É credor quem entrega e quem tem o direito de receber.

Por outro lado, torna-se fundamental profissionalizar a propriedade como forma de gerar riquezas que não apenas colher benefícios pessoais, mas além de preservar este interesse, contribuir para maior distribuição dos sucessos de uma ação conjunta.

Riqueza por Empregado é a riqueza criada pela empresa dividida pelo número de empregados, não levando em consideração serviços terceirizados. É dada pela fórmula:

Riqueza por Empregado = Riqueza Criada / Número de Empregados

Onde:
Riqueza Criada = Somatório de todos os acréscimos de ativos
Número de Empregados = Empregados Contratados + Empregados Existentes - Empregados Demitidos

Exemplo:
Riqueza Criada = 1.500.000,00
Número de Empregados = 2.000
Riqueza Criada = 1.500.000,00 / 2.000 = 750,00

Análise: Cada empregado da organização, através de seu esforço, criou 750,00 de riqueza, no exercício.

A seguir, serão feitas algumas observações sobre riqueza, ao longo da História:

Há muitos e muitos anos, a riqueza era elementar. Você a tinha, ou não. Ela era sólida. Era material. E podia-se compreender que a riqueza dava poder e o poder trazia riqueza, porque os dois fatores se baseavam na terra. A terra representava o mais importante de tudo. Ela só poderia ser utilizada por uma pessoa. Era eminentemente tangível e causou muitas guerras. O proprietário de terras tinha status, era um homem rico.

A riqueza foi transformada, quando o paradigma passou para a indústria. Materiais e máquinas é que significavam capital. Da mesma forma que a terra, eles eram bens finitos, pois se você usasse um forno, ninguém mais podia utilizá-lo. Quando J. P. Morgan, por exemplo, investia numa companhia ele queria saber sobre os "ativos sólidos". Os bancos queriam garantias físicas para emprestar dinheiro.

No entanto, ao contrário da maioria dos proprietários de terras, poucos investidores, da Era Industrial, tocavam nas máquinas e recursos físicos, nos quais sua riqueza se baseava. Eles recebiam papéis, meros símbolos, títulos ou certificados de ações, representando uma fração do valor do empreendimento.

À medida que os setores de serviços de informações cresceram, baseados na automação, a natureza da riqueza mudou. O deslocamento para essa nova forma de capital explodiu os pressupostos que calçavam a economia clássica.

Ao contrário da terra ou máquinas, que podiam ser usadas, apenas por uma pessoa, de cada vez, a informação passou a ser de domínio público, fazendo com que fosse utilizada por muitos ao mesmo tempo. Usadas com inteligência, as informações passaram a gerar mais conhecimento, que é incomensurável e não excludente.

O capital passou da forma tangível para uma forma de símbolos, representando ativos tangíveis, ou reais. E, por fim, para bytes e bits. Exatamente, ao mesmo tempo em que ocorre essa transformação, o capital passa a se basear em intangíveis, negociados nos mercados de capitais de todo o mundo. Cada vez mais estamos indo do tangível para o intangível.

Segundo Toffler, estamos seguindo, a grande velocidade, para investimentos ainda mais rarefeitos, baseados em índices de índices, derivativos de derivativos. O capital está se tornando rapidamente super simbólico.

Afastadas de corporificações materiais, as empresas se alteraram ao longo da História. O capital não é mais medido em moeda, mas, sim, em conhecimento. Deslocamo-nos do tangível para o simbólico. Essa vasta sequência de transformações é acompanhada de um profundo deslocamento do real para o virtual. Bens e serviços podem ser negociados por meio de símbolos e sinais eletrônicos.

5.6 Política

Etimologicamente, política deriva da palavra grega "polis" que significa cidade. Por extensão, pode-se dizer que política é a arte de governar as pessoas de uma organização. Políticas são guias de raciocínio planejadas para a tomada de decisões repetitivas.

Quando não existem políticas, já se sabe qual é o resultado: "Cada cabeça uma sentença". A cada dia um caminho diferente.

Pode-se operar uma empresa bastante descentralizada, utilizando políticas bem elaboradas e compreendidas. Uma organização, que tenha políticas bem definidas, utilizará seu tempo inteligentemente, tendo parâmetros que serão a base de sustentação do planejamento estratégico.

Política é um padrão de ação que facilita a tomada de decisão para situações parecidas, aumentando o poder de comparação e avaliação do gerente. A função de uma política é aumentar as chances dos dirigentes e subordinados fazerem escolhas semelhantes ao enfrentarem, independentemente, situações análogas. Uma política bem traçada ajuda a se cometer menos erros.

Políticas são condutas preestabelecidas, pois proporcionam um padrão de decisão para problemas recorrentes.

Quanto mais alto estiver um administrador na estrutura da organização, mais importante será o papel na formulação de políticas. Como os administradores nos níveis inferiores, em geral, têm de utilizar políticas fornecidas pelos superiores, há muito poucos gerentes que não tenham, alguma vez, formulado suas próprias políticas.

Uma política rege, mas não faz o trabalho. Seu propósito é guiar a ação para os objetivos pretendidos, mas não são objetivos em si mesmo.

Como há confusão entre diretriz e política, segue o conceito de diretriz. Diretriz é o conjunto de orientações macroeconômicas da empresa. Já a política possui um caráter microeconômico. Mas, cuidado, algumas traduções de autores estrangeiros tratam diretriz e política como sinônimos.

As políticas são elaboradas por alguém, em alguma ocasião, dentro ou fora da empresa. Além do mais, a formulação de políticas não é reservada, como se supõe, à alta administração. Embora quanto mais alto estiver um administrador na estrutura da organização, mais importante será o papel na formulação de políticas.

Como os administradores nos níveis inferiores, em geral, têm de utilizar políticas fornecidas pelos superiores, há muito poucos gerentes que não tenham, alguma vez, formulado suas próprias políticas.

A habilidade política do administrador consiste na capacidade de usar de estratagemas, às vezes maquiavélicos, para atingir seus objetivos. Um executivo que tenha pouca ou nenhuma parte do capital da empresa pode ter muito status e prestígio, mas tem pouco poder real. Precisa alcançar certas metas, mas tem pouca força verdadeira para aplicar sobre as pessoas que procura influenciar.

Assim, ele utiliza recursos suplementares para lidar com proprietários, colegas, funcionários e outros grupos.

O administrador que quiser ser um profissional politicamente correto deve:

- Usar de cautela ao aceitar conselhos, evitando relação entre superior e subordinado muito íntima.
- Manter jogo de cintura e usar resistência passiva quando necessária.
- Não hesitar em ser implacável quando conveniente, limitando o que deve ser comunicado.
- Reconhecer que raramente são guardados segredos na organização.
- Aprender a não depender muito de um subordinado, a menos que veja nele lealdade.
- Estar disposto a transigir em pequenas coisas.
- Ser hábil em dramatização e ser um negociador persuasivo.
- Irradiar autoconfiança, dando demonstração de sucesso material, evitando a rigidez burocrática.
- Lembrar de elogiar em público e censurar isoladamente.
- Ser compreensivo e receptivo em relação às opiniões que difiram das suas.

O administrador se valerá das seguintes premissas da política:

- Políticas são elaboradas, por alguém, em alguma ocasião, dentro ou fora da empresa.
- Políticas definem caminhos congruentes com os objetivos sistêmicos da organização.
- Políticas permitem julgamento e impedem decisões ruins.
- Políticas refletem o desejo da alta administração e moldam a cultura organizacional.
- Políticas não são eternas e exigem flexibilidade na interação com o ambiente.

- Políticas são aplicadas a casos semelhantes e não a casos específicos.
- Políticas devem ser pautadas num comportamento ético.
- Políticas evitam perda de tempo com estudos e análises sobre questões análogas.
- Políticas devem abranger o máximo de fatores que dificultam a consecução de atividades.
- Políticas precisam ser coordenadas para que não se percam no meio do caminho.
- Políticas devem ser comunicadas com clareza para o conhecimento e aceitação de todos.
- Políticas estimulam e facilitam a delegação e a coordenação.
- Políticas proporcionam padrões de decisão para solucionar problemas.
- Políticas estabelecem limites ao planejamento estratégico.
- Políticas asseguram uma ação administrativa uniforme.
- Políticas reforçam o feedback positivo, as normas e os procedimentos.
- Políticas devem ser escritas.
- Políticas precisam ser controladas em conformidade com as atividades empresariais.
- Políticas reforçam programas, planos, orçamentos, projetos e estratégias.
- Políticas podem impedir a tomada de decisão mal formulada, baseada em circunstâncias do momento, em detrimento dos melhores interesses futuros da empresa.

5.7 Desenvolvimento de uma Política

Sabemos que uma política é uma orientação geral para tomar decisões e agir. Um dirigente que passa a maior parte do seu tempo às voltas com "novo" problema, buscando, desesperadamente, suas respectivas soluções, raramente tem políticas definidas.

É a administração do tipo "apaga incêndio". Muitas vezes tende a pensar: – Se eu determinar com precisão quais são as nossas políticas, meus empregados poderão tomar decisões e não precisarão mais de mim.

Mesmo sendo uma política provisória e não definitiva, como tudo na vida, é importante ter políticas, pelas seguintes razões: melhora o processo de decisão; minimiza o risco, o custo e a incerteza; ajuda a comunicação entre as pessoas; poupa tempo, esforço e dinheiro.

É importante observar que você deve definir suas políticas de modo que as pessoas possam tomar a maior parte das decisões, a fim de não lhe tomarem seu precioso tempo. Para tal é preciso: ter visão estratégica para negócio, definir sua filosofia administrativa, consolidar os objetivos e tratar dos desvios para possíveis correções no futuro.

Todavia, o conceito de desenvolvimento de uma política está ligado a uma mudança progressiva, em que os fatores básicos dessa política são alterados, em função das relações que as mesmas mantêm com as alternativas estratégicas e suas diversas táticas que consolidam a política proposta, que, não sendo eternas, provocam mudanças nas políticas atuais, não só por resultados adversos como também pela necessidade que o ser humano tem de provocar mudanças por ficar cansado de estar amarrado a uma rotina.

5.8 Relações da Política

A seguir, são mostrados exemplos de relações da política e suas implicações com estratégias e táticas:

Política de Produto e suas Relações:

Estratégias	Táticas
Mudar Linha de Produtos	Ofereça só uma linha de produto.
	Amplie a linha de produtos para cobrir um maior mercado.
	Desenvolva produtos distintos para diferentes mercados.
	Faça diferentes versões do produto.
	Adquira novos produtos de novas empresas.
Retirar, adicionar, modificar os produtos.	Retire os produtos marginais.
	Desenvolva novos produtos.
	Modifique um produto.

Mudar desenho, qualidade e desempenho.	Crie uma imagem de qualidade.
	Faça distinções de seu produto da concorrência.
	Crie a reputação de inovador.
	Crie novas utilidades para o seu produto.
Padronização	Racionalize a linha de produtos. Retire componente extra e caro.

Quadro 5.1: Relações da Política de Produto.

Política de Preço e suas Relações:

Estratégias	Táticas
Mudar preços, prazos e formas de pagamento	Dê preços baixos e obtenha lucro com peças de reposição.
	Estabeleça prazos e preços diferenciados.
	Coloque o preço 10% abaixo do líder do mercado.
	Diminua a margem de contribuição (lucro).
Conquistar mercados seletivos	Estabeleça o preço do novo produto 30% acima do anterior.
	Promova os benefícios do novo e revolucionário desenho.
Penetrar no mercado	Estabeleça um preço baixo.
	Aumente o giro dos produtos.
Dar descontos	Ofereça descontos por volume.
	Ofereça descontos retroativos.
	Ofereça descontos maiores para futuras compras.

Quadro 5.2: Relações da Política de Preço.

Política de Promoção e suas Relações:

Estratégias	Táticas
Mudar a força de vendas	Fortaleça a organização de vendas.
	Reorganize a equipe de vendas por áreas específicas.
	Introduza um esquema de bonificação.
	Aumente o esforço para produtos mais lucrativos.
Mudar o relacionamento com o público	Aumente a propaganda.
	Inicie nova campanha.
	Introduza um esquema de vale-brinde.
	Incentivos para os distribuidores.
	Execute uma campanha de mala direta.
	Amplie a propaganda sobre a imagem da marca e da empresa.
Aumentar a participação em feiras e exposições	Aumente o espaço físico.
	Peça assistência da Associação Patronal.
	Estimule os distribuidores externos.

Quadro 5.3: Relações da Política de Promoção.

Política de Distribuição e suas Relações:

Estratégias	Táticas
Mudar canais de distribuição	Crie uma distribuição própria e direta.
	Mude o distribuidor para a região.
	Aumente o número de armazéns para o produto.
	Limite o número de armazéns.
Melhorar o serviço de entrega	Crie uma rede de serviço nacional de entrega.
	Organize os serviços através de uma grande empresa.

Quadro 5.4: Relações da Política de Distribuição.

5.9 Classificação da Política

A seguir, uma classificação da política, em função de:

Quanto à fonte de origem: Políticas Estabelecidas, Políticas Solicitadas e Políticas Impostas.

Quanto ao nível organizacional: Políticas Gerais, Políticas Específicas, Políticas Corporativas.

Quanto à divulgação: Políticas Explícitas e Políticas Implícitas.

Quanto à Operação: Política Administrativa, Política Operacional, Política Comercial, Política Industrial, Política de Produção, Política de Produto, Política de Portfólio, Política de Qualidade, Política de Comunicação, Política de Preço, Política de Penetração, Política de Distribuição, Política de Marketing, Política de Recursos, Política de Exportação, Política de Risco, Política de Armazenamento, política de Vendas, Política de Aquisição, Política Financeira, Política de Negócio, Política de Consumo, Política de Abastecimento, Política de Dividendos.

Quanto às Pessoas: Política de Pessoal, Política Salarial, Política de Treinamento, Política Social, Política do Conhecimento.

Quanto à Comunidade: Política Ambiental, Política de Relacionamento, Política Verde,

Quanto ao Governo: Política Protecionista, Política Tributária, Política Renda, Política Monetária, Política Pública, Política Fiscal.

5.10 Tipos de Política

A seguir, os principais tipos de política:

Política Administrativa: Política desenvolvida no nível intermediário que se relaciona com os aspectos internos da empresa. É o caso das políticas: de produção, mercadológica, financeira, de manutenção.

Política Ambiental: Política que preserva o ecossistema.

Política Cambial: Política governamental de compra e venda de moeda estrangeira, para regular a taxa de câmbio.

Política Comercial: Política que ajuda a empresa a decidir sobre que estratégia ou tática adotar, caso não haja venda de um determinado produto e como enfrentar a concorrência. Uma boa política comercial ajuda a determinar qual o capital de giro necessário para levar a empresa a atender o mercado, da melhor maneira possível.

Política Corporativa: Política voltada a manter boas práticas de relacionamento entre sócios, acionistas, diretores, funcionários, conselheiros e agentes do governo.

Política de Abastecimento: Política voltada à aquisição de itens de produção.

Política de Aquisição: Política voltada à aquisição de recursos (toda espécie) para fazer a empresa funcionar. Tal aquisição deve ser necessária e suficiente. Nunca comprar mais do que o necessário.

Política de Armazenamento: Política voltada a minimizar o tempo de espera e guarda, até que o produto seja movimentado para seu destino.

Política de Atendimento: Política a promover um atendimento de qualidade, cujo objeto de estudo é o constante relacionamento humano. O bom atendimento começa com cortesia, empatia e atenção às reclamações e devoluções dos produtos.

Política de Atendimento do Pedido: Política que dá uma visão clara se a empresa tem capacidade para atender ao mercado, e, também, ajuda a observar como está sendo feito o atendimento dos pedidos de sua carteira. A seguir, um exemplo desse controle:

Política de Avaliação: Política que estuda como os consumidores avaliam uma organização, sob diversos aspectos.

Política de Comercialização: Política que envolve diversas atividades mercadológicas, em várias etapas, pois engloba, por exemplo: pesquisa de mercado, desenvolvimento de produto, vendas, comunicação do produto, previsão de vendas, distribuição, determinação do preço de venda, armazenagem, plano de vendas, necessidade e alocação de recursos, treinamento de vendedores, acompanhamento pós-venda.

Política de Competitividade: Política voltada a uma espécie de adequação do empreendimento ao seu microambiente consiste no bom atendimento das necessidades dos clientes, na diferenciação desse atendimento em relação aos concorrentes, no bom relacionamento com os fornecedores e também na existência de barreiras à entrada de novos concorrentes no setor.

Política de Comunicação: Política que divulga a empresa, seus produtos e marcas, através de publicidade, propaganda, promoção e relações públicas.

Política de Consumo: Política voltada a criar e manter consumidores.

Política de Desconto: Política que dá desconto em relação ao preço de lista, sob a forma de moeda corrente ou alguma outra coisa de valor, podendo ser até produto.

Política de Distribuição: Política voltada para a melhoria dos meios de transporte e dos intermediários da distribuição.

Política de Diversificação: Política voltada à análise e avaliação das empresas que diversificam suas linhas de produtos e qual resultados tiveram.

Política de Dividendos: Política voltada à distribuição do lucro, sob a forma de dividendos. Historicamente, os dividendos foram a remuneração dos acionistas.

Política de Estoque: Política que é encarada como um instrumento nos processos de criação e satisfação da demanda. Entretanto, não é realista do ponto de vista do custo que a empresa mantenha um estoque que, virtualmente, garanta a possibilidade de executar todos os pedidos imediatamente. Uma razão importante é que o custo de estoque aumenta a uma taxa crescente, à medida que o nível de serviço ao cliente se aproxima do ideal.

Política de Exportação: Política voltada a atender as exigências do comércio internacional que é exigente, dinâmico e muito competitivo. Custo, qualidade e entrega é o chamado trinômio da competência internacional.

Política de Fabricação: Política como processo ordenado em função da estratégia global da empresa. O processo de determinação desta política é justamente o meio que a alta administração tem à sua disposição para realmente dirigir a produção.

Política de Gastos Públicos: Política de despesas do governo para o bem da sociedade, isto é, tem aspecto social.

Política de Inovação: Política que busca as fontes de oportunidade de forma organizada, regular e sistemática. Definem, analiticamente, como a inovação precisa ser para satisfazer uma oportunidade.

Política de Marketing: Política voltada a atender as necessidades dos consumidores.

Política de Motivação: Política voltada, principalmente, para remuneração, incentivo e motivação das pessoas. Também se refere ao nível de expectativa e de expectação dos funcionários.

Política de Negociação: Política que visa preparar o processo de negociação, trabalhando suas fases que são: preparação, planejamento, iniciação, avaliação, movimentação, desfecho e análise do resultado.

Política de Negócio: Política voltada a comparar os resultados econômicos com os custos da manutenção de um negócio.

Política de Otimização: Política voltada a otimizar recursos, visando o lucro máximo;

Política de Padronização: Política com a finalidade de uma uniformização e redução de custo. Ela conduz à simplificação dos processos, à medida que a uniformidade reduz a variabilidade e o desvio. A padronização ajuda a resolver problemas quanto à quantidade, qualidade e composição do produto; facilita, ou até mesmo permite a produção em massa, pela repetição de operações com os mesmos materiais e mesmas ferramentas; proporciona economia de materiais, equipamentos, energia e espaço; permite o intercâmbio de peças e órgãos de máquinas de um lugar para outro; diminui a variedade de coisas que têm a mesma utilidade ou finalidade e facilita o treinamento; facilita a otimização do tempo.

Política de Penetração: Política voltada para preços baixos e grande volume negociado. Aqueles que estabelecem preços baixos acreditam que haja uma correlação entre preço e volume comprado, dessa forma, gerando uma maior demanda. Tal política é adequada a novos produtos.

Política de Pessoal: Política voltada, principalmente, para remuneração, incentivo e motivação das pessoas (recursos humanos). Também se refere a avaliar o nível de expectativa e de expectação dos funcionários.

Política de Portfólio: Política voltada para o desenvolvimento e criação de meios inovadores de divulgação, visando reforçar a imagem do mostruário (catálogo).

Política de Preço: Política voltada a administrar o conflito entre desconto e fixação de preço.

Política de Preço Fixo: Política que atribui um único preço ao produto e o oferece a todos os consumidores que comprem a mesma quantidade sob as mesmas condições. Tal política dá um tratamento igual a todos os consumidores e elimina o tratamento diferenciado, que provoca descontentamento.

Política de Preço Flexível: Política em que os mesmos produtos e quantidades são oferecidos a preços diferentes (preços negociáveis). Tais preços oscilam em função do potencial de compra do consumidor.

Política de Preço Nivelado: Política que procura manter os preços ao nível da concorrência, lastreando a ação de vendas em promoção, liquidação e queima de estoques.

Política de Prevenção de Acidentes: Política que começa pela conscientização do que seja um acidente, seus efeitos e os problemas que causa. O custo direto do acidente é o total das despesas decorrentes das obrigações para com os empregados expostos aos riscos inerentes ao exercício do trabalho, como as despesas com assistência médica e hospitalar aos acidentados e suas respectivas indenizações, sejam estas diárias ou por incapacidade permanente.

Em geral, estas despesas são cobertas pelas companhias de seguro. O custo indireto do acidente do trabalho envolve todas as despesas de fabricação, despesas gerais, lucros cessantes e demais fatores cuja incidência varia conforme a indústria. O custo indireto representa quatro vezes o custo direto do acidente no trabalho.

A seguir, examinaremos dois coeficientes importantes no estudo da estatística do trabalho: Coeficiente de Frequência (CF) = Acidentes com Afastamento × 1.000.000 / homens-hora trabalhada; Coeficiente de Gravidade (CG) = Dias Perdidos × 1.000.000 / homens-hora trabalhada.

Exercício: Sabendo-se que a empresa ABC tem 1.000 (mil) funcionários, a jornada de trabalho é de 8 horas com 22 dias trabalhados por mês, perguntam-se quais são os coeficientes de frequência e de gravidade, quando houve 56 casos de acidentes com afastamento e os dias parados foram de 112 dias, no ano.

Cálculo de homens-horas trabalhado por ano (H / h):
H / h = (8 × 22 × 12) × 1.000 = 2.112.000

CF = 56 × 1.000.000 / 2.112.000 = 26,51
CG = 112 × 1.000.000 / 2.112.000 = 53

Análise: Após o registro de uma série histórica, a empresa poderá estabelecer índices de performance.

Política de Prevenção de Incêndio: Política que pode ser praticada desde que as pessoas saibam o que provoca o incêndio e como fazer para a sua extinção. O fogo que provoca um incêndio é uma reação química onde os seguintes elementos devem estar presentes: combustível (sólido, líquido ou gasoso), comburente (geralmente o oxigênio da atmosfera) e catalizador (a temperatura). A extinção de um incêndio pode ser feita por meio dos seguintes princípios: remoção ou isolamento (neutralização do combustível), abafamento (neutralização do comburente) e resfriamento (neutralização da temperatura).

Política de Prevenção de Roubos: Política que inclui: controle de entrada e saída de pessoal, controle de entrada e saída de veículos, estacionamento fora da área da empresa, ronda pelos terrenos da mesma e pelo seu interior, registro de máquinas, equipamentos e ferramentas, controle contábil.

Política de Produção: Política voltada a otimizar recursos, visando o lucro máximo ou custo mínimo.

Política de Produto: Política voltada a manter vivo o produto, a marca e a imagem da empresa, através de um reestudo da embalagem, do desenho, das especificações, das características e do composto mercadológico do produto. Em relação ao tipo de produto, as políticas podem ser de: simplificação (fabrica uma variedade reduzida de produtos) e diversificação (fornece ao mercado uma linha bastante variada de produtos).

Política de Promoção: Política que leva o produto ao consumidor, procurando tornar o mesmo mais interessante e atrativo depois que o consumidor o vê (influência direta). A promoção de vendas é o lugar comum dos diversos instrumentos que estão classificados como propaganda, venda pessoal e publicidade.

Política de Público-Alvo: Política voltada a definir que produtos devem ser oferecidos a determinado público-alvo, bem como que preços negociar e que recursos utilizar. Ajuda a empresa a decidir sobre que estratégia ou tática adotar, caso não haja venda de um determinado produto, e também como enfrentar a concorrência, determinar qual o capital de giro necessário para levar a empresa a atender o mercado, fazendo com que os recursos humanos da organização tenham uma atitude proativa em relação ao cliente consumidor, atendendo-o da melhor maneira possível.

Política de Qualidade: Política voltada à conscientização da necessidade da qualidade em tudo que se faz na empresa.

Política de Recrutamento: Política voltada a buscar as pessoas para o preenchimento dos cargos e funções da empresa.

Política de Recursos: Política voltada a atualizar informações do mercado de recursos.

Política de Recursos Humanos: Política que procura condicionar o alcance dos objetivos e o desempenho das funções pessoais. Serve para prover respostas às questões ou aos problemas que podem ocorrer com certa frequência, fazendo com que os subordinados procurem, desnecessariamente, seus supervisores para esclarecimento ou solução. A rigor, tal política deve abranger as seguintes subpolíticas:

- A política de suprimento (fontes de recrutamento, critérios de seleção, admissão e integração de novos empregados, promoção e dispensa de funcionários).
- A política de aplicação (requisitos básicos da força de trabalho, alocação e movimentação interna, critérios de avaliação e adequação, horário de trabalho, férias, condições ambientais).
- A política de manutenção (critérios de remuneração, comparação com os níveis do mercado, faixas salariais, incentivos, benefícios, mecanismos de motivação, plano de carreira, integridade do funcionário).
- A política de desenvolvimento (treinamento, educação, reciclagem, performance, atribuições, responsabilidade social).
- A política de assistência (atividades sociais, recreação, seguro de vida, saúde, higiene e limpeza, pensão, segurança, acidentes).
- A política de controle (banco de dados de candidatos, critérios de avaliação de desempenho, auditoria).

- A política de relações (contrato de trabalho, queixas, arbitragem, cooperativa, clube, colônia de férias, relação com sindicatos).
- A política de demissão (conjunto de regras).

Política de Regulamentação Governamental: Política de iniciativa dos governos sobre as empresas, os mercados, os consumidores, os usuários, as sociedades, os distribuidores, os industriais, os fornecedores.

Política de Relacionamento: Política que ajuda a manter um bom relacionamento com consumidores, funcionários, auditores, fornecedores, colaboradores, pacientes, concorrentes, agentes do governo, empresas, universidades, institutos de pesquisa, sindicatos.

Política de Renda: Política que acompanha o nível de renda dos consumidores, o valor do PIB, o número de empregos, o valor da massa salarial, as desigualdades regionais, a recessão mundial.

Política de Risco: Política voltada a minimizar o risco de uma decisão, buscando um tratamento que seja o melhor possível para a ocasião.

Política de Segmentação: Política que objetiva tratar cada consumidor, ou grupo de consumidores, de acordo com as suas características. Para isso, é fundamental: conhecer o consumidor e suas necessidades; conhecer a imagem que o consumidor faz da empresa.

Política de Segurança Condominial: Política que está fundamentada nos seguintes elementos: síndico, porteiro, condômino, infraestrutura e estranhos ao edifício.

Política de Segurança no Trabalho: Política determinada por um conjunto de medidas técnicas, educacionais, instrucionais, médicas e psicológicas empregadas para prevenir acidentes, roubos e incêndios. As normas de segurança são colocadas na cabeça das pessoas através de treinamento (cursos, palestras, seminários).

Política de Seleção de Pessoas: Política cujos objetivos são: escolher para cada vaga o candidato que oferece os melhores requisitos; escolher a pessoa certa para o lugar certo; aproveitar melhor as aptidões e as habilidades do candidato.

Política de Treinamento: Política voltada a desenvolver, treinar e educar funcionários.

Política de Vendas: Política voltada a definir quais produtos devem ser ofertados a determinado público-alvo, bem como que preço negociar.

Política do Conhecimento: Política voltada a reconhecer o conhecimento como peça fundamental para a empresa, pois maior será a importância da diversidade, da flexibilização e da competição. Esse fato também suscitará questões significativas sobre o conhecimento e fará com que alternativas para a política do conhecimento se façam, cada vez mais, necessárias. Está ficando cada vez mais claro que o conhecimento não é um bem absoluto em si mesmo do que qualquer outra coisa. Este pode ser neutro, mas a neutralidade não se aplica de modo algum ao que fazemos com ele.

Política Específica: Política utilizada em um determinado setor da empresa.

Política Estabelecida: Política implantada pela alta administração.

Política Explícita: Política expressa em afirmações escritas ou orais. Normalmente estas políticas são apresentadas de maneira formal (escrita), para quem toma decisões, de modo a ajudá-lo a saber como escolher entre alternativas.

Política Financeira: Política voltada para o emprego, captação, proteção do capital e distribuição dos lucros.

Política Fiscal: Política voltada a conciliar a necessidade de manter o alto nível de despesas governamentais e os requisitos da sociedade, cabendo às empresas agirem com base no interesse público.

Política Geral: Política fundamentada na filosofia da organização, que desenvolvida no nível institucional, relaciona-se com aspectos globais da empresa. Todas as demais políticas deverão conformar-se com esta.

Política Heterodoxa: Política que se apresenta como uma das causas da inflação, por utilizar mecanismos de indexação.

Política Implícita: Política não falada que é baseada na observação de pessoas mais experimentadas e preparadas. Política que não é expressa por escrito, porque muitas vezes reflete ilegalidade ou uma ética questionável.

Política Imposta: Política, normalmente, determinada pelo governo e amparada na lei.

Política Industrial: Política voltada a adequar a empresa (organização) ao imperativo tecnológico;

Política Monetária: Política voltada a observar: a taxa de inflação, a base monetária (quantidade de moeda em circulação), a cotação do dólar, a dívida externa, o déficit público, a dívida interna, o depósito compulsório dos bancos, a balança de pagamentos.

Política Neoliberal: Política em que o mercado resolve tudo, ou quase tudo.

Política Operacional: Política desenvolvida para os aspectos específicos da atividade empresarial, como: de redução de custos, de compras por lote econômico, de salários equitativos, de controle de qualidade, de otimização de recursos, por exemplo.

Política Organizacional: Política voltada a reconhecer que as economias de mercado geram desequilíbrios graves entre a capacidade produtiva e a demanda, cuja correção passa por períodos depressivos. Então, se faz necessária a intervenção do estado, porque tal tipo de economia tem concentrado a riqueza na mão de poucos, agravando a desigualdade entre as pessoas.

Quando o governo passa a ser fator preponderante na distribuição da renda, na tributação e no investimento, praticamente todo administrador deve levar em conta a política fiscal do governo no planejamento estratégico de sua empresa. O papel importante desempenhado por esta política tem significativo impacto em todas as organizações.

Política Protecionista: Política voltada a observar as atitudes do governo quanto a medidas antidumping, barreiras fitosanitárias, alíquotas de importação, nem sempre dentro dos princípios do livre comércio.

Política Pública: Uma boa política pública pode estar pautada em: déficit zero, redução do custeio do Estado, redução do número de cargos de confiança, redução da estrutura organizacional, melhor remuneração do servidor, transparência, auditoria externa, conselhos de ética, recuperação das malhas rodoferroviárias, racionalidade da matriz energética e revolução da educação ambiental, por exemplo.

Política Salarial: Política voltada para o cargo, o salário e a promoção.

Política Social: Política voltada a criar e manter um bom clima organizacional.

Política Solicitada: Política, geralmente, encaminhada por subordinados.

Política Tecnológica: Política de conhecimentos, técnicas, ferramentas e atividades utilizadas para transformar os recursos organizacionais em produtos (resultados).

Política Tributária: Política voltada a observar as atitudes do governo quanto a: arrocho fiscal, juros altos, alíquotas do imposto de renda.

Política Verde: Política de tratamento dos despejos, efluentes de toda espécie, materiais de embalagem e policiamento às agressões aos rios, mares, lagos, lagoas, matas, florestas e oceanos.

Capítulo 6

MARKETING e SERVIÇO

"Marketing é tão básico que, por isso, não pode ser considerado uma função separada na organização. É o negócio total do ponto de vista de seu resultado final, isto é, do ponto de vista do consumidor".

Peter F. Drucker

Objetivos do Capítulo

- Mostrar a importância que tem a função organizacional marketing numa empresa.
- Mostrar que marketing deve ser visto como uma filosofia a orientar a organização.
- Mostrar as diferenças básicas entre bens e serviços, como também os setores da economia em que o serviço está presente.
- Mostrar as características e os elementos que ajudam a conceituar o serviço.

6.1 Marketing

Marketing é uma espécie de filosofia dirigida à ação administrativa da empresa que se inspira na pesquisa de mercado. Portanto, uma visão consolidada do processo empresarial inteiro. É a atividade humana dirigida para a satisfação das necessidades e dos desejos dos consumidores, através de processos de troca.

Um conceito ampliado de marketing pode ser considerado como uma orientação da direção da empresa, baseada no entendimento de que a tarefa primordial da organização é determinar: necessidades, desejos e valores de um mercado alvo de forma efetiva.

As transformações nas economias nacional e internacional são rápidas demais e frequentemente violentas. Os mercados atuais assistem à transferência de poder das grandes fábricas para os varejistas gigantes. Há também crescimento e aceitação de novas marcas e novas formas de varejo. Uma grande movimentação de consumidores, em função do preço, do valor agregado ao produto, da propaganda, dos meios de comunicação e da Internet, é outro desafio.

Etimologicamente, marketing significa "com mercados". Quando se faz uma pesquisa bibliográfica, os conceitos de marketing se multiplicam. É comum conceituar marketing como sendo um conjunto de métodos para aumentar as vendas e gerar lucros para a empresa, através de uma ou mais estratégias. O marketing não é algo que se faz num determinado ponto e depois se abandona e nem é uma arte maliciosa de enganar o consumidor incauto e não se destina unicamente a especialistas.

Segundo Mark H. McCormack: "Marketing é o processo por meio do qual você vai determinar as necessidades dos consumidores e depois os convencer de que seu produto vai, legitimamente, ao encontro dessas necessidades".

O professor Theodore Levitt, da Universidade de Harvard, estabeleceu um contraste claro entre os conceitos de venda e de marketing. A venda focaliza-se nas necessidades do vendedor. Marketing nas necessidades do comprador.

A venda está preocupada com a necessidade que o vendedor tem em transformar seu produto em dinheiro. Marketing com a ideia de satisfazer às necessidades do consumidor, por meio de um conjunto de valores associados ao produto.

O conceito de marketing propõe equilibrar critérios, frequentemente, conflitantes entre o lucro da empresa, a satisfação do consumidor e o interesse público. A função marketing, além de colocar bens, serviços e ideias junto ao público, deve criar e manter consumidores além da interatividade da empresa com o consumidor.

Fato que obriga a empresa a formular uma definição clara do negócio em que está e que orientação deve seguir. Também deve estimular, em cada função dentro da organização, especialmente nos níveis mais elevados, a reflexão acerca do apropriado grau de mistura dos interesses (cliente e empresa).

O marketing não só é muito mais amplo do que vendas, como também não é uma atividade especializada. Abrange a empresa inteira sob o ponto de vista do consumidor. O interesse pelo marketing deve ser de âmbito geral.

A seguir, algumas considerações sobre marketing:

Papel do Marketing – O marketing desempenhou três importantes papéis: Primeiro, controlou o caráter das necessidades emergentes dos consumidores, traduzindo-as em produtos apropriados. Segundo, contribuiu para o crescimento dos valores de consumo através de despesas maciças em propaganda e promoção. Terceiro, criou novas formas de distribuição em massa, a fim de garantir que os bens e serviços estivessem disponíveis e pudessem ser adquiridos por grandes grupos de pessoas.

Composto de Marketing – Os elementos do composto de marketing são, em linhas gerais, todos aqueles relacionados ao: produto, marca, capacidade instalada, preço, serviço pós-venda, crédito, financiamento, distribuição, comunicação com consumidor, divulgação e armazenagem.

Assim, a combinação ótima do composto de marketing é alcançada quando não é mais possível obter lucro por unidade produzida, por melhor que seja a utilização e arranjo de seus elementos (lucro marginal tende a zero).

Aspecto Social do Marketing – Pergunta-se se o conceito de marketing ainda é uma filosofia organizacional apropriada, em uma época de deterioração do ambiente, escassez de recursos, excessivo crescimento populacional, especulação desenfreada e serviços sociais deficientes.

A questão é: As empresas, que fazem um excelente trabalho podem sentir, servir e satisfazer os desejos dos consumidores, estão, necessariamente, agindo, no longo prazo, segundo os melhores interesses de toda a sociedade?

Filosofia de Marketing – Hoje, o marketing é visto como filosofia empresarial que obtém, com este foco, vantagens, tais como:

- Obriga a empresa a formular claramente o negócio em que está e que orientação deve seguir.
- Possibilita uma linha de avaliação acerca dos esforços despendidos.
- Dá a empresa uma escala para ajudar a determinar até onde ela já conseguiu chegar.
- Reconhece o fato de que diferentes pessoas e diferentes grupos têm diferentes responsabilidades e níveis de poder de controle.
- Estimula, em cada função dentro da organização, especialmente, nos níveis mais elevados, a reflexão acerca do apropriado grau de mistura dos interesses do consumidor e da empresa.

Objetivos de Marketing – Os principais objetivos de marketing são:

- Buscar, avaliar e fazer render mais os produtos, as pessoas e as tecnologias disponíveis, como lograr resultados em termos de inovação e imitação.
- Analisar as exigências do mercado, verificando se a empresa tem recursos que possa utilizar neste atendimento.
- Determinar a direção e o sentido para onde se deve concentrar esforços e recursos para atrair, criar e manter consumidores.
- Conhecer e compreender tão bem os clientes (potenciais e cativos), quanto os produtos que vende.
- Levar o consumidor a desejar o que a empresa tem e a mesma ter um consumidor satisfeito.
- Fazer com que a empresa aprenda a usar a sua força de vendas com eficiência.
- Buscar equilibrar as forças externas com as forças internas da empresa.
- Constituir-se nos olhos e ouvidos da empresa para o mundo.
- Recomendar o que deve ser produzido.

- Procurar criatividade para enfrentar a concorrência.

É interessante observar que os objetivos são importantes, tendo em vista que: fornecem às pessoas elementos necessários e suficientes para que exerçam seus respectivos papéis; permitem o trabalho em equipe e eliminam as tendências egocêntricas de grupos existentes na organização; servem como referências para avaliar decisões, estratégias, táticas, políticas e planos; orientam a reflexão sobre a missão (finalidade) da empresa; estimulam o empenho das pessoas para resultados positivos; ajudam a utilização e otimização de recursos próprios.

Objetivos mal formulados levam a empresa ao fracasso.

Finalidade do Marketing – A finalidade principal do marketing é buscar, avaliar e fazer render mais os produtos, as pessoas e as tecnologias disponíveis, como lograr resultados em termos de inovação e imitação. Também analisar as exigências do mercado, verificando se a empresa tem recursos que possa utilizar neste atendimento. Marketing é um conjunto de muitas artes comerciais para atender o mercado e deixar consumidores satisfeitos em seus desejos.

Equívocos do Marketing – Jamais as empresas tiveram à disposição tantas e tão diversificadas ferramentas para conduzir seus planos de marketing. Das bases de dados que reúnem perfis detalhados dos consumidores até a venda de produtos pela internet; das pesquisas etnográficas que se propõem a vasculhar marcas nos armários de consumidores à possibilidade de aferir, em tempo real, a posição de vendas de determinado produto no varejo. Estes são alguns exemplos do arsenal que a tecnologia ajudou a viabilizar e que, em tese, possibilitaria transformar qualquer empresa numa máquina infalível de vendas e lucros incessantes.

O paradoxal é que, no mundo real, a proliferação das ferramentas se choca com crescentes estatísticas pessimistas que colocam em xeque a eficácia do marketing. A despeito do vasto conhecimento acumulado na área, as empresas seguem perdendo clientes (pacientes, consumidores, usuários), boa parte dos novos produtos fracassa e os departamentos de marketing são os mais vulneráveis da organização.

Tudo isso vem acontecendo devido aos seguintes equívocos:

- O marketing ficou viciado em propaganda e promoção.
- O marketing não sabe enfrentar a "ditadura" do preço baixo.
- Programas anacrônicos de fidelização do consumidor.
- O grupo de marketing não sabe trabalhar a diversidade e a complexidade do mercado.
- Conflitos não trabalhados entre produção, finanças, contabilidade e marketing.
- A empresa, ainda hoje, não está, suficientemente, orientada para o consumidor.
- O diagnóstico imediato do cenário e a visão estratégica, geralmente, ainda são conceitos do mundo acadêmico.
- O grupo de marketing está muito preocupado com margens, cotas de vendas e metas de lucro.
- As empresas não sabem ouvir as vozes dos seus próprios consumidores, apesar de todos os "serviços de atendimento ao cliente". Até ouvem, mas não mudam, ou são lentas.
- As pesquisas de opinião atingem um universo incongruente à realidade da empresa.

6.2 Administração do Marketing

A função organizacional marketing é a função relativa à identificação das necessidades de mercado, bem como a colocação de bens, serviços e ideias junto ao público, devendo, ainda, criar e manter consumidores. Ela busca desenvolver ferramentas, cada vez melhores e mais rápidas, para a comunicação com consumidores, isto é, desenvolver, cada vez mais, o nível de interatividade da empresa com o consumidor; obriga a empresa a formular uma definição clara do negócio em que está e que orientação deve seguir; estimula, em cada função dentro da organização, especialmente nos níveis mais elevados, a reflexão acerca do apropriado grau de mistura dos interesses da clientela e da empresa.

É uma função que, através dos resultados com vendas (receitas), ajuda a empresa a avaliar: a força de vendas, a pesquisa de mercado, a aceitação do produto, a previsão de vendas, a distribuição de produtos e materiais, a tomada de decisão, a política de venda, o planejamento dos produtos, a estratégia de divulgação e a comunicação com consumidores.

A separação das funções de venda e de marketing pode criar dificuldades para o pessoal da área de vendas, quando este precisar se envolver no planejamento de marketing.

A administração do marketing é um conjunto de atribuições voltado aos seguintes conceitos:

Eficiência de Marketing: Eficiência é a habilidade de produzir o desejado com o mínimo de esforço. É a melhor maneira pela qual as coisas devem ser feitas, a fim de que os recursos sejam aplicados de forma mais racional possível, isto é, significa agir de acordo com o que foi preestabelecido. Eficiência é o melhor uso de recursos e processos. É comum a empresa adotar como eficiência de marketing a seguinte fórmula:

Eficiência de Marketing = Receita com Vendas / Gastos com Marketing

Eficácia de Marketing: Eficácia é uma medida normativa do alcance de resultados (objetivos, propósitos, metas, desafios), isto é, refere à capacidade de satisfazer uma necessidade da sociedade através do suprimento, pela empresa, de bens, serviços e ideias. A eficácia relaciona-se com os fins almejados. A eficácia de marketing é avaliada quando se mede: o resultado do período em relação ao faturamento e despesas com venda em relação ao lucro.

Efetividade de Marketing: Efetividade é o somatório da eficiência mais a eficácia, visando buscar a satisfação do consumidor dentro de um período de tempo mais curto possível. A efetividade de marketing está relacionada à velocidade de resposta que o consumidor dá aos produtos de uma empresa.

A administração do marketing envolve análise, planejamento, implementação e controle. Envolve bens, serviços e ideias. Fundamenta-se na noção de troca, cuja meta é produzir satisfação para as partes envolvidas. Ela tem a tarefa de influenciar o nível, o momento e a composição da demanda de maneira a ajudar a organização a atingir seus objetivos. A administração de marketing é, essencialmente, a administração da demanda.

6.3 Estrutura do Marketing

A estrutura é o conjunto integrado de elementos suportes, que formam o arcabouço sobre o qual repousam as demais partes componentes de um organismo, e que se relacionam no tempo e no espaço. A estrutura é a forma de combinar as partes; configurar um arranjo que represente uma composição. Ela representa a integração das unidades operantes e a forma pela qual é exercida.

Nos últimos anos, com a aceitação de que a empresa deve ser, integralmente, orientada a atender as exigências do mercado, notamos que a estrutura da organização sofreu algumas modificações que são reflexo dessa atitude. Em virtude dessa tendência, notamos que as funções, relacionadas com marketing, vêm sendo objetos de estudo cada vez maiores.

A estrutura organizacional é a rede através da qual as atividades administrativas fluem para atingir os objetivos, metas ou propósitos. As estruturas são adaptadas em função da estratégia da empresa. A estrutura do marketing é função da natureza do negócio e das características peculiares de cada empresa. Por isso, empresas de porte aproximado e do mesmo ramo de atividade, dificilmente, têm estruturas semelhantes.

O marketing engloba todas as coisas que têm de ser feitas na organização, para que possa levar até o final a missão empresarial de atrair e manter clientes. Isto significa que marketing não é apenas uma função empresarial. É uma visão holística do processo mercadológico.

A produção, por exemplo, tem padrões de custo e de operação, tem grande controle sobre seu ambiente interno, processos, máquinas e empregados.

Em contraste, o marketing está inteiramente sobre um ambiente externo e tem muito pouco controle sobre o mesmo. As condições externas impõem, constantemente, novas e inesperadas exigências. Em consequência, o impulso principal de marketing é menor quanto à eficiência do que quanto ao volume de vendas.

Para atrair consumidores é preciso mais do que ter preço e modo de agir corretamente. Também é necessário ter o produto certo. Porém, não é o marketing que dirige os departamentos de: engenharia, produção, qualidade, pesquisa & desenvolvimento. E nem deve mesmo dirigir. Tampouco, o marketing dirige as finanças e contabilidade de custos, que tanto têm a ver com os orçamentos.

O departamento de marketing da empresa pode ser estruturado por cargos, processos, funções, regiões, clientes, produtos, marcas, mercados ou estrutura mista. Este departamento não existia nas empresas, há alguns anos atrás. Ele derivou do departamento de vendas (ou comercial).

Este grupo constitui os olhos e os ouvidos da empresa para o mundo. Quando na empresa, ele defende os interesses dos consumidores e, quando no mercado, defende os interesses da empresa. A evolução do departamento de marketing, ao longo dos anos, foi a seguinte:

1ª Fase: Departamento de Vendas.
2ª Fase: Vendas com funções de Marketing.
3ª Fase: Marketing separado de Vendas.
4ª Fase: Departamento de Vendas passa a ser uma função do Departamento de Marketing.

O desenho do departamento de marketing pode ser representado por um organograma:

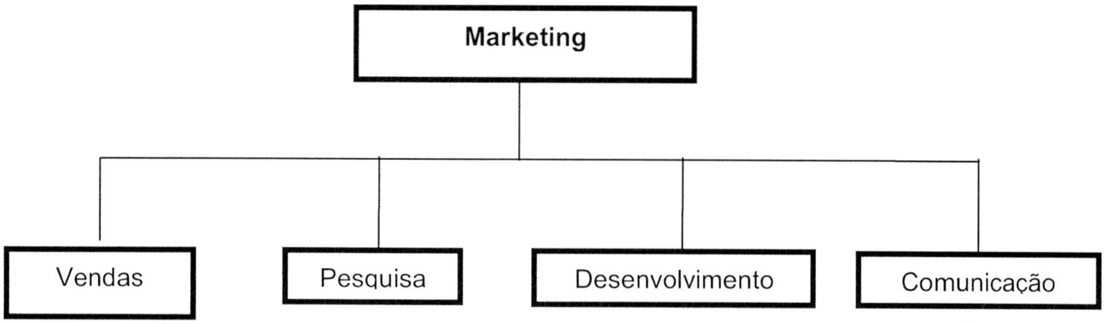

Figura 6.1: Organograma Funcional do Departamento de Marketing.

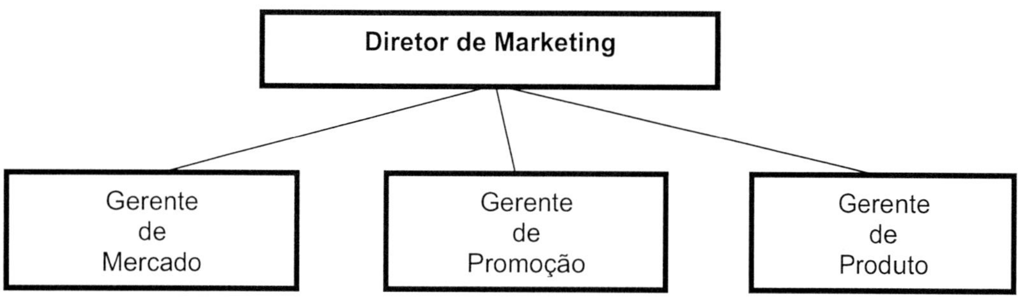

Figura 6.2: Organograma de Cargos do Departamento de Marketing.

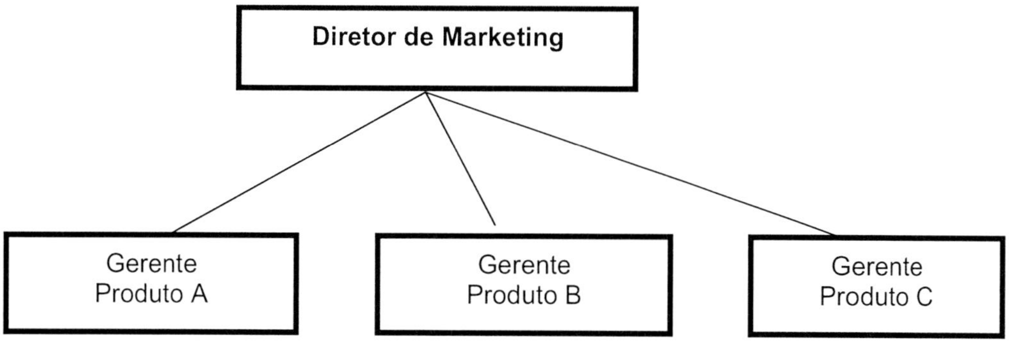

Figura 6.3: Organograma por Produto do Departamento de Marketing.

Os desenhos organizacionais das empresas vêm sofrendo mudanças significativas, tais como: estrutura enxuta (reengenharia); estrutura com redução dos níveis hierárquicos (downsizing); estrutura descentralizada com autonomia de ação e poder de decisão (polos de negócios); estrutura em rede (pequenas empresas conectadas eletronicamente); estrutura por equipes (parte do pessoal é permanente e parte é móvel); estrutura matricial (existe enquanto durar o projeto), congregando especialistas de forma multidisciplinar.

6.4 Planejamento de Marketing

Planejar significa traçar uma rota que poderá ser reformulada e ajustada para se alcançar determinado (s) resultado (s). O planejamento disciplina a pessoa a colocar suas ideias, recursos, métodos e decisões de uma maneira lógica, racional e inteligente, levando a mesma a não perder tempo.

Planejamento de marketing implica idealizar meios para conseguir atrair e manter consumidores para os bens e serviços que a empresa produz. Ele precisa estar integrado ao planejamento global da empresa. A expressão "planejamento estratégico de marketing" caiu em desuso e foi substituída por estratégias de marketing, assunto a ser explorado mais adiante.

Quando do planejamento de marketing é preciso levar em consideração fatores específicos que afetam o ambiente de vendas que envolve a empresa, pois ajudam a diagnosticar como o mercado se mantém em equilíbrio, através do estudo das preferências dos consumidores, das políticas governamentais, do comportamento da concorrência, das mudanças tecnológicas, das leis restritivas, dos canais de distribuição e da escassez de recursos.

As etapas do planejamento de marketing são descritas a seguir:

a) Análise ambiental (ler cenário).
b) Missão da empresa (finalidade do negócio).
c) Identificação de oportunidades e ameaças.
d) Diagnóstico estratégico (definir problemas de responsabilidade da empresa).
e) Determinação de objetivos básicos (um a três).
f) Determinação de objetivos secundários (dois a quatro).
g) Definição dos recursos necessários.
h) Formulação de alternativas e modelos.
i) Estudo da relação custo/qualidade/preço/lucro.
j) Estudo das vantagens, desvantagens, pontos fortes e pontos fracos.
k) Análise do fluxo de decisões.
l) Escolha da estratégia global.
m) Determinação das informações necessárias.
n) Desenvolvimento de planos estratégicos, táticos e operacionais.
o) Montagem da estrutura organizacional e sistemas de informação/comunicação.
p) Definição dos instrumentos prescritivos, quantitativos e qualitativos.
q) Definição dos padrões de desempenho compatíveis com os objetivos.
r) Estabelecimento de meios para controle, avaliação e feedback.
s) Implementação do planejamento (plano).
t) Correção dos desvios.
u) Decisões para novos planejamentos.

6.5 Elementos de Marketing

A seguir, os principais elementos de marketing que complementam o seu conceito de marketing:

Programa de Marketing – É aquele que obriga a empresa a formular uma definição clara do negócio em que está e que orientação deve seguir.

Política de Marketing: Política voltada a atender as necessidades dos consumidores.

Relatório de Marketing: O relatório de marketing é uma visão consolidada de todas as atividades empresariais dirigida à satisfação das necessidades e desejos dos consumidores (mercado-alvo) de forma efetiva. Os temas mais importantes desses relatórios são: Atuação do Vendedor; Número de Visitas; Reclamações; Eficiência da Propaganda; Eficácia da Propaganda; Política de Vendas; Volume de Vendas; Desempenho da Força de Vendas; Pesquisa de Mercado; Avaliação de Desempenho; Técnicas de Abordagem; Processo de Venda; Quantidade de Vendedores; Preço de Venda; Comercialização; Consumo; Embalagem; Valor do Produto; Marca; Valor Agregado do Produto; Internet; Política de Preço; Composto Mercadológico; Linha de Produtos; Cor do Produto; Lançamento do Produto; Retirada do Produto; Adoção do Produto; Devolução; Cancelamento do Pedido; Treinamento da Força de Vendas; Previsão de Vendas; Comunicação do Produto; Comunicação com Consumidores; Estratégias de Venda; Indicadores de Vendas; Custo por Visita.

Processo de Marketing: Para entender o processo de marketing, deve-se examinar como uma empresa define seu negócio. A visão tradicional é que a empresa fabrica algo para depois vender. Neste contexto, o marketing entra em ação na segunda metade do processo, isto é, na entrega de valor. Nesta visão, a empresa sabe o que fabrica e o mercado sabe o que compra.

Mas a visão tradicional do processo de venda não funciona em economias competitivas, onde as pessoas possuem muita escolha. Contudo, a nova visão deste processo coloca o marketing no início, isto é, a empresa cria e entrega valor. Então, o processo de marketing consiste na análise de oportunidades, desenvolvimento de estratégias, planejamento de programas e administração de esforços.

Gerência de Marketing: A gerência de marketing surgiu das dificuldades de concorrência de um mercado altamente competitivo. Tanto que o gerente de marketing é uma constante nos organogramas da empresa. Tal gerente pode dizer o que a empresa precisa saber sobre o design de um novo produto e o segmento de mercado em que deve ser posicionado. Também dizer o resultado da pesquisa de mercado e qual o significado do resultado.

Decisão de Marketing: As decisões em marketing acontecem em dois mundos completamente diferentes: o mundo do ambiente competitivo de hoje e o mundo incerto e mutável de amanhã.

Planejamento Estratégico de Marketing: Como vimos, o planejamento de marketing implica idealizar meios para conseguir atrair e manter consumidores para os bens e serviços que a empresa produz. Ele precisa estar integrado ao planejamento global da empresa.

A expressão "planejamento estratégico de marketing" caiu em desuso e foi substituída por estratégias de marketing. Quando do planejamento de marketing é preciso levar em consideração fatores específicos que afetam o ambiente de vendas que envolve a empresa. Tais fatores são fundamentais à medida que ela muda as características de seus produtos, lança novos produtos e adentra novos mercados.

Orçamento de Marketing: Orçamento resultante da soma dos orçamentos relativos à função organizacional marketing. É um orçamento que apresenta as despesas administrativas de marketing. Este orçamento se baseia para a sua definição nos seguintes elementos: despesas com vendas do período anterior, receitas projetadas, orçamento corporativo, política de preços, volume de oferta, custo de comercialização, custo de distribuição, custo de propaganda e promoção, cotas regionais de venda, treinamento de vendedores, despesas com força de vendas, reconhecimento dos demais orçamentos.

Estratégia de Marketing: Apenas duas estratégias serão abordadas, embora existam muitas outras. Uma delas visa exercer influência direta sobre a demanda, para que esta se incline a favor dos bens oferecidos pela empresa em detrimento dos produtos concorrentes. A outra consiste em adaptar os esforços de marketing aos desejos ou necessidades dos consumidores.

A primeira, é denominada estratégia diferenciada. A segunda, estratégia de segmentação. É da maior conveniência que o dirigente defina qual tipo de estratégia deva ser adotada ou como devem ser coordenados, antes que prossiga à seleção dos instrumentos a serem utilizados na sua execução.

6.6 Plano de Marketing

Alguns dizem que, na realidade, o plano de marketing se confunde com o plano corporativo. Mas tal conceito só é válido quando a empresa adota o marketing como filosofia empresarial. Com um plano de marketing à mão, os gerentes ficam mais livres para pensar e administrar.

Um plano de marketing deve analisar o seguinte: situação atual do mercado; situação dos produtos da empresa; participação da empresa no mercado; potencial do mercado; situação da concorrência; necessidades dos consumidores; contingências ambientais; tendências tecnológicas; segmentação do mercado; regulamentação governamental; posição matricial de cada produto; prognósticos e suposições sobre o ciclo de vida do produto; previsão de vendas; estratégias e táticas; ciclo operacional de cada produto.

O plano de marketing tem os seguintes objetivos:

- Estabelece os objetivos de marketing e sugere estratégias para alcançar os mesmos.
- Identifica as oportunidades de negócios mais promissoras para a empresa e esboça como penetrar, conquistar e manter posições no mercado.
- Combina todos os elementos do composto mercadológico num plano de ação coordenada.
- Capacita o gerente a agir em momentos altamente competitivos.
- Formula os meios para comercializar bens e serviços, estabelecendo os meios detalhados da ação para atender o mercado.
- Serve de manual de consulta para o grupo de marketing.

Embora os modelos de planos de marketing variem de empresa para empresa, um bom plano contém pelo menos os seguintes componentes: antecedentes do produto; projeções de vendas e lucros; desenvolvimento de estratégias de vendas; mecanismos de controle; tamanho, estrutura e comportamento do mercado-alvo; posicionamento do produto e das vendas; participação no mercado; metas de vendas e de lucros a alcançar nos primeiros anos; território de atuação; preço previsto para o produto; estratégias de distribuição; orçamento; composto de marketing; tendências; leitura do cenário.

6.7 Relações e Conflitos de Marketing

As relações do departamento de marketing com os demais setores da empresa se caracterizam pela troca de informações por meio de mecanismos de persuasão, motivação, integração e liderança, por exemplo. Assim, o departamento de marketing troca informações com:

- Presidência da Empresa: estratégias, planos, táticas, políticas, relatórios, conflitos.
- Recursos Humanos: necessidades de mão de obra, recrutamento, seleção, treinamento, normas de conduta, atendimento.
- Engenharia: novos produtos, tendências, tecnologias, níveis de qualidade, especificações.
- Vendas: faturamento, desconto, previsão, preço, demanda, serviço.
- Finanças: orçamento, crédito, cobrança, contabilidade, liquidez.
- Produção: custo, capacidade instalada, expedição, estoque, logística, tolerância, nível de qualidade.
- Ambiente: mercados, oportunidades, ameaças, incertezas, cenários.
- Pesquisa & Desenvolvimento: ideias, inovações, criatividades, mudanças.

O conflito é uma situação em que uma pessoa se coloca contra uma outra ou contra um grupo. Conflito significa a existência de ideias, sentimentos, atitudes ou interesses antagônicos e colidentes. No passado, os conflitos eram reprimidos.

Hoje, são desejáveis, pois trazem mudanças e inovações, desde que não sejam constantes e permanentes, pois, se assim o forem, não deixarão a organização prosseguir na sua luta diária para sobreviver.

O conflito é uma das condicionantes dos seres vivos, sendo mais exagerado entre os seres humanos.

A seguir, os principais conflitos de marketing:

Pesquisa & Desenvolvimento	Marketing
Pesquisa Básica	Pesquisa Aplicada
Qualidade Intrínseca	Qualidade Percebida
Características Funcionais	Características para Vendas

Quadro 6.1: Conflito Marketing vs Pesquisa & Desenvolvimento

Engenharia	Marketing
Projetos Demorados	Projetos Rápidos
Poucos Modelos	Muitos Modelos
Padronização	Personalização

Quadro 6.2: Conflito Marketing vs Engenharia

Compras	Marketing
Leque Pequeno de Produtos	Ampla Linha de Produtos
Preço do Material	Qualidade do Material
Estoque Mínimo	Grande Estoque
Compras Regulares	Compra Contingencial

Quadro 6.3: Conflito Marketing vs Compras

Produção	Marketing
Poucas Mudanças de Modelos	Mudanças Frequentes
Facilidades de Fabricação	Aparência e Estética
Controle de Qualidade	Qualidade Total

Quadro 6.4: Conflito Marketing vs Produção

Finanças	Marketing
Orçamentos Fixos	Orçamentos Flexíveis
Racionalidade para Despesas	Despesas Intuitivas
Preço para Dar Lucro	Preço para o Mercado
Condições de Pagamento Padronizadas	Prazos e Descontos Especiais
Nenhum Risco de Crédito	Algum Risco
Cadastro Completo	Cadastro Resumido
Rigor nas Cobranças	Cobrança Amena

Quadro 6.5: Conflito Marketing vs Finanças

6.8 Tipos de Marketing

A seguir, os mais conhecidos tipos de marketing:

Marketing Bancário: Marketing voltado a cultivar a imagem de um banco forte, seguro, agradável e eficiente na mente do cliente.

Marketing Básico: Marketing voltado a apoiar o produto que vende, recompensando os melhores vendedores. Neste marketing, o vendedor, simplesmente, vende o produto.

Marketing Boca a Boca: Marketing que se vale da satisfação do consumidor para recomendações de um determinado produto. Em geral, a informação passada é: bom, barato e com qualidade.

Marketing Business to Business: Marketing voltado a informar dados do perfil do consumidor por vendedor, tais como: produtos que compra, volume das compras e preços praticados, nomes dos contratos chaves, situação dos pedidos, valor estimado para compras, avaliação do atendimento.

Marketing Compartilhado: Marketing voltado a compartilhar uma atividade de valor, objetivando alcançar uma economia de escala e reduzir, consequentemente, custos.

Marketing Competitivo: Marketing voltado a criar fatores competitivos para os produtos, na intenção de enfrentar a concorrência.

Marketing Concentrado: Marketing voltado a aplicar grande volume de recursos para promover produtos num espaço de tempo reduzido. Também conhecido como aquele que procura servir a um único segmento (estratégia de segmentação).

Marketing Contemporâneo: Marketing voltado a estudar a incerteza na economia mundial.

Marketing Cooperativo: Marketing desenvolvido por rede em que os clientes trocam informações, bens, serviços e ideias.

Marketing Corporativo: Marketing que dá assessoria aos demais departamentos da empresa. Algumas organizações possuem uma pequena equipe com a função de assessorar os dirigentes naquilo que diz respeito ao mercado da empresa.

Marketing Criativo: Marketing voltado a descobrir novos produtos, não declarados pelas pesquisas genéricas.

Marketing de Artes: Marketing cultural voltado a desenvolver estratégias de demanda ao consumo dos diversos tipos de arte.

Marketing de Carreira: Marketing voltado a desenvolver um plano para conseguir um emprego ou alavancar a carreira.

Marketing de Catálogo: Marketing voltado a enviar por mala direta ofertas de produtos a consumidores previamente selecionados.

Marketing de Causas: Marketing voltado a defender causas sociais que trazem um incremento à imagem da empresa. É uma versão do marketing social. O marketing de causas é um componente importante no mercado para que os indivíduos expressem suas preferências morais, políticas e éticas.

Marketing de Comunicação: Marketing voltado a desenvolver ferramentas melhores e mais rápidas para a comunicação com os consumidores.

Marketing de Consumo: Marketing voltado a obter informações sobre o mercado potencial e como conseguir aumentar a carteira de pedidos.

Marketing de Conversão: Marketing voltado a reverter uma demanda negativa.

Marketing de Desempenho: Marketing voltado à qualidade dos produtos e das pessoas envolvidas em negociá-los.

Marketing de Desenvolvimento: Marketing voltado a descobrir demandas latentes.

Marketing de Distribuição: Marketing voltado à distribuição física (logística) de bens para estimular demanda.

Marketing de Eliminação: Marketing voltado a destruir uma demanda indesejada.

Marketing de Esportes: Marketing voltado a fazer propaganda de marcas famosas no vestuário dos atletas.

Marketing de Estímulo: Marketing voltado a converter uma demanda negativa ou inexistente em demanda positiva.

Marketing de Globalização: Marketing que considera o planeta Terra como um grande e único mercado.

Marketing de Guerra: Marketing voltado a utilizar práticas de guerra por considerar o mercado como um campo de batalha.

Marketing de Guerrilha: Marketing voltado a desenvolver estratégias e táticas para fustigar concorrentes.

Marketing de Informação: Marketing que seleciona informações relevantes que viabilizem projetos e produtos. As fontes são: Relatórios do Governo e de Bancos Mundiais; Revistas e Jornais Especializados.

Marketing de Lazer: Marketing que vê o lazer como produto.

Marketing de Localização: Marketing que mostra ao consumidor onde encontrar fornecedores para determinados produtos.

Marketing de Lugar: Marketing que trabalha a imagem de um lugar como se fosse de um produto.

Marketing de Mala Direta: Marketing que utiliza os correios para fazer uma oferta, anúncio ou sugestão a uma pessoa num determinado endereço. E isto pode ser feito pelo envio de: carta, folheto, folder, prospecto, catálogo, por exemplo.

Marketing de Marca: Marketing que desenvolve estratégias para que a marca sobreviva muito tempo.

Marketing de Massa: Marketing voltado a ajudar a empresa a produzir com custos menores para, com isso, poder vender mais barato.

Marketing de Nicho: Marketing voltado a descobrir fatias do mercado não atendidas ou mal assistidas, isto é, um nicho.

Marketing de Objetivos: Marketing voltado a criar um setor, na empresa, coordenador de estratégias para atingir determinados objetivos.

Marketing de Parceria: Marketing voltado a ajudar o varejo (distribuidor) como gerir seus negócios. Neste marketing a empresa trabalha com os consumidores para descobrir maneiras de ajudá-los a usar o produto economicamente.

Marketing de Ponto de Venda: Marketing voltado para o setor de serviço com o objetivo de agregar valores de exclusividade e de privacidade no atendimento.

Marketing de Posicionamento: Marketing voltado a induzir as pessoas, por diversos meios, a comprar seus produtos pela qualidade que têm e a ver a imagem da empresa como excelente no mercado.

Marketing de Produto: Marketing voltado a criar mecanismos para ampliar o ciclo de vida do produto.

Marketing de Qualidade: Marketing voltado a desenvolver na empresa a necessidade da implantação, de forma sistêmica, de um programa de qualidade total.

Marketing de Reciprocidade: Marketing voltado a dividir, ou trocar, recursos entre as partes envolvidas na comercialização de um produto.

Marketing de Recursos: Marketing voltado a melhorar o relacionamento da empresa com os mercados de recursos naquilo que diz respeito, principalmente, a preço, qualidade, prazo de entrega e disponibilidade.

Marketing de Rede: Marketing voltado a criar um forte sistema de informação-comunicação entre seus clientes e a empresa, para agilizar a velocidade das negociações. É uma variante da venda direta, por meio de distribuidores independentes, que recrutam subdistribuidores e pessoas para vender. Os locais de venda, em geral, são clubes, igrejas, condomínios, residências.

Marketing de Relacionamento: Marketing voltado a criar laços tão fortes com os consumidores para que estes passem a ser leais aos produtos e marcas da empresa. É a prática da construção de relações satisfatórias a longo prazo com consumidores, fornecedores e distribuidores. Manter relacionamento forte com os consumidores exige que a empresa esteja preparada para enfrentar mudanças.

Marketing de Resposta: Marketing voltado a desenvolver mecanismos para que a resposta do consumidor seja a mais rápida possível. Este marketing é muito confundido com marketing direto.

Marketing de Segmentação: Marketing que dirige esforços de relacionamento a grupos selecionados de consumidores. A empresa que pratica marketing de segmentação reconhece que os compradores diferem em seus desejos, poder de compra, locais de residência, atitudes e hábitos de compra.

Marketing de Serviço: Marketing voltado a implantar qualidade no atendimento do consumidor. Este atendimento começa na fábrica e termina no balcão da loja, casa ou escritório. É importante entender que os princípios e premissas que orientam os bens são os mesmos para os serviços, porque o que muda é a aplicabilidade das ações.

Marketing de Valor: Marketing voltado a conhecer o valor que os consumidores dão aos bens e serviços que recebem em troca de dinheiro, esforço, tempo e espaço.

Marketing de Varejo: Marketing voltado a criar espaços atraentes e confortáveis. O varejo realizado em shopping é um sucesso devido às facilidades dadas aos consumidores.

Marketing Diferenciado: Marketing voltado a fazer com que a empresa opere em diversos segmentos de mercado, desenvolvendo metodologias de ação diferentes para cada segmento.

Marketing Direto: Marketing voltado, através de um sistema qualquer, a obter uma resposta imediata de um consumidor.

Marketing em Linha: Marketing voltado a utilizar tecnologias da informação e da comunicação interligadas para criar um consumidor a partir do usuário do sistema. É o marketing do Século XXI.

Marketing Estratégico: Marketing voltado a criar caminhos para se atingir um mercado alvo, em longo prazo.

Marketing Ético: Marketing voltado a fazer com que a pesquisa e a propaganda não sejam instrumentos invasores para o consumidor. Muitos veem a pesquisa de marketing como invasão de privacidade ou tentativa velada de vender algo.

Marketing Externo: Marketing voltado a desenvolver boas relações com pessoas de fora da organização.

Marketing Individual: Marketing voltado a atender as exigências do consumidor. Este trabalho é facilitado com um banco de dados.

Marketing Integrado: Marketing que utiliza todos os recursos e meios possíveis da empresa para atender os interesses dos consumidores.

Marketing Interativo: Marketing voltado a treinar funcionários a atender bem aos consumidores. Também é voltado a registrar as reações e características dos consumidores, prevendo com isso uma nova abordagem.

Marketing Internacional: Marketing voltado a estudar os fatores que facilitam a empresa a atuar no exterior. É um marketing muito arriscado.

Marketing Interno: Marketing voltado a preparar os funcionários para a filosofia de marketing.

Marketing Legal: Marketing voltado a aprimorar o estudo da mudança de posse e propriedade de um produto.

Marketing Mix: Marketing que combina as variáveis do composto mercadológico.

Marketing Multicanais: Marketing que utiliza vários canais de comunicação e de distribuição para atingir um ou mais segmentos de consumidores.

Marketing Orientado: Marketing voltado a desenvolver uma embalagem que oriente o consumidor na utilização do produto.

Marketing Personalizado: Marketing voltado a desenvolver banco de dados sobre perfil de consumidores.

Marketing Político: Marketing voltado a criar uma boa imagem do candidato a cargo político. A imagem é passada como o candidato sendo incorruptível e que vai se dedicar a combater as injustiças sociais e a impunidade; melhorar a qualidade de vida dos cidadãos e a distribuição de renda.

Marketing Proativo: Marketing voltado a fazer com que o vendedor oferte novos produtos como uma grande oportunidade para o comprador.

Marketing Reativo: Marketing voltado a estimular o consumidor a responder sobre o produto e como fazer: comentários, reclamações e questionamentos.

Marketing Regional: Marketing voltado a, baseado em pesquisa, divisar o potencial de um mercado.

Marketing Religioso: Marketing voltado a criar novas vertentes de religiões já consagradas para atender descontentes.

Marketing Responsável: Marketing voltado a solicitar informações, logo após a entrega do produto, se o mesmo atende às expectativas do consumidor.

Marketing Responsivo: Marketing criado para atender reclamações de consumidores. Uma empresa responsiva encontra uma necessidade declarada e a atende.

Marketing Social: Marketing voltado a satisfazer, em conjunto, seus consumidores e a sociedade como um todo. O primeiro passo é dado em direção à comunidade, onde se insere a empresa.

Marketing Tático: Marketing voltado a criar atividades para apoiar ou corrigir determinada estratégia.

Marketing Teste: Marketing voltado a se especializar em teste de aceitação de um novo produto, em áreas geográficas limitadas.

Marketing Um a Um: Marketing voltado a criar no consumidor a ilusão de que ele é o único.

Marketing Virtual: Marketing em que as empresas mantêm diálogo com os clientes e atendem suas reivindicações e pedidos.

Os autores de livros de marketing associam a palavra marketing com qualquer palavra voltada para negócios. São incríveis os nomes de marketing encontrados nos livros, revistas, jornais e publicações especializadas. Qualquer pesquisa bibliográfica levantará perto de cem nomes diferentes de marketing, no mínimo.

O problema é que criam uma confusão desmedida, pois associam marketing à estratégia, tática, função, tarefa, atividade, processo, finalidade, política, filosofia e muito mais.

O leitor não deve ficar impressionado com tantos nomes de marketing, que, afinal, dizem a mesma coisa: "Marketing é todo esforço para criar e manter consumidores de um determinado mercado".

6.9 Tendência do Marketing

O marketing evoluiu como resultado da aplicação dos conceitos de administração à distribuição e à venda. E, acima de tudo, já em meados da década de 1920, alguns pioneiros da administração começaram a questionar a forma de organização da atividade manufatureira. Eles concluíram que a linha de montagem era um compromisso de curto prazo.

Apesar da maior produtividade da linha de montagem, era economicamente deficiente, em razão da sua falta de visão estratégica, de flexibilidade, de efetividade. Até de má engenharia. Com a chegada da automatização, telemática e robótica, a tecnologia da informação passou a gerenciar todos os recursos, inclusive os recursos humanos. Isto levou a reforçar o conceito de marketing.

Por outro lado, prever o futuro é tarefa bastante difícil. Afirmar quais os novos rumos do marketing não fogem à regra, em virtude dos avanços tecnológicos que afetam com muita intensidade a forma de comercialização. No entanto, percebemos algumas modificações que já estão começando a acontecer no mercado. Essas modificações estão muito mais vinculadas ao relacionamento com os consumidores e às diferentes formas de lidar com o composto de marketing tradicional.

As tendências do marketing são as seguintes:

- O marketing de fidelização tem importante papel no desenvolvimento dos negócios.
- O relacionamento com os clientes passa a ser o principal elemento do composto de marketing.
- Os serviços serão fundamentais para a diferenciação das ofertas dos produtos.
- O marketing digital alcançará um desenvolvimento acelerado, obrigando muitas empresas a entrar nessa forma de comercialização.
- As marcas passam a ser importantes para a fidelização e a diferenciação da oferta em certos segmentos.
- As empresas otimizarão recursos para melhorar seus preços. O marketing em tempo real passará a ser uma necessidade.
- Os consumidores passam a valorizar as empresas que se preocupam com o serviço pós-venda.
- As causas sociais e ambientais, cada vez mais, são valorizadas.
- O marketing do terceiro setor passa a ter importância à medida que os governos se omitem.
- A empresa necessita, cada vez mais, de estratégias com diferenciais competitivos.
- As empresas já perceberam o potencial do consumidor idoso e vêm atraindo-os com foco na qualidade de vida, saúde, embelezamento e longevidade.
- As pessoas, quando não têm opinião formada, se orientam pela mídia, sites de busca, redes sociais. Elas querem informações rápidas e filtradas.
- As pessoas dão mais valor à satisfação com o produto do que com sua verdadeira posse.
- O design não é visto como luxo pelos jovens, mas como padrão.
- A participação é outra necessidade do consumidor. Ele quer ter sua opinião e seu trabalho chegando a um número cada vez maior de pessoas.
- O jovem tem pressa e quer comprar tudo sem se prender a estilos ou crenças. Sua mente é global, mas seu corpo é regional.

6.10 Marketing Direto

O marketing direto é um sistema interativo que usa uma ou mais mídias de propaganda para obter uma resposta e/ou transação tangível em qualquer lugar. Ele beneficia os consumidores de várias maneiras: comprar no local que desejarem; fazer encomendas para si ou para outros; comparar por meio de catálogos aquilo que querem.

Compradores industriais também citam inúmeras vantagens. Uma das grandes vantagens do marketing direto é a possibilidade de se testar eficiência, eficácia e efetividade da empresa no trato com o consumidor.

O crescimento do marketing direto se deve, principalmente, a:

- Custo da movimentação do consumidor até o varejo.

- Problemas de tráfego e de estacionamento.
- Falta de tempo das pessoas.
- Vendedores mal treinados.
- Discagem gratuita por telefone.
- Possibilidade de comprar a qualquer hora e dia.
- Explosão do comércio eletrônico.
- Desenvolvimento de softwares sobre banco de dados.

Os bancos de dados ajudam à administração do marketing, porque podem atender a diversas finalidades.

Então, é necessário observar que marketing direto e marketing baseado em banco de dados não são sinônimos, apesar dos profissionais de marketing direto, há muito tempo, usarem banco de dados. À medida que se expandem às capacidades tecnológicas, as empresas têm acesso ilimitado aos dados e aos canais multimídia interativos de comunicação de banda larga com seus clientes.

Os canais de comunicação utilizados pelo marketing direto podem se, por exemplo:

Visita de Vendas – As empresas utilizam vendedores, agentes, representantes, corretores.

Mala Direta – As empresas oferecem, através de cartas, folders, prospectos, folhetos e catálogos, enviados pelo correio, bens e serviços. O correio evoluiu do papel aos meios eletrônicos.

Telemarketing – As empresas abordam o consumidor em potencial através do telefone, televisão e rádio. O telemarketing feito através do telefone é o mais direto, porque, geralmente, se fala com a pessoa desejada. Mas, atenção, telemarketing não é sinônimo de "malho".

Marketing On-line – O marketing direto de canal on-line está sendo considerado pelas empresas como o melhor meio de encontrar, atingir, comunicar e vender bens e serviços a consumidores potenciais, reais e cativos.

Internet – Uma grande rede mundial de comunicação com prestação de diversos serviços. O acesso é livre, mas o usuário dependerá de um provedor, que poderá ser pago, ou não, para se conectar com a rede.

6.11 Serviço

Serviços são atividades, benefícios ou satisfações oferecidas à venda, ou proporcionados, em conexão com as vendas de bens e ideias. É bom lembrar que, hoje, a venda de um produto é considerada como a finalização de um processo de serviço, que começa com a persuasão do vendedor e termina na entrega do produto ao consumidor, que, em contrapartida, paga pelo mesmo.

Segundo Charles D. Schewe, "embora os bens e serviços procurem satisfazer aos desejos e necessidades dos consumidores, existem algumas diferenças importantes entre estas duas classes de produto, pois há a ideia de que os serviços se apoiam em ações e os bens dependem de objetos materiais".

Serviço é qualquer ato, ou desempenho, que uma parte possa oferecer a outra e que seja essencialmente intangível e não resulte na propriedade de nada. A abordagem que o proponente faz do serviço, como algo feito por indivíduos e não por máquinas, pode apresentar distorções conceituais.

O conceito de serviço, muitas vezes, traz conotações ruins, como: caridade, lentidão, doutrinação, adestramento e sujeição. Assim, em serviços de alto nível, tais como nas forças armadas, as pessoas se comportam ritualisticamente e não racionalmente, isto é, elas seguem o protocolo, o manual, o regulamento. Nas ocupações de serviços de nível inferior, as pessoas simplesmente obedecem à rotina. Em nenhum dos dois casos a autonomia de pensamento é relevante.

O serviço será considerado como algo residual e será tratado como tarefa puramente humana. Já no serviço mecanizado o ser humano deve se comportar como extensão da máquina. Mas, precisamos enfatizar que estas distinções nem sempre são nítidas. Por exemplo, um restaurante, um supermercado e uma locadora de automóveis podem apoiar-se em uma combinação de bens e serviços para oferecer satisfação.

Um serviço é considerado de qualidade quando pode proporcionar confiabilidade, rapidez, segurança, atenção, beleza, atendimento eficiente e informação. Todos os funcionários devem se esforçar para que, já no primeiro contato, o serviço apresente qualidade de atendimento.

Para otimizar o serviço na comercialização, os atendentes devem ser muito bem treinados, a comunicação deve fluir com facilidade, porque é necessário não só criar, mas, também, manter os consumidores. O ponto importante é que, quando um produto tem mais características de serviço do que de bem econômico, isso pode afetar a maneira como o consumidor percebe e julga o produto.

Os serviços, em geral, são executados por pessoas distantes da direção da empresa, que trabalham em condições altamente variáveis e incertas. Presume-se, com razão, que essas diferenças explicam por que os bens produzidos na fábrica são, geralmente, mais uniformes, em suas especificações de qualidade do que os serviços executados no campo.

Ademais, pessoas diferentes têm necessidades diferentes. Atualmente, a maioria das empresas reconhece a importância do bom serviço ao cliente e o efeito que isso representa no resultado final. Mas, como empresas, elas também têm de levar em conta os recursos necessários para um bom desempenho. Daí as seguintes questões: As empresas podem arcar com os custos? Como podem fornecer serviço eficaz?

A diferença entre um serviço efetuado em um dia e o serviço efetuado em uma hora, provavelmente, não será o mais importante para a maioria dos clientes, mas envolveria custos, consideravelmente, mais altos para a empresa que oferece esse último tipo de serviço.

É preciso descobrir um equilíbrio entre os custos e os benefícios envolvidos no serviço ao cliente. Os custos da disponibilidade extra não devem exceder a receita adicional que será obtida como resultado.

A verdadeira chave para um bom serviço ao cliente não é tecnologia, e, sim, diálogo. Tanto que, muitos autores argumentam que seu uso deve ser feito de modo criterioso e adequado ao público-alvo.

O serviço não apenas liga os clientes mais intimamente as suas corporações, como também esta interação íntima lhes fornece informações importantes de mercado.

Na oferta de um serviço o proponente deve apontar o problema central a ser atacado e quais benefícios o serviço trará para o cliente. Por isso que os problemas podem estar em como: diagnosticar erros e oportunidades; avaliar e selecionar fornecedores; revisar um processo que não deu certo; rever a estrutura; reduzir custos; alavancar o investimento; especificar controles; negociar com consumidores; reavaliar a logística da empresa; ampliar a assistência técnica; estender o prazo de pagamento; prolongar a garantia.

Os benefícios são muitos como: resultados positivos, melhoria contínua, definição de papéis e responsabilidades, inventário de intenções, inovação em métodos e processos, garantia da qualidade, otimização de recursos e maximização do lucro, por exemplo.

6.12 Setor de Serviço

O setor de serviço não compreende apenas as chamadas empresas de serviços, tais como: bancos, transportadoras e seguradoras. Inclui, isto sim, toda a abundância de serviços ligados aos bens fornecidos pelas indústrias e os serviços ligados à venda fornecidos pelos varejistas. Noções contraditórias referentes a serviços podem ter consequências ruins para as empresas.

Os fornecedores de serviços, por seu turno, acreditam que eles e seus problemas sejam, fundamentalmente, diferentes de outros tipos de negócio. Para eles, o setor de serviço depende de muita mão de obra, enquanto o restante da economia de muito capital. Mas essas diferenciações são em grande parte falsas.

Não há propriamente empresas de serviços. O que existe são empresas cujos componentes de serviços são maiores ou menores do que os de empresas de outros tipos. Todas, invariavelmente, prestam serviços, já que o conceito de produto embute: bem, serviço e ideia.

O setor de serviço é o maior empregador de trabalhadores em tempo parcial e, também, para eventuais (temporários) na economia. O trabalho em tempo parcial paga menos e dá muito menos benefícios marginais (pensões, assistência médica, seguro de vida, folgas, férias remuneradas, feriados), que são partes importantes de um bom emprego.

Os trabalhadores eventuais, muitas vezes, recebem bons salários, mas quase sempre saem perdendo no contexto geral.

Embora os salários em serviços variem amplamente, os salários da indústria são, geralmente, 30% mais alto. A maior parte dos salários mais baixos está no comércio varejista, cuja diferença entre salários é cada vez maior, embora seja o setor que mais dê emprego. As horas trabalhadas por semana em serviço também são menores que em fabricação.

Os serviços diferem dos bens industriais e de consumo no sentido de que numa empresa de serviços, não há nenhum produto tangível, fato muito importante que influi na maneira como os serviços são transacionados. As empresas do setor de serviço fornecem valores intangíveis a seus clientes, isto é, não possuem estoque tangível no final do período contábil.

Os gastos com mão de obra são, na maioria das vezes, os mais expressivos, chegando a ser 70% dos gastos totais.

Numa empresa de serviços muitas das atividades funcionais são diferentes daquelas existentes numa empresa manufatureira. Uma vez que não há nenhum bem, não há a necessidade de armazenagem, distribuição e outras atividades de suporte. A empresa de serviço, mesmo não tendo todas as funções organizacionais de uma fábrica, precisa ter algumas dessas funções, para poder operar. Elas vendem benefícios como se fossem materiais.

O sucesso no setor de serviços depende de: imagem, atendimento e qualidade. A comunicação do produto e a comunicação com consumidores são básicas para o sucesso do negócio.

6.13 Características do Serviço

As principais características do serviço mais relevantes são:

Simplicidade – Um serviço precisa ser suficiente na sua explanação e necessário na sua execução.

Decisão – A decisão do serviço diz respeito ao seu composto mercadológico. Principalmente, sobre preço, local e divulgação.

Benefício – Na oferta de um serviço o proponente deve apontar o problema central a ser atacado e quais benefícios o serviço trará para o cliente.

Custo – Consideraremos custo de um serviço ao somatório dos dispêndios com mão de obra e materiais na consecução do mesmo.

Evolução – O serviço evoluiu na sua importância à medida que o mesmo começa a ser terceirizado.

Inseparabilidade – Normalmente, os serviços são produzidos e consumidos simultaneamente.

Estoque – Empresas de serviço são as que têm pouco ou nenhum estoque. Um restaurante, por exemplo, não manteria a maioria dos itens de alimentos por mais de um ou dois dias.

Variabilidade – Os serviços são altamente variáveis, uma vez que dependem de quem os executa e onde são prestados. Os compradores de serviços estão conscientes dessa alta variabilidade e, frequentemente, conversarão com outras pessoas antes de selecionar um prestador de serviço.

Intangibilidade – Um serviço é um benefício intangível, como cuidados pessoais, transporte e entretenimento. Diferentemente dos bens, materiais, insumos e objetos, não podem ser vistos, provados, sentidos, ouvidos ou cheirados antes de serem comprados.

Credibilidade – A credibilidade (crédito de confiança) que o cliente dá ao fornecedor do serviço é de fundamental importância para a continuidade de futuras negociações.

Valor Econômico – Todo serviço possui um componente econômico que é toda remuneração pelo desejo atendido e a formação de uma estrutura rentável para funcionamento constante do serviço. O valor econômico é formado pelo estímulo a pagar por um serviço de alto valor agregado.

Perecibilidade – A perecibilidade dos serviços é um fato inexorável. Até mesmo os bens têm vidas curtas de prateleira, como flores e derivados do leite, e não são altamente perecíveis quando comparados à maioria dos serviços.

Satisfação – Por outro lado, a satisfação proporcionada pelo serviço não pode ser armazenada. O que fica é a lembrança da boa imagem causada, o que não pode ser medido, a não ser para um universo de consumidores muito grande.

Participação – Cada vez mais, o consumidor participa e se compromete no desenvolvimento e execução do serviço. A participação pode ter vários significados, tais como: fazer parte de algo, tomar parte em algo ou ter parte em alguma coisa.

6.14 Racionalização e Desperdício

A racionalização pode ser encarada como o esforço que se faz no sentido de dar um tratamento científico, e por isso mesmo racional, tanto aos métodos quanto aos processos, isto é, produzir cada vez mais e melhor, com custos mínimos. A racionalização é o processo mental básico, presente em todas as fases da organização, constituindo o seu principal instrumento.

O ideal racional presume a impossibilidade de existir o “urgente” e a possibilidade de dizer “não”. Infelizmente muitas pessoas sofrem da mania do urgente o que leva você parar o que está fazendo para atender um pedido urgente. Por outro lado, evite o abuso do urgente para com os outros. O tempo deles é tão precioso quanto o seu.

Desde as épocas mais remotas existiu a organização como atividade contínua e permanente, dado que o homem sempre procurou racionalizar, aperfeiçoar e simplificar suas ações para conseguir maior rendimento ou o máximo de bem-estar com o mínimo de esforço.

A racionalização é a luta contra o desperdício. É o emprego do raciocínio analítico, lógico e resolutivo, sem sofrer o impacto emocional, dispondo os elementos necessários de forma que se obtenha eficiência. Os elementos da racionalização são:

Razão – É o emprego da inteligência humana orientada por conhecimentos técnicos, obtidos através de pesquisas e estudos.
Emoção – O impacto emocional obscurece a inteligência.
Experiência – A utilização das experiências anteriores não pode ser desprezada.
Sistematização – O emprego de um esforço sistemático, isto é, a aplicação contínua da razão em todas as situações.

Como a racionalização objetiva dotar o administrador de um processo mental capaz de auxiliá-lo na solução de problemas, no processo de racionalização é o raciocínio que conta. Assim, são quatro as etapas do método científico para a resolução de um problema de racionalização: Observação (simples e experimental); Raciocínio (indutivo e dedutivo); Conclusão (produto da análise e da síntese) e Aplicação (produto da adaptação e correção).

A racionalização utiliza como metodologia as seguintes fases: identificação do problema, decomposição do problema em seus elementos mais simples, análise dos dados (componentes) obtidos, hierarquização e classificação dos componentes, eliminação do desnecessário, integração lógica dos elementos necessários, aferição da validade, formulação de alternativas, escolha da melhor solução, estimativa do desempenho, aprovação da solução, elaboração do modelo, implantação oportuna, controle de resultados, correções e aperfeiçoamento.

Fixar prioridades e antecipar as necessidades, a fim de evitar que tudo seja urgente e controlar a pressa e as preocupações também deve ser considerado. Muitos chefes, infelizmente, esquecem-se de que o subordinado não trabalha para ele, mas sim para a empresa, mesmo que este chefe seja o dono. A empresa é mais importante do que o empresário, fato desconhecido da maioria.

Todo esforço que se faz para eliminar a ineficiência é considerado racionalização. Hoje, o caminho da produtividade passa pela racionalização. Infelizmente, as ações desastrosas, ineficientes e mal orientadas não se apresentam de imediato.

Há, como sempre houve, homens excepcionais que sabem aproveitar as suas energias físicas e mentais, a sua inteligência, o tempo, os materiais, enfim, os recursos que lhes estão ao alcance, e com isso se tornam eficientes, produzindo muito e desperdiçando pouco. Infelizmente, porém, é maior o número das pessoas pouco eficientes que gastam muito e desperdiçam muito, produzindo pouco.

As causas da pouca eficiência são complexas, algumas relacionadas com a organização e outras com o elemento humano. Ao esforço que se faz, desde há algum tempo, para a compreensão e eliminação dessas causas é que se dá o nome de racionalização.

Atualmente, se confunde a racionalização, com o esforço para a melhoria da produtividade, pois melhorar a produtividade é conseguir o melhor aproveitamento possível dos recursos materiais e humanos da produção, e é exatamente isso que constitui o objetivo da racionalização, desde que surgiu.

A habilidade de racionalizar é dada a quem sabe aproveitar as suas energias físicas e mentais, a sua inteligência, o tempo, o material, enfim, sabe otimizar os recursos que lhes estão ao alcance, e com isso se torna eficiente, produzindo muito e desperdiçando pouco. Infelizmente, porém, é maior o número das pessoas pouco eficientes, que gastam muito, ou desperdiçam muito, produzindo pouco.

Racionalizar, na linguagem gerencial, significa usar os recursos da melhor forma possível, em função das contingências do momento.

A racionalização determinou a padronização do trabalho humano, tornando-o repetitivo e monótono, contrariando a tendência do homem para a diversificação de atividades, trazendo os seguintes problemas: crescente ameaça de desemprego; luta entre o homem e a máquina; aumento de doenças profissionais e neuroses; desajustamentos sociais e luta de classes.

Problemas de racionalização podem acontecer, tendo em vista a diferenciação entre meios e objetivos. A escolha dos meios, entre as várias alternativas possíveis, pode ser submetida a um teste de racionalidade. Uma decisão é sábia se ela escolhe bem os meios que conduzem à realização de determinado objetivo. Assim, um homem que decide beber água para saciar a sede tomou uma decisão racional.

A grande maioria dos problemas de racionalização está fundamentada nas palavras desperdício, otimização, método e processo.

Taylor dizia: "Vemos e sentimos o desperdício das coisas materiais. Entretanto, as ações desastrosas, ineficientes e mal orientadas dos homens não deixam indícios visíveis e palpáveis. A apreciação delas exige esforço de memória e imaginação.

Por isso, ainda que o prejuízo diário, daí resultante, seja maior que o decorrente do desgaste das coisas materiais, este último nos abala profundamente, enquanto aquele apenas levemente nos impressiona". Ele queria dizer que nós fazemos muitas coisas que representam desperdício, mas quase não sentimos o tempo que se perde.

Um dos fatores do alto custo da produção, geralmente não percebido, é o desperdício. Um exame, não muito profundo, revelará que não há atividade sem desperdício. Algumas formas de desperdício são facilmente percebidas, como acontece com o material. Outras são menos notadas, como acontece quando os funcionários gastam mais tempo e realizam mais movimentos do que os realmente necessários para fazer o serviço (Lei de Parkinson).

Toda vez que se consome mais material, tempo, energia e espaço do que realmente seria necessário, se o trabalho fosse realizado racionalmente, é desperdício e encarece a produção. O desperdício é um fenômeno mundial. A maneira correta de combater qualquer mal é combater as suas causas. Assim, se houver um desejo de combater os desperdícios em todo e qualquer trabalho, é necessário, primeiro conhecer as suas razões.

Os desperdícios mais notáveis são de: água, material, dinheiro, alimento, energia elétrica, espaço físico, gás, mão de obra e tempo.

Examinando as causas dos desperdícios, verifica-se que algumas podem ser atacadas através de medidas de caráter administrativo, de caráter cultural e de caráter educativo. Várias são as medidas administrativas, pois o corretivo dependerá da causa do desperdício. As medidas culturais estarão fundamentadas na formação de uma mentalidade, na doutrinação e no treinamento constante.

As sugestões para minimizar o desperdício podem ser: campanhas educativas, cartazes, projeções de filmes, reuniões, palestras, e-mails e prêmios para ideias inovadoras e efetivas.

Perdas são partes intangíveis não aproveitadas do produto gerado por um projeto. Se a taxa de refugo for alta, mostra que, na empresa, podem estar acontecendo: erros de projeto do produto; falhas no controle de qualidade; falhas no controle da produção; baixo nível de educação; mau uso das funções administrativas, principalmente, a função administrativa organização; armazenagem incorreta; falta de treinamento.

Perdas fazem parte do processo de fabricação, podendo-se minimizá-las, mas não as evitar. Portanto, é necessário que a quantidade disponibilizada para a produção seja a mais exata possível, porque o custo pela perda será incorporado ao custo do produto. Se houver perda anormal, como no caso, por exemplo, de incêndio no almoxarifado, roubo, enchente, os valores correspondentes não devem ser tratados como custo de produção, e sim levados diretamente ao resultado.

As perdas anormais ocorrem de forma involuntária, sendo seu custo absorvido pelos demais produtos.

6.15 Unidades de Serviço

Quando se estabelece e aperfeiçoa uma organização é útil distinguir unidades operacionais e unidades de serviços, criadas para ajudar e facilitar o trabalho operacional. Uma indústria, por exemplo, possui uma divisão de tráfego, para que os departamentos de produção e logística não tenham de se ocupar de detalhes na movimentação de mercadorias.

Na realidade as unidades de serviço funcionam como assessoria para os demais departamentos, tendo a bordo gente especializada.

Uma Unidade de Pesquisa & Desenvolvimento pode dar suporte ao gerente de venda, ao gerente de publicidade, ao engenheiro que planeja um novo produto. Serviços de documentação, informática, correio, portaria, conservação são exemplos de unidades de serviço. O vulto e a natureza das atividades é que justificam a criação de unidades de serviço.

A conveniência de separar das operações básicas as atividades de serviço constitui, na verdade, um caso de departamentalização. As razões estão voltadas para: especialização, custo, resultado, padronização, comunicação, qualidade, atendimento, eficiência, eficácia e efetividade, por exemplo.

O estabelecimento de unidades de serviço requer, por conseguinte, um cuidadoso exame de cada caso específico. Na maioria das empresas, qualquer que seja o tamanho, existem diversas dessas unidades, mas a conveniência de adotar determinado tipo de serviço requer muita análise em separar aquilo que é operacional e o que é apoio.

A decisão de separar, das operações básicas, determinada atividade de apoio levanta a questão: Onde situá-la na estrutura organizacional? Às vezes, esse serviço é centralizado, descentralizado ou até terceirizado. Em geral, tais serviços estão próximos à atividade principal, recebendo desta uma coordenação para evitar maiores problemas.

6.16 Tipos de Serviço

A segui, os principais tipos de serviço:

Serviço Automatizado: Serviço, cada vez mais atuante na sociedade, vem substituir o trabalho humano. Um exemplo muito comum é a utilização de cartões de débito para substituir alguém que tenha de dar troco e os cartões de crédito para substituir os serviços de financiamento ou empréstimo, geralmente, de custo elevado e emprego intensivo de mão de obra.

Serviço Auxiliar: Serviço, tais como: bancos, câmaras de compensação, bolsas, seguradoras, transportadoras, armazéns, exposições, feiras, importadoras, exportadoras, câmaras de comércio, associações patronais, sindicatos, consulados, por exemplo.

Serviço Bancário: Serviço auxiliar do sistema financeiro que faz a custódia de valores, bem como capitar dinheiro, a fim de emprestar a clientes selecionados. Este serviço também ajuda a pagar: duplicatas, faturas, dando liquidez ao mercado, isto é, tem sido o canal de transações financeiras.

Serviço Combinado: Serviço que, além de vender um bem, realiza um trabalho de implementação (instalação) e treinamento ao usuário.

Serviço Compartilhado: Serviço que centraliza, num único espaço, atividades desempenhadas pelas diversas unidades de uma empresa. É um movimento que concorre com o serviço de terceirização, para suprir lacunas e falhas deste último.

Serviço Convencional: Serviço que apresenta um resultado dentro da média do mercado. Mas, se a maioria da clientela enxergar uma empresa como estando somente na média, e não puderem ver as importantes diferenças entre as empresas, então isso pode não ser boa notícia. Por outro lado, por que escolher um outro lugar, se não existe nada diferente?

Serviço de Apoio: Serviço que ajuda pessoas a mais bem desempenhar aquilo que estão fazendo. É consenso de que numa empresa só há duas funções organizacionais: Marketing e Produção. As outras são funções secundárias, isto é, de apoio. A preparação da folha de pagamento, recrutamento e seleção, a manutenção de máquinas, a manutenção das instalações, o serviço de higiene e limpeza, o serviço médico, por exemplo, são serviços de apoio.

Serviço de Armazenagem: Serviço que envolve o tempo de espera e guarda, até que o produto seja movimentado para seu destino.

Serviço de Atendimento: Serviço de contato da empresa com o cliente da qual resulta: uma proposta, um contrato, uma venda, uma propaganda, uma negociação; Forma em que a empresa se relaciona com seus clientes, tendo como conteúdo o serviço propriamente dito.

Serviço de Auditoria: Serviço de avaliação, revisão e controle das ações gerenciais e de seus resultados de maneira sistemática, independente e periódica, de preferência independente da empresa que visa descobrir erros (desvios) e recomendar modificações.

Serviço de Comercialização: Serviço que pode proporcionar confiabilidade, rapidez, segurança, atenção, beleza, eficiência e informação. Cabe também à empresa avaliar o impacto sobre preços, expectativas do consumidor e se há necessidade de criar novidades. Todos os funcionários devem se esforçar para que, já no primeiro contato, o serviço apresente qualidade de atendimento.

Para otimizar o serviço na comercialização, os atendentes devem ser muito bem treinados, a comunicação deve fluir com facilidade, porque é necessário não só criar, mas, também, manter os consumidores. Os vendedores precisam dominar as informações sobre os produtos que vendem.

Serviço de Compra: Serviço que passa pelos seguintes elementos: pessoa que sugere a ideia de comprar (iniciador da compra); pessoa que abaliza a decisão de comprar (influenciador da compra); pessoa que decide o que, como, quanto e quando comprar (decisor da compra); pessoa que autoriza a compra (autorizador da compra); pessoa que realiza a compra (comprador); pessoa que vai dispor da compra (usuário, consumidor, paciente).

Serviço de Consultoria: Serviço, que além de fazer um diagnóstico (relatório) dos problemas do cliente, elabora um plano (programa, projeto) de ação para superá-los. Também participa do processo de criação das condições necessárias à implementação das medidas propostas. Se a empresa não estiver preparada, a contratação da consultoria será puro dinheiro jogado fora.

Serviço de Delivery: Serviço que significa entrega, distribuição ou remessa. Atualmente, a palavra delivery é muito usada no âmbito de restaurantes, que entregam comida na casa, ou no trabalho, das pessoas, para que elas não tenham que cozinhar, nem se deslocar até o restaurante. Também existe delivery para frutas, legumes, verduras, bebidas, roupas, remédios.

Serviço de Distribuição: Serviço cujas características são: rapidez no atendimento dos pedidos; disposição do fornecedor para atender às necessidades urgentes; cuidado com a entrega da mercadoria; compromisso de trazer de volta bens defeituosos e repô-los imediatamente; várias alternativas de embarque. O serviço de distribuição pode ser feito pelo produtor ou entregue a uma empresa intermediária.

Serviço de Engenharia: Serviço voltado a inovações, mudanças de processos, desenvolvimento de novos produtos, medidas de desempenho, testes de laboratório e criação de padrões, por exemplo.

Serviço de Entrega: Serviço prestado ao cliente com rapidez, pontualidade, precisão, confiabilidade e cuidado na entrega de um objeto (bem, documento).

Serviço de Entretenimento: Serviço que requer um público específico, isto é, não é de caráter geral como alimentação e saúde, por exemplo. Muitas vezes é um serviço caro, pois demanda pesquisa de conteúdo, preço, programação, acessibilidade e transporte. Uma excursão marítima precisa de um planejamento meticuloso e uma coordenação maior, porque congrega muitos serviços a bordo.

Serviço de Imagem: Serviço que busca saber como a clientela conceitua a imagem da empresa, suas marcas e seus produtos. Por meio de questionário de pesquisa este serviço consegue, de forma contínua, melhorar a imagem da organização, não só para o mercado, como também para seus funcionários.

Serviço de Informação: Serviço que trata da utilização, finalidade, filtragem, distorção, segurança, uso, valor, fonte, engenharia, qualidade, administração, fluxo e necessidade da informação. Serviço que permite apoiar e orientar uma ação com segurança, minimizando a margem de erro. Numa economia de rede a informação passou a ser um produto negociável e muito procurado, surgindo, assim, os intermediários da informação.

Serviço de Instalação: Serviço relativo à instalação de máquinas e equipamentos, associando ao treinamento do usuário na manutenção e conservação dessas instalações. Pode incluir, também, projetos de: exaustão, climatização, força e luz, esgotamento sanitário, hidráulica, decoração e embelezamento, gás, sistemas de comunicação e informação, informática.

Serviço de Propaganda: Serviço que é toda e qualquer forma paga de apresentação e promoção de ideias, bens ou serviços, levada a efeito por um patrocinador identificado. É a característica mais visível do marketing e um auxiliar muito eficiente do trabalho preliminar de vendas.

A propaganda torna conhecida a marca e dá prestígio à empresa que a produz. Ela leva o consumidor ao produto, procurando criar a demanda mesmo antes de o consumidor entrar em contato direto com o mesmo. Muita gente confunde propaganda com marketing, infelizmente. A propaganda é apenas um item de estudo do marketing.

Serviço de Proteção ao Crédito: Serviço de segurança de recebimento de dívidas contraídas pelos consumidores fez com que fosse criado o Serviço de Proteção ao Crédito (SPC).

Serviço de Qualidade: Serviço que vai de encontro às necessidades de alguém, proporcionando satisfação; Atendimento das exigências do consumidor, usuário, paciente. Qualidade é uma opção racional de quem reconhece no cliente a importância da função e do negócio. Também é entendida como a adequação à finalidade ou uso.

Serviço de Segurança: Serviço voltado a resguardar a integridade física das pessoas, dos produtos, dos recursos. Este serviço controla, estatisticamente, doenças, acidentes, roubos, incêndios, violências, assaltos, riscos de armazenagem, por exemplo.

Serviço de Terceirização: Serviço de parceria entre empresas, cujas vantagens são: permite direcionar melhor os investimentos; divide riscos com o mercado; proporciona elevada agilidade decisória e administrativa pela maior flexibilidade nos processos; provoca redução na cadeia de custos indiretos; ameniza o impacto dos encargos trabalhistas em seus custos fixos; proporciona melhor qualidade pela atuação de empresas especializadas, contribuindo para a melhoria do produto; permite redução dos serviços de apoio; simplifica a organização e incrementa a produtividade.

Serviço de Transporte: Serviço auxiliar da logística que serve para deslocar recursos de um lado para outro, isto é, das fábricas para os distribuidores e destes para os consumidores e usuários. Também ajuda a transferir materiais de toda espécie entre: almoxarifados, depósitos, armazéns, fábricas, fornecedores, fazendas, minas, empresas etc.

Serviço em Casa: Serviço cujas fronteiras da casa e do local de trabalho estão se tornando, rapidamente, indistintas. Cada vez mais pessoas trabalham, pelo menos, meio período onde habitam. Assim, como um número crescente de pessoas leva algum tipo de tarefa pessoal de casa para o escritório, e vice-versa.

Mas o perigo de trabalhar somente em casa é a alienação e a obsolescência tecnológica. Não dá para você sozinho ter acesso a todos os canais de comunicação. Por outro lado, nada substitui o efeito sinergético quando trabalhamos em grupo, sem falar da desatualização do vocabulário especializado.

Serviço Especializado: Serviço executado por mão de obra especializada, onde primam o conhecimento, a informação e a comunicação.

Serviço Externo: Serviço prestado fora da organização.

Serviço Financeiro: Serviço executado por intermediários financeiros quanto à movimentação de saldos de aplicações para pontos onde se manifestem déficits orçamentários. Convém acentuar que os recursos sobre os quais operam os intermediários financeiros diferem daqueles com que trabalham os bancos comerciais.

Isto porque os bancos comerciais recebem das famílias e empresas tão somente uma fração de seus capitais, do que se pode chamar de reservas monetárias, para saldar compromissos correntes. Os serviços financeiros estão concentrados em grandes centros urbanos, exigindo uma força de trabalho altamente especializada.

Serviço Inferior: Serviço considerado de qualidade inferior à média do mercado. O empregado pode ser o aspecto mais visível em serviços com qualidade inferior, mas o sistema no qual o empregado desempenha suas funções é o principal culpado. Sob as mesmas condições de trabalho, a maioria de nós comportar-se-ia da mesma maneira.

Serviço Intermediário: Serviço realizado por uma empresa independente que ajuda a levar os bens dos produtores para os consumidores finais.

Serviço Interno: Serviço voltado ao desenvolvimento de rotinas e processos, bem como a otimização de recursos. Assim como a produção de um filme requer atores para representar, também precisa de pessoal atrás das câmeras. Se não houver alguém para montar os cenários, fazer o vestuário, instalar sistemas de iluminação e comunicação, por exemplo, o projeto não sairá do papel. O serviço interno objetiva ampliar a visão sobre o que, por que e como se faz um trabalho. Esta linha de raciocínio pode levar a algumas maneiras novas e muito construtivas de encarar o serviço interno.

Serviço Mecanizado: Serviço em que o ser humano deve se comportar como extensão da máquina.

Serviço Pós-Venda: Serviço que, conforme o nome diz, ocorre após a venda do produto. O mais importante é que as empresas devem decidir como pretendem oferecer serviços pós-venda aos consumidores e usuários. É muito comum que estes serviços sejam feitos por empresas terceirizadas. Neste caso o serviço de atendimento ao consumidor feito pelo fornecedor é o de apenas agendar e transferir o que fazer para uma empresa terceirizada, acompanhando por telefone a execução do serviço.

Serviço Público: Serviço voltado a atender à sociedade, que pode ser feito pelo governo ou pela iniciativa privada. Muitas pessoas que trabalham em órgãos públicos, consciente ou inconscientemente, julgam estar em posição de mando em relação ao público e não à disposição do público, como deve ser a norma. Também é senso comum que os serviços públicos, por trabalharem com margens muito pequenas, são negligenciados, por seus governos.

Serviço Responsável: Serviço que garante a satisfação requerida pelo consumidor. Garantir satisfação exige mais dos fornecedores de serviços, mas também prova a sinceridade de um fornecedor em cumprir sua palavra. Isso pode exigir mais de uma organização, mas o esforço será recompensado com a lealdade do consumidor. Muitos serviços, embora sejam bons, chegam tarde, isto é, não são efetivos.

Serviço Superior: Serviço considerado de qualidade superior à média do mercado e que os concorrentes não podem acompanhar. Serviço de qualidade superior começa no topo, porque a qualidade está nas pessoas.

Serviço Terceirizado: Ver terceirização.

6.17 Garantia

A garantia é uma promessa que dá a segurança aos compradores de que o produto fará aquilo que se espera e que seja razoável. O tipo de garantia oferecida e sua duração estão descritas em contrato. A garantia de um serviço talvez seja o seu maior valor agregado, porque é uma comunicação explícita de dizer que o serviço será feito conforme contrato. Como existe muita confusão entre certificado de garantia e termo de garantia, aí vai:

Certificado de Garantia – É um documento que atesta a garantia de um produto, tanto na origem como no consumo. Assim, é possível encontrarmos certificados, credenciados por organismos, tais como: Internacional System Organization (ISO); Associação Brasileira de Normas Técnicas (ABNT); American Standards Association (ASA); Instituto Nacional de Metrologia (IMETRO); Instituto Oswaldo Cruz; Vigilância Sanitária; Instituto Vital Brasil, que dão garantia de qualidade de fabricação, distribuição, armazenagem, consumo, uso e emprego.

Termo de Garantia – O termo de garantia é um documento que assegura a autenticidade e/ou a boa qualidade de um produto (bem, serviço), que assume o vendedor junto ao comprador (consumidor, usuário), o compromisso de ressarci-lo em caso de ineficiência ou fraude comprovada.

Os itens abordados nesse termo são, geralmente: Definição da garantia; Produto em garantia; Período (prazo) de cobertura da garantia; Utilização do serviço de garantia; Responsabilidade da garantia; Cessação da garantia; Limitações da garantia; não cobertura dos serviços de manutenção; Exclusão da garantia; Garantia complementar; Uso do produto; Casos particulares ou fortuitos; Recomendações especiais; Serviços autorizados; Índice analítico.

Prazo de Garantia – Documento que garante a qualidade dos serviços, por período de tempo, a contar da entrega do objeto, sobre eventuais defeitos de má aplicação dos materiais, excluindo-se os desgastes resultantes do uso, as deteriorações das superfícies expostas às intempéries, os casos de sinistros e as depredações feitas por terceiros.

6.18 Prestação de Serviço

A prestação de serviço se caracteriza pelo alto grau de integração entre o contratante e o contratado. Na prestação de serviço o grande desafio é a diferenciação, a inovação, a criatividade e o atendimento, por exemplo, já que tudo é muito parecido. Dado o grande número de prestadoras de serviço, é improvável querer que seus dirigentes sejam "gênios" da administração.

Portanto, as empresas de serviço, em geral, são ingovernáveis, isto é, é preciso dirigir pessoas normais, que são simplesmente esforçadas, e transformá-las em especialistas em prestar bons serviços.

Os prestadores de serviço tipicamente não encaram o processo como um fluxo único de experiências interligadas. Eles o visualizam em termos de suas tarefas e responsabilidades individuais. Cabe ao cliente vê todo o processo do serviço. Às vezes, nem este consegue enxergar todo o processo.

Assim, o prestador de serviço deve levar em consideração os seguintes obstáculos: apatia, dispensa, frieza, condescendência, anomia, ação reativa, automatismo, excesso de normas, procedimentos burocráticos, lentidão, políticas, regulamentos, ineficiência, ineficácia.

A prestadora de serviços necessita dispor de um efetivo de pessoal, formado por profissionais competentes, que atenda a demanda e a expectativa de seus clientes.

Programa de serviço é aquele capaz de envolver as pessoas que controlarão os meios, definindo claramente, com simplicidade, os objetivos do serviço voltado a atrair consumidores. Tal programa é fundamentado no espírito de equipe.

Antes da montagem de um programa de serviço é preciso questionar sobre:

- O serviço está vinculado à produção de um bem ou uma ideia?
- O serviço prestado não tem concorrentes no mercado?
- O serviço dá uma larga garantia e assistência técnica?
- O serviço pode ser utilizado como uma marca, desenho ou imagem?
- O serviço é complexo, dificultando o entendimento do usuário?
- O serviço pode ser acelerado?
- O serviço pode ser financiado?

Os contratos de prestação de serviço podem ser: contratos de trabalho, contratos de serviços públicos, contratos de fabricação, contratos particulares de serviços domésticos, contratos de serviços profissionais, contratos particulares de reportagem ou de serviços artísticos, contratos de seguro, contratos de empreitada, contratos de administração, contratos de representação comercial, contratos de instalação, por exemplo.

Capítulo 7

PRODUTO e VENDA

"Já foi o tempo em que as pessoas compravam sapatos para manter os pés secos e aquecidos. Hoje, elas compram, em função de suas manias e idiossincrasias. Comprar tornou-se uma experiência emocionante. Assim, o negócio é vender emoção, em vez de produtos".

Francis C. Rooney

Objetivos do Capítulo

- Mostrar a importância do setor de vendas em uma empresa.
- Mostrar os elementos básicos do processo de vender.
- Capacitar o leitor a entender, realmente, o que seja um produto.
- Mostrar os diversos valores associados ao produto.
- Mostrar que qualquer produto nasce, cresce e morre, pois nada é para sempre.

7.1 Produto

Embora este assunto já tenha sido abordado, vale repassá-lo como uma redundância pedagógica.

Um produto, como já foi abordado, é tudo aquilo que, oferecido ao mercado, seja capaz de satisfazer a um desejo ou uma necessidade. O mais importante de um produto é o serviço que ele presta. O produto não é somente o que o vendedor diz dele, mas, também, o que está implicado por sua concepção, embalagem, distribuição, preço, qualidade, garantia.

Um produto é a síntese do que o vendedor pretende que o consumidor perceba. O produto pode ser um bem, um serviço ou uma ideia. Uma ideia, se for paga, é um produto.

Produto é algo que as pessoas compram. Se não vende, não é produto. As pessoas não compram produtos e sim as expectativas de seus benefícios. Em vestuário, não são os vestidos que são vendidos, mas a moda. O produto é tudo aquilo com que se acha cercado, elaborado, reforçado e que tem o poder de afetar a escolha do consumidor.

As empresas estão sempre supondo que os consumidores reagirão, favoravelmente, aos seus produtos. Mas, se um produto não for fundamentalmente bom ou necessário, até o mais glorioso esforço de marketing do mundo estará fadado ao fracasso.

As características do produto são:

Características Intrínsecas do Produto – Nas características intrínsecas do produto devemos observar: composição, forma, tamanho, desenho, peso, cor, facilidade de manutenção, portabilidade, aparência, embalagem, resistência do material, validade para consumo, por exemplo.

Características Extrínsecas do Produto – Nas características extrínsecas do produto a produção deve se ater ao seguinte: gosto dos consumidores; quem consome o produto; como estocar e armazenar produtos; quais os riscos do produto; como determinar as formas e tamanhos econômicos.

Um sistema econômico pode ser definido como um sistema de organização da produção, distribuição e consumo de todos os bens e serviços que as pessoas utilizam, buscando uma melhoria no padrão de vida e bem-estar. Os bens, além de úteis, hão de ser escassos em face dos usos a que se destinam, para que possam ter preço.

O ar atmosférico, por exemplo, embora indiscutivelmente útil para todo ser humano, não alcança preço, porque se acha livremente disponível. É útil, mas não escasso. O ar, por exemplo, é considerado bem livre.

O bem aqui tratado é o bem econômico, isto é, aquilo que, além de escasso, é produzido com esforço humano, sendo objeto de compra e venda.

Embora os bens e serviços procurem satisfazer aos desejos e necessidades dos consumidores, existem algumas diferenças importantes entre estas duas classes de produto. Essas diferenças se assentam nas seguintes características:

- Tangibilidade (tangibilidade de um bem se refere ao grau em que este proporciona satisfação das características que podem ser fisicamente percebidas através da visão, audição, tato, gosto ou olfato).
- Perecibilidade (perecibilidade de um bem se refere à vida útil e seu grau de armazenamento).
- Demanda (demanda se refere à elasticidade do bem)
- Necessidade (necessidade se refere àquilo que é realmente de valor em um bem).
- Comprador (comprador de um bem pode ser: industrial, comercial ou de consumo final).

A seguir, serão conceituados os principais tipos de bens:

Bens de Capital – Bens, tais como: máquinas, equipamentos e instalações, mas não matérias-primas e insumos, consumidos no processo produtivo. São, usualmente, classificados no ativo fixo das empresas e uma de suas características é contribuir para a melhoria da produtividade da mão de obra.

Bens de Investimento – Bens comprados, cuja finalidade é a geração de rendimentos. A compra de um galpão para fabricação é um exemplo de bem de investimento.

Bens Públicos – Bens econômicos consumidos e custeados de forma coletiva. Bens públicos têm por principal característica a impossibilidade de excluir determinados indivíduos de seu consumo.

Bens de Consumo – Bens econômicos que se destinam ao atendimento das necessidades humanas, como aquelas embutidas nos processos de fabricação e que, geralmente, não são consideradas. Estes bens podem ser: Bens de Consumo Durável e Bens de Consumo Não Durável.

Bens de Produção – Bens que se destinam a produção de outros bens. São também chamados de bens industriais (matéria-prima, insumo).

Todo e qualquer produto é desenvolvido partindo-se de uma ideia inicial. Tanto que as ideias são consideradas soluções plausíveis para atender uma ou mais necessidades, desde que sejam confrontadas com a realidade.

Uma ideia pode ser: singular, particular, geral, universal, transcendental (metafísica). As ideias atraentes devem ser aperfeiçoadas em conceitos de produtos.

A ideia de produto representa o possível produto que a empresa pode oferecer ao mercado, já que o conceito de produto é uma versão elaborada da ideia expressa em termos significativos para o consumidor.

Para levar uma ideia adiante, o empreendedor deverá ponderar sobre alguns fatores decisivos para o futuro de seu negócio, como: a sazonalidade, a situação econômica da sociedade, o controle governamental, a própria disponibilidade financeira, o custo do investimento e a lucratividade, por exemplo. Eleita a ideia mais adequada, o futuro empreendedor/empresário deve transformar a mesma num conceito de negócio.

7.2 Ciclo de Vida do Produto

O ciclo de vida do produto é o tempo em que o produto existe desde a sua concepção até seu abandono (uso final) pelo consumidor. O ciclo pode ser considerado como uma série de eventos, etapas ou processos que se repetem numa ordem determinada.

Os ciclos de vida para o produto:

- Ciclo de Vida Consumível – Período de tempo em que um produto atende às necessidades de um cliente.
- Ciclo de Vida Produtor de Receita – Período de tempo em que um produto gera receita.

O ciclo de vida de um produto pode ser muito bem retratado por uma curva que cresce, se mantém e depois entra em declínio. É comum caracterizar o ciclo de vida de um produto em estágios:

- Introdução (produto é levado ao mercado pela primeira vez).
- Crescimento (demanda pelo produto aumenta).
- Maturidade (demanda nivela-se e as vendas são para reposição).
- Declínio (produto começa a perder atração para o consumidor e as vendas despencam).

O ciclo de vida de um produto é uma tentativa de se reconhecer os estágios distintos no seu histórico de vendas. Correspondentes a esses estágios existem oportunidades e problemas distintos. Um problema crucial para os analistas é saber em que estágio de vida se encontra o produto e como antecipar-se às transições entre os estágios. Para tal é necessário questionar:

- Como e em que medidas podem ser previstos a forma de crescimento e o tempo de duração de cada fase?
- Como aumentar a vida de um produto? Uma breve análise de cada estágio será útil.

A seguir, uma apreciação sobre as fases do ciclo de vida de um produto:

Introdução – A introdução de um produto no mercado é cheia de incertezas e, frequentemente, de riscos imprevisíveis. Geralmente, a demanda precisa ser criada durante o estágio de desenvolvimento de mercado do produto. Quanto tempo isso demora depende da complexidade do produto, de seu grau de novidade, seu ajustamento às necessidades do consumidor e da presença de substitutos competitivos de uma ou outra forma. Já um remédio comprovado contra o câncer, virtualmente, não exigiria o menor desenvolvimento de mercado e obteria apoio imediato.

Crescimento – A característica usual de um produto bem-sucedido é a gradual ascensão de sua curva de vendas durante o estágio de desenvolvimento de mercado. A certa altura dessa ascensão, ocorre acentuado aumento na demanda do consumidor, e as vendas decolam. A luta que se segue pela preferência do consumidor cria para o produtor original um conjunto inteiramente novo de problemas. Em lugar de procurar meios de fazer consumidores experimentarem o produto, a empresa se defronta com o problema mais premente de fazer com que eles prefiram sua marca.

Maturidade – Este estágio é o da saturação de mercado. Isto significa que a maioria dos compradores potenciais já tem ou usa o produto. As vendas agora crescem, mais ou menos, na mesma proporção que a população. Não há outros canais de distribuição a serem ocupados. A concorrência de preços torna-se agora intensa. Os competidores procuram diferenciações. Este estágio força o produtor a concentrar esforços na conservação dos distribuidores cativos. O estágio de maturidade exige tentativas de criar e promover sutis distinções do produto por meio de embalagens e publicidade, por exemplo.

Declínio – Quando a maturidade termina, o produto entra em declínio. À medida que a demanda diminui, poucas empresas são capazes de aguentar a tempestade competitiva. Alguns produtores percebem o declínio, mas acham que podem sobreviver com fusões e aquisições, o que nem sempre dá certo. Preços e margens diminuem. Os únicos casos, em que há algum alívio, são aqueles segmentos de mercado onde o estilo e a moda são determinantes.

7.3 Ciclo Mercadológico do Produto

O ciclo mercadológico é, na realidade, o ciclo operacional de um produto. O estudo do ciclo operacional é muito importante, tendo em vista que, quanto menor este for, maior é o giro do produto e, consequentemente, mais rápido é o retorno do investimento.

Quando estudamos o ciclo mercadológico (ciclo operacional), constatamos que o mesmo é composto das seguintes fases: planejamento da produção e da venda, período de vendas, compra de matéria-prima e insumo, pagamento a fornecedores, produção, distribuição dos produtos e recebíveis. Tais fases se superpõem, em função dos períodos de tempo preestabelecidos e/ou aprazados.

O ciclo financeiro está contido no ciclo operacional e se compõe basicamente das seguintes fases: pagamento a fornecedores e contas a receber.

O estudo do ciclo financeiro mostrará qual é o período a descoberto da empresa e a inadimplência. A figura a seguir, mostra os ciclos operacional e financeiro do produto:

Planejamento
///////////////////
Período de Vendas
//////////////////////////////
Compra M. P. Insumos
///////////////////////////////
Fornecedores
/////////////////////////////
Produção
///
Distribuição
///
Contas à Receber
///
Ciclo Financeiro
///
Ciclo Operacional
///

Figura 7.1: Ciclos Operacional e Financeiro do Produto.

O giro do produto é definido como o número de vezes que determinada quantidade do produto é fabricada e vendida num exercício. O exemplo, a seguir, consolida este assunto:

Ciclo Operacional do Produto A = 60 dias
Ciclo Operacional do Produto B = 180 dias
Ciclo Operacional do Produto C = 90 dias
Giro Operacional do Produto A = 360 dias / 60 dias = 6
Giro Operacional do Produto B = 360 dias / 180 dias = 2
Giro Operacional do Produto C = 360 dias / 90 dias = 4

Análise: O produto A gira 6 vezes ao ano, o produto B gira 2 vezes ao ano e o produto C gira 4 vezes ao ano. Entre os produtos, o produto A é que apresenta um maior retorno do investimento.

Chama-se período a descoberto a diferença entre o início do pagamento das faturas dos fornecedores e o início do recebimento das duplicatas, quando utilizam capital de giro próprio. Tal período deve ser o menor possível e de preferência negativo, quando é utilizado capital de terceiros.

7.4 Composto Mercadológico

Composto mercadológico pode ser definido como sendo a seleção e combinação de fatores que uma empresa resolve adotar para alcançar os seus objetivos de mercado, dentro de um prazo determinado. A maior dificuldade dessa tarefa não consiste em encontrar elementos, mas em coordenar os mesmos com racionalidade, a fim de não sobrecarregar o orçamento de marketing, prejudicar a venda do produto e baixar a lucratividade da empresa.

A determinação do composto mercadológico estará em função do produto e do mercado. Mas, muito mais, em função dos recursos da empresa. Os elementos do composto mercadológico são os seguintes:

Produto: custo de fabricação, matéria-prima, insumo, mão de obra direta, mão de obra indireta, embalagem, cor, rótulo, estilo, moda, garantia, assistência técnica, serviço pós-venda.

Comercialização: marca, imagem, atendimento, prazo de pagamento, desconto, custo de comercialização, intermediário, ponto de venda.

Preço: determinação, política, crédito, financiamento.

Logística: distribuição física, controle, transporte, armazenagem, risco, canal de comunicação, modal, prazo de entrega.

Comunicação: publicidade, propaganda, promoção, treinamento da força de vendas, relações públicas.

Produção: tempo de pesquisa e desenvolvimento, prazo de fabricação, tempo de espera, imprevisto, risco, quantidade ótima a produzir, capacidade instalada, tecnologia, produtividade, recurso.

As alterações do composto mercadológico devem ser aplicadas em etapas progressivas, a fim de criar um efeito multiplicador. A rapidez com que uma alteração do composto pode ser levada a afeito no mercado, se comparada à velocidade com que os compradores e concorrentes a ela reagem, pode ser decisiva para o sucesso da empresa.

A provável reação dos concorrentes, em face de uma alteração do composto mercadológico, deve ser avaliada sempre. A comunicação de uma inovação radical, para um mercado, deve ser grande e precisa causar impacto.

7.5 Valor do Produto

O valor pode ser considerado como crença, qualidade ou mérito a respeito de algo importante, sendo um dos pilares que norteia a filosofia de uma organização ou de um indivíduo. Assim, é preciso compreender o valor do produto sob a perspectiva do consumidor, pois o valor de um produto, muitas vezes, é dado por aquilo que o consumidor percebe nele. Há uma preocupação da empresa em saber que valor o consumidor dá a um determinado produto, sendo muito comum se falar na relação custo/benefício.

O valor do produto é dado pelo comprador, principalmente, pela finalidade, uso, novidade, custo, performance, status, percepção. Sua fórmula é:

Valor do Produto = Preço do Bem + Valor do Serviço Prestado + Valor da Imagem Adquirida

Os principais tipos de valores atribuídos a um produto são:

Valor Entregue = Valor do produto - Valor da aquisição (compra)

Valor Entregue ao Consumidor = Preço de Mercado + Valores Agregados - (Preço Pago + Gastos de Aquisição)

Valor Residual: Diferença entre o que um cliente recebe (realização) e o que o cliente entrega (sacrifício).

Valor de Compra: Soma do preço pago, gasto com tempo e gasto de energia física e psíquica.

Valor de Mercado: Valor dado em função do equilíbrio entre a oferta e a procura. Assim, os preços caem quando a oferta aumente, e vice-versa. Da mesma forma, quando a procura aumenta os preços sobem, e vice-versa.

Valor Líquido: Diferença entre o valor bruto e o desconto.

Valor Concorrente: Valor que se diferencia, em função do grau de concorrência. Teoricamente, são possíveis quatro graus de concorrência: Pura (perfeita); Monopólio; Imperfeita; Oligopólio.

Valor Agregado: Valor que ajuda o produto a crescer, em função de valores que se podem agregar ao mesmo, tais como: maior durabilidade, melhor serviço prestado, maior tempo de garantia, melhor utilização, melhor desempenho, melhor tecnologia de construção. Todo e qualquer valor que se agregue a um produto é traduzido por uma maior confiança do consumidor.

Valor Realizado: É o valor da transação ocorrida entre o vendedor e o comprador.

Valor Justo: Valor que pode ser entendido como o valor líquido da negociação, obtido numa situação normal de oferta e procura.

Valor de Venda: Valor que considera o custo acrescido de uma margem de lucro, para constituir o preço de venda do produto.

Valor Contábil: Valor da diferença entre o custo e a depreciação acumulada de um ativo.

Valor Empresarial: A empresa vê o produto sob determinados enfoques:

- Enfoque Econômico (Oferta, Demanda, Custo, Lucro).
- Enfoque Financeiro (Liquidez, Retorno do Investimento).
- Enfoque Operacional (Produção, Produtividade, Otimização).
- Enfoque de Mercado (Consumidor, Venda, Satisfação).

Valor Percebido: Valor percebido é um conjunto de características passadas ao consumidor por força da imagem da empresa. Os consumidores e suas percepções influenciam o mercado, e vice-versa. Ser mais bem percebido, em geral, é a chave para ser mais caro e mais rentável, isto é, ser capaz de fazer jus a melhores fatias do mercado. É muito comum usar-se de artifícios, que se chamam *apelos*, para fazer com que o consumidor veja o produto de forma aumentada.

Este valor é facilmente mostrado no Quadro 7.1.

Produtos	Apelos
Cosmético	Promove beleza, Aparência, Preserva a pele
Vitamina	Saúde, Evita doença, Maior vigor
Bebida Alcoólica	Potência sexual, Alegria, Descontração
Vestuário	Moda, Conforto, Status, Aparência
Livro	Conhecimento, Horas de prazer, Informação
Sapato	Comodidade, Prazer em caminhar
Mobiliário	Conforto, Ambiente aconchegante, Estilo

Quadro 7.1: Apelos para Produtos.

Além das características do produto em si, o valor percebido pelo consumidor depende, cada vez mais, da maneira como ele se relaciona com a empresa e da extensão em que controla o resultado final. A construção de um relacionamento continuado é válida, mesmo à medida que as interações pessoais são aos poucos substituídas pelas transações no ciberespaço.

7.6 Linha de Produtos

A linha de produtos é constituída por um grupo de produtos diretamente relacionados e que desempenham funções similares. Tais produtos são vendidos aos mesmos grupos de consumidores, comercializados pelos mesmos canais ou vendidos dentro de uma faixa de preço específica.

Os gerentes de linha de produtos precisam conhecer as vendas e os lucros de cada item de sua linha, para determinar quais devem ser desenvolvidos, mantidos, revisados, inovados, explorados ou eliminados. Precisam também conhecer o perfil do mercado de cada produto.

Obviamente, o planejamento da linha de produtos baseia-se na compreensão completa do consumidor, do mercado e de todas as forças que nele atuam. Por isso, a própria natureza do problema da política de produtos faz com que esta seja uma área de interesse vital.

Já que o planejamento da linha de produtos tem influência tão visível na posição futura da empresa, o chefe executivo da organização (CEO) tem a responsabilidade particular de esperar que os departamentos lhe forneçam os dados e conselhos necessários para que ele tome decisões fundamentadas sobre o que se deve produzir agora e no futuro.

Há vários motivos para a construção da linha de produtos, tais como: lucro, capacidade ociosa, insatisfação dos distribuidores (intermediários), preenchimento de lacunas, imagem de linha completa, novas características, desequilíbrio qualitativo/quantitativo entre linhas. Em algumas empresas, é o centro dinâmico da atividade mercadológica.

Suas principais atribuições são: acompanhar o ciclo de vida do produto; recomendar estratégias competitivas; fixar objetivos mercadológicos; elaborar planos, orçamentos e previsões; coordenar as atividades relativas aos seus produtos; acompanhar o trabalho da força de vendas; reforçar a imagem da empresa; acompanhar atividades de pesquisa e desenvolvimento; administrar propaganda, promoção e mensagens da mídia; detectar necessidades de melhoria do produto e da imagem da marca.

A maior preocupação do gerente de produto deve ser para com a Pesquisa & Desenvolvimento de um Novo Produto. Para tal, recomenda-se o seguinte questionamento:

- Existe a necessidade do produto?
- O produto pode ser criado?
- Existem recursos disponíveis?
- Marketing, produção e finanças chegaram a um acordo quanto ao preço de venda?
- O *design* atende ao mercado?
- Podem ser feitos tantos protótipos quantos necessários?
- Serão distribuídas amostras?
- Há uma preocupação no estabelecimento de procedimentos que assegurem qualidade?
- É boa a posição matricial que o produto ocupará em relação aos demais?
- O ciclo de vida do produto já está bastante definido?
- Existem canais de comunicação e distribuição já definidos?

7.7 Padronização do Produto

A padronização é a aplicação de padrões com a finalidade de uma uniformização e redução de custo. Ela conduz à simplificação dos processos, à medida que a uniformidade reduz a variabilidade e o desvio. Padrão é uma unidade de medida (ou modelo) adotada e aceita comumente como critério para avaliação de desempenho. Os padrões representam o desempenho desejado e estão sempre relacionados com o resultado que se deseja alcançar. Em resumo, o padrão é uma norma, ou critério, contra o qual o desempenho pode ser medido.

A padronização (normalização) ajuda a resolver problemas quanto à quantidade, qualidade e composição do produto; facilita, ou mesmo permite, a produção em massa, pela repetição de operações com os mesmos materiais e mesmas ferramentas; proporciona economia de materiais, equipamentos, energia e espaço; permite o intercâmbio de peças e órgãos de máquinas de um lugar para outro; diminui a variedade de coisas que têm a mesma utilidade ou finalidade; facilita o treinamento; facilita a otimização do tempo.

Por se estar acostumado, muitas vezes, não se percebe a quantidade enorme de coisas padronizadas que estão à disposição. Quando queima uma lâmpada em casa, é suficiente ir a uma loja que vende lâmpadas, de qualquer marca, com a potência que desejamos, sem nenhum embaraço. Os pinos dos cabos elétricos de qualquer aparelho se casam em todas as tomadas de nossa casa, e, quando se vai para outra casa, não é preciso levar as mesmas. Quando quebra uma peça do automóvel ou de qualquer máquina ou aparelho, o procedimento é semelhante.

Em linhas gerais, o processo de padronização se realiza através das seguintes fases:

Estabelecimento de Padrões – Nesta fase são estabelecidos padrões (resultados desejados) de desempenho como base de comparação com os resultados obtidos. Os padrões podem ser expressos em tempo, dinheiro, qualidade, custo, quantidade, índice, indicador. Podem ser tangíveis, intangíveis, vagos, específicos, explícitos e implícitos.

Simplificação – Esta fase consiste em reduzir a variedade ou diversidade, tanto de bens quanto de materiais ou serviços e, também, para processos, tarefas e movimentos, embora haja uma inexplicável pressão esmagadora para que tudo se complique.

Especificação – Esta fase consiste em fazer uma descrição detalhada das características e propriedades de bens e serviços. Muitas vezes, a especificação depende de ensaios em laboratórios.

Adoção do Padrão – Esta fase consiste em adotar um padrão, podendo implicar em substituição de equipamentos e treinamento de recursos humanos. A padronização do produto é a ação de determinar limites (especificações) para os produtos com o intuito de atender melhor o mercado. Ela ajuda a empresa a ter um referencial como mecanismo de comparação de valores, relativos à eficiência, eficácia e efetividade.

A adoção de padrões para produtos visa dois aspectos básicos:

Aspecto Quantitativo – Os aspectos quantitativos referem-se a tamanho, peso (bruto e líquido), portabilidade, temperatura, pressão e resistência do material.

Aspecto Qualitativo – Os aspectos qualitativos referem-se a: cor, cheiro, gosto, sabor, aparência, validade para consumo, grau de amadurecimento.

O controle dos padrões é realizado por fabricantes, intermediários, consumidores, governos, laboratórios e associações de normas técnicas. Como há confusão entre padrão e protótipo, segue o conceito deste último. Protótipo é uma versão funcional de um determinado produto, que não dispõe, ainda, de todas as suas características, mas que estarão presentes em sua versão final.

Os padrões podem ser físicos e representar quantidades de produtos, unidades de serviço, homens/hora, velocidade, volume de rejeições ou podem ser formulados em termos monetários, tais como custos, rendas ou investimentos. Podem ainda ser expressos em quaisquer outros termos que medem o desempenho. Expressam-se, em geral, por unidades específicas, mas isto nem sempre é possível. Mas, como estabelecer padrões de lealdade e moral se eles contêm aspectos altamente subjetivos?

7.8 Diversificação de Produtos

Na busca do crescimento, muitos se lançam nas diversas direções, exibindo um ecletismo nem sempre verdadeiro e quase sempre fatal. O exemplo vale também para empresas e países. Se número de braços significasse força, o polvo reinaria absoluto. O pato é uma ave que nada, voa, corre e canta, mas faz tudo de forma desajeitada. E isso tem custado caro para grandes e pequenos. Somando-se isso à falta de planejamento sério, em alguns casos, e a ambição ingênua em outros, temos a receita perfeita do fracasso.

Estranha mania essa, não se sabe se hereditária ou adquirida, que nos compele à noção falsa de que grandeza implica saber tudo, fazer tudo, vender tudo. Os verdadeiramente grandes não pensam e nem agem assim.

Por experiência própria e pela análise de muitos casos, sabe-se que somente é possível diversificar e crescer com segurança dentro de um leque limitado de vocações. No mundo empresarial moderno, o conhecimento enciclopédico é, historicamente, uma inconsistente colcha de retalhos, salvo raríssimas exceções. Devemos nos ater à realidade de nossa cultura específica, aprofundá-la e especializá-la, para crescer e evoluir.

Poucos conseguirão, ao mesmo tempo, fabricar calcinhas e parafusos com igual competência. Pode-se tentar, mas o resultado estará muito próximo do obtido por um professor de literatura que leciona educação física. Então, “cada macaco no seu galho” também na atividade empresarial. Esse ímpeto tentacular, misto de miopia e ingenuidade, tem-se mostrado desastroso, pois, se alimenta da mediocridade, enfraquece posições, gera desconfiança, agride e afasta o consumidor.

Ao tentar dominar, por exemplo, a produção de prendedores de roupas e computadores, a empresa estará, na melhor das hipóteses, desprezando um dos mercados.

Avancemos por etapas, segundo os nossos recursos, conhecimentos e disponibilidades. Por maior que seja nossa disposição e vontade de fazer e aprender, isso demanda tempo, troca de experiências e recursos. Esse avanço deve ocorrer dentro de uma lógica estratégica que considere a rentabilidade, a escala do mercado, a tecnologia, as necessidades dos consumidores e o potencial dos produtos.

No mundo atual, os detentores de experiências consagradas se tornam cada vez mais fortes, pois crescem dentro de seus seguros conhecimentos, impondo a sua competência, qualidade, marca e imagem.

7.9 Cor do Produto

A ideia de que a cor pode determinar vida longa, ou morte prematura, para uma mercadoria que não se vende em butiques de moda não faz parte dos compêndios empresariais e soa, para muitos, como coisa de lunáticos. Basta, porém, uma visita atenta aos supermercados para se ter noção de que a cor pode ser uma poderosíssima arma de marketing. Em meio a uma infinidade de artigos expostos nas gôndolas, o que chama primeiro a atenção da dona de casa, frequentemente, tem um lugar garantido no seu carrinho.

A cor do produto chama a atenção do comprador e é uma vantagem competitiva para quem quer exportar, pois cada povo tem suas preferências por cores.

Mas, é no mercado internacional que a questão da cor assume contornos mais cruciais. O que tem um significado conhecido e estabelecido por séculos para um brasileiro pode dizer exatamente o contrário para um árabe, por exemplo. Nos países temperados, existem amaciantes de roupa amarelos, porque esta cor lembra o cheiro do limão e do ar puro da natureza. Uma necessidade, enfim, para quem tem de secar suas roupas dentro de casa por meses a fio, em função do inverno, mas que não faz o menor sentido num país tropical.

À parte as teorizações sobre um assunto ainda pouco explorado, quem está interessado em conquistar novos mercados de exportação deve ficar atento às peculiaridades de cada um. Na África, por exemplo, o segredo é vender tudo muito colorido. Roupas e objetos não devem ter apenas uma cor. Apesar da influência europeia, eles gostam de cores não habituais. Disparates para os conceitos ocidentais, como vender carne em pacotes azuis, podem ser absolutamente corriqueiros do outro lado do mundo.

Hoje é inadmissível lançar um produto sem pensar na cor. É uma pena que a maioria das empresas ainda prefere escolher a cor de seus produtos pelo método: Aquele que agrada mais o chefe e não a que agrada o consumidor.

7.10 Embalagem do Produto

Todo produto necessitará de embalagem para protegê-lo e melhorar a sua própria aparência. A embalagem inclui todas as atividades em planejamento de produto que se relacionam a desenhar e produzir o recipiente ou invólucro para um produto. Conquanto a embalagem de um produto possa parecer que não tem consequência, na realidade ela é tão complexa como qualquer outra parte do pacote de utilidades, e muitas vezes determina a diferença entre sucesso ou fracasso do produto.

Criar embalagem, que seja resistente, facilite o manuseio, identifique o conteúdo, seja padronizada, tenha instruções para o transporte, possibilite reaproveitamento, defina a personalidade do produto e dê instruções para evitar poluição ambiental, é básico para a marca e a imagem da empresa. Para as indústrias a embalagem significa vendas a um número crescente de consumidores, porém ela pode significar sujeira e poluição, problemas cada vez maiores de acúmulo de resíduos sólidos, causando uma ameaça ao ambiente.

Pesquisas são importantes para resolver os problemas suscitados pelas embalagens depois do seu uso. Assim, a empresa quando desenvolver uma embalagem não deve só se preocupar com o visual e custo, deve saber o que acontecerá com a mesma, depois do produto ter sido consumido.

Algumas empresas de embalagens estão tentando se associar a fabricantes de alimentos e varejistas para fornecer embalagens personalizadas. Isso será mais fácil de conseguir se todas as unidades empresariais, ao longo da cadeia de fornecedores, estabelecerem vínculos entre si, focalizando o consumidor final.

A solução de problemas em conjunto, entre fabricantes, transportadores e distribuidores, talvez, produza soluções integradas, oferecendo transporte eficaz, redução de produtos danificados, armazenamento otimizado e risco mínimo.

O rótulo representa um subconjunto da embalagem. Os produtos, portanto, devem ser rotulados. O rótulo desempenha várias funções: identifica, classifica, descreve e promove o produto. Eventualmente, os rótulos tornam-se antiquados e devem ser renovados.

O governo exige, por exemplo, que os fabricantes de alimentos processados, incluam informações sobre proteínas, gorduras, carboidratos, calorias, além de vitaminas e sais minerais e as porcentagens recomendadas para uso diário.

Ultimamente, os rótulos contêm palavras como light, diet, alto teor de fibras, baixo colesterol, baixo nível de açúcar, data de validade, percentagens dos componentes e outras informações que ajudam a vender aos consumidores, cada vez mais exigentes, diversificados e instruídos.

7.11 Especificações Técnicas

Especificação é a descrição de um produto (projeto) por palavras, desenhos, amostras, modelos. As especificações técnicas definem tarefas e tolerâncias que devem conduzir os programas de qualidade.

As tolerâncias de fabricação estabelecidas nas especificações devem ser determinadas, levando-se em conta o custo da precisão a ser adotada e o valor desta precisão.

Este custo pode ser estimado pelo seu efeito nos custos de equipamentos necessários, instrumentos e mão de obra adicional para a fabricação do produto. O valor da precisão pode ser estimado pelo seu efeito na melhoria do desempenho do produto.

As especificações podem incluir: materiais (componentes, insumos); processos de fabricação (otimização de recursos); ensaios e critérios para rejeição (nível de qualidade técnica); usos do produto (métodos e limites).

Toda atividade ocasiona algum tipo de variação. É importante determinar os limites dentro dos quais essa variação pode ser aceita como normal. Nem toda variação exige correções, mas apenas aquelas que ultrapassam os limites de tolerância.

Um bom sistema de controle deve proporcionar rápidas comparações, localizar possíveis dificuldades ou mostrar tendências significativas para o futuro.

Não é possível modificar o passado, mas a sua compreensão propicia auxílio para, a partir do presente, criar condições para obter melhores resultados no futuro". Os limites, tanto para mais como para menos, determinam a margem de tolerância.

7.12 Obsolescência do Produto

Obsolescência é a ação decorrente do aparecimento de novas tecnologias, que reduzem o valor do produto. A taxa de obsolescência é dada pela fórmula:

Taxa de Obsolescência = Produtos Descontinuados / Total de Produtos

Hoje, a obsolescência é programada e existe sob quatro formas: Técnica; Adiada; Física e de Estilo.

Para rejuvenescer um produto, adote os seguintes procedimentos:

- Determine as razões para o abandono (declínio, descontinuidade).
- Examine se as forças do macroambiente apoiam as estratégias de rejuvenescimento.
- Examine o que o nome do produto comunica para os consumidores.
- Explore se há um segmento potencial a ser atingido, bem como forças e fraquezas dos concorrentes nesse segmento.
- Examine as possibilidades de criar valor para os consumidores.
- Modifique características de estilo.
- Aumente o desempenho funcional.

Muitas empresas não conseguem estabelecer com precisão o momento exato de retirar um produto do mercado. Os critérios mais comuns para retirar um produto do mercado são baseados em volume de vendas, geração de lucro, potencial de mercado, devoluções, defeitos, reclamações, encalhes, posição do produto no mercado.

7.13 Tipos de Produto

A segui, os principais tipos de produto:

Produto Acabado: Produto completado pelo processo de fabricação, mas ainda não estocado para venda.

Produto Agrupado: Pacote de dois ou mais produtos que é vendido por um preço único, mas cujos componentes individuais também podem ser vendidos como separados pelos seus próprios preços.

Produto Ampliado: Produto também conhecido como aumentado, é aquele que descreve em sua embalagem, ou catálogo, aquilo que é favorável ao consumidor, como valores que devem ser percebidos. O produto ampliado é a totalidade dos benefícios que a pessoa recebe, ou experimenta, na obtenção de um produto tangível.

Produto Aperfeiçoado: Produto que, embora não seja radicalmente diferente dos demais, é claramente superior, principalmente, em desempenho e preço.

Produto Aumentado: Produto cujo valor é mais do que aquilo produzido na fábrica. Esta distinção é muito significativa, quando se quer lançar no mercado um novo produto. Para competir neste mundo, não basta ter uma fábrica grande e eficiente, muito capital de giro e exércitos de vendedores.

Produto Básico: Produto fundamentado no benefício mais importante para o consumidor.

Produto Competitivo: Produto que apresenta qualquer vantagem definida em relação aos demais produtos. A vantagem pode ser: preço, qualidade, acessibilidade.

Produto Complementar: Produto cuja venda promove a venda de outro. Quando há uma relação inversa entre o preço de um produto e a demanda de outro, eles são chamados de produtos complementares.
O conceito de complementaridade não leva em conta a renda do consumidor, porque não é pela queda do preço do produto que o consumidor deixará de comprar o produto complementar.

Produto Conjunto: Conjunto de dois ou mais produtos com valores de venda altos, comparados aos valores de vendas de outros produtos obtidos por um processo de produção comum. Os diversos itens obtidos de um processo comum estão divididos em duas categorias: aqueles que são os objetivos primários do processo, chamados de produtos conjuntos (ou coprodutos) e os produtos secundários com, relativamente, pouco valor, chamados de subprodutos.

Produto de Emergência: Produto que satisfaça necessidades imediatas do consumidor.

Produto de Escolha: Produto exposto no varejo (real ou virtual) para que o consumidor faça suas comparações. O produto que o consumidor comprar não será aquele que está em exposição.

Produto de Limpeza: Produto, que depois de dissolvido, ajuda a remover gorduras e outros resíduos de equipamentos, utensílios e outros objetos. Ele é utilizado com materiais e equipamentos próprios, tendo como veículo diluente, geralmente, a água. Os produtos de limpeza são composições químicas industrializadas, e muitas vezes corrosivos e venenosos.

Produto de Luxo: Produto que atende segmentos de mercado sofisticados com alto poder aquisitivo.

Produto de Marca: Produto que é procurado pela marca do fabricante. As pessoas, por exemplo, compram lâminas de barbear pela marca.

Produto de Nicho: Produto que atende a uma massa crítica de consumidores com sucesso de alcance mundial.

Produto de Qualidade: Produto considerado superior aos demais por todos aqueles que o compram.

Produto Defeituoso: Produto que não está em conformidade com as especificações.

Produto Digital: Produto cuja composição possui tecnologia digital da informação.

Produto em Processamento: Unidade parcialmente completada, encontrada em produção, num dado momento. Não é o mesmo que produto semiacabado.

Produto Encomendado: Produto, fabricado em massa, capaz de atender diversos distribuidores (intermediários, atacadistas, varejistas).

Produto Equivalente: Produto de mesma função construído com recursos tecnológicos diferentes.

Produto Esperado: Produto cercado de um conjunto de atributos e condições que os compradores, normalmente, esperam e concordam quando compram esse produto.

Produto Genérico: Produto sem marca que utiliza embalagem simples, sendo versões mais baratas do que os mesmos produtos de marca e nomes sofisticados. O exemplo mais patente é o dos remédios.

Produto Heterogêneo: Produto diferente do produto homogêneo, com uma característica importante. O preço não tem tanta influência.

Produto Homogêneo: Produto essencialmente similar a outro, do mesmo fabricante, ou não. Os produtos homogêneos apresentam problemas para os comerciantes, porque são similares e se faz necessário apontar diferenças entre eles, para os consumidores.

Produto Imitativo: Produto novo para o intermediário, mas não para o mercado.

Produto Industrial: Bem ou serviço utilizado na fabricação de outros produtos.

Produto Industrializado: Produto alimentício apresentado em embalagem atraente para facilitar a sua aquisição. O processamento desses alimentos retira alguns dos valores nutritivos e, em alguns casos, fibras alimentares, além de receberem corantes de maneira a aumentar o apelo visual e gustativo.

Produto Intermediário: Produto transferido de uma para outra subunidade de uma organização. Ele pode ser trabalhado, adicionalmente, pela subunidade de recebimento ou vendido para um cliente.

Produto Internacional: Produto que atende a um padrão internacional de qualidade, sendo comercializado em muitos países. Este produto possui características de globalização.

Produto Interno Bruto: Soma de tudo o que é produzido por um país, durante um ano. Não leva em conta a desigualdade, a economia informal, a qualidade da produção e a sustentabilidade do crescimento.

Produto Nacional Bruto: Somatório do produto interno bruto mais a diferença entre a renda recebida do exterior menos a renda enviada para fora do país.

Produto Nacional Líquido: Diferença entre produto nacional bruto e a depreciação.

Produto Potencial: Produto que envolve todas as ampliações e transformações que deve sofrer no futuro. O produto potencial aponta para sua possível evolução.

Produto Principal: Produto de um processo de produção conjunta, comparado com os valores de venda de todos os outros produtos.

Produto Semiacabado: Produto ainda em fase de fabricação, aguardando em estoque para receber insumos, configurações, especificações, embalagem e codificação.

Produto Sistêmico: Produto que atende às normas internacionais de padronização.

Produto Subcusteado: Produto que é custeado com um valor abaixo do seu padrão de custeio.

Produto Substituto: Produto também chamado de sucedâneo. Um aumento do preço da manteiga pode levar o consumidor a preferir a margarina, fazendo com que sua demanda caia. Estes produtos impõem limites de preço e de lucro, porque a tecnologia do concorrente pode provocar queda do preço no mercado.

Produto Supercusteado: Inverso do produto subcusteado.

Produto Total: Produto caracterizado pelo valor total de benefícios tangíveis e intangíveis que o comprador recebe.

7.14 Novo Produto

Novos produtos englobam os produtos originais, modificações importantes em produtos existentes, similares dos produtos concorrentes e aquisição de linha de produtos. Todos envolvem a incorporação de algo novo. Eles são fundamentais em economias competitivas. As preferências das pessoas mudam e os avanços tecnológicos tornam os produtos antigos obsoletos.

Para ser bem-sucedida, uma empresa tem de diagnosticar as mudanças das necessidades dos consumidores e reagir rapidamente a elas. Novos produtos não, necessariamente, são concorrentes dos produtos que já se encontram no mercado.

Algumas razões levam a empresa a lançar um novo produto, tais como:

- Aproveitamento de uma oportunidade.
- Identificação de novas necessidades do consumidor.
- Necessidade de sobrevivência da empresa face à concorrência.
- Minimização de riscos na produção.
- Possibilidade de aumentar a lucratividade.
- Diluição de custos fixos.
- Mais bem utilização de subprodutos.
- Redução do custo com vendas.
- Possibilidade de ter uma vantagem competitiva.
- Diminuição do ciclo operacional.
- Melhor utilização de recursos.
- Queda na demanda.
- Sazonalidade.
- Desejo de diversificar.
- Mercado favorável.
- Rápida mudança nos gostos dos consumidores.
- Aceleração dos desenvolvimentos tecnológico e científico.

Para um novo produto ser considerado uma inovação é preciso que seja verdadeiramente necessário, sem substituto satisfatório. Não confundir com invenção, que é um produto que causa uma revolução científica, tecnológica, ambiental e social. Um bom exemplo é a roda.

Uma inovação científica pode mudar o produto, o mercado e o consumidor. Se, por exemplo, tomarmos o setor de medicamentos, vimos inovações que foram da aspirina (1905) até o viagra (1998).

Desenvolvimento de novos produtos, inovações, extensão da vida dos produtos existentes, acréscimo de novos estilos, embalagens, serviços e melhoria da qualidade, tudo isso pertence ao arsenal de instrumentos de uma empresa competitiva. Inovação é uma palavra abundante em nossa sociedade, mas, provavelmente, menos abundante do que muitos de nós supomos.

Porém, a inovação contínua parece ser a única maneira de se evitar obsolescência das linhas de produtos da empresa. Mas, quando introduzir uma inovação no produto? É bom fazer uma pesquisa prévia para saber até que ponto a mesma será aceita.

Os novos produtos podem ser categorizados em:

Inovações Reais – São produtos únicos para os quais existe uma verdadeira necessidade, não havendo substitutos satisfatórios.

Reposições Adaptáveis – Estes produtos introduzem modificações significantes que lhes permitem substituir os produtos existentes.

Produtos Imitativos – São novos para o vendedor, mas não para o mercado.

7.15 Análise de Valor do Produto

O estudo de um sistema, ou de uma atividade, em todos os seus detalhes e processos recebe o nome de análise, que procura, sobretudo, apontar fraquezas, qualidades, oportunidades e restrições. A visão geral que se tem da análise é dela ser um processo, visando descobrir as causas de determinadas coisas ou os efeitos de ações, produzindo procedimentos, quanto ao que deva ser feito para melhorar um trabalho.

A análise resume-se tão somente em apontar alternativas, em fazer sugestões e em procurar soluções, as mais diversas, para os males encontrados ou apontados.

A análise de valor pode ser definida como o exame crítico das funções do produto, com o objetivo final de dotar o mesmo de condições, para que realize suas funções pelo custo mínimo. O valor de um produto é dado, principalmente, pelo uso, custo, novidade e preço.

Esta análise se originou na General Electric, em 1948, sendo uma abordagem para a redução do custo, por meio do estudo cuidadoso de quais componentes podem ser reprojetados, padronizados ou fabricados por métodos de produção mais baratos.

Uma boa análise de valor de um produto deve ser dividida em etapas, que podem começar com o objetivo do novo produto e terminar com um relatório recomendando-o, ou não.

A análise do novo produto objetiva estudar a viabilidade do projeto, quanto aos aspectos econômicos e mercadológicos. Esta análise deve levar em consideração uma multiplicidade de fatores, que, no seu somatório, possa efetivamente conduzir o projeto ao mais próximo possível da realidade.

Levantamentos estatísticos servem, em primeira mão, para identificar oportunidades e fornecer dados para ajudar os gerentes de marketing, produção e finanças na viabilização do projeto.

7.16 Desenvolvimento do Novo Produto

Durante os últimos anos vêm-se acumulando dados de pesquisa a respeito do desenvolvimento de quase tudo que se possa imaginar. Recentes estudos mostraram aspectos essenciais na elaboração mais ampla de modelos de desenvolvimento. Parte dessas pesquisas está direcionada a minimizar o tempo que se gasta em um projeto de desenvolvimento, qualquer que ele seja.

As empresas estão, cada vez mais, reconhecendo que a chave para sua sobrevivência e crescimento reside no desenvolvimento contínuo de novos produtos ou aprimoramento dos existentes.

Os novos produtos têm de satisfazer cada vez mais os critérios da sociedade, além de darem lucros àqueles que os comercializam. Devem ser projetados levando em consideração o consumidor, o ambiente e o mercado. Outro aspecto a analisar é que as exigências governamentais, cada vez maiores, inibem o ritmo de inovações em produtos.

Uma empresa precisa desenvolver um grande número de ideias de novos produtos, a fim de poder ficar com as bem-sucedidas, que cubram todos os recursos gastos em pesquisa e desenvolvimento. Embora haja a necessidade de novos produtos para um padrão de vida melhor do que no passado, está muito difícil conseguir maiores níveis de qualidade.

Segundo Kotler, dada a intensa concorrência de hoje, as empresas que falham no desenvolvimento de novos produtos se expõem a grandes riscos. Novos produtos continuam fracassando a uma taxa impressionantemente alta de 75% a 80%.

O desenvolvimento do novo produto exige o emprego de métodos de pesquisa semelhantes aos usados para melhorar um produto já existente. A maior diferença é que o desenvolvimento de um novo produto envolve maior número de problemas. A pesquisa responde quais propriedades os consumidores julgam ser necessárias ao produto.

Uma das partes mais importantes do estudo de novos produtos consiste no exame da viabilidade comercial e econômica do produto. Este estudo pode ser realizado durante as diversas fases de desenvolvimento do produto. Quando um novo produto fracassa deve-se buscar os motivos (justificativas) da sua não viabilização comercial.

Assim, é importante fazer um estudo preliminar, a fim de:

a) Identificar o escopo do projeto, os problemas a serem resolvidos, os objetivos principais.
b) Identificar um número possível de hipóteses de soluções que possam satisfazer as necessidades do usuário.
c) Mostrar as vantagens e desvantagens do novo produto, desenvolvendo um plano de realização do projeto com estimativas dos recursos necessários.
d) Obter o parecer do usuário e da direção, incluindo, bem como o comprometimento deles até, pelo menos, a etapa da análise do projeto do novo produto.

Além disso, vários fatores prejudicam a viabilidade de novos produtos, tais como: escassez de ideias relevantes; mercados fragmentados; restrições societais e governamentais; aumento do custo de desenvolvimento; escassez de crédito; ciclos de vida dos produtos cada vez menores.

Os índices de fracasso são:

- Bens Industriais – 20%
- Serviços Industriais – 10%
- Bens de Consumo – 75%
- Serviços Comerciais – 30%

No planejamento do produto serão definidos todos os atributos que o mesmo deve ter, isto é, aquilo que será desenvolvido no projeto. Deve-se salientar que a qualidade não tem de ser, necessariamente, a melhor possível. Assim, ao projetarmos uma geladeira precisamos perguntar:

- Para quem o produto será dirigido?
- Por que um produto de altíssimo nível de qualidade é caro e só poderá ser comprado por pessoas de alto poder aquisitivo?

7.17 Lançamento de Novo Produto

Um novo produto envolve uma série de complexas operações, muitas horas de trabalho e uma grande aplicação de dinheiro, além de representar uma decisão estratégica da maior relevância. Seu preço de venda, em geral, é muito alto. As estatísticas mostram que a maioria dos novos produtos tem uma vida curta e os administradores, para evitar o fracasso, cercam-se de todas as precauções possíveis.

A sobrevivência de qualquer empresa está intimamente ligada à sua capacidade de rentabilidade, daí a razão para a procura de novos produtos.

O lançamento de um novo produto obriga a uma pergunta que pode levar aos mais altos índices de rentabilidade, ou a ficar meses nas prateleiras, sem saída. A pergunta é: A quem vender? Uma complexa pesquisa de mercado indicará a receptividade que poderá ter o novo produto. Analisará até mesmo a existência de concorrentes na praça. Se o novo produto for vendável, procurar saber qual deverá ser o seu preço e quais são as expectativas.

Quanto custa o produto concorrente? É uma pergunta, na procura do preço, que pode ser importante. Daí se determinar a sua venda para uma classe de maior poder aquisitivo, com a simples sofisticação do produto. Sem um produto semelhante no mercado, o processo será mais fácil. O nome do produto tem que ser curto. Cada vez mais a propaganda é visual, porque a visão domina os demais sentidos. E, além disso, os altos preços da televisão exigem que não se perca muito tempo pronunciando palavras inúteis.

Um nome curto é mais fácil de ser lido num cartaz de rua, mais econômico no espaço e no tempo. Também sua percepção e memorização são facilitadas. As cores são estudadas de acordo com o mercado a que se destina o produto. Para gente jovem, cor viva. Para aqueles mais idosos, uma cor sóbria. Para os produtos de alto consumo, uma mistura equilibrada.

Lançado o produto e comunicado ao público, a empresa passa a pesquisar o sucesso da campanha de propaganda. Ficam as perguntas: Há necessidade de sustentar a campanha? A sustentação é necessária para fixar a imagem do produto ou criar um novo hábito no consumidor? É assim que, de repente, você vê um novo produto na prateleira de seu supermercado e, irresistivelmente, se sente atraído por ele.

O lançamento do produto é, em geral, feito nos fins de semana, quando as pessoas prestam mais atenção à televisão, leem mais jornais e revistas e dão buscas em sites na Internet. E este evento configura-se quando a empresa observa as seguintes questões:

- O novo produto é compatível com os objetivos da empresa?
- A empresa possui recursos físicos, financeiros, humanos, tecnológicos, mercadológicos, administrativos e sistêmicos, que podem viabilizar o novo produto?
- Os indicadores financeiros e econômicos estão dentro do esperado?
- A análise dos custos mostrou ser possível desenvolver e lançar o novo produto?

Num mundo em que a velocidade das transformações é cada vez maior, empresas que não forem inovadoras, ou melhor, constantemente inovadoras, tendem a minguar. Segundo muitos autores a prosperidade das empresas está vinculada à inovação. Esta não se limita ao produto que é apenas uma parte do processo de gestão.

A seguir, um programa de lançamento de um novo produto:

a) Listar as razões que justificam o lançamento do produto.
b) Buscar consenso entre os polos de decisão da empresa.
c) Escolher o canal de comunicação mais conveniente (televisão, rádio, jornal, revista, mala direta).
d) Escolher a data do lançamento, observando sazonalidade, fins de semana, hora, data festiva, feriados, férias escolares, por exemplo.
e) Controlar e avaliar resultados.

Para a decisão de lançar no mercado um novo produto é necessário que, primeiro, sejam abordadas as seguintes questões de cenário:

Quanto à Oportunidade:

- O produto é necessário atualmente?
- Qual é o tamanho total do mercado e seu faturamento?
- Que tipo de consumidores comprarão o produto?
- Qual a quantidade de consumidores em potencial?
- O mercado está em expansão?
- Qual fatia é possível alcançar para volumes atraentes?
- Quais são as expectativas de vendas?
- É possível determinar quais hábitos dos consumidores afetarão o novo produto?

Quanto à Concorrência:

- O mercado está saturado?
- Quais são os possíveis produtos concorrentes?
- É possível conhecer as políticas dos concorrentes?
- Temos recursos para bancar uma competição, em preço, qualidade e atendimento?
- Qual é o nosso diferencial?
- Existe a possibilidade de a concorrência lançar, em curto prazo, um produto que seja melhor do que o nosso?

Quanto à Produção:

- Podemos fabricar o novo produto com folga?
- O novo produto utilizará recursos e processos dos já existentes na empresa?
- O novo produto se enquadra no orçamento de produção?
- Será necessário estabelecer parcerias na produção?
- Conhecemos fornecedores de recursos, suficientemente, para termos margem de manobra?
- O produto terá um nível adequado de qualidade para competir com o preço ofertado pelo mercado?

Quanto à Distribuição:

- Os canais de distribuição, que utilizamos, são compatíveis com o novo produto?
- Haverá a necessidade de armazenamento fora da empresa?
- Os distribuidores estarão, suficientemente, treinados para acrescentar o novo produto a sua grade de comercialização?
- Qual a opinião dos nossos distribuidores?
- Será preciso estabelecer promoção e propaganda na distribuição? Quanto? Quando? Como?

Quanto às Finanças:

- Os mais importantes indicadores financeiros já foram, devidamente, analisados?
- Existe capital de giro próprio para sustentar o novo produto?
- As estimativas de vendas chegam a ultrapassar o faturamento de equilíbrio?
- É possível determinar qual o nível de estoque mínimo deve ser mantido?
- Quanto tempo levará para o retorno do investimento?

7.18 Acompanhamento e Teste

Após o lançamento do novo produto no mercado, devemos realizar verificações periódicas para determinar sua aceitação. Como é possível que os concorrentes modifiquem seus produtos, sua propaganda ou preços, é importante que se obtenha informações periódicas sobre o efeito dessas alterações.

Assim, é importante que haja um acompanhamento, durante um período de, pelo menos, seis meses, porque a comparação com os novos resultados alcançados torna possível avaliar se as medidas aplicadas resolveram a problemática em pauta e, também, para verificar se existem ajustes, mudanças e modificações convenientes a serem realizadas.

O acompanhamento poderá ser feito por meio de reuniões, relatórios, controles contábeis, matrizes de análise, por exemplo.

Apesar da quantidade e calibre do trabalho de pesquisa feito para o planejamento do produto, raras vezes, os técnicos criam um produto ideal. Mas, se realizarmos testes preliminares, verificaremos que certas propriedades não foram incorporadas ao produto de maneira adequada.

É, pois, imperativo que seja feito teste piloto, para evitar que um novo lançamento fracasse, devido à deficiência técnica. Em alguns casos estes testes são extremamente caros.

Em muitas situações, os testes são, diretamente, feitos junto aos consumidores. Amostras do produto e do concorrente são entregues para testes de consumo, desde que as mesmas não sejam identificadas pelos consumidores. Tais testes ajudam a determinar pontos fracos e pontos fortes. A empresa, ao planejar um novo produto, deve paralelamente planejar o seu lançamento no mercado.

O teste de venda do novo produto deve ser feito dentro de uma zona delimitada do mercado, a que chamamos de mercado experimental. As condições para os testes de venda devem ser as mais normais possíveis. A operação deve ser igual àquela em que a empresa adotará, caso seja decidido o acréscimo do mesmo à linha de produção.

Ao ser realizado um teste de venda, é importante lembrar que não apenas um, mas vários fatores estão sendo avaliados. Também, estão sendo testados, simultaneamente, o produto, a mensagem, o meio da propaganda, os canais de distribuição, o preço de lançamento, a aceitação do nível de qualidade, por exemplo. Estes testes, embora dispendiosos e demorados, são vitais como um futuro plano de vendas.

7.19 Adoção do Produto

O processo de adoção do produto pelo consumidor começa quando termina a última etapa de desenvolvimento do novo produto. A mais antiga abordagem utilizada pelos especialistas em marketing para o lançamento de um novo produto era a de distribuir amplamente e de informar todo mundo, que pudesse ser um comprador potencial do mesmo.

A abordagem do mercado de massa apresenta duas objeções: exige altas despesas e envolve um número substancial de exposições perdidas com compradores não potenciais.

Observou-se que, mesmo dentro do grupo de grandes usuários, as pessoas diferem no tocante ao interesse em novos produtos e na rapidez com que são levadas a experimentar a novidade.

A tarefa do gerente de produto, por ocasião do lançamento, é definir os tipos de consumidor para o novo produto e questionar:

- Devem ser do tipo de adotantes imediatos?
- Devem ser grandes usuários?
- Devem possuir grande liderança de opinião?
- Devem ser fáceis de alcançar?

O executivo de marketing precisa entender que novos produtos são assimilados pelo sistema social com o tempo. A adoção do produto, por si só, é uma decisão por parte do indivíduo de utilizar regularmente a inovação. No processo de adoção de um novo produto o consumidor passa através de uma série de estágios de aceitação.

As pessoas diferem acentuadamente em suas propensões a experimentarem novos produtos. A influência pessoal exerce um papel muito grande na adoção dos novos produtos.

A administração da empresa deve entender o processo de adoção por parte do consumidor para desenvolver uma estratégia eficaz de penetração de mercado. Esse processo é seguido pela lealdade do consumidor, que é a preocupação da empresa estabelecida, e que se caracteriza pela aceitação unilateral da inovação.

Dentro dos mercados pulverizados, a empresa deve orientar sua distribuição para os melhores grupos de consumidores potenciais, que, idealmente, são adotantes:

Adotantes Imediatos – São os pioneiros da experimentação do que é novo, sendo úteis na divulgação do novo produto para outros compradores potenciais.

Adotantes Iniciais – São os consumidores que desempenham o papel de formadores de opinião, grupo de referência e agentes de mudança, tendo muita importância para acelerar a difusão do produto.

Adotantes de Marca – São consumidores leais a marca, por sua qualidade apresentada em outros produtos.

Adotantes Seguidores – São os consumidores de maior poder aquisitivo, que se apoiam nas propagandas do produto e nas opiniões dos adotantes iniciais.

Adotantes Conservadores – São os segmentos que tendem a ser mais céticos, menos sensíveis aos apelos de inovação; esperam a queda de preços para passar a consumir o produto.

Adotantes Retardatários – São os últimos segmentos a adotar uma inovação.

7.20 Desempenho do Produto

O problema do desempenho do produto está entre o desempenho esperado e o desempenho obtido. Alguns índices, indicadores, padrões e regras balizam o desempenho da empresa ou do empregado. Como estes são utilizados por um analista (avaliador) que é humano, as conclusões a que se chega é a de que o analista introduzirá vícios e virtudes, causando problemas de interpretação pelos demais.

Mesmo que medido por uma máquina, o desempenho será interpretado por uma pessoa.

Assim, o problema de avaliação do desempenho estará, em função daquele que analisa, bem como o seu nível de percepção. A análise do resultado objetiva comparar os valores resultantes com os esperados; observar se os mesmos são significativos em relação aos indicadores fornecidos pelo mercado e pela série histórica da organização.

Assim, o resultado do novo produto pode ser:

Resultado Esperado – É aquilo que se deseja como resposta positiva para todas as variáveis relevantes no desenvolvimento do produto, isto é, espera-se que ocorra o previsto.

Resultado Obtido – É aquilo que aconteceu função das respostas colhidas do produto, depois de lançado no mercado, para um período de tempo.

Resultado Possível – É aquilo que se espera do produto, considerando-se uma margem de risco, fruto de simulações, anteriormente, realizadas, baseadas em termos de probabilidade.

Resultado Probabilístico – É aquilo que se espera de um produto, tendo variáveis conhecidas, porém com consequências desconhecidas, devido ao alto nível de incerteza.

É recomendado para qualquer das situações, mostradas, que se faça um relatório de desempenho, com a finalidade de buscar erros ou desvios, sobretudo para permitir a predição de outros resultados futuros.

Um bom sistema de avaliação de desempenho deve proporcionar rápidas comparações, localizar possíveis dificuldades ou mostrar tendências significativas para o futuro.

Como não é possível modificar o que ocorreu, o relatório de desempenho serve para ajudar a corrigir, hoje, para que os mesmos erros não aconteçam no futuro. Os benefícios imediatos de um relatório de desempenho são: comunicar padrões, reunir informações e dados pertinentes, confrontar o resultado esperado com obtido. Este relatório pode indicar se a empresa vai continuar, ou não, competindo no mercado.

7.21 Venda

A mais clássica definição de venda foi formulada pela Associação Americana de Marketing e diz que: "Venda é o processo pessoal, ou impessoal, de assistir e/ou persuadir um comprador potencial a adquirir um bem ou serviço, ou reagir, favoravelmente, a uma ideia que tenha significado comercial para o vendedor".

A venda é a ação que precede a transferência de propriedade, ou utilização, de um bem ou serviço, representando uma atividade útil, necessária, difícil e desafiante, porque o vendedor tem a oportunidade de cumprir uma operação completa com início, meio e fim, refletindo responsabilidade e maturidade.

Vender é uma atividade que permite a quem vende uma autoavaliação diária do seu trabalho. Também testa a autorrealização, porque o sucesso depende do próprio vendedor. A atividade mercadológica vender se fundamenta no pressuposto de que os consumidores não comprarão os produtos, a menos que sejam estimulados para tal.

Quaisquer que sejam as mudanças que ocorram no social, econômico, político e ambiental de um país, as vendas permanecem notavelmente inalteradas em seus objetivos básicos: gerar receitas, criar consumidores cativos e desenvolver novas tecnologias de suporte. Resumindo, vender é a forma de comunicação dirigida, personalizada, persuasiva, interativa e eficaz realizada entre um vendedor e um comprador, visando eliminar as objeções deste e realizar as expectativas daquele.

Mas, nenhuma empresa, por maior e magnífica que seja, pode prescindir do setor de vendas. No final do dia, é o faturamento que conta; dá ânimo para enfrentar o dia seguinte. Em um negócio, é preciso que o comprador seja persuadido pelo vendedor a entender que o objeto da compra/venda satisfaz suas necessidades e desejos. Os consumidores, normalmente, mostram inércia e resistência para comprar. Para tal, precisam ser estimulados.

As funções de vendas e de marketing precisam ser combinadas para que os objetivos empresariais sejam alcançados mais facilmente. Deve haver um contínuo fluxo de informações entre estas funções organizacionais, caso contrário, haverá perda de esforço, tempo e recursos. Para muitas pessoas, a ideia de vender é, imediatamente, associada com a de marketing. Ideia enganosa.

Segundo Charles D. Schewe: "Historicamente, depois que os processos de produção foram suficientemente refinados, para que um enorme suprimento de produtos rolasse para fora das linhas de produção, passou a existir uma necessidade crítica de levar esses produtos às mãos dos consumidores. Em nenhuma outra época a figura do vendedor foi tão significativa".

O pessoal de vendas executa funções importantes, ajudando a empresa a sobreviver. Reconhece suas necessidades, provendo informações a respeito de produtos. Ainda promove trocas. Todavia, talvez a contribuição mais importante seja a de disseminar informações sobre inovações. Por suas próprias naturezas, as pessoas relutam em adquirir um novo produto, porque, muitas vezes, não sabem os benefícios que o mesmo pode proporcionar. Além do mais, são muito mal informadas.

Em termos de oportunidade para carreira, a maioria das empresas tem mais vagas em vendas do que em outras áreas. As posições de vendas proporcionam um profundo entendimento do mercado, e essa experiência pode ser inestimável para os que desejam erguer-se para os níveis superiores da empresa.

Os cargos em vendas têm muitas características atrativas. Embora, naturalmente, os vendedores tenham de prestar contas de seu tempo, eles não se acham sob supervisão constante. Por isso têm muita flexibilidade na alocação de seu tempo. A maioria pode determinar seu próprio horário e são poucos os que têm de bater um relógio de ponto. Outro aspecto a ressaltar diz respeito às informações colhidas no campo (mercados, organizações, ambientes), que, se bem trabalhadas, podem ajudar muito.

7.22 Processo de Venda

O processo é um conjunto de fases (etapas) de forma sequencial, apresentando mudanças ao longo do tempo, tendo certa continuidade. Estas etapas ajudam a identificar o consumidor, chegar até ele e convencer o mesmo a comprar. Então este processo é antigo, porque sempre foi assim. O problema está em como: identificar, chegar e convencer o comprador.

No processo de venda se faz necessário analisar dois aspectos: as fases da venda e os elementos componentes. A seguir, as fases da venda:

Localização do Consumidor – Assunto abordado.

Pré-Venda – Antes de ser feito contato com compradores prospectivos, o vendedor precisa preparar-se apropriadamente. Isto significa que ele deve estar bem versado nas técnicas de vender e estar informado sobre os produtos que estão sendo colocados à venda. Mas a informação que sempre é facilmente obtida pode ser muito importante para se evitar começar com o pé esquerdo.

Apresentação do Produto – Armado de dados, o vendedor está pronto para fazer contato. O primeiro passo, é obter atenção para aquilo que quer vender. Um aperto de mão é de praxe. Depois o vendedor precisa dar uma explicação que ajude o comprador em perspectiva a compreender que o produto pode lhe ser bastante útil.

A dramatização, bem como um bom visual, tem demonstrado resultados positivos. O uso de projeções, figuras, amostras, modelos, demonstrações e testes são fundamentais. É a fase em que o vendedor procura posicionar: imagem, marca, utilidade, vantagem, ponto forte, frente aos concorrentes.

Venda – Não é fácil fechar um negócio. Muitos vendedores vão muito bem até a hora de realizar a venda propriamente dita. É a fase fundamental do processo de venda. Consiste na transferência do produto do vendedor para o comprador. É a etapa crucial da venda, pois significa que o negócio foi “fechado”.

Pós-Venda – O trabalho do vendedor não fica completo depois de efetuada uma venda. São necessárias ações complementares que garantam a satisfação plena do consumidor. Muitas vezes, as negociações precisam ser reajustadas para que haja uma melhor combinação de fatores. É comum o consumidor (usuário ou paciente) necessitar de instruções adicionais para uso do produto, tendo em vista que os manuais nem sempre são, suficientemente, claros.

O vendedor arguto procura fazer amizade por meio de atos sinceros e sutis. Dar indicações de novos negócios para os clientes, trazer novas ideias para lucro, ajudar a obter pessoal capaz, mostrar interesse pelo negócio do comprador. Todos estes movimentos podem trazer bons dividendos.

A seguir, os elementos do processo de venda:

Atenção – O vendedor precisa chamar a atenção do comprador para o produto, por todos os meios éticos que possa conseguir.

Interesse – O vendedor apresenta informações relevantes que busquem o interesse do comprador para com o produto.

Desejo – O vendedor precisa despertar o desejo de aquisição do produto, seja pelo preço, qualidade, marca, visual ou por seu trabalho indutor.

Ação – O vendedor ajuda o comprador a se decidir, sempre apontando vantagens e desvantagens e também o risco do investimento.

Tempo – O vendedor de sucesso é aquele que mais bem sabe administrar o seu tempo.

Conhecimento – O vendedor precisa não só parecer, como aparecer que conhece muito bem aquilo que está vendendo.

Problema – O vendedor precisa ajudar a buscar uma solução para problemas que afligem o comprador.

Compromisso – O vendedor só deve prometer aquilo que realmente pode cumprir.

Ouvir – O vendedor precisa ouvir as necessidades e ideias do comprador, cuja maior reclamação é sobre a incapacidade de ouvir do vendedor.

Relatório – O vendedor deve redigir relatórios concisos e objetivos.

7.23 Tipos de Venda

A seguir, os principais tipos de venda:

Venda a Descoberto: Ver transação a termo; Venda feita por alguém que será proprietário em um tempo mediato da coisa negociada.

Venda a Prestação: Venda em que o pagamento é feito em parcelas mensais, com prazo determinado.

Venda a Varejo: Venda feita por loja de varejo.

Venda Adicional: Acréscimo de venda, feito sobre o pedido expresso pelo cliente comprador. Em outras palavras, é a contribuição do vendedor na venda.

Venda Adicional Imediata: Venda planejada para o processo da venda adicional, tendo em vista o potencial financeiro do cliente comprador.

Venda Adicional Mediata: Venda que se constitui, propriamente, em uma venda de ideias, isto é, deve-se plantar na cabeça do consumidor o desejo de ter um bem que ainda não está em linha de venda.

Venda Colaboração: Venda que procura eliminar a pressão pela procura de soluções que recompensem o comprador e o vendedor. É um trabalho com abordagem de longo prazo, com resultados mais consistentes que a venda tradicional.

A venda colaboração propõe um comportamento profissional no tratamento de todas as tarefas de vendas, principalmente, para construir uma relação de confiança.

Venda Consultiva: Venda em que o vendedor atua como um profissional que procura melhorar a lucratividade de seu cliente, bem como a otimização dos recursos e processos.

Venda Criativa: Venda que compreende a utilização de técnicas de criatividade para produzir ideias inéditas e úteis sobre produtos e abordagens. Seu objetivo é gerar novas e fortes impressões sobre os compradores, levando-os a considerar as mensagens de vendas de maneira não tradicional para fechamento de uma negociação.

Venda Cruzada: Venda que embute alguma vantagem para os negociantes. Geralmente, os benefícios de tal transação são informações trocadas.

Venda de Campo: Venda em que o vendedor visita o comprador.

Venda de Época: Venda realizada em períodos festivos, como: carnaval, natal, fim de ano, páscoa, copa de futebol, dia das mães, dia dos pais, dia dos namorados, dia das crianças.

Venda de Introdução: Venda cuja finalidade é a de mudar ou criar hábitos de compra no consumidor.

Venda de Promoção: Venda que visa estimular a compra pelo consumidor final e a eficiência do intermediário, através de cartazes, exposições, feiras, demonstrações, amostras e vários outros esforços não habituais ou rotineiros de vendas.

Venda de Reposição: Venda baseada numa programação acordada com o comprador, que estará, em função da situação econômica, fluxo de caixa e alternativas de produto para, além dos preços, condições de pagamento e esforço de venda da empresa com propaganda.

Venda de Rotina: Venda feita ao comprador que já tem ideia formada a respeito do produto que deseja adquirir.

Venda de Sistema: Venda conhecida como venda de pacote, é uma estratégia chave de marketing industrial em propostas para construção de projetos de grande porte, como: represas, siderúrgicas, reatores nucleares, centrais telefônicas, sistemas de comunicação, sistemas de irrigação, sistemas de esgotamento sanitário.

Venda de Substituição: Venda em que a mercadoria pedida é substituída por outra. As razões que podem motivar esta troca são: a objeção do cliente é tão forte que o vendedor sente que não pode defender o produto mostrado; o vendedor sente que se mostrar mercadoria diferente da pedida tem mais probabilidade de vender mais e melhor; quando não há a mercadoria pedida.

Venda de Tirar Pedido: Venda em que o vendedor não passa de mero tirador de pedidos, pois seu produto é de consumo obrigatório e sua marca já está consagrada. Hoje, muitos pedidos são feitos por meios eletrônicos.

Venda de Utilidade: Venda em que o vendedor mostra a utilidade para o comprador daquilo que está negociando. O conceito de utilidade é muito utilizado na indústria, que compra, por exemplo: máquinas, ferramentas, materiais e equipamentos, como utilidades, para melhor processar seus produtos.

Venda de Velocidade: Venda com características mais agressivas, importando com isso um maior número de visitas do vendedor, em um curto período de tempo, para efeito de reposição rápida de estoque.

Venda Direta: Venda realizada de pessoa a pessoa, individualmente ou não, sendo considerada muito mais como um canal de distribuição do que uma realização de venda. Sua vantagem para a empresa é que não existe vínculo empregatício entre as partes.

A venda direta começou há séculos com mascates itinerantes e se confunde com a própria origem do comércio. Neste caso os vendedores entram em contato direto com os compradores, por todos os meios disponíveis. Na venda direta, a pressão da indústria sobre o mercado é maior.

Venda Domiciliar: Venda feita no próprio domicílio do consumidor. É a venda porta a porta.

Venda Eletrônica: Venda feita por um terminal eletrônico de vendas. As conexões eletrônicas entre produtores, fornecedores, varejistas e consumidores se multiplicam a cada dia. Os clientes vão às compras através de um canal de televisão ou de um cabo telefônico conectado a um computador, podendo obter mais informações sobre os produtos. Todos os que participam do mercado via Internet devem pensar em como podem ser afetados por esse sistema de compra e venda.

Venda em Equipe: Venda que conta com um grupo de profissionais compromissados com um trabalho coletivo de atendimento ao cliente. Essa equipe é formada, geralmente, por: gerente do projeto, vendedores, coordenadores de setor, representantes do comprador, bem como outros profissionais interessados na negociação. Os participantes desta equipe, geralmente, multidisciplinar, precisam ter habilidades técnicas, humanas e gerenciais. A venda por contrato, geralmente, é uma venda em equipe.

Venda Faturada: Venda em que os valores dos produtos são faturados desde o momento que saem do distribuidor (fornecedor).

Venda Imediata: Venda que tem por objetivo o aumento de venda no ato presente.

Venda Impessoal: Venda que é realizada sem a interferência do vendedor e conseguida pela propaganda.

Venda Indireta: Venda que é realizada sem a interferência direta do vendedor. Um exemplo é venda executada na prateleira de um supermercado.

Venda Lenta: Venda que exige mais de uma visita (contato) para ser concretizada.

Venda Líquida: Venda cujo valor é igual à venda bruta (notas fiscais de venda) menos as deduções de: impostos, descontos, devoluções, taxas e encargos.

Venda Mediata: Venda que objetiva um aumento futuro do faturamento, através de um bom trabalho no presente.

Venda Missionária: Venda que trabalhará novos produtos a serem apresentados no futuro, isto é, posicionará na cabeça do comprador expectativa de realização positiva.

Venda Mista: Venda que é uma mistura de venda pessoal e impessoal pela qual se visa destacar o produto dentre os concorrentes.

Venda pela Televisão: Venda feita em função da apresentação de um produto, estimulando o consumidor a entrar em contato com o fornecedor. Obviamente que o anúncio só apresenta vantagens e benefícios do produto, com um preço anunciado "por apenas".

Venda pelos Correios: Venda que confia que os compradores façam pedidos por telefone, ou e-mail, a anúncios feitos por meio de folders, prospectos e catálogos. Estas vendas são para uso imediato do produto.

Venda Personalizada: Venda que procura explorar a seguinte regra: Venda para pessoas pelo método que elas mesmas gostariam de comprar. Essa regra desenvolve no vendedor a habilidade de incorporar as características do comprador, pois a tendência humana é comprar de pessoas que sejam semelhantes a nós.

Venda Pessoal: Venda que é um processo interativo, face a face, entre vendedor e comprador com o propósito de esclarecer as dúvidas sobre determinado produto. Ela é ferramenta mais eficaz em termos de custo no desenvolvimento da preferência, convicção e ação do consumidor. Também permite ao vendedor trabalhar um processo de venda específico, para cada comprador, sendo possível tomar conhecimento da personalidade do mesmo e qual a melhor tática de abordagem.

Venda por Catálogo: Venda efetuada a partir de um catálogo ou folheto enviado pelo correio. Esse tipo de varejo costuma ser utilizado por empresas de turismo que oferecem viagens. Revistas e jornais que oferecem assinaturas.

Venda por Consórcio: Venda como crédito direto ao consumidor, que trabalha com taxas de juros de mercado, os consórcios fixam suas mensalidades de acordo com o preço à vista dos produtos. Esse preço poderá ser reajustado mensalmente.

Venda por Contrato – Venda para construção de projetos de grande porte, como: represas, siderúrgicas, reatores nucleares, centrais telefônicas, sistema de comunicação, sistema de irrigação, sistemas de esgotamento sanitário.

Venda por Mala Direta – Venda que trata de um serviço de remessa, geralmente pelos correios, contendo promoções ou propaganda endereçada a grupos selecionados de consumidores potenciais. Suas funções são, basicamente, as seguintes:

- Encaminhar mensagens de venda e relações públicas.
- Provocar a ação do cliente através do correio (real ou virtual).
- Encaminhar questionários de pesquisa.
- Prestar serviços de encomendas.
- Usar todo tipo de serviço prestado pelos correios.
- Provocar contatos diretos de vendas.
- Fazer pagamentos.
- Autorizar fechamento de pedidos.
- Manter contato estrito com: agentes, filiais e representantes de vendas.

Venda por Máquina: Venda feita por máquinas que são muito utilizadas em locais de grande fluxo de pessoas, para venda de produtos como refrigerantes, sanduíches, salgados, chocolates. A compra é feita automaticamente, com a inserção de moeda ou ficha. Estas máquinas são encontradas em todos os lugares, cuja vantagem é oferecer produtos de conveniência durante 24 horas, sem manipulação de terceiros.

Venda por Produto: Venda feita segundo os seguintes elementos do produto: qualidade, marca, preço de venda, composto do produto, ciclo de vida do produto, margem de contribuição, distribuição, índice de reclamações.

Venda por Reunião: Venda também conhecida como reunião de venda, é aquela em que um vendedor se dirige à casa de uma anfitriã que convida vizinhas e amigas para um lanche, em que serão demonstrados os benefícios, as características e vantagens dos produtos ofertados.

É interessante observar que quanto mais pessoas estiverem reunidas, tanto mais tempo será necessário para uma atuação conjunta, e tanto menos tempo se terá disponível para trabalhar, realizar funções e obter resultados.

Venda por Telefone: Venda que é compensadora para a empresa, mas isso não quer dizer que seja fácil. Há uma série de preceitos para conseguir a atenção do consumidor sem irritá-lo, tais como:

- Objetividade é o mandamento número um desse negócio.
- Venda por telefone é prestação de serviço, não é "malho".
- É preciso ter na ponta da língua os argumentos a favor dos produtos ofertados.
- Ganhar a simpatia das secretárias de escritórios.
- Ligar em horas apropriadas para o consumidor.
- Quem fala ao telefone deve ter voz agradável e modulada.
- Transmitir entusiasmo pelo que vende.

Venda por Vendedor: Venda feita em função dos relatórios de venda.

Venda Proativa: Venda em que o vendedor procura saber tudo sobre o comprador antes da visita. Quando o profissional de vendas faz isso corretamente, ele sempre chega primeiro aos melhores compradores, porque as pessoas sabem que ele está disposto a ajudar com alguma coisa nova, tendo um pouco mais de imaginação, coragem ou agressividade.

Venda Prolongada: Venda em que o vendedor já fez tudo o que estava ao seu alcance para fazer o comprador decidir, como: reuniões, propostas, demonstrações, acompanhamentos diversos, visitas, e-mails. Nesta venda é a indecisão do comprador que tem de ser trabalhada.

Venda Reativa: Venda que funciona de maneira contrária à venda proativa, ela é aquela em que o vendedor tem limitações, passando a ser um tirador de pedidos. Pode-se pensar que todas as pessoas gostariam mais de ser proativas do que reativas, mas o mundo não deixa que sejam assim. Às vezes, somos apanhados em situações que nos sufocam, antes mesmo que percebamos.

Venda Recíproca: Venda que se realiza se houver uma reciprocidade, isto é, ambos são vendedores e compradores para o mesmo ato.

Venda Relacionamento: Venda que consiste no desenvolvimento de atividades pelo vendedor com seu cliente para alcançar objetivos comuns, mutuamente benéficos e de longo prazo.

Venda Repetitiva: Venda que ajuda a medir a taxa de compra do cliente.

Venda SPIN: Venda baseada em: Situação, Problema, Implicação e Necessidade. Modelo SPIN procura descrever como deve ser o processo e não ser tratado como fórmula mágica.

Venda Tradicional: Venda que se caracteriza pelas ações em que o vendedor procura realizar a transação com mensagens sobre o produto e suas características, tentando impor ao comprador as vantagens que ele irá obter. Essa venda não se baseia no fator confiança e tampouco na satisfação das necessidades e desejos do comprador, e, ainda, contém um alto índice de pressão para o fechamento da venda.

Venda Um a UM: Venda que precisa de um contato direto do vendedor com o comprador (consumidor, usuário, paciente).

7.24 Material de Apoio

Os materiais de apoio mais utilizados, como suporte de divulgação e operação pelo pessoal de vendas, são:

Mostruário – Conjunto de amostras de uma determinada coleção ou linha de produtos. A amostra deve ser representativa dos produtos a serem ofertados.

Portfólio – Material diversificado, como: desenhos, estampas, gravuras, fotos, que mostram os produtos que um vendedor apresenta a um potencial comprador.

Piloto – Versão de um determinado produto que está sendo testado para colher e avaliar informações sobre: mercado, ambiente, consumidor, marca, imagem da empresa e estratégia de lançamento, por exemplo.

Cartaz – Anúncio ou aviso de grande formato, próprio para afixação em ambientes amplos ou ao ar livre, em geral, com acentuação no aspecto visual. Sua maior vantagem é a flexibilidade.

Banner – Uma espécie de cartaz menor, como uma bandeira, que depende de uma haste de sustentação. Um banner contém as atividades ou qualidades daquilo que se quer apresentar.

Folder – É um folheto dobrado, geralmente entregue pelos correios, ou em mãos, em que são relatados os serviços que se quer divulgar.

Prospecto – Pequeno impresso de propaganda com ilustrações, geralmente, distribuído de porta em porta e nos semáforos das ruas, ou, ainda, pelos Correios. É barato, mas poucas pessoas leem. Também podem ser enviados pelos correios (e-mail).

Letreiro – Propaganda com letras luminosas. Vantagem: destaque à distância. Desvantagens: custo de manutenção.

Catálogo – Relação ou lista de: pessoas, endereços, serviços, bens, fornecedores, assinantes.

Tabela – É uma matriz de duas entradas em que são mostrados os valores, resultados, atividades, datas, assuntos, eventos, em função das condições, dos critérios e dos recursos utilizados.

Listagem – Listagem é um arquivo de nomes, endereços, telefones, e-mails.

Agenda de Trabalho – É uma lista sumária, geralmente, com data e hora marcadas, em que são feitas anotações de compromissos, transmissão de informações, apontamentos pessoais, questões a serem debatidas, tarefas a serem cumpridas, ações e decisões a tomar, por exemplo.

7.25 Técnicas de Venda

Técnica é uma maneira, jeito ou habilidade especial para se executar ou fazer algo. A utilidade de uma técnica depende diretamente do método que a mesma emprega, e vice-versa. A técnica está ligada ao modo de realizar a atividade de maneira mais eficiente.

Assim, podemos estabelecer que o método está relacionado à estratégia (caminho a ser percorrido) e à tática (mudança de direção do caminho, se o mesmo mostrar erro).

Existem muitas técnicas de vendas apregoadas nos diversos livros sobre vendas, isto é, como o vendedor deve ter conhecimento da maneira de se aproximar do cliente consumidor.

A seguir, são colocados alguns procedimentos de venda no trabalho de um bom vendedor:

a) Sorrir – O sorriso diz mil coisas e, entre elas: paz, amizade, boa vontade, simpatia, carinho, amor.
b) Ouvir – Quase tudo que está na nossa memória passou pelos sentidos. Depois dos olhos, são os ouvidos que mais informam.
c) Ler – A leitura do cliente comprador é importante, isto é, como ele se expressa, como decide, como se apresenta e como seu corpo se movimenta. A leitura corporal é fundamental, pois deixa transparecer como a pessoa reagirá a um fato, fenômeno ou juízo, por exemplo.
d) Informar – A informação é uma necessidade, não só para as pessoas, em geral, como, principalmente, para aquelas que trabalham com o público.
e) Estimular – O estímulo ajuda o cliente consumidor a se movimentar da atenção à ação.
f) Construir – Uma dificuldade que, frequentemente, aparece na venda é saber até onde ir, quando parar e quando continuar.
g) Contornar Objeções – A boa razão diz que se vive em um mundo de opiniões, porque nem sempre se conhece a verdade sobre os fatos e acontecimentos.
h) Fechar a Venda – É a fase decisiva, e só ela diz se valeu realmente todo o trabalho feito. O receio da não conclusão do processo começado é uma constante na vida do vendedor.

O estilo comportamental de um homem, no exercício de suas funções, é em grande parte determinado por sua formação e personalidade. O engenheiro é mais preciso e formal do que um homem com formação no setor de vendas.

O vendedor será agressivo e, por natureza, será também sensível às sugestões dos outros, pois aqueles que sabem persuadir podem ser persuadidos.

Cada vendedor possui seu próprio estilo de vender, que não pode funcionar com todo mundo. Os profissionais de venda mais bem-sucedidos são aqueles que têm consciência de seu estilo. Eles conscientemente trabalham e aperfeiçoam um *modus operandi* que se mescla com sua personalidade e não entra em conflito com o produto que está vendendo. Sabem exatamente o que estão fazendo.

7.26 Objeções em Vendas

Uma das queixas dos diretores, gerentes e supervisores de vendas é sobre a força de vendas, no que diz respeito às objeções. Na verdade, a maioria dos vendedores não sabe como tratar objeções, isto é, as razões para não comprar.

As objeções nada têm a ver com realizar vendas, mas muito com o estilo do vendedor atuar, que carece de uma argumentação convincente e persuasiva.

Muitas vezes, durante a apresentação de vendas, um comprador em perspectiva fará objeções. Comportamento muito natural do ser humano. Ele pode indicar ao vendedor o quanto longe ele está de efetuar uma venda.

A objeção mostra onde há uma incongruência entre o desejável e o oferecido. Mas, os vendedores precisam ter certeza de que descobriram o motivo da objeção, muitas vezes, despercebido. As objeções proporcionam uma oportunidade para o vendedor mostrar-se capaz diante do comprador.

Existem muitas maneiras de tratar uma objeção. O método a ser usado depende da situação conforme o vendedor a perceba. Ninguém gosta que lhe contradigam diretamente e, por isso, uma negativa direta da objeção é tipicamente evitada.

O modo como um profissional de vendas lida com a aceitação e a rejeição diz muito sobre o seu potencial de vender. É imperioso que o vendedor encare e aceite com naturalidade a objeção. Depois de fechar uma venda o vendedor deve evitar falar qualquer coisa, pois é possível torpedear todo um trabalho com uma só palavra.

A seguir, algumas premissas para contornar objeções em vendas:

- Não confunda falta de resposta com hostilidade.
- Faça muitas perguntas que venha ao encontro dos interesses do seu cliente comprador.
- Não fale muito depressa e não tão lento para cansar o cliente.
- Planeje a agenda do encontro, não faça nada de cambulhada.
- Demore tanto quanto possível para ouvir a argumentação do comprador potencial.
- Aprenda sobre a arte de ouvir.
- Evite repetições, redundâncias, vícios de linguagem, chavões e erros de construção verbal.
- Seja objetivo, não confundindo com objetividade e pragmatismo, pois são conceitos diferentes.
- Argumente sobre o que o produto pode ajudar e/ou agregar valor ao cliente.
- Nunca dê plena certeza de nada, e muito menos trate os negócios como "definitivos", pois tudo na vida é provisório e a única certeza que temos é a incerteza.
- Não assumir compromissos que não pode cumprir.

7.27 Diagrama de Vendas

Diagrama, conforme abordado, é um gráfico, geralmente, em um espaço bidirecional, onde podemos representar, por meios de pontos, linhas e superfícies, resultados, estruturas, rotinas, relações, atividades, programas, controles, prazos, gargalos e programação, por exemplo.

Os mais importantes diagramas utilizados são: organogramas, fluxogramas, cronogramas e congestionograma. Mas, o mais clássico dos diagramas é o fluxograma.

A seguir, um fluxograma de vendas:

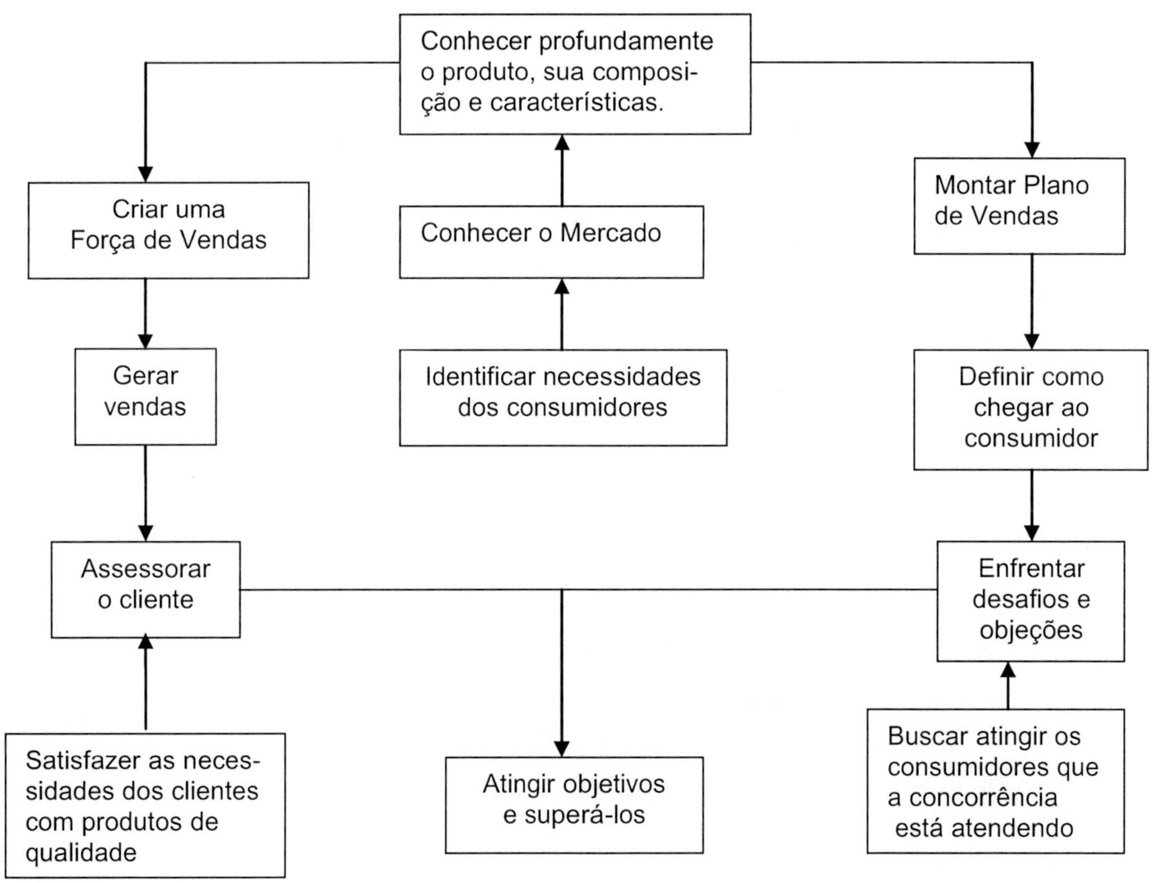

Figura 7.2: Diagrama de Vendas.

7.28 Controle de Vendas

Controle do Faturamento – O controle do faturamento e seu desvio servem para acompanhar o desempenho da equipe de vendas e se a mesma está cumprindo as metas estabelecidas. Ele deve indicar o faturamento bruto diário e seu valor acumulado, num determinado período. Através desse controle pode-se verificar se as metas estão sendo atingidas. Tal controle deve conter os seguintes elementos: período, data, venda executada, venda faturada, venda entregue, rentabilidade, cota.

Controle do Perfil do Consumidor – Este controle é na verdade o cadastro geral dos consumidores, sendo atualizado diariamente. Ele deve conter: nome, endereço real, endereço virtual, telefones, identificação, qualificação, classificação do consumidor, média mensal de compras, limite de crédito.

Controle de Vendas por Vendedor – Este controle ajuda a premiar aqueles que mais venderam. É comum, em empresas, encontrar-se o quadro "Campeão de Vendas", como motivação e incentivo à força de vendas. Tal controle deve conter: nome do vendedor, data, vendas efetuadas (valor e volume), vendas canceladas, vendas acumuladas, clientes visitados, novos clientes.

O controle de vendas por vendedor mostra e compara o resultado mensal de cada vendedor com a média do grupo. Assim, fica claro, através do índice de performance, qual o vendedor que precisa de assistência da gerência de vendas.

Controle de Vendas por Produto – O controle de vendas por produto mostra qual produto está vendendo mais e qual está vendendo menos. Este controle é o fato gerador para se intensificar todas as forças no produto campeão e, também, servir de modelo de decisão para qual produto deva ser descontinuado ou mais bem trabalhado.

Controle da Conta do Consumidor – Este controle ajuda a demonstrar a liquidez do consumidor e sua capacidade de compra. Contém os seguintes elementos: nome do consumidor, qualificação, região, zona, data, nota fiscal, fatura, parcelamento, valor, quitação, saldo devedor, atraso, observações.

Controle de Devolução de Mercadorias – Uma preocupação em vendas é com a devolução de mercadorias, porque retrata a qualidade do produto e do atendimento. Este controle deve conter informações quanto aos defeitos, prazos de entrega não atendidos, especificações fora dos padrões, valores não contratados.

7.29 Avaliação de Vendas

O setor de vendas será avaliado para verificar como as vendas foram efetuadas; qual contribuição de esforços despendidos em propaganda e promoção levou ao sucesso (fracasso); como os canais de distribuição e de comunicação afetaram a rentabilidade dos produtos. Não é suficiente ser um profundo conhecedor de técnicas de vendas, se você não tiver senso crítico e avaliar as dificuldades com que se defronta a empresa.

A gerência de vendas, bem como a direção da empresa, possui diversas ferramentas para obter informações e poder avaliar o desempenho do vendedor e da força de vendas, tais como: relatórios; visitas a clientes consumidores; observações de campo; reclamações de consumidores; reuniões. Para fazer uma boa avaliação de vendas devemos questionar sobre:

- Os vendedores tendem a promover produtos não lucrativos?
- Datas de entrega irreais são prometidas?
- Pouco esforço é desenvolvido para promover os artigos que se encontra em quantidade apreciável no estoque?
- O vendedor reluta em mudar a política de preços?
- São efetuadas verificações regulares para se saber quais os produtos que devem ser colocados em promoção?
- Há pouco caso na avaliação de custos?
- Atraso de novos modelos para a temporada que se inicia?
- Os ciclos operacionais dos produtos são muito longos?
- Alguns vendedores são mais bem tratados do que outros?
- Produção queixa-se de que o setor de vendas dá vazão a produtos menos lucrativos?

- Produção tem apreciação inadequada dos problemas de vendas e desconhece as necessidades dos consumidores?
- Vendedores aceitam pedidos de produtos que faltam no estoque?
- Vendedores conhecem realmente as necessidades dos consumidores?
- Vendedores atualizam seus conhecimentos tecnológicos?

Avaliar desempenho de vendas significa comparar os resultados obtidos com os previstos. Esta comparação se faz para volume de vendas, valor de vendas, novos consumidores, consumidores perdidos, gastos com vendas, visitas, performance do vendedor, movimentação de vendedores, tendência de mercado.

Assim, por exemplo, o objetivo da avaliação do vendedor é verificar: conduta no trabalho; competência administrativa; capacidade de decidir; habilidade de comunicação; vontade de crescer profissionalmente; conhecimento do produto, mercado, empresa, público-alvo e ambiente.

7.30 Atuação em Vendas

A seguir, serão mostrados exemplos da atuação em vendas:

Eficiência de Vendas – A eficiência de vendas é conseguida quando comparamos receitas com vendas e despesas de comercialização, isto é, ela determina quanto uma unidade monetária de gasto corresponde ao montante de vendas. Sua fórmula é a seguinte:

Eficiência de Vendas = Receita com Vendas / Despesa de Vendas

Exemplo:
Receita com Vendas = R$ 500.000,00
Despesa de Vendas = R$ 5.000,00
Eficiência de Venda = 500.000 / 5.000 = 100

Análise:
No exemplo acima, para cada unidade monetária gasta com venda a empresa fatura cem unidades. Porém, todo esforço para aumentar a receita com vendas pode acabar, se as despesas também aumentarem.

Eficácia em Vendas – A eficácia em vendas é uma avaliação dos resultados relativos aos principais clientes e se tais resultados são de lucro ou prejuízo. A análise da avaliação mostra se alguns desses clientes devem ser descontinuados, ou se merecem alguma atenção especial. A seguir, um exemplo de uma análise da eficácia em vendas, tomando como referencial um demonstrativo de resultado:

Contas	A	B	C	Total
1 – Receita com Vendas	50.000 (50%)	30.000 (30%)	20.000 (20%)	100.000 (100%)
2 – Custos	20.000 (50%)	12.000 (30%)	8.000 (20%)	40.000 (100%)
3 – Lucro Bruto (1 - 2)	30.000 (50%)	18.000 (30%)	12.000 (20%)	60.000 (100%)
Despesas com Vendas:				
4 – Salários	4.000 (30%)	3.000 (40%)	5.000 (42%)	12.000 (100%)
5 – Comissões	7.500 (50%)	4.500 (30%)	3.000 (20%)	15.000 (100%)
6 – Viagens	1.500 (25%)	1.800 (30%)	2.700 (45%)	6.000 (100%)
7 – Outras	6.000 (33%)	6.000 (33%)	6.000 (33%)	18.000 (100%)
8 – Total (4 + 5 + 6 + 7)	19.000 (37%)	15.300 (30%)	16.700 (33%)	51.000 (100%)
9 – Lucro Líquido (3 - 8)	11.000 (122%)	2.700 (30%)	- 4.700 (-52%)	9.000 (100%)

Quadro 7.2: Análise Horizontal da Eficácia em Vendas.

Análise:
O cliente C precisa ser descontinuado, devido ao prejuízo. O cliente B merece uma análise sobre as despesas.

7.31 Gerência de Vendas

A palavra gerência (management) tem sido usada como sinônimo de administração, mas, na verdade, apesar de muitas pesquisas, este termo ainda continua um tanto ambíguo. Cabe à função gerência a arte de pensar, decidir, agir, fazer acontecer, prover recursos, atingir objetivos estabelecidos e obter resultados positivos. Resultados que podem ser projetados, previstos, analisados e avaliados, mas que têm de ser alcançados por pessoas dentro de uma interação constante.

A gerência precisa alocar recursos no tempo e espaço adequados, ou seja, é o exercício de uma atividade que exige mais de uma pessoa para exercê-la; precisa ter um objetivo comum; requer uma ação calculada; necessita de cooperação e coordenação entre pessoas.

A gerência de vendas é função executiva, coordenadora e ordenadora, cuja finalidade é avaliar os resultados da força de vendas.

A preocupação do gerente de vendas está relacionada, diretamente, com a maximização da receita com vendas, volume e entrega dos produtos faturados. Cabe a ele ultrapassar as metas estabelecidas, dividir as cotas entre vendedores, participar na elaboração de estratégias e políticas de abordagem do mercado e dos consumidores.

O gerente de vendas deve desenvolver programas de recrutamento, seleção e treinamento, criar mecanismos de motivação para os vendedores, trabalhar a marca e a imagem dos produtos da empresa, criando e mantendo consumidores. O treinamento deve estar voltado para as técnicas de venda, visitas aos clientes consumidores, preenchimento de pedidos e assistência ao consumidor.

O gerente de vendas deve criar sistemas de informação e comunicação, ajudar o pessoal de Pesquisa & Desenvolvimento, alocar recursos, desenvolver rotinas, procedimentos, arquivos e formulários. E, ainda, controlar a carteira de pedidos, avaliar o desempenho da força de vendas, redigir relatórios e controlar resultados, por meio de indicadores de gestão.

O papel do gerente de vendas é um dos mais vitais para a realização dos objetivos da empresa, bem como a sua sobrevivência. Atividades chaves deste gerente, além de serem congruentes com as estratégias de vendas, devem contribuir para que o seu próprio feedback ajude a reformular táticas de vendas. Por estarem junto aos clientes, os gerentes de venda trazem grandes contribuições às implementações de desenvolvimento de novos processos, novos projetos, novos produtos e novas marcas.

7.32 Indicadores de Venda

Os indicadores representam um sistema peculiar de análise empresarial. Tal sistema consiste na comparação de dois ou mais elementos, de modo a se obter uma indicação (relação, medida) significativa da situação e, ao mesmo tempo, uma representação sintética da mesma. Um conjunto de indicadores bem estudado permite esclarecer a situação da empresa, através de elementos chaves.

Quando se compara elementos, pode-se chegar a duas respostas: uma avaliação da proporção existente entre os valores e uma avaliação do desenvolvimento de um valor em relação a outro tomado como base.

Os indicadores permitem comparar dois ou mais dados, de modo a se obter uma análise significativa da situação. O poder do administrador para analisar a situação de uma empresa é dado pelos seus registros históricos. Uma comparação dessa natureza é importante, pois não se pode esperar que uma empresa apresente indicadores e taxas menores que aqueles medidos de uma amostra de empresas de seu mercado.

Muitos indicadores levam o nome de taxa pela sua resposta em valores percentuais. Os indicadores de venda retratam a relação entre: consumidor, produto, preço e receita com vendas.

A seguir, alguns dos mais importantes indicadores de venda:

Taxa de Devolução – Uma preocupação em vendas é com a devolução de mercadorias, porque retrata a qualidade do produto e do atendimento. Este controle deve conter informações quanto aos defeitos, prazos de entrega não atendidos, especificações fora dos padrões, valores não contratados.

A devolução de mercadorias é a ação em que o comprador devolve ao vendedor as mercadorias que comprou, em função de defeitos, qualidade do produto, especificações fora do padrão contratado, prazos de entrega fora do estabelecido, valores não contratados, atendimento deficiente. A taxa de devolução é dada pela fórmula:

Taxa de Devolução = Mercadorias Devolvidas / Mercadorias Vendidas

Exemplo:
Mercadorias Devolvidas = 300 peças
Mercadorias Vendidas = 50.000 peças
Taxa de Devolução = 300 / 50.000 = 0,006 = 0,6%

Análise:
A taxa de devolução ajuda a medir o controle de qualidade da empresa. Uma taxa de devolução de 0,6% é excelente.

Taxa de Defeitos – A taxa de defeitos é dada pela fórmula:

Taxa de Defeitos = (Produtos Defeituosos - Produtos Recuperados) / Total de Produção

Exemplo:
Produtos Defeituosos = 20
Produtos Recuperados = 5
Total de Produção = 500
Taxa de Defeitos = (20 - 5) / 500 = 0,03 = 3%

Análise:
Uma empresa deseja taxas de defeito muito baixas. Para tal, precisa implantar um programa "Zero Defeito", para motivar a não fabricação de produtos defeituosos. Deve haver premiações para os empregados que apresentarem qualidade, sob todos os aspectos.

Taxa de Reclamação – O controle de reclamação, ou taxa de reclamação, pode ser geral ou por produto. Se, por exemplo, os resultados apresentados pela empresa foram os seguintes:

Controle Geral de Reclamações					
N	Mês	Reclamações	Acumulado	Média	Taxa
1	janeiro	100	100	100	Zero
2	fevereiro	50	150	75	-33%
3	março	80	230	77	+ 4%
4	abril	70	300	75	- 7%

Quadro 7.3: Controle Geral de Reclamações.

Onde:
N = Número de meses
Média = Valor acumulado / número de meses

Cálculo da taxa de reclamação (TR) para o mês de março:

TR = [(Reclamações) / (Valor Acumulado / Número de meses)] - 1

Exemplo:
Reclamações = 80
Valor Acumulado = 230
Número de meses = 3

TR = [(80) / (230 / 3)] - 1 = (80 / 76,70) - 1 = 1,043 - 1 = 0,043 = 4,3% = 4% (aproximadamente)

Análise:

O controle de reclamações apresentado se refere a um curto período de tempo. Mesmo assim, os resultados apresentados, de janeiro até abril, mostraram que a empresa vem fazendo um esforço para diminuir as reclamações, cujo valor ideal é próximo de zero, o que é muito difícil de conseguir.

Taxa de Vendas por Vendedor – Taxa que ajuda a medir a capacidade proativa do vendedor na condução das atividades de vender, bem como a solucionar problemas, obstáculos e objeções. A taxa de vendas por vendedor (TVV) é dada pela fórmula:

TVV = Vendas do Vendedor / Total de Vendas

Exemplo:
Vendas do Vendedor = $ 5.000,00
Total de Vendas = $ 80.000,00
Taxa Individual de Vendas = 5.000 / 80.000 = 0,0625 = 6,25%

Análise:

Esta taxa mostra a participação do vendedor no montante de vendas e ajuda a premiar os melhores com incentivos.

Taxa de Inadimplência – A taxa de inadimplência é dada pela fórmula:

Taxa de Inadimplência = Contas de Liquidação Duvidosa / Contas a Receber

Onde:
Contas de Liquidação Duvidosa = Contas a receber, cujos valores, provavelmente, não serão liquidados
Contas a Receber = Levantamento que se faz numa data qualquer, ou aprazada, para determinar quanto, em dinheiro, a empresa tem a receber de seus devedores; recebíveis

Exemplo:
Contas de Liquidação Duvidosa = $ 24.000,00
Contas a Receber = $ 400.000,00
Taxa de Inadimplência = 24.000 / 400.000 = 0,06 = 6%

Análise:

É comum, hoje, se considerar o valor de 3% como limite máximo para a empresa começar a se preocupar. Assim, a mesma deve provisionar valores para devedores duvidosos. No exemplo acima, a taxa de 6% é um valor, relativamente, alto. A inadimplência é considerada como um atraso de pagamento acima de 90 dias.

Taxa de Cancelamento – O cancelamento do pedido é um ato solicitado pelo comprador, devido, principalmente, ao não cumprimento de prazo por parte do vendedor. Mas, também pode ser devido à falta de capital de giro para pagar mais uma dívida. A taxa de cancelamento é dada pela fórmula:

Taxa de Cancelamento = Pedidos Cancelados / Total de Pedidos

Exemplo:
Pedidos Cancelados = 20
Total de Pedidos = 240
Taxa de Cancelamento = 20 / 240 = 0,083 = 8,3%

Análise:

Uma taxa de cancelamento acima de 5% deve começar a preocupar a empresa.

7.33 Plano de Vendas

Um plano, se for adequadamente preparado, conterá detalhes suficientes para a sua implementação, mas, se for feito às pressas e inadequadamente construído, pode causar muita perda de tempo, constrangimento e desconfiança quanto ao destino da organização.

Um plano de venda estabelece objetivos; sugere estratégias e recursos para alcançá-los. Deve identificar as oportunidades de negócios mais promissoras para a empresa e esboçar como penetrar, conquistar e manter posições em mercados identificados.

O plano de vendas é uma ferramenta de comunicação que combina todos os elementos do composto mercadológico num plano de ação coordenada. Um plano de vendas é o documento que ajuda a empresa comercializar bens e serviços.

Pessoal de vendas de todos os níveis deve esforçar-se para entender este plano, porque ele inclui, geralmente, enfoques específicos e caminhos a seguir, para a identificação de clientes em potencial, determinando por que, onde, como e quando eles compram. Também é possível que o mesmo identifique como mais facilmente os consumidores serão atingidos e levados a comprar.

Um plano de venda deve analisar o seguinte:

- Situação atual do mercado.
- Situação dos produtos da empresa.
- Participação da empresa no mercado.
- Potencial do mercado.
- Situação da concorrência.
- Necessidades dos consumidores.
- Contingências ambientais.
- Tendências tecnológicas.
- Segmentação do mercado.
- Regulamentação governamental.
- Posição matricial de cada produto.
- Prognósticos e suposições sobre o ciclo de vida do produto.
- Previsão de vendas.
- Estratégias e táticas.
- Ciclo operacional de cada produto.

Embora os modelos de planos de venda variem de empresa para empresa, um bom modelo contém pelo menos os seguintes componentes: antecedentes do produto; projeções de vendas e lucros; desenvolvimento de estratégias de vendas; mecanismos de controle; tamanho, estrutura e comportamento do mercado alvo; posicionamento do produto e das vendas; participação no mercado; metas de vendas e de lucros a alcançar nos primeiros anos; território de atuação; preço previsto para o produto; estratégias de distribuição; orçamento; composto de marketing; tendências; leitura do cenário.

7.34 Orçamento de Vendas

O orçamento é um plano que especifica receitas e gastos antecipadamente, em um dado período. Previsões e orçamentos não podem ser considerados como sinônimos. Uma previsão é uma tentativa de determinação de futuros eventos.

O orçamento, pelo contrário, é a manifestação de uma vontade tendente a orientar os eventos futuros na direção mais oportuna. Também pode ser considerado como um documento que discrimina a origem e a aplicação dos recursos que serão utilizados para um determinado fim, ou, ainda como um mecanismo de controle, à medida que o plano estabeleça medidas para atingir objetivos a serem atingidos por cada um dos responsáveis.

Em muitas empresas, o orçamento acaba se transformando no principal instrumento de trabalho gerencial e tudo passa a ser expresso em termos de valores monetários, como: previsão de vendas, salários a pagar, encargos sociais e gastos com propaganda.

O orçamento não constitui um instrumento rígido de contenção de despesas, podendo ser bastante flexível a ponto de permitir uma variedade de ajustes, quando necessários.

Os orçamentos criam a premissa lógica para uma estimativa ponderada dos custos, porquanto permitem uma avaliação do nível operacional futuro da empresa e também oferecem a relação entre volumes de produção e despesas de operações. Partindo dos recursos financeiros necessários à execução, o orçamento deve especificar as estimativas dos resultados esperados.

É importante que o orçamento seja congruente com os objetivos da empresa.

Muitos são os benefícios do orçamento trás, como os seguintes:

- Os orçamentos compelem os gestores a pensar no futuro pela formalização de suas responsabilidades no planejamento.
- Os orçamentos fornecem expectativas definidas, que são a melhor estrutura para julgar o desempenho subsequente.
- Os orçamentos ajudam os gestores na coordenação de seus esforços, de modo que os planos das subunidades da organização satisfaçam os objetivos da organização como um todo.
- Os orçamentos forçam a administração a planejar para o futuro; a desenvolver uma direção geral para a organização; a prever problemas e a desenvolver políticas.
- Os orçamentos possibilitam aos gerentes tomarem decisões mais acertadas. Se, por exemplo, um orçamento de caixa mostra déficit, o controlador aciona a Seção de Crédito e Cobrança.
- Os orçamentos servem para mostrar o papel de cada um dentro da organização e para encorajar o trabalho em conjunto.

O orçamento de vendas é uma estimativa conservadora do volume de vendas esperado e é usado, principalmente, para as decisões de compras, produção e fluxo de caixa.

Itens Orçados / Trimestres	1º Trim.	2º Trim.	3º Trim.	4º Trim.	Ano Seguinte
1 – Unidades	2.000	6.000	6.000	2.000	16.000
2 – Preço de venda por unidade	0,70	0,70	0,80	0,80	0,75
3 – Total de vendas (1 x 2)	1.400	4.200	4.800	1.600	12.000

Quadro 7.4: Orçamento de Vendas.

Itens Orçados / Trimestres	1º Trim.	2º Trim.	3º Trim.	4º Trim.	Ano Seguinte
1 – Unidades produzidas	2.000	6.000	6.000	2.000	16.000
2 – Custo variável unitário do produto	0,05	0,05	0,05	0,05	0,05
3 – Despesas variáveis de vendas (1 x 2)	100,00	300,00	300,00	100,00	800,00
4 – Despesas fixas de marketing:					
5 – Salários	10,00	10,00	10,00	10,00	40,00
6 – Propaganda	10,00	10,00	10,00	10,00	40,00
7 – Depreciação	5,00	5,00	5,00	5,00	20,00
8 – Viagens	3,00	3,00	3,00	3,00	12,00
9 – Total das despesas fixas (5 + 6 + 7 + 8)	28,00	28,00	28,00	28,00	112,00
10 – Total de despesas de vendas (3 + 9)	128,00	328,00	328,00	128,00	912,00

Quadro 7.5: Orçamento de Vendas por Produto.

7.35 Relatório de Vendas

Um relatório é uma apresentação escrita ou oral, para transmitir uma informação a um leitor determinado, sob uma forma completamente imparcial e sob o aspecto mais útil ao leitor, com o propósito de resolver um problema específico. Em essência, um relatório é uma narração descritiva, qualitativa ou quantitativa de uma determinada situação.

Alguns autores consideram que um relatório é um conjunto de informações organizadas para descrever uma situação, podendo ou não apontar, na conclusão, uma hipótese de solução para um determinado problema.

O passo final no processo de pesquisa é redigir o relatório. É importante que os pesquisadores expliquem seus processos de pesquisa e documentem o que ficaram sabendo, de maneira simples e direta. A primeira parte do relatório deve apresentar um sumário de seus pontos altos, para que os destinatários possam ver rapidamente que conclusões foram alcançadas.

O relatório deve mencionar quaisquer limitações que o estudo possa ter e quaisquer problemas que tenham sido identificados quando da coleta de dados.

Devido às especificações do relatório, esta passa a ser uma das melhores fontes de avaliação do clima, da cultura e do comportamento organizacional. Um bom relatório precisa ser atual, mostrar desvios relevantes, ser integrado ao sistema, ser facilmente interpretado, estimular soluções, ser de fácil confecção e distribuição. Um relatório pode marcar a presença de uma empresa ou não.

Assim, as características de um relatório são:

- Ter uma linguagem clara, concisa e objetiva.
- Ser padronizado.
- Conter recomendações e soluções para os problemas.
- Deixar clara a sua finalidade e a sua natureza.
- Usar a melhor técnica, disponível no mercado, de exposição, construção e análise.
- Ser feito sob medida para o leitor.
- Ser passível de verificação.
- Não embaraçar a imagem da empresa (organização).
- Ser esclarecedor.
- Seguir uma forma prescrita e obedecer a um plano.
- Ser escrito de maneira formal e impessoal.
- Conter informações úteis.
- Indicar as principais variáveis que ajudarão a solucionar o problema.
- Recolher do mercado modelos semelhantes.
- Definir recursos, custos, orçamentos, objetivos.
- Calcular retorno do investimento, resultado esperado, taxa de rendimento.

O autor do relatório deverá sempre lembrar que este está sendo escrito para o leitor e não para si mesmo ou para especialistas. Ele deverá ter em mente que um relatório é escrito para comunicar e não para impressionar com palavras difíceis ou detalhes técnicos.

Um bom relator deve: possuir a atitude cética da dúvida; possuir imaginação criadora baseada na experiência; compreender a natureza e a função de um relatório; possuir habilidade desenvolvida para a análise, classificação e conceituação; empregar o método mais adequado; compreender o seu leitor e colocá-lo em posição de destaque; possuir o conhecimento da língua.

Os relatórios de vendas, quanto ao seu objeto de estudo, podem ser sobre: Vendas do Período; Atuação do Vendedor; Consumo; Preço de Venda.

A seguir, exemplos de relatórios de vendas para medir o desempenho do vendedor:

Relatório do Vendedor
Período de Vendas:
Vendedor:
Valor Total de Vendas:

Número de Pedidos Tirados:		
Número de Visitas:		
Número de Novos Clientes:		
Nº	Problema	Encaminhamento
Observações:		
Data:	Assinatura:	
Resposta da Gerência:		

Formulário 7.1: Relatório do Vendedor.

Relatório de Visita	
Número/Ano do Relatório:	Data:
Nome do Vendedor:	
Região:	
Gerente (área / produto):	
Empresa Visitada:	
Contatos (nome e cargo):	
Trabalho Executado: () Pesquisa () Primeira Visita () Atendimento do Pedido de Compra () Visita de Rotina () Atendimento de Reclamação () Visita Extraordinária () Atendimento de Sugestão () Cadastro () Cobrança	
Comentários do Vendedor relativos ao cliente consumidor: o Receptivo aos produtos apresentados o Existe potencial para compras o Já negocia com concorrentes o Deixar para uma próxima vez o Cliente se recusou a negociar com a empresa o Cliente não tem boa imagem da empresa o Cliente não tem boa imagem da marca o Cliente não tem boa imagem dos nossos produtos.	
Assinatura:	

Formulário 7.2: Relatório de Visita.

7.36 Força de Vendas

As organizações são compostas de pessoas. Assim, o estudo delas se constitui em matéria básica em vendas, como, aliás, em toda empresa. Ao se tratar do ser humano, é necessário entender o homem como um fenômeno multidimensional, sujeito às influências de uma enormidade de variáveis.

No passado, o conjunto de pessoas envolvidas diretamente com vendas era chamado equipe de vendas. Em função da influência americana, esta equipe passou a ser chamada de "Força de Vendas", como se fosse uma "Força-Tarefa" de um exército.

Intensa competição global, crescimento lento em muitos mercados e clientes exigentes estão forçando muitas empresas a mudar suas estruturas de vendas. Reinventar a equipe de vendas está se tornando um item de agenda, à medida que as empresas buscam reduzir custos, alavancar a produtividade, satisfazer cada vez mais o consumidor, atender o mercado, ser competitiva.

A missão da força de vendas deve ter como base a análise e o entendimento dos ambientes interno e externo da empresa. A análise interna envolve a revisão do negócio, das diretrizes, dos procedimentos, dos planos, dos processos, das táticas, das técnicas, das estratégias, das políticas, dos objetivos, das competências, das habilidades, dos recursos, por exemplo.

A análise externa implica identificar e avaliar os vetores que influenciam a empresa, como: mercados, consumidores, fornecedores, canais de distribuição e de comunicação, produtos, concorrentes, tecnologias, políticas públicas, governos, costumes, responsabilidades sociais.

As empresas devem definir cuidadosamente os objetivos específicos que esperam atingir com suas forças de vendas.

A grande maioria dos autores considera que o objetivo principal da força de vendas é ajudar os clientes a solucionarem problemas, mais do que vender, propriamente dito. Mais recentemente, alguns setores começaram a insistir que a força de vendas deve engajar-se no compromisso de vender.

Os vendedores, no início, não procuram vender um produto ou resolver um problema do cliente, mas mostram a ele como sua empresa pode ajudá-lo a melhorar a rentabilidade. Procuram mostrar como é vantajosa uma "parceria" para uma maior rentabilidade.

Segundo Kotler, os vendedores sempre desempenham as seguintes tarefas em vendas:

Prospecção – Procuram clientes potenciais ou indicações de bons negócios.

Tempo – Decidem como alocar seu tempo entre os clientes cativos e os potenciais.

Informação – Comunicam seus bens, serviços e ideias.

Venda – Conhecem o processo da arte de vender, caracterizada por: abordar, apresentar, argumentar, responder, contornar objeções, fechar a venda.

Serviço – Prestam consultoria, assistência técnica, orientação e entrega.

Coleta de Dados – Fazem, pesquisa e informam por relatórios.

A qualidade da força de vendas, embora imprescindível, não basta. É necessário um número de vendedores que corresponda ao número de consumidores que se deseja atingir. Os territórios demasiadamente grandes acabam abrindo flancos para a concorrência, enquanto os demasiadamente pequenos deixam o vendedor com muito tempo ocioso.

Todo vendedor representa uma unidade da mão de obra de vendas. Determinar o número ideal de vendedores significa determinar quantas unidades são necessárias para se atingir as metas de venda. Sempre que se incorpora um vendedor à equipe, espera-se um acréscimo no volume de vendas.

Quando o volume de vendas é menor do que a capacidade de produção da empresa, é muito comum se aumentar o número de vendedores, sem uma análise prévia.

7.37 Vendedor

Vendedor é a pessoa mais importante do processo de venda e que tem características natas, ou adquiridas, que o ajudam na abordagem de compradores potenciais. Ele deve ter comportamento adequado e utilizar técnicas de como abordar consumidores. Sua responsabilidade maior acontece no final do processo de venda, quando persuade o comprador a adquirir o produto.

O trabalho do vendedor se fundamenta em atuar nas interfaces do processo de venda. Assim, o vendedor deve atuar nas passagens: desatenção para atenção; atenção para interesse; interesse para desejo; desejo para ação e ação para satisfação. Aqueles que vão se dedicar à venda precisam ter: conhecimento do produto, aparência, simpatia, empatia, persuasão e habilidade de relacionamento.

Os mais eficientes vendedores são pessoas que podem criar qualquer estado de espírito que desejem, conforme a modulação, inflexão e "sabor" que imprimam a voz. Aproveitar-se da enorme gama de tons da voz humana não é um estilo de vendas que muitos adotam ou mesmo conheçam. Mas esse fato, por si só, deve fazer que isso se torne mais importante para você. Pense nisso da próxima vez que se preparar para um contato de vendas.

Assim que começar a falar, decida como quer parecer, se: forte, controlado, informado, confiante, seguro, curioso, ansioso, agressivo, desesperado, indiferente. Tudo isso pode ser transmitido através da fala, da escrita e do corpo.

Alguns profissionais de vendas não têm, absolutamente, nenhum estilo próprio, isto é, não no sentido plástico que normalmente associamos a um supervendedor. Por que os melhores vendedores dizem que não sabem vender?

Sua qualidade mais subestimada é, sem dúvida, o conhecimento. Se você tem dados relevantes sobre uma futura negociação e com quem irá negociar, a sua vantagem é muito grande. A maioria gosta de pagar para ver, infelizmente.

Sun Tzu nos deixou o seguinte pensamento: "Se o general não conhece o inimigo, lutará na escuridão". O profissional de vendas precisa enxergar colorido, ser otimista sem excessos e estar totalmente aberto às mudanças do cenário, se quiser tornar-se um vencedor. Ler romances policiais e livros de ficção científica ajudam.

7.38 Tipos de Vendedor

No mercado, encontramos os seguintes mais importantes tipos de vendedor:

Vendedor Agente de Venda – Vendedor que recebe autoridade contratual para vender toda a produção de um fabricante que não está interessado em assumir a venda ou sente que está despreparado para esta função. Funciona como um departamento de vendas, exercendo grande influência sobre preços e condições operacionais.

Vendedor Arguto: Vendedor que procura fazer amizade por meio de atos sinceros e sutis. Dar indicações de novos negócios para os clientes, trazer novas ideias para lucro, ajudar a obter pessoal capaz, mostrar interesse pelo negócio do comprador. Todos estes movimentos podem trazer bons dividendos.

Vendedor Assistente de Venda – Vendedor que trabalha na retaguarda dos vendedores de campo, agendam e confirmam visitas, informam sobre crédito, entregas e respondem às dúvidas não dirimidas pelos vendedores.

Vendedor Atacadista – Vendedor independente que assume a posse dos bens que vende. Recebe diversos outros nomes, como: distribuidor, intermediário, fornecedor, polo de suprimento.

Vendedor Contratado: Vendedor que trabalha para a empresa em tempo integral ou parcial. Atende o comprador por telefone, e-mail ou pessoalmente.

Vendedor Corretor – Vendedor cuja missão é aproximar compradores e vendedores, intermediando a negociação.

Vendedor de Loja: Atendente de loja.

Vendedor de Telemarketing – Vendedor que usa o telefone para identificar, qualificar e vender para novos clientes que ainda não compraram na empresa. Este vendedor pode conversar, diariamente, com 50 pessoas.

Vendedor Eficaz: Vendedor que bate a sua meta de vendas.

Vendedor Eficiente: Vendedor que consegue muito com pouco.

Vendedor Externo: Vendedor que trabalha no campo, recebendo salários, incentivos e recompensas.
Vendedor Independente – Vendedor autônomo (agente, representante) ou de firma individual, remunerado por comissões.

Vendedor Independente: Vendedor autônomo (agente, representante) ou de firma individual, remunerado por comissões.

Vendedor Interno: Vendedor que ajuda o vendedor externo, para que este dedique mais tempo no atendimento da clientela. Sem ele algumas vendas seriam improváveis.

Vendedor Proativo – Vendedor que conhece profundamente as expectativas do público-alvo, as aplicações dos produtos e o desenvolvimento de novos produtos.

Vendedor Tirador de Pedido – Vendedor que adota uma postura passiva perante o cliente, dado que é o consumidor que compra e não o vendedor que vende. Exerce pouca influência sobre o cliente, cuidando das atividades operacionais para encaminhar a transação.

7.39 Departamento de Vendas

Cabe ao Departamento de Vendas dar apoio ao trabalho dos vendedores, bem como definir as atribuições de cada função:

Função Planejamento: definição dos objetivos, metas e cotas; técnicas de abordagem; quantidade necessária de vendedores; estratégias e táticas; estrutura mais conveniente; políticas de pessoal, de preço e de relacionamento com consumidores; zoneamento da região; frequência de visitas; programas, planos e orçamentos de vendas; procedimentos em recrutamento e seleção; conteúdos programáticos do treinamento; modalidade de venda; comissões; remunerações, incentivos, recompensas; carga de trabalho; procedimentos para venda, consignação.

Função Execução: atendimento e processamento dos pedidos; visitas à clientela; análise da carteira de pedidos; supervisão dos vendedores; pesquisa de mercado; assessoramento de vendedores; motivação de vendedores; aplicação de incentivos; avaliação de desempenho; capacitação de vendedores em negociação e relacionamento; distribuição de portfólios e mostruários; cadastramento de todos aqueles que se relacionam com a empresa; divulgação dos produtos, marcas e imagem da empresa; reuniões de avaliação com clientes e vendedores; gerência da mala direta e dos canais de comunicação.

Função Controle: venda por cliente; venda total; venda por vendedor; estoque; crédito; cobrança; expedição; recepção; entregas; faturamentos e desvios; resultados de desempenho; reclamações; devoluções; cancelamentos; atrasos de pedidos; turnover; número de visitas; perda de consumidores; taxa de clientela; taxa de compra.

Função Organização: sistemas de informação; sistemas de comunicação; comunicação de dados; alocação de recursos; meios auxiliares de treinamento; formulários, questionários de pesquisa; arquivos; rotinas; gráficos, diagramas; modelos; manuais; planilhas.

Função Estruturação – Vale lembrar que a estratégia da força de vendas, em geral, tem implicações em sua estrutura, e vice-versa. Se a empresa vende uma linha de produtos a um único setor, com clientes geograficamente disperso, seria adequado utilizar uma força de vendas estruturada por territórios. Se ela vende muitos produtos a diferentes tipos de clientes, pode necessitar de uma força de vendas estruturada por produto ou por mercado. As empresas estabilizadas precisam revisar a estrutura de sua força de vendas à medida que os mercados e as condições se modificam.

7.40 Atribuições do Vendedor

A empresa depende muito, para ter sucesso, de uma boa força de vendas. Desta forma, é necessário que os vendedores tenham determinadas tarefas específicas. A ela não cabe só a tarefa de vender, mas, também, promover, estabelecer relações, prestar serviços, cobrir seu território, administrar as vendas e ter habilidades de marketing.

A seguir, as principais atribuições do vendedor:

Atribuições de Venda do Vendedor: conhecer aquilo que seja relevante no produto; realizar regularmente visitas; vender a linha de produtos; introduzir novos produtos; responder as indagações; superar objeções; verificar o estoque do cliente; interpretar os produtos para o cliente; estimular o potencial e estimular a necessidade do cliente; ser o advogado de defesa da empresa; obter pedidos; atingir cotas de venda; mostrar credibilidade; acompanhar a solução de problemas.

Atribuições Promocionais do Vendedor: fazer demonstrações de produtos; descobrir e divulgar usos de produtos; informar os clientes sobre campanhas publicitárias; atrair e criar novos clientes; distribuir catálogos, folhetos, brindes e peças promocionais; acompanhar e treinar o pessoal intermediário; mostrar ao consumidor informações sobre o mercado.

Atribuições de Relações Públicas do Vendedor: manter relações amistosas com os clientes; difundir a imagem da empresa; recolher informações sobre o cliente consumidor; representar a empresa; manter rede de contatos; ter um banco de dados.

Atribuições de Prestação de Serviços do Vendedor: instalar material promocional; averiguar e relatar reclamações; providenciar substituições e devoluções; providenciar descontos e bonificações; acompanhar o fluxo de pedidos; providenciar pedidos de abertura de crédito; providenciar prioridades de entrega.

Atribuições de Cobertura Territorial do Vendedor: zelar por seu território; manter sua clientela; preparar roteiros de visita mais eficientes; acompanhar a instalação de prováveis clientes; verificar as mudanças e as descontinuidades dos clientes.

Atribuições Administrativas do Vendedor: prognosticar reações e objeções; usar o tempo racionalmente; estabelecer desafios; planejar o trabalho diário; organizar o trabalho de campo; preparar relatórios; analisar os clientes perdidos; preparar a lista de clientes potenciais; frequentar as reuniões de venda e convenções; frequentar as sessões de treinamento; realizar cobranças; manter atualizado e em ordem seu material; obter informações para abertura de crédito; obter informações sobre cancelamento de crédito e cobrança; informar a empresa sobre as atividades dos concorrentes; prestar contas de despesas; manter atualizado o arquivo de clientes; preparar pastas, amostras e material acessório.

Atribuições de Marketing do Vendedor: compreender a estrutura organizacional do cliente; ampliar o conhecimento profissional; ampliar o conceito de composto mercadológico; conhecer os fatores que condicionam o mercado; aumentar o conhecimento do mercado e do ambiente.

Todas estas atribuições, mostradas acima, servem para nortear o trabalho de recrutamento e seleção da equipe de vendas.

7.41 Turnover de Vendedores

Um dos indicadores mais importantes da força de vendas é a taxa de turnover. A taxa de turnover (T) é dada pela fórmula:

$T = |Q1 - Q2| / Q1$

Onde:
Q1 = Quantidade inicial de empregados.
Q2 = Quantidade final de empregados.
|Q1 - Q2| = Valor absoluto da diferença (Q1 - Q2).

Exemplo:
Q1 = 200
Q2 = 150
$T = |200 - 150| / 200 = 50 / 200 = 0,25 = 25\%$

Análise:
A taxa de turnover mostra a movimentação (entra e sai) de pessoal. Uma taxa elevada pode significar má administração ou um mercado desfavorável, onde os recursos humanos são difíceis e instáveis, como os que exigem criatividade. Por outro lado, um dos motivos de um turnover elevado é a constante contratação de pessoal de fora da empresa, não dando chance à “prata da casa”.

7.42 Número de Vendedores

Para se propor um método que determine o número ótimo de vendedores, devemos, antes de qualquer coisa, saber: Ótimo em termos de quê? Na verdade, não deve ser exclusivamente em termos de maiores volumes de vendas expressos em faturamento. É preciso considerar a margem de lucro.

Mas, qual indicador de gestão tomar? Receita com vendas ou retorno do investimento? Convém fixar algumas questões: O esforço feito pelo vendedor perante o consumidor pode ser otimizado? Um aumento substancial no volume de vendas não criará dificuldades com a concorrência, que pode revidar? O número de vendedores é suficiente para atender os consumidores?

O volume de vendas que se espera de um vendedor não é fácil de determinar. Colocamos dois vendedores numa zona onde existia apenas um. Desta forma, aumentamos a força de vendas em 100%. Porém necessitamos saber também qual o volume de vendas adicionais que obteremos. Não há uma resposta universal a esta pergunta, já que as variáveis a considerar mudam de região, de mercado e de público.

Supõe-se, também, que cada novo vendedor será, em média, tão eficiente quanto o vendedor médio que já se tem. Isto resulta correto, uma vez que o novo elemento foi treinado e ganhou certa experiência com base nos modelos de seleção e treinamento já utilizados há tempos.

Como ocorre nos casos de previsão em que se estuda a conduta de uma variável isolada, convém considerar todos os demais elementos como se fossem fixos. Neste caso, a variável que nos interessa é o número de vendedores, já que os elementos que consideramos fixos são os outros fatores da operação de vendas, desde que estes não variem em relação direta ao número de vendedores.

Os vendedores representam um dos ativos mais produtivos e caros da empresa. Mas, aumentando sua quantidade, aumentarão custos. O aumento de vendas é o que se espera, porém não há certeza. Tanto que, após definir o número de clientes que deseja atingir, a empresa pode usar uma abordagem de carga de trabalho para estabelecer o tamanho da força de vendas.

A empresa contrata vendedores, em função de necessidades imediatas, considerando dois aspectos fundamentais:

O número de vendedores, em função das visitas, é dado pela fórmula:

$$N = (T \times V) / P$$

Onde:
N = Número de vendedores
T = Total de clientes
V = Número de visitas ao cliente por ano
P = Número de visitas por ano por vendedor

Exemplo:
Número de clientes = 1.000
Número de visitas anuais por cliente = 6
Número de visitas/ano por vendedor = 200
$N = (1.000 \times 6) / 200 = 30$

Análise:
A empresa deve manter uma média de 30 vendedores, durante o ano, para atingir seus objetivos de venda, levando em consideração o número de visitas traçado pela estratégia de relacionamento com o cliente. Não esquecer que um novo vendedor não trará, de antemão, mais vendas.

O número de vendedores, em função do turnover, é dado pela fórmula:

$$N = (V / P)(1 + T)$$

Onde:

N = Número de vendedores
V = Volume de vendas previsto
P = Média de vendas por vendedor
T = Taxa de turnover de vendedores

Exemplo:
Volume de Vendas Previsto = $ 1.000,00
Produtividade Média / Vendedor = $ 100,00
Taxa de Turnover = 40%
N = (1.000 ÷ 100) (1 + 0,40) = 10 × 1,40 = 14

Análise:

A taxa de turnover determinará a quantidade de vendedores para atender as metas de venda da empresa. Se a taxa de turnover de vendedores for elevada, será necessário reunir a equipe para saber se o problema está no: produto, preço, mercado, empresa, distribuidor, consumidor, vendedor.

7.43 Avaliação do Vendedor

Os vendedores podem ser avaliados em termos de habilidade para planejar o trabalho e executar o plano de venda. Muitas empresas exigem que seus vendedores desenvolvam um plano anual de vendas por território, no qual descrevem seus programas de desenvolvimento de novas contas e de fomentação de negócios com as contas existentes. Cabe aqui uma distinção entre a avaliação da força de vendas e a avaliação do vendedor.

A força de vendas será avaliada por: espírito de corpo, inovação, criatividade, sinergia, integração, interação, promoção, necessidade de treinamento, taxa de turnover, demissão, prêmio, transparência, aumento salarial, receita com vendas.

O vendedor será avaliado por: conduta no trabalho; competência administrativa; capacidade de decidir; habilidade de comunicação; vontade de crescer profissionalmente; conhecimento do produto, mercado, empresa, público-alvo e ambiente.

A avaliação de desempenho, tanto da equipe de vendas como do vendedor, pode muito bem ser realizada por meio de curvas, embutidas em referenciais cartesianos. Assim, é muito comum retratarmos o comportamento por meio de curvas.

As curvas ajudam a medir, por exemplo, sazonalidade e períodos de entressafra através de séries históricas. Quando houver pontos de inflexão (mudança abrupta na direção do comportamento da curva) muito acentuados, deve-se verificar o motivo e compará-los às curvas dos anos anteriores.

As curvas e os histogramas ajudam muito o planejamento estratégico não só por comparação anual como também mensal (semanal, diária). Se for possível, a empresa deve fazer estas curvas em cores e em meios transparentes (transparências impressas em computador) para permitir superposição e análise. Ao se fazer a superposição, tomar cuidado com as escalas que devem ser as mesmas para não mascarar resultados.

A seguir, são apresentadas quatro situações relativas ao desempenho de uma equipe de vendas:

Desempenho Normal – Representa que a maioria dos vendedores vende em torno da média de vendas do grupo.

Desempenho Ótimo – Representa que a maioria dos vendedores atua acima da média, indicando um ótimo desempenho ou que a empresa subestimou suas metas.

Desempenho Ruim – Representa que a maioria dos vendedores atua abaixo da média, indicando um resultado ruim ou que a empresa superestimou suas metas. Pode ser que seja preciso melhorar o treinamento dos vendedores.

Desempenho Irregular – Representa que existem dois grupos de vendedores: um grupo que vende abaixo da média e que, portanto, precisa de treinamento ou pode ser um problema de supervisão ou de clientes consumidores e o outro grupo, que vende acima da média, devendo ser investigado o motivo de tal resultado.

7.44 Métodos de Avaliação de Vendedores

Existem diversos métodos de avaliação de vendedores, tais como: observações, entrevistas, encontros, questionários, autoavaliação, sistemas de mérito, registros históricos, testes, exames, demonstrações, experimentos. A seguir, serão abordados os principais métodos (ferramentas) de avaliação de vendedores:

Sistema Meritocrático: Como diferenciar a importância das pessoas e recompensá-las por seu mérito? Uma alternativa continua sendo a gratificação financeira, condição necessária, mas não suficiente. A falta de reconhecimento pode levar à perda de grandes talentos, ainda que bem remunerados.

A necessidade de reconhecimento público dos méritos é intrínseca ao ser humano, que sempre buscou criar símbolos para qualificar a diferença das pessoas dentro do mesmo contexto social. Surgiram, assim, hierarquias, títulos, cargos, sinalizando o grau de importância do indivíduo no grupo. No mundo corporativo tal retrato é mostrado na estrutura organizacional, isto é, quanto mais perto do presidente mais status tem o funcionário.

Dispor de um sistema de reconhecimento estruturado beneficia o profissional, seu grupo e toda a empresa, que tem a chance de exercitar seus valores e sinalizar, de forma transparente o que se espera de um funcionário. Nesse contexto, as promoções paralelas ganham nova conotação e devem ser entendidas como uma forma de avaliação.

A organização aprende e cria uma massa de conhecimentos, cujo efeito positivo é o estímulo dos recursos humanos, com o sucesso de alguns servindo de motivação, para que outros excedam as expectativas. Mas atenção, não deve haver estardalhaço neste movimento, para não causar inveja nos demais. Às vezes, muita transparência atrapalha.

Rol de Distribuição – O rol de distribuição é um método muito utilizado para se ter uma visão geral do que acontece com a força de vendas. A seguir, um exemplo de resultados de venda de 80 vendedores:

Intervalo	Valores de Vendas/Vendedor	Frequência	F (%)	% A C
(55 – 59)	59,59,59	3	4%	4%
(60 – 64)	60,60,60,61,61,62,62,62,63,63	10	12%	16%
(65 – 69)	65,65,65,66,67,67,68,68,68,69,69	11	14%	30%
(70 – 74)	71,71,71,72,72,73,73,73,73,73,74,74,74	12	15%	45%
(75 – 79)	75,75,75,75,75,75,75,76,76,76,76,77,77,78,78, 78,78,78,79,79	21	26%	71%
(80 – 84)	80,81,82,82,83,84	6	8%	79%
(85 – 89)	85,85,85,86,87,88,88,88,89	9	11%	90%
(90 – 94)	90,93,93,94	4	5%	95%
(95 – 99)	95,95,96,97	4	5%	100%
Soma		80	100%	

Quadro 7.6: Rol de Distribuição.

Solução:
Maior valor = 97
Menor valor = 59
Amplitude total = 97 - 59 = 38
Amplitude útil = 100 - 55 = 45
Intervalo de classe = 5 (valor arbitrado)
Número de classes = 45 / 5 = 9

A média aritmética da distribuição está no intervalo (75 - 79) por compreender o percentual acumulado (AC) de 50%.

Análise:

A distribuição apresenta uma curva do tipo quase normal, porque a maioria dos vendedores está dentro da classe de maior frequência (21). Por outro lado, 45% correspondem a 75. O valor médio (50%) é encontrado da seguinte maneira:

50% (valor médio) = 45% + 5% =76

O valor de 5% acrescido é igual aos 26% divididos pelo intervalo de classe, ou seja, 26% / 5 (5% aproximadamente), isto é, a cada ponto a mais, no intervalo de classe, significa um acréscimo de 5%.

Observação – A observação deve ser sempre uma atividade humana para um aprendizado ativo com uma postura dirigida para um determinado fato. O método observacional é considerado o primeiro passo de um estudo de qualquer natureza, no entanto, a observação do indivíduo estará em função da sua percepção. Por isso, uns veem coisas que outros nem desconfiam.

A observação é um método amplamente utilizado pelo homem desde as mais remotas eras. Este método ligado ao senso comum, geralmente, não é estruturado nem planejado. Na maioria das vezes, ocorre de forma casual, a partir de fatos da realidade que despertam determinado interesse.

7.45 Recrutamento de Vendedores

As empresas sabem que não apenas o seu sucesso competitivo atual, mas também o futuro delas, depende de bons recursos humanos. Geralmente, o Departamento de Recursos Humanos de uma empresa é encarregado de procurar o pessoal do nível operacional. O recrutamento do pessoal de nível médio, em geral, é entregue a uma agência. O pessoal de alto nível fica a cargo do dirigente do empreendimento.

Dos recursos necessários à empresa, indubitavelmente, são os recursos humanos aqueles que causam maiores problemas. Assim, as organizações estão aprimorando cada vez mais as políticas de recrutamento e seleção de pessoal, chegando a ponto de radiografarem o cérebro dos recrutados, a fim de mapearem áreas cerebrais que serão usadas para diagnosticar, precocemente, tendências dos trabalhadores de sofrer de depressão, de ser abusivo ou violento, ou ainda, de possuir a capacidade cognitiva exigida para um emprego de alta tecnologia, por exemplo. No mesmo sentido, segue a identificação do DNA, para futuras doenças e predisposições.

Uma empresa que deseja um bom time deve começar a procurar os elementos adequados. Atrair bons candidatos a emprego não é coisa fácil e de pouca importância. Somente uma série de procedimentos administrativos, racionalmente orientados, poderá satisfazer à necessidade de recrutamento. A empresa deve checar tudo, mesmo aquilo que possa parecer irrelevante.

Uma contratação ruim pode causar sérios danos à equipe. Deixar-se levar pela primeira impressão de um candidato, e acreditar em tudo aquilo que está escrito no papel é o maior pecado do entrevistador.

O recrutamento parte da análise das necessidades de recursos humanos da empresa. Necessidades presentes e futuras. Diagnosticadas as necessidades, realiza-se o levantamento das fontes, dos processos e das fórmulas capazes de fornecer à empresa o pessoal necessário para atingir objetivos. Para desenvolver a atividade de recrutamento deve-se adotar alguns procedimentos essenciais, capazes de garantir o sucesso da operação, tais como: análise descritiva da tarefa a ser desempenhada e definição das características imprescindíveis à execução dessa tarefa.

O pessoal de recrutamento de vendedores deve estar de posse de uma série de informações que propiciarão um bom recrutamento, a saber:

- Linha de produto a ser vendida.
- Mercado a ser atingido.
- Tipo de trabalho de venda a ser realizado.
- Características da região de atuação.
- Política de remuneração.
- Requisitos culturais necessários ao desempenho do trabalho.
- Conhecimentos técnicos dos produtos.

- Volume e peso do material do vendedor.
- Relatórios e formulários a serem preenchidos.
- Desejável conhecimento anterior do mercado.
- Características da equipe em que será agregado.
- Tempo médio de duração da visita.
- Número de visitas por dia.
- Sistemas de comunicação e de informações.

São diversas as fontes de recrutamento que são utilizadas de acordo com a complexidade e o grau de urgência com que aparece a necessidade. O recrutamento pode ser feito, internamente, na empresa, ou através de associações patronais, universidades, agências de emprego (governo e particular), anúncios e indicações.

Depois que a direção da empresa desenvolver critérios gerais para o novo pessoal de vendas, terá a tarefa de atrair um número suficiente de candidatos. Os procedimentos de recrutamento de pessoal devem levar ao desenvolvimento de novos mais candidatos a vagas. A tarefa do Departamento de Recursos Humanos é a de recrutar os melhores candidatos disponíveis no mercado.

7.46 Seleção de Vendedores

A seleção é a atividade que vem em seguida ao recrutamento de pessoas. Todo trabalho exige de quem o executa, certos métodos e certas técnicas. Ao admitir um empregado para ocupar determinado cargo, a empresa precisa certificar-se de que ele possui as habilidades e os conhecimentos necessários ao desempenho das funções do cargo, ou, se não os possui, ou se tem condições de adquiri-los de forma satisfatória em tempo hábil.

Muitas vezes, nem mesmo a empresa deseja que os candidatos possuam os conhecimentos e habilidades, preferindo que apenas possuam as condições necessárias para adquiri-los, pois ela fará o treinamento conveniente, pois tem medo de importar vícios e desvios de conduta.

Admitir empregados sem seleção é agir de forma pouco inteligente e jogar com a sorte. A seleção diminui as incertezas sobre o provável sucesso dos candidatos e, quando a vaga é disputada por vários candidatos, é a forma justa de decidir qual deverá ser o escolhido. A seleção de pessoal tem vários objetivos, como:

- Escolher para cada vaga o candidato que oferece os melhores requisitos.
- Escolher a pessoa certa para o lugar certo.
- Aproveitar melhor as aptidões e as habilidades do candidato.

Uma boa política de seleção de pessoal, se fundamenta em determinadas premissas:

- Ao se preparar a seleção, deve-se saber para que selecionar, pois a seleção não visa saber simplesmente quem é o melhor, mas quem é o mais adequado para o cargo.
- Conhecimento do trabalho se obtém através de uma análise, enquanto o conhecimento do candidato se obtém através de entrevistas, testes e exames.

A seleção do candidato se faz através das seguintes etapas:

A) Pré-Seleção:

Ficha de Inscrição – Esta ficha é um formulário que o candidato preenche com o objetivo de fornecer inúmeras informações básicas, como: formação escolar e profissional; nível de instrução; gostos culturais; posição econômica; vida recreativa; empregos anteriores.

Curriculum-Vitae – Além dos dados pessoais, deve o currículo apresentar: vida escolar; vida profissional; atividades paralelas; experiência profissional; participações em projetos; referências.

Análise da Ficha – O selecionador examinará e analisará a ficha de inscrição e o currículo, confrontando-os e sublinhando os pontos básicos sobre os quais repousará a entrevista.

Exame das Referências – O candidato deve indicar algumas fontes de referências, isto é, pessoas que possam ser consultadas sobre o seu comportamento pessoal e profissional.

Entrevista Preliminar – A entrevista preliminar é o ponto mais explorado na seleção de pessoas. Seu propósito é avaliar de modo seguro os seguintes pontos: qualificações do pretendente, sua personalidade, experiências, pré-requisitos do cargo, atitudes do candidato, pretensões e confrontos de mérito.

B) Seleção:

O candidato deve ser submetido, nesta etapa, a algumas provas de habilitação, elaboradas de acordo com as exigências da empresa e com as necessidades do serviço. Esta parte da seleção pode envolver, pelo menos, o seguinte:

Testes de Conhecimento – Versarão sobre: redação, exercícios numéricos, teste de conhecimentos gerais, interpretação de texto.

Testes Específicos – Versarão sobre: conhecimento técnico, conhecimento especializado, capacidade profissional, habilidade gerencial, habilidade motora.

Testes Psicológicos – Versarão sobre: inteligência, percepção, personalidade, adaptabilidade, interesse, motivação, interação, cooperação, liderança.

Exames Médicos – A seleção médica deve envolver uma série de pontos de acordo com o cargo a ocupar.

Entrevista Final – Última etapa do processo de seleção, a entrevista final precisa considerar o seguinte: o entrevistador deve ter preparo especializado; o entrevistado deve estar em condições de poder informar tudo que lhe for perguntado; as condições em que se deve realizar a entrevista devem ser em local adequado, sem perturbações de qualquer ordem, evitando-se a presença de outras pessoas; a formulação das perguntas e o registro das respostas obedecem a uma técnica pedagógica própria, não podendo ser planejada por quem desconhece o assunto.

Os procedimentos de seleção variam em sofisticação, de uma simples e informal entrevista a um teste altamente detalhado e demoradas entrevistas. Mesmo depois de selecionado, o candidato passa por um período de adaptação, onde são passadas as informações necessárias para o desenvolvimento de suas funções. Às vezes, se faz necessário treinamento.

A escolha de uma bateria apropriada de testes não é simples. Testes padrões estão à disposição para medir: a inteligência, os interesses, aptidão para vender, ajustamento pessoal, motivação, personalidade e nível social. Existem também testes adequados para situações especiais de vendas. Esses testes variam, consideravelmente, quanto à confiança e validade. Além do mais, muitos deles são vulneráveis quanto à manipulação por parte do candidato.

7.47 Treinamento de Vendedores

A seguir, abordaremos o treinamento de vendedores (força de vendas), porque, infelizmente, quase todos os profissionais de venda acreditam que a prática já é treinamento. A mão de obra do vendedor não é barata. Assim, a melhor maneira de fazer com que ele se torne produtivo é treinar ou regredir.

É bom lembrar que o treinamento só dá resultado quando a direção acredita, quando o gerente consegue que os vendedores acreditem e quando, enfim, todos tenham a certeza que o treinamento constante faz vender mais e melhor.

Durante o seu trabalho, o vendedor possui treinadores que estão sempre a sua disposição, como o próprio vendedor, o gerente, o supervisor e o consumidor. Se o vendedor souber ouvir o consumidor, acrescentará muitos elementos ao seu conhecimento. Novos métodos de treinamento estão, constantemente, sendo procurados a fim de apressarem e aprofundarem o desenvolvimento e compreensão das habilidades humanas.

Os custos do treinamento trazem à tona a questão: A empresa estaria em melhor situação, se tirasse recursos humanos experimentados de outras empresas?

O ganho é ilusório, porque, muitas vezes, esta pessoa vem com um salário alto, que pode ser compensado às despesas com treinamento do pessoal interno. Do ponto de vista socioeconômico esta migração não é vista com bons olhos, pois cada empresa é única, tendo o novo empregado de aprender tudo de novo, nada lhe valendo a experiência anterior. É claro que, em função do nível de percepção deste novo empregado, acontecerão diferenças. É enormemente útil treinar os vendedores para pensarem como consumidores.

O treinamento dos vendedores permite a formação de uma equipe mais unida, diminuindo o índice de rotatividade. Além disso é um importante fator motivacional para os vendedores, pois com a orientação adequada os resultados passam a ser mais positivos. Precisa ser entendido como um ciclo educacional amplo, sem fronteiras e contínuo. O treinamento pode ser desdobrado em dois campos: técnico e comportamental.

O treinamento técnico compreende o desenvolvimento de conhecimentos relativos a produtos e suas aplicações; cultura e estratégia da empresa; características do mercado; características dos consumidores; produtos e estratégias da concorrência.

O treinamento comportamental procura desenvolver atitudes, habilidades e capacidades dos vendedores relativas a métodos de vendas, ou seja, saber ouvir, comunicar bem, ser criativo, adaptar-se com facilidade, ser organizado, fazer perguntas, perseverar, ter confiança, superar objeções, solucionar problemas, conhecer técnicas de negociação, ser profissional.

Os principais elementos do treinamento são:

Objetivos do Treinamento – Os principais objetivos do treinamento são: capacitar o vendedor a alcançar altos padrões de desempenho; alcançar objetivos de vendas; administrar o uso do tempo; aumentar o volume de vendas: entender as políticas da empresa; direcionar esforços para vender produtos mais lucrativos; tornar-se eficiente, eficaz e efetivo; melhorar suas relações com as pessoas; reduzir reclamações dos consumidores; maximizar o tempo da visita; minimizar o trabalho da supervisão; reforçar a propaganda.

Processo de Treinamento – Este processo terá como fases básicas, as seguintes: diagnóstico da situação; levantamento das necessidades; decisão quanto à estratégia, programa e plano de treinamento; implementação do treinamento; execução do treinamento; sistema de controle; avaliação dos resultados; identificação dos resultados insatisfatórios; realimentação dos desvios para correção.

Levantamento das Necessidades – O levantamento das necessidades de treinamento é uma forma de diagnóstico e, como tal, deve basear-se em informações relevantes. Os principais meios utilizados para este levantamento são: avaliações de desempenho; observações; questionários; solicitações de supervisores e gerentes; entrevistas; reuniões; testes; mudanças e modificações nos processos operacionais; relatórios.

Avaliação do Treinamento – A avaliação do treinamento será feita, quando se questiona o participante do curso sobre os seguintes aspectos:

- A administração do curso atuou a contento no atendimento ao aluno e na solução de eventuais dificuldades?
- O mobiliário e as instalações da sala de aula são satisfatórios?
- O horário e a duração das aulas atendem a eficácia do curso?
- Os temas abordados estão atualizados, contribuindo para os objetivos dos participantes?
- A ordem em que foram dadas as aulas formou uma sequência que facilitou a compreensão do assunto abordado?
- O uso de recursos didáticos ajudou no aprendizado?
- A parte prática contribuiu para o seu aprimoramento?
- A carga horária foi suficiente e bem distribuída pelos assuntos?
- O material escrito apresentado tem uma linguagem didática, com informações relevantes?
- Os testes aplicados foram bem elaborados?
- O curso atingiu totalmente o objetivo a que se propôs?

Metodologia do Treinamento – A metodologia do treinamento pode variar em função dos meios e dos objetivos pretendidos. As ferramentas mais usadas são: apostilhas, manuais, filmes, regulamentos, simulações, estudos de caso, teleconferências, testes, palestras, modelos, esquemas, gráficos.

Capítulo 8

COMUNICAÇÃO, DADO e INFORMAÇÃO

"A organização é um sistema de atividades conscientemente coordenadas de duas ou mais pessoas. Assim, a organização existirá quando houver pessoas capazes de se comunicarem e trabalharem para um propósito comum."

Chester Barnard

Objetivos do Capítulo

- Mostrar que sem comunicação é impossível levar adiante um empreendimento.
- Mostrar objetivos e funções da comunicação.
- Mostrar que a informação é de grande valor para a comunicação empresarial.
- Mostrar os principais tipos de informação.
- Mostrar que qualquer projeto de empreendimento começa com ideias e dados.
- Mostrar a importância dos bancos de dados.

8.1 Comunicação

A palavra comunicar vem do Latim com a significação de "pôr em comum". O que é comunicação? Comunicação é mensagem emitida, transmitida, recebida e percebida. O sinal, o signo, a informação emitida é a mensagem da comunicação.

A comunicação é uma função administrativa, cujo objetivo é o de informar, educar, instruir, persuadir, divertir, influenciar, entre duas ou mais pessoas, através de fatos, ideias, símbolos, sentimentos, palavras, opiniões e emoções. Embora a comunicação tenha aplicação multiforme em todas as fases da administração, ela é, particularmente, importante na função administrativa direção.

A comunicação é a ação de revelar dados e informações.

Newman e Summer definem a comunicação como uma troca de fatos, ideias, símbolos, opiniões ou emoções entre duas ou mais pessoas. Ela foi definida pela The American Society of Training Director como: "O intercâmbio de pensamentos e informações para criar compreensão mútua e confiança ou boas relações humanas".

Chester Barnard foi um dos primeiros a considerar seriamente a comunicação na empresa de grande porte. Ele disse: "A necessidade de um sistema definido de comunicação cria a primeira tarefa do administrador e é a origem imediata da organização".

Segundo Harold Koontz, "a comunicação é o meio pelo qual o comportamento é modificado, a mudança é efetivada e as metas são notificadas". Na consecução dos objetivos da empresa, a comunicação é fator catalisador de extrema importância.

Segundo Chiavenato, a comunicação é um processo de informação e compreensão de uma pessoa para outra. É essencialmente uma ponte de significados entre pessoas. Uma pessoa sozinha não pode se comunicar com outra pessoa, a menos que esta receba a mensagem e a compreenda, quando o ato de comunicação se completa.

Muitas vezes, a comunicação é encarada como uma simples troca de informações. Pensamento errado, pois a comunicação é muito mais do que isso.

Talvez, por ser um fenômeno tão natural e universal, tal como a respiração, a comunicação não foi considerada objeto específico de estudo científico até muito recentemente. Os filósofos gregos, por exemplo, mantinham longas discussões sobre um assunto, sempre, porém, confinando-o à palavra, que recebia o nome de retórica ou arte da persuasão.

A ciência da comunicação é filha de muitas mães e, talvez por isso, a sua evolução tenha registrado diversas mudanças de orientação. Hoje, as preocupações com esta ciência são de âmbito geral e já se infiltraram em muitas das atividades humanas.

8.2 Considerações sobre Comunicação

A seguir, algumas considerações sobre comunicação:

O fato de duas pessoas estarem juntas cria uma curta tensão em ambas e esta tensão as impele a entrar em comunicação, isto é, a trocar mensagens entre si, quer sobre o ambiente ou sobre si mesmas. Apelam a seus repertórios em busca de uma convergência, tratando de se comunicarem. É preciso observar que nem sempre a comunicação leva, necessariamente, à comunhão. Pois, pensar desta maneira, é desconhecer, ingenuamente, a natureza conflitual do homem e da sociedade.

Na realidade, é possível obrigar as outras pessoas a modificar seus significados e aceitar os nossos. Podemos forçar a modificação de opiniões, sentimentos e crenças, mediante a persuasão manipuladora, a sedução, a lavagem cerebral, a coação violenta e o domínio imposto. Este tipo de falsa comunhão é muito frequente.

Muitos diálogos aparentemente comunicativos podem, de fato, ser atos de não comunicação ou cooptação. Não são raros os pais que oprimem seus filhos, os políticos que enganam o povo e os professores que impõem ideias aos seus alunos, ou pior, fingem que ensinam. O resultado foi uma explosão de conhecimentos paralelos, cuja força ativa foi a difusão de ideias e informações, através da multiplicidade dos meios de divulgação.

A grande complexidade, os altos custos e especializações envolvidas tendem, grandemente, a centralizar as comunicações. Há o perigo de que a difusão venha a limitar-se à simples disseminação, à publicação de fatos ou "verdades padronizadas" em vez de matéria bruta passível de ser confrontada e modelada em formas úteis e variadas, castrando a reflexão, atitude utilíssima ao ser humano, para que evolua e abandone paradigmas obsoletos e não ajustados à realidade.

Em síntese, a nova revolução nas comunicações não é, necessariamente, apenas uma extensão da primeira explosão de conhecimentos que criou a sociedade moderna.

Como as pessoas empregam mais os conhecimentos do que as mãos, elas necessitam de mais informações e mais realimentação, maior número de ideias, opiniões e um sentido de contexto e perspectiva, bem como uma apreciação da eficácia do seu trabalho. O volume de comunicação aumentou tanto que a *Lei dos Rendimentos Decrescentes* (aumentar a produção não significa, necessariamente, maior produtividade) já começou a atuar.

Da mesma forma podemos esperar que nossas comunicações totais se tornem progressivamente mais desagradáveis, mais oportunistas e mais numerosas. Estaremos realizando comunicações menos eficazes do que os meios e processos de comunicação? Tudo isso mais as atuações de vários outros fatores concorrentes, como o poder econômico, produzem o efeito de concentração progressiva do fluxo de comunicação nas mãos de poucos.

O comunicador, para poder exercer o seu mister, terá de observar as seguintes condutas:

- Ter uma redação correta, objetiva, clara e concisa, para expressar o pensamento em: ordens, planos, programas, políticas, decisões, estratégias, táticas, relatórios, projetos e soluções.
- Ter a palavra fluente, a voz impostada, a dicção correta e o estilo sem requintes para se comunicar.
- Ter a cortesia, a educação e a perspectiva na condução dos debates, negociações e ideias.
- Utilizar recursos audiovisuais, gráficos e de outras naturezas, para que possam mais bem expressar o seu pensamento.

- Ter o conhecimento conceitual necessário para buscar objetividade, homogeneidade da linguagem, entendimento e cumplicidade.
- Saber ler o ambiente e as pessoas, prevendo mudanças do cenário em que atua, é fundamental.
- Ajudar as pessoas a terem as informações que precisam.

8.3 Elementos da Comunicação

A seguir, abordaremos alguns elementos da comunicação que ajudarão a mais bem compreender o conceito de comunicação:

Meios de Comunicação – Verifica-se a existência de certa fartura de meios de comunicação, nunca imagináveis. Em nenhuma outra área têm-se visto homens e mulheres inteligentes, trabalhando com tanto afinco e dedicação no aperfeiçoamento dos meios de comunicação, nos escritórios, nas empresas, nas organizações, nos governos e nas sociedades.

O uso dos meios de comunicação é, simultaneamente, arte e tecnologia. Arte, porque os meios não são frios e indiferentes transportadores de mensagens. Tecnologia, porque, baseada em descobertas científicas, presencia o desenvolvimento acelerado de novos mecanismos de transmissão e recepção.

Os objetivos dos meios de comunicação são diversos e, a cada dia, mais ambiciosos, tais como:

- Multiplicar o número de pessoas que podem ser atingidas pela mensagem.
- Aumentar o número de mensagens diferentes que podem ser distribuídas de uma só vez.
- Aumentar a velocidade de difusão da mensagem.
- Incrementar a fidelidade da transmissão.
- Permitir a realimentação e o diálogo.
- Possibilitar a retenção de mensagens para uma utilização e/ou distribuição oportuna.
- Tornar os sistemas de comunicação mais eficientes, eficazes e efetivos.

McLuhan, a quem devemos um avanço significativo na compreensão dos meios de comunicação como extensão do homem, contribuiu também com a ideia revolucionária de que "os meios são, em certo sentido, a própria mensagem e que a mensagem intrínseca, que eles impingem sobre nossas mentes, é, basicamente, mais decisiva que a mensagem transmitida".

Premissas da Comunicação – As premissas servem de base para mostrar coisas evidentes, difíceis de serem contrariadas. São como conclusões lógicas e antecipadas, frutos de estudos e experiências anteriores. O conhecimento de premissas é de extrema valia para a solução de problemas. A seguir, algumas premissas da comunicação:

- Um melhor desempenho empresarial é fruto de um bom sistema de comunicação.
- A tomada de decisão só se transforma em ação se for comunicada.
- A comunicação de padrões leva o participante a assumir mais responsabilidade.
- A intensidade da comunicação deve estar em função da importância daquilo que se quer comunicar.
- O dirigente utiliza, no dia a dia, mais a comunicação oral do que a escrita.

Princípios da Comunicação – Princípios são verdades fundamentais, ou que se crê serem verdades, num determinado tempo, que explicam as relações entre variáveis. Embora, para cada princípio quase sempre se possa estabelecer um outro, em contraposição, igualmente aceitável. O comunicador deve conhecer princípios para que a comunicação seja realizada da melhor maneira possível.

A seguir, são colocados alguns princípios da comunicação:

- Princípio do Maior Uso – O comunicador que mais usar determinado tipo de comunicação deve deter o seu controle.
- Princípio da Direção – O comunicador não deve se desviar do tema em pauta.
- Princípio da Atenção – O comunicador deve manter atenção em quem fala.
- Princípio da Reflexão – O comunicador deve encorajar o outro a pensar.

- Princípio da Clareza – O comunicador deve aprimorar, a todo instante, a qualidade do processo de comunicação para que o outro entenda o valor da mensagem.
- Princípio da Integridade – O comunicador não deve se desviar do motivo da comunicação.
- Princípio da Utilidade – A comunicação deve ser encarada como uma ferramenta de trabalho.
- Princípio da Relevância – O comunicador não deve perder tempo com comunicações sem real significado.
- Princípio da Pertinência – O comunicador deve usar meios e modos de comunicação que sejam adequados ao momento.
- Princípio da Objetividade – O comunicador não deve se perder em meandros e prolixidades da linguagem.
- Princípio da Simplicidade – A comunicação deve conter o essencial. O belo se traduz pelo simples.
- Princípio da Veracidade – A comunicação deve expressar a verdade sobre o fenômeno analisado.
- Princípio da Exatidão – A comunicação deve apresentar valores exatos, sempre que possível.
- Princípio da Concisão – A comunicação não deve exagerar no tamanho, apresentando coisas que nada têm a ver com o assunto.
- Princípio da Dúvida – O comunicador deve sempre aceitar que o outro pode duvidar do que está dizendo.
- Princípio da Comparação – O comunicador deve, sempre que possível, usar de exemplos, exercícios, referenciais, modelos para permitir a comparação.
- Princípio da Padronização – A comunicação deve usar padrões (metodologias, nomenclaturas, terminologias) de conhecimento comum.
- Princípio da Atualização – A comunicação deve retratar o momento de sua construção.
- Princípio da Congruência – O comunicador deve se ater ao objeto da comunicação.
- Princípio do Entendimento – O comunicador deve se dirigir a um público-alvo que compreenda aquilo que é comunicado.

Dificuldade de Comunicação – A falta de esclarecimento aos empregados sobre o papel que devem desempenhar na equipe empresarial, a falta de clareza na descrição das atribuições individuais e das delegações de função, explica, provavelmente, melhor do que qualquer outro defeito, o conflito, a politicagem e a ineficiência.

A falta de formalização das tarefas e das linhas de autoridade. A falta de uma clara determinação da responsabilidade pela execução de um trabalho, pode fazer de uma equipe um grupo de indivíduos invejosos, inseguros e tendentes a passar adiante a responsabilidade.

A dificuldade de se obter um relato preciso de um acidente, por exemplo, serve para demonstrar que os seres humanos não são bons transmissores de fatos, fenômenos e ideias. Nem mesmo as testemunhas oculares chegam a um acordo. Depois que cada uma delas narra os acontecimentos a um terceiro, que, por sua vez, os transmite a outrem, os relatos ficam inteiramente embaralhados. A mesma dificuldade ocorre nos negócios.

Assim, quanto maior forem os elementos do canal de comunicação, tanto maior o perigo de que a mensagem (ordem, instrução, solicitação, pedido) sofra séria distorção.

8.4 Objetivos da Comunicação

Objetivo é o alvo (situação, resultado) que se pretende atingir, dentro de certo espaço de tempo. Ele determina a direção e o sentido para onde se deve concentrar esforços e recursos de toda a sorte. Os objetivos indicam a missão precípua da organização, isto é, aquilo para a qual foi criada e constituem uma fonte de legitimidade, que justifica suas atividades e, na verdade, até sua existência. Também servem como padrões, através dos quais os membros de uma organização podem avaliá-la.

A falta de objetivos, um que seja, é como um barco sem rumo. Os objetivos esclarecerão o que realmente queremos alcançar e, ao mesmo tempo, oferecer um sentido para viver e utilizar o tempo. São poucas as pessoas que definem seus objetivos de vida, e quando os definem, não são claros. Parece ser mais fácil dizer o que não se quer.

Novos objetivos ajudam a esquecer os fracassos passados. Daí a importância de se estabelecer metas e desafios para a vida, pois isso nos ajudará a descobrir e esclarecer o que realmente queremos alcançar e, ao mesmo tempo, oferecer um sentido para viver.

Não é suficiente definir objetivos, mas também os recursos e as ações necessárias para alcançá-los. Deve-se também definir as prioridades desses elementos, com clareza, sem ambiguidades. Se várias tarefas são passadas aos nossos subordinados ou recebemos várias incumbências de nossos chefes, devemos sempre questionar: Até que ponto cada uma dessas tarefas contribui para os meus próprios objetivos?

Além do que já foi dito, é interessante observar que os objetivos são importantes, tendo em vista que:

- Fornecem às pessoas elementos necessários e suficientes para que exerçam seus respectivos papéis.
- Permitem o trabalho em equipe e eliminam as tendências egocêntricas de grupos existentes na organização.
- Servem como referências para avaliar decisões estratégicas, táticas, planos e políticas.
- Orientam o questionamento da pesquisa.
- Estimulam o empenho das pessoas para resultados melhores.
- Ajudam à utilização e otimização de recursos próprios.

O principal objetivo da comunicação é a mudança, independentemente de ser, ou não, alcançada de maneira formal. Na comunicação, há sempre uma intenção básica e certamente o transmissor espera que o receptor a compreenda.

O estabelecimento dos objetivos da comunicação deve levar em conta os seguintes critérios:

- Buscar a coerência e melhorar o nível de percepção.
- Revelar um fato (constatação empírica de um acontecimento).
- Mudar um comportamento e desenvolver compreensão.
- Divulgar a solução de um problema, uma decisão, uma estratégia (tática), uma política (procedimento).

8.5 Funções da Comunicação

A função é um conjunto de técnicas, processos e práticas que ajudam o administrador a fazer acontecer os objetivos pretendidos. Função é o esforço disciplinado de um órgão, no sentido de realizar uma atividade útil à vida e ao desenvolvimento do organismo.

O conceito de função transmite a ideia de ação e de dinâmica.

Segundo Katz e Kahn, a comunicação precisa ser considerada não como um mero contato que ocorre entre o transmissor e o receptor, mas como uma função psicossocial numa organização. Considerando a comunicação, como processo de interação humana que se realiza mediante símbolos organizados em mensagens, é oportuno, então, resumir as funções da comunicação:

Função Estimuladora – Segundo Jean Piaget, "a inteligência humana só se desenvolve quando é estimulada". Se ninguém fala com a criança, nem sua inteligência e nem sua linguagem serão desenvolvidas. A comunicação, portanto, é fundamental para a formação da personalidade. George H. Mead afirmava que a mente e a personalidade emergem na experiência social por meio da comunicação.

Função Identificadora – É por esta e por outras razões que Ruesch e Bateson acham que "a comunicação é a matriz da psiquiatria e que muitos psicólogos clínicos acreditam que a maioria das patologias mentais de que sofremos são desordem de comunicação".

Função Expressiva – As pessoas não só desejam e precisam receber comunicação, participar da mesma, mas, basicamente, desejam, ainda mais, expressar suas emoções, ideias, temores e expectativas. A necessidade humana de expressão é tão forte que, às vezes, supera a necessidade de comunicar-se com os outros.

Função Social – Uma necessidade básica do homem é vincular-se a um grupo, mediante relações e processos de comunicação afetivos.

Função Informativa – A comunicação possui a função de revelar o mundo.

8.6 Processo de Comunicação

Processo é um conjunto de etapas sequenciais que apresenta mudança ao longo do tempo, tendo certa continuidade. É dinâmico, cíclico e sistêmico (cada etapa afeta as demais). É o detalhamento de como fazer.

Praticamente, todo e qualquer trabalho é visto como um processo. Mesmo que se faça uma atividade de diferentes maneiras, é básico que se siga um processo já estabelecido anteriormente ou que seja fruto de um ato empírico, constituindo-se, em ambos os casos, num padrão momentâneo.

O processo de comunicação é o verdadeiro objeto de estudo da comunicação. É a sua essência. No processo de comunicação se questiona (Fórmula de Lasswell):

- Quem é o comunicador? Sua reputação, sua capacidade de comunicar.
- Que diz a mensagem? A informação, por si só, não tem sentido. As pessoas lhe dão sentido apenas por aquilo que conseguem captar.
- Quem é o receptor? A comunicação é percebida? Só é importante o que é visto e ouvido pelo outro, e nele desperta reação. Com efeito, não há comunicação a não ser que o receptor esteja envolvido.
- Qual o meio utilizado? Marshall McLuhan tornou-se famoso ao afirmar que "o meio é a mensagem". A notícia, que vai ao ar pela TV, não é a mesma quando veiculada pelo rádio, jornal ou revista.
- Que reação provoca a mensagem? A comunicação exige ida e volta. Você precisa de algum tipo de "feedback" para saber se teve sucesso.

O processo de comunicação é fundamental numa organização, pois pode: minimizar diferenças pessoais, melhorar o nível de entendimento, mostrar problemas estruturais, racionalizar o uso do tempo. Mas também pode agravar problemas e conflitos.

A explosão de informações dificulta o controle da comunicação, porque há muitas informações no mercado que nos levam a trilhar caminhos erráticos. A maior parte dos problemas pessoais é totalmente devido à pobreza e ao colapso da comunicação, à incompreensão do que é comunicação ou à falta completa dela.

Heráclito destacou a importância do conceito de processo ao declarar: "um homem não cruza, mais de uma vez, um mesmo rio utilizando o mesmo processo". Aceita-se, na comunicação humana, o princípio de nada existir na razão, sem que tenha passado primeiro através dos sentidos. A interação humana é bem ou malsucedida, em função do processo de comunicação utilizado.

A seguir, uma rápida conceituação dos elementos da comunicação:

Fonte – A fonte significa a pessoa que emite ou fornece a mensagem.

Emissor – O emissor, ou remetente, desenvolve uma ideia ou escolhe um fato para comunicar, isto é, o conteúdo da comunicação. O emissor organiza a mensagem por meio de uma série de símbolos, sinais, códigos, nomenclaturas pelos quais pretende comunicar a outra pessoa, ou seja, o destinatário.

Transmissor – O transmissor significa o meio, processo ou equipamento que codifica e transporta a mensagem, por meio de um canal (meio) até o destino. Em princípio, todo transmissor é um codificador da mensagem.

Codificador – Equipamento que modula o sinal, numa determinada frequência, para que a mensagem possa fluir pelo canal de comunicação, sem problemas.

Canal – É o espaço intermediário situado entre o transmissor e o receptor.

Receptor – O receptor é aquele que recebe a mensagem, decodifica e manda ao destino. A princípio, todo receptor possui meios de decodificar a mensagem.

Decodificador – Equipamento que modifica os dados transmitidos para que sejam entendidos pelo destinatário.

Destino – É o ponto final da mensagem, que faz um retorno para a fonte, para dizer que recebeu a mensagem e como a interpretou.

Ruído – O conceito de ruído envolve as perturbações internas presentes ao longo dos diversos componentes do processo. Uma informação ambígua, ou que induz a erro, é uma informação que contém ruído. Uma das maneiras de se reduzir o ruído é a redundância, isto é, repetição da mensagem, para garantir a interpretação da mensagem. Em todo o processo de comunicação sempre existe algum grau de ruído.

O modelo dos elementos da comunicação, mostrado acima, serve como orientação aos comunicadores sobre como se arranjar mensagens e mídias eficazes para o público-alvo.

8.7 Metodologia de Comunicação

Metodologia é o conjunto de etapas de uma ação organizada de procedimentos, que pode servir de ferramenta para avaliar se um projeto, por exemplo, foi bem desenvolvido. Ela visa atingir um determinado objetivo. Se este não for alcançado, é porque, provavelmente, a ação não seguiu a sequência metodológica estabelecida, ou a mesma não foi bem delineada por falta de conhecimento.

A contribuição da metodologia é a de organizar as atividades, tornando mais provável que os problemas sejam atacados no momento apropriado.

Toda metodologia deve possuir uma filosofia própria, isto é, um conjunto de ideias iniciais que constitui a sua fundamentação conceitual e que serve de embasamento para as demais regras de sua construção. Uma metodologia de comunicação pode ser estruturada da seguinte forma:

a) Definir o objeto da comunicação.
b) Identificar o público-alvo.
c) Determinar objetivos a serem alcançados.
d) Escolher o sistema de comunicação mais apropriado.
e) Selecionar o canal de comunicação.
f) Escolher o tipo de linguagem.
g) Escolher e selecionar mensagens.
h) Estudar viabilidade de execução.
i) Montar orçamento.
j) Implementar sistema de comunicação.
k) Avaliar resultados.
l) Estabelecer correções.

8.8 Desempenho da Comunicação

O desempenho da comunicação será estudado quanto aos seguintes aspectos:

Eficiência – É a habilidade de produzir o desejado com o mínimo de esforço e custo. Da mesma maneira, a comunicação eficiente estará diretamente ligada a qualidade do canal. O canal será, mais ou menos, eficiente quando os obstáculos forem suprimidos ou minimizados.

Eficácia – É uma medida normativa do alcance de resultados (objetivos), isto é, relaciona-se com os fins almejados. A eficácia da comunicação ocorre quando o emissor obtém os resultados (respostas) esperados do receptor. Na comunicação eficaz, o objetivo do emissor é influenciar o receptor, de modo a que seja alcançado o resultado desejado.

Para ser eficaz, na comunicação oral, você deve: usar palavras simples e precisas; criar interesse, provocando perguntas; explicar a ideia, ilustrando e/ou exemplificando, sempre que possível; resumir a explanação, medindo a comunicação.

Para ser eficaz, na comunicação escrita, você deve: chamar atenção, despertando o interesse de alguém para aquilo que você escreve; envolver o leitor, através de uma redação atual e relevante; buscar um retorno favorável.

Efetividade – É o somatório da eficiência, mais a eficácia e mais a velocidade de resposta. A comunicação efetiva ocorre quando o nível de percepção do receptor concorda com o significado pretendido pelo emissor. Na comunicação efetiva, a compreensão é o alvo a ser alcançado.

Qualquer tentativa de traçar normas à efetividade da comunicação entre humanos esbarra na sua individualidade e, portanto, pode sofrer variações de pessoa a pessoa.

A comunicação se torna efetiva quando se chega, rapidamente, à compreensão, sendo para isso necessário conhecer a experiência comum do transmissor e do receptor, a significação comum de ambos (repertório), a atenção à mensagem recebida e ao feedback fornecido.

8.9 Obstáculos à Comunicação

É importante que as necessidades práticas da comunicação sejam plenamente compreendidas e é igualmente importante que as questões envolvidas na boa comunicação sejam esclarecidas. Estas questões incluem: a condição de estar preparado para comunicar e o reconhecimento dos obstáculos à comunicação.

A falta de comunicação ou a comunicação deficiente e falha é causa de muitos problemas. Empregados que deixam de executar determinadas tarefas ou que as executam de forma errada, com desperdício de tempo e de materiais, muitas vezes, assim procedem, porque não foram informados ou foram mal informados. Ainda pode ser que, não sabiam o que fazer ou não compreenderam como fazer.

A boa comunicação, por outro lado, faz com que as pessoas tornem seu trabalho mais produtivo.

Os obstáculos à comunicação são as restrições e limitações que ocorrem dentro ou entre as etapas do processo de comunicação, fazendo com que nem todo sinal emitido pela fonte percorra o processo de modo a chegar ao destinatário. Assim, o sinal pode sofrer distorções, interferências, vazamentos e desvios.

O boato é um exemplo típico de comunicação distorcida, ampliada e, algumas vezes, desviada do seu propósito. Tais obstáculos prejudicam a efetividade da comunicação.

O desentendimento pode facilmente levar ao desgosto, inimizade ou ódio, e, frequentemente, provoca guerra entre as nações. Eficiência, eficácia e efetividade da comunicação de A com B são afetadas por inúmeros obstáculos. Estes acontecem devido aos seguintes elementos:

Emissor (transmissor, fonte) – Os obstáculos podem ser devido à personalidade, preconceito, desatenção, nível de percepção, nível intelectual, grau de educação, experiência, clareza, objetividade, problemas da fala, audição e visão. Também pela falta de conhecimento específico, incapacidade de expressar o pensamento, coerência, afetação, prolixidade, pormenorização irrelevante, excesso de adjetivação, espontaneidade, habilidade transacional, habilidade em relacionar-se com pessoas, não credibilidade da fonte.

O emissor, se quiser, pode codificar uma mensagem. Isso acontece, porque cada pessoa atribui um significado diferente às palavras usadas. Ou então, cada palavra pode ter um significado compartilhado pelo emissor e receptor (mesmo repertório comum), porém a maneira com que as palavras estão ligadas pode deixar de efetivar a mensagem.

Meio de Transmissão – Os obstáculos podem ser devido a problemas de linguagem (polissemia, pleonasmos, exageros, paroxismos, anacronismos, rodeios, gírias), má elaboração da mensagem, tradução com imperfeições e erros, problemas de semântica e estrutura da língua, significação, abstração, ruído (distorção intermediária, canal sobrecarregado, deturpações, interferências), clima e moral organizacionais, sistemas de codificação e decodificação deficientes.

A transmissão é também um processo perigoso, especialmente, quando a mensagem passa por muitos intermediários.

Receptor (destinatário) – Quanto ao receptor, os obstáculos podem ser devido à desatenção, avaliação prematura, interpretação subjetiva, fatores materiais, incapacidade de ouvir, estilo socrático de dialogar, má interpretação, nível de conhecimento insuficiente, falta de experiência, imaginação e vontade, incompatibilidade com o transmissor.

Mesmo que recebamos a mensagem enviada, a nossa interpretação do seu significado apresenta o risco final de uma má compreensão. Essa interpretação pode resultar em um grave mal-entendido, ou pelo menos em uma compreensão diferente, com graves consequências em potencial.

Retroalimentação – Quanto à retroalimentação, os obstáculos podem ser devido à falta de um sistema de retorno eficiente e eficaz que vá do receptor para o transmissor. Se não há a devida retroalimentação da comunicação, a mesma não acontece. Ela não se acha sempre presente na comunicação. É uma etapa extra que pode ou não estar presente em qualquer tipo de comunicação.

Quando a retroalimentação está ausente, a comunicação tem um único sentido. Quando há retroalimentação, a comunicação tem dois sentidos contrários (ida e volta), havendo entendimento ou não da mensagem.

Ruído – A pessoa que recebe a mensagem é o real comunicador, porque, se ela não fizer nada a respeito, a comunicação não se realiza. Aquilo que agir como interferência no canal é conhecido como ruído. O ruído pode estar em qualquer elemento da comunicação. Uma deficiência ou falha de quem transmite, palavras mal escritas, mal pronunciadas ou de sentido dúbio, defeitos ou perturbações auditivas, tudo isso são ruídos.

8.10 Sistema de Comunicação

O estudo dos sistemas capacita os homens e as instituições a terem um procedimento racional integrado a um conjunto organizado. A verdadeira importância do estudo dos sistemas é conscientizar o dirigente para a complexidade da organização e a necessidade de que a visão sistêmica seja sempre considerada.

Os sistemas são controlados por meio de informações. Mesmo que seu objetivo não seja a comunicação, qualquer organização contém um sistema de comunicação para um funcionamento adequado aos seus propósitos.

A arquitetura e a engenharia de um sistema de comunicação precisam produzir realimentação necessária e suficiente para corrigir desvios e reformular o que está errado. A comunicação irrestrita produz ruídos no sistema.

O sistema de comunicação tem sido descrito como um fluxo de informações (mensagens) que passa através de canais compostos de pessoas e máquinas que atuam como centros de retenção, filtragem, passagem e geração de dados e informações.

Cada pessoa (cargo) é um centro de comunicação. O cargo é um importante determinante do papel que seu ocupante representa no sistema de comunicação. O cargo ocupado, na cadeia de comando, também influencia os padrões de comunicação.

Uma pessoa, cujo trabalho lhe permite sair de seu escritório, pessoalmente ou via Internet, e atravessar outras áreas departamentais, tem maiores oportunidades de comunicação do que alguém que passa a maior parte do dia em sua sala trabalhando.

Na construção de um sistema de comunicação, devem-se levar em consideração os seguintes itens: identificar o público-alvo, definir objetivos, selecionar o canal de comunicação, desenvolver e selecionar mensagens, estudar a viabilidade do projeto, implementar sistemas e avaliar resultados, por exemplo. Um sistema de comunicação tem os mesmos problemas que um sistema de informações, tais como:

- Por quanto tempo o sistema existente será suficiente para as necessidades da empresa?
- O sistema deverá prover e aceitar novas informações?
- O sistema requer direção centralizada?

As unidades (subsistemas) do sistema de comunicação são: Elaboração, Transmissão, Meio, Interpretação, Recepção, Filtro, Retenção e Registro. O fato de termos um projeto adequado de empresa e um mecanismo apropriado de coordenação, por si só, não garantem a eliminação de várias dificuldades que impedem a comunicação entre: superiores, subordinados e pares.

8.11 Performance do Comunicador

Para enfrentar os obstáculos à comunicação, tanto do emissor quanto do receptor, é preciso que se desenvolvam atividades que conduzam os dois a darem um cunho performático ao processo de comunicação. O receptor, não percebendo a intenção e o significado do emissor, faz inferências e deduções próprias sobre a mensagem, como se fossem observações reais.

Na performance (atuação, desempenho) do receptor e do emissor, deve-se considerar que ambos devem agir com empatia e neutralidade, reconhecendo seus sentimentos, suas próprias tendências, seus erros e certezas. Agir com tolerância e espontaneidade. Avaliar o objetivo da mensagem (controladora, ameaçadora, descritiva, orientadora) e evitar bancar o superior (manipulador), fingindo igualdade.

A performance pode ser tanto do:

Emissor: Performance que ocorre quando o emissor da mensagem demonstra um sentimento de igualdade para com o receptor, mesmo que o emissor tenha mais status.

Receptor: Performance que ocorre quando o receptor da mensagem sente que é respeitado, confiável e valioso para o emissor.

Se cada crítica feita a nós desencadear um comportamento de vingança, a nossa energia passa a raciocinar negativamente e a projetar sabotagens, em lugar de aprender e progredir.

Um problema fundamental na comunicação interpessoal, e talvez, principalmente, entre pessoas em cargos de autoridade (chefe, supervisor, gerente, diretor, superintendente, presidente) é a atitude de defesa dos receptores. O processo age da seguinte forma: Cada um de nós possui certa imagem e certo nível de amor próprio.

Quando a informação ameaça a nossa autoimagem, é provável que reajamos de algum modo para nos defender contra aquela ameaça e a manter uma autoestima, que conserve o nosso amor próprio.

Quando os emissores encaram os receptores como objetos a serem influenciados, movidos ou manipulados no sentido de algum resultado determinado pelo emissor, a implicação deste ponto de vista nem sempre se perde no receptor. Este fica apto a se sentir ameaçado pelo papel passivo que tem de desempenhar, sendo manipulado.

Ao contrário, quando o emissor demonstra um sentimento de igualdade é menos provável que ocorra uma maior defesa, mesmo que o emissor tenha mais status, poder e capacidade intelectual. Porém alguns emissores parecem dar pouca ou nenhuma atenção a essas diferenças e encorajam o trabalho grupal.

Quando os receptores sentem que são respeitados, que são confiáveis e que são considerados valiosos, eles recebem bem a mensagem.

8.12 Classificação da Comunicação

A classificação é um ato ordenado e sistemático de fatos, fenômenos, teorias e itens, por exemplo, que os agrupa, de acordo com suas especificações e propósitos. A classificação da comunicação pode ser quanto aos seguintes elementos:

Quanto à Finalidade – A comunicação relativa à finalidade (propósito) pode estar voltada a informar, educar, entreter, doutrinar, treinar, instruir, ordenar, pesquisar, desenvolver.

Quanto à Forma – A comunicação pode ser: falada, ouvida, lida, escrita ou gesticulada. Tanto a comunicação escrita como a comunicação oral possuem vantagens e desvantagens e os critérios são baseados principalmente em: tempo, custo, acessibilidade, segurança, síntese, clareza, qualidade, propósito e responsabilidade.

A comunicação oral, numa base face a face, é, geralmente, considerada mais efetiva do que outros tipos de comunicação, tendo em vista as seguintes vantagens:

- Encorajar o duplo intercâmbio de comunicação.
- Fornecer base fértil para novas ideias.
- Promover a cooperação.
- Resolver desacordos e desentendimentos na hora.
- Eliminar discórdia e dissensão.
- Ajudar a modificar pontos de vista.
- Promover o entendimento entre superiores e subordinados.
- Ajudar a dar ao subordinado a impressão de que ele é uma pessoa importante e necessária.
- Reduzir o custo do processo de comunicação.

Quanto à Formalidade – A comunicação pode ser formal e informal. Quanto mais alta a categoria da pessoa, tanto mais, cuidadosamente, serão examinadas suas comunicações informais e tanto mais serão elas diligentemente interpretadas.

A comunicação formal possui algumas vantagens sobre a informal, devido as seguintes características:

- Impõem aos que as escrevem ou falam uma disciplina.
- Economizam tempo.
- Proporcionam um registro (papel, disco, fita) para consulta posterior.
- São mais bem elaboradas e mais seguras.

O registro caracteriza tal tipo de comunicação.

Quanto à Atividade – A comunicação pode ser programada ou não.

Quanto ao Tempo – A comunicação pode ser passada (séries históricas) e futura (previsões, tendências, cenários).

Quanto ao Sistema – A comunicação pode ser entre sistemas humanos e sistemas automáticos (máquinas, robôs).

Quanto ao Espaço – A comunicação pode se realizar no espaço real ou no espaço virtual.

Quanto ao Nível Hierárquico – A comunicação pode ser: estratégica, tática e operacional. No nível estratégico, a comunicação é relativamente simples, porque envolve poucas pessoas. No nível tático, a comunicação começa a se avolumar, mas ainda é de relativo controle. No nível operacional, os ruídos já são maiores e os supervisores terão de ser, efetivamente, controladores e controlados.

Quanto à Duração – A comunicação pode ser de vida curta ou de vida longa.

Quanto ao Mercado – A comunicação pode ser para o mercado interno ou para o mercado externo.

Quanto aos Sentidos Humanos – A comunicação pode ser: Sonora (sons, palavras orais, ruídos, músicas, vozes); Visual (gráficos, textos, figuras, ilustrações, fotografias, cores, transparências); Dramática (corporal, teatro, cinema, televisão); Volumétrica (arquitetura, escultura, embalagem); Tátil (dedos, pele); Olfativa (odores); Gustativa (doce, salgado, azedo e amargo).

Quanto ao Meio – A transmissão e a recepção da comunicação podem ser por meios: naturais, mecânicos, elétricos, eletrônicos, eletromagnéticos.

8.13 Tipos de Comunicação

A seguir, os principais tipos de comunicação:

Comunicação Administrativa: Comunicação social, que, no seu processo, envolve os seguintes elementos: um superior (chefe ou líder), um subordinado, uma ordem (mensagem, estímulo), um processo, um resultado (objetivo) e uma reação (feedback).

Comunicação com Consumidores: Comunicação feita para divulgar um novo produto ou mesmo um produto já existente, por meio da propaganda, publicidade, promoção e merchandising.

Comunicação com Subordinados: Comunicação da cúpula da organização endereçada a todos os seus membros. Normalmente, são excessivamente gerais em caráter e demasiadamente distintas das limitadas experiências cotidianas do funcionário médio.

Comunicação com Superiores: Comunicação linha acima que precisa ser filtrada para não sobrecarregar a chefia. Em geral, a comunicação ascendente é pequena e termina no nível hierárquico imediatamente acima. Os subordinados dão informações sobre o andamento e problemas do trabalho aos superiores, de modo que estes decidam o que fazer.

Comunicação da Ação: Comunicação empresarial para fazer a ponte entre os comportamentos, as funções e os recursos até a ação. Nem sempre a ação é um ato isolado de uma pessoa, e que, mesmo sendo, precisará se comunicar com outra pessoa, ou grupo, ou instituição, porque ninguém é uma ilha (John Dewey).

A ação disciplinar é a ação corretiva realizada sobre o comportamento de pessoas.

Comunicação da Marca: Comunicação que utiliza meios e instrumentos de comunicação para construir e fortalecer a imagem de uma marca/produto. A fim de melhorar a imagem, a organização utilizará: publicidade; propaganda; promoção; treinamento de vendedores; relações públicas; meios visuais; aparência; cores compatíveis; logomarca bonita; arquitetura da loja; página agradável na internet; embalagem apropriada; atendimento na venda; sinalização das mercadorias.

Comunicação de Dados: Comunicação feita entre entidades que transportam dados sob a forma de voz, texto, imagem, dígito, símbolo, por exemplo.

Comunicação Didática: Comunicação que efetiva a linguagem utilizada para ensinar.

Comunicação do Conhecimento: Comunicação que ajuda a divulgar (disseminar, compartilhar) o conhecimento para aqueles interessados em aprender.

Comunicação do Produto: Comunicação que utiliza todos os meios de divulgação, gerando resposta imediata do consumidor, porque é importante saber o que ele pensa e o que ele quer. A comunicação do produto precisa garantir que ele satisfará as necessidades e desejos do consumidor, em tempo hábil.

Comunicação Docente: Comunicação que utiliza recursos instrucionais para ensinar; Comunicação entre professor e aluno.

Comunicação Empresarial: Comunicação que efetiva a mudança e influencia a ação administrativa, proporciona informação e compreensão necessárias para que as pessoas possam se conduzir nas suas tarefas.

Comunicação Escrita: Comunicação que expressa um acordo, contrato, projeto, teoria, decisão, solução, por exemplo.

Comunicação Formal: Comunicação baseada em regras rígidas de conduta.

Comunicação Hierárquica: Comunicação baseada no princípio da unidade de comando, pois um subordinado terá um único superior do qual receberá ordens e perante o qual é responsável. Um superior não deve dar ordens diretas a quem quer que esteja a mais de um nível da sua posição na hierarquia, a não ser por emergência. Assim como passar por cima de um superior imediato é, geralmente, considerado como uma falta grave na vida organizacional.

Comunicação Humana: Comunicação feita por meio de regras de conduta, quase sempre, muito exigentes. Ela apela para a motivação e valores (aspirações, propósitos) comuns àqueles que estão se comunicando. Não havendo convergência, não haverá comunicação.

Comunicação Informal: Contrário da comunicação formal.

Comunicação Interna: Comunicação usada em caráter informal para despachos ou para comunicar assuntos rápidos e diretos, não exigindo controle e nem arquivamento.

Comunicação Interorganizacional: Comunicação entre organizações.

Comunicação Interpessoal: Comunicação entre pessoas de uma mesma organização.

Comunicação Intraorganizacional: Comunicação dentro de uma organização que obedece a regulamentos, protocolos, políticas e procedimentos.

Comunicação Mercadológica: Comunicação de caráter psicológico que leva uma pessoa a comprar e/ou vender um produto.

Comunicação Oral: Comunicação rápida entre as pessoas, devido ao grau de intimidade entre elas, mas que pode ser prejudicada na precisão e na acuidade.

Comunicação Organizacional: Comunicação entre departamentos, divisões, superintendências, sessões, cargos e indivíduos da mesma organização.

Comunicação Publicitária: Comunicação apropriada para tornar público um produto, uma marca, um invento, um projeto, um programa.

Comunicação Remota: Técnica que permite que um determinado computador possa controlar ou duplicar a operação de um outro computador, situado em local remoto.

Comunicação Verbal: Comunicação que é feita de forma oral ou escrita.

8.14 Rede de Comunicação

A palavra rede (malha) significa um conjunto de atividades interligadas. Rede de comunicação é a estrutura que estabelece a direção e o sentido do fluxo de informações que circula na organização. Ela possibilita o suporte necessário de dados para que os polos de decisão processem e filtrem as informações.

Para alimentar a organização de informações, se faz necessária uma rede de coleta, classificação e seleção de dados. Tal rede é orientada, planejada e construída para atender as funções da comunicação.

A finalidade da rede de comunicação é evitar, como no uso tradicional, a montanha de documentos que têm de ser produzidos, enviados, recebidos, analisados, corrigidos, transcritos e copiados, por diversas vezes. Nas redes físicas, as limitações do sistema de comunicação quanto à sobrecarga e subcarga são prontamente reconhecidas pelo conceito de capacidade do canal.

Os sistemas sociais também existem em um espaço-tempo múltiplo e estão sujeitos a limitações em sua capacidade de comunicação. O recebimento, a avaliação e a transformação da informação se acham engrenados ao processo produtivo e seguem uma escala de tempo correspondente.

O estudo das redes de comunicação tenta encontrar a melhor maneira de comunicar. A conclusão atual é de que não existe uma maneira universal de comunicação nas empresas, pois os dados e informações são enviados dentro de uma imensa variedade de propósitos.

O Quadro 8.1 mostra uma comparação das características dos diferentes tipos de rede.

Características	Rede em Roda	Rede Aberta	Rede Fechada
Rapidez de Influência	Forte	Regular	Fraca
Verificação da Verdade	Forte	Regular	Fraca
Ênfase no Líder	Forte	Regular	Fraca
Moral	Fraca	Regular	Forte
Flexibilidade Estrutural	Fraca	Regular	Forte

Quadro 8.1: Características dos Tipos de Rede.

O administrador se valerá de diferentes redes de comunicação para diferentes situações. Assim, vale lembrar tais redes:

Rede Formal de Comunicação – Embora cada administrador empregue redes de comunicação diferentes, em função da situação, é bom lembrar que a rede formal de comunicação precisa de: definição do espaço coberto pela rede, natureza do transmissor, natureza do receptor, construção da mensagem, ênfase na eficiência do canal.

Rede Informal de Comunicação – Rede informal de comunicação tem dificuldades de administração, mas facilita conhecer sentimentos, boatos, verdades, fofocas, personalidades, distorções, idiossincrasias. Serve para contornar obstáculos da rede formal, ajuda a identificar líderes, mas tem dificuldades de estudo e reconhecimento. Sua justificativa de uso se baseia na eficácia.

Uma boa estrutura de comunicação é aquela que sofre muito pouco a influência do canal informal de comunicação que toda organização tem.

Rede Informatizada de Comunicação – A rede informatizada de comunicação promove maior grau de competitividade, melhor eficiência administrativa, redução do tempo de processamento, maior visão mercadológica da qualidade.

Rede de Relacionamento – Uma rede de relacionamento ajudará a mais bem gerir a empresa. Ela não funciona como um estímulo à criatividade, podendo servir apenas para promover um eco das ideias do executivo. O contato com pessoas que têm vivências diferentes dá acesso a novas visões e posicionamentos.

Não ter uma rede de relacionamento pode ser muito prejudicial à empresa. Para muitos presidentes, a rede é a principal fonte de busca de profissionais para as posições mais altas da hierarquia da empresa.

8.15 Internet

A internet é algo que veio para ficar. Há muito tempo têm sido desenvolvidos os padrões da internet, bem como se tem feito (investido) no sentido de atualizá-los. Já se falou muito sobre a importância da informação, porém, ultimamente, não basta que seja gerada. É preciso que esta seja disponibilizada, em tempo oportuno para seu usuário.

A conhecida tecnologia da comunicação, valendo-se de recursos mais modernos, criou o "frete da informação", isto é, a Internet.

Em poucas palavras podemos considerar a internet como sendo um conjunto de facilidades de comunicação e conectividade. A internet é uma grande rede mundial de comunicação com prestação de diversos serviços. Embora o acesso seja livre, o usuário dependerá de um computador provedor (canal comercial de acesso), que poderá ser pago ou não, para se conectar com a rede. Este provedor abriga vários sites.

A internet não é uma ciência nem uma técnica, nem um processo ou procedimento. É apenas uma janela livre e gratuita de conexão, por onde as pessoas podem enxergar o mundo e aprender, tendo uma multiplicidade de escolha. Originalmente estabelecida para facilitar a pesquisa e a troca de experiências acadêmicas, a internet está agora disponível a uma audiência muito mais ampla.

Os usuários podem enviar e-mails, trocar opiniões, comprar produtos, acessar notícias, manter-se atualizado em artes e negócios, ampliar seus horizontes em cultura e educação.

Em 1989, Tim Berners-Lee cria na Suíça o programa que dá à luz a WWW (Word Wide Web) ao permitir que textos e figuras sejam transferidos e captados por qualquer computador. Numa atitude rara, Tim torna a sua criação um domínio público.

Em 1991, é levantada a barreira que impedia o uso da Internet para fins comerciais. No ano seguinte, aparece o primeiro *browser*, que permite o acesso à rede através do mouse. É o fim dos códigos de programação. Em 1994 surgiu o primeiro provedor brasileiro.

Nas mãos do público, a Internet provoca uma revolução nas comunicações e no mundo dos negócios. Sua evolução é cada vez mais rápida. Qualquer que seja o futuro, a Internet estará presente na sua vida. É um caminho sem volta. A Internet possui certas características que ajudam muito o canal de marketing direto, pois possui uma:

- Capacidade de armazenar enormes quantidades de informações, em localizações virtuais diferentes, de maneira barata.
- Disponibilidade de meios poderosos e econômicos de buscar, organizar e disseminar essas informações.
- Interatividade e capacidade de fornecer informações mediante pedido, em sites de busca.
- Capacidade de funcionar como veículo de transações com custos relativamente baixos.
- Possibilidade de publicações de textos, livres de censura, inteiramente gratuitos, na forma de "blogs".
- Capacidade de otimizar o canal de distribuição física de bens.
- Facilidade de criar novos vendedores no espaço virtual.

Os principais elementos da Internet são:

Usuário – É a pessoa (ou grupo de pessoas) para quem o sistema é construído. A primeira preocupação que se deve ter no desenvolvimento de um sistema é com relação às necessidades de cada usuário. O usuário da internet é chamado internauta.

Intranet – É uma espécie de Internet interna numa organização para atender aos departamentos e veicular: informações, políticas, novos produtos, novidades tecnológicas e mercados em processo de expansão. Ela provocou automação extensiva das funções organizacionais, aumentando suas eficiências.

Extranet – É um site privado de Internet que possibilita várias empresas compartilhar informações e realizar negócios com segurança.

Incubadora – É a empresa que presta assessoria, consultoria e parceria a outra empresa que deseja ingressar na Internet para um determinado mercado.

Protocolo – A internet é uma imensa rede de computadores que possui padrões de comunicação muito bem definidos. A internet não teria êxito se não tivesse padrões bem definidos e difundidos. Os computadores clientes não iriam ser capazes de estabelecer conexões com os computadores servidores sem a existência de padrões e regras (protocolos). O protocolo mais famoso é o http e sua derivação o https.

Rede Doméstica – A expressão rede significa internet, porém, hoje, fala-se de rede referindo-se a "Rede Doméstica", porque ter dois ou mais computadores de mesa que não se comunicam é, em certos casos, um desperdício. Com as máquinas conectadas, recursos de cada uma delas passam a atender a todas. A rede doméstica permite: compartilhar a conexão com a internet, impressoras e discos; transferir arquivos; centralizar o backup.

Padrões – Como podemos perceber, a internet tem esse grande êxito por conta de padrões bem definidos e difundidos. Imaginem a internet sem seus padrões. Os computadores clientes não iriam ser capazes de estabelecer conexões com os computadores servidores, pelo menos como conhecemos.

Tempo Virtual – A economia virtual repousa sobre as mudanças tecnológicas. É possível uma agenda em tempo real (aquela que controla todos os dias, 24 horas), mas ela pouco terá a ver com o tempo virtual. Este tempo é aquele em que tudo está em constante mutação e as sábias decisões de hoje cedo já não parecem tão sábias ao meio dia, porque alguém apertou uma tecla em algum lugar do mundo, provocando um efeito dominó em todo planeta. Assim, fica a impressão de que o único tempo que existe é o virtual, porque é nele que as coisas acontecem.

Domínio – Os servidores podem ser identificados de duas maneiras: via seu IP (número de identificação) e via seu endereço virtual (site). É comum os servidores se cadastrarem em Servidores de Domínio, o que nada mais é do que vincular o número IP a um nome. O número 143.107.92.195 designa o endereço www.eac.feasp.usp.br, por exemplo. Assim, o usuário pode digitar uma das duas formas que será conduzido à página desejada. Após essa identificação, há a possibilidade de se indicar um subdiretório (pasta) dentro do servidor, onde os dados serão apresentados de forma mais explícita.

8.16 Sinalização

Sinalizar é comunicar por sinais. Para alívio das pessoas, os sanitários são sinalizados com os chamados glifos representando o feminino e o masculino. Sinalizamos nossas ruas com cores convencionais (símbolos) de trânsito, mas isso não é suficiente para promover um bom tráfego na cidade. É preciso que todos sigam os mesmos referenciais e quando isso não ocorre a Teoria da Comunicação entra em colapso.

O melhor exemplo de como a sinalização é fundamental para a nossa sobrevivência é a ambulância. Na sua sinalização externa, além da cor branca, a palavra ambulância é escrita ao contrário para ser lida via espelho retrovisor e é reforçada pelo som da sirene.

A sinalização bem estruturada facilita bastante o nosso dia a dia e pode até nos tornar mais prósperos à medida que, rapidamente, identificamos um banco pelo seu letreiro, sua cor característica, seu logotipo ou logomarca.

A sinalização de segurança, por exemplo, indica onde fica a mangueira de incêndio. De fato, a sinalização, hoje, em nosso país, é uma discussão inflamada quando nos comparamos com os países desenvolvidos, que já têm em seus empresários e governantes os maiores interessados em comunicar bem.

Nossas cidades, com raríssimas exceções, não têm implantado um bom projeto de sinalização e as ruas têm placas ao gosto dos prefeitos e dos fornecedores.

Outro aspecto a ressaltar é a pintura do interior da empresa e de seus equipamentos. Assim, todas as passagens e faixas de tráfego devem ser marcadas nitidamente. Isso é conseguido pintando-se toda a largura da passagem numa cor contrastante com a cor geral do piso ou deixando faixas espessas de uma cor viva, para servir de limite. Tal pintura atuará como aviso ao funcionário de que ele está na *Corrente de Trânsito* e deve estar alerta para evitar acidente.

Caixotes móveis, usados para coletar ou distribuir material, devem ser pintados com cores que chamem a atenção. A superfície interna dos caixotes deve ser pintada com uma cor que torne fácil verificar a quantidade de material que foi colocada nele. Matérias-primas e mercadorias, muitas vezes, são empilhadas em passagens ou diante de equipamento contrafogo, bloqueando toda a área.

Espaços do piso que são usados para a armazenagem periódica de material devem ser nitidamente marcados num *Branco Forte,* para deixar livres e seguras as faixas de tráfego.

A Associação Brasileira de Normas Técnicas (ABNT) estabeleceu normas que disciplina o uso das cores. Podemos destacar as seguintes:

Amarelo – Cor de alta visibilidade deve ser usada como faixa que delimita movimentadas passagens e objetos acima da cabeça. Quando usada em combinação com o preto, em barras paralelas, identifica objetos estacionados que apresentam perigo de batidas, esbarrões e queda.

Laranja – Cor combinada à vitalidade e intensidade do vermelho com a alta visibilidade do amarelo, para produzir uma cor que tem maior valor de atenção que qualquer outra, deve indicar partes e áreas perigosas.

Guardas de máquinas ou de partes móveis que invadem as alas de trânsito devem ser pintadas superficialmente ou em faixas com a cor laranja. Bordos que esmagam ou cortam devem ser identificados por uma tira laranja. A face interior da porta da casa de força deve também ser pintada com esta cor.

Vermelho – Cor fisicamente associada ao fogo, deve ser usada para identificar a localização do equipamento de proteção contra incêndio. As colunas que suportam o equipamento contra o fogo devem ter o topo e a base pintados de vermelho, além de uma cinta, justamente no local em que está fixado o extintor ou as mangueiras.

Azul – Cor sugerida como precaução. Etiqueta azul, ou bandeira azul, deve ser usada para prevenir equipamento em movimento, fora do lugar, fora de uso ou em conserto.

Verde – Cor sempre associada com segurança e prática médica, devendo ser usada para identificar equipamentos de segurança e sua localização. A cruz branca sobre o fundo verde identifica armário com material de primeiros socorros, ou enfermaria de pronto socorro. O chuveiro de segurança, assim como sua localização, deve ser pintado com esta cor.

Nas empresas mal sinalizadas a sua "boa" imagem institucional se perde com visitantes confusos. Todos estes alertas de sinalização deixarão nossos dirigentes muito pensativos, contabilizando prejuízos que a falta de comunicação visual tem causado às suas organizações.

8.17 Automação da Comunicação

Como vimos, as comunicações foram das primeiras atividades humanas a empregarem a automação. O fato é que as comunicações são a base de todo progresso científico e tecnológico. Sem elas, o acúmulo de conhecimentos até o ponto de terem utilidade prática não seria possível e muito menos sua difusão.

A automação da comunicação oferece verificação rápida da opinião pública, facilita a pesquisa e a previsão, racionaliza a produção e distribuição, ajuda à manutenção de estoques em níveis baixos, dá acesso a tudo e a todos, dissemina a informação, disponibiliza meios para a confrontação de padrões e modelos de decisão.

O impacto da automação nas comunicações significa impacto em todas as atividades humanas. Deve-se entender que o complexo das comunicações engloba não só a agricultura, a indústria, o comércio e o serviço, como também toda a combinação de pessoas, instituições, sanções legais e meios informais que, em conjunto, formam o centro nervoso que movimenta a sociedade.

Em outras palavras, estamos tratando do impacto da automação nas maneiras pelas quais nos comunicamos, vivemos, trabalhamos e desenvolvemos.

Mais especificamente, as comunicações terão de explicar os efeitos das mudanças sobre o indivíduo, ajudá-lo a compreender seu novo papel na sociedade e na sua organização, auxiliá-lo a aceitar a falta de trabalho, assisti-lo na descoberta de novas oportunidades, ampará-lo na transparência, ajudá-lo a desenvolver suas habilidades e capacidades.

As comunicações terão, obviamente, papel de destaque no aprendizado permanente a que a automação está compelindo todos nós, bem como ajudar cada indivíduo a obter todas as informações de que necessita em seu trabalho, seja como parte de uma organização ou não. Num mundo em que as comunicações têm tal significado, todos os indivíduos terão de desenvolver sua capacidade pessoal nesse campo.

É igualmente importante que as comunicações mantenham em funcionamento os processos de produção e distribuição, para a comercialização de bens e serviços, bem como para formação e manutenção dos governos. Em outras palavras, devem ser funcionais, o que, por si só, já constitui formidável tarefa numa sociedade automatizada.

Envoltas no mesmo barco, as empresas se dão conta de que, diante da tempestade, o melhor é remar em bloco e impedir que a embarcação vá a pique. Os acordos de cooperação tecnológica são uma alternativa interessante para a otimização de recursos e investimentos, sem que os parceiros percam sua própria identidade no mercado.

Antes de tomar a decisão de investir em automação, a empresa deve: verificar a idoneidade do fornecedor; checar se a tecnologia a ser fornecida já está ultrapassada; verificar se o equipamento comprado pode agregar novos valores, no futuro; verificar se o fornecedor é capaz de dar treinamento e manutenção; verificar se o equipamento pode ser ampliado com aproveitamento do já existente.

Automação significa a transferência de atividades de controle, regulagem e correção de processos feitos pelo ser humano para equipamentos cibernéticos. As máquinas automáticas são capazes de realizar uma sequência de operações até certo ponto semelhantes aos processos mentais humanos, podendo ainda corrigir erros que ocorram no curso de suas operações, seguindo critérios preestabelecidos.

Equipamentos automatizados podem cuidar das funções de observação, memorização e decisão. Até se chegar à automação, o trabalho passou pelas seguintes fases:

Manual – Trabalho é executado pelas mãos humanas, usando ou não ferramentas manuais.

Mecanização Primitiva – Trabalho é executado por máquinas simples (alavanca, roldana e plano inclinado) acionadas pela força muscular, pela queda de água e pelo vento.

Mecanização Industrial – Trabalho é executado por máquinas acionadas por vapor, eletricidade ou explosão. A mecanização industrial é geralmente conhecida simplesmente como mecanização.

Mecanização Semiautomática – Trabalho é executado por máquinas que fazem alguns movimentos ou operações sem controle humano direto, como, por exemplo, parar após terminar uma operação por determinado defeito ou alimentar-se sozinha.

Robótica – Trabalho é feito por um robô (sistema eletromecânico), que desempenha tarefas repetitivas com altíssimo nível de eficiência, precisão e segurança.

John Diebold diz que “automação é um meio de análise de organização e de controle de processos de produção, tendo em vista a melhor utilização possível de recursos”.

A velocidade da transformação do setor da informática, face aos custos decrescentes e pela confluência com as telecomunicações, assume a responsabilidade de uma mudança na estrutura da economia. A máquina simula parte do mecanismo de pensar do homem, lida com linguagens próximas do homem e gerencia outra máquina.

Tradicionalmente, a automação da empresa, especialmente pequena e média, começava pela área contábil. Hoje, empregam as máquinas para integrar suas diversas áreas. Envoltas no mesmo barco, as empresas se dão conta de que, diante da tempestade, o melhor é remar em bloco e impedir que a embarcação vá a pique.

Os acordos de cooperação tecnológica são uma alternativa interessante para a otimização de recursos e investimentos, sem que os parceiros percam sua própria identidade no mercado.

A automação é o caminho definitivo para o controle de toda a empresa, aumento da produtividade, melhoria da qualidade, fortalecimento da posição diante da concorrência e aumento da capacidade de gerar lucros. É uma mudança na filosofia, no comportamento e até no ambiente. Às vezes, ela gera mudanças tão radicais na empresa, que afeta os seus produtos. Antes de tomar a decisão de investir em automação, a empresa deve questionar:

- A idoneidade do fornecedor da tecnologia é confiável?
- A tecnologia a ser fornecida já está ultrapassada?
- O equipamento comprado pode agregar novas tecnologias, no futuro?
- O fornecedor é capaz de dar treinamento e manutenção?
- O equipamento pode ser ampliado com aproveitamento do já existente?

As principais consequências da automação são: maior volume de produção, com consequente diminuição dos custos; melhor qualidade dos produtos; maior produtividade; menores salários; desemprego; jornada de trabalho reduzida; mais tempo de lazer; necessidade de um grau mais elevado de formação profissional.

Os cientistas acreditam que está havendo uma simbiose entre o homem e a máquina. A máquina caminha para se tornar humano e o humano cada vez mais age como extensão da máquina.

8.18 Esfera de Comunicação

A esfera de comunicação se refere à amplitude que um chefe pode ter para se comunicar de maneira efetiva e adequada com seus subordinados. Em toda organização é importante avaliar com quantos subordinados um dirigente deve se comunicar. Mas a questão é: Qual o número ótimo?

A esfera de comunicação é influenciada por vários fatores, a saber: tecnologia utilizada, interdependência dos subordinados, similaridade de funções supervisionadas, qualificação dos subordinados, utilização de assistentes, supervisão de um nível superior, estabilidade do ambiente.

Este controle dependerá do nível hierárquico em que se estiver. Quando os contatos interpessoais ocorrem ao nível operativo, normalmente, eles não requerem coordenação frequente por um supervisor, pois são, geralmente, transformados em rotinas.

As atividades administrativas dos gerentes acima do primeiro nível de supervisão são mais complexas. A amplitude eficaz tende a limitar-se a um número menor de subordinados. A complexidade dos deveres tende a aumentar à medida que uma pessoa sobe na organização.

A autoridade é exercida através de uma cadeia de comando. Esta cadeia de comando refere-se a um conjunto interligado e contínuo de relacionamentos de comunicação que se estende, na organização, de cima para baixo, através de uma linha de autoridade que interliga as posições da organização e especifica quem dá ordens a quem.

Um dos elementos de maior importância, que entra no estudo da esfera de comunicação, é o que se refere à relação superior com subordinado. Para um grande número de níveis hierárquicos, menor será a amplitude da comunicação e vice-versa.

A Teoria de Graicunas declara que: "À medida que o número de subordinados cresce numa progressão aritmética, as relações resultantes tendem a aumentar geometricamente".

Um dos elementos de maior importância que entra no estudo da amplitude (esfera) de comando (controle) é a comunicação entre o dirigente e o subordinado.

A esfera de controle é inversamente proporcional ao número de níveis hierárquicos da organização. Assim, para um grande número de níveis hierárquicos, menor será a esfera de controle, e vice-versa. Graicunas (1933) considerou que as relações entre chefe e subordinado são: relações individuais diretas, relações diretas de grupos e relações cruzadas. O exemplo, a seguir, ilustrará a teoria:

Sendo: n = número de relações e N = número de subordinados e se $N = 5$, então:

Relações Individuais Diretas:

Se $n = N$, então $n = 5$

Relações Diretas de Grupos:

Fórmula: $n = N\ (2^N/2 - 1)$

$n = 5\ (2^5/2 - 1) = 5\ (32/2 - 1) = 5\ (16 - 1)$

$n = 5 \times 15 = 75$

Relações Cruzadas:

Fórmula: $n = N\ (2^N/2 + N - 1)$

n = 5 (32 /2 + 5 - 1) = 5 (16 + 5 - 1) = 100

8.19 Dado

Dado é qualquer elemento identificado em sua forma bruta, que, por si só, não conduz a uma compreensão da situação. É um registro a respeito de um determinado evento, fato ou ocorrência. Um relatório revela uma série de dados que podem se transformar em informação, quando consistentemente elaborados, e passarem a ter utilidade para a tomada de decisão.

Enquanto o dado é uma mensagem sem avaliação, a informação é um dado avaliado para uma situação específica e endereçada.

Dado pode ser entendido como uma letra, um símbolo, um dígito, um número ou um caractere, que por si só não permite assimilar conhecimento e até não transmite significado, mas fornece a base de sustentação de uma informação necessária. Ele estará sob a forma de atributo que, quando relacionado com outros dados, forma uma classe de dados.

Segundo Schewe, "usualmente os dados assumem a forma de observações registradas que não afetam o comportamento; estes podem tornar-se informações, mas somente quando assumem significado para um indivíduo e que, via de regra, afeta seu comportamento".

Assim, os pedidos recebidos num almoxarifado são dados. Notas fiscais e faturas são informações.

Em sua forma não processada, os dados podem quase não ter sentido. Grandes quantidades de números tendem a confundir, ao invés de esclarecer, simplesmente, porque nossa mente não é capaz de abranger a variedade e os detalhes inerentes a grandes conjuntos de dados. Muitos detalhes atrapalham mais do que ajudam.

8.20 Arquivo

Imagine onde acessar dados e informações para a tomada de decisão, se a empresa não possui arquivos. A primeira e mais lógica fonte de consulta para se iniciar o trabalho está nos arquivos da empresa. Assim, toda documentação deve ser arquivada.

Arquivo é um conjunto de registros afins, colocados de forma ordenada e de fácil acesso. O meio de arquivar tais registros (dados, informações) pode ser: papel, acumulador, disco, fita, disquete, HD, CD, filme.

O ser humano pode guardar informações no cérebro por algum tempo, mas não por todo o tempo. Uma outra observação que se deve fazer é que todos os arquivos têm um caráter provisório (como tudo na vida), já que podem mudar de meio, isto é, serem construídos com tecnologia de última geração.

Quanto à maneira de arquivar, os dados podem ser por: ordem (alfabética, cronológica), clientela (consumidores, fornecedores, usuários, funcionários, colaboradores, parceiros, concorrentes), região, assunto, função organizacional (produção, marketing, vendas, logística, pessoal), função administrativa (planejamento, direção, controle, organização, coordenação, comando, delegação), produto (padrão, qualidade, custo, preço, margem de lucro, rentabilidade).

É comum que o gerente de um projeto, dentro do possível, arquive o máximo de dados preliminares para agilizar e ajudar no desenvolvimento e construção do mesmo. É importante que todos os participantes procurem entender que não é preciso começar do zero, pois, por mais difícil que possa parecer, é importante que se diga que sempre existem estudos anteriores. É só procurar e ter paciência em pesquisar e guardar documentos que servirão no futuro (arquivos de gaveta, arquivos de computador).

Os mais importantes elementos do arquivo são:

Endereço – É preciso saber: onde acessar um arquivo e qual o meio utilizado.

Segurança – A fim de evitar que um arquivo sofra um acidente, destruição total ou alteração de seu conteúdo, tomam-se determinados cuidados: manter sempre cópias do arquivo em meios diferentes e sempre armazenar as alterações (atualizações) ocorridas no arquivo inicial.

Os principais dados a serem guardados estão nos seguintes tipos de arquivos:

Arquivos de Resultado: Atas de Reunião; Balancetes; Balanços Patrimoniais; Demonstrativos de Resultado; Entrevistas; Relatórios.

Arquivos de Divulgação: Cartas; E-mails; Convites; Filmes; Fotos; Encartes; Releases; Malas Diretas; Jornais; Folders; Cartazes; Prospectos; Portfólio; Catálogos; Desenhos.

Arquivos de Operações: Manuais; Planos; Listagens; Programas; Relação de Telefones; Mail Listing (endereços para postagem nos correios); Relação de Serviços Profissionais; Cadastros; Projetos; Políticas; Procedimentos; Modelos; Formulários; Planilhas; Ordens de Serviço; Carteira de Pedidos; Orçamentos; Recibos; Cronogramas; Fluxogramas.

Arquivos de Custos: Custo do Produto; Custo Fixo; Custo Variável; Custo Total.

Arquivos de Preços: Tabela de Preço; Cálculo do Preço do Produto; Tabela de Desconto; Mark-ups; Margem de Lucro.

Arquivos de Negociação: Contratos Sociais; Contratos de Prestação de Serviços; Contratos de Locação; Propostas; Pautas de Discussão; Agendas.

Arquivos de Contas: Caixa; Bancos; Despesas de Instalação; Contas a Pagar; Contas a Receber; Disponível; Patrimônio; Conta Capital.

Arquivos de Controles Contábeis: Estoque; Faturamento; Inventário; Fluxo de Caixa; Vendas; Vendas por Vendedor; Vendas por Produto; Notas Fiscais; Faturas.

Quando se pretende projetar um arquivo, diversas questões devem ser levantadas, abordadas e respondidas, para servirem de subsídio do projeto a ser empreendido. Deve ficar bem claro o objetivo do arquivo que se pretende construir.

8.21 Registro

O registro de tudo que for julgado importante e útil deve ser feito em arquivos, para que possa ser acessado no futuro. O registro é a justaposição de dados selecionados a um mesmo fato, com a finalidade de permitir o processamento, tendo um significado completo e determinado.

Assim, na movimentação de uma conta bancária, por exemplo, veríamos que o registro é constituído de, no mínimo, o número da conta e o valor representativo dessa movimentação. Similarmente, numa movimentação de um estoque de materiais, o registro é composto de, no mínimo, um código do material movimentado em quantidade e valor monetário.

No processamento de dados, é comum a necessidade de se agrupar diversos conjuntos de informações, a fim de facilitar e dar maior velocidade às operações efetuadas sobre esses dados. Os registros podem ser:

Registro Físico – Registro feito em um determinado meio físico, como: papel ou meio denso (fita, disco).

Registro Lógico – Registro que caracteriza um valor (moeda, peso, quantidade) do registro físico.

Registro Histórico – Registro relativo a uma série histórica de dados numéricos, agrupados de forma organizada (tabelas, gráficos).

Registro da Marca – Registro que se refere à proteção legal dada ao proprietário da marca (patente).

Registro do Produto – Todo produto precisa ser registrado no órgão competente. Assim, um produto alimentício deve ser produzido de acordo com os padrões de identificação e qualidade, em função das diretrizes estabelecidas pela ANVISA.

Os dados serão registrados em questionários, formulários e fichas, por exemplo. Se estes instrumentos forem mal elaborados, com questões dúbias, escalas incorretas em gráficos e regras de preenchimento confusas, podem se tornar fontes de erros.

8.22 Dados

Os dados fornecem a base de sustentação das informações necessárias para o desenvolvimento, implantação e sobrevivência de um produto, projeto, empresa, organização e de até uma pessoa. Observações registradas que não afetam o comportamento de um indivíduo

Os dados criam a necessidade de administrar para, de posse de detalhes, tomar decisões acertadas e buscar soluções inteligentes, isto é, chegar a conclusões e pareceres que ajudarão a organizar os trabalhos (funções, atividades, tarefas, movimentos), para uma efetiva consecução dos objetivos pessoais ou organizacionais.

Se os dados exigem processamento (classificação, armazenamento, relacionamento), para que possam realmente informar, também as informações exigem processamento, para que possa adquirir significado. Também, é do entendimento geral que os dados são potencialmente informações futuras.

A seguir, abordaremos alguns elementos de dados:

Características dos Dados – As principais características dos dados são:

- Geralmente, têm uma frequência de mudança muito menor do que os procedimentos.
- Permitem diferentes versões de utilização, em função de sua administração.
- Precisam ser gerenciados, através de um banco de dados (coleção de arquivos estruturados, não redundantes e inter-relacionados).
- São coletados de maneira metódica, precisa e eficiente, ajudando o trabalho de análise, que precede a resolução de um problema.
- Ajudam a formar opiniões, bem como fazer avaliações, análises e medições.
- Precisam ser filtrados para consubstanciar a informação relevante.

Análise de Dados – A análise de dados objetiva permitir ao pesquisador o estabelecimento de conclusões, a partir de um levantamento da situação, identificando as anomalias e as partes separadas, que permaneceram em um conjunto de dados, após este ter passado por controles de qualidade, ser reformatado e padronizado. O grande desafio desta análise é saber escolher corretamente as técnicas de análise dentre as inúmeras existentes.

A análise é a tentativa de evidenciar as relações existentes entre o fenômeno estudado e outros estudos. Mas, a análise e a interpretação são duas atividades distintas, mas estreitamente relacionadas. Na análise, o pesquisador entra em maiores detalhes sobre os dados obtidos. Na interpretação, é importante que os dados sejam colocados de forma sintética e de maneira clara e acessível.

A análise de dados compreende a transformação dos dados brutos coletados em informações relevantes para solucionar ou ajudar na solução do problema, que deu origem à pesquisa. Esta etapa inclui: verificação do preenchimento dos formulários, codificação e digitação das respostas, processamento dos dados, realização de cálculos e análises das interpretações.

Na análise, o pesquisador tabula os dados e desenvolve distribuições de frequência. Medidas de posição e de dispersão são computadas para as principais variáveis. O analista define quais os dados que circulam entre os diversos órgãos e em que instante ocorre esse trânsito.

Fonte de Dados – O administrador não completará o processo de especificação das necessidades de informações antes de começar a considerar as fontes de dados. Cada uma das fontes deve ser avaliada quanto à: credibilidade, custo, tempo, acessibilidade, coerência, pertinência, verificação, origem, coerência, veracidade, obsolescência.

As fontes de dados podem ser publicações, relatórios internos, relatórios de organizações nacionais e internacionais, pesquisas (mercado, produto, recurso), sistemas de informação, inspeções, experiências, demonstrativos de resultados, previsões, planos, orçamentos, projetos, estudos de risco.

Após a seleção das fontes de dados, o usuário deve classificar, ordenar e arquivar as mesmas, visando sua utilização futura. Um princípio deve ser seguido: *Aproveitar ao máximo a experiência adquirida de terceiros e, também, as próprias experiências.*

Vale observar que existem diversas fontes de dados e que os próprios pesquisadores são as maiores fontes de dados. O dado pode ser obtido do pesquisado por meio de sua própria declaração ou por meio de observações.

Organização de Dados – Após a consolidação, ou apuração, dos dados faz-se necessário sua organização, de maneira racional e prática, para um melhor entendimento. Através desta estruturação, procura-se mostrar de modo claro a compatibilidade entre os dados numéricos e o fato (fenômeno) submetido ao levantamento estatístico. A estes dados, grupados desta forma, dá-se o nome de série histórica.

O objetivo da série histórica é mostrar a estreita vinculação entre os fenômenos e os dados.

Acesso ao Dado – Não há como negar que a informação é indispensável ao sucesso de qualquer atividade profissional. Mas, como ter acesso aos dados quando necessário? Poucas empresas têm arquivos estruturados. Independente do circuito que a conduz, a informação nasce nos bancos (bases) de dados dos computadores, para depois chegar até os terminais. A tarefa é unir os interessados de quem tem e de quem quer informações.

Dicionário de Dados – O dicionário de dados fornece a informação de texto de suporte para complementar a informação gráfica. É uma listagem organizada de todos os elementos de dados pertinentes a um sistema de informações, com definições precisas e rigorosas, para que o usuário e o analista de sistemas possam conhecer todas as entradas, saídas, componentes de depósitos, cálculos intermediários e dados de procedimentos.

8.23 Classificação dos Dados

A seguir, uma classificação dos dados:

Dados Básicos – Caracterizam o que é mais importante para o trabalho a ser realizado. Geralmente, os pesquisadores posicionam as perguntas mais importantes, as que indagam sobre dados básicos, em primeiro lugar no questionário de pesquisa. Depois formulam as perguntas de classificação e identificação.

Dados Disponíveis – Dados úteis que já foram coletados e tabulados e, às vezes, até analisados. Estão catalogados à disposição dos interessados.

Dados Primários – São aqueles que não foram antes coletados, estando ainda em posse dos pesquisadores. Estes dados podem ser sobre: características demográficas e socioeconômicas; estilos de vida; atitudes e opiniões; conscientização e conhecimento; motivações; comportamento passado e presente; intenções.

Dados Secundários – São aqueles que já foram coletados, tabulados, ordenados, catalogados e arquivados. Às vezes, até analisados e que estão à disposição dos interessados. As fontes básicas de dados secundários são: a própria empresa, publicações, governos, instituições não governamentais e serviços padronizados de informações.

Os dados secundários contribuem para estabelecer melhor o problema de pesquisa, sugerir outros métodos já testados e aprovados de coleta de dados, sugerir outros tipos de dados a serem coletados para obter as informações desejadas, servir como fonte comparativa e complementar para os dados primários a serem coletados, ajudar a mapear oportunidades.

Dados Comportamentais – Indicam sentimentos, expectativas, atitudes, opiniões, motivações, intenções, conflitos.

Dados Ambientais – São relativos aos cenários, as oportunidades, as restrições, aos mercados, as situações, as mudanças.

Dados Históricos – Avaliam desempenhos, resultados, balanços patrimoniais, demonstrativos, carteiras de pedidos, séries históricas.

Dados Comerciais – São relativos a consumidores, fatias de mercado, produtos, marcas.

Dados de Varejo – Compreendem os dados sobre compras e níveis de estoque de amostras de distribuidores para vários produtos. Os dados sobre o varejo se tornam uma arma mais potente quando analisados por modelos simulatórios que permitem ao analista manipular diferentes variáveis, para determinar o quanto realmente ganham em cada produto.

Esses modelos examinam fatores como: qual o espaço ocupado na prateleira por um pacote quadrado, em comparação com um redondo e quais as cores numa embalagem que funcionam melhor para determinados produtos.

Dados Estatísticos – São dados resultantes de observações de fatos e fenômeno, chamados variáveis, que tendem a exibir, quando medidos, um grau de variabilidade. As variáveis que podem assumir virtualmente qualquer valor num intervalo determinado.

Dados de Consumo – Dados relativos ao consumo individual de cada cliente, cuja finalidade é montar perfis de consumo para uma determinada população, por exemplo.

Dados de Empreendimento – Dados relativos a propriedades, patrimônios, investimentos, gastos, faturamentos, vendas, compras, estoques, custos, potenciais de mercado, armazenamentos, instalações, equipamentos, máquinas, tecnologias, níveis de qualidade.

8.24 Tipos de Dado

A seguir, os principais tipos de dado:

Dados Ambientais: Dados relativos a cenários, oportunidades, restrições, mercados, situações, mudanças.

Dados Básicos: Dados mais relevantes para o trabalho a ser realizado.

Dados Comerciais: Dados relativos a consumidores, fatias de mercado, produtos, marcas.

Dados Comportamentais: Dados que indicam sentimentos, expectativas, atitudes, opiniões, motivações, intenções, conflitos.

Dados das Atividades: Dados que ajudam a estudar o objetivo, o desenvolvimento e o relacionamento das atividades praticadas numa organização.

Dados de Armazenamento: Dados sobre entradas e saídas do armazém, bem como os níveis de estoque de vários produtos.

Dados de Comunicação: Dados que medem níveis de audiência no rádio e na televisão; Resultados de propaganda e promoção; Respostas de matérias pagas na mídia.

Dados de Consumo: Dados relativos ao consumo individual de cada cliente, cuja finalidade é montar perfis de consumo para uma determinada população.

Dados de Empreendimento: Dados relativos às propriedades, patrimônios, investimentos, gastos, faturamentos, vendas, compras, estoques, custos, potenciais de mercado, armazenamentos, instalações, equipamentos, máquinas, tecnologias, níveis de qualidade.

Dados de Varejo: Dados que permitem ao analista manipular diferentes variáveis, para determinar quanto realmente ganham em cada produto.

Dados Disponíveis: Dados úteis que já foram coletados e tabulados e, às vezes, até analisados; Dados catalogados à disposição dos interessados.

Dados Estatísticos: Dados resultantes de observações de fatos e fenômenos, chamados variáveis, que tendem a exibir, quando medidos, um grau de variabilidade. Variáveis que podem assumir virtualmente qualquer valor num intervalo determinado.

Dados Estruturais: Dados relativos a fatos, ações, leis, regulamentações, fenômenos, legislações, políticas, por exemplo, que afetam a organização de qualquer forma.

Dados Grupais: Dados que indicam os índices de interação, cooperação, integração, liderança, filiação.

Dados Históricos: Dados que avaliam desempenhos, resultados, balanços patrimoniais, demonstrativos, carteiras de pedidos, séries históricas.

Dados Metodológicos: Dados relativos a orientações para processos, atividades, tarefas, projetos, planos, programas.

Dados Operacionais: Dados que representam, como e quanto, tais dados contribuem para o resultado final de qualquer processo.

Dados Preliminares: Dados que são encontrados nos próprios arquivos da empresa, sendo a base inicial para qualquer análise de um produto (projeto).

Dados Primários: Dados que não foram antes coletados, estando ainda em posse dos pesquisadores. Estes dados podem ser sobre: características demográficas e socioeconômicas; estilos de vida; atitudes e opiniões; conscientização e conhecimento; motivações; comportamento passado e presente; intenções.

Dados Secundários: Dados que já foram coletados, tabulados, ordenados, catalogados, arquivados e analisados. As fontes básicas de dados secundários são: a empresa, publicações, governos, instituições e serviços padronizados de informações; Dados que contribuem para: estabelecer melhor o problema de pesquisa; sugerir outros métodos já testados e aprovados de coleta de dados; sugerir outros tipos de dados a serem coletados para obter as informações desejadas; servir como fonte comparativa e complementar para os dados primários a serem coletados; ajudar a mapear oportunidades.

8.25 Apresentação de Dados

A apresentação de dados deve seguir normas de linguagem. Para tal, é comum fazer uso de: terminologias, nomenclaturas, convenções, legendas, sistemas de unidades, princípios de redação. Quantas vezes têm-se o desprazer de ler textos em que as unidades de medidas como: metro; segundo; hora; minuto; quilômetro, por exemplo, aparecem escritos erradamente.

Eis algumas unidades escritas de maneira correta:

Hora = h (10 h); Minuto = min (20 min); Grama = g (5 g); Tonelada = t (2 t); Hectare = ha (4 ha); Temperatura = °C (40 °C); Litro = l (2 l)

Devemos observar os espaços entre o número (quantidade) e o símbolo, como por exemplo: 1 h; 2 h; 30 min; $ 1,59; 1 cm; 1 mm; R$ 2,00.

As unidades monetárias dentro do texto devem ser escritas:

$ 10; $ 100; $ 1.000 (padrão de 1 a 1.000); 1.500 dólares; 2.300 dólares; 3.800 dólares; um milhão de dólares; três bilhões de dólares; 11 milhões de dólares; 17 milhões de dólares; 1,5 bilhão de dólares; 1,3 a 5 milhões de dólares.

A apresentação de dados deve ser cuidadosamente desenvolvida para evitar: distorções, confusões, linguagem prolixa, falsas interpretações, valores heterogêneos, correlações e comparações malfeitas. Ela deve se ater ao relevante e pertinente ao público-alvo.

Tabelas, quadros e gráficos auxiliam na apresentação dos dados, uma vez que facilita, ao leitor, a compreensão e interpretação rápida da massa de dados, podendo mostrar detalhes e relações importantes. Entretanto, seu propósito mais importante é ajudar o administrador na distinção de diferenças, semelhanças e relações.

Quanto mais simples for a tabela, mais claros e objetivos são os dados. Quando se tem um número muito grande de dados, é preferível utilizar um número maior de tabelas, para evitar confusões. O que caracteriza a boa tabela é a capacidade de apresentar ideias e relações independentemente do texto.

Tabela é construída com dados obtidos pelo próprio pesquisador em números absolutos ou relativos.

Quadro é elaborado, tendo por base dados secundários, isto é, obtidos de fontes diversas.

Gráfico é usado para grande variedade de ilustrações, como esquemas, desenhos, diagramas, mapas, por exemplo. Os gráficos utilizados com habilidade, podem evidenciar aspectos visuais dos dados, de forma clara e de fácil compreensão. Em geral, são empregados para dar destaque a certas relações significativas.

8.26 Fluxograma de Dados

Os fluxogramas caracterizam-se pelo fato de que são aplicados nas situações em que o gestor está interessado em analisar os métodos de trabalho usados em um processo, onde recursos são movimentados de um lugar para outro.

Fluxograma é um diagrama para atividades, rotinas e relações, que representa de forma dinâmica as unidades de trabalho e a sequência do processo, através dos fluxos das microestruturas que compõem o sistema. As principais funções do fluxograma são:

- Eliminar atividades supérfluas.
- Hierarquizar (priorizar) as atividades.
- Combinar e sincronizar fases do processo.
- Objetivar a simplificação do trabalho.
- Minimizar custos.
- Visualizar e corrigir movimentos desnecessários.
- Possibilitar uma lógica de raciocínio e disciplina.
- Possibilitar confiança no processo.
- Ajudar a entender o funcionamento interno.
- Documentar um processo.
- Identificar áreas problemáticas.
- Facilitar as comunicações.

O fluxograma tem caráter “Top-Dow”, ou seja, inicia o estudo do problema no nível mais alto de abstração e se estende sucessivamente para níveis de detalhamento. Os fluxogramas mostram a fotografia da situação real. Entretanto, para que esses diagramas mostrem realmente o modo pelo qual as tarefas estão sendo feitas, é essencial que o analista:

- Defina os pontos de início e fim do processo.
- Identifique e enumere cada fase.
- Crie uma simbologia para a leitura.
- Identifique os documentos componentes do fluxo.

Um dos fatos que mais espantam e acabam por dificultar a construção de fluxogramas é a vastíssima gama de símbolos.

A característica peculiar a todos os fluxogramas é a linha de fluxo que pode variar na sua disposição, dependendo do analista.

Embora um fluxograma possa valer mais do que mil palavras, o analista fica preso a um compromisso. O uso de símbolos padronizados significa, inevitavelmente, que o analista deve se comprometer com uma terminologia.

Terminologia é o conjunto de vocábulos, sinais e símbolos de um campo de conhecimento, arte ou ciência. A terminologia (nomenclatura) assume papel de destaque, tendo em vista a manutenção do diálogo e do entendimento uniforme entre todos os participantes de um projeto. É um investimento de retorno garantido e de máxima valorização, especialmente, se essa terminologia for definida de forma padronizada, inteligente e de fácil identificação.

Diferente do idioma, a terminologia deve evitar ao máximo os sinônimos, pois, adotando esse princípio, tornará, entre outros benefícios, mais fácil a memorização e a associação de conceitos.

Um fluxograma de dados é um diagrama que representa a rede de um sistema e que mostra os componentes ativos do mesmo, suas interfaces e trocas de informação. O diagrama de fluxo de dados existe há bastante tempo. Suas origens são desconhecidas, mas parece que foi criado, independentemente, por várias pessoas, em diversas épocas diferentes.

O primeiro uso deste diagrama foi registrado na França, na década de 1920. É uma ferramenta de modelagem utilizada para descrever a transformação das entradas em saídas de um sistema.

8.27 Administração de Dados

A administração se apresenta como um conjunto de conceitos, princípios, regras, métodos, funções e técnicas isoladas cujo conhecimento auxilia o dirigente no alcance dos objetivos da organização, utilizando recursos próprios ou adquiridos.

A palavra administração vem do latim *ad* (direção para tendência para) e *minister* (subordinação ou obediência) e significa aquele que realiza uma função abaixo do comando de alguém, isto é, aquele que presta um serviço a outro. Administração significa subordinação e serviço.

Para muitos, a administração é considerada como uma arte e para outros uma prática. O que distingue o trabalho de administração dos outros tipos de atividades, executadas no seio de uma organização, é o fato de o mesmo concentrar-se em manter a organização viva, facilitando atingir seus fins.

A administração é necessária em todas as organizações modernas. De fato, logo percebemos que ela é até mais necessária em organizações que não são empresas privadas, sejam não lucrativas ou não governamentais. Essas organizações precisam até mais de administração, porque não dispõem da disciplina do resultado financeiro sob a qual a empresa opera.

Hoje, a administração é aceita em todos os países, como um importante apêndice da sociedade do conhecimento.

A administração de dados procura identificar e modelar (estruturar) os dados que são utilizados na empresa. A tarefa da empresa de conhecer os seus dados não pode ser responsabilidade única do pessoal de sistemas ou de processamento de dados.

É da competência de todos, principalmente, dos usuários e dos analistas, pois a eles cabe entender sua importância e utilização. Esta administração deve desenvolver um trabalho de alto nível, através de atividades de planejamento e coordenação dos dados corporativos.

O administrador de dados não exige um tecnólogo em processamento de dados, mas alguém que dê os dados necessários às áreas de negócio da empresa.

A administração de dados é que permite que as diferentes versões dos mesmos dados possam ser consolidadas, de modo que eles possam ser armazenados em um único lugar, nos bancos de dados, ficando à disposição das áreas interessadas. Ao administrador de dados cabe:

- Identificar, descrever e estruturar os dados.
- Determinar as necessidades de informações da empresa.
- Criar e manter os modelos de dados empresariais, assegurando que eles fiquem tão estáveis quanto possível.
- Obter concordância entre usuários sobre a definição e formato de itens de dados.
- Assegurar que os analistas e programadores obedeçam aos modelos de dados, tanto quanto possível.
- Resolver os conflitos sobre incompatibilidade de representações de dados.

8.28 Banco de Dados

Um banco de dados pode ser entendido como uma coleção de arquivos estruturados, não redundantes e inter-relacionados, que proporciona uma fonte única de dados para uma variedade de aplicações. Ele armazena a informação usada em comum pelos diversos subsistemas de uma empresa com base na moderna tecnologia de processamento eletrônico, permitindo que ela possa arquivar e acessar dados sobre diversas operações com velocidade e precisão.

É indispensável que a implantação do banco de dados satisfaça às necessidades dos usuários e que cada subsistema utilize a mesma base para suprir a falta de informação, porque, caso contrário, o próprio objetivo do banco estará comprometido.

Um banco de dados nada mais é do que um conjunto de bases de dados, associado a um conjunto de programas de gerenciamento das mesmas, visando formar uma espécie de arquivo mãe de todos os dados da empresa.

Os bancos de dados ajudam a administração da organização, porque podem ser de: recursos, consumidores, fornecedores, funcionários, concorrentes, candidatos, métodos, por exemplo. Seu uso em marketing ajuda a identificar consumidores em potencial, segmentar mercados, definir quais consumidores devem receber uma oferta específica, manter consumidores e reativar consumidores perdidos.

É muito comum se confundir listagem com banco de dados. A listagem é um arquivo de nomes, endereços (real e virtual) e telefones.

A construção eficiente e eficaz de bancos de dados necessita da administração de dados. Caso contrário, não passaria de mais um método de organização ou acesso a arquivos em um computador. Ao administrador do banco de dados cabe cuidar das adaptações impostas pelas restrições do software de gerenciamento dos bancos de dados e dos aspectos de desempenho e de segurança.

A abordagem do banco de dados cria condições para várias aplicações, especialmente em controle gerencial. Também será mais fácil tomar decisões já que você poderá obter respostas e inferir dados para mudar o curso da decisão.

Os bancos de dados são coleções abrangentes para servir a uma ampla variedade de aplicações, isto é, guardam dados para uma futura consulta. Embora o banco de dados seja um conjunto de dados organizados de maneira lógica, visando permitir a otimização dos processos referentes a seu armazenamento e recuperação, devemos estar atentos para a independência que deve haver entre os dados e os aplicativos que deles fazem uso.

No passado, era muito fácil encontrar aplicativos que eram confundidos com banco de dados. Atualmente, com facilidades relativas à conectividade, existem maiores condições de aplicar o conceito de banco de dados em sua plenitude.

A seguir, abordaremos alguns elementos do banco de dados:

Base de Dados – Uma base de dados pode residir em um computador, nos arquivos ou na memória das pessoas. Ela contém a informação necessária para alcançar um determinado fator chave de sucesso. A base de dados deve ser, sistematicamente, identificada e relacionada à decisão administrativa.

A habilidade de manipular uma base de dados é tão significativa quanto o próprio computador.

Os serviços online dos bancos de dados tornaram-se a plataforma de sustentação da Revolução Digital. Com as bases de dados, o marketing identifica os interesses comuns dos consumidores e as marcas de forma segmentada e não individual.

Rol de Dados – O rol de dados é uma amostra de valores de um referido universo (população), de forma organizada. A seguir, está sendo colocado um exemplo de um rol de distribuição, relativo a 80 vendedores de uma empresa, que apresentou um resultado de vendas, num determinado período, para uma compreensão do leitor sobre o que seja distribuição de frequência:

Intervalo	Valores de Vendas/Vendedor	Frequência	F (%)	% A C
(55 – 59)	59,59,59	3	4%	4%
(60 – 64)	60,60,60,61,61,62,62,62,63,63	10	12%	16%
(65 – 69)	65,65,65,66,67,67,68,68,68,69,69	11	14%	30%
(70 – 74)	71,71,71,72,72,73,73,73,73,73,74,74,74	12	15%	45%
(75 – 79)	75,75,75,75,75,75,75,76,76,76,76,77,77,78,78, 78,78,78,79,79	21	26%	71%
(80 – 84)	80,81,82,82,83,84	6	8%	79%
(85 – 89)	85,85,85,86,87,88,88,88,89	9	11%	90%
(90 – 94)	90,93,93,94	4	5%	95%
(95 – 99)	95,95,96,97	4	5%	100%
Soma		80	100%	

Quadro 8.2: Rol de Distribuição.

Pergunta: Qual a média aritmética do rol de distribuição apresentado?

Solução:
Maior valor = 97
Menor valor = 59
Amplitude total = 97 - 59 = 38
Amplitude útil = 100 - 55 = 45
Intervalo de classe = 5 (valor arbitrado)
Número de classes = 45 / 5 = 9

A média aritmética da distribuição está no intervalo (75 – 79) por compreender o percentual acumulado (AC) de 50%.

A distribuição apresenta uma curva do tipo quase normal, porque a maioria dos vendedores está dentro da classe de maior frequência (21). Por outro lado, 45% correspondem a 75. O valor médio (50%) é encontrado da seguinte maneira: 50% (valor médio) = 45% + 5% = 76

O valor de 5% acrescido é igual aos 26% divididos pelo intervalo de classe, ou seja, 26% / 5 (5% aproximadamente), isto é, a cada ponto a mais, no intervalo de classe, significa um acréscimo de 5%.

Armazenagem de Dados – A preocupação com o armazenamento é de grande importância, pois os dados devem ser, rápida e corretamente, armazenados no banco de dados, além de que deve necessariamente haver uma maneira organizada e lógica de se estabelecer o banco de dados. No que diz respeito à recuperação, nota-se que é importante também que os dados ofereçam certa disponibilidade, bem como seja possível retomá-los rapidamente.

Os dados são matérias-primas da informação e que, portanto, não podemos esperar muito tempo para a sua recuperação, porque podemos perder uma oportunidade.

Estrutura de Dados – Um dos mais significativos aspectos de um banco de dados é o tipo de estrutura de dados ao qual dará suporte. A estrutura de dados de um arquivo é a estrutura que deverá ser levada em consideração pelo usuário, de modo a processar o arquivo com as facilidades à sua disposição e na linguagem que estiver usando.

Os principais tipos de estrutura de dados são:

- Sequencial (os registros de dados são enlaçados de forma sequencial).
- Hierárquico (os registros de dados são dispostos em forma de árvore, começando com um único registro e crescendo nos níveis subsequentes).
- Em rede (os registros de dados são estruturados em forma de rede).

8.29 Tipos de Banco de Dados

A seguir, os principais tipos de bancos de dados:

Banco de Dados de Candidatos – Este banco de dados deve conter os dados de candidatos potenciais a futuras vagas na empresa, principalmente, sobre mão de obra especializada. Com tal procedimento, não perdemos recurso e tempo no recrutamento.

Banco de Dados de Custeio – Conjunto de dados coletados que são organizados e inter-relacionados para o uso por um sistema de informações de custeio baseado em atividade da organização.

Banco de Dados Online – Este banco é baseado em sistemas de serviços computadorizados em regime de tempo particionado. Os usos mais eficientes dos bancos de dados on-line incluem:

- Descarregar informações na forma digital e que sejam facilmente manipuladas, sem precisar de correção.
- Carregar as estatísticas diretamente nas planilhas, o que contribui para uma análise instantânea.
- Selecionar os dados em computador, o que reduz o desvio do volume de dados e evita sobrecarga de informações.

Banco de Dados de Textos – Fornece estórias, artigos, textos literários e didáticos, poesias.

Banco de Dados de Clientes – Um banco de dados de clientes é um conjunto organizado de dados abrangentes sobre clientes atuais e potenciais que seja atualizado, acessível e acionável para prognósticos de marketing, como: geração e qualificação de interessados, venda de um bem ou serviço, manutenção de relacionamentos. Também pode ter dados sobre mercados, produtos, ambientes, cenários, candidatos, fornecedores, distribuidores, agentes, revendedores, atacadistas, funcionários, concorrentes, consumidores.

Banco de Dados Estatísticos – É uma coletânea de técnicas e procedimentos usados para solução de problemas complexos, por meio da programação matemática. Tais bancos são representações matemáticas de situações que exigem uma decisão de solução.

Banco de Dados de Marketing – É um conjunto organizado de dados abrangentes sobre consumidores atuais, consumidores potenciais ou prováveis, preparado de acordo com os propósitos de marketing, como geração e qualificação de eventuais interessados na venda e/ou compra de um produto, ou, ainda, na manutenção de relacionamentos com consumidores (CRM).

8.30 Cadastro

Cadastro é um conjunto de dados sobre pessoas (físicas e jurídicas), consumidores, distribuidores, fornecedores de recursos, funcionários, candidatos a emprego, profissionais especializados, vendedores, autores. Embora os cadastros sejam preenchidos preliminarmente através de formulários ou fichas, os mesmos são acumulados em arquivos de computadores, para uma fácil recuperação.

A seguir, as principais Fichas de Cadastro utilizadas numa empresa:

Ficha de Inscrição – Esta ficha é um formulário que uma pessoa preenche com o objetivo de fornecer dados com um campo específico, como: domicílio; formação escolar e profissional; nível de instrução; gostos culturais; posição econômica; vida recreativa; empregos anteriores.

Ficha de Descrição do Cargo – A ficha de descrição de cargo é um documento importante utilizado pelo Departamento de Recursos Humanos, pois estabelece definições, funções, objetivos, responsabilidades, atividades, atribuições, tarefas, supervisão exercida, supervisão recebida, grupo salarial, departamento, seção, centro de custo, requisitos mínimos (grau de instrução, educação, experiência, conhecimento específico).

A ficha de descrição de cargo é um documento importante utilizado pelo Departamento de Recursos Humanos. A seguir, alguns exemplos de construções de fichas de cadastro:

Ficha de Descrição de Cargo	Nº:
Cargo: Gerente de Vendas	
Data de Elaboração:	Data de Revisão:
Departamento: Marketing	Divisão: Vendas
Grupo Salarial: B – 2	Centro de Custo: CC 02
Objetivos Básicos: Responsabilidades (relacionar as principais):	
Funções mais Importantes:	
Supervisão Exercida: Supervisores e Vendedores	
Supervisão Recebida: Diretor de Marketing	
Requisitos Mínimos: Graduado em administração; Conhecimentos de mercado e de vendas; Personalidade articulada, motivadora e persuasiva; Habilidade de falar e de escrever; Capacidade de comunicação e liderança; Experiência mínima de 5 (cinco) anos num cargo executivo de vendas.	

Formulário 8.1: Ficha de Descrição de Cargo.

Ficha do Cliente Consumidor		
Número da Ficha:	Data:	
Cliente:		
Endereço Real:		
	CEP:	
Bairro:	Cidade:	Estado:
Telefones:		
Endereço Virtual:		
Profissão:	Atividade:	
CPF:	RG:	
Filiação:		
Consultas para Crédito:		
SPC e outros:		
Bancos:		
Crédito (limite):		
Cartões:		

Formulário 8.2: Ficha do Cliente Consumidor.

Ficha do Funcionário	
Nº	Data de Admissão:
Nome:	
Endereço Real:	

	CEP:	
Bairro:	Cidade:	Estado:
Telefones:		
E-mail:		
CPF:	RG:	
Filiação:		
Nível Escolar:	Estado Civil:	
Nacionalidade:	Natural:	
Esposa:		
Filhos (dependentes):		
Profissão:	Sexo:	
Cargo:		
Funções:		
Ultimas Atividades:		
Departamento:	Centro de Custo:	
Salário:		
Banco:	Agência:	Conta:
Contrato de Trabalho:		

Formulário 8.3: Ficha do Funcionário.

Ficha do Fornecedor		
Número da Ficha:	Data:	
Fornecedor:		
Endereço Real:		
	CEP:	
Bairro:	Cidade:	Estado:
Telefones:		
Site:		
Endereço Virtual:		
CNPJ:	Inscrição Estadual:	
Setor da Economia:		
Atividades:		
Recursos Disponíveis:		
Prazo de Pagamento:		
Prazo de Entrega:		
Distribuição Própria:		
Observações:		

Formulário 8.4: Ficha do Fornecedor.

Ficha de Cadastro Simplificado		
Nome:		
Endereço:		
CEP:	Bairro:	Cidade (Estado):
Telefones:		
E-mail:		
Profissão:		
Campo de Atuação:		
Empresa:		
Endereço:		
Telefones:		
Cargo Ocupado:		

Formulário 8.5: Ficha de Cadastro Simplificado.

Ficha de Cadastro e Avaliação do Candidato		
Nº da Ficha:	Data:	
Nome:		
Endereço Real:		
	CEP:	
Bairro:	Cidade:	Estado:
Telefones:		
Endereço Virtual:		
CPF:	RG:	
Filiação:		
Data (nascimento):	Peso:	Altura:
Nacionalidade:	Natural:	
Estado Civil:	Sexo:	
Nível Escolar:	Profissão:	
Vida Escolar (principais cursos):		
Vida Profissional (principais ocupações):		
Faixa Salarial Pretendida:		
Referências:		
Especialidade:		
Gostos Culturais:		
Banco:	Agência:	
Cargo Pretendido:		
Vida Recreativa:		
Avaliação: Contratar Imediatamente Aguardar Oportunidade Não Contratar	Contratar Reformular Pedido de Recrutamento	
Avaliador (Nome e Cargo):		
Observações:		

Formulário 8.6: Ficha de Cadastro e Avaliação do Candidato.

8.31 Informação

Sun Tzu, em seu livro *A Arte da Guerra*, Século IV a.C., escreveu "A informação faz parte da essência da arte da guerra e é dela que os exércitos dependem para se movimentarem. Os comandantes conseguem vitórias, em função das informações corretas, relevantes e colocadas no tempo certo".

Informação é a noção, ideia ou mensagem contida num determinado meio. É sempre incorpórea, sendo definida como matéria-prima abstrata. É um dado trabalhado, registrado, classificado, analisado, avaliado, organizado, relacionado ou interpretado dentro de um contexto, exprimindo significado que permite a alguém tomar uma decisão inteligente.

A informação pode ser considerada como um conjunto de dados com um significado que reduz a incerteza a respeito de algo, aumentando seu conhecimento.

A informação é indispensável ao administrador para se atingir metas, descobrir e definir problemas. É através da informação que avaliamos desempenhos e desenvolvemos procedimentos adequados. Peter Drucker diz: A informação é lógica, neutral, formal, impessoal, não emocional.

A empresa é um centro acumulador de informação. O gerente mal-informado ou que desdenhe a informação tende a malograr. A informação integra a ação gerencial. Nos diversos cargos de uma organização, a informação atua, principalmente, nos seguintes aspectos: técnico, comportamental, político, administrativo e ambiental".

A informação é útil quando permite apoiar e orientar uma ação com segurança, minimizando a margem de erro. Na comunicação, a parte principal é a informação. Se esta não for comunicada pode inviabilizar a tomada de decisão ou a solução de um problema. A informação é vital para se viver o presente e planejar o futuro.

A receita de sucesso é ter a informação adequada. A falta da mesma é um dos causadores de problemas, tendo em vista que aumenta, a cada ano, o número de profissionais desinformados a respeito da empresa em que trabalham.

Pesquisas recentes mostram que: 32% dos diretores desconhecem os acionistas e as metas estabelecidas; 42% não estão envolvidos com a definição das prioridades; 38% dos dirigentes estão à margem das decisões; 32% não influenciam nas decisões de investimentos e contratação de pessoas.

Toda empresa manipula vários fluxos de informação que afetam a sua administração. Os executivos de hoje dependem cada vez mais de informações relevantes, a fim de tomarem decisões de menor risco. A necessidade da informação atualizada é uma constante, porque as mudanças são muito velozes.

A economia está sendo globalizada, os consumidores cada vez mais diferem entre si e é muito difícil estabelecer um equilíbrio entre custo, preço, atendimento, qualidade, quantidade e lucro.

Gerentes, sejam de onde forem, enfrentam problemas para os quais existe premente necessidade de conhecimentos para poderem: delinear e entender corretamente uma questão; gerar caminhos alternativos de decisão; avaliar recursos e impactos decorrentes de tais soluções; gerar um plano realista e factível.

8.32 Classificação da Informação

A seguir, uma classificação da informação:

A – Quanto ao ambiente, as informações podem ser: informações internas e informações externas.

B – Quanto ao arquivamento, as informações podem ser por: Meio (papel, meio denso), ordem (alfabética, numérica, cronológica), clientela (consumidores, fornecedores, pacientas, usuários, colaboradores, parceiros, concorrentes), região, assunto, função organizacional (departamento), função administrativa (planejamento, direção, controle, organização, coordenação, comando, delegação), produto, pessoal (deveres, direitos).

O arquivamento da informação facilita sua recuperação.

C – Quanto à finalidade, as informações podem ser: informações estratégicas, informações táticas, informações operacionais.

D – Quanto à utilidade, as informações podem ser: informações significativas (relevantes), informações disseminadas, informações armazenadas, informações desatualizadas, informações correntes, informações digitais.

E – Quanto à aplicação, as informações podem ser classificadas de muitas formas, tais como: informações contábeis, informações de marketing, informações de produção, informações corporativas, informações gerenciais, informações de pesquisa.

8.33 Tipos de Informação

A seguir, os principais tipos de informação:

Informação Armazenada: Informação que pode ser recuperada, através de banco de dados.

Informação Contábil: Informação relativa à caixa, bancos, recebíveis, contas a pagar, balanço patrimonial, demonstrativo de resultado.

Informação Corporativa: Informação relativa aos investimentos, imobilizações, negócios, salários, indicadores de gestão (econômicos, financeiros, de performance, de mão de obra, de venda, de produção, de tempo).

Informação Corrente: Informação relativa aos mais importantes controles, como: caixa, contas a receber, contas a pagar, faturamento, patrimônio, estoque, produtividade, turnover, taxas de reclamações e de devoluções.

Informação de Marketing: Informação relativa à pesquisa de mercado, pesquisa de produto, previsão de vendas, faturamento, receita com vendas. A informação de marketing é muito importante para a empresa, pois é dela, geralmente, que derivam os negócios. As informações de marketing ajudam a delinear cenários futuros para a empresa e, assim, mostrar qual a melhor direção a tomar nos negócios.

Informação de Pesquisa: Informação coletada no ambiente que ajuda a organização sobreviver, diante de tanta competitividade.

Informação de Produção: Informação relativa a processos, tecnologias, materiais, fornecedores, projetos, custos, otimização de recursos, ponto de equilíbrio, capacidade instalada.

Informação Desatualizada: Informação substituída por outra mais atual, mas não eliminada, pois é possível sua utilização no futuro, por exemplo, série histórica.

Informação Digital: Informação digitalizada que permite se trabalhar com uma massa muito grande de dados na velocidade da luz.

Informação Disseminada: Informação que atinge todos os níveis da organização.

Informação Estratégica: Informação voltada a ajudar a alta administração a tomar decisões no nível institucional e que definem o futuro da organização. A informação estratégica não deve ser comparada com informação do concorrente. Nem deve ser confundida com informação competitiva. No nível estratégico, os dados são inexatos.

Informação Externa: Informação relativa ao âmbito externo da organização, tais como: economia (moeda e crédito), política governamental, oportunidades, ameaças, mercados, concorrências, avanços científicos e tecnológicos, balança comercial do país.

Informação Gerencial: Informação que se destina a alimentar o processo decisório. Muitas informações, manipuladas no dia a dia das empresas, não correspondem integralmente às necessidades, sendo, portanto, insatisfatórias. Tais informações se caracterizam pelos seguintes elementos: comparação, confiança, tempo hábil, detalhe, exceção.

Informação Interna: Informação relativa ao âmbito interno da organização, tais como: carteira de pedidos, situação financeira, situação econômica, recursos, processos, atividades, capacidade instalada, ordens de serviço.

Informação On-Line: Informação colhida da internet.

Informação Operacional: Informação voltada a ajudar a organização a manter ativo o seu ciclo operacional. No nível operacional, os dados são exatos.

Informação Privilegiada: Informação do conhecimento somente de alguns gerentes da organização.

Informação Significativa: Informação relevante; Informação que facilita a tomada de decisão.

Informação Tática: Informação voltada a ajudar os gerentes a decidir sobre as necessidades de mudanças, quanto aos recursos aplicados. No nível tático, os dados são aproximados.

Informação Útil: Informação que permite apoiar e orientar uma ação com segurança, minimizando a margem de erro.

8.34 Elementos da Informação

A seguir, serão abordados alguns elementos da informação que ajudarão a fundamentar o conceito de informação:

Teoria da Informação – É um ramo da matemática aplicada que utiliza o cálculo da probabilidade e surgiu em definitivo com as pesquisas de Claude E. Shannon e Warren Weaver. Esta teoria estabeleceu um importante fator de ligação entre os sistemas físicos e os sistemas de gestão. Também desenvolveu um modelo matemático para a determinação da variedade.

A variedade de um sistema é função do número de transições que o mesmo efetua e sua medida dá a quantidade de informação necessária, para sua operacionalização. O conhecimento da variedade de um sistema constitui um dado de grande importância para quantificar a energia necessária à sua operação e para decidir entre dois ou mais sistemas, qual o mais econômico para a consecução de um dado propósito.

Filtro da Informação – A capacidade humana para lidar racionalmente com grande quantidade de informações, simultaneamente, é, ao contrário do que imaginamos, muito limitada. O problema do administrador é a explosão (abundância) de informações, dificultando o controle da comunicação. Faz-se necessário filtrar o que é pertinente e relevante do redundante e repetitivo.

A informação, passada de um determinado nível hierárquico para outro, terá de ser filtrada (triagem) ou sintetizada (condensada). O filtro é utilizado para selecionar o que deve ou não passar. A despeito de todas as filtragens e simplificações, o volume de informações necessário à condução de nossos negócios cresceu muito, mais do que o tamanho do próprio negócio. Desde o ambiente até a ação são necessários diversos filtros para barrar informações indesejáveis.

A seguir, os mais importantes filtros de informação:

- O filtro de entrada é aquele que monitora qual o tipo e a quantidade de informação que entra no sistema.
- O filtro de relevância é aquele voltado para a lógica do raciocínio, porque determina o que realmente serve.
- O filtro de poder é aquele que é aplicado pelo executivo-chefe ou coordenador do projeto.
- O filtro de feedback é aquele que aponta quais os desvios devem ser considerados.

Deve-se sempre procurar avaliar a informação (dado) com isenção, embora isto seja muito difícil.

Finalidade da Informação – A primeira coisa que um executivo deve questionar, para atender o seu mercado consumidor, é: Qual a finalidade da informação? Será preciso trabalhar com informações: operacionais (permitem que determinadas operações continuem acontecendo); gerenciais (destinam-se a alimentar o processo decisório); correntes (destinam-se a mostrar a situação da empresa)

Atualização da Informação – Infelizmente, a informação tem o péssimo costume de se deteriorar. Conforme o tempo vai passando e ela vai sendo manuseada em cálculos, configurações, construções redacionais, distribuições, padronizações, nomenclaturas, simbologias, referenciais. Mesmo que a organização seja a mais racional e simples possível e que, também, os fluxos de informação sejam de alta velocidade e eficiência, sempre continuará faltando alguma coisa.

As decisões mais delicadas e graves exigem uma informação muito sintética, impossível de conceber ou de obter por uma manipulação, mais ou menos, óbvia das informações já disponíveis.

Distorção da Informação – À medida que a informação atravessa a hierarquia da organização, ela sofre um processo de abstração, absorção e distorção. Interesses pessoais e organizacionais, condições sociais, psicológicas e econômicas podem conferir à informação uma conotação que não é, verdadeiramente, aquilo que aparenta ser. Há muitos modos diferentes de sintetizar e interpretar a informação, porque, por exemplo, duas pessoas não empregarão exatamente as mesmas palavras para descrever um mesmo acontecimento.

A distorção da informação pode acontecer por:

- Falha do sistema de comunicação (processamento, manejo e transporte da mensagem).
- Baixo nível de percepção dos indivíduos envolvidos.
- Falta da capacidade de falar, escrever e ouvir.

Muito ruído, no canal de comunicação, devido a: diferenças de personalidade, distorção deliberada (sabotagem) ou falha vinda da empresa prestadora de serviços de telecomunicação. É importante destacar o meio como fonte de distorção da informação. Assim, se o meio for pessoal, maior é a distorção e, se o meio for eletroeletrônico, menor é a distorção.

Fluxo da Informação – Para que uma organização qualquer opere, é necessário que entre as suas várias partes (subsistemas, departamentos, divisões, seções) seja constituído de um adequado fluxo de informações, porque quando o analista se lança ao estudo de tais fluxos, se deparará com os seguintes problemas: identificar os fluxos existentes e especificar o propósito de cada fluxo.

Necessidade da Informação – A necessidade da informação é um problema, cujas principais variáveis são: processo, aplicação, função, objetivo, propósito, desafio, meta, especificação, técnica e método. Portanto, não se deve perguntar a um dirigente quais as informações que ele precisa, mas sim, solicitar deste qual é o processo utilizado na tomada de decisão, na resolução de um problema ou na formulação de uma estratégia, por exemplo.

A elaboração de um sistema para dar aos administradores a informação que é necessária ao seu trabalho é uma parte integrante do projeto organizacional. Este sistema possibilita saber se as decisões tomadas precisarão de ação corretiva depois de avaliadas.

Qualidade da Informação – Um líder gerencial está constantemente tomando decisões baseado em informações alheias, usando dados adequados e previsíveis. Suas ações serão eficientes quando alcançar um alto grau de sucesso. Deve, portanto, se prevenir com aqueles que usam rótulos e falam como se as pessoas e os objetos fossem idênticos. Aí há perigo!

Tomar decisões envolve coletar dados e compreendê-los. Uma informação produzida, que não seja distribuída com qualidade, inviabilizará qualquer projeto.

Para que a informação tenha qualidade, são necessários alguns requisitos:

- Forma – A forma diz respeito ao conteúdo, apresentação e confiabilidade.
- Idade – A idade é determinada pelo tempo de existência da informação, em relação aos fatos relatados. Mas atenção, nem tudo que é antigo não serve mais.
- Frequência – A frequência diz respeito à periodicidade com que a informação é produzida.
- Significado – Aquilo que deve ser absorvido pelo usuário (detalhes, exceções).

Uso da Informação – A informação é recurso vital que integra, quando devidamente estruturada, os diversos subsistemas da empresa. A informação é tão importante que a ausência da mesma a respeito de um determinado assunto se traduz num grau de incerteza muito grande. Numa economia de rede a informação passou a ser um produto negociável e muito procurado. Tanto é verdade, que surgiram no mercado os intermediários da informação. De modo geral, uma empresa faz uso intensivo da informação. Então, se impõe as seguintes questões:

- Até que ponto, um componente informativo está se tornando uma parte do custo do produto?
- Qual a intensidade de um componente informativo no processo de produção?

Implicações relativas ao uso da informação precisam ser analisadas, porque quanto maior a intensidade de uso da informação acontecerá:

- Menores ciclos de vida dos produtos.
- Maior mudança das fronteiras de mercado/produto/marca.
- Maior tendência de definir seu setor e a concorrência.
- Mais poder relativo a favor do consumidor.
- Maior uso de sistemas flexíveis de comunicação, distribuição e força de vendas.
- Maior o grau em que a posição competitiva é definida.
- Mais compatíveis são as estratégias de participação de mercado.
- Mais resultados positivos e maior número de consumidores cativos.
- Maior seu envolvimento com outras empresas.
- Maior o grau de interação departamental.
- Maior participação dos clientes no desenvolvimento de um novo produto.
- Mais inteligentes são as tomadas de decisão.

Utilização da Informação – A informação é útil quando permite apoiar e orientar uma ação com segurança, minimizando a margem de erro. Na comunicação, a parte principal é a informação. Se esta não for comunicada pode inviabilizar a tomada de decisão ou a solução de um problema, tornando-se inútil.

Valor da Informação – O valor da informação é dado pela necessidade de seu uso. O usuário deve especificar suas necessidades, determinar as fontes (quando possível), avaliar, decidir e administrar as informações (dados) coletadas. Segundo Weitzen, "o valor da informação está intimamente ligado à capacidade que ela tem de alterar o estado de conhecimento do usuário". A capacidade do indivíduo de receber informação, de avaliar sua relevância para o papel que ele desempenha no grupo e de interpretá-la é muito limitada.

É ingenuidade, do mais alto grau, supor que, se as pessoas tiverem muitas informações sobre os problemas, elas compreenderão os fatos e haverá mais soluções. A informação tem um valor que pode ser analisado, quando temos respostas às seguintes perguntas:

Qual a novidade da informação? A nova informação afetará políticas estabelecidas? A nova informação trará benefícios para a empresa? A informação é comprovadamente verdadeira? Quem está comunicando a nova informação? Existem interesses embutidos? A nova informação está associada ao seu uso (custo/benefício)? A informação contém pré-julgamento? A informação pode ter um caráter particular, em função do comunicador?

É impossível para o dirigente de uma empresa, mesmo pequena, receber e assimilar todas as informações que estão sendo diariamente coletadas. O valor da informação é influenciado por fatores como: custo, conteúdo, manipulação, oportunidade, precisão, confiabilidade, seletividade, organização, apresentação, fonte.

Fonte de Informação – O gerente não completará o processo de especificação das necessidades de informações antes de começar a considerar as fontes de dados. Cada uma das fontes deve ser avaliada quanto à: credibilidade, custo, tempo, acessibilidade, coerência, pertinência, verificação.

As fontes podem ser: publicações, relatórios internos, relatórios de organizações nacionais e internacionais, resultados de pesquisas (mercado, produto, recurso), sistemas de informação, inspeções, experiências, demonstrativos de resultados, previsões, planos, orçamentos, projetos, estudos de risco, teorias, hipóteses, leis.

Após a seleção das fontes de informação, o usuário deve: classificar, ordenar e arquivar as mesmas, visando sua utilização futura. Um princípio deve ser seguido: *Aproveitar ao máximo a experiência adquirida de terceiros.*

Usuário da Informação – Usuários são pessoas que usam bens, serviços, ideias, projetos, sistemas. Mas sua diferença para o consumidor é que o usuário interage com o produtor, idealizador ou construtor, dando palpites sobre mudanças e inovações. Também é ponto pacífico que o usuário, por viver diariamente a sua área de negócio, conhece profundamente os processos desenvolvidos, a periodicidade de execução das tarefas, os meandros de suas rotinas e as necessidades de informação para gerir as atividades, o que o identifica como o perfeito aliado para juntar esforços no desenvolvimento de produtos voltados para seus interesses.

O usuário é aquele que se relaciona com: valor, cultura e personalidade do produto.

Todas as declarações dos usuários são, evidentemente, da maior importância, porém não constituem a única orientação que o analista deve utilizar para determinar a demanda real a ser atendida, visto que são parciais, um tanto subjetivas e pouco precisas.

Como raramente existe apenas um usuário, é bom mostrar os principais pensamentos dos analistas a respeito dos usuários:

- Os usuários não são burros.
- Alguns dos métodos com que trabalham os usuários são bastante complexos.
- Os usuários não têm muita paciência, já que nada entendem das especificidades.
- Os usuários, em geral, têm um baixo nível de percepção, em relação à análise, dificultando o entendimento do produto e seu nível tecnológico.

O usuário da informação precisa: identificar, definir, conhecer o seu fluxo e especificar o seu propósito. Os usuários da informação podem ser classificados em:

Função	Visão	Conhecimento	Orientação
Operador	Local	Operações	Processos
Supervisor	Ampliada	Sistema	Orçamentos
Gerente	Geral	Projeto	Planos e Táticas
Diretor	Global	Vago	Estratégias

Quadro 8.3: Usuários da Informação.

Uma pessoa na sua capacidade normal de agregação e interpretação controla um número de informações que varia de cinco a um máximo de nove, simultaneamente.

Utilidade da Informação – A utilidade da informação coletada depende de sua veracidade, recuperação e rapidez ao ser transmitida aos níveis mais altos da administração e vice-versa.

Acesso à Informação – Não há como negar que a informação é indispensável ao sucesso de qualquer atividade profissional. Mas, como ter as informações à mão sempre que necessário? Para revolucionar o acesso à informação de um produto de consumo popular no mundo da pesquisa e dos negócios, um número crescente de empresas se especializa em colocar informações nas mãos do usuário, de forma instantânea, fácil e precisa, na tela do computador.

Cultura da Informação – Um dos elementos cruciais, entre os esforços da empresa para administrar mudança, é sua cultura da informação. Esta cultura pode ser definida como os valores, atitudes e comportamentos que influenciam o modo como as pessoas avaliam, aprendem, coletam, organizam, processam, comunicam e utilizam a informação.

Há três razões principais pelas quais a tarefa de definir a cultura da informação deve estar na agenda do administrador.

Primeiro, não é só uma parte da cultura geral da organização, pois prever o futuro exige a assimilação de diversas fontes de informações sobre a empresa, o mercado, o governo e a sociedade.

Segundo, embora a tecnologia da informação facilite a criação de redes e a partilha da informação, é importante observar a forma como as pessoas na verdade usam essa informação.

Terceiro, a cultura da informação pode ter impacto diferente em cada função organizacional.

Muitos administradores concordam que a cultura da informação é importante na definição de estratégias e táticas organizacionais.

Distribuição da Informação – A maioria das organizações não conhece aquilo que tem no arquivo. Pode ter sistemas eficientes para armazenar e localizar contas rotineiras; ter dados de produção e de vendas, por exemplo, mas pode ter dificuldades em localizar e reunir as informações em um banco de dados.

Sem uma distribuição adequada da informação a empresa, perde tempo e se torna lenta. Por outro lado, há uma necessidade de centralizar as informações em um único lugar, porque as informações fazem parte do ativo da empresa.

Poder da Informação – Empreendedores, sejam de onde forem, constantemente, enfrentam problemas para os quais existe premente necessidade de informações, para poderem delinear e entender corretamente a questão, gerar caminhos alternativos, avaliar recursos e impactos decorrentes de tais soluções, construir um plano realista e factível para a solução escolhida. Daí, entendermos que aquele que tem a informação tem poder. É geral a conscientização, entre os dirigentes, de que a informação é patrimônio estratégico da empresa.

Interpretação da Informação – O entendimento do ambiente estará em função das informações coletadas e seus meios de busca. Mas estas informações são interpretadas, em função do nível de percepção do analista. Assim, é difícil dizer se a interpretação é a melhor possível.

Dinâmica da Informação – A comunicação é percepção, a informação é lógica. Como tal, a informação é puramente formal e não tem significado. É impessoal e não interpessoal. Quanto mais ela pode se libertar do componente humano, ou seja, de coisas como: emoções, valores, expectativas e percepções, mais válida e confiável ela se torna.

Centro de Informações – Um centro de informações pode oferecer um bom número de serviços que visem melhorar o processamento da informação, tais como: avaliação, disseminação, armazenagem e substituição.

8.35 Segurança da Informação

Com o surgimento da Internet foram necessárias medidas de segurança que, infelizmente, não são invulneráveis. Muitas empresas passaram a acumular bens valiosos na forma de bits, uma espécie de ativo digital que reúne registros de transações, projetos de novos produtos, cadastros de clientes, relatórios financeiros e outras informações sigilosas.

Na grande maioria das empresas, a segurança da informação fica por conta das divisões de informática e tecnologia. Mas há uma tendência, iniciada em bancos comerciais e instituições financeiras, de criar equipes especializadas na proteção e vigilância eletrônica dos sistemas de informação de toda a empresa.

A análise de risco é o ponto de partida para estruturar todo o programa de segurança. É preciso saber o que se quer resguardar e qual a melhor forma de fazer isso. Como nenhum sistema é 100% seguro (não existe risco zero), é preciso determinar as medidas necessárias para que o risco seja minimizado a ponto de ser tolerável e quanto uma empresa está disposta a pagar.

O quadro, a seguir, mostra como agir em relação aos problemas de segurança da informação.

Problemas	Soluções
Programas com erros podem ser explorados por invasores.	Manter programas atualizados e corrigir falhas.
Programas são corrompidos por manipulação indevida.	Manter cópias em papel, gravar em disquetes, CD e trabalhar com backup automático.
Conexões pela Internet podem ser exploradas por invasores.	Manter programas antivírus atualizados. Usar sistemas chamados "barreira de fogo".
Vírus e Cavalo de Tróia podem chegar via e-mail.	Nunca abrir arquivos de desconhecidos, mesmo que tenham um antivírus atualizado.
Dados sigilosos são descobertos.	Dados confidenciais nunca devem ser passados por e-mail.

Espionagem e chantagem.	Usar filtros de bloqueio.
Invasores industriais reviram o lixo para obter informações valiosas.	Papéis confidenciais devem ser trancados em lugar seguro. O lixo deve ser triturado.
Enxurrada de acessos acaba derrubando um endereço eletrônico.	Detectar a origem do ataque e espalhar o mesmo para vários computadores.
Descoberta de senhas por invasores.	Senhas longas (letras, números e símbolos), devem ser trocadas e nunca serem compartilhadas.

Quadro 8.4: Problemas e Soluções em Segurança da Informação.

No campo digital, a internet coloca a empresa em contato com o mundo, mas corre o risco de invasão de hackers. Os aparelhos portáteis aumentam a produtividade dos funcionários, mas multiplicam as cópias das informações e os riscos de que elas caiam nas mãos erradas aumentam. Hoje é quase impossível ver executivos sem um smartphone no bolso. Mas quase nenhum deles utiliza uma senha de proteção.

A seguir, algumas lições de segurança da informação:

- A segurança da informação vai desde a forma como os dados são armazenados e acessados até o transporte dos equipamentos.
- Equipamentos portáteis contendo dados sigilosos devem ser transportados por um funcionário, se necessário com escolta.
- Informações confidenciais podem ser enviadas digitalmente, por uma rede interna da empresa, com a devida proteção.
- Se computadores têm de ser transportados, é importante criptografar os documentos confidenciais. Assim, só quem tem a chave pode decifrar os códigos.
- Pode-se acrescentar aos aparelhos um dispositivo de reconhecimento do usuário, como um leitor de digitais, para evitar que pessoas não autorizadas os utilizem.

8.36 Administração da Informação

Toda empresa manipula vários fluxos de informação que afetam a sua administração. Administrar bem um negócio é administrar seu futuro. E administrar seu futuro é administrar informações. A necessidade da informação atualizada é uma constante, porque as mudanças são muito velozes.

A despeito do todos os cuidados com a estruturação das comunicações e interconexões, fluxo e filtragem da informação que transita na empresa, bem como a distribuição das atribuições e tarefas, começa a ser cada vez mais difícil administrar todo esse conjunto de informações. Acontece que, embora se faça filtragens e simplificações, o volume de informação, necessário à condução de nossos negócios, cresceu exageradamente.

Como já não é mais possível ver e acompanhar cada atividade diretamente, nós temos de confiar e apoiar-nos na informação, mesmo que ela nem sempre tenha a forma mais adequada para as nossas necessidades gerenciais. Não somente ela se apresenta defasada, como também muito desarrumada ou minuciosa. Sem falar nos erros normais de redação e de construção, porque um relatório, por exemplo, passa, às vezes, por diversos funcionários até chegar à presidência da empresa.

Sempre que se considerou que o trabalho dos administradores, em grande parte, estava relacionado com o processamento de dados e que a concepção da organização estava em função da criação de fluxos de informações e de suas devidas comunicações, o valor da informação passou a ter um grande valor estratégico.

Para ter uma visão sistêmica da organização o administrador terá de ser suprido com informações relevantes, através de sistemas inteligentes de informação e de comunicação. Portanto, a visão sistêmica é dada àquele que encara a empresa como um sistema, que tem subsistemas de sustentação e preservação dos negócios (recursos, estratégias, funções, métodos, programas, planos, projetos, políticas, mudanças, regras, avaliações).

A falta de uma visão sistêmica não permite que o administrador faça um bom trabalho de coordenação, que precisa de todas as informações das partes envolvidas, quer seja de um projeto, de um grupo ou de uma empresa.

8.37 Engenharia da Informação

A engenharia da informação, através da utilização de técnicas similares às da engenharia tradicional, procura tratar as informações necessárias para o funcionamento ótimo do empreendimento. Ela é um conjunto de técnicas e lógicas formais, aplicadas a: dados, atividades, tecnologias e pessoas, que permite planejar, analisar, projetar, construir e manter sistemas de processamento de dados, de forma integrada e interativa.

James Martin, um dos criadores da engenharia da informação, define: "a engenharia da informação é um conjunto integrado de técnicas formais pelas quais modelos de empresa, modelos de dado e modelos de processo são construídos a partir de uma base de conhecimentos de grande alcance, para criar e manter sistemas de processamento de dados".

A engenharia da informação deve ser utilizada de maneira estratégica para poder mudar rapidamente os objetivos, metas qualitativas e quantitativas, desafios e prazos dos negócios de qualquer empresa. Seus elementos básicos são: Dados; Pessoas; Atividades; Tecnologias.

Na construção do sistema, o engenheiro da informação deverá adotar basicamente a seguinte metodologia:

- Inventariar sintomas.
- Definir a missão do negócio.
- Determinar aquilo que é essencial.
- Definir objetivos das funções vitais.
- Comparar o real com o desejado.
- Determinar os desvios.
- Escolher variáveis a serem alterada.
- Definir as estratégias.
- Recolher, no mercado, modelos semelhantes à situação.
- Desenvolver planos.
- Escolher modelos a serem adotados.
- Determinar a abordagem da implementação.
- Incentivar a participação ativa dos usuários.
- Desenvolver anteprojeto.
- Determinar tecnologia de apoio.
- Projetar mudanças culturais.
- Projetar banco de dados.
- Projetar sistemas de conversão.
- Projetar testes de sistema.
- Projetar programa de treinamento.
- Efetuar aprovação de projeto e de tarefas de avaliação.
- Preparar, construir e implementar pacote de aplicação.
- Estar sistema; acompanhar trabalho dos usuários.
- Manter o sistema em funcionamento.

A utilização de metodologias e técnicas na engenharia da informação não elimina a necessidade de manter, permanentemente, a documentação atualizada, condição fundamental para pleno conhecimento, análise racional e fácil manutenção do sistema.

8.38 Tecnologia da Informação

A utilização da mais moderna tecnologia da informação está cada vez mais presente. Correio eletrônico, compras via Internet, microcomputadores e telefones celulares, cada vez com mais funções, contribuem para eliminação do papel e maior rapidez de acesso à informação. É sempre bom lembrar que qualquer tecnologia para otimização do tempo só tem sentido se trouxer resultados positivos.

Recentes desenvolvimentos na tecnologia da informação ofereceram a possibilidade de revolucionar a aquisição através de alterações nos procedimentos de pedidos e de facilidades para a obtenção de elos com fornecedores. A gerência de recursos humanos conta com pesquisa de motivação e com tecnologias para o treinamento.

A estrutura da empresa envolve uma grande variedade de tecnologias que vão desde arranjo físico até planejamento estratégico. Esta tecnologia tem um importante papel na coordenação e otimização dos recursos da organização.

A Terceira Revolução Industrial não surgiu por acaso, mas sim fruto de uma série de invenções, estudos e teorias que aconteceram no passado. Cada momento da história tem uma imagem símbolo, uma espécie de ícone padrão que ultrapassa sempre seu poder de ilustração para se transformar em símbolo de trabalho.

A história do mundo é a história da tecnologia e da informação. Ambas são o centro da organização social e de todas as estruturas ideológicas, filosóficas, políticas, científicas, econômicas e administrativas. Não há movimento humano sem tecnologia e informação.

Três forças impulsionam a comercialização da tecnologia da informação:

- Uma explosão do poder da computação a custos incrivelmente baixos.
- Uma diversificação de redes de comunicações, em que os usuários utilizam, para processar e armazenar dados.
- Uma integração, cada vez maior, entre usuários e servidores (computadores provedores de serviços de Internet).

A tecnologia da informação é uma tecnologia aplicada ao sistema de informação para facilitar o processamento, o armazenamento, o registro, o transporte e a recuperação de dados. O termo tecnologia da informação, de sentido ainda mais amplo do que Informática, seria o conjunto de técnicas de processamento rápido de grande volume de dados sintetizados no computador de alta velocidade, visando o processo decisório.

Dentre as tecnologias, a que mais avançou, nos últimos anos, foi a tecnologia da informação. As transformações que esta tecnologia trouxe são muitas, tais como:

- Comprimiu o espaço de trabalho (miniaturização e portabilidade).
- Ampliou o conceito de espaço virtual.
- Minimizou a papelada pela utilização de meios densos (discos, disquetes e fitas).
- Integrou microcomputadores, através de redes.
- Enxugou os centros de processamento de dados, descentralizando os mesmos.
- Reduziu a necessidade de recursos físicos, fazendo com que o custo fixo diminuísse.
- Agilizou as comunicações, tornando-as móveis, rápidas, flexíveis, diretas, em tempo real.
- Permitiu maior dedicação ao consumidor.
- Integrou os vários e diferentes processos na organização.
- Ampliou a conectividade entre pessoas e grupos de trabalho, embora separado fisicamente.
- Compartilhou a informação, o conhecimento e o comércio.
- Difundiu o conhecimento através da informação fácil e barata.
- Facilitou a reengenharia dos sistemas de informação.
- Facilitou rever estratégias com maior velocidade.
- Passou a ser um fator de competitividade diante da concorrência.

A tecnologia da informação é considerada uma ferramenta estratégica que auxilia a empresa a aumentar o rendimento de seus recursos, ajudando a mudar, rapidamente, objetivos, metas e desafios dos negócios de qualquer empresa.

O avanço tecnológico da informação permitiu o compartilhamento do conhecimento, através de redes digitais. As vantagens da transferência de conhecimento foram muitas, porque aumenta a eficiência dos métodos e processos, levando a resultados eficazes. A qualidade da decisão aumentou, em função da conexão de grupos detentores do conhecimento. O cruzamento de dados gerou mais informações e oportunidades de negócio.

O conhecimento adquiriu caráter estratégico.

A dinâmica das tecnologias da informação tem criado oportunidades únicas, para as empresas implantarem estratégias de crescimento e competitividades sustentáveis. Além do mais, não podemos mais negar que a tecnologia da informação se constitui no insumo mais importante da estratégia empresarial.

A revolução da tecnologia da informação está delegando autoridade às massas pela democratização da informação. Está introduzindo uma nova ordem: a economia de rede. Essa explosão de conectividade foi possibilitada pelo advento da Internet.

A nova economia é interligada em rede, pois cria um espaço universal novo para: o compartilhamento de informações, a colaboração e o comércio. A explosão da conectividade levou a uma onda de fusões e aquisições de empresas, resultando menores custos e maior desemprego. Melhorias na tecnologia de coleta de informações estão fazendo com que seja possível considerar um número maior de custos, como custos diretos.

Códigos de barra permitem que muitas empresas de produção tratem certos materiais, anteriormente classificados como custos indiretos, como custos diretos. Estes códigos podem ser lidos para um arquivo de custos, da mesma maneira, rápida e eficiente, que caixas de supermercado entram no sistema de estoque, para dar baixa do produto vendido.

Similarmente, as informações sobre a mão de obra de fabricação também podem ser controladas. O computador imprime o registro do tempo de trabalho, calculando os custos. A tecnologia da informação também fornece controle do custo indireto e da carteira de pedidos, por exemplo. Não é de se admirar que os primeiros esforços para aplicar a tecnologia da informação foram em organizações de varejo. Usando recursos da tecnologia, os vendedores são capazes de analisar históricos de venda, de forma muita mais rápida do que no passado.

Duas questões são de importância crucial para considerar a utilização da tecnologia da informação:

- Decidir como a automação se adapta às necessidades de uma determinada empresa.
- Aplicar essa tecnologia envolve bem mais do que dar ao vendedor um laptop.

O papel da tecnologia da informação (TI) é mais operacional, uma vez que envolve menos pessoas no processo da informação estratégica, à medida que as empresas desenvolvem soluções de rede para partilhar soluções de problemas corporativos.

8.39 Informática

Informática é a ciência do tratamento automático e racional da informação, considerada como suporte do conhecimento e da comunicação. A informática está se transformando em um importante ferramental tecnológico à disposição do homem para promover o seu desenvolvimento econômico e social, pela agilização do processo de decisão e pela otimização dos recursos existentes e disponíveis.

A palavra informática foi criada pelos italianos, ainda na era jurássica da computação, que antecedeu aos anos de 1970, quando qualquer computador, por mais simples que fosse, pesava mais que um caminhão. É uma palavra que nasceu da junção das palavras informação e matemática. A palavra é bonita e prática, o que levou a uma aceitação universal.

De ponta a ponta, a informática promete dar dimensão inimaginável à informação, fazendo com que se torne, inclusive, um negócio extremamente rentável. Não só para as empresas e instituições que organizam os dados, mas também para aquelas responsáveis por seu armazenamento e comercialização, ou seja, a sua transformação em linguagem de máquina para processamento e distribuição.

A demanda pela informação eletrônica tem sido tão convidativa que, se corresponder à necessidade do usuário e não implicar em custo exageradamente alto, uma nova base de dados pode contar com adesões imediatas. O grau de interesse está, na verdade, intimamente relacionado ao valor operacional da base de dados. Quanto mais as informações forem práticas e úteis, mais será a disposição do usuário de bancar os custos de acesso e de comunicação. É preciso dar ao cliente informações que o ajudem a prosperar.

Ao ingressar na rede, o usuário pode acessar informações, consultar arquivos e trocar mensagens, dando um passo ao futuro digital. Esta nova maneira de fazer negócios se baseia na crescente velocidade da transmissão da informação, fazendo com que as respostas aos problemas sejam quase que instantâneas. Você pode dar responsabilidade, autoridade e poder às pessoas, mas, sem informação útil, elas ficam impotentes.

Tome cuidado, porque Informática não é corolário de Administração Moderna.

Capítulo 9

SISTEMA

"Qualquer organismo, menor que seja, para sobreviver deve adquirir, usar, reter e transmitir informações."

Norbert Wiener

Objetivos do Capítulo

- Mostrar que se pode considerar tudo como um sistema.
- Mostrar que a informação precisa ser utilizada com sabedoria.
- Mostrar que a empresa é um sistema aberto de informações.
- Mostrar que o profissional que entende de sistemas de informação é cada vez mais valorizado.

9.1 Cibernética

A Cibernética é uma ciência relativamente jovem. Foi criada por Norbert Wiener entre os anos de 1943 e 1947, justamente na época em que os cientistas Von Neumann e Morgenstern (1947) criavam a Teoria dos Jogos e Shannon e Weaver (1949) criavam a Teoria Matemática da Informação. Nessa mesma época, Von Bertalanffy (1947) já definira a Teoria Geral de Sistemas.

A Cibernética surgiu como a ciência destinada a estabelecer relações entre as várias ciências, no sentido de preencher os espaços vazios interdisciplinares não pesquisados por nenhuma ciência, como também permitir que cada ciência utilizasse, para o seu desenvolvimento, os conhecimentos aplicados pelas demais ciências.

Cibernética é a ciência da comunicação e do controle, seja nos seres vivos ou nas máquinas. A comunicação é que torna os sistemas integrados e coerentes. O controle é que regula o seu comportamento. Esta ciência compreende os processos e sistemas de transformação da informação e sua concretização em processos físicos, fisiológicos e psicológicos, por meio da informação, isto é, seu núcleo é o sistema de processamento das mensagens.

Bertalanffy salienta que Cibernética é uma teoria dos sistemas de controle, baseada na comunicação de informações entre o sistema e o ambiente.

O controle sempre foi a preocupação dos operadores de sistemas. No sistema humano, o controle funciona em busca da máxima adaptação do indivíduo ao ambiente em que vive. Com a Teoria Geral de Sistemas, o homem começou a entender que o saber não ocupa departamentos estanques e que existem princípios unificadores que regem toda a fenomenologia e fazem com que o universo se comporte como um macrossistema, constituído por subsistemas firmemente integrados e interrelacionados, face a propósitos teleológicos.

Hoje, exige-se da Cibernética a seguinte postura: ser universal e multidisciplinar; buscar a generalização, a abstração e a comparação. Assim, para esta ciência, todo sistema orientado para um propósito é uma máquina, pois energia e informação têm significados equivalentes.

A Cibernética é, frequentemente, confundida com Teoria do Controle, o que é totalmente errado.

9.2 Teoria Geral de Sistemas

A Teoria Geral de Sistemas (1951) sucedeu a Teoria Behaviorista e a Teoria Estruturalista da organização, como um alívio às diversas limitações destas teorias. Esta teoria adveio dos estudos de organismos vivos, realizados pelo biólogo Ludwing Von Bertalanffy e fundamenta-se em três premissas básicas, a saber:

- Os sistemas existem dentro de sistemas.

- Os sistemas são abertos.
- As funções de um sistema dependem de sua estrutura/estratégia.

Mas como tudo começou? Esta pergunta nos remete a História e leva-nos aos argumentos filosóficos entre os modelos mecanicista e orgânico, que existiam entre o final do Século XIX e início do Século XX.

Chester Barnard (1886-1961) tomou como base o estudo da estrutura via sistema e nos disse: A necessidade de um sistema cria a primeira tarefa do administrador e é a origem imediata da organização. A Teoria da Textologia ou Ciência da Organização Universal, de 1912, prenunciou a Teoria Geral de Sistema e muitos de seus conceitos foram mais tarde utilizados pelos teóricos de sistemas.

A despeito de um longo estudo dos organismos e o pensamento holístico dos gregos, a Teoria de Sistemas é relativamente recente.

Momento de destaque no estudo da teoria sistêmica da organização se deve a Willian G. Scott que, em 1961, descreveu o relacionamento (pontos comuns) entre a Teoria Geral de Sistemas e a Teoria da Organização.

Segundo Kenneth Boulding, "a teoria geral de sistemas não busca solucionar problemas ou tentar soluções práticas, mas sim produzir teorias e formulações conceituais que possam criar condições de aplicações na realidade empírica".

A seguir, os pressupostos básicos da Teoria Geral de Sistemas:

- Essa teoria mostra uma nítida tendência para a integração nas várias ciências naturais e sociais.
- Essa teoria pode ser uma maneira mais abrangente de estudar os campos não físicos do conhecimento científico, especialmente, o das ciências sociais.
- Essa teoria, ao desenvolver princípios unificados, atravessa campos do conhecimento e nos aproxima, cada vez mais, de uma Unidade Científica (todas têm um ponto em comum).
- Essa teoria pode levar o ser humano a uma integração da educação científica.

A Teoria Geral de Sistemas foi construída e embasada nas seguintes teorias e suas respectivas premissas:

Teoria dos Compartimentos – Todo sistema é composto de subunidades com certas condições de fronteira entre as quais podem ocorrer processos de transporte.

Teoria dos Conjuntos – Todo sistema pode utilizar os termos (leis, teoremas, axiomas) dessa teoria.

Teoria do Controle – Todo sistema é baseado na comunicação (transferência de informação) entre o sistema e o ambiente.

Teoria dos Grafos – Todo sistema será mais bem representado se for estudado à luz de um gráfico. Esta teoria é a aplicação de diagramas, para a otimização do tempo e do custo.

Teoria das Redes – Todo sistema será mais bem elaborado, se for visto como uma rede neural. A rede mais famosa, PERT/CPM, é utilizada para analisar o caminho crítico de um projeto, entendido como o mais longo de todas as etapas de sua consecução.

Teoria da Informação – Todo sistema utiliza o cálculo da probabilidade, baseando-se que a informação pode ser utilizada como unidade para medir eficiência.

Teoria dos Autômatos – Todo sistema deve mostrar que qualquer processo de qualquer complexidade pode ser simulado por uma máquina, se este processo for capaz de ser expresso em um número finito de operações lógicas.

Teoria dos Jogos – Todo sistema utiliza forças para obter o máximo de ganhos e o mínimo de perdas mediante adequadas estratégias e estruturas. A Teoria dos Jogos é a aplicação da lógica matemática ao processo de tomada de decisão, na solução de problemas com informações incompletas.

Esta teoria pode ser utilizada no processo de negociação onde as partes são vistas como jogadores. Também ajuda a determinar o curso de ação que minimizará a perda máxima do tomador de decisão, face à incerteza de comportamento do ambiente, por exemplo.

Teoria da Decisão – Todo sistema utiliza a Teoria Matemática para tratar da escolha entre alternativas. A Teoria da Decisão afirma que as pessoas tomam decisões, em função do seu nível de percepção. É muito comum o administrador basear sua tomada de decisão em modelos, inferências estatísticas, estudos de amostras e cálculo de probabilidade. As amostras devem ser escolhidas de modo a serem representativas do universo pesquisado.

A tomada de decisão é algo que surge de um processo social contínuo e composto de numerosas pequenas ações, executado por pessoas diferentes, em momentos diversos. Uma equipe de planejamento pode ser muito útil, mas somente se for integrada por dirigentes ativos, de forma que haja livre comunicação e interação. As decisões são efetivamente tomadas por pessoas que depois serão responsabilizadas pelos resultados alcançados.

Teoria das Filas – Todo sistema otimiza arranjos em condições de aglomeração. A Teoria das Filas é o estudo da otimização de arranjos de recursos em situações de espera, aglomerações, gargalos ou restrições ao processo produtivo.

Teoria da Probabilidade – Todo sistema se baseia no pressuposto de que um grande número de acontecimentos passados pode ser usado para predizer acontecimentos semelhantes no futuro. Mas esta teoria não pode determinar qual a casa que será destruída pelo incêndio ou quem irá morrer. As técnicas estatísticas fornecem uma base para previsão de ocorrências, tais como: o número de avarias de máquinas, desvios no controle de qualidade, substituição de empregados, devoluções de mercadorias.

A probabilidade de um evento é um número compreendido entre 0 e 1. Se o evento não pode ocorrer, sua probabilidade é zero. Mas, se sua ocorrência é certa, sua probabilidade é um. A Teoria da Probabilidade, desenvolvida por matemáticos e estatísticos, tem sido útil na solução de alguns problemas de decisão.

9.3 Teoria de Sistemas

A Teoria de Sistemas é um ramo específico da Teoria Geral de Sistemas, que visa desenvolver técnicas para lidar com o grande e o complexo. Esta teoria não surgiu do esforço realizado na última grande guerra, mas remonta a tempos muito anteriores e tem raízes inteiramente diferentes dos equipamentos militares e realizações tecnológicas afins.

Esta teoria não busca solucionar problemas ou tentar soluções práticas, mas sim produzir hipóteses e formulações capazes de interligar universos particulares da ciência.

A Teoria de Sistemas veio enriquecer a teoria da organização com noções importantes para explicar o funcionamento da empresa. Os cientistas dessa escola tentaram compreender como os sistemas eram estruturados e como as práticas administrativas podiam ser aperfeiçoadas.

A Teoria de Sistemas é multidisciplinar, buscando conceitos e técnicas em muitos campos, tais como a Sociologia, Psicologia, Matemática, Probabilidade, Estatística, Administração, Economia, Ecologia etc. Também podemos dizer que esta teoria é descritiva, quando assume que um evento pode ser causado por numerosos fatores que são inter-relacionados e interdependentes.

Hoje, encaramos a Teoria da Administração como tendo uma visão de que a organização é um sistema adaptativo. A Teoria de Sistemas foi aplicada à Administração por várias razões, tais como:

- A necessidade de uma síntese e integração das teorias que a precederam.
- A cibernética permitiu operacionalizar ideias aplicadas à administração.

- A visão da organização como um sistema.
- O desenvolvimento das ciências exatas (principalmente a Teoria Matemática) aplicadas à tomada de decisão.
- O progresso tecnológico.
- A visão holística de coisas complexas.

9.4 Sistema

Segundo C. West Churchumann, "um sistema é um conjunto de partes coordenadas, para realizar uma ou mais atividades". O termo sistema é de uso comum, pois existem: sistema educacional, sistema de computador, sistema solar, sistema nervoso e outros. À luz da etimologia, a palavra sistema originou-se do prefixo "sun" e do radical "thema", ambos gregos, isto é, um conjunto coerente de coisas que interagem, se inter-relacionam e se integram.

Sistema é um conjunto (todo organizado) de elementos (partes) que interagem, visando atingir um objetivo (ou uma função) comum, como um todo unitário e complexo.

O estudo dos sistemas capacita os homens e as instituições a terem um procedimento racional integrado a um conjunto organizado. A verdadeira importância do estudo dos sistemas é conscientizar o dirigente para a complexidade da organização e a necessidade de ver a empresa como um sistema aberto. Tais sistemas são controlados por meio de informações.

A palavra sistema tem muitas conotações, mas o que se destaca neste conceito é que o resultado é maior do que a soma dos resultados que as partes dariam se funcionassem separadamente. A isto chamamos sinergia.

A abordagem sistêmica da Administração surgiu no início da década de 1950, tendo como proposta uma nova visão da realidade que transcende os problemas tecnológicos, exigindo uma reorientação das ciências, indo das físicas até as sociais. Esta abordagem propõe uma radical inversão nos princípios básicos até então aceitos, o reducionismo transformou-se em expansionismo, o pensamento analítico cedeu lugar ao pensamento sintético e o mecanicismo foi substituído pela teleologia.

É necessário esclarecer que sistema não é sinônimo de computador e que não existe uma conexão essencial entre os dois. Os computadores possibilitam examinar muitas alternativas em pouco tempo, oferecendo elementos para o processo decisório. Segundo Jacques Melese, o sistema é o caminho dos elementos que podem assumir estados diferentes, havendo comunicação ou interação entre eles, o que determina fluxos de informações ou de objetos.

O estudo de sistemas procura desenvolver:

- Uma técnica para lidar com o grande e o complexo.
- Uma técnica para capacitar as pessoas e as organizações a terem um procedimento racional integrado e um conjunto de coisas.
- Um enfoque sintético do todo, o qual não permite a análise em separado das partes do todo, em virtude das intrincadas inter-relações das partes entre si e com o todo, as quais não podem ser tratadas fora daquele contexto.
- Relações entre os elementos componentes, em vez de um estudo dos elementos em si, destacando-se o processo e as probabilidades de transição, especificados em função dos seus arranjos estruturais e da sua dinâmica.

9.5 Características dos Sistemas

As características dos sistemas são as seguintes:

Propósito – Todo sistema tem um ou alguns objetivos justificados e esclarecidos a serem atingidos.

Totalidade – Todo sistema tem uma natureza orgânica, porque uma ação que produza mudanças em uma das unidades do sistema, provavelmente deverá produzir mudanças em todas as outras unidades.

Entropia – É a tendência que os sistemas têm para o desgaste, desintegração, afrouxamento dos padrões e um aumento da aleatoriedade. A entropia é um conceito bastante controvertido. Alguns dizem que a entropia é a Segunda Lei da Termodinâmica e se refere à perda de energia em sistemas isolados, levando os mesmos à degradação e ao seu desaparecimento. Etimologicamente, entropia significa a volta a um estado ou forma pre-existente.

Homeostase – É o equilíbrio dinâmico entre as partes do sistema. Os sistemas têm uma tendência a se adaptarem a fim de alcançarem um equilíbrio interno em face das mudanças do ambiente.

Identidade – É a característica principal e significa que, apesar dos sistemas serem constituídos por um conjunto grande de elementos, cada sistema pode ser identificado por um único elemento.

Hierarquia – É a característica que diz que todo sistema pode ser considerado como subsistema de um sistema maior.

Modularidade – É a característica que diz que todo sistema pode ser dividido em sistemas menores.

Relação – Os subsistemas se relacionam por interação e integração. Os subsistemas de um mesmo sistema são interdependentes por necessidade.

Eficiência – É definida pela relação entre recursos produzidos e recursos aplicados.

Eficácia – É definida pela relação entre resultados obtidos e resultados pretendidos (objetivos).

Rendimento – É a expressão matemática da eficiência, onde o rendimento é medido pela razão saídas/entradas, cujo limite tende a um, pois nenhum sistema tem uma saída igual ou maior do que a entrada, devido às perdas no processamento.

Reação – A reação é um evento suficiente que acontece, em função de outro evento no sistema ou no seu ambiente.

Resposta – A resposta é como uma reação, porém é necessária e suficiente.

Causalidade – É o princípio que diz que todas as coisas têm direção e sentido. Isto é, há uma razão passada para o que ocorre no presente.

Sistematização – É o esforço que se faz para se ter uma visão sistêmica de todas as ideias, objetos, elementos, teorias, hipóteses, por exemplo.

Finalidade – É a característica que afirma a que fim o sistema foi criado, isto é, para que e para quem serve.

Globalidade – A evolução do enfoque sistêmico não se situou somente na análise de interdependência, mas avançou a sua contribuição para a dimensão mais ampla da globalidade, tendo em vista os problemas causados pela devastação ambiental, mercados altamente competitivos, comercialização predatória, consumo incerto, governos burocráticos e corruptos, competição desigual e concorrência desleal, por exemplo.

Crescimento – O crescimento do sistema está diretamente ligado ao número de seus elementos e suas possibilidades de combinação.

Competição – A competição se caracteriza pela disputa pelos mesmos recursos de dois ou mais elementos do sistema.

Diferenciação – Todo sistema aberto tende à diferenciação, isto é, à multiplicação e à elaboração de funções, o que lhe traz também multiplicação de papéis e diferenciação interna.

Equifinalidade – Um sistema pode alcançar, por uma variedade de caminhos, o mesmo estado final, partindo de diferentes condições iniciais.

Homomorfismo – Característica dos sistemas que guardam entre si proporcionalidade de formas, embora nem sempre do mesmo tamanho.

Isomorfismo – Característica dos sistemas que possuem semelhança de forma. Um sistema é isomorfo a outro quando suas partes forem intermutáveis.

Sinergia – Embora este conceito já tenha sido abordado, é bom lembrar que a sinergia é a melhor compatibilidade entre as partes componentes do sistema.

Teleologia – É o princípio segundo o qual a causa é uma condição necessária, mas nem sempre suficiente para que surja o efeito. A teleologia é o estudo do comportamento de um sistema com a finalidade de alcançar objetivo.

Transição – Quando um sistema passa de uma condição para outra se diz que houve uma transição.

Transformação – Quando todas as transições se realizam diz-se que ocorreu uma transformação.

Variedade – A variedade de um sistema é função do número de transições que o mesmo efetua para cada transformação e sua medida dá a quantidade de informação necessária para operar o sistema (quanto de energia necessária).

Adaptação – É o movimento de mudança que o sistema executa, através de reações ou respostas para atender as modificações ambientais e as demandas dos consumidores, sem atingir de maneira destrutiva a própria organização.

Progresso – É uma medida que dá conta de que o sistema caminha na direção dos objetivos preestabelecidos.

Resiliência – É a capacidade que o sistema tem de responder e superar dificuldades impostas por fatores externos.

Ganho – O ganho é uma espécie de fator multiplicativo no circuito de feedback (retroalimentação). Como o feedback trata dos desvios, é possível estabelecer:

$O = G\,(I - O)$ ou: $G = O / (I - O)$

Onde:
O = Saída do Sistema
G = Ganho do Sistema
I = Entrada do Sistema.

Então: $O = GI - GO$ $O + GO = GI$ $O\,(1 + G) = GI$ $O = GI / (1 + G)$

Dividindo-se a última equação por I, vem: $O/I = G / (1 + G)$

Como a eficiência de um sistema (E) é medida pela relação Saída/Entrada, vem:

$E = O/I = G / (1 + G)$

Dois exemplos consolidarão tais conceitos:

Exemplo 01: São aplicados num sistema 1.000 t de materiais e são obtidos 600 t de produto acabado, pergunta-se: Qual a eficiência deste sistema? Qual o fator de ganho?

Solução:

$E = O/I = 600 / 1.000 = 0,6$ (60%)
$G = 600 / (1.000 - 600) = 600 / 400 = 1,5$

Resposta: O fator de ganho é de 1,5 e a eficiência é de 0,6 (60%).

Exemplo 02: Um sistema conhecido apresenta um fator de ganho de 1,6. Qual será sua saída se aplicarmos 3.000 t de matéria-prima na sua entrada?

Solução: O = GI / (1 + G) = (1,6 x 3.000) / (1 + 1,6) = 4.800 / 2,6 = 1.846 (aproximadamente).

Resposta: A saída é de 1.846 t

9.6 Elementos do Sistema

Segundo Stanford L. Opter, em *A Análise de Sistemas Empresariais,* o sistema pode ser considerado como um conjunto de elementos que possui uma série de relações com seus atributos. Alguns autores afirmam que os sistemas se caracterizam por parâmetros, isto é, elementos e suas relações.

Assim, os elementos do sistema são:

Objetivo – O objetivo do sistema é uma intenção a ser atingida, porém não há uma preocupação quanto aos aspectos quantitativo, qualitativo e temporal. O ideal é um objetivo que seja difícil de ser alcançado por meios normais.

Ambiente – O ambiente de um sistema é um conjunto de elementos e propriedades que não fazem parte do sistema. É aquilo que está fora do sistema, mas que exerce coação sobre o mesmo. Uma modificação no ambiente pode mudar o estado do sistema. Mesmo o sistema abstrato possui elementos. Como o ambiente está sempre mudando, o processo de adaptação do sistema é dinâmico.

Entrada – A entrada de um sistema é aquilo que o sistema importa do seu ambiente para a sua operação. A entrada pode ser constituída de insumos, tais como: informação, dado, energia, material. A entrada é o impulso que dá partida ao sistema.

Processamento – Processamento de um sistema é a transformação de um insumo em um produto. O processamento pode ser manual, mecânico ou eletrônico.

Saída – A saída de um sistema é o resultado final da operação ou processamento dentro deste. Todo sistema produz uma ou várias saídas. Através da saída o sistema exporta o resultado de suas operações para o ambiente. As saídas devem ser congruentes com o objetivo do sistema, enquanto que os resultados dos subsistemas são interdependentes. Informações de saída são conduzidas aos usuários por meio de relatórios.

Controle – O controle de um sistema é um subsistema que serve para avaliar e comparar os resultados, determinando se os objetivos foram atingidos. Assim, é necessária uma medida de desempenho chamada padrão.

Retroação – A retroação (feedback) é um subsistema de comunicação de retorno, proporcionado pela saída à sua entrada, no sentido de corrigi-lo de alguma maneira. As principais funções da retroação são: controlar a saída, enviando mensagens geradas após a saída ao regulador de entrada; manter um estado, relativamente, estável da operação do sistema, quando se defronta com variáveis externas que podem ocasionar sua flutuação. A retroação pode ter um caráter inibidor (feedback negativo) ou um caráter incentivador (feedback positivo). A Figura, a seguir, mostra um sistema de feedback:

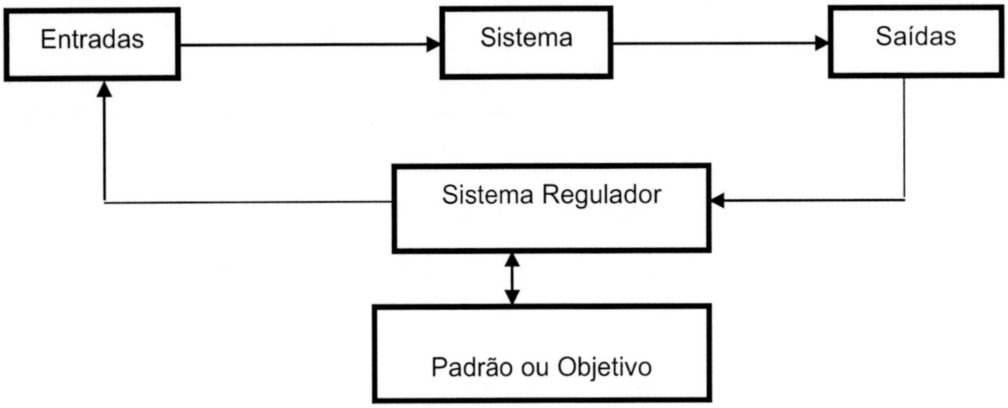

Figura 9.1: Sistema de Feedback.

Rendimento – O rendimento de um sistema é uma medida que nos diz se o sistema está funcionando bem, ou não. Uma das medidas é a eficiência, como já observada, sendo dada pela fórmula:

E = Saídas / Entradas

Recursos – Os recursos de um sistema são os meios que ele dispõe e usa para cumprir a sua função, atribuição ou atividade.

Subsistemas – Subsistemas são partes identificadas de forma estruturada que integram um sistema maior.

Administração – A administração do sistema trata da criação de planos para o sistema, determina as finalidades dos componentes, procede à alocação de recursos e controla o rendimento do sistema.

Fronteira – É o limite virtual do sistema. A fronteira é uma espécie de linha a limitar ou conter as atividades do sistema.

Interface – A conexão e interação entre os subsistemas é chamada interface. Através das interfaces os subsistemas trocam materiais, energia e informação. Os limites e as interfaces dos subsistemas devem ser cuidadosamente estudados, e as relações com os subsistemas devem ser claramente definidas.

A fórmula, a seguir, mostra o número de interfaces do sistema:

$N = n (n - 1) / 2$

Onde:
N = número de interfaces do sistema
n = número de subsistemas.

Se n = 10, então vem: N = 10 (10 - 1) / 2 = (10 x9) = 45.

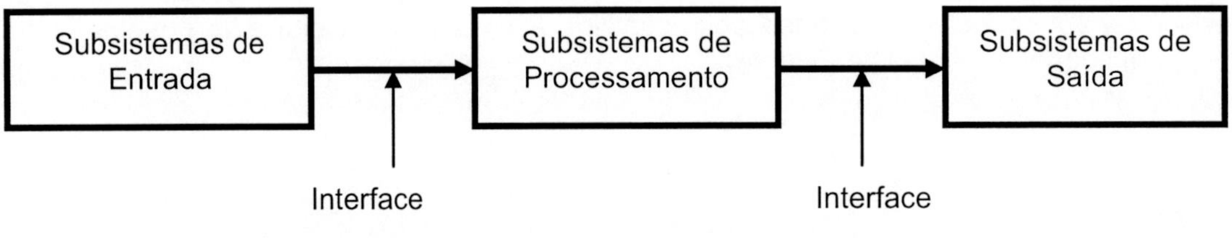

Figura 9.2: Interfaces de um Sistema.

Energia – Ciberneticamente, energia e informação se equivalem.

Ato – O ato é considerado um evento que não muda o sistema.

Registro, arquivo e usuário – Assuntos já abordados.

Ideia – Assunto já abordado.

Ciclo de Vida – O ciclo de vida do sistema é o tempo em que o sistema existe, desde a sua concepção até seu abandono (uso final). O ciclo pode ser considerado como uma série de eventos, etapas ou processos que se repetem numa ordem determinada. O ciclo de vida do sistema pode ser dividido em:

- Concepção – Fase onde se determinará o que deve ser feito, como e quando.
- Desenvolvimento – Fase que englobará desde o planejamento até a apresentação do relatório final de implantação.
- Acompanhamento – Fase de avaliação da atuação do sistema, bem como a sua qualidade de resposta e sua documentação de operação e de manutenção.

No estudo do ciclo de vida devemos considerar: fato gerador, requisitos de informação, programa de trabalho, viabilidade da automação, ambiente, cronograma de trabalho, manual do sistema, teste piloto, relatório de avaliação e implantação, relatório final.

Problema – O estudo dos sistemas capacita os homens e as instituições a terem um procedimento racional integrado a um conjunto organizado. A verdadeira importância do estudo dos sistemas é conscientizar o dirigente para a complexidade da organização e a necessidade de que o sistema seja sempre considerado. Os problemas sistêmicos acontecem por conta do usuário, do engenheiro, do especialista em O & M e do analista de sistema, que vivem uma verdadeira guerra de comunicação e de utilização do sistema.

Juízo – É o ato pelo qual o indivíduo afirma ou nega uma coisa de outra. O juízo se compõe dos elementos: sujeito, atributo (predicado) e afirmação (ou negação).

Lógica – É a ciência das leis ideais do pensamento e a arte de aplicar tais leis à pesquisa e à demonstração da verdade.

Raciocínio – É a operação pela qual o indivíduo de uma relação ou várias conhecidas extrai uma outra relação. Como as relações se exprimem por juízos, pode-se dizer que raciocinar é encadear juízos com o fim de concluir um pensamento.

Potencial – O somatório dos propósitos atingidos e não atingidos, embora existentes, chamaremos de potencial sistêmico. O potencial de um sistema pode determinar sua vida, como: vida curta (sistema fechado) e baixo potencial; vida longa (sistema aberto) e alto potencial.

Dinâmica – A dinâmica dos sistemas abertos difere da dinâmica dos sistemas fechados. A mais importante diferença reside nos mecanismos de feedback, que consiste num processo de busca das condições ideais do sistema.

Qualquer sistema aberto está sendo constantemente bombardeado por perturbações de toda ordem. Assim, todo sistema busca o equilíbrio. Alguns sistemas mostram um alto grau de movimentação de seus elementos. Esta movimentação pode ser positiva ou negativa.

Profissional de Sistemas – O profissional que atua no desenvolvimento e implementação de sistemas, nos procedimentos administrativos ou no processamento de dados é pago para ajudar a promover mudanças. Havendo a necessidade de resolver determinados problemas ou criar (ajustar) sistemas, em função de mudanças operacionais, espera-se que o profissional de sistemas solucione, seja qual for a razão determinante da mudança.

Profissionais de sistemas precisam ter o domínio dos conceitos, metodologias e técnicas peculiares ao campo de sistemas. Assim, ele deve perceber que:

- Mudança de sistema é algo mais do que um conjunto de soluções estritamente técnicas.
- A sua ótica não é a única verdadeira.

- Os valores, do tipo "alta especialização", podem nada significar para os usuários.
- A mudança dos sistemas implica percepções, sentimentos, ações grupais, questões políticas.
- A cultura organizacional de cada empresa deve ser sempre considerada.
- Os conflitos e disputas, em torno de mudanças, devem ser negociados.

9.7 Classificação dos Sistemas

Todo conhecimento precisa ser sistematizado e classificado, isto é, ordenado e posicionado numa escala de valores capaz de facilitar a compreensão de sua contribuição, de forma que sejam estabelecidas uma sequência e uma hierarquia que possibilitem seu uso e a evolução gradual do raciocínio do mais simples para o mais complexo, pois só assim as pessoas conseguem um crescimento cultural sólido.

Há uma grande variedade de sistemas e uma ampla gama de tipologias para sua classificação, de acordo com certas características básicas.

Segundo Sergio R. Bio, "a própria natureza interdependente dos subsistemas não recomenda uma classificação rígida, tendo em vista a relevância ou não da informação trabalhada". Um entendimento mais amplo do papel dos sistemas no processo de gerenciar organizações pode ser facilitado, classificando os sistemas segundo seus propósitos fundamentais.

Os quadros, a seguir, mostram uma classificação dos sistemas:

Sistemas Quanto à Constituição:

Sistemas	Conceitos
Físicos	Sistemas compostos de equipamentos, objetos e coisas reais. Podem ser descritos em termos quantitativos de desempenho.
Abstratos	Sistemas compostos de conceitos, planos, hipóteses e ideias, que muitas vezes só existem na cabeça de uma pessoa.

Quadro 9.1: Sistemas Quanto à Constituição.

Sistemas Quanto à Natureza:

Sistemas	Conceitos
Fechados	Sistemas fechados são os sistemas que não apresentam intercâmbio (não realizam trocas) com o ambiente. Eles são totalmente determinados e programados.
Abertos	Sistemas abertos são os sistemas que apresentam relações de intercâmbio com o ambiente, através das entradas e saídas. São eminentemente adaptativos, porque se reajustam constantemente às condições ambientais.
Vivos	Nascem e herdam traços estruturais. Morem, porque seu tempo de vida é finito. São concretos e completos.
Organizados	Montam sua estrutura por estágios. Teoricamente têm vida ilimitada. Não têm ciclo de vida definido. Distúrbio é definido como um problema.

Quadro 9.2: Sistemas Quanto à Natureza.

Sistemas Quanto à Complexidade:

Sistemas	Conceitos
Complexos Simples	São os menos elaborados.
Complexos Descritivos	São altamente elaborados e profundamente inter-relacionados.
Excessivamente Complexos	São aqueles que não podem ser descritos.

Quadro 9.3: Sistemas Quanto à Complexidade.

Sistemas Quanto ao Resultado:

Sistemas	Conceitos
Determinado	É aquele no qual as partes interagem de uma forma perfeitamente previsível, não dando lugar a dúvidas. A interação entre suas partes é conhecida. Se uma das partes tem uma descrição do estado do sistema, até um dado ponto, é possível conhecer as demais operações, sem erro. Um exemplo deste tipo de sistema é um computador que se comportará em função do programa nele instalado.
Probabilístico	É aquele para o qual não poderá ser fornecida uma previsão detalhada, em determinadas circunstâncias. Este sistema pode ser descrito como tendo um comportamento provável, mas certo grau de erro é sempre previsto. Um sistema de inventário é um exemplo de um sistema probabilístico.
Determinado Simples	É aquele que possui poucos componentes e inter-relações e que revela comportamento dinâmico completamente previsível.
Determinado Complexo	É o caso do computador. Se o seu resultado não for totalmente previsível, ele estará funcionando mal.
Determinado Supercomplexo	Não existe até o momento nenhum sistema desse tipo.
Probabilístico Simples	É um sistema simples, mas imprevisível, como jogar uma moeda. O controle estatístico de qualidade é um sistema desse tipo.
Probabilístico Complexo	É um sistema probabilístico que, embora complexo, pode ser descrito.
Probabilístico Supercomplexo	É um sistema tão complicado que não pode ser totalmente descrito. É o caso do cérebro humano.

Quadro 9.4: Sistemas Quanto ao Resultado.

Sistemas Quanto ao Comportamento:

Sistemas	Conceitos
Manutenção do Estado	É aquele que reage do mesmo modo ao evento. Aliás, a função manutenção está sempre presente, qualquer que seja o sistema.
Busca de Objetivos	É aquele que responde aos eventos internos e externos para conseguir resultados. É um sistema voltado para respostas.
Intencional	É aquele que produz o mesmo resultado, seguindo-se diferentes caminhos.

Quadro 9.5: Sistemas Quanto ao Comportamento.

Sistemas Quanto ao Estado:

Sistemas	Conceitos
Estático	É aquele em que os eventos não acontecem.
Dinâmico	É aquele onde acontecem eventos.
Homeostático	É aquele que é estático em relação aos seus elementos e dinâmico em relação ao ambiente.

Quadro 9.6: Sistemas Quanto ao Estado.

Sistemas Quanto à Automação:

Sistemas	Conceitos
Online	É aquele que recebe entradas diretamente do local onde ele foi criado e cujas saídas são dirigidas diretamente para onde sejam necessárias.
Tempo Real	É aquele que pode ser definido como controlador do ambiente pelos recebimentos de dados, com a rapidez suficiente para afetar este mesmo ambiente.

Quadro 9.7: Sistemas Quanto à Automação.

Sistemas Quanto ao Apoio:

Sistemas	Conceitos
Apoio às Operações	É aquele voltado a processar transações que envolvam com frequência alguma tomada de decisão simples, tal como a decisão sobre crédito num sistema de processamento de pedidos.
Apoio às Decisões	É aquele voltado para processos decisórios de gestão empresarial. Estes sistemas podem ser um simples arquivo de gaveta ou um sistema eletrônico bastante complexo. Eles estão geralmente ligados à eficácia da organização.

Quadro 9.8: Sistemas Quanto ao Apoio.

9.8 Tipos de Sistema

A seguir, os principais tipos de sistema:

Sistema Aberto: Sistema que troca matéria e energia regularmente com o ambiente. fundamentalmente adaptativos, pois para sobreviver precisam reajustar-se continuamente às condições mutáveis do meio em que vivem.

Sistema Abstrato: Sistema composto de conceitos, planos, hipóteses e ideias, que muitas vezes só existem na cabeça de uma pessoa.

Sistema Administrativo: Ver administração.

Sistema Automático: Ver automação.

Sistema Complexo: Sistema que não pode ser descrito de maneira precisa e detalhada.

Sistema Concreto: Sistema Físico. Sistema composto de equipamentos, objetos e coisas reais. Podem ser descritos em termos quantitativos de desempenho.

Sistema de Análise: Ver análise.

Sistema de Análise de Dados: Sistema que permite a manipulação de dados para ajudar nas tarefas, operações, atividades.

Sistema de Análise de Informações: Sistema que permite acessar uma série de dados, informações e modelos. Uma das mais importantes características deste sistema é a que ele se adapta às necessidades dos gerentes.

Sistema de Apoio: Sistema voltado a processar transações que envolvam com frequência alguma tomada de decisão simples, tal como a decisão sobre crédito num sistema de processamento de pedidos. Este sistema pode ser um simples arquivo de gaveta ou um sistema eletrônico bastante complexo. Ele está geralmente ligado à eficácia da organização.

Sistema de Captação de Recursos Financeiros: Sistema utilizado para descrever: títulos, ações, empréstimos, financiamentos e contratos.

Sistema de Comunicação: Sistema representado pelo fluxo de informações (mensagens) que passa através de canais compostos de pessoas e máquinas que atuam como centros de retenção, filtragem, passagem e geração de dados e informações.

Sistema de Comunicação da Ação: Sistema que faz a ponte entre os comportamentos, as funções e os recursos até a ação. Nem sempre a ação é um ato isolado de uma pessoa, e que, mesmo sendo, precisará se comunicar com outra pessoa ou grupo.

Sistema de Contabilidade: Ver contabilidade.

Sistema de Contas Nacionais: Sistema que reúne as contas correntes da administração pública.

Sistema de Controladoria: Sistema utilizado para descrever: liquidações de sinistros, apólices, contratação de seguradora, mercado de recursos, contabilidade fiscal, contabilidade patrimonial, contabilidade de custos, contabilidade gerencial, contabilidade geral e relatórios.

Sistema de Controle: Sistema com as seguintes características: contribuir para a realização dos objetivos; possuir um sensível sistema de mensuração; dispor de um conjunto de valores (padrões), com os quais compara os valores mensurados; ser capaz de desenvolver uma análise das variações (desvios) entre valores buscados e valores encontrados; ser capaz de determinar correções adequadas na entrada do sistema, de modo a eliminar as causas dos desvios; ser capaz de reforçar o desempenho para assegurar resultados satisfatórios ou superiores aos esperados.

Sistema de Controle de Estoque: Sistema utilizado para descrever: inspeção, recebimento, movimentação, alienação de ativos, inventário, distribuição, armazenagem, matéria-prima, insumo, produto semiacabado e produto acabado.

Sistema de Controle de Vendas por Produto: Sistema que mostra qual produto está vendendo mais e qual está vendendo menos.

Sistema de Controle de Vendas por Vendedor: Sistema que mostra e compara o resultado mensal de cada vendedor com a média do grupo de vendas.

Sistema de Controle do Faturamento: Sistema utilizado para medir o desvio do faturamento e saber se as metas de vendas estão sendo cumpridas.

Sistema de Crédito e Cobrança: Sistema utilizado para informar: valores de financiamento, prazos de pagamento, processos de crédito e cobrança, inadimplência.

Sistema de Custeio: Sistema relativo à forma como os custos são registrados e transferidos internamente na empresa.

Sistema de Desenvolvimento: Sistema utilizado para descrever: relações humanas, avaliação de desempenho, acompanhamento e treinamento.

Sistema de Distribuição Física: Sistema que trata da movimentação, estocagem e processamento de pedidos dos produtos. Costuma ser a atividade mais importante em termos de custo para a maioria das empresas; Movimento percorrido pelo produto do fabricante até o consumidor final.

Sistema de Economia Mista: Sistema baseado na economia de mercado com ingerência do Estado em áreas em que a livre iniciativa não tem condições de resolver.

Sistema de Engenharia: Sistema para descrever processos, métodos, produtos, metodologias, projetos, controles e testes.

Sistema de Fabricação: Sistema utilizado para descrever processamento, tratamento, linhas, acabamento, almoxarifado, inspeção, controle.

Sistema de Gestão: Sistema que sugere a ideia de dirigir e decidir.

Sistema de Higiene e Segurança: Sistema utilizado para descrever: medicina do trabalho, educação sanitária, hábitos de higiene, segurança no trabalho, segurança patrimonial, segurança industrial (espionagem), segurança física.

Sistema de Informação: Sistema voltado a transformar dados em informações úteis. Uma empresa, pequena ou grande, terá necessidade de um sistema de informação que será tanto mais sofisticado quanto mais complexas forem as operações da empresa.

Sistema de Informações Administrativas: Sistema que possui informações que ajudam a administrar uma organização.

Sistema de Informações de Marketing: Sistema projetado para gerar um fluxo ordenado de informações pertinentes, coletadas tanto de fontes internas como externas da empresa. A informação de marketing é a mais importante da empresa, pois é dela que derivam os negócios.

Sistema de Informações de Materiais: Sistema que se fundamenta nos seguintes subsistemas: controle de estoque, transporte, aquisição e planejamento de compras.

Sistema de Informações de Produção: Sistema que diz respeito ao fluxo de materiais e à produção de bens e serviços. Ele cobre cada atividade de planejamento e controle da produção, controle de inventário, compras, distribuição e transporte. Num sistema de informações de produção, muitos fluxos de informações podem ser especificamente excluídos, porque muitas questões são rotineiras e programadas e, portanto, já possuem um tratamento automático.

Sistema de Informações de Recursos Humanos: Sistema que utiliza, como fontes de dados: recrutamento e seleção; treinamento e desenvolvimento; avaliação e desempenho; administração de salários, registros e controles de pessoal; estatísticas sobre acidentes; higiene e segurança.

Sistema de Informações do Projeto: Sistema que apresenta as informações básicas para poder desenvolver as funções organizacionais do novo empreendimento.

Sistema de Informações Financeiras: Sistema baseado no fluxo de dinheiro que corre através da empresa. Este sistema envolve uma quantidade muito grande de dados históricos e internos para o planejamento financeiro da organização. O sistema financeiro é, provavelmente, o mais importante sistema de informação gerencial. Na maioria das empresas este sistema é o mais velho e mais bem desenvolvido de todos os outros sistemas porque lida com dinheiro.

Sistema de Informações Geográficas: Sistema baseado no mapeamento de dados por um sistema de coordenadas.

Sistema de Informações Gerenciais: Sistema cuja finalidade é operar um conjunto de lógicas voltadas para a produção de informações destinadas a apoiar o processo decisório nas funções administrativas. Os sistemas de informações gerenciais, quando devidamente construídos, afetarão as variáveis empresariais: custo, qualidade do produto (bem, serviço ou ideia), produtividade, velocidade de resposta, previsão, projeção, estrutura, funções administrativas, qualidade do recurso, funções organizacionais, comportamento, objetivo, estratégia, política, risco, tática.

Sistema de Livre Empresa: Sistema econômico em que há propriedade privada e a empresa funcionam com um mínimo de interferência do Estado.

Sistema de Manuseio de Materiais: Sistema cujo propósito é compatibilizar o meio de transporte, a embalagem, o custo da distribuição.

Sistema de Manutenção: Sistema feito para serem conservados os equipamentos em serviço durante o maior prazo possível e com o máximo de rendimento, isto é, uma atividade desenvolvida para manter as instalações em condições, que irão mais bem apoiar as metas da organização. É comum pensar que manutenção diz respeito a máquinas e equipamentos, esquecendo-se que o conceito de manutenção é muito mais abrangente do que isso, haja vista, a manutenção do próprio corpo humano.

Sistema de Otimização: Sistema relacionado à utilização dos recursos disponíveis da melhor maneira possível. Mas, muitos autores confundem o conceito de otimização com eficiência e até com eficácia.

Sistema de Padronização: Sistema com a finalidade de uniformização e redução de custo. Ela conduz à simplificação dos processos, à medida que a uniformidade reduz a variabilidade e o desvio. A padronização ajuda a resolver problemas quanto à quantidade, qualidade e composição do produto; facilita, ou até mesmo permite a produção em massa, pela repetição de operações com os mesmos materiais e mesmas ferramentas; proporciona economia de materiais, equipamentos, energia e espaço; permite o intercâmbio de peças e órgãos de máquinas de um lugar para outro; diminui a variedade de coisas que têm a mesma utilidade ou finalidade e facilita o treinamento; facilita a otimização do tempo.

Sistema de Pagamentos: Sistema utilizado para descrever: salários, encargos sociais, rescisões contratuais e auxílio (doença, alimentação e transporte).

Sistema de Pessoal: Sistema utilizado para descrever cadastro, recrutamento, seleção, registro, terceirização, movimentação, cargo, salário.

Sistema de Planejamento: Sistema que capacita a empresa a decidir qual é o melhor uso de seus recursos para atingir objetivos propostos. Se os recursos empresariais são insuficientes, cabe ao administrador planejar e apontar as necessidades. É a primeira e a mais importante função administrativa por ser ela a base para as demais funções.

Sistema de Planejamento de Materiais: Sistema utilizado para descrever orçamento, padronização, análise, programação de materiais.

Sistema de Planejamento de Recursos Humanos: Sistema utilizado para descrever pesquisa, orçamento, mercado de trabalho, programação de pessoal.

Sistema de Posicionamento Global (GPS): Sistema que determina a posição do ponto em relação à latitude, altura e longitude.

Sistema de Previsão de Vendas: Sistema que espelha a possível receita com vendas da empresa, informação a ser utilizada no planejamento estratégico da organização.

Sistema de Processamento de Dados: Ver processamento de dados.

Sistema de Produção: Sistema representado por um conjunto de atividades, procedimentos, operações e movimentos, usados para transformar a natureza em produtos. Também pode ser considerado como uma combinação da engenharia de desenvolvimento do produto com racionalização de espaço, custo e operação.

Sistema de Referência: Sistema que representa simplificadamente um processo e/ou uma realidade em seu todo ou em partes: Uma abstração de uma realidade, de uma situação ou de uma solução, ajudando a economizar tempo e dinheiro.

Sistema de Saúde: Sistema que diz respeito à gestão da saúde na empresa e quais resultados são obtidos, para as devidas correções.

Sistema de Suporte à Decisão: Sistema que possui as seguintes características: incorpora dados e modelos; ajuda o julgamento gerencial; é voltado para a eficiência; responde rápido à mudança ambiental; tenta várias estratégias diferentes para diferentes configurações, com rapidez e objetividade; aumenta os níveis de conhecimento e percepção do gerente; ajuda o gerente a exercer suas funções administrativas; melhora o controle, reduzindo custos; melhora a qualidade da análise.

Sistema de Tesouraria: Sistema utilizado para controlar a programação de investimentos, bancos, caixa, contas a pagar, contas a receber, orçamentos, câmbio.

Sistema de Transporte: Sistema utilizado para descrever o controle e a manutenção de modais de transporte.

Sistema de Tratamento da Mensagem: Sistema que tem a capacidade de armazenar mensagens, para posterior utilização ou retransmissão.

Sistema de Tributação: Ver tributação.

Sistema de Variação do Custo: Sistema utilizado para o estudo das variações entre custos efetivos (realizados) e custos padrões.

Sistema Determinado: Sistema em que as partes interagem de uma forma perfeitamente previsível, não dando lugar a dúvidas.

Sistema Econômico: Sistema definido como sendo a forma política, social e econômica pela qual está organizada uma sociedade. É um particular sistema de organização da produção, distribuição e consumo de todos os bens e serviços que as pessoas utilizam, buscando uma melhoria no padrão de vida e bem-estar.

Sistema em Tempo Real: Sistema que pode mostrar: recebimentos, processamentos e resultados, com a rapidez suficientemente necessária.

Sistema Empresa: Ver empresa.

Sistema Especializado: Sistema cujo nível de performance é comparável ou mesmo maior do que a especialidade humana numa determinada área do conhecimento. Este sistema é uma espécie de ramo da inteligência artificial aplicada. A ideia básica que norteia a criação de um sistema especializado deve ser a simplicidade.

Sistema Fabril: Sistema de produção que rompeu com a forma artesanal de fazer as coisas, pois aplicou os avanços científico e tecnológico, rompeu as estruturas corporativas da época, ampliou os mercados existentes, descobrindo novos nichos de mercado.

Sistema Fechado: Sistema que não apresenta intercâmbio (não realizam trocas) com o ambiente. Ele é totalmente determinado e programado.

Sistema Gráfico: Ver gráfico.

Sistema Homeostático: Sistema que é estático em relação aos seus elementos e dinâmico em relação ao ambiente.

Sistema Integrado de Gestão: Sistema constituído pela harmonização dos métodos de gestão e de organização, graças ao emprego da tecnologia digital da informação.

Sistema Internacional de Unidades: Ver símbolo da unidade.

Sistema Lógico: Ver sistema abstrato.

Sistema Meritocrático: Sistema de avaliação por mérito. A necessidade de reconhecimento público dos méritos é intrínseca ao ser humano, que sempre buscou criar símbolos para qualificar a diferença das pessoas dentro do mesmo contexto social.

Sistema Motivacional: Sistema que deve satisfazer muitos diferentes motivos humanos.

Sistema On-Line: Sistema que recebe entradas diretamente do local onde ele foi criado e cujas saídas, ou os resultados do processamento, são dirigidas diretamente para onde sejam necessárias.

Sistema Orçamentário: Ver orçamento.

Sistema Probabilístico: Sistema que não se pode ter uma previsão detalhada, em determinadas circunstâncias. Este sistema pode ser descrito como tendo um comportamento provável, mas tendo também certo grau de erro. Um sistema de inventário é um exemplo de um sistema probabilístico. A média da demanda e a média do tempo de reposição podem ser definidas, mas não seus valores exatos.

Sistema Regulador: Sistema que reforça o canal de comunicação entre os interlocutores, fornecendo informações para sua adequação, compreensão, manutenção, adaptação, efetivação e reconstrução. Os indivíduos que não receberam nenhuma realimentação apenas não sabem como modificar os seus esforços, ou mesmo se devem modificá-los.

Sistema Viário: Sistema que mostra as redes de tráfego para as curta e média distâncias.

9.9 Sistema Empresa

Uma empresa, como já abordado, não é um fenômeno da natureza e sim uma concessão da sociedade. É uma organização de finalidade econômica. Esta organização elabora e utiliza recursos, meios, métodos e instrumentos para facilitar o seu desenvolvimento e o seu rendimento, assegurando-lhe as melhores condições operacionais.

A empresa produz bens, serviços e ideias, só existindo num grupo social, tendo como objetivo fundamental sua sobrevivência; existe por delegação da sociedade e tem de prestar contas à esta; só se legitima quando funciona como veículo para que as pessoas, que nela trabalhem, se realizem e, quando pode, atende bem seu público-alvo.

Costuma-se ver a empresa por meio de sua estrutura organizacional, cuja finalidade é definir com clareza as responsabilidades e relações funcionais. A empresa seja ela qual for, possui um critério de organização que pode ser por: finalidade, estratégia, objetivo, função, atividade, recurso, área geográfica, clientela, produto.

A criação de uma empresa está em função da sua missão, isto é, qual a razão (sentido) da sua existência. É também possível perguntar aonde a empresa quer chegar e quais são seus objetivos? Os objetivos naturais de uma empresa são: satisfazer a sociedade em que está inserida; proporcionar trabalho para as pessoas; aumentar o bem-estar das pessoas que nela trabalham; otimizar a utilização de recursos; agir dentro da ética e da justiça e, é claro, ter lucro.

A ideia de ver a empresa como um sistema aberto já vem de longa data, porque um sistema organizacional fechado não poderá sobreviver, à medida que não conseguir responder eficazmente às mudanças contínuas e rápidas do ambiente. Para garantir sua sobrevivência a empresa deve dar ao ambiente o produto que ele necessita.

A seguir, as diferenças fundamentais entre sistemas aberto e fechado:

Sistema Aberto	Sistema Fechado
Interage com o ambiente.	Não interage com o ambiente.
Possui habilidades para crescer, mudar e adaptar.	Não possui estas habilidades.
Compete com outros sistemas.	Não compete.

Quadro 9.9: Sistema Aberto × Sistema Fechado.

Um organismo social assemelha-se a um organismo individual nos seguintes aspectos: com o tempo, torna-se maior e mais complexo; suas partes exigem uma crescente interdependência; sua vida tem imensa extensão comparada com a vida de suas unidades componentes; embora as partes sejam heterogêneas, há bastante integração.

Na defesa da teoria do sistema aberto, James G. Miller selecionou diversas hipóteses com que sustentou a aplicabilidade da mesma. Também afirmou que "não há limites no número de proposições para justificar seu uso". Nestas hipóteses relacionou resultados, estruturas, processos, subsistemas, informações, comunicações, estratégias, desenvolvimentos, interações e integrações. Na realidade, Miller quis demonstrar os diferentes tipos de sistemas que se pode montar (ou estudar), já que as possibilidades de atuação, quando se trata de seres humanos, são praticamente ilimitadas.

A abordagem de sistema aberto concebe um sistema que tem entradas e saídas com seu ambiente. Dentro dessa abordagem, a empresa é visualizada em um dinâmico relacionamento com o seu ambiente, recebendo vários insumos (entradas), transformando-os em resultados na forma de bens, serviços e ideias (saídas).

Os sistemas abertos trocam matéria e energia regularmente com o ambiente e são, fundamentalmente, adaptativos, pois para sobreviver precisam reajustar-se continuamente às condições mutáveis do meio em que vivem. O diagrama do sistema aberto, que também é conhecido como Diagrama de Ackoff, representando a empresa num determinado ambiente, relacionando: ambientes, informações, produtos, restrições, ajustamentos, decisões, cenários, desempenhos, desvios, controles, realimentações, estratégias, táticas, operações.

9.10 Administração por Sistemas

É difícil encontrar qualquer coisa que não possa ser classificada como sistema. Os sistemas organizacionais são controlados por meio de informações. Em uma organização, pessoas e tarefas são interdependentes, tal como os sistemas do corpo humano. Uma mudança em um sistema afeta os outros.

Tal como um organismo, uma organização é um sistema. É evidente que, consistindo a administração num processo de conversão das informações em atividades, o seu êxito resultará, antes de tudo, das informações coletadas e do modo como a conversão é efetuada.

O conceito de administração por sistemas significa que a administração procurará estabelecer, onde for apropriado, um conjunto programado de regras de decisão para serem aplicadas num grande volume de tipos repetitivos de transações. As expressões *Sistema de Informações e Sistema de Informações Gerenciais* são frequentemente empregadas para descrever redes baseadas em computador, que fornecem à administração dados relevantes, oportunos e precisos, para fins de tomada de decisão.

A administração por sistemas capacita os homens e as instituições a terem um procedimento racional integrado a um conjunto organizado.

A verdadeira importância do estudo dos sistemas, como já observado, é conscientizar o dirigente para a complexidade da organização e a necessidade de que a visão sistêmica seja sempre considerada. Os sistemas são controlados por meio de informações.

A empresa consiste de um conjunto de subsistemas em interação, os departamentos, cada qual exercendo uma função específica em proveito do sistema global, a empresa. Pode-se dizer que a empresa possui duas áreas funcionais:

Área Funcional Fim (Marketing e Produção).

Área Funcional Meio (Finanças, Contabilidade, Pesquisa, Desenvolvimento, Recursos Humanos, Materiais, Patrimônio, Serviços, Sistemas de Informação, Sistemas de Comunicação, Tecnologia, Segurança).

É importante lembrar que essas áreas funcionais correspondem às unidades organizacionais.

9.11 Avaliação do Sistema

Avaliar é comparar, por meio de um controle, os resultados obtidos com os padrões propostos anteriormente. Uma avaliação deve ter, de preferência, um relato escrito. A avaliação requer um referencial, isto é, um padrão. A falta de padrões objetivos e concretos dá àquele que avalia campo para dar vazão a seus preconceitos e tendenciosidades.

A avaliação é importante para qualquer indivíduo, ou organização, pois é através dela que se adquire senso crítico.

Um processo de controle inclui a avaliação. Mas, para se chegar a esta fase, é preciso a etapa da medição. Assim, medir é determinar o grau a que se está progredindo em relação aos resultados (objetivos) esperados, isto é, reunir informações sobre o desempenho real do sistema.

Na avaliação do sistema são abordados os seguintes aspectos:

Objetivos do Desempenho – Os objetivos servem para medir a eficiência atual do sistema, identificar o potencial para seu aperfeiçoamento, indicar o que ele necessita para obter maior desenvolvimento.

Fatores de Avaliação – Os fatores de avaliação, geralmente, medem: perícia de desempenho na consecução dos objetivos e características de qualidade operacional.

Fatores de Desempenho – Os fatores para medir desempenho estão, principalmente, calcados nas habilidades de execução e nos padrões para comparação.

Traços Característicos – Os traços característicos, geralmente, se refletem nas maneiras pelas quais o sistema desempenha suas funções. Estas características ou qualidades influenciam o resultado. As características, que frequentemente aparecem em formulários de avaliação, são: eficiência, eficácia, tempo de resposta, efetividade, interação com o usuário do sistema.

Processo de Avaliação – Os passos no processo de avaliação podem ser resumidos em: execução e acompanhamento do programa.

Métodos de Avaliação – Os métodos de avaliação do sistema mais importantes estão voltados para medir: rapidez de processamento, precisão dos relatórios de saída e relevância das informações que produz.

Qualidade dos Resultados – Um dos principais objetivos do sistema é normalmente atender bem, ou atender melhor os usuários.

Ciclo de Atendimento – Isto é importante quando se considera o tempo de resposta a uma solicitação do usuário do sistema.

Custo Real – Quando da preparação do sistema, o custo é estimado. Na implementação verifica-se sua veracidade. Isso permite descobrir o ponto fraco do sistema implantado, possibilitando corrigir distorções de avaliação que podem prejudicar novas implementações incrementais.

Processamento – Uma preocupação no processamento do sistema é o de não cometer erros bobos. Para tal, é comum mostrar os enganos, avivando-os, por meio de: som, sinal ou palavra.

9.12 Desenvolvimento de Sistema

O desenvolvimento é o ato de crescer, aumentar, construir e progredir. Também pode ser considerado como um caminho para criar e aplicar métodos, técnicas, metodologias e regras para melhorar (alavancar): práticas administrativas, práticas sociais, atividades, processos, políticas, soluções, estratégias, táticas, ações, planos, projetos, modelos, decisões, análises, pesquisas, avaliações.

Durante os últimos anos vêm-se acumulando dados de pesquisa a respeito do desenvolvimento de quase tudo que se possa imaginar. Recentes estudos mostraram aspectos essenciais na elaboração mais ampla de modelos de desenvolvimento. Parte dessas pesquisas está direcionada a minimizar o tempo que se gasta em um projeto de desenvolvimento, qualquer que ele seja.

As empresas estão, cada vez mais, reconhecendo que a chave para sua sobrevivência e crescimento reside no desenvolvimento contínuo de novos produtos ou aprimoramento dos existentes.

Para desenvolver um sistema, precisamos de uma metodologia. Metodologia é a combinação integrada de um conjunto de métodos, formando um todo abrangente para algum propósito. Em um ambiente de desenvolvimento e manutenção de sistemas deve-se ter uma integração entre os métodos utilizados, como suporte do ciclo de vida de todo o sistema. Não há uma metodologia universal para tal.

Uma metodologia de desenvolvimento de sistemas não deve ser confundida com técnicas de análise de sistemas. Ela pode ser orientada para a construção de um software, como pacote ou como serviço. O software considerado como pacote, ao ser desenvolvido, não considera o ambiente organizacional. Já aquele considerado como serviço é substancialmente afetado pelo ambiente organizacional.

As abordagens das metodologias de desenvolvimento de sistemas, que normalmente se faz, são as seguintes:

Enfoque Convencional – É baseado no estudo linear do ciclo de vida da própria metodologia e seu poder de resistência às mudanças tecnológicas, ambientais e comportamentais.

Enfoque Incremental – O enfoque incremental representa uma variação do modelo linear, onde a partir da fase de especificação funcional são feitos incrementos sucessivos. Geralmente, é utilizado como estratégia para minimizar riscos de projetos muito grandes, onde se procura obter resultados de médio e curto prazos sem, entretanto, descuidar do objetivo final.

Enfoque de Prototipação – Esta abordagem é baseada na teoria do aprendizado, útil para organizações que experimentam um ambiente muito dinâmico, onde os usuários têm pouca cultura em computação e informática. Tal enfoque não é uma técnica, mas, sim, uma filosofia.

Protótipos são produtos de experimentação rápida, onde uma versão simplificada é projetada, desenvolvida, testada e operacionalizada. Com base na experiência adquirida com a primeira versão, estabelecem-se novos requisitos para a metodologia, e uma nova versão é concebida e implementada.

A construção de um plano diretor, para desenvolvimento de sistema, exigirá: entendimento das características e necessidades da empresa; conhecimento e avaliação dos sistemas existentes; exame dos recursos de processamento de dados existentes e requeridos; consideração de prioridades, custos e benefícios. Um estudo sobre as necessidades de informações deve relacionar: decisões chaves, informações requeridas e subsistemas geradores de dados.

9.13 Testes de Desenvolvimento do Sistema

O processo de testes, provavelmente, ocupará cerca de metade do cronograma de desenvolvimento do sistema, dependendo do cuidado com que tenham sido executadas as atividades iniciais de análise, avaliação, projeto e programação. Sempre será necessário verificar se há erros.

Existem diferentes estratégias de testes. As mais conhecidas são:

A abordagem de baixo para cima começa por testar os módulos pequenos de forma individual, essa modalidade é muitas vezes chamada de teste de unidade, teste de módulo ou teste de programa.

A abordagem de cima para baixo principia com um arcabouço do sistema, isto é, a estratégia de testes presume que os módulos de execução de alto nível do sistema foram desenvolvidos, mas que os módulos de baixo nível existem apenas como simulações.

Os mais importantes testes de desenvolvimento do sistema são:

- Teste Funcional –. O objetivo é verificar se o sistema executa corretamente suas funções normais. Este teste é o mais aplicado.
- Teste de Recuperação – O objetivo deste tipo de teste é verificar se o sistema pode recuperar-se adequadamente de vários tipos de falha. Este teste pode exigir que a equipe de projeto simule falhas de hardware, falta de energia, falha do software do fornecedor e outros.
- Teste de Desempenho – O objetivo deste tipo de teste é verificar se o sistema pode manipular o volume de dados e transações recebidas especificadas no modelo de implementação do usuário, bem como verificar se ele apresenta o tempo de resposta necessário e suficiente.
- Teste de Aceitação – O objetivo deste teste é colocar o sistema em ritmo de produção, para que o usuário possa se utilizar do sistema sozinho. A preparação dos testes de aceitação pode ficar totalmente nas mãos do usuário.

Um plano de teste contém as seguintes informações: objetivo do teste; local do teste; cronograma dos testes; descrições dos testes; procedimentos nos testes. Deve haver um teste de sistema para cada versão do sistema a ser executada. Teste de sistema é diferente de teste de implementação, o qual deve ser feito depois que todos os programas e testes de implementação para a versão do sistema estejam completados.

9.14 Subsistema

Embora já tenhamos abordado os conceitos de subsistema e interface, vale lembrar que cada sistema é composto de subsistemas que, por sua vez, é formado de outros subsistemas, isto é, cada subsistema age como um coletor e processador de dados para a produção de determinadas informações.

Os limites e interfaces dos subsistemas devem, cuidadosamente, ser estudados e as relações com os subsistemas devem ser claramente definidas.

Os elementos do subsistema são:

Fatoração – O processo de divisão (fatoração) de um sistema em subsistemas é contínuo. Uma empresa, considerada como um sistema, pode ser dividida em subsistemas, tais como: Marketing; Produção; Finanças; Materiais; Pessoal; Segurança, por exemplo. Marketing, por sua vez, pode ser dividido em: Propaganda; Publicidade; Promoção; Pesquisa de Mercado.

Simplificação – Como cada subsistema é definido pelas suas entradas, saídas e interfaces com outros subsistemas, será preciso definir o número de interfaces. Então, se você lida com 4 subsistemas, terá 6 interfaces, mas, se forem 20, este número subirá para 190.

Desacoplamento – Se dois diferentes subsistemas são conectados muito cerradamente, cada acoplamento ocupa o lugar de dois subsistemas. A solução é fazer o desacoplamento ou liberação da conexão, fazendo com que os dois sistemas possam operar com certa independência, o que causa elevação dos custos.

9.15 Sistema de Informação

O sistema de informação é um subsistema do sistema empresa que, por sua vez, é composto de um conjunto de subsistemas interdependentes. Ele está voltado a transformar dados em informações úteis. Uma empresa, pequena ou grande, terá necessidade de um sistema de informação que será tanto mais sofisticado quanto mais complexas forem as operações da organização.

Segundo Belmiro N. João, "os sistemas de informação são conjuntos de procedimentos que visam captar o que acontece na organização, apresentando de forma sucinta, a cada nível, o que lhe cabe, tendo por objetivo dar subsídios ao processo decisório".

O gerente deve se preparar e tomar parte ativa no processo de desenvolvimento e instalação de tais sistemas. Estes, bem planejados, têm diferentes papéis na eficiência, eficácia e efetividade da empresa. A velocidade do fluxo e do processamento de dados determina a duração do ciclo operacional. Portanto, as informações operacionais devem ser, significativamente, adequadas e exatas.

O trabalho administrativo deve ser organizado de forma que permita a empresa seja vista como uma entidade integrada de subsistemas.

Um sistema de informação de uma empresa terá como suporte os próprios departamentos, considerados como subsistemas da organização. As informações a serem fornecidas por tais sistemas dependem da gerência, de seus objetivos e do escopo da empresa. Uma das preocupações, ao longo de um projeto de sistema, é possibilitar o atendimento das necessidades de informações para gerá-las na quantidade e qualidade requeridas, para que as decisões sejam tomadas com um maior grau de certeza possível e no menor tempo viável.

É preciso sintonizar as informações com a autoridade e a responsabilidade dos vários níveis hierárquicos pela tomada de decisões. Este é um trabalho que só pode ser levado a bom termo, se na estrutura da organização, com que se depara o analista, ficar bastante claro quem decide o quê.

Existe uma crescente compreensão do potencial dos sistemas de informação nas organizações. Numa pequena empresa o dono é o presidente, o executivo, o gerente, o faz tudo. Possui um registro histórico das informações, através de controles manuais e seu acesso a este "banco de dados" é imediato.

Se uma pequena organização vier, com o tempo, se transformar numa grande organização, basicamente, terá as mesmas funções administrativas, porém o volume de informações será muito grande e complexo, tendo em vista: novos produtos, novos projetos, novos volumes de vendas, novos empregados, novas operações, novas tecnologias.

Uma característica da maioria dos sistemas de informação é que eles dão aos administradores mais informações atuais sobre o que outros administradores e suas unidades estão fazendo.

Aqueles que elaboram sistemas de informação procuram torná-los inofensivos e não problemáticos, para evitar amedrontar o usuário. Os construtores de sistemas de informação tentam dar acesso fácil àquele que dele precisa. Tudo isso leva os administradores a delegarem grande parte dos controles a estes profissionais de sistemas, que muitas das vezes não possuem habilidades gerenciais.

9.16 Objetivos dos Sistemas de Informação

Os objetivos são importantes, porque identificam os primeiros passos do planejamento. Se estes são vagos e indefinidos, como planejar? Objetivos mal definidos levam a organização ao fracasso. Em muitas empresas, se você pedir a alguns executivos que descrevam os seus principais objetivos, tem-se um número elevado de respostas confusas e conflitantes que podem criar uma série de problemas para a organização, como o desperdício de: dinheiro, horas de trabalho e recursos.

Os objetivos são a base para as principais atividades, isto é, são as fundações onde se assentam a estrutura da organização. Não é suficiente definir objetivos, mas também os recursos e as ações necessárias para alcançá-los. Deve-se também definir as prioridades desses elementos, com clareza, sem ambiguidades.

Os objetivos dos sistemas de informação mais importantes são:

- Fornecer informações confiáveis e oportunas, a fim de que cada um possa desempenhar suas funções adequadamente.
- Incorporar as informações necessárias para apoiar as funções administrativas.
- Acompanhar o avanço tecnológico da automação para prover informações necessárias, suficientes, exatas e rápidas.
- Usar sempre técnicas científicas para análise dos dados.
- Controlar recursos, projetos, planos, programas, contratos.

Uma vez que o objetivo de um sistema de informação é estimular uma resposta conjunta dos funcionários para fomentar suas estratégias de negócio, quanto mais ágil for o fluxo de informações, melhor e mais rapidamente uma empresa irá se adaptar às mudanças. Um construtor de sistemas de informação deve possuir determinadas características, tais como:

- Definir e compreender o problema.
- Saber dominar a complexidade.
- Poder se relacionar com diversas coisas simultaneamente.
- Ser capaz de imaginar subsistemas.
- Ter grande poder de abstração.
- Determinar uma rede hierárquica de construção dos sistemas.
- Alterar o conhecimento do usuário, criando um canal efetivo de comunicação com o mesmo.
- Estabelecer e flexibilizar, dentro do possível, padrões de produtividade.
- Não negligenciar aquilo que não for capaz de perceber.
- Saber analisar a relação custo/benefício.

9.17 Elementos do Sistema de Informação

A seguir, os principais elementos de um sistema de informação:

Característica – Cada sistema de informação contém partes com características próprias, mas que se interagem e trabalham juntas para alcançar determinado objetivo. Em outras palavras, um sistema não é a reunião de elementos ao acaso. Consiste de elementos identificados, tendo propósitos comuns. Uma restrição para os diversos sistemas de informação é que eles serão controlados pelo homem.

Estas características definem e delineiam um sistema dentro de seus limites, podendo ser medidas pelas seguintes propriedades:

- Utilidade: necessidade, confiabilidade, oportunidade e totalidade.
- Facilidade: operação, aprendizado, ergonomia, portabilidade.

- Dinâmica: flexibilidade, alterabilidade, elasticidade, compatibilidade.
- Economia: rentabilidade, viabilidade, otimização.
- Segurança: confidencialidade, continuidade, robustez.

Qualidade – A qualidade de um sistema de informação pode ser medida pelas propriedades vistas acima. A primeira preocupação que se deve ter na construção de um sistema de informação é com relação às necessidades de cada usuário. Assim, o construtor se lança ao estudo dos fluxos de informação existentes na empresa e o propósito de cada um.

Computador – Com sua capacidade de seguir instruções pormenorizadas, o computador tem uma margem de erro praticamente nula. Trabalha seguindo um caminho rígido de procedimentos: um programa. Cada programa é composto de uma série de instruções que fazem com que o computador execute o trabalho pretendido.

As atividades de um computador são: armazenar dados e conjuntos de dados (arquivos); recuperar dados a qualquer momento; modificar a sequência dos dados; classificar dados da forma desejada; executar cálculos, textos, gráficos; mostrar resultados de pesquisa; selecionar dados. Recomenda-se o uso do computador quando se necessita de: velocidade nas operações, grande volume de trabalho, uniformidade nas transações, muitos cálculos, estabilidade das operações, necessidade de alta precisão, menor tempo de resposta e ajuda na tomada de decisão.

O computador requer instruções exatas sobre o que fazer e como fazer. A equipe que traduz as necessidades do novo sistema é constituída de pessoas que se caracterizam pela meticulosidade e atenção ao detalhe, à precisão por certos conhecimentos de matemática e pela necessidade de estarem familiarizadas com as práticas da empresa. Tais profissionais da informática são conhecidos como programadores e analistas de sistema.

Foi só no final da década de 1950 e início da de 1960 que houve a aproximação dos computadores com a administração de empresas.

O entendimento dos conceitos sobre sistemas de informação, de sua função no processo gerencial e das suas possibilidades na solução de problemas empresariais não implica, necessariamente, conhecimentos profundos sobre processamento eletrônico de dados.

Os problemas com estes sistemas envolvem não só restrições e/ou ineficiências no processamento dos dados, mas também uma variada gama de questões, de caráter conceitual, que não podem ser equacionadas com a mera utilização de computadores por mais sofisticados que sejam os seus recursos técnicos.

Construção – Qualquer sistema de informação pode ser modelado por: ensaio e erro, simulação e otimização. Mas, atenção, a construção de um computador só será precisa quando reconhecermos o problema e tivermos ao nosso alcance técnicas, métodos e recursos de como resolvê-los, senão é pura perda de tempo. Nenhum computador possui uma estrutura simples. Até mesmo o menor deles requer um número formidável de circuitos eletrônicos integrados.

Eficiência Operacional – O ciclo operacional retrata as atividades necessárias à sobrevivência da organização, que depende da geração e do tratamento das informações decorrentes dessas atividades. Ao se examinar a melhoria da eficiência operacional, como um benefício que pode ser obtido pelo planejamento do sistema, não se está, especificamente, preocupado com a eficiência em si mesmo, mas com a contribuição desse sistema à eficiência do todo.

Os fatores que diferencia a eficiência operacional de um sistema para outro são:

- A velocidade do fluxo e do processamento dos dados determina a duração do ciclo operacional.
- Do ponto de vista gerencial, é relevante a contribuição que os sistemas podem dar à coordenação entre os vários departamentos da empresa e a execução de milhões de transações repetitivas.
- Informações operacionais devem ser significativamente adequadas e exatas.

9.18 Papel dos Sistemas de Informação

Significativas mudanças ocorreram no meio empresarial nestas últimas décadas e cada uma delas levou as funções administrativas a ganharem um novo sentido nas organizações. Várias empresas procederam a estudos de sistemas de informação avançados e em grande escala. Com base nestes esforços, muitos dos conceitos fundamentais da abordagem dos sistemas de informação foram reexaminados, modificados e ampliados.

À medida que o comércio e a indústria mundiais foram se desenvolvendo, o volume de dados cresceu em função exponencial, atingindo, presentemente, uma situação que, a se manterem os métodos tradicionais, tornaria impossível ao administrador desempenhar satisfatoriamente suas tarefas.

As operações, no dia a dia, da maioria das grandes empresas, são cada vez mais dependentes de computadores, inclusive para a sua sobrevivência. Exemplo típico é o das companhias aéreas, totalmente dependentes dos sistemas de reservas de voos, assim como as operações dos bancos comerciais e os processos industriais. Até pouco tempo, escassas foram as autoridades inclinadas a encarar as redes de informação como sistemas.

Com o aumento vertiginoso do custo da burocracia e devido à crescente oferta de computadores ao mercado, a preços cada vez mais baixos, mais e mais gerentes começaram a dar valor aos sistemas de informação.

Existe uma crescente compreensão do papel dos sistemas de informação nas organizações. Podemos construir novos sistemas de informação para gerenciamento, análise e apoio à decisão. Muitas empresas já utilizam sistemas de informação como vantagem competitiva. A própria reengenharia está sendo vista não como somente uma mudança na estrutura organizacional (descentralização e menores dimensões), mas como uma reengenharia de sistemas de informação.

As grandes razões que movimentam o mercado de sistemas de informação são:

- A conscientização de que informação é um patrimônio estratégico
- A conscientização cada vez maior das vantagens do processamento distribuído.
- A evolução do microprocessador, que tornou possível o desenvolvimento da tecnologia de rede.
- A crescente multiplicação de escolhas disponíveis para modelar soluções e componentes de sistemas.

Temos presenciado transformações econômicas, políticas e sociais decorrentes da utilização da tecnologia digital da informação, em nível mundial. A partir da década de 1970, o paradigma tecnológico propôs uma sociedade automatizada e informatizada. Se você é um homem de negócios, existe uma boa possibilidade de que se envolva em alguma atividade de análise de sistemas.

Como administrador terá de interagir com pessoas ligadas ao processamento de dados e à análise de sistemas, quanto mais você souber sobre o que essas pessoas fazem e o que elas esperam de você, melhor será para todos.

9.19 Problemas nos Sistemas de Informação

A seguir, os mais relevantes problemas nos sistemas de informação:

- Compreensão – O primeiro dos problemas com que se defronta o projetista, quando inicia o estudo de um novo projeto, é o de compreender, num curto período de tempo, uma realidade bastante complexa e diversificada, contendo milhares de elementos.
- Complexidade – O projetista precisa saber dominar a complexidade, independentemente da natureza específica do projeto, visando descrevê-la, dentro de certo ponto de vista particular, com toda a precisão e clareza.
- Conhecimento – Um coordenador de projeto terá de ser alguém dotado de conhecimento específico (relativo ao projeto), mas também de ter uma capacidade interdisciplinar, pois terá de se envolver com dezenas de coisas ao mesmo tempo. Terá de ser talentoso, treinado e muito disciplinado.

- Percepção – As pessoas tendem a negligenciar a importância ou, até mesmo, a existência daquilo que não percebem ou que não são capazes de aprender (captar simultaneamente em conjunto). Infelizmente, o essencial é invisível aos olhos do indivíduo de baixo nível de percepção.
- Criação – Para que determinados projetos produzam resultados satisfatórios, é preciso criar subprojetos que tenham propriedades adequadas. Tais subprojetos nem sempre são fáceis de se imaginar, como bem criá-los.
- Abstração – Uma coisa que pode ter qualquer propriedade que desejamos a ponto de poder, junto com poucas outras, atender a uma multiplicidade de exigências do projeto global.
- Hierarquia – Um projeto só pode ser construído, para ter determinadas propriedades, através de um processo hierárquico, no qual cada subprojeto criado e formalizado (especificado) em uma etapa também o é para a seguinte, obtendo-se uma rede que tem dentro de si uma hierarquia.
- Valor – O valor do projeto está intimamente ligado à capacidade que ele tem de alterar o estado de conhecimento do usuário.
- Comunicação – O usuário, ao ser interrogado pelo analista sobre seus problemas e necessidades, tenderá talvez a ser muito minucioso ou a dar exemplos concretos sobre o que ocorreu, sem se aperceber que o outro, provavelmente, não tem capacidade para absorver, de uma vez, tanta coisa.
- Custo – Em qualquer projeto a relação custo/benefício terá de ser estabelecida, o que muitas vezes não é fácil.
- Produtividade – Não há ainda padrões de produtividade totalmente definidos em projetos.
- Flexibilidade – É sempre possível mexer e acertar os programas e demais características de um projeto. Porém, isto não é tarefa trivial nem barata, demandando extremo cuidado.
- Segurança – A segurança é vista segundo três dimensões: confiabilidade, continuidade e sigilo.
- Mudança – Todo projeto implica mudanças. Quanto mais partes organizacionais sofrerem impactos pelo projeto maior a possibilidade para a mudança. As mudanças impostas por um novo projeto podem dar causa a conflitos e resistências. Quanto maior a área da organização afetada pelo projeto, tanto mais grave esse problema se apresenta.
- Usuário – São cada vez maiores as exigências dos usuários, no sentido de obter respostas e soluções confiáveis e, também, prazos e custos compatíveis.
- Gerenciamento – Gerenciar projetos é um desafio para qualquer um, pois terá de enfrentar problemas com: pessoas, prazos, recursos, estratégias e estruturas.
- Implementação – O problema maior da implementação é a fronteira da interface homem-máquina.
- Aspectos Organizacionais – Alguns aspectos influenciam a atuação do gerente na implementação do projeto, tais como: cultura organizacional, apoio da alta administração, miscelânea tecnológica, resistência à mudança, relacionamento grupal, atribuição de responsabilidades.
- Risco – O problema do risco deve ser considerado, pois não existe risco zero.

9.20 Sistemas Complementares de Informação

A seguir, serão listados alguns sistemas complementares de informação ainda não abordados:

Sistema de Informação de Estoque – O sistema de controle de estoque é uma necessidade que ajuda a decidir quais os níveis de bens que podem ser economicamente mantidos. Tal sistema é utilizado para descrever: inspeção, recebimento, movimentação, alienação de ativos, inventário, distribuição e armazenagem.

Sistema de Informação de Vendas – O sistema de informações de vendas se fundamenta nos seguintes elementos: Controle do Faturamento; Perfil do Consumidor; Controle de Vendas por Vendedor; Controle de Vendas por Produto; Controle da Conta do Consumidor; Controle da Devolução de Mercadorias; Previsão de Vendas.

Sistema de informação de Custo – O sistema de informações de custo se fundamenta, principalmente, nos seguintes subsistemas: Planejamento dos Custos; Estimativa dos Custos; Custo Histórico; Custo Padrão; Padronização do Custo; Custo Fixo; Custo Variável; Custo de Produção; Variação do Custo.

Sistema de Informação de Custeio – O sistema de custeio refere-se às formas como os custos são registrados e transferidos internamente na empresa. Ele se fundamenta em: Custeio por Atividade; Custeio por Ordem de Serviço; Custeio por Processo; Custeio por Apropriação; Custeio por Consumo; Custeio Standard; Custeio por Absorção.

Sistema de Informação de Aquisição – O sistema de aquisição nada mais é do que um subsistema utilizado para descrever um banco de dados de fornecedores, compras efetuadas e contratos assumidos. Este banco de dados tem como partida a ficha do fornecedor.

Sistema de informação da Logística – O sistema da logística é entendido como o controle do rápido movimento dos recursos organizacionais, que devem ser colocados nos tempos e locais ótimos. Na realidade, é um modelo que estabelece medidas de controle, por meio de esquemas que buscam custos mínimos de um sistema de distribuição física.

Sistema de Informação de Armazenamento – O sistema de armazenamento pode pertencer ao fabricante, aos seus distribuidores ou a ambos. As empresas que abastecem uma grande variedade de distribuidores, de grandes redes de varejo a pequenas lojas, precisam ter muitos armazéns e uma frota diversificada.

Sistema de Informação de Contabilidade – O sistema de informações de contabilidade se fundamenta nos seguintes subsistemas: Contabilidade Gerencial; Contabilidade Geral; Contabilidades de Custos.

9.21 Sistema Integrado de Gestão

A integração é um desses termos cujo emprego é frequente, mas cuja significação continua vaga e controvertida. Seu emprego se espalhou muito rapidamente com a aparição dos microcomputadores. Ela continua sendo confundida com o conjunto dos procedimentos utilizados na organização do processamento propriamente dito. É também confundida com a tomada automática de decisão.

Um sistema integrado de gestão é constituído pela harmonização dos métodos de gestão e de organização, graças ao emprego de tecnologia digital da informação. Para o funcionamento de um sistema integrado de gestão é necessário:

- Elaborar um sistema de informação como um subsistema do sistema empresa.
- Incorporar o sistema de informação na organização.
- Envolver a administração da empresa na elaboração de cada um desses subsistemas e da própria organização.

Os elementos de um sistema integrado de gestão são:

Grupo Gestor – Recebe: estratégias, informações, propostas. Envia: políticas, relatórios, previsões, soluções.

Modelos de Decisão – Recebe: soluções, decisões, informações, programas, instruções. Envia: alternativas, instruções, desempenho.

Tomada de Decisão – Recebe: hipóteses de solução do grupo gestor, feedback dos desvios. Envia: ordens de execução, segundo análise e avaliação dos gerentes.

Memória e Comparação – Recebe: desempenho previsto, programas, dados. Envia: relatórios.

Grupo de Pesquisa – Recebe: dados, informações, respostas, relatórios. Envia: relatórios de pesquisa, instruções.

Sistema de Informação – Recebe: informações, perguntas, dados, relatórios. Envia: programas, controles, levantamentos.

Banco de Dados – Recebe: programas, dados, perguntas. Envia: dados de desempenho e informações.

Identificador de Sintomas – Recebe: programas, dados de desempenho. Envia: relatórios de sintomas.

9.22 Sistema de Informações Gerenciais

Embora já tenhamos visto o conceito de sistema de informações gerenciais, vale lembrar que um sistema de informações gerenciais (SIG) é um sistema integrado que provê informações, para dar suporte às funções de operação e gerenciamento da empresa.

Um sistema de informações gerenciais é como um sistema integrado de gestão, baseado, fundamentalmente, no uso de computadores (sistemas automatizados). Hoje, os gerentes, além de trabalharem o tempo todo com estes equipamentos, otimizam a sua utilização.

Segundo Bio, "sistema de informações gerenciais é uma combinação de recursos, facilidades, tecnologias, ambientes, procedimentos e controles, com os quais se pretende: manter os canais essenciais de comunicação; processar certas rotinas típicas de transações; alertar os executivos para eventos internos e externos; proporcionar uma base para a tomada de decisão".

Este sistema é frequentemente empregado para descrever redes baseadas em computador, que fornecem à administração de dados relevantes, oportunos e precisos, para fins de tomada de decisão e resolução de problema.

Sistema de informações gerenciais é aquele que transforma dados em informações que são utilizadas na estrutura decisória da empresa, bem como proporcionam a sustentação administrativa para otimizar os resultados esperados.

Um sistema de informações gerenciais pode ser entendido como simplesmente um sistema de informações que recebe entradas de dados e instruções, processa estes dados conforme instruções e obtêm, na saída, informações e resultados. Ele é um subsistema do sistema empresa, cuja finalidade é operar um conjunto de lógicas voltadas para a produção de informações destinadas a apoiar o processo decisório nas funções organizacionais.

Processos decisórios e sistemas de informação só poderão ser desenvolvidos se gerentes e analistas de sistemas tiverem uma linguagem comum. Pelo próprio fato de os sistemas envolverem atividades de áreas distintas e, portanto, fora do alcance de um único executivo e, ainda, pelo fato de o desenvolvimento dos sistemas requerer uma série de técnicas especializadas, torna-se necessária à presença de especialistas.

Para que a empresa possa usufruir vantagens básicas do sistema de informações gerenciais é necessário que alguns aspectos sejam observados, como:

- Envolvimento da alta administração.
- Competência por parte das pessoas envolvidas no sistema.
- Uso de um plano de ação.
- Atenção específica aos recursos humano e tecnológico.
- Habilidade de detectar necessidades de informações.
- Apoio global dos vários planejamentos.
- Conhecimento e confiança no sistema.
- Atualização constante através da pesquisa.
- Uso de modelos de decisão.
- Vantajosa relação custo/benefício.
- Apoio de um banco de dados.
- Habilidade em identificar sintomas.

Os sistemas de informações gerenciais, quando devidamente construídos, afetarão as variáveis empresariais: custo, qualidade, produto (bem e serviço), produtividade, velocidade de resposta, previsão, projeção, estrutura, funções administrativas, qualidade do recurso, funções organizacionais, comportamento, objetivo, estratégia, política, risco, tática.

Quando adicionamos um Banco de Dados a um Sistema de Informação, temos um Sistema de Informações Gerenciais, que utiliza dados coletados e armazenados.

9.23 Elementos do SIG

A seguir, os principais elementos do sistema de informações gerenciais:

Linguagem – A essência do planejamento e do controle é a tomada de decisão. Esta, por sua vez, depende de informações oportunas, de conteúdos adequados e confiáveis. Processos decisórios e sistemas de informação só poderão ser desenvolvidos se administradores e analistas de sistemas tiverem uma linguagem comum.

Ambiente – Em tese o planejamento exige um sistema de informação que retrate o ambiente externo, as condições de mercado e as condições internas. O tratamento sistemático dos dados de origem externa é bem mais complexo pelas suas próprias características aleatórias e de difícil obtenção e formalização.

Projeto – Ao se projetar um sistema de informações, que apoie o planejamento e o controle, é necessário compreender as necessidades de informação, que, por sua vez, exige a compreensão dos processos decisórios.

Aplicação – As aplicações mais frequentes em sistemas envolvem: previsões de venda, orçamentos, custos, controles contábeis.

Especialização – Pelo próprio fato de os sistemas envolverem atividades de áreas distintas e, portanto, fora do alcance de um único executivo e, ainda, pelo fato de o desenvolvimento de sistemas requerer uma série de técnicas especializadas, torna-se necessária a presença de especialistas.

Benefício – O sistema de informações gerenciais pode, sob determinadas condições, trazer os seguintes benefícios: redução dos custos; melhoria no acesso às informações; melhor produtividade e qualidade; maior velocidade na tomada de decisão; melhores projeções; redução do grau de centralização das decisões; maior interação com a clientela; melhor nível de motivação dos funcionários; redução dos níveis hierárquicos da estrutura; aumento da: eficiência, eficácia e efetividade.

Abordagem Corporativa – Nesta abordagem, que é bastante difícil e demorada, exigindo sólida visão organizacional, se obterá, entre outras coisas, a certeza de que não se estará tentando resolver, com um novo sistema de informações, problemas de outra natureza.

Abordagem do Diagrama – Bem mais simples e popular, faz-se um diagrama do fluxo de dados (DFD), procurando examinar e destacar tão somente as trocas e arquivamento de dados que se dão hoje, na suposição de que, de sua observação e análise, se vai obter subsídios sobre os objetivos ou resultados esperados para o sistema.

Abordagem Teleológica – É a mais adequada, por equilibrar o custo e a dificuldade de execução contra o nível de clareza e confiabilidade dos resultados. Tal abordagem poupa-nos de realizar um completo estudo sistêmico inicial de todas as atividades dos usuários, determinando como aquelas ações interagem entre si e se são elas válidas, como recomendam as outras abordagens.

Nível de Abrangência – São destacados três níveis:

Abrangência Corporativa – Nível de estudo referente ao sistema de informações inerente do negócio da empresa. Sua sustentação se fará através do questionamento da validade estratégica).

Abrangência Estratégica – Nível de estudo onde a empresa se divide em uma ou mais unidades estratégicas de negócios e cada unidade pode ser responsável por uma ou mais dessas áreas.

Abrangência do Sistema Aberto – Nível de estudo que considera a empresa como um sistema aberto pronto a interagir com o ambiente).

Nível de Influência – As influências, sobre o sistema de informações gerenciais, dependerão do nível hierárquico em que atuem. Assim, consideramos os níveis: Nível Estratégico (Neste nível consideraremos a interação entre a empresa e o ambiente); Nível Tático (Neste nível consideraremos os resultados por áreas); Nível Operacional (Neste nível consideraremos as informações escritas que fazem a empresa entrar em ação).

Condicionantes – As principais condicionantes de um sistema de informações gerenciais são: Objetivos; Estratégias; Políticas; Diretrizes; Ambientes; Qualidades; Táticas; Recursos; Tecnologias; Riscos.

Restrições – No desenvolvimento de sistemas de informações numa organização, existem quatro fatores que poderiam constitui-se em restrições ou dificuldades no sucesso do projeto de um novo sistema. Esses fatores são: Hardware; Software; Banco de Dados; Requisitos da Informação.

Processamento – Para poder desenvolver sistemas de informações gerenciais é necessário projetar banco de dados. Isto faz a diferença de um sistema convencional, pois este sistema é independente e tem seus próprios arquivos funcionais. O processamento é feito numa modalidade sequencial ou lote (batch) e o tempo de resposta é elástico.

Os arquivos no sistema de informações gerenciais são multifuncionais, ou seja, bancos de dados que centralizam as informações. O processamento passa a ser do tipo Online, onde as consultas são feitas, por meio de terminais e o tempo de resposta se torna crítico.

Necessidades – Teoricamente a gerência de uma organização é uma entidade. Contudo na prática, temos tantas gerências quantos indivíduos, pois cada gerente tem suas próprias necessidades. Assim, devemos considerar: Quais as necessidades de informação dos gerentes? Quais as necessidades da organização em todas as funções organizacionais? Quais são as características pessoais dos gerentes cujas áreas são envolvidas pelo sistema de informações gerenciais?

Componentes – Os componentes fundamentais do SIG são: Elementos (dados, informações, produtos, recursos); Processos (tratamentos, alternativas, decisões, controles, avaliações); Subsistemas Funcionais (marketing, produção, finanças, materiais, segurança, logística); Subsistemas de Decisão (banco de dados, módulo de memória e comparação, banco de modelos de decisão, grupo de pesquisa, grupo de inteligência).

9.24 Classificação do SIG

A classificação dos sistemas de informações gerenciais é, basicamente, feita segundo a sua orientação. Assim temos:

Os Sistemas Orientados para Dados podem ser:

- Sistema para Arquivo de Gaveta – Permite o acesso imediato ao dado, através de meios mecânicos.
- Sistema de Análise de Dados – Permite a manipulação de dados para ajudar nas: tarefas, operações, atividades.
- Sistema para Análise de Informações – Permite acessar uma série de dados, informações e modelos. Uma das mais importantes características deste sistema é a que ele se adapta as necessidades dos gerentes.
- Sistema Preditivo de Informações – Este sistema é na realidade um banco de dados em que as previsões e inferências fazem parte do sistema.
- Sistema para Tomada de Decisão – Permite obter informações para a tomada de decisões. Seu objetivo principal é fornecer alternativas de solução.

Os Sistemas Orientados para Modelos podem ser:

- Modelo de Controle – Este modelo utiliza relações, fórmulas e cálculos para medir o desempenho daquilo que foi planejado.
- Modelo de Simulação – Este modelo utiliza situações não facilmente definidas ou parcialmente definidas.
- Modelo de Otimização – Este modelo fornece um guia para a ação em soluções com recursos próprios.
- Modelo de Sugestão – Este modelo sugere ações baseadas em técnicas da Pesquisa Operacional.

9.25 Sistema de Suporte à Decisão

Pode-se definir sistema de suporte à decisão como um sistema interativo baseado em computador que usa dados e modelos para resolver problemas. Estes sistemas, na verdade, ligam os recursos intelectuais das pessoas às capacidades tecnológicas dos computadores, na qualidade da decisão.

As definições de um sistema de suporte à decisão se identificam a um sistema cuja intenção é dar suporte à tomada de decisão em situações não estruturadas e semiestruturadas, decisões que não podem ser especificadas por um algoritmo.

A abordagem orientada para a decisão traz importantes questões, tais como:

- Qual é o melhor ponto de articulação entre sistemas de informação e tomada de decisão?
- Quando termina o sistema de informações e começa a tomada de decisão?
- Qual é a natureza da hipótese que será incorporada ao sistema de informações?
- Qual a influência na tomada de decisão?
- Quais as hipóteses de solução são congruentes com as necessidades da decisão?

Os primeiros conceitos de sistemas de suporte à decisão apareceram no início da década de 1970 e são devidos a Keen e Scott-Morton.

Um sistema de suporte à decisão (DSS) possui certas características, como: incorpora dados e modelos; ajuda o julgamento gerencial; é voltado para a eficiência; responde rápido à mudança ambiental; tenta várias estratégias diferentes para diferentes configurações, com rapidez e objetividade; aumenta os níveis de conhecimento e percepção do gerente; ajuda o gerente a exercer suas funções administrativas; melhora o controle, reduzindo custos; melhora a qualidade da análise.

Os primeiros aplicativos a serem utilizados nos sistemas de apoio à decisão foram para: Controle de Estoque, Folha de Pagamento, Estudo de Custos, Relatórios, Alavancagem Financeira, Planejamento e Controle da Produção, Ordens de Compra, Carteira de Pedidos.

A vantagem de um sistema de suporte à decisão pode ser útil em economias instáveis, mercado altamente competitivo e empresas com negócios diversificados.

Uma outra forte razão para a utilização de DSS é o usuário final que pode levar anos construindo seu sistema de informação.

Usuários finais não são programadores e requerem fáceis ferramentas de trabalho. Dois elementos são fundamentais que sejam abordados, como:

Linguagem do Sistema – Além de dar suporte ao processamento de dados de rotina, a linguagem é uma ferramenta poderosa para os sistemas de apoio à decisão e para os sistemas de informações gerenciais, além de possibilitar a criação de protótipos e a implantação de modelos.

Em termos gerais, a linguagem que precisa do menor número de acionamentos de teclado ou movimentos do mouse, para fazer com que aplicação seja implementada, é a linguagem de nível mais alto e a mais produtiva.

Uma boa linguagem de sistema possui os atributos adicionais de possibilitar implementações mais rápidas, ser de fácil entendimento e aplicação, interagir otimamente com o usuário, empregar sistemas de gerenciamento de banco de dados, aplicar códigos de procedimento com um número bem menor de instruções, dar ênfase aos códigos não processuais, estar voltado para aplicações online, reforçar o código estruturado, apresentar fácil depuração dos dados.

Fluxo de Decisões no Sistema – O objetivo da análise do fluxo de decisões no sistema é identificar as decisões administrativas necessárias para se dirigir uma empresa e as relações entre elas. A melhor maneira de começar a análise do fluxo de decisões é desenvolver uma descrição precisa e detalhada de como o sistema realmente opera. Assim, é necessário:

- Determinar de quais pessoas são as necessidades e os desejos que a empresa tenta atender.
- Determinar como essas necessidades ou desejos são comunicados à organização.
- Determinar como a informação necessária é registrada e transmitida a outros na organização.
- Determinar como a informação pode ser traduzida para um código condensado, aumentado e consolidado.
- Determinar qual a informação pode ser usada, para se chegar a uma decisão ou para se dar instruções.
- Determinar que toda transmissão de informação que não produz uma decisão pode ser ignorada.

9.26 Componentes do DSS

Um sistema de suporte à decisão (DSS) é composto dos seguintes subsistemas, que são, na realidade, os componentes (softwares) do DSS:

A seguir, modelos que retratam os componentes do DSS:

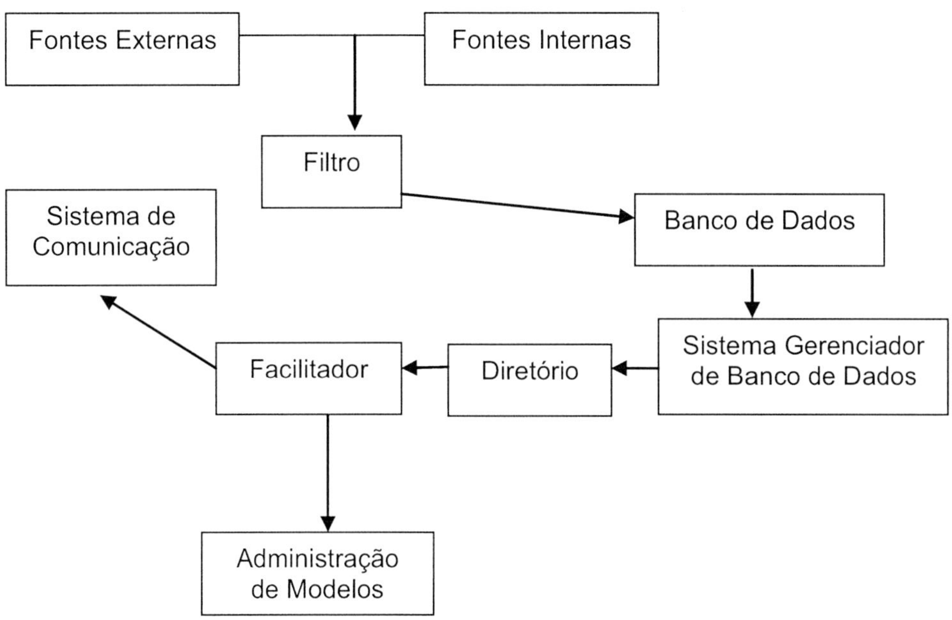

Figura 9.3: Modelo de Sistema Gerenciador de Dados.

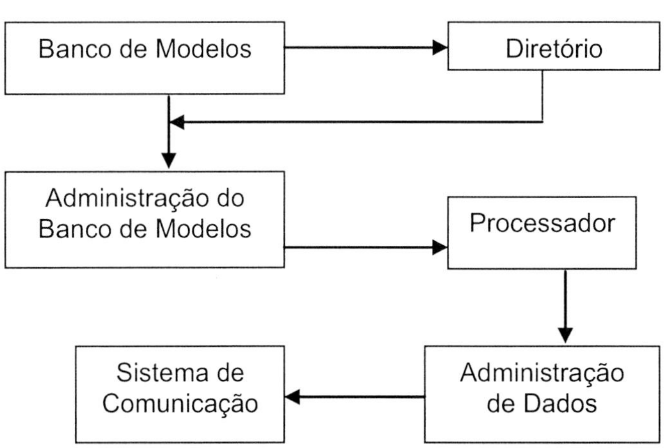

Figura 9.4: Modelo de Sistema Gerenciador de Modelos.

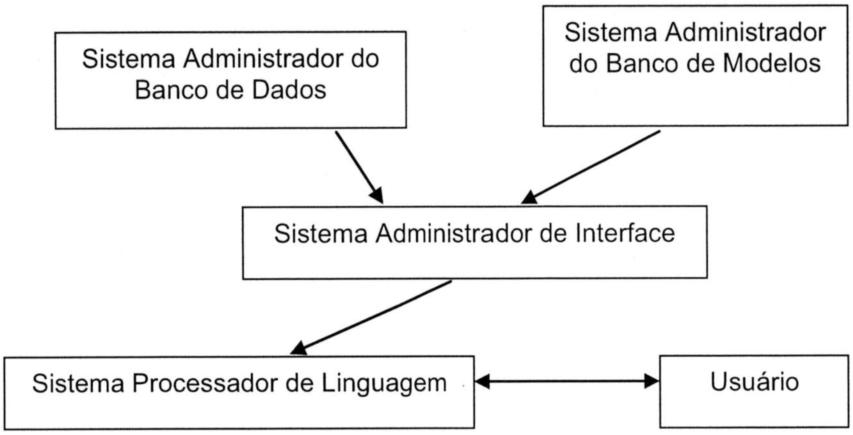

Figura 9.5: Modelo de Sistema Gerenciador de Diálogo com o Usuário.

9.27 Classificação do DSS

Os sistemas de suporte à decisão podem ser classificados, segundo suas características e seus elementos. Assim a classificação do DSS é seguinte:

Sistema para Arquivo de Gaveta:

- Tipo de Operação – Acesso imediato ao dado.
- Tipo de Tarefa – Operacional.
- Usuário – Não gerencial.
- Utilização – Simples indagações.
- Tempo de Ocupação – Irregular.

Sistema para Análise de Dados:

- Tipo de Operação – Análise de arquivo de dados.
- Tipo de Tarefa – Operacional, análise.
- Usuário – Pessoal de staff ou gerente de linha.
- Utilização – Manipulação e movimentação de dados.
- Tempo de Ocupação – Irregular ou periódico.

Sistema para Análise de Informações:

- Tipo de Operação – Permite acessar uma série de dados de base e pequenos modelos.
- Tipo de Tarefa – Análise, planejamento.
- Usuário – Analista.
- Utilização – Programação, relatórios, desenvolvimento de modelos.
- Tempo de Ocupação – Irregular.

Sistema de Contabilidade:

- Tipo de Operação – Relações, fórmulas, cálculos.
- Tipo de Tarefa – Planejamento, orçamento.
- Usuário – Gerente.
- Utilização – Estimativas.
- Tempo de Ocupação – Periódico.

Sistema de Simulação:

- Tipo de Operação – Ações particulares.
- Tipo de Tarefa – Planejamento, orçamento.
- Usuário – Analista.
- Utilização – Estimativas, incertezas, riscos.
- Tempo de Ocupação – Periódico ou irregular.

Sistema de Otimização:

- Tipo de Operação – Cálculo da solução ótima.
- Tipo de Tarefa – Planejamento, alocação de recursos.
- Usuário – Gerente.
- Utilização – Objetivos, resultados melhores, otimização de recursos.
- Tempo de Ocupação – Irregular.

Sistema de Sugestão:

- Tipo de Operação – Modelos de decisão.
- Tipo de Tarefa – Operacional.
- Usuário – Pessoal de linha.
- Utilização – Situação estruturada.
- Tempo de Ocupação – Diário.

9.28 Construção do DSS

A construção de um sistema de suporte à decisão dependerá basicamente dos recursos (disponíveis ou adquiridos), dos usuários (nível de percepção) e do conhecimento da equipe que desenvolverá o sistema. Uma abordagem de construção é analisada de maneira Top-Down (de cima para baixo) e possui quatro níveis:

Nível 1 – Principais objetivos.
Nível 2 – Capacidades Instaladas (Banco de Dados, Banco de Modelos, Sistema de Comunicação).
Nível 3 – Capacidades Específicas (Dados, Modelos, Interfaces).
Nível 4 – Características de utilização e construção.

A construção do DSS é um processo complicado. Ele envolve decisões técnicas, seleção de hardware, comportamento, interfaces homem-máquina e análise do impacto que provoca sobre indivíduos e grupos. O DSS é construído de várias maneiras. Alguns são construídos seguindo a abordagem do ciclo de vida de desenvolvimento do sistema. A maioria, entretanto, é construída através da abordagem de prototipação.

O método de construir um DSS dependerá da sua finalidade, dos meios (recursos) do usuário final e da equipe de desenvolvimento do DSS. O planejamento e organização do DSS incluem os seguintes elementos: formação do grupo de trabalho, um plano de ação, planejamento das atividades gerais e específicas, simulações, operações, memória de ajuda, mecanismos de controle, flexibilidade.

A implementação incremental é uma abordagem mais disciplinada para a construção do DSS, porque é efetivada módulo a módulo, um por um ou em pequenos grupos. Este tipo de implementação tem as seguintes vantagens:

- Importante feedback é fornecido ao usuário, exatamente, quando o mesmo é mais necessário, mais útil e mais significativo.
- O usuário pode usar várias versões de estrutura de sistema que permitam uma transição suave do antigo sistema para o novo sistema.
- O projeto tem maiores possibilidades de não ser cortado mesmo estando atrasado.
- As principais interfaces do sistema são testadas em primeiro lugar e com maior frequência.
- Distribuição mais uniforme dos recursos em teste.
- Os resultados aparecem mais rapidamente, o que eleva a moral dos implementadores.
- Se o tempo é curto, a codificação e o teste podem começar antes que o projeto esteja terminado.

- A gerência tem uma ideia melhorada da taxa de progresso pela quantidade de módulos em funcionamento, em vez da métrica de códigos.

Cabe observar as diferenças entre DSS e SIG, para que o leitor guarde as características próprias de cada um:

Sistema de Informações Gerenciais (SIG):

- O maior uso tem sido nas tarefas estruturadas, onde as operações e procedimentos são padronizados, existem regras de decisão e os fluxos de informação podem ser predefinidos.
- O melhor resultado tem sido empregado, eficientemente, na redução de custos, giro de estoque, realocação de pessoas.
- A relevância maior no processo de tomada de decisão é o apoio que dá através de relatórios e acesso a dados.

Sistema de Suporte à Decisão (DSS):

- O maior uso tem sido para problemas não totalmente estruturados e na análise onde o julgamento do gerente é essencial.
- O resultado é o aumento da abrangência e capacidade de gerenciamento, conseguindo maior eficácia.
- A relevância está na criação de uma ferramenta de suporte sobre seu próprio controle, num processo automático de decisão e de objetivos definidos.

9.29 Sistemas Especializados

Quando uma organização tem uma decisão complexa para tomar ou um problema a resolver, ela recorre a especialistas, para a solução. Estes especialistas têm conhecimentos específicos e experiências em determinadas áreas da ciência e da tecnologia. Eles são informados sobre as alternativas, as chaves de sucesso e o custo que o negócio pode incorrer.

Empresas contratam especialistas para determinados assuntos, como aquisição de computadores, fusões e aquisições e estratégias de propaganda e publicidade. Quanto mais não estruturada a situação, mais gastos na solução do problema. Sistemas especializados são uma tentativa de imitar organismos vivos. Um exemplo patente disso é avião imitando ave.

Tipicamente, um sistema especializado é um pacote de tomada de decisão e/ou resolução de problemas, por meio de um computador, com um programa (software) que pode enriquecer o nível de performance, se comparado ao conhecimento humano.

Sistemas especializados são um braço da Inteligência Artificial Aplicada, desde aplicações em diagnósticos médicos, exploração mineral, configurações de computadores e até complexas aplicações em administrações de negócios. A ideia básica que norteia a criação de um sistema especializado deve ser a simplicidade.

Os sistemas especializados são também utilizados em planos corporativos, controle fiscal, avaliação de desempenho, análise de desvios, por exemplo. Maiores esforços são, agora, direcionados para todos os campos do conhecimento, onde os especialistas humanos têm limitados recursos de execução.

A ideia básica é que sistema especializado (SE) armazena o conhecimento humano, para ser utilizado, quando necessário. A vantagem é que o computador pode fazer inferências, buscando soluções com grande velocidade. Assim, pode ser utilizado por não especialistas para consultas.

Sistemas especializados são programas de consulta computadorizados para solucionar problemas específicos. Eles são de grande interesse, porque ajudam em diversas especialidades, onde mesmo os especialistas têm dificuldades, a encontrar e reter tanta informação relevante e útil. Também podem aprender com experiências, mudar o foco para adaptar um problema a uma solução conhecida, transferir conhecimento de um domínio para outro, em muitos níveis.

Então, sistemas especializados são ferramentas de solução, com regras de manuseio, modelos matemáticos e simulações detalhadas.

A partir da década de 1960, sistemas especializados deram aos homens superpoderes para solucionar antigos problemas, que exigiam muitos cálculos e muito tempo de trabalho. Em 1980, a General Electric decidiu construir um sistema especializado, para solucionar problemas de exaustivo trabalho humano. Os construtores levaram vários meses na transferência de seus conhecimentos para o computador. A programação do computador foi projetada para um período de três anos.

Demoradamente, foram introduzidas informações (dados) e muitas regras de decisão, no computador. Tal sistema foi baseado em flexibilidade de configuração e processos de interação com humanos (interfaces), seguindo rígidos procedimentos, expressos em diagramas de fluxos de dados e árvores de decisão. Sua manipulação pode ser numérica e/ou simbólica.

O objetivo do sistema especializado é transferir dados armazenados em um computador para outro computador, dando acesso, também às pessoas interessadas, conhecidas como usuários do sistema. Este processo envolve dois tipos de conhecimento: conhecimento adquirido de especialistas e conhecimento representado no computador, este conhecimento é denominado Base de Dados. Tal conhecimento leva a observar que existem dois elementos de destaque: Fatos (colhidos do ambiente) e Procedimentos (regras de solução do problema em estudo).

Os sistemas especializados são divididos em dois ambientes:

- Ambiente de Desenvolvimento – Construído pelos programadores e analistas de sistemas, contendo Bancos de Dados.
- Ambiente de Consulta – Usado pelos usuários não especialistas, que precisam de conhecimentos para solucionar seus problemas e tomar decisões.

A área que separa um problema semiestruturado de um não estruturado é de difícil identificação. Sistemas especializados são frequentemente utilizados por executivos da alta administração para a solução de problemas complexos.

9.30 Aplicativo

Aplicativo é aquele programa voltado para um objetivo previamente definido. Os aplicativos mais comuns são: processadores de textos, editoração de textos, gerenciadores de banco de dados, planilhas de cálculo, gerenciamento de modelos simulatórios (estatística e probabilidade), edição de gráficos, multimídia (programa que congrega dados, imagens, sons, letras de música).

Já é possível, atualmente, atender a quase todas as necessidades do usuário de informática. Assim, se torna viável responder aos diversos problemas da empresa com ferramentas cada vez mais adequadas.

Os aplicativos são os processos pelos quais as informações são coletadas, processadas e distribuídas, com vista à ação administrativa. Eles podem ser informatizados e executados, mentalmente, por um usuário. Mas, o problema real não é selecionar ou conhecer aplicativos, ainda que essa escolha seja complicada devido à mudança rápida da tecnologia e sim sua rápida obsolescência.

Os principais obstáculos à aplicação de sistemas de informação provêm de duas fontes:

Em primeiro lugar, quando se seleciona uma fórmula competitiva, torna-se difícil estabelecer o vínculo com os grupos de informação. Assim, o usuário, muitas vezes, não tem consciência das informações que utiliza. O estabelecimento desse vínculo exige conhecimento aplicado de tecnologia da informação.

Em segundo lugar, os sistemas de informação são investimentos, que exigem conhecimento específico e treinamento de pessoas, porque as decisões sobre a sua utilização exigem maior nível de percepção do usuário. Tal investimento tem caráter estratégico, não só pelo custo de sua implantação, como também pela competitividade.

Os primeiros aplicativos notáveis foram:

Word – É um programa da Microsoft capaz de gerar e alterar tantos arquivos/textos quanto arquivos/documentos, inserindo objetivos (figuras) no trabalho criado. Hoje, é o processador de texto mais utilizado.

Excel – É um programa da Microsoft capaz de criar planilhas de cálculo, trabalhar com fórmulas e desenvolver gráficos.

Access – É um programa da Microsoft cuja finalidade é o gerenciamento de um banco de dados. Este programa visa permitir a otimização dos processos referentes ao armazenamento e recuperação de dados.

PowerPoint – É um programa da Microsoft de apresentações que oferece um conjunto de pranchas (slides) para serem preenchidas com recursos gráficos e texto. Essas estruturas possuem espaços reservados para título, texto, gráfico, tabela, podendo ser alterados conforme a necessidade do usuário.

Print-Artist – É um programa da Microsoft para ajudar o usuário a escolher dentre uma série de modelos de desenho, aquele de sua preferência, podendo alterar letras, cores, tamanhos.

Outlook Express – É um programa da Microsoft que dá suporte ao correio eletrônico (e-mail).

Internet Explorer – É um programa da Microsoft (navegador) que põe o usuário em contato com a Internet.

Winzip – É um programa da Microsoft que compacta e descompacta arquivos.

Corel Draw – É um programa que facilita o desenvolvimento de páginas na Internet.

CAD – É um programa derivado da holografia para ajudar a desenhar novos produtos, modificar situações já existentes ou simular novas condições.

CAM – É um programa utilizado para ajudar a planejar e projetar programas de desenvolvimento e produção.

9.31 Pacote

Com o avanço da Informática surgiram os chamados “pacotes” que nada mais são do que programas desenvolvidos para determinada aplicação que possibilitam grande economia de tempo, desde que sejam aplicáveis ao problema que o usuário pretende resolver. As vantagens da utilização de pacotes consistem no custo de aquisição, normalmente, mais baixo do que o custo de desenvolvimento, no prazo menor de implantação e na segurança de usar alguma coisa já testada.

A maior dificuldade na utilização de pacotes reside na integração do pacote aos demais sistemas existentes na empresa, já que possui seus próprios arquivos e algumas vezes não permite interligações (interfaces) com outros sistemas.

O uso de pacotes torna-se recomendável nos casos de: aplicações influenciadas por exigências legais ou fiscais que sofram frequentes alterações; aplicações altamente complexas em termos de processamento de dados ou que requeiram o uso de tecnologia não amplamente dominada pela empresa; exigências de implantação no curto prazo.

Especialmente nos casos de aplicações mais amplas e complexas, como planejamento e controle da produção, orçamento, custo, por exemplo, é preciso considerar que o pacote, por si só, não é a solução integral do problema. Além de uma seleção cuidadosa do pacote a ser utilizado, é necessário garantir os benefícios, objetivados por meio de conceitos adequados, políticas bem definidas, planejamento da implantação e solução dos problemas de interfaces do pacote com outras aplicações.

Em contraposição aos pacotes, existe a preocupação de se conceber um software próprio para a empresa que focalize, mais próximo possível, o problema a ser resolvido, as informações a serem geradas, de que maneira e com que frequência. É evidente que, em um primeiro momento, esta segunda opção demanda mais recursos diversos.

As vantagens, imediatamente, oferecidas pelos pacotes são tidas em pouco tempo como desvantagens e limitações à geração de informações adequadas. É preciso observar que, após a aquisição do pacote, a empresa está na mão do vendedor. Por menos provável que possa parecer, a empresa fica sem respaldo técnico sobre o produto comparado. Isso não acontece quando ela desenvolve o seu próprio software.

A compra de pacotes possui muitas desvantagens, como: documentação faltante, manutenção cara, impossibilidade de alterações e ajustes lógicos. Também tolhe as etapas de desenvolvimento e crescimento da empresa que deve desenvolver seus softwares de acordo com suas necessidades, de forma incremental.

Pacotes, por mais poderosos que sejam, precisam de ações complementares para enquadramento às necessidades da empresa.

Existem pacotes, especialmente, desenvolvidos para gerenciar e controlar as vendas (frente de caixa), atendendo desde o pequeno ao grande estabelecimento, até redes de franquia e cadeia de lojas. Eles oferecem benefícios, para a geração de relatórios de faturamento, de produtos, de atendimento, de vendas por vendedor, de fechamento de caixa e as melhores e mais atualizadas práticas de gestão de negócios.

Um pacote pode responder por determinadas operações, possibilitando agilidade, diminuindo perdas, otimizando recursos e aumentando a rentabilidade.

As principais operações dos pacotes são, entre muitas, as seguintes:

- Realização da venda por meio de uma interface amigável.
- Controle de caixa e bancos.
- Integração dos pagamentos com administradoras de cartão.
- Sangria e troco.
- Contas a pagar.
- Contas a receber.
- Fluxo de caixa.
- Movimento bancário.
- Relatórios.
- Cadastramento e banco de dados.
- Controle de vendas por vendedor e por equipe.
- Controle fiscal.
- Carteira de pedidos.
- Controle de estoque e de armazenamento.
- Impressão de boletos.
- Fichas técnicas de produtos.
- Pontos de venda.

9.32 Análise de Sistema

Apesar de todos os anos decorridos, não se perdeu ainda o hábito de rotular de análise de sistema um trabalho, cujo principal produto é um estudo que definirá, com alto grau de probabilidade, se o sistema é técnica e economicamente viável. Também o estudo de uma atividade em todos os seus detalhes e processos recebe o nome de análise de sistema. Assim, a análise de sistema leva, quase sempre, a especificação de um novo sistema.

A análise de sistema objetiva diagnosticar as formas de encurtar o caminho entre os fluxos, diminuir as demoras ou esperas, evitar os congestionamentos, gargalos e aproveitar bem a energia dispensada, estabelecendo uma interação proveitosa entre os mesmos. Hoje, a análise de sistemas é, indubitavelmente, o melhor método de controlar os recursos de uma empresa, como foi a pesquisa operacional no passado.

A pesquisa operacional ainda é usada para objetivos específicos, porque levanta as alternativas e equaciona a melhor solução, usualmente maximizando ou minimizando alguns fatores (ou variáveis). Também hierarquiza as alternativas e utiliza a sistemática das ciências exatas, dando destaque à matemática aplicada, à programação linear, ao estudo das redes, à teoria das filas e à teoria dos jogos.

A análise de sistema busca uma solução global, equacionando diversas combinações para a melhor eficiência, eficácia e efetividade, isto é, investiga problemas, procurando defini-los, analisá-los e solucioná-los. Esta análise procura equacionar um universo mais complexo, cheio de variáveis que, muitas vezes, não podem ser identificadas e, outras vezes, mesmo depois de caracterizadas, não podem ser quantificadas. Nesta situação é preciso diminuir os métodos quantitativos e desenvolver outros métodos de trabalho, e de gerenciamento dos recursos disponíveis.

A análise de sistema ajuda o gerente a visualizar a empresa como um sistema, desenvolver maior interação entre as partes, ver a organização com um microscópio e um telescópio, usar a probabilidade como ferramenta de decisão, ter uma visão multidisciplinar, entender que um evento pode ser causado por numerosos fatores que são interrelacionados e interdependentes.

Segundo Van Court Hare, "a análise de sistemas já pode ser realizada através da identificação dos relacionamentos que resultam quando diversos elementos se combinam. O investigador deve estar apto a seguir e pesquisar a cadeia do fluxo de trabalho, de material e de informação, ou seja, os elos de conexão que mantêm o sistema integrado".

A essência da análise de sistemas está em ver o problema como um todo, num determinado contexto, investigar, sistematicamente, os objetivos dos sistemas e o critério para sua efetividade, bem como avaliar em termos de custos. A relação custo/preço/qualidade/lucro pode ser melhorada quando se atua nas variáveis do sistema.

Não é simplesmente a dificuldade técnica do trabalho, embora muitos projetos exijam que o analista seja um profundo conhecedor da tecnologia atual. Nem são apenas as dificuldades políticas que surgem, especialmente em projetos maiores em que o nosso sistema atenderá a muitos grupos, cujos interesses são, às vezes, conflitantes.

Nem tampouco são os problemas de comunicação que surgem em situações em que pessoas com experiências diferentes, com diferentes pontos de vista e vocabulário diverso tenham de trabalhar juntas. É a combinação destas dificuldades que torna a análise de sistema tão difícil e exigente.

É a clareza dos objetivos que permite o correto dimensionamento dos componentes e do processo de análise do sistema.

9.33 Elementos da Análise de Sistema

A seguir, alguns outros elementos da análise de sistema:

Motivação da Análise de Sistema – A motivação da análise de sistema pode acontecer devido à criação de um novo procedimento, reformulação de procedimento já existente ou reformulação da organização da empresa. Pode-se estudar o sistema a partir do conjunto ou a partir de cada componente.

A existência ou não de um sistema semelhante como ponto de partida, a disponibilidade de equipamentos de última geração em processamento de dados, o tempo e as exigências da administração, afetarão as escolhas.

Para permitir o estudo perfeito dos detalhes de execução de cada tarefa ou processo, existem determinadas palavras ou expressões chaves, de grande valia para o analista, que são sobejamente conhecidas pelas interrogações: Quê? Onde? Qual? Quem? Quando? Como? Por quê? Quanto? Para quê?

Premissas da Análise de Sistema – Na leitura de autores sobre análise de sistema são comuns algumas premissas, tais como:

- O trabalho é razoavelmente direto e bastante preciso.
- As relações entre especialistas não são muito complicadas.

- Os usuários são heterogêneos e antagônicos.
- As relações interpessoais que envolvem usuários são complicadas.
- As relações entre usuário e analista são cheias de conflitos.
- O melhor critério para considerar a fase de análise pronta é quando o tempo disponível se esgota.
- Nos sistemas mais complexos, existem tantos compromissos envolvidos que é quase impossível se ficar satisfeito com o resultado.
- O trabalho de análise de sistema sempre admite risco.

9.34 Fases da Análise de Sistema

O estudo da criação de um sistema para solucionar um problema pode ser feita a partir da definição clara e precisa dos diversos passos e das diversas providências que devem ser tomadas, no espaço de tempo, que vai desde o reconhecimento da necessidade de criação do sistema, até a sua entrada em funcionamento.

A sequência nos conduz a uma ideia de etapas estanques, que é, na verdade, um conceito inteiramente falso. Ocorre que o sistema evolui mesmo durante o período de criação, alterando suas definições iniciais, devido às descobertas feitas durante a análise e construção do projeto do sistema já concluído, tendo em vista às descobertas feitas durante a implantação.

Na verdade, cada passo tem a capacidade intrínseca de fazer com que os anteriores sejam reformulados à luz de novos fatos e/ou conceitos surgidos.

As fases da análise de sistema podem ser:

Solicitação do Usuário – O usuário justifica o motivo do novo sistema, a fim de melhorar seu processo decisório.

Definição do Problema – Definir claramente o motivo que torna imperiosa a criação de um novo sistema.

Determinação dos Objetivos – Definir exatamente o propósito ou a finalidade do sistema a ser desenvolvido. Os objetivos justificam o trabalho a ser iniciado.

Abrangência da Análise – Especificar qual o nível de detalhamento que será feito o estudo preliminar.

Selecionar o Ambiente – Definir qual o ambiente em que o estudo será conduzido.

Determinação de Prazos – Deve-se estabelecer um cronograma de trabalho.

Recursos Necessários – Fazer uma listagem dos recursos necessários, das fontes de aquisição e da alocação de tais recursos é importante para um orçamento preliminar de despesas.

Coleta de Dados – Coletar ou levantar dados é registrar todos os detalhes do sistema que atualmente está sendo usado, respondendo basicamente às perguntas: O que é feito? Por que é feito? Quando é feito? Onde é feito? Quem o faz? Quais os elementos de entrada? Quais os recursos necessários? Quais os elementos de saída?

Análise do Sistema Atual – Essa análise é simplesmente o estudo crítico (aspectos relevantes) dos diversos procedimentos envolvidos no sistema, a fim de que se possa encontrar as falhas porventura existentes, ou sugerir métodos e processos alternativos para a execução do mesmo serviço com alguma vantagem. Na grande maioria dos casos, a análise representa a busca sistemática da causa ou do motivo de uma deficiência apontada pela prática.

Especificação Funcional – Modela a situação desejada, propondo soluções precisas, claras, concisas e uma coleção de gráficos, ilustrações, diagramas e documentos, visando sanar as deficiências do sistema existente e/ou melhorar sua qualidade.

Solução – É a fase criativa por excelência. Cada atividade é estudada e analisada completamente. Seus objetivos são revistos, e sempre que possível um ou mais sistemas alternativos são projetados. Cada alternativa é estudada e comparada com as outras, e essa comparação dará origem a simplificações em todas elas. Sua otimização permitirá, então, uma comparação final e a definição da solução que deve ser adotada.

Teste e Avaliação – Cada atividade é posta à prova, bem como o conjunto de todas elas, de modo a que se possa ter pelo menos uma certeza relativa de que o sistema projetado é capaz de funcionar perfeitamente. Faz-se uma avaliação completa do impacto que será gerado pela implantação desse novo sistema na empresa, bem como uma comparação entre o que se pretende fazer e o que está atualmente em uso, a fim de que a administração possa realmente comparar os dois sistemas e determinar a vantagem ou não da implantação dos novos procedimentos.

Documentação – Esta é a fase em que se preparam os relatórios e manuais referentes aos estudos que até agora foram feitos. Resume-se em dar um formato lógico, simples e preciso ao conjunto de dados e soluções coletadas ou encontradas nas fases anteriores, eliminando as informações desnecessárias, apreciando e tecendo considerações em torno das informações mais relevantes, de modo a permitir que os usuários possam apreciar ou colocar em uso as observações e recomendações aí contidas.

Implantação – Fase onde se treina o usuário. Uma fase de implantação bem completada pode dar início a uma operação perfeita e ao entrosamento nos serviços e nos procedimentos da empresa. É fatal que, durante a implantação, surjam problemas não previstos, cujas soluções exijam uma reformulação de alguns pontos do sistema projetado. Não se deve encarar tal fato como indicativo de um projeto mal construído.

Manutenção – Produz alterações para adaptar o sistema às novas necessidades do usuário. Todo sistema em sua fase de operação, está sujeito, portanto, a manutenção e ao aperfeiçoamento. Por sua vez, o aperfeiçoamento requer também novo levantamento de dados, que, no entanto, poderá ser feito com base na documentação preparada quando da implantação, uma redefinição dos objetivos e assim por diante, de modo que desta última etapa voltamos à primeira.

Os resultados da análise variam muito, mas, em geral, são os seguintes:

- Nova estrutura organizacional (redefinições de atribuições)
- Novos fluxogramas (redução de trajetos percorridos).
- Eliminação de áreas de trabalho e de funções organizacionais.
- Aperfeiçoamento de políticas, modelos, procedimentos, métodos e formulários.
- Menor custo operacional.
- Maior produtividade.
- Melhor qualidade de atendimento.
- Produtos mais bem elaborados.

9.35 Analista de Sistema

Os analistas de sistema têm hoje uma função muito importante enquanto construtores e mantenedores das milhares de fábricas de informações que apoiam, nas mais diversas empresas, o dia a dia dos diversos setores operacionais e gerenciais. São o principal elo de ligação entre a área usuária e o esforço de implementação.

O analista deve comunicar os requisitos aos implementadores e retornar aos usuários com os detalhes de como estes requisitos estão sendo realizados. Ele pode participar da determinação do que é feito e, frequentemente, é o analista quem fornece a ideia de como unir aplicações e tecnologias atuais.

O analista de sistema interessa-se por qualquer atividade importante de tomada de decisão e pela pessoa que a toma. Deseja estudar e analisar cada atividade importante, em função do seu nível de percepção, seguindo, naturalmente, uma metodologia. Ele é um observador treinado que faz análises projetadas dos fluxos de informação associados aos processos decisórios em toda a organização empresarial para fins de comparação e de avaliação dos fluxos existentes com os pretendidos.

Um bom analista de sistema deve se questionar sobre:

- O que é que está sendo observado?
- Com que finalidade determinado item está sendo observado?

- Quais são as teorias que dão apoio às observações realizadas?

As características necessárias para um analista podem ser naturais ou, em sua maioria, adquiridas ao longo da vida acadêmica ou profissional. Como principais podemos citar: imaginação, capacidade crítica, capacidade analítica, vontade para falar e escrever, inovação, criatividade, mediação, liderança, negociação, persistência, clareza de raciocínio, visão sistêmica, visão estratégica, visão holística, espírito de equipe, humildade, satisfação profissional, capacidade de comunicação, fluência de conceitos.

O analista poderá atuar como um agente de mudanças, se tiver apenas algumas das características citadas. Cabe ao analista de sistemas:

- Estudar o serviço a ser programado, determinando as suas partes componentes.
- Preparar manuais e livros de instrução que facilitem a vida dos funcionários.
- Colocar em execução o que foi planejado.
- Orientar a participação da introdução de novos sistemas na organização.
- Manter constante vigilância sobre a operacionalidade dos sistemas, de modo a poder sempre que necessário revê-los, melhorá-los e atualizá-los.

9.36 Papel do Analista de Sistema

Embora já se tenha abordado o conflito entre analista e usuário, é bom lembrar que, na realidade, o termo usuário refere-se a pelo menos três tipos distintos:

- Operador do sistema.
- O responsável pelos procedimentos que estão sendo automatizados.
- O dono do sistema.

Como o analista de sistema é um membro essencial de qualquer projeto de sistema, espera-se que o mesmo desempenhe vários papéis, tais como:

- Estabelecer a ligação entre o usuário e o administrador do banco de dados.
- Ajudar o usuário a planejar a sua necessidade, bem como escrevê-la de forma compreensível.
- Trazer à luz os detalhes do sistema.
- Separar os sintomas do problema em si, mostrando ao usuário suas verdadeiras causas.
- Ser o mediador entre usuários, gerentes, programadores, codificadores, revisores, operadores.
- Atuar como um verdadeiro líder.

Isso significa que, como analista de sistema, você precisa mais do que desenhar fluxogramas e outros diagramas. Precisa ter habilidades com as pessoas para entrevistar usuários, mediar desentendimentos e sobreviver às inevitáveis batalhas políticas que ocorrem na empresa. Também precisa conhecer os recursos tecnológicos do usuário.

Em resumo, é bem provável que o papel do analista de sistema inclua as seguintes tarefas: participação ativa no projeto, seleção das ferramentas e métodos para desenvolvimento do sistema, planejamento, estimativa e controle do projeto, testes de aceitação.

Os problemas do analista são entrelaçados, dificultando o seu trabalho. Dentre os principais problemas, podemos destacar:

- O analista acha difícil aprender o bastante sobre a organização, para conseguir determinar os requisitos do sistema, apenas em contato com os usuários.
- O analista não tem de esperar dos usuários uma explanação de suas necessidades e objetivos.
- O analista pode ficar sobrecarregado de detalhes técnicos e de detalhes do negócio em si.
- O analista pode ter dificuldades em manter o sistema, devido à documentação inadequada.
- O analista tem dificuldades de cumprir o cronograma, devido aos retrabalhos, especificações mal formuladas, redefinições de dados, interrupções, mudanças de rumo, por exemplo.

Assim, se o analista tiver dificuldades, deve utilizar todos os meios ao seu alcance para enveredar pelos novos caminhos que se lhe oferecem. Caso não o consiga, resta-lhe, tão somente, seguir no rumo preestabelecido, convencendo a si e a seus subordinados que a direção da empresa pode ter, e normalmente tem, conhecimento de outros fatores de grande importância, que houve por bem não declinar.

9.37 Tipos de Analistas de Sistema

É crença comum que os analistas de sistemas trabalhem sempre para organizações que visem o processamento eletrônico de dados. Nada mais falso. Esses elementos buscam, por definição, a criação de novos métodos de trabalho ou a melhoria e a racionalização dos métodos já existentes na empresa.

Dentro desse raciocínio, é fácil concluir que o processamento eletrônico não é um fim, mas um meio.

Existem especialistas que se dedicam a definir o processamento das informações em termos de empresa, em termos de computação e em termos de programação. A palavra analista, como marketing, estratégia e política, pode ser associada a qualquer coisa.

A seguir, os principais tipos de analistas de sistema que atravessarão o caminho de qualquer administrador:

Analista de Dados – Define quais os dados que circulam entre os diversos órgãos e em que instante ocorre esse trânsito.

Analista de Especificações – Cria manuais e normas de operação para as pessoas envolvidas em um processo.

Analista de Projeto – Concebe, desenvolve, executa e implanta o projeto, criando documentação própria.

Analista de Mercado – Lê o cenário e procura prever tendências de consumo e comercialização.

Analista de Processamento – Agrupa os dados que entram e que saem do computador, definindo cada etapa do processamento, de modo a permitir aos programadores o cumprimento de suas tarefas.

Analista de Informações – Encarregado de prestar informações aos usuários, chefia o centro de informações da empresa.

Analista de Negócio – Incentiva a participação ativa dos clientes, o que é uma forma de transmitir o conhecimento dos negócios e colher feedback, visando a performance.

Analista de Risco – Determina as medidas necessárias para que o risco seja minimizado a ponto de ser tolerável e quanto vale pagar. É o ponto de partida para estruturar todo o programa de segurança.

Analista de Valor – Desenvolve uma abordagem voltada à redução do custo, por meio do estudo cuidadoso de quais componentes podem ser reprojetados, padronizados ou fabricados por métodos de produção mais baratos.

Analista do Fluxo de Informações – Precisa conhecer o suprimento de informações. Tal suprimento proporciona aprendizagem de novos dados a respeito de si mesmo, dos outros, dos processos grupais ou da dinâmica organizacional. Este suprimento requer que haja um fluxo adequado de informações através de: reuniões, circulares, relatórios, memorandos, cartas, e-mails, banco de dados, intranet, internet.

Analista de Pontos Fortes e Pontos Fracos – Determina quais são as vantagens e desvantagens estruturais que favorecem ou desfavorecem as oportunidades e ameaças do ambiente, com relação ao desenvolvimento do planejamento estratégico da organização.

9.38 Projeto de Sistema

Para a criação de qualquer sistema, tem-se que partir de um ou mais conceitos básicos, que nortearão todo o trabalho criativo a ser desenvolvido. Daí, a necessidade de considerar o sistema como um projeto, definir seus pontos principais e só então tratar de estudar cada um de per si. Conhecido o processo a ser adotado no desenvolvimento do profeto de sistema, surge a necessidade de se deixar estabelecidas as linhas mestras para o mesmo, consubstanciadas na filosofia do projeto.

Existem muitas filosofias de sistema possíveis, que aparecerão, ou não, conforme o problema que se esteja tratando.

Entre os mais comuns e mais importantes problemas de projeto de sistema, citaremos:

Antecipação da Conversão – Significa que os dados a serem processados devem ser codificados e convertidos para linguagem de máquina tão cedo quanto possível.

Prazo de Reação – Sempre que o sistema deva responder imediatamente a qualquer solicitação externa.

Separação entre Processamento e Controle – Não é boa política deixar o controle do processamento nas mãos de quem faz o processamento.

Administração por Exceção – Consiste em trazer à presença dos administradores somente informações relativas a fugas e desvios de procedimentos normais, isto é, fazer alterações em situações anteriormente estabelecidas.

Descentralização – Quando a organização abrange diversos serviços diferentes ou opera em vários locais, aparecem as alternativas de se instalar um centro de processamento em cada local ou para cada serviço, ou de se criar num deles um órgão para processar os dados de toda a empresa.

Aproveitamento do Sistema Existente – É comum encontrar sistemas deficientes em operação, mas que têm em si partes, perfeitamente, aproveitáveis.

Escolha de Veículos de Informação – Quando se pretende utilizar processamento automático de dados, é necessário escolher quais os veículos de informações serão adotados.

Número Mínimo de Relatórios – Sempre que possível, as informações a serem fornecidas aos clientes devem estar condensadas num pequeno número de impressos, facilitando, assim, o manuseio e a consulta.

Fluxo de Informações Simples e Contínuo – Este é um dos princípios básicos da simplificação dos procedimentos, e está aqui incluído por ser parte obrigatória da filosofia de qualquer projeto.

Durante a definição dos projetos de sistema de informação é importante verificar as diferenças organizacionais e similaridades funcionais, sempre orientadas de forma Data Drive (dirigido para os dados), sem perder os objetivos maiores e a missão da empresa. Uma visão corporativa das necessidades de sistema deve ser desenvolvida de tal maneira que as prioridades fiquem estabelecidas através de uma escala de valores.

Como a priorização dos projetos baseia-se nos Fatores Críticos de Sucesso do Negócio, a designação de pesos ocorre da seguinte forma:

Peso	Descrição	Significado
5	Essencial	Vida ou morte
4	Crítico	Necessário para atingir objetivos
3	Importante	Necessário para continuar
2	Necessário	Necessário para maior performance
1	Valioso	Gostaria de ter

Quadro 9.10: Fatores Críticos de Sucesso.

9.39 Gerente de Projeto

Assim como uma empresa necessita de uma única pessoa para ser a sua autoridade máxima, um projeto precisa de uma pessoa para ser o responsável pelo cumprimento de seus objetivos e metas. A esta pessoa dá-se o título de Gerente de Projeto, sendo outros títulos também comuns, tais como: coordenador, supervisor e líder.

Os papéis do gerente de projeto deve ser: integrador, empreendedor e líder. Seu trabalho difere dos gerentes funcionais, porque está preocupado em conduzir, adequadamente, seu projeto e não em gastar esforços, tentando resolver, ou redimensionar, problemas dentro das áreas funcionais com as quais interage. Ele é alguém que compreende e domina as dimensões do seu trabalho, devido às seguintes questões:

- Por quê? A finalidade e os objetivos do trabalho.
- O quê? As funções e atividades do trabalho.
- Como? Os comportamentos necessários para se conseguir a execução do plano de trabalho.
- Quanto? Os recursos que serão empregados nos seus orçamentos.
- Quando? O domínio dos prazos estabelecidos nos cronogramas de execução.
- Quem? A pessoa que fará o trabalho.

A função do gerente de projeto é bastante controvertida, pois deve atuar junto aos investidores, falando de orçamentos, resultados, prazos e estratégias, e, junto à equipe do projeto, de tecnologia, desenvolvimento, método, processo, desempenho, objetivo e meta.

As características do gerente de projeto:

- Possuir ampla influência sobre todos os participantes do projeto.
- Obter o respeito e exercer autoridade sobre os membros do projeto, que não são seus subordinados.
- Selecionar seu pessoal, atentando para a competência de cada um e sua capacidade de trabalhar em equipe.
- Despender um considerável esforço para aprender como se comunicar, adequadamente, com os membros de sua equipe.
- Estar disposto a atacar problemas de qualquer nível, embora deva selecionar o que é de sua competência resolver.
- Ser capaz de detectar problemas que escapam aos demais, pois é um elemento do projeto que deve ter uma visão do conjunto dos aspectos técnicos e administrativos.
- Ter participação no estabelecimento das prioridades, para a alocação de recursos, que possam melhorar ou prejudicar o andamento do projeto.
- Ter o direito de controlar a alocação de recursos e os gastos respectivos.
- Participar no orçamento e na elaboração do plano do projeto.
- Ter o principal papel na tomada de decisão.
- Concentrar os esforços nos resultados esperados.
- Ser flexível, dentro de uma medida razoável.
- Envolver e cativar investidores em potencial, com o objetivo de conseguir o apoio necessário à elaboração do projeto.
- Ter adequado e relevante sistema de informação.
- Manter contatos diretos com as pessoas envolvidas no projeto.
- Fazer adequada distribuição de tarefas entre seus subordinados.
- Manter racionalidade nos dispêndios inerentes ao projeto, gastando o que for necessário.
- Ser realista, não pendendo para o otimismo ou pessimismo.
- Incentivar críticas e debates, quanto ao desenvolvimento do projeto.
- Fazer projetos viáveis em conteúdo, recursos e tamanho para a situação considerada.
- Manter coerência em suas atitudes e decisões.
- Lembrar que o projeto é um sistema que envolve muitos aspectos.
- Lembrar que o projeto, no seu desenvolvimento, trará outros problemas.
- Manter adequado sistema de controle, avaliação e feedback.

Devido ao alto grau de dependência da organização quanto ao sucesso, o gerente de projeto recebe considerável visibilidade e, por esse mesmo motivo, fica muito exposto. Ele precisa estar capacitado para enfrentar a ambiguidade de lidar com os participantes do projeto E, quanto menor o grau de autoridade formal, maior a sua necessidade de criar uma base de influência no ambiente do projeto.

O gerente do projeto terá de produzir várias estimativas de valor para: recursos, prazos, estruturas, orçamentos, resultados, preços, consumidores e usuários.

Um gerente de projeto deve ser, antes de tudo, organizado e disciplinado. Tal gerente deve ter arquivos físicos (papel) e virtuais (computador), contendo: planos, organogramas, regulamentos, relatórios, correspondências, atas de reunião, ocorrências, por exemplo.

Além dos fatores técnicos e gerenciais com que o gerente de projeto tem de lidar no seu dia a dia, ele deve dar atenção ao seguinte:

- De como novas tecnologias devem ser introduzidas dentro da organização.
- Como avaliar estrategicamente as tecnologias de informação e seu impacto no estabelecimento de prioridades.
- Como avaliar os arranjos organizacionais apropriados para a gerência do projeto.
- Qual deve ser o papel mais adequado do gerente do projeto, para bem administrar suas atribuições.

O gerente do projeto deve questionar sobre a tecnologia da informação a ser utilizada, fazendo as seguintes perguntas:

- A tecnologia da informação pode criar barreiras de entradas para o negócio?
- A tecnologia da informação pode criar custos de mudança de fornecedor?
- A tecnologia da informação pode criar vantagens competitivas em relação aos concorrentes?
- A tecnologia da informação pode criar novos negócios?
- A tecnologia da informação pode criar valores agregados aos produtos da empresa?
- A tecnologia da Informação pode reduzir os custos?
- A tecnologia da informação pode mudar o relacionamento entre vendedores, fornecedores, usuários, pacientes, colaboradores, consumidores?

O principal objetivo do gerente de projeto de sistema é que este inicie o projeto com um plano de ação bem fundamentado, que lhe possibilite argumentos sólidos para administrar os conflitos entre participantes, patrocinadores e usuários. Também deve ser observado que o mesmo estará, o tempo todo, negociando e otimizando todos os recursos utilizados.

Capítulo10

DOCUMENTAÇÃO e REUNIÃO

"Um dirigente permanece sendo líder apenas enquanto continua provando que é o homem mais capaz com o melhor método".

Kenneth Walker

Objetivos do Capítulo

- Mostrar que as reuniões fazem parte da vida organizacional.
- Mostrar os mais relevantes documentos empresariais.
- Mostrar técnicas de como bem conduzir uma reunião.
- Mostrar alguns tipos de reunião.

10.1 Documentação

A documentação pode ser considerada como um conjunto de informações relativas a um fato, um problema, uma situação, um plano, um resultado, uma política, uma previsão, uma decisão, uma estratégia, uma estrutura, um projeto, por exemplo. Não se deve jamais perder de vista o fato de que a documentação é a ponte entre os especialistas e os generalistas, e que, por isso, deve ter uma sólida e clara estrutura.

A simples acumulação de cartas, formulários, diagramas e relatórios, de modo algum, transmitirão a terceiros, o sentido e o funcionamento da empresa. Uma empresa que não tenha uma documentação acessível e logicamente organizada terá imensas dificuldades para conhecer o passado e projetar o futuro. Muitas vezes, a documentação passa a ser um fator crítico de sucesso.

Embora a documentação atualizada seja fator primordial, em qualquer fase do desenvolvimento empresarial, ela passa a ser um fator competitivo, quando adentramos na operação e na manutenção de máquinas, equipamentos e sistemas. Não traz resultados positivos para o estudo ouvir aulas, por mais brilhantes que sejam, nem adianta ler livros clássicos e célebres.

Só tem algum valor a documentação que puder estar à disposição em qualquer momento.

Portanto, a documentação de tudo o que for julgado relevante e útil, em função do estudo e do trabalho, deve ser arquivada (meios densos, papéis). Do ponto de vista técnico e enquanto método pessoal de estudo, a classificação da documentação pode ser:

- Documentação Temática – Visa coletar elementos relevantes para um estudo em geral ou para a realização de um trabalho específico, sempre dentro de determinada área.
- Documentação Bibliográfica – Constitui um acervo de informações sobre livros, artigos e demais trabalhos que existem sobre determinados assuntos.
- Documentação Geral – É aquela que organiza e guarda documentos úteis, retirados de fontes, tais como: jornais, revistas, textos, relatórios.

10.2 Documento

Documento é o registro material de determinado conhecimento que se possa utilizar para consulta, estudo ou prova. Assim, só se pode avaliar, de forma solidamente estruturada, se temos uma documentação pertinente, quando a mesma ajudar na ação administrativa. Um documento pode ser considerado como qualquer informação, sob a forma de: textos, imagens, sons, sinais, gravações, pinturas, por exemplo, que fundamenta um determinado estudo.

Julgamos conveniente apresentar o conceito de documento, formulado pela Union Française des Organismes de Documentation, por nos parecer o mais preciso e completo: Documento é toda base de conhecimento fixado materialmente e suscetível de ser utilizado para consulta, estudo ou prova. Como tudo na vida, os documentos têm suas vantagens e desvantagens:

Vantagens do Documento:

- O documento, por ser escrito, dá mais segurança e formaliza o ato, a ação, o objetivo, a missão, a filosofia, a decisão, a estratégia, a tática, a estrutura, o plano, a política, o procedimento, o projeto.
- O documento serve de guia para a dissipação de dúvidas, conflitos e restrições legais.
- O documento serve para registrar informações, conclusões, tendências, pesquisas, previsões, negociações.
- O documento serve de instrumento de poder sobre a propriedade de qualquer objeto.
- O documento determina quem é quem na organização, estabelecendo limites de atuação e de poder.

Desvantagens do Documento:

- O documento burocratiza a empresa, castrando o contato pessoal e a criatividade.
- O documento escraviza o ser humano a regulamentos, colocando de lado a figura do líder e exaltando a do chefe.
- O documento centraliza o poder de decidir.
- O documento pode tornar o usuário apenas um meio e não um fim.
- O documento traduzido enfoca um ambiente diferente, fazendo com que o administrador tenha os pés no país de origem e a cabeça no exterior.

10.3 Classificação dos Documentos

A seguir, uma classificação dos documentos:

Documento Descritivo – É uma representação escrita de um objeto, fato, situação, coisa, lugar, resultado. A descrição pode ser uma "fotografia" e/ou uma interpretação pessoal do relator. O que se espera de uma descrição não é tanto pela riqueza de detalhes, mas sim pela capacidade de observação aguda daquele que constrói o documento. São exemplos de documentos descritivos: Relatório, Sinopse, Currículo, Demonstrativo de Resultado, Balanço Patrimonial.

Documento Normativo – É um conjunto de comandos diretos e cursos de ação que devem ser seguidos fielmente. Tais comandos são conhecidos como norma (regra). O conjunto de normas, que diz como e quem pode fazer, envolvendo um procedimento, chama-se regulamento.

A diferença entre princípio e regra é que o primeiro é uma verdade fundamental, genérica, que serve de base à segunda.

As regras nada mais são do que verdades específicas ou restritas, possuindo, geralmente exceções. São exemplos de documentos normativos: Política, Procedimento, Diretriz, Regulamentação Organizacional, Regulamentação Governamental, Estatuto, Ata de Constituição de Sociedade, Regimento, Lei.

Documento Metodológico – É um arranjo escrito de etapas (passos) de ação através de uma organização lógica e racional de métodos, para algum propósito. Um método é um procedimento, em geral, para tratar de encontrar, analisar ou resolver um problema, de maneira sistemática, com um mínimo de esforço, custo e tempo. São exemplos de documentos metodológicos: Plano de Aula, Estudo de Caso, Método de Previsão, Projeto.

Documento Prescritivo – Determina, limita, regula e ordena aquilo que precisa ser feito, dentro de um determinado tempo, ou não, para atingir um objetivo predeterminado. São exemplos de documentos prescritivos: Programa, Plano, Estratégia, Tática, Orçamento.

Documento Corrente – Como o nome diz é aquele utilizado no dia a dia da empresa. São exemplos de documentos correntes: Duplicatas, Cheques, Promissórias, Boletos de Pagamento, Atas de Reunião, Propostas.

Documento de Suporte – Documento que ajuda no desenvolvimento e construção de um projeto. São exemplos de documentos de suporte: Tese, Relatório de Pesquisa, Descrição de Experiência.

Documento Declaratório – Esclarece uma relação entre duas ou mais pessoas (física e/ou jurídica). São exemplos de documentos declaratórios: Declaração, Atestado, Procuração, Carta Representação.

Documento Peticional – O documento peticional faz um pedido a um poder constituído. São exemplos de documentos peticionais: Petição, Requerimento.

Documento Operacional – É aquele que pode ser utilizado como ferramenta de trabalho, de consulta, de coleta de dados e de referência. Os principais exemplos são: Manual, Questionário, Formulário, Gráfico, Modelo, Diagrama, Projeto, Planilha, Quadro, Tabela, Árvore de Decisão, Cronograma, Fluxograma, Matriz, Sinopse, Figura, Ilustração, Agenda de Trabalho, Agenda de Reunião, Relatório, Plano, Política, Programa.

Documento Contratual – O documento contratual diz respeito a um acordo (combinação, ajuste) entre duas ou mais pessoas para execução de determinada coisa, sob determinadas condições. São exemplos de documentos contratuais: Contrato de Locação, Contrato de Trabalho, Contrato Social, Arrendamento Mercantil, Contrato de Leasing, Distrato Societário, Escritura de Compra e Venda, Escritura de Cessão de Direitos, Escritura de Comodato.

Documento Oficial – Geralmente a fonte mais fidedigna de dados, pode dizer respeito a atos individuais ou coletivos. São exemplos de documentos oficiais: Filme, Foto, Catálogo, Ficha, Prontuário.

Documento Jurídico – Constituem uma fonte rica de informes do ponto de vista sociológico, mostrando como uma sociedade regula o comportamento de seus membros e de que forma resolvem os problemas sociais. São exemplos de documentos jurídicos: Constituição, Código Civil, Portaria.

Documento Estatístico – Conjunto de dados coletado, que abrange um determinado universo, de forma direta ou indireta. São exemplos de documentos estatísticos: Rol, Amostra, Histograma, Relação, Série Histórica.

Documento Particular – Documento, particularmente importante, sobretudo, por seu conteúdo não oferecer apenas fatos, mas o significado que estes tiverem para aqueles que o viveram, descrito em sua própria linguagem. Os principais problemas enfrentados pelo pesquisador ao lidar com documentos particulares (pessoais) são: falsificação, maneira de apresentação, discrepâncias e incongruências com a realidade, distorção deliberada, autopromoção e desconhecimento do objetivo, por exemplo.

Documento de Especificação – Documento onde são definidas as tarefas e as tolerâncias que devem conduzir os programas de qualidade. As tolerâncias de fabricação estabelecidas nas especificações devem ser determinadas, levando-se em conta o custo da precisão a ser adotada e o valor desta precisão. Este custo pode ser estimado pelo seu efeito nos custos de equipamentos necessários, instrumentos e mão de obra adicional para a fabricação do produto.

Documento Comercial – Documento relativo à compra e venda de produtos, registros contábeis e crédito mercantil. São exemplos: Cheque, Duplicata, Fatura, Nota Fiscal, Cupom Fiscal.

Documento de Vendas – Documento que dá suporte ao pessoal de vendas. São exemplos: Mostruário; Portfólio; Cartão de Visita; Cartaz; Banner; Folder; Prospecto; Catálogo; Proposta.

10.4 Documentos Empresariais

A seguir, os mais importantes documentos empresariais:

Agenda de Trabalho – Documento que é uma lista sumária, geralmente, com data e hora marcadas, em que são feitas anotações de compromissos, transmissão de informações, apontamentos pessoais, questões a serem debatidas, tarefas a serem cumpridas, ações e decisões a tomar, por exemplo.

Anexo – Documento cuja extensão e complexidade não faz parte do corpo de um relatório (plano), como por exemplo: quadros, tabelas, planilhas, matrizes, diagramas, gráficos.

Anteprojeto – Documento que é um esboço preliminar do projeto, como o protótipo é para o produto. Deve ser simples, conciso, objetivo e de orçamento reduzido. Não deve ser confundido com sinopse.

Ata de Assembleia – Documento representado por uma ata da Assembleia Geral de Constituição de uma Sociedade, que nada mais é do que a ata de reunião que criou a dita sociedade.

Ata de Reunião – Documento que é um registro escrito no qual se relata o que se passou de importante numa reunião. A ata de reunião diz o que, quem, como, quando e quanto um determinado trabalho será realizado, dando as devidas responsabilidades de sua execução a determinadas pessoas. Como a ata da reunião serve como documento para consulta e controle, é importante que seja bem organizada para evitar problemas futuros.

Atestado – Documento que é uma declaração escrita e assinada sobre a verdade de um fato, que serve de documento ao indivíduo que o requer. A diferença entre atestado e declaração é que o atestado é assinado por uma pessoa em favor de outra, não exigindo testemunhas. Mas, geralmente, é assinado por mais de uma pessoa.

Aviso – Documento que é empregado no serviço público, no comércio, na indústria, na rede bancária. Serve para ordenar, cientificar, prevenir, notificar, convidar, transferir valores. O mais conhecido dos avisos é o aviso prévio, que constitui a rescisão do contrato de trabalho. Um aviso muito conhecido no meio bancário é a transferência de valores em moeda corrente (TED). Pode ser também um aviso de embarque.

Balancete de Verificação – O balancete de verificação é um relatório que lista todas as contas da empresa, colocando-as em colunas com seus respectivos valores. Este balancete pode ser construído a qualquer tempo.

Balanço Patrimonial – O balanço patrimonial consiste na apresentação dos saldos respectivos de todas as contas da contabilidade de uma empresa em uma determinada data, dispostos em forma relativamente padronizada, com a finalidade de permitir, a quem o analisa, uma visualização rápida da posição econômica e financeira dessa companhia, expressa em valores monetários.

Os balanços patrimoniais podem ser levantados para qualquer data desejada. Entretanto, o que a empresa deve levantar, na data de encerramento de seus respectivos exercícios sociais, é considerado como o oficial para todos os efeitos, inclusive legal.

Banner – Uma espécie de cartaz menor, como uma bandeira que depende de uma haste de sustentação. Um banner contém as atividades ou qualidades daquilo que se quer apresentar.

Cadastro – É um conjunto de dados sobre pessoas (físicas e jurídicas), consumidores, distribuidores, fornecedores de recursos, funcionários, candidatos a emprego, profissionais especializados, vendedores, autores. Embora os cadastros sejam preenchidos preliminarmente através de formulários ou fichas, os mesmos são acumulados em arquivos, para uma fácil recuperação.

Carta – A carta é um dos elementos básicos da correspondência administrativa podendo ser editada em papel, ou meio denso, e enviada pelos Correios ou pela Internet. É utilizada para tratamento formal de assunto entre pessoas físicas e jurídicas.

Carta Comercial – É uma carta diferente da carta comum, à medida que crie e mantenha um cliente (consumidor, fornecedor, paciente, usuário, parceiro, terceirizado). Você representa a sua empresa quando escreve. Por isso, é recomendado que se paute com eficiência, eficácia e efetividade.

Carta Convite – É uma mensagem escrita pela qual se formaliza uma convocação, um chamamento, um comparecimento, uma cerimônia, um evento. Na empresa o convite, em geral, busca uma transação comercial.

Carta de Acompanhamento – É muito utilizada para apresentar uma planilha, um relatório, uma sinopse, um projeto, um plano, uma política, por exemplo, tendo, sempre anexo, o referido documento.

Carta de Apresentação – É o ato de alguém, ou uma organização, mostrar algo, objeto, pessoa, bem, serviço ou ideia, sempre ressaltando seus benefícios. É uma carta escrita por alguém, de certo prestígio e/ou posição, onde esta faz uma argumentação bem fundamentada.

Carta Aviso – É a comunicação de um comerciante a outro de que emitiu contra ele, e em favor de terceiros, uma ordem de pagamento ou saque.

Carta Convocação – É uma forma de comunicação escrita em que se convida ou chama alguém para uma reunião. Na elaboração do texto é necessário especificar local, data, finalidade. A garantia da inteligibilidade do texto advém da escolha de um vocabulário simples (palavras conhecidas, utilizadas no dia a dia) e uso de frases curtas. O objetivo da convocação deve ser reconhecido prontamente.

Carta de Crédito – Autorização dada por um banqueiro ou comerciante, a seu correspondente para que ponha à disposição de uma terceira pessoa determinada importância, dentro de certo prazo.

Carta de Fiança – Documento em que alguém se obriga solidariamente pelo pagamento de outrem.

Carta de Intenção – Documento que ratifica um propósito para contrato, ou acordo, futuro.

Carta de Remessa – Relação de títulos enviados pelos comerciantes aos bancos para serem cobrados ou descontados.

Carta Patente – Documento emitido pelo poder público que encerra privilégio, concessão ou autorização de funcionamento.

Carta Representação – Documento em que uma pessoa, física ou jurídica, é apresentada como representante de outrem. Caso comum para diplomatas e agentes de negócios.

Cartaz – Anúncio ou aviso de grande formato, próprio para afixação em ambientes amplos ou ao ar livre, em geral, com acentuado destaque no visual. Sua maior vantagem é a flexibilidade.

Carteira Profissional – É o documento do empregado que comprova a sua situação perante a empresa onde trabalha, seu cargo, seu salário, data de admissão, situação civil e outras informações.

Caução – Depósito de valores aceitos para tornar efetiva a responsabilidade de um encargo financeiro. A caução é uma garantia de pagamento antecipada.

Cheque – É uma ordem de pagamento a vista em favor próprio ou de terceiros.

Circular – Usada para divulgar assuntos que contenham recomendações ou informes de interesse geral da empresa, devendo ser distribuída, simultaneamente, a vários destinatários. A circular caracteriza-se como uma comunicação que, reproduzida em muitas cópias, é dirigida a diversas pessoas ou a diversos departamentos.

Comunicação Interna – Usada em caráter informal para despachos ou para comunicar assuntos rápidos e diretos, não exigindo controle e nem arquivamento.

Congestionograma – O congestionograma visa detectar os gargalos de processos e rotinas de trabalho. É um gráfico especializado na identificação, análise e otimização da velocidade do fluxo, diminuindo as possibilidades de engarrafamento (gargalo), que prejudicam o desempenho previsto.

Contrato – Contrato é um acordo (combinação, ajuste) tácito e/ou escrito entre duas ou mais pessoas para execução de determinada coisa, onde estão assinaladas cláusulas de: condições legais, responsabilidades, deveres, direitos, prazos e obrigações das partes envolvidas.

Nem sempre um contrato precisa ser escrito, pois no Direito há a expressão – Contrato Verbal. Mas, quando os acordos entre duas partes se tornam de vital interesse, para pelo menos uma delas, é bom assinar um contrato escrito, cobrindo os pontos principais do acordo.

Há casos em que a lei determina que o contrato seja, necessariamente, feito por escrito e em outros, como numa escritura pública, é determinante.

Contrato Social – É o documento em que duas ou mais pessoas (sócios), se cotizam para juntas fundarem uma empresa e onde são estabelecidas as responsabilidades dos sócios, suas participações, remunerações, investimentos, retiradas, distribuição de lucros, dissolução da sociedade, apuração de resultados. A forma mais adotada é o contrato de responsabilidade limitada. As sociedades anônimas são regidas por lei própria.

Controlgrama – O controlgrama engloba todos os gráficos de organização especializados em algum tipo de controle. O controlgrama é um gráfico que possibilita uma avaliação quantitativa ou qualitativa de qualquer resultado.

Currículo – O currículo de uma pessoa física ou jurídica é na realidade um relatório que aponta, de forma resumida, a vida de alguém, isto é, um histórico curto da vida de uma pessoa. Portanto, trate-o como um dos exames mais importantes que você já teve de passar e isso o recompensará muito bem. Não permita um único erro de ortografia ou gramática. Não exagere suas alegações. Por outro lado, não se diminua.

A falsa modéstia em um currículo pode ser desastrosa. Como o currículo é dirigido a uma pessoa física ou jurídica para uma vaga de emprego, associação, prestação de serviço ou parceria, é bom que o mesmo não seja "pesado demais" ou "curto demais", isto é, deve atender ao padrão de mercado e para quem ele é encaminhado.

Declaração – É prova escrita que alguém faz de uma determinada pessoa com um determinado objetivo. Nela se manifesta: explicação, depoimento, opinião, resolução ou observação.

Demonstrativo de Resultado – O demonstrativo de resultado nada mais é do que a exposição dos débitos e créditos que compõe a resposta de um exercício de uma empresa.

Diagrama – Diagrama é um gráfico, geralmente, em um espaço bidirecional, onde podemos representar, por meio de pontos, linhas e superfícies, resultados, estruturas, rotinas, relações, atividades, programas, controles, prazos, gargalos e programações, por exemplo. Os mais clássicos diagramas utilizados são: organogramas, fluxogramas, cronogramas e congestionograma.

É uma ferramenta importante para análise de séries históricas, pois uma simples apreciação permite, com razoável rapidez, chegar-se a conclusões não só sobre a evolução do fenômeno, mas também sobre o relacionamento entre este e os dados que compõem a série histórica.

Distrato – É o documento em que os sócios, por livre vontade, resolvem dissolver a sociedade, por ser de seus interesses.

Duplicata – Título de crédito pelo qual o comprador se obriga a pagar, dentro de certo prazo, o valor da fatura correspondente.

E-mail – Usado por meio de um serviço que permita a comunicação direta e temporária entre dois departamentos da empresa ou de fora. É uma carta por via eletrônica, sem os floreios do passado.

Estatuto – É um documento que expressa, formalmente, os princípios que regem o desenvolvimento de um estado, sociedade, associação, organização ou clube, por exemplo. Um estatuto é dividido em capítulos, artigos e parágrafos que se referem a: denominação, sede, finalidade, sócios (participantes), objetivos, estrutura organizacional, reuniões, diretoria, conselhos, patrimônio, duração, capital social, participações, cotistas, inversões, lucros, atribuições, deveres, dissolução, liquidação, número de associados, conselho fiscal, conselho administrativo (deliberativo), fundos, reservas, balanço patrimonial, disposições gerais, disposições transitórias.

Fatura – Relação de mercadorias vendidas, com os respectivos preços e prazos de pagamento. Hoje, a fatura serve como recibo de pagamento, como um boleto bancário, onde há o código de barras do fornecedor do bem ou do serviço.

Fiança – Obrigação acessória assumida por terceira pessoa, que se responsabiliza, total ou parcialmente, pelo cumprimento da obrigação do devedor, caso este não a cumpra ou não possa cumpri-la.

Ficha de Avaliação – Documento em forma de quadro onde aparecem os principais itens de avaliação de um candidato a um cargo.

Ficha de Cadastro – Ficha contendo informes relevantes sobre uma pessoa física ou jurídica. Ela deve ser o mais simples possível.

Ficha de Descrição do Cargo – A ficha de descrição de cargo é um documento importante utilizado pelo Departamento de Recursos Humanos, pois estabelece definições, funções, objetivos, responsabilidades, trabalhos, supervisão exercida, supervisão recebida, grupo salarial, departamento, seção, centro de custo, requisitos mínimos (grau de instrução, educação, experiência, conhecimento específico).

Ficha do Fornecedor – A ficha do fornecedor é um cadastro que indica quem atua no mercado de recursos, principalmente, para bens (matérias-primas, insumos).

Ficha de Inscrição – Esta ficha é um formulário que o candidato preenche com o objetivo de fornecer inúmeras informações básicas, como: formação escolar e profissional; nível de instrução; gostos culturais; posição econômica; vida recreativa; empregos anteriores.

Ficha de Registro de Empregado – Resumo dos principais dados para efeito de fiscalização.

Ficha do Cliente Consumidor – É um controle que objetiva ter os dados cadastrais do consumidor.

Fluxograma – É um gráfico de organização para atividades (rotinas, tarefas, movimentos), que representa de forma dinâmica e analítica as unidades de trabalho e a sequência lógica das fases, etapas ou passos de um processo, por meio de determinada simbologia, caracterizando ainda seus agentes executores e suas relações.

Folder – É um folheto dobrado, geralmente, entregue pelos Correios, ou em mãos, em que são relatados os serviços que se quer divulgar como: Nossos Serviços, Nossas Bandeiras, Nossa Missão, Nossos Compromissos.

Folha de Pagamento – É um documento que espelha o cálculo da remuneração da mão de obra com os descontos e encargos legais. Reunião dos contracheques.

Formulário – O formulário é um importante meio de comunicação, transmissão e registro de informações, principalmente, as baseadas em dados quantitativos. A necessidade dos formulários pode ser justificada, em função dos seguintes fatores: importância das informações, exigências legais e governamentais, padronização nas comunicações, armazenamento de dados e controle.

O formulário é um documento que encerra informações constantes e espaços destinados à inserção de dados. Sua finalidade específica é possuir características e campos apropriados, destinados a receber, preservar e transmitir informações, cujos lançamentos são necessários para definir a natureza ou cobrir um fluxo qualquer de trabalho, desde seu início até sua conclusão.

Gráfico – É a representação em uma superfície plana de um objeto, de uma relação ou de um raciocínio esquematizado, objetivando visualizar uma ideia e facilitar a transmissão precisa de uma imagem. O gráfico, para facilitar seu entendimento, precisa ser racional, claro e conciso.

O gráfico é um meio de que nós utilizamos para configurar ou figurar a observação de determinado fenômeno, durante certo período, em toda a extensão de sua variabilidade e intensidade de suas singularidades. Sob esta acepção, no entender de diversos autores, o gráfico exerce a mesma função de uma mensagem, isto é, deve ser uma comunicação precisa e clara que prenda a atenção do observador.

Histograma – É a representação em que se usam retângulos justapostos, cujas dimensões são proporcionais às variáveis (altura e base). Este diagrama é próprio para representar uma distribuição estatística de frequência. As alturas são iguais às frequências e as bases aos intervalos de classe da distribuição. Um histograma sempre é aplicado com um referencial cartesiano, para cobrir a necessidade de se fazer medidas de comparação entre os dados apresentados.

Manual – O manual é um documento com a finalidade de uniformizar processos, atividades, tarefas e rotinas, que deve ser observado pelas pessoas, sendo, portanto, um ótimo instrumento de racionalização e otimização dos recursos de uma empresa. O manual ajuda a aperfeiçoar a comunicação e a interação entre os diversos subsistemas da organização, quando é elaborado com base na cultura organizacional existente.

Matriz – A matriz é uma tabela (quadro) de dupla entrada onde são conjugadas as variáveis (fatores) controláveis e não controláveis que o analista tem da situação, isto é, o seu conhecimento acerca de: dados, informações, ameaças, oportunidades, restrições, obstáculos, riscos, chances, sintomas, mudanças de comportamento, cenários, pontos fortes e pontos fracos. É muito comum se usar a palavra matriz para caracterizar um padrão adotado.

Memorando – Usado para solicitar ou prestar informações, pedir providências e transmitir ordens e rotinas. O memorando pode ser sigiloso. É utilizado, sobretudo, para correspondência entre departamentos de uma mesma empresa, ou entre a matriz e suas filiais. Hoje, as mensagens eletrônicas (celular) substituíram os memorandos.

Modelo – O modelo é qualquer representação simplificada de um processo e/ou uma realidade em seu todo ou partes. Pelo modelo verifica-se a interligação entre informação, processo e decisão. O desenvolvimento de um modelo é fundamental, porque ele é um pré-requisito para a análise de valor.

Orçamento – O orçamento é um plano que especifica as receitas e os gastos antecipadamente em um dado período. Previsões e orçamentos não podem ser considerados como sinônimos. Uma previsão é uma tentativa de determinação de futuros eventos. Orçamento é, ao contrário, a manifestação de uma vontade tendente a orientar os eventos futuros na direção mais oportuna.

É importante que o orçamento seja congruente com os objetivos da empresa. O orçamento não dá uma visão realista do futuro, só mostra um desejo de programar a organização para um ano inteiro, o que não é possível, quando o cenário muda.

Orçamento Prévio – O orçamento prévio é uma folha onde são colocados os itens de um determinado serviço a ser executado, tais como materiais, especificações, preços, condições de pagamento, prazos de entrega. A ordem de serviço é um controle de atendimento complementar ao orçamento prévio.

Organograma – O desenho organizacional retrata a configuração estrutural da organização (empresa) e o seu funcionamento. Este desenho recebe o nome de organograma, que é um modelo esquemático representativo da divisão do trabalho desenvolvido pela organização. É um arranjo de figuras e linhas que mostram as diversas conexões existentes.

Em um organograma está representada a correlação de poder, seja de um projeto ou de uma empresa. A configuração mostrada é estática, isto é, permanece a mesma no decurso das atividades.

Penhor – Direito real que vincula coisa móvel (ou mobilizável), geralmente, entregue ao credor, a uma dívida, como garantia de pagamento desta.

Petição – A petição é um requerimento com o qual a pessoa, que se julga vítima de um fato contrário a lei, se dirige a uma autoridade judicial, geralmente, por intermédio de um advogado, pedindo justiça.

Planilha – Uma planilha é uma página em uma pasta (arquivo) onde se pode entrar e armazenar dados, realizar cálculos, organizar informações e executar diversas tarefas de cálculo. As planilhas eletrônicas são organizadas como pastas. Ela pode conter 65.536 linhas por 256 colunas. A área de trabalho somente mostra de forma visível 12 colunas por 20 linhas. É composta de células e cada uma é identificada por um endereço.

Os dados digitados em uma célula são divididos em duas categorias principais: valores constantes ou fórmulas. Um valor constante é um dado que é digitado diretamente na célula e que não é alterado. Uma fórmula, por sua vez, pode ser constituída por valores, referenciais de outras células, operadores matemáticos e funções.

Plano – O plano (produto do planejamento) é um curso de ação, onde se estabelece quem fará o que, onde, como e por que atingir objetivos. Todo e qualquer plano é retratado formalmente, através de um documento. Se não for escrito não é plano.

Um plano pode ajudar muito um gerente de projeto, porque tem uma estrutura formal e assim, além de ser escrito, proporciona condições para uma decisão cuidadosa, disciplina o pensamento, define claramente os objetivos, explicita responsabilidades de execução, enfatiza fatores chaves para o sucesso, analisa mais cuidadosamente as condições de um negócio, proporciona detalhes mais bem pensados, fornece um mínimo de coordenação, enfatiza as oportunidades e ameaças, ajuda a construir uma orientação da empresa para o mercado.

Política – As políticas são guias para a ação que facilitam a tomada de decisão, porque proporcionam rumos para as pessoas dentro de organizações. Uma política rege, mas não faz o trabalho. Seu propósito é guiar a ação para objetivos, mas não são objetivos em si.

A função de uma política é aumentar as chances do gerente do projeto e seus colaboradores fazerem escolhas semelhantes ao enfrentarem, independentemente, situações similares. Etimologicamente, política deriva da palavra grega "polis" que significa cidade.

Procedimento – Procedimento é uma série de passos lógicos, através dos quais todas as ações repetitivas numa empresa são iniciadas, executadas, controladas e finalizadas. Um procedimento define que ação é requerida, quem a executa (pessoa ou máquina), quando a ação deve ter lugar (cronologia e implementação) e como é executado (método).

O papel mais importante do procedimento é servir de canal transportador dos dados até o ponto de processamento. Os procedimentos permitem a execução de ciclos completos de ação.

Procuração – Procuração é um documento declaratório em que uma pessoa (física ou jurídica) confere a outrem para, em seu nome, representá-la para uma determinada finalidade (negociação).

Programa – Programa é um conjunto de atividades sequenciais limitadas no tempo, em ordem de prioridade, estabelecidas para atingir objetivos. Muitos autores acreditam que um programa pode ser uma reunião de projetos homogêneos, isto é, programas que tenham objetivos congruentes. Esta é uma visão macroeconômica.

A ordem de prioridade dos itens de um programa não precisa, a priori, estar rigorosamente em ordem cronológica, porque à medida que o programa avança muitos itens são excluídos, mudam de posição e outros são inseridos.

Projeto – É uma organização de recursos, sistemática e racionalmente ordenados, que compreende uma sequência de atividades dirigidas à geração de um produto único e singular, em um tempo dado, permitindo estimar os custos e os benefícios de tal geração. A denominação de único e de não repetitivo significa que o produto possui alguma diferença em relação a todos os demais produtos.

Projeto é concebido como a ideia que se forma em executar ou realizar algo no futuro, seguindo determinado esquema. Este documento é a ponte entre a análise de um problema e a resolução do mesmo. Um projeto pode conter programas e planos, mas não são sinônimos.

Promissória – Título de crédito derivado de um empréstimo pelo qual o tomador se obriga a pagar, num certo prazo, o valor de face do título.

Proposta – Documento onde se pretende estabelecer uma negociação futura sobre a venda de um produto (bem, serviço, ideia). A proposta estabelece: objeto da proposta, especificações, métodos, prazos de execução, preços, condições de pagamento, prazo de validade da proposta, prazo de garantia, orçamento, encargos, responsabilidades, currículo do proponente, referências, certidões negativas, atestados de capacitação, certificados de qualidade.

Prospecto – Pequeno impresso de propaganda com ilustrações, geralmente distribuído de porta em porta e nos semáforos das ruas. É barato, mas poucas pessoas leem.

Questionário – O questionário é um documento para se coletar dados, porque utiliza uma técnica flexível que não é, necessariamente, tão dispendiosa. Os dados coletados podem ser estruturados para permitir rápidas análises estatísticas por meio do computador. É o instrumento mais comum para fazer pesquisa.

Em geral, a palavra questionário refere-se a um meio de obter respostas às questões por uma fórmula que o próprio informante preenche.

Assim, qualquer pessoa que preencheu um pedido de trabalho teve a experiência de responder a um questionário. Ele contém um conjunto de perguntas, todas logicamente relacionadas com um problema central. O questionário consiste num elenco de questões que são apreciadas e submetidas a certo número de pessoas com o intuito de obter respostas para perguntas selecionadas.

Recibo de Pagamento – Documento escrito em que alguém declara ter recebido de outrem alguma coisa (dinheiro ou não). Se o recibo for passado por uma pessoa jurídica, o mesmo deve ser personalizado (papel timbrado).

Regulamento – É um conjunto de regras (normas) que dizem como e quem pode fazer. Assim, um funcionário pode ser avaliado se aquilo que faz é congruente ou não com o regulamento. Ele pode estar aquém ou além das expectativas da direção da empresa. É um documento normativo que reúne comandos diretos e cursos de ação que devem ser seguidos fielmente. Tais comandos são conhecidos por normas ou regras.

Relato – É um relatório oral. Alguns autores consideram que um relatório é um conjunto de informações organizadas para descrever um problema, podendo ou não apontar, na conclusão, uma hipótese de solução.

Relatório – Relatório é uma apresentação escrita, para transmitir informações a um leitor determinado, numa forma completamente imparcial e sob o aspecto mais útil ao leitor, com o propósito de resolver um problema específico.

Em essência, um relatório é uma narração descritiva qualitativa e/ou quantitativa de uma determinada situação. É uma exposição escrita de fatos verificados ou um relato das atividades desenvolvidas, ou ainda, uma súmula de um programa realizado com referência a serviços prestados.

Requerimento – Requerimento nada mais é do que um pedido que uma pessoa dirige a uma autoridade, com base na Lei, a fim de solicitar um benefício ou um direito legal.

Requisição de Compra – É um formulário emitido para aquisição de item faltante no almoxarifado, depósito ou armazém.

Resenha – Relato escrito daquilo que é relevante de um livro, conto, romance, processo, julgamento, fenômeno, por exemplo.

Resumo – É a condensação de um estudo, mencionando as principais contribuições do trabalho para os leitores, dando uma visão rápida e clara do conteúdo e da conclusão. Todos os segmentos de maior importância devem ser incluídos, constituindo-se uma sequência de frases concisas e objetivas, e não de uma simples enumeração de tópicos.

Deve ser redigido na terceira pessoa do singular, com o verbo na voz ativa, proporcionando ao leitor entendimento geral do estudo. O resumo não deve ser longo para não cansar, nem muito curto que possa causar dualidade e confusão no seu entendimento.

Sinopse – Sinopse é uma apresentação concisa dos pontos básicos de um projeto, redigido pelo autor, redator ou relator para um leitor determinado, com a finalidade de permitir que este decida se convém, ou não, fazer a leitura integral de todo o projeto.

Embora a sinopse faça uma abordagem resumida, não é um resumo descritivo do projeto, e sim um retrato da verdadeira natureza do trabalho a realizar, já que é um documento construído com a finalidade de sensibilizar alguém a se interessar por seu conteúdo, antes de sua apresentação propriamente dita.

É uma espécie de relato que resume os enfoques relevantes de um projeto. Também não é um anteprojeto.

Tabela – É uma matriz de duas entradas em que são mostrados os valores, resultados, atividades, datas, assuntos, eventos, em função das condições, dos critérios e dos recursos utilizados.

Termo de Garantia – O termo de garantia é um documento que assegura a autenticidade e/ou a boa qualidade de um produto (bem ou serviço), que assume o vendedor junto ao comprador (usuário), o compromisso de ressarci-lo em caso de ineficiência ou fraude comprovada.

10.5 Reunião

Uma reunião é um processo dinâmico de grupo que é fluido, inexato e mutável, impossível de se reduzir a um simples conjunto de sistemas e descrições. Estas qualidades não devem ser encaradas como negativas, e sim como a principal vantagem do encontro.

Um grupo bem entrosado, que se reúne para trocar conhecimentos, opiniões, necessidades, esperanças, confianças e medos, cria uma sinergia e uma mecânica bastante dinâmica, que muda de minuto a minuto, à medida que a interação grupal se desenvolve.

Até as reuniões têm seu estilo e personalidade. Elas são feitas de indivíduos, cada um participando com suas qualidades, defeitos, vícios, atitudes, sentimentos e necessidades. Quando esses indivíduos se mesclam numa reunião, transformam-se em algo mais que a soma de todos eles. Essa personalidade do grupo vai influenciar a forma com que cada membro participa e se relaciona com os outros.

Para muitos, reunião é uma perda de tempo, para outros, uma necessidade vital. Nem oito, nem oitenta, as reuniões são necessárias desde que não virem fábricas de consenso, onde o grupo esmaga a individualidade, castrando inteligências.

Assim, as reuniões devem ter data e assunto predeterminado e só, em casos extremos, deve a empresa promover reuniões de última hora ou extraordinárias. Com isso evitará o desgaste da seriedade que precisa ter este encontro, qualquer que seja. Um dirigente indeciso usa a reunião para a tomada de decisão, eximindo-se, em parte, da responsabilidade da ação administrativa.

As reuniões servem a muitos fins importantes, sendo basicamente um agrupamento de informações e julgamentos, a fim de alcançar um objetivo específico. O velho ditado de que duas cabeças pensam melhor do que uma, ainda se mantém.

Através das reuniões, chega-se a uma decisão, fixam-se diretrizes, políticas, estratégias e táticas, alteram-se normas, regras e procedimentos, confrontam-se ideias, modelos e resultados, trocam-se pareceres, solucionam-se conflitos e problemas, comunica-se uma previsão de vendas, um resultado ou um plano.

As reuniões podem ser classificadas quanto à: forma (geral e particular); finalidade (objetivos, estratégias, soluções, políticas) e periodicidade (programadas e extraordinárias).

10.6 Reunião e Avaliação

Reuniões também têm um cunho de avaliação. Parece haver certos aspectos do comportamento, em reuniões, que se aplicam a tudo. Há um número constante de pessoas que falam e outras que se calam, e este número não se modifica com o tamanho da reunião. Menos de meia dúzia, em geral três, dominarão o encontro. Uma tenta descobrir o que se passa, as outras duas trabalham contra ou a favor disso.

Numa reunião, todos avaliam todos. Há situações em que o chefe fala sobre o que quer, pelo tempo que bem entende, e a reunião está encerrada.

Não há nada, absolutamente, mais desmotivador ou humilhante para um jovem executivo do que comparecer a tais encontros em que sua função é ser um fiel ouvinte. Mas, existe uma vantagem nisso? Existe. Aquele que é sagaz observará: o comportamento dos participantes, a cultura e a documentação da organização, quem se comporta como chefe e quem como líder. Para um novato é bom mesmo ficar calado e só se pronunciar, se for solicitado.

A vantagem da reunião é que sempre se está avaliando alguma coisa, nem que seja o participante ao lado.

É fato de que quanto mais alto a pessoa se acha situada na estrutura organizacional menos informações relevantes possui sobre um assunto. Não se trata de um ponto de vista cético, e sim, prático. Os altos executivos precisam cobrir uma ampla área de atividades. Impossível estarem a par de tudo. Contudo, isso não os impede de ter opiniões e desejos. Sabem o que gostariam que acontecesse e fazem força para chegar aos seus objetivos.

Até a Lei de Pareto funciona na reunião, onde 20% decidem sobre 80% dos assuntos tratados. Pior, executivos, que passam por várias empresas que administram por reuniões, acabam gostando desta prática. Na realidade, como já observado, a Lei de Pareto diz: "Somente 20% dos eventos/acontecimentos/recursos respondem por 80% dos resultados".

10.7 Considerações sobre Reuniões

A mistura de relações pessoais e de trabalho também é problemática. Se um assunto é tratado de forma apressada numa reunião resultará em atritos. Contudo, qualquer organização repousa nessa mistura.

Quanto mais pessoas estiverem reunidas, tanto mais tempo será necessário para sua atuação conjunta, e tanto menos tempo estará disponível para elas trabalhar, realizar funções e obter resultados. Uma empresa que faz administração por reuniões é deficiente na sua essência.

Um fator comum que causa a perda de tempo é o excesso de reuniões. Segundo C. Northcote Parkinson, "as reuniões são, por definição, uma concessão à organização deficiente, pois uma pessoa ou se reúne ou trabalha, não pode fazer as duas coisas ao mesmo tempo".

A frase: "Numa estrutura idealmente planejada não haverá reuniões, cada um saberá aquilo que deve conhecer para fazer seu trabalho" é uma utopia. Mesmo que cada um tenha os recursos para fazer o seu trabalho, ainda, será preciso saber como fazê-lo.

Há reuniões, porque as pessoas que realizam atividades diferentes têm de cooperar para fazer um trabalho específico. Reunimo-nos, porque o conhecimento e a experiência necessários para uma situação específica não estão disponíveis numa única cabeça, mas no conhecimento de várias pessoas.

Reuniões demais sempre significam que a responsabilidade se torna difusa e que as informações não são dirigidas às pessoas que precisam delas.

Assim, como o excesso de reuniões prejudica o uso inteligente do tempo, a falta de bons canais de comunicação dificulta a coordenação, causando falta de controle e muita confusão. Então, onde está o problema de diagnosticar a perda de tempo? Está na abordagem e não no método.

A maioria das pessoas desenvolve as atividades tentando juntar as questões secundárias, menos produtivas, deixando, assim, tempo livre entre elas. Vamos utilizar esse tempo livre para realizar algo útil, adquirir sabedoria e conhecimento, antes que o tempo disponível seja ocupado e corroído por: novas crises, emergências, questões triviais e irrelevâncias.

O fato de reuniões serem necessárias e muito usadas, elas não significam que sejam sempre eficazes. Muitas são mal organizadas e pobremente conduzidas e, portanto, totalmente inúteis. Outro tipo de reunião inútil é àquela em que o líder usa o encontro apenas para confirmar sua decisão e mostrar poder. Depois de ter decidido, usa a reunião para endossar suas próprias conclusões.

Sempre haverá um número de reuniões maior que o necessário. A organização precisará sempre de tanto trabalho em conjunto, que as tentativas bem-intencionadas de cientistas do comportamento para criar oportunidades para a cooperação poderão tornar-se, de algum modo, redundantes.

Se os gerentes de uma empresa ocupam mais do que uma parte razoavelmente pequena de seu tempo em reuniões é sinal seguro de má administração.

Algumas empresas continuam a fazer administração por reuniões mais por hábito do que por necessidade. Eis algumas sugestões para você pensar antes da convocação de uma reunião:

- Não convoque uma reunião se o assunto puder ser resolvido de outra forma.
- Explique o motivo do encontro a todos que vão participar.
- Convide apenas as pessoas necessárias à reunião.
- Cancele a reunião se desaparecer o motivo de sua realização.
- Questione a relevância do encontro e se realmente os participantes têm as informações significativas que justifique o evento.

10.8 Planejamento da Reunião

Apesar de quase todos nós vivermos resmungando e reclamando das reuniões, elas são parte importante da vida. Portanto, devemos aceitá-las. E, quando as reuniões são nossas, devemos tentar aperfeiçoá-las. Muitas das críticas contra as discussões em grupo baseiam-se na falta de compreensão das forças decisivas dos grupos e da complexidade de liderá-los.

As reuniões, se forem dirigidas apropriadamente, podem dar aos participantes a oportunidade de relacionamento e desenvolver uma equipe eficaz. Elas proporcionam uma oportunidade de partilhar as experiências, os pontos de vista, os problemas e as soluções.

Conduzidas com propriedade, as reuniões podem servir para vários objetivos de comunicação e administração a um só tempo. Podem manter as pessoas bem-informadas, resolver problemas, revelar atitudes e promover um clima de participação. Você poderá descobrir que tem a possibilidade de aplicar mais princípios de comunicação numa reunião do que em qualquer outra atividade em seu campo de conhecimento.

Uma parte considerável dos diálogos nas empresas acontece em salas de reunião. E são frequentes as vezes em que os profissionais deixam essas salas com pontos de interrogação estampados no rosto, sem saber ao certo o que foi discutido e acertado.

A eficácia da reunião dependerá de um bom planejamento.

Alguns princípios básicos do planejamento da reunião são colocados, a seguir:

- Planejar a reunião para ser realizada em horário no qual os participantes estejam mais receptivos.
- Informar local, data e hora.
- Marcar a reunião com certa antecedência, para que todos tenham de pensar nos objetivos.
- Fazer uma convocação.
- Preparar o roteiro previamente.
- Dotar o ambiente da reunião de meios auxiliares (meios físicos e meios auxiliares).
- Listar perguntas, questões e textos para reflexão, exercícios numéricos, estudos de caso.
- Começar na hora marcada e seguir o roteiro.
- Preparar soluções e rever procedimentos.
- Planejar a duração da reunião, em função do público-alvo.
- Proporcionar intervalos, caso necessários.
- Terminar a reunião quando os objetivos forem alcançados.

10.9 Condução da Reunião

Você deve entender que manter uma reunião num clima construtivo exige muito esforço e habilidade, principalmente, para resolver situações difíceis. Como coordenador da reunião, você, sem dúvida, será o líder do grupo. É sua, portanto, a responsabilidade de iniciar os trabalhos, fazendo a abertura com os seguintes procedimentos de condução da reunião:

a) Manter bem clara a meta a ser atingida, o problema a ser atacado e o motivo da reunião.
b) Apresentar as razões da reunião e o que espera alcançar.
c) Explicar o motivo da participação de cada membro, seguindo um esquema de trabalho.
d) Formular perguntas diretas ao grupo e perguntas refletidas a quem as fez.
e) Manter a discussão em ordem (quando alguém fala, os outros ficam calados).
f) Interromper a discussão (ou debate) quando se tornar redundante.
g) Garantir que todos possam ser ouvidos, controlando o dominador.
h) Manter a atmosfera descontraída e informal.
i) Ser capaz de delegar tarefas, tendo certeza de que os itens a discutir são do interesse de todos.
j) Encorajar a discussão plena.
k) Ouvir o ponto de vista da maioria.
l) Servir como negociador e árbitro, conservando-se neutro.
m) Manter a calma e encerrar a reunião na hora certa.

O líder de uma reunião poderá encontrar situações que poderão ser difíceis de serem contornadas. Devido aos diversos tipos de temperamento pessoal (personalidades) dos participantes da reunião, o líder poderá encontrar tipos que atrapalhem o bom andamento dos trabalhos.

A seguir, algumas dicas de como tratar tipos de personalidades:

Tipo Sociável – Apele para o trabalho em equipe, não dando excesso de detalhes.

Tipo Pessimista – Encoraje e mostre confiança, equilibrando o pessimismo com otimismo.

Tipo Acanhado – Expresse confiança em sua capacidade, peça sugestões.

Tipo Agressivo – Evite brincadeiras, elogie e critique diretamente.

Tipo Ambicioso – Mostre benefícios, aplique padrões de desempenho.

Tipo Moroso – Peça prazos, evite interromper seu trabalho, elogie realizações.

Tipo Conservador – Encoraje-o para novas tecnologias do conhecimento.

Tipo Falante – Use o grupo para controlá-lo, não se dirija a ele com frequência.

Tipo Gênio – Deixe que exponha seu ponto de vista para não lhe tirar o entusiasmo.

Tipo Silencioso – Faça perguntas simples e diretas, a fim de encorajá-lo a participar da reunião.

Tipo Crítico – Jogue o grupo contra ele, comprometa-o nos detalhes.

Tipo Teórico – Peça exemplos, mostre objetividade e pragmatismo.

Para fins de direção de uma reunião, é possível descrever uma pessoa como uma combinação de pelo menos três dos tipos abordados.

10.10 Metodologia da Reunião

Os assuntos tratados nas reuniões devem ter a seriedade própria do momento, isto é, não se deve fazer reuniões para tratar de banalidades e coisas sem sentido prático. Se a reunião permitir conclusões, as mesmas devem ser comunicadas, por cópia da ata de reunião, posteriormente, a todos os participantes.

É possível pedir o feedback necessário à implementação das soluções (decisões) propostas.

Se a reunião não permitir conclusões, deve o coordenador informar aos participantes que será enviado um relatório com o consenso geral das opiniões, quando, também, serão solicitadas soluções e sugestões a respeito dos problemas tratados, lembrando aos participantes que devem procurar melhorar métodos e processos, a fim de se evitar pontos problemáticos (conflitos não administráveis).

É preciso entender que as reuniões são vitais para uma boa liderança.

Será apresentada, a seguir, uma metodologia de reunião que auxiliará a transformar um encontro em uma atividade, que, às vezes, custa tempo, dinheiro e chateação, em uma que beneficie a eficiência, eficácia e efetividade do trabalho em grupo:

Preparar o Ambiente: Cumprimentar os participantes e pô-los à vontade; abordar o assunto rapidamente; definir claramente o objetivo da reunião; solicitar a participação ativa de todos; deixar claro o tipo de participação que deve ter o grupo no processo decisório; esclarecer completamente o sentido de todas as palavras ou expressões ambíguas constantes do assunto em questão.

Animar e Dirigir a Discussão: Formular a pergunta inicial (impessoal) da discussão; Apelar para a experiência de todos os participantes; Obter o maior número de fatos e reações dos participantes; Conseguir a participação dos componentes; Não apressar a discussão, a fim de evitar perda de experiências úteis; Evitar conclusões e sínteses apressadas; Confrontar opiniões e pontos de vista; Sondar a solidez das opiniões; Evitar a monopolização da discussão por um participante; Fugir dos assuntos já discutidos; Favorecer a evolução da discussão, com exemplos e ilustrações; Procurar chegar a acordos; Ser um bom negociador.

Fazer um Balanço da Situação: Salientar os pontos de acordo e o progresso da discussão; escrever os acordos ou conclusões parciais; assegurar-se de que o grupo os compreende e aceita; verificar se há necessidade de experimentar; evitar voltar ao ponto anterior; fazer o necessário para conseguir a participação e aceitação geral; lembrar daqueles que ficaram calados.

Fazer uma Ata da Reunião: Recapitular clara e brevemente as conclusões parciais; ter a certeza de que o grupo está preparado para as conclusões gerais; encaminhar o grupo para uma conclusão geral construtiva; assegurar-se de que todos a compreenderam e aceitaram; avaliar os graus de convicção dos participantes; determinar a ação a ser empreendida (O quê? Quem? Quando? Quanto? Onde? Por quê? Como?); construir o cronograma de controle; escrever as conclusões e reafirmar a sua aceitação; entregar uma cópia da ata a cada membro da reunião.

10.11 Tipos de Reunião

As pessoas se reúnem por diversos motivos. Uma vez no grupo, cada componente é um sujeito, com capacidades singulares e específicas, disposto a colocá-las, em função do grupo para que o estudo e a reflexão sejam mais aprofundados. Basicamente, todas as reuniões são reuniões de trabalho (esforço, exercício ou atividade humana para transformar a natureza).

Existem dois tipos de reunião:

A – Reuniões Operacionais:

Reunião de Confrontação – Esta reunião é realizada entre funcionários de vários níveis e especializações, sob o comando de um analista, para se criticarem mutuamente. É uma técnica de alteração comportamental em que dois grupos antagônicos em conflito se reúnem, em sessões sucessivas, com a moderação de um coordenador para discutir, avaliar e reduzir diferenças.

Reunião de Crítica – Reunião de pessoas de uma mesma empresa, onde são elencadas críticas sobre estratégias, táticas, políticas e procedimentos, por exemplo.

Assembleia – Nome que se dá a uma reunião de pessoas com a finalidade de deliberar sobre assuntos específicos por seus participantes. As atribuições da assembleia são, na sua totalidade, de natureza deliberativa, não lhe competindo a prática de atos executivos. A assembleia não obriga a sociedade perante terceiros, apenas autoriza essa obrigação, a ser assumida, se o for pela diretoria executiva.

Reunião de Criatividade – A reunião de criatividade, mais conhecida internacionalmente como brainstorming, é o encontro, cuja finalidade é buscar ideias ou novas soluções, quando se fizer necessário a imaginação. O escopo da reunião é o de produzir o maior número de ideias possíveis.

Brainstorming (tempestade cerebral) é uma reunião que tem sido utilizada como técnica para o desenvolvimento de ideias criativas em torno de uma área específica. O grupo é, geralmente, limitado entre cinco até dez pessoas. Nesta reunião, os participantes têm liberdade de dizer o que pensam, sem serem criticados. Para serem eficazes essas reuniões precisam ter pessoas de diferentes áreas da empresa, com perspectivas diferentes.

Dinâmica de Grupo – Nome dado a uma reunião de pessoas, em pequenos grupos, para a solução ou análise de um problema de interesse comum. Este método não só ajuda a solucionar problemas como montar estratégias, táticas, procedimentos, políticas, regras e regulamentos. Através da dinâmica de grupo as pessoas aprendem a se conhecer; adquirirem informações; trabalham como equipe.

Dinâmica de grupo é, consequentemente, uma conquista do homem, que reconhece no seu semelhante uma fonte de relações, de liberdade, de diálogo, de questionamento e de crescimento mútuo. Todo o processo de estudar em grupo tende a exercitar e desenvolver a criatividade.

Entrevista – Técnica, por excelência, para levantamento de dados. Consiste de contatos com os elementos envolvidos nas operações em estudo, a fim de que estes possam fornecer dados relativos às mesmas.

A entrevista é instrumento fundamental na seleção de pessoal. Tem sido supervalorizada por uns e subestimada por outros. É, no entanto, indispensável no processo de escolha de pessoal e, ainda que usada sem ser acompanhada por testes, melhora muito a seleção de pessoal.

A entrevista é basicamente uma fonte coletora de dados e fatos presentes e passados. O seu grande inimigo é o julgamento subjetivo e precipitado do entrevistador. A avaliação da entrevista é ponto vital no êxito de seu uso.

Os cuidados que o entrevistador deve ter, numa entrevista de seleção de um candidato, são:

- Ser realizada em lugar isolado.
- Afastar ao máximo seus preconceitos.
- Ser bastante objetivo, evitando atitude doutoral.
- Não fazer perguntas capciosas, evitar se projetar sobre o candidato.
- Colocar o entrevistado bem à vontade e começar a entrevista com um assunto que seja de interesse do mesmo.
- Não se afastar de seu objetivo, trabalhar baseado num roteiro para não se perder, evitando prolongar o tempo da entrevista.
- Redigir um relatório abordando, geralmente, o seguinte: aparência, inteligência, conhecimento, maneira de se expressar, sociabilidade, temperamento, educação, instrução, moral, documentação, experiência profissional, evolução escolar e profissional, nível de percepção.

O entrevistador vai lidar com todo tipo de entrevistado, tais como: enganador, simpático, cativante, de "grande experiência", com currículo brilhante, sedutor, exagerado, mentiroso, mascarado, carismático, aproveitador da ingenuidade do entrevistador, conversador.

O entrevistador deve checar tudo, mesmo aquilo que possa parecer irrelevante.

Uma contratação ruim pode causar sérios danos à equipe. Deixar-se levar pela primeira impressão de um candidato e acreditar em tudo aquilo que está escrito no papel é o maior pecado do entrevistador.

Como método de investigação a entrevista pode ser: estruturada, não estruturada e padronizada. A entrevista padronizada é a de maior uso na pesquisa. Sua premissa é de que todas as respostas devem ser comparáveis contra o mesmo conjunto de perguntas e de que os desvios devam refletir diferenças entre os respondentes e não diferenças nas perguntas.

Estudo de Caso – Esta reunião pode estudar o caso problema e o caso análise. O caso análise tem como objetivo desenvolver a capacidade analítica do participante. O caso problema tem como objetivo chegar a uma solução, a melhor possível, em função dos dados apresentados. O caso problema exige muita síntese do grupo.

Reunião de Viabilização de Projeto – Esta reunião busca informações que facilitem a viabilização do projeto. Os principais itens de um projeto são: finalidade, fundamentação, desenvolvimento, implementação, implantação e avaliação.

É uma reunião cujos principais pontos de estudo são:

a) Identificar o escopo do projeto.
b) Identificar problemas a serem resolvidos.
c) Identificar os objetivos principais para projeto.
d) Identificar um número de soluções que possam satisfazer as necessidades do projeto.
e) Mostrar as vantagens e desvantagens do projeto.
f) Desenvolver um plano de realização do projeto com estimativas dos recursos necessários.
g) Obter o parecer dos participantes, incluindo alterações nos tópicos anteriores.
h) Obter o comprometimento e o compromisso dos participantes.

Reunião de Negociação – Esta reunião se caracteriza como um processo em que as partes envolvidas se deslocam de suas posições originais, inicialmente divergentes, para um ponto no qual o acordo possa ser realizado. O processo de negociação é um tipo de interação humana em que as partes buscam resolver diferenças através da obtenção de um acordo, troca, partilha, barganha, doação.

A negociação tem sido empregada, por milhares de anos, como modo não violento e socialmente aceitável de alcançar acordos e conciliar as diferenças entre as partes.

Reunião de Venda – Esta reunião faz o encontro de compradores e vendedores para discutirem oportunidades, nichos de mercado, problemas de distribuição, níveis de qualidade e preço, por exemplo.

Reunião para Resolução de Problema – Esta reunião buscará, através da troca de alternativas, a que melhor se adapte à situação, aos recursos disponíveis e ao menor custo (esforço). Definir o problema é tão importante quanto a solução do mesmo. Para facilitar a resolução de um problema, é comum dividir o método de solução em fases.

Reunião para Tomada de Decisão – Esta reunião fará uma apreciação e escolha de uma alternativa a ser adotada para a solução de um problema. A tomada de decisão implica dispor inteligentemente de recursos físicos, financeiros, humanos, materiais, mercadológicos, administrativos, tecnológicos e sistêmicos.

Reunião de Desenvolvimento – Esta reunião visa o desenvolvimento de um conjunto de atividades sequenciais para atingir um ou mais objetivos. A maior dificuldade deste tipo de reunião é o consenso sobre a ordem de prioridade das etapas do objeto de desenvolvimento.

Reunião de Constituição de uma Sociedade – Reunião que procede à constituição de uma sociedade, por meio de instrumento público ou particular, firmado por todos os sócios, no qual se declaram as condições básicas da entidade, inclusive nome, domicílio, capital social, cota de cada sócio, objeto social, forma de administração, prazo de existência e processo de liquidação. Esse ato constitutivo deverá ser arquivado num órgão público.

As empresas podem ser constituídas de diferentes formas:

Firmas Individuais – Quando são representadas por um único empresário ou proprietário que responde pelos seus negócios. Estas firmas também são consideradas pessoas jurídicas para fins tributários (fisco).

Firmas de Sociedade – Quando duas ou mais pessoas se associam e constituem uma entidade com personalidade jurídica, distinta daquela dos indivíduos que a compõe. Estas firmas podem assumir uma variedade de formas de sociedades comerciais.

B – Reuniões de Desenvolvimento Humano:

Aula – Esta reunião visa levar o conhecimento aos alunos pelo professor que utiliza técnicas pedagógicas, didáticas e metodológicas para motivar o grupo para apreensão do conhecimento exposto (apresentado). O professor deve se preocupar com que o material apresentado seja compatível e oportuno, sendo visível, se for o caso, de qualquer ponto da sala, além de uma iluminação suficiente.

Convenção – Esta reunião serve para lançar um novo produto, integrar e treinar pessoal, ventilar problemas, recomendar procedimentos, entregar prêmios e fazer elogios. O perigo das convenções repousa na falta de planejamento, na ausência de motivação e no surgimento de vedetismo.

A direção da empresa deve utilizar a convenção para mostrar novos produtos a serem lançados, seus pontos de venda, seus concorrentes, seu mercado. E, também, para informar as alterações que serão introduzidas nos produtos existentes, indicar quais os produtos que serão retirados de linha, mostrar e analisar as campanhas de propaganda, suas veiculações, suas criações, discutir os planos promocionais que serão efetuados no exercício, apresentar os alvos a serem atingidos, analisar as cotas de vendas.

O planejamento da convenção é que permitirá sua eficácia, e, basicamente, deve ocupar-se da época adequada, da escolha do local, do ambiente, da agenda de trabalho, do material a ser utilizado, da alimentação dos participantes, do orçamento.

Congresso – Reunião solene, geralmente, de caráter internacional, para abordar assuntos específicos, congregando especialistas que expõem e discutem experiências e descobertas. Um congresso reúne pessoas com interesses comuns.

Há alguma confusão entre congresso e conferência, sendo que numa conferência nem sempre todos os participantes da mesa falam, mas em um congresso todos da mesa abordam o tema em pauta, às vezes, com enfoques diferentes e conflitantes.

Não há a obrigatoriedade de consenso e resolução de um problema num congresso. Seus membros podem ser perenes ou eleitos para um determinado período ou, ainda, podem ser designados por um poder maior.

Simpósio – Reunião semelhante a um congresso para debater assuntos estritamente técnicos de caráter atemporal.

Palestra – Esta reunião aborda um tema específico, na qual o palestrante deve ter um comportamento sistemático e metodológico, partindo do simples para o complexo, sempre dando exemplos e fazendo comparações com a situação atual.

O palestrante deve sempre buscar a interação com o público-alvo, através de perguntas e de assuntos de interesse de todos. Por isso, é necessário saber quem são os participantes para utilizar técnicas de motivação ao assunto a ser abordado.

Preleção – Um preletor é um vendedor de ideias. Cabe a ele persuadir o auditório. Assim, ele deve adotar os seguintes procedimentos:

- Desenvolver lentamente ideias, nos primeiros vinte minutos.
- Concentrar o miolo da mensagem nos quinze minutos de maior intensidade de interesse.
- Colocar elementos que obriguem reflexão e concentração nos últimos quinze minutos.
- Ilustrar com gráficos, figuras e quadros.
- Não exceder a 50 min, tendo um objetivo bem definido.
- Suscitar o interesse do auditório, empregando exemplos que reavivem situações conhecidas.
- Utilizar uma linguagem adequada ao nível médio do plenário.
- Demonstrar sinceridade.
- Não empregar frases convencionais (chavões) e vazias.
- Empregar frases curtas, imagens claras.
- Não demonstrar nervosismo ou insegurança.

O tom da preleção não pode ser o do discurso. As ideias não podem ser vagas ou abstratas, ao contrário, elas têm que ser substanciais e concretas.

Conferência – As grandes organizações, que possuem muitos profissionais e técnicos trabalhando na mesma área, podem realizar conferências sobre assuntos específicos. Essas conferências têm geralmente a duração de dois ou três dias e fornece oportunidade para debates estimulantes sobre problemas comuns, bem como para a troca de ideias e de experiências.

A conferência é um recurso destinado a melhorar a competência em uma determinada especialidade, ao passo que as demais medidas visam, na maioria das vezes, a dar ao executivo uma visão holística e estratégica.

Uma conferência de cunho internacional é chamada de congresso.

Seminário – O seminário é uma espécie de convenção, onde há restrições quanto ao propósito, isto é, serve para treinar, aperfeiçoar, diagnosticar, reciclar e promover reflexão. Seminário é uma técnica de estudo que inclui pesquisa, discussão, debate, ensino e solução.

Capítulo 11

TECNOLOGIA

"Nada é mais difícil de realizar-se do que iniciar a introdução de uma nova ordem de coisas, pois a inovação tem como inimigos, todos aqueles que prosperam sob antigas condições".

Maquiavel

Objetivos do Capítulo

- Mostrar que o desenvolvimento tecnológico tem dado a sociedade novos materiais e processos, bem como provocado mudanças de comportamento.
- Mostrar ao leitor que o imperativo tecnológico é cada vez mais presente em nossas vidas.
- Mostrar que toda e qualquer organização utilizará uma tecnologia adaptada às suas necessidades e recursos.
- Mostrar que o conhecimento da tecnologia digital da informação passou a ter um valor estratégico.
- Mostrar que a criatividade é o vetor que faz a empresa sobreviver.
- Mostrar que o conhecimento passou a ser o valor competitivo mais considerado.

11.1 Tecnologia

Tecnologia é o conjunto de conhecimentos, técnicas, ferramentas e atividades utilizadas para transformar os recursos organizacionais em produtos (resultados). Em resumo, pode-se dizer que a tecnologia tem a propriedade de determinar a natureza da estrutura e do comportamento organizacional das empresas.

Dentre a enorme variedade de coações e contingências que o ambiente impõe à empresa, a tecnologia aparece como a variável crucial, principalmente, quando inovações tecnológicas concorrentes fazem com que a empresa tenha de se adaptar à "nova onda".

Todas as organizações utilizam alguma forma de tecnologia para executar suas operações e tarefas. A tecnologia adotada poderá ser tanto tosca e rudimentar como sofisticada. Porém, todas as organizações dependem de um tipo de tecnologia, isto é, de uma matriz de tecnologia para alcançar seus objetivos.

A tecnologia não somente permeia toda atividade empresarial, como participa das atividades humanas, qualquer que seja o setor de atuação. O processador de texto destronou a máquina de escrever. O CD fez do disco de vinil uma relíquia. O DVD já tornou o videocassete uma peça do passado.

A História está repleta de exemplos de como uma nova tecnologia, ou um novo modelo de negócio, é capaz de, num curtíssimo espaço de tempo, pôr em xeque reputações, destronar empresas estabelecidas e impor um novo paradigma ao mercado.

Alguns autores observam que a tecnologia pode, ou não, estar incorporada ao produto. Estes autores, na realidade, se referem a um determinado processo tecnológico que, agregado à fabricação de um bem, é incorporado ao composto mercadológico do produto, aumentando o seu custo.

11.2 Influência da Tecnologia

Você imagina quantas indústrias são acionadas toda vez que se abre uma torneira de água? E, ao tomar o café da manhã, você calcula o vasto universo de máquinas que está por trás dos alimentos e utensílios que vão para a mesa?

Alguns cientistas argumentam que a maioria das mudanças da História se deu em função da tecnologia. Os séculos são marcados por invenções, tais como: roda, foice, roldana, alavanca, martelo, espada, bússola, luneta, caldeira, motor, aço, telefone, computador.

Nas últimas décadas aconteceram avanços notáveis na disponibilidade de informações, na velocidade das comunicações, nos novos materiais, na biotecnologia e nas maravilhas da eletrônica.

Seja de que classe for, qualquer pessoa atestará a expansão interminável de novos produtos.

A influência da tecnologia sobre a organização e seus participantes é muito grande. O uso racional da tecnologia passou a ser sinônimo de produzir com eficiência, para atingir a eficácia mais rapidamente. Assim, a produção deve organizar-se segundo o avanço da tecnologia. A tecnologia dita os requisitos para a maioria da interação humana nas organizações. A montagem de um desenho de produção determina quem irá trabalhar perto de quem.

O fluxo de trabalho determina quem necessita falar com quem. E, uma vez que a interação e a atividade afetam os sentimentos, a tecnologia determina, indiretamente, o que os pares de indivíduos e os grupos sentirão e pensarão acerca uns dos outros e de sua situação de trabalho.

O estudo, por parte de Leonard Sayles, de mais de 300 grupos de trabalho, na indústria, mostrou que a tecnologia influenciava fortemente seus padrões de formação e de comportamento, bem como as necessidades inerentes a cada atividade e suas interações com outros grupos da empresa. Incrementar tecnologia é não só desejável como fundamental.

Acontece que tecnologia é apenas um dos recursos com que contam os empreendedores. Gerenciá-la de forma produtiva, competitiva e lucrativa requer percepção correta do equilíbrio necessário entre os recursos disponíveis e os recursos necessários. Sempre existe um recurso que é mais barato do que os demais. A sensibilidade do gerente está em detectar qual é a vantagem de um sobre os outros.

Quando se parte para o uso de tecnologia bastante avançada é bom ter sempre as seguintes questões: A manutenção é fácil e barata? O usuário aprende rápido sobre sua utilização? As peças de reposição são de fácil aquisição? O sistema instalado é seguro e durável? A sofisticação tecnológica se justifica, em função do custo?

O impacto da tecnologia costumava estar limitado à melhoria dos produtos e dos processos de produção. Hoje, este modelo está sendo questionado. As tecnologias proporcionam novos modos de integrar todos os elementos do processo mercadológico, com custos mais baixos.

As tecnologias estão redefinindo as fronteiras entre setores, historicamente, independentes, incluindo a própria administração. O papel das tecnologias não se limita às necessidades de alto valor agregado, mas a todo um contexto de valores organizacionais.

11.3 Imperativo Tecnológico

Desde a pedra lascada e da primeira utilização do fogo o mundo viveu a reboque da tecnologia. No Século XX, foi uma enxurrada de inovações eletroeletrônicas. É bom lembrar que foi através da tecnologia que se iniciou o verdadeiro socialismo, porque qualquer um tem acesso à televisão e à biblioteca universal. Ontem mesmo, a tecnologia criou o telefone celular, que imediatamente chegou ao proletariado de todo o mundo. Pelo menos esta igualdade está garantida.

Pesquisas indicam que a tecnologia influencia a estrutura e o comportamento organizacionais, como foi visto anteriormente. Também pode mudar o estilo de administração. Em outros termos, existe um "imperativo tecnológico" que impõe condições ao desenvolvimento empresarial. Assim, existe um senso comum de que a empresa, para ter sucesso, precisa se ajustar a mais recente inovação tecnológica.

Especificamente, a tecnologia molda os tipos de emprego que estão disponíveis e as consequentes oportunidades de satisfação no trabalho para os funcionários. Influi nos padrões de comportamento de grupo que se desenvolvem e influi nos tipos de prática administrativa que melhor se aplicam a cada situação particular.

O entendimento dos efeitos e implicações da tecnologia é tão crítico para a competência da gerência, como é a compreensão da motivação e da dinâmica de grupo.

Louis Davis, pesquisador e escritor, aborda o tema da criação de empregos, sugerindo que, na maioria do pensamento administrativo, a tecnologia é o único fator considerado. Como ele diz: "Se examinarmos o modo como a tecnologia é traduzida em termos de requisitos para criação de empregos, veremos uma aceitação generalizada da noção do imperativo tecnológico por parte da maioria dos dirigentes".

A dependência da tecnologia está afetando a mentalidade das pessoas. Não muito tempo atrás, era normal dirigir por duas ou três horas e não falar com ninguém. Mas, com o telefone celular, as pessoas passaram a sentir a necessidade de se comunicar a todo instante. Não fazer ou receber ligações às deixam em pânico, como se estivessem perdendo alguma coisa. Também é preciso dizer que o celular é um instrumento formidável de pesquisa.

O vício de receber informações acabou com os momentos de distração e reflexão. Hoje, todos estão conectados a algum lugar. Todos acabam sendo alimentados com as mesmas fontes. Assim, fica muito difícil aparecer alguém que veja o mundo de forma diferente da de seus colegas, que pense em soluções nas quais ninguém pensou antes. Nosso desafio é encontrar tempo para ler o que os outros não estão lendo e trazer algo realmente novo.

À medida que a empresa incorpora uma tecnologia de ponta, por exemplo, pode acabar se afastando de seus consumidores cativos.

Na busca pela excelência uma organização pode se isolar no topo do mercado, correndo o risco de perder clientela, caso aconteça uma derrocada geral das economias mundiais, uma crise de um bloco econômico ou uma guerra regional.

A sociedade da Era da Informação está viciada em tecnologia (inventada por poucos) e o custo disso pode ser o fim da criatividade (para muitos). As novas tecnologias têm alterado a "balança de poder" na empresa e estas em relação ao mercado.

11.4 Tecnologia na Organização

Desde que o homem confeccionou as primeiras ferramentas e armas que lhe possibilitaram controlar a natureza, para sua sobrevivência e proteção, até os dias atuais, os desenvolvimentos da tecnologia e da sociedade moderna são duas faces de uma mesma moeda. De base intuitiva, o progresso técnico avançou para crescente incorporação do empírico e do científico.

Na organização moderna, a gerência da tecnologia passou a ser um fator crítico na consecução das atividades empresariais.

A própria manutenção da organização repousa na sua capacidade de fazer escolhas de tecnologia adequadas às atividades que desenvolve, isto é, de tecnologias que assegurem a produção de bens e serviços de qualidade igual, ou melhor, do que a concorrência.

A mudança tecnológica é um desafio para as empresas. Impõe-se a necessidade crescente de atualização, se não para manter uma posição de vanguarda, pelo menos para acompanhar de perto as transformações.

A tecnologia na organização cria incentivos em todos os tipos de empresa, para levar os gerentes a melhorarem cada vez mais a eficácia, mas sempre dentro dos limites do critério normativo de produzir eficiência.

É quase imensurável o número de máquinas, equipamentos e peças que formam a invisível rede de fabricação dos bens de consumo. Mas costuma-se estimar que pelo menos 90%, do dia a dia da vida moderna, estão ligados à tecnologia. E tudo leva a crer que esta situação irá aumentar gradativamente.

Porém, uma coisa é certa: Toda empresa para progredir utilizará os avanços da tecnologia. Mas, a maior parte das empresas não avança tecnologicamente, porque exige longos prazos de maturação de projetos, inversões de capital, desenvolvimento de pessoas, produtos e processos.

Não se pode deixar de considerar as políticas de governo e toda gama de incertezas.

A empresa que não investir em tecnologia não melhorará sua produtividade e qualidade, correndo risco de perder mercado. Pesquisa & Desenvolvimento passaram a ser uma preocupação básica da empresa atual. Para tal, precisa de uma política de produção vinculada a uma política tecnológica. Do ponto de vista governamental, não é tarefa de um ministério apenas.

A tecnologia determina o nível e o tipo de formação profissional, as habilidades manuais e intelectuais, as capacitações, as aptidões e características de personalidade que as pessoas devem possuir, para poderem ser recrutadas, selecionadas e admitidas na empresa. Nem todas as empresas contam com pessoal categorizado para desenvolver programa de capacitação tecnológica.

No centro de toda organização estão suas atividades e suas tecnologias. A atividade pode ser qualquer uma. Mas, uma vez que a organização se comprometa com a execução de uma atividade, utilizará uma dada tecnologia. Não tem sido tradicionalmente apreciado ou compreendido adequadamente que a tecnologia traz consequências para o ser humano. Muitas dessas consequências têm sido desastrosas.

Muitas vezes somos levados e atuar como extensão da máquina, não avaliando os efeitos de tal ato.

Existem pelo menos alguns indícios sustentando a hipótese de que os funcionários que trabalham com processos de produção em massa tendem a ter menos satisfação dos que trabalham com sistemas de produção artesanal. Os deveres mais restritos dos trabalhadores nos processos de produção em massa pesam mais em comparação com o sentimento de realização, mais provável de ser experimentado pelos trabalhadores artesanais.

Através do posicionamento das pessoas no sistema de trabalho, a tecnologia não só determina as necessidades inerentes a cada atividade, como influencia suas interações. Também confronta cada grupo com condições e problemas de trabalho, fornecendo-lhe também um poder de negociação maior ou menor.

No entanto, do mesmo modo que uma atividade e sua tecnologia podem causar problemas nos grupos, também podem promover o trabalho em equipe com eficiência, eficácia, rapidez, produtividade e sentimento de participação, bem como de realização.

Em geral, a luta do ser humano contra a evolução exponencial da tecnologia acaba alavancando sua própria criatividade.

11.5 Classificação da Tecnologia

Thompson foi um autor a preocupar-se com a tipologia da tecnologia, porque queria compreender as ações de empresas complexas. Na tentativa de desenvolver tal estudo, ele observou ser preciso considerar as variáveis: estrutura, produto, operação, segurança e ambiente.

A seguir, uma classificação da tecnologia:

A) Tecnologia em Função da Estrutura:

Tecnologia Sequencial – É a tecnologia baseada na interdependência serial das tarefas necessárias para completar um produto. É o caso da linha de montagem, típica da produção de massa. Esta tecnologia aproxima-se da perfeição quando a empresa produz um único tipo de produto, repetitivamente, durante um longo período de tempo e a uma taxa de ritmo constante de produção.

Um único tipo de produto significa a necessidade de uma única tecnologia e, portanto, de critérios definidos para escolha de máquinas e ferramentas. A repetição dos processos produtivos proporciona: experiência como meio de eliminar as imperfeições na tecnologia, movimentação de pessoal, redução de erros e perdas.

Tecnologia Mediadora – É a tecnologia utilizada por empresas cuja função básica reside na ligação de clientes que são ou desejam ser interdependentes ou interrelacionados. É o caso de bancos, seguradoras, agências de propaganda, companhias telefônicas e agências de recrutamento e seleção de pessoas. A complexidade desta tecnologia se prende ao fato de que considera as diferentes modalidades de padronização.

Tecnologia Intensiva – É a tecnologia que representa a focalização e convergência de uma ampla variedade de habilidades e especializações da empresa sobre um único cliente. A empresa emprega uma variedade heterogênea de técnicas, para conseguir uma modificação em algum objeto específico. A seleção, a combinação e a ordem de aplicação dessas técnicas são determinadas pela realimentação (feedback) fornecida pelo próprio objeto. A tecnologia intensiva requer a aplicação de parte, ou de toda a disponibilidade, das aptidões potencialmente necessárias, dependendo da correta combinação, conforme sejam exigidas pelo projeto.

B) Tecnologia em Função do Produto:

Tecnologia Flexível – Tecnologia, cujos recursos, como máquinas, equipamentos, instalações, matérias-primas, conhecimentos técnicos, são utilizados para produzir bens e serviços.

Tecnologia Fixa – Tecnologia que não permite sua utilização em outros produtos.

Tecnologia Fixa e Produto Concreto – Tecnologia, cuja possibilidade de mudança é muito pequena e difícil. Toda a tecnologia é empregada na fabricação e distribuição do produto.

Tecnologia Fixa e Produto Abstrato – Tecnologia que, embora seja fixa, a empresa procura obter suporte do ambiente.

Tecnologia Flexível e Produto Concreto – Tecnologia que incentiva a pesquisa e desenvolvimento de novos produtos.

Tecnologia Flexível e Produto Abstrato – Tecnologia cuja estratégia é da adaptabilidade ao ambiente, através da interação com os consumidores e fornecedores.

C) Tecnologia em Função da Operação:

Tecnologia de Produção Unitária (Oficina) – Nesta tecnologia a produção é feita por unidades (cada produto no seu tempo), sendo modificado à medida que o trabalho é realizado. O processo produtivo é menos padronizado e menos automatizado.

Tecnologia de Produção em Massa – A produção é feita em lotes de grande quantidade. É o caso da produção que requer máquinas operadas pelo homem e linhas de produção, ou de montagens, padronizadas, como as empresas maquiladoras (montadoras).

Tecnologia de Produção em Processo Contínuo – Também conhecida como Produção Automatizada. A produção é feita por especialistas, monitorados por computadores.

D) Tecnologia em Função da Segurança:

O homem está confiando às máquinas a tarefa de vigiar e controlar as ações de outros seres humanos. A segurança, hoje, está atrelada mais à inteligência do que à força. A combinação dos recursos tecnológicos não está apenas aumentando a eficiência, mas transformando o conceito de segurança que é hoje um mercado em crescimento.

E) Tecnologia em Função do Ambiente:

Uma tecnologia, em função do ambiente, deve ser julgada apropriada (ou não) em relação aos objetivos de um desenvolvimento ambiental sustentado, no longo prazo. É a tecnologia bem adaptada ao ambiente social e cultural que usa recursos renováveis, em vez de não renováveis, produzindo o mínimo de danos ao ecossistema. Estão sendo desenvolvidos materiais não poluentes.

A biotecnologia abre a possibilidade de controlar as pragas e ervas daninhas, que reduzem a produção agrícola, sem o uso de pesticidas, que fazem mais mal ao ser humano do que ao inseto.

F) Tecnologia em Função do Processo:

Tecnologia de Capital Intensivo – Tecnologia baseada no uso intensivo da automação.

Tecnologia de Mão de Obra Intensiva – Tecnologia baseada no uso intensivo das habilidades artesanais das pessoas.

11.6 Tipos de Tecnologia

A seguir, os principais tipos de tecnologia:

Tecnologia Administrativa: Tecnologia que vem ganhando corpo como parte principal da tecnologia de sistemas de informações, isto é, uma tecnologia voltada a dar suporte às funções administrativas e organizacionais da empresa.

Tecnologia Ambiental: Tecnologia que envolve todos de uma sociedade para o tratamento dos resíduos de embalagens e outras formas de poluição, pois constituem um problema de saúde pública.

Tecnologia Avançada: Tecnologia que enfatiza a mecanização e automação, enquanto a tecnologia rudimentar enfatiza a manufatura e o artesanato.

Tecnologia Case: Tecnologia cujo objetivo é separar o projeto do programa aplicativo (pacote). Com a tecnologia case (engenharia de software computadorizada), sempre haverá um ponto no qual se precisa de algum nível de destreza em projetos de software para se completar um ciclo de seu desenvolvimento. Sua principal vantagem é poder se integrar aos outros pacotes de software.

Tecnologia da Informação: Tecnologia aplicada ao sistema de informação para facilitar o processamento, o armazenamento, o registro, o transporte e a recuperação de dados.

Tecnologia de Capital Intensivo: Tecnologia já abordada.

Tecnologia de Comunicação: Tecnologia cujo objetivo é o de informar, educar, instruir, persuadir, divertir, influenciar, entre duas ou mais pessoas, através de fatos, ideias, símbolos, sentimentos, palavras, opiniões e emoções; Processo de passar informação e compreensão de uma pessoa para outra.

Tecnologia de Distribuição: Tecnologia que utiliza as mais recentes inovações em tecnologia de distribuição, tais como: logística assistida por computador; refinamento de scanner; intercâmbio de dados; localização por satélite; atendimento automatizado dos pedidos dos distribuidores; logística de fluxo. Os benefícios são: diminuição de danos, eficiência de armazenagem, redução de compra a termo, melhor cobertura do mercado, liquidação rápida dos estoques encalhados, marketing de resposta direta.

Tecnologia de Infraestrutura: Tecnologia que dá suporte que a empresa recebe de um ambiente. Nenhum estabelecimento comercial funciona bem, se não houver disponibilidade de serviços públicos no próprio local, como energia elétrica, sistema de telefonia, água, esgoto, saúde, escola, correio, banco, transporte e segurança.

Tecnologia de Mão de Obra Intensiva: Tecnologia já abordada.

Tecnologia de Ponta: Tecnologia em função da inovação espontânea, cujo objetivo é desenvolver novas ofertas. Algumas empresas têm-se adaptado para atingir oportunidades que se mostram mais atraentes.

Tecnologia de Produção: Tecnologia para dar suporte às atividades industriais. Os avanços tecnológicos na produção vão desde o desenho computadorizado até a personalização dos produtos saídos da fábrica.

Tecnologia de Produção Automatizada: Tecnologia em que a produção é feita por especialistas, monitorados por computadores. A participação humana é mínima.

Tecnologia de Produção em Massa: Tecnologia da produção feita em grandes lotes. É a produção que requer máquinas operadas pelo homem e linhas de produção, ou de montagens, padronizadas, como as empresas maquiladoras (montadoras).

Tecnologia de Produção Unitária: Tecnologia de oficina; Tecnologia que é feita por unidade (cada produto no seu tempo), sendo modificado à medida que o trabalho é realizado. O processo produtivo é menos padronizado e menos automatizado.

Tecnologia de Rede Social: Tecnologia onde as pessoas relacionam-se em torno de um objetivo comum. Expressam seus gostos, qualificações e informações que queiram compartilhar, seja com amigos, parentes, profissionais ou a quem quer que desejem maior interação. As redes sociais multiplicaram-se de forma bem abrangente e sem fronteiras. Uma rede social exige dedicação, alimentação de dados, uso em tempo real, investimento em melhorias e inovações.

Tecnologia de Serviço: Tecnologia que representa qualquer ato ou desempenho que uma parte possa oferecer a outra e que seja essencialmente intangível e não resulte na propriedade de nada. A abordagem que o proponente faz do serviço, como algo feito por indivíduos e não por máquinas, pode apresentar distorções conceituais. O serviço será considerado como algo residual e será tratado como tarefa puramente humana. Já no serviço mecanizado o ser humano deve se comportar como extensão da máquina.

Tecnologia de Varejo: Tecnologia cujo espaço (real ou virtual) onde o consumidor compra um determinado produto. É no varejo que são executadas todas as atividades ligadas à venda ao consumidor final.

Tecnologia Digital: Tecnologia que transformará os negócios, os processos e as relações, por meio da informação digital. A essência da tecnologia digital está na conectividade.

Tecnologia Digital da Informação: Tecnologia que possibilita criar uma rede de parcerias para melhor servir os consumidores. É possível criar uma empresa virtual onde se integrem empresas, administração, gestão de recursos e sistemas operacionais de informação e de comunicação.

Tecnologia Estável: Tecnologia que permanece imutável durante o ciclo de vida de um produto. Tal tecnologia, para ser considerada estável (básica), precisa apresentar uma lucratividade de longo prazo.

Tecnologia Fixa: Tecnologia já abordada.

Tecnologia Flexível: Tecnologia já abordada.

Tecnologia Globalizada: Tecnologia relativa ao ambiente, cada vez mais amplos, devido à integração econômica, política, populacional e tecnológica.

Tecnologia Incorporada: Tecnologia em que todos os fatores e componentes que agregam ao produto um aumento de valor.

Tecnologia Intensiva: Tecnologia já abordada.

Tecnologia Mediadora: Tecnologia já abordada.

Tecnologia Organizacional: Tecnologia que determina o nível e o tipo de formação profissional, as habilidades manuais e intelectuais, as capacitações, as aptidões e características de personalidade que as pessoas devem possuir para poderem ser recrutadas, selecionadas e admitidas na empresa. Nem todas as empresas contam com pessoal categorizado para desenvolver programa de capacitação tecnológica.

Tecnologia Robótica: Tecnologia em que o trabalho é feito por um robô (sistema mecatrônico) que desempenha tarefas repetitivas com altíssimo nível de eficiência, precisão e segurança. Os cientistas vêm prometendo robôs que reproduzam movimentos, comportamentos e sentidos humanos.

Tecnologia Sequencial: Tecnologia já abordada.

Tecnologia Web: Tecnologia de comunicação mundial, com prestação de diversos serviços. O acesso é livre, mas o usuário dependerá de um provedor, que poderá ser pago, ou não, para se conectar com a rede.

11.7 Tecnologia da Informação

Recentes desenvolvimentos na tecnologia de sistemas de informação oferecem a possibilidade de revolucionar a aquisição através de alterações nos procedimentos de pedidos e de facilidades para a obtenção de elos com fornecedores. A gerência de recursos humanos conta com pesquisa de motivação e com tecnologias para o treinamento.

A infraestrutura da empresa envolve uma grande variedade de tecnologias que vão desde arranjo físico até planejamento estratégico. A tecnologia de sistemas de informação tem um importante papel na coordenação e otimização dos recursos.

A tecnologia da informação é uma tecnologia aplicada ao sistema de informação para facilitar o processamento, o armazenamento, o registro, o transporte e a recuperação de dados. O termo tecnologia da informação, de sentido ainda mais amplo do que Informática, seria o conjunto de técnicas de processamento rápido de grande volume de dados sintetizados no computador de alta velocidade, visando o processo decisório. Dentre as tecnologias, a que mais avançou, nos últimos anos, foi a tecnologia da informação.

As transformações que esta tecnologia trouxe são muitas, tais como:

- Comprimiu o espaço de trabalho (miniaturização e portabilidade) e introduziu o conceito de espaço virtual.
- Minimizou a papelada pela utilização de meios densos (discos, disquetes e fitas).
- Integrou microcomputadores, através de redes e enxugou os centros de processamento de dados.
- Reduziu a necessidade de recursos físicos, fazendo com que o custo fixo diminuísse.
- Agilizou as comunicações, tornando-as móveis, rápidas, flexíveis, diretas, em tempo real.
- Permitiu maior dedicação ao consumidor e integrou os vários e diferentes processos na organização.
- Ampliou a conectividade entre pessoas e grupos de trabalho, embora separado fisicamente.
- Compartilhou a informação, o conhecimento e o comércio.
- Difundiu o conhecimento através da informação fácil e barata.
- Facilitou a reengenharia dos sistemas, bem como rever estratégias com maior velocidade.
- Passou a ser um fator de competitividade diante da concorrência.

A tecnologia da informação é considerada uma ferramenta estratégica que auxilia a empresa a aumentar o rendimento de seus recursos, ajudando a mudar, rapidamente, objetivos, metas e desafios dos negócios de qualquer empresa. A dinâmica das tecnologias da informação tem criado oportunidades únicas, para as empresas implantarem estratégias de crescimento e competitividades sustentáveis.

Além do mais, não podemos mais negar que a tecnologia da informação se constitui no insumo mais importante da estratégia empresarial. A revolução da tecnologia da informação está delegando autoridade às massas pela democratização da informação. Está introduzindo uma nova ordem: a economia de rede, possibilitada pelo advento da Internet.

A tecnologia da informação também fornece controle do custo indireto e da carteira de pedidos, por exemplo. Não é de se admirar que os primeiros esforços para aplicar a tecnologia da informação foram em organizações de varejo.

Usando recursos da tecnologia, os vendedores são capazes de analisar históricos de venda, de forma muita mais rápida do que no passado. Duas questões são de importância crucial para considerar a utilização da tecnologia da informação: Decidir como a automação se adapta às necessidades de uma determinada empresa; aplicar essa tecnologia envolve bem mais do que dar recursos.

O papel da tecnologia da informação (TI) é mais operacional, uma vez que envolve menos pessoas no processo da informação estratégica, à medida que as empresas desenvolvem soluções de rede para partilhar soluções de problemas corporativos.

11.8 Tecnologia Digital

Um sistema de tecnologia digital transformará os negócios, porque afetará pessoas, processos produtivos e relações entre clientes e parceiros. A essência da tecnologia digital está na conectividade dos sistemas de: conhecimento, operação, produção, comércio, governo. Pode libertar as pessoas, que trabalham com ela, de processos lentos e inflexíveis que usam papel.

As ferramentas eletrônicas têm três objetivos: usar software para cuidar de tarefas rotineiras, eliminando desperdícios de tempo e de energia; liberar as pessoas para trabalhos mais complexos; cuidar dos desvios. Bill Gates alerta: "Um usuário deve poder entrar e sair de uma ferramenta eletrônica administrativa no máximo em três minutos". Essa regra garante a automatização de um processo com uma ferramenta não complicada.

O bom gerenciamento do conhecimento é uma maneira importante de melhorar a eficiência como um todo. Quando uma empresa elimina gargalos e tarefas administrativas rotineiras que absorvem tempo, faz com que os funcionários acreditem que seu tempo é importante e deve ser utilizado de maneira rentável. O tempo gasto em lidar com papel deve ser dedicado ao consumidor.

Um sistema que utiliza tecnologia digital tem as seguintes características:

- Amplia a capacidade analítica do indivíduo.
- Combina a capacidade dos indivíduos para criar uma inteligência unificada.
- Aumenta a velocidade de comunicação da empresa com o ambiente.
- Muda a visão dos intermediários, que passaram a agregar valor aos bens e serviços.
- Acelera o desenvolvimento do marketing direto (on-line, de resposta, personalizado).
- Facilita o desenvolvimento de equipamentos cada vez menores.
- Ajuda a pesquisar sobre produtos, mercados, consumidores, preços, concorrentes e recursos.

A tecnologia digital da informação não surgiu por acaso, mas sim fruto de uma série de invenções, estudos e teorias que aconteceram no passado. Cada momento da história das tecnologias tem uma imagem, uma espécie de ícone padrão que ultrapassa sempre seu poder de ilustração, para se transformar em símbolo de trabalho.

A história do mundo é a história da tecnologia e da informação. Ambas são o centro da organização social e de todas as estruturas ideológicas, políticas, econômicas e administrativas. Não há movimento humano sem tecnologia e informação.

Apesar das inúmeras vantagens apresentadas pela tecnologia digital da informação, a produtividade aumentou muito pouco em relação ao investimento realizado. Apenas os setores de varejo, atacado, mercado financeiro, telecomunicações, computadores, semicondutores e segurança, num universo de sessenta setores, tiveram um grande impacto na produtividade.

11.9 Gerência da Tecnologia

É evidente que as pessoas dentro das empresas não são meros recursos passivos e estáticos frente às tecnologias utilizadas, pelo contrário. Mas, é a tecnologia quem determina as características humanas das pessoas que devem ingressar e permanecer na empresa. Por outro lado, são as pessoas que modificam e criam tecnologia.

Está bem claro que são os administradores que têm de encarar alguns problemas distintos, para cada tecnologia. Na realidade o problema maior está na previsão do que pode acontecer com uma mudança tecnológica. Sem pretender fazer uma lista exaustiva relacionada à gerência da tecnologia, é possível apresentar algumas atividades que são básicas neste tipo de gerência, tais como:

Compra – Na compra, o gerente de tecnologia está à procura, às vezes, de um produto intangível, escasso ou que dificilmente está em oferta no mercado. A compra requer o conhecimento das tecnologias disponíveis que melhor respondam às necessidades de sua organização. É óbvio que o gerente precisa de conhecimento especializado indispensável para o reconhecimento e escolha do produto adequado para os fins desejados. Outro papel que o gerente deve desempenhar na compra de tecnologia é o de negociador.

Venda – Na venda, o gerente de tecnologia busca as características mais marcantes de seu produto, principalmente, pelo fato de tratar-se de produto intangível, escasso, produzido através de um processo de alta complexidade e de difícil previsibilidade de resultados. Nesta atividade, os papéis de agente de ligação e negociador são os mais importantes.

O vendedor deve informar o que interessa ao cliente, mostrando as vantagens da nova tecnologia para os processos de produção, congruentes aos resultados positivos para a empresa compradora.

Produção – Na produção, o gerente de tecnologia se vê diante de processos altamente complexos, de tempo imprevisível, custo indeterminado, uso econômico incerto. O produto desejado não pode ser antecipado, o processo de produção não é definido, mas inventado.

Enquanto trabalho criativo, a produção de tecnologia só poderá ocorrer em ambiente de liberdade de ação, no qual o papel do gerente é alocar recursos para as condições adequadas de trabalho e fazer o papel de empreendedor capaz de promover mudanças e fazer adaptações necessárias.

No exercício desses papéis, o gerente precisa ser dotado, sobretudo, de capacidade lógica e analítica.

Implantação – Na implantação, o gerente de tecnologia pode utilizar inovações que sejam criadas pela organização ou compradas de terceiros. Os papéis de líder, agente de ligação e administrador de conflito parecem ser os mais importantes, quando se trata de gerenciar mudanças que afetam o conteúdo do trabalho e, muitas vezes, as relações de poder.

Monitoramento – No monitoramento, o gerente de tecnologia faz o acompanhamento do desenvolvimento e/ou da evolução do conhecimento, isto é, procura um recurso que pode ou não estar materializado num produto. Obviamente, o papel de monitor assume primazia no exercício dessa atividade, juntamente, com os papéis de disseminador e porta-voz. Para este monitoramento, o conhecimento especializado é da maior importância, mas o gerente precisará também de conhecimento humanístico para exercer os papéis de agente de ligação e negociador, muitas vezes essenciais para ter acesso às fontes de informações relevantes.

Treinamento – No treinamento, o gerente de tecnologia aborda as questões de instruções de recursos humanos (usuários) como decisivas para a competitividade. E aqui, surpreende os técnicos, mesmo em indústrias montadas com máquinas de última geração, tendo em vista que a produtividade nem sempre corresponde ao investimento realizado. A razão é simples: faltam recursos humanos especializados, motivo pelo qual algumas empresas mantêm verdadeiras escolas dentro de suas instalações.

11.10 Inovação

A inovação não se limita somente a produtos, ela pode ser considerada como a capacidade de receber, idealizar, estruturar e operacionalizar situações novas. Pode-se renovar tudo, desde os processos de manufatura à relação com o mercado e com os consumidores. O inovador, além de pesquisador, precisa ter ousadia.

Em mercados altamente competitivos, a busca pela inovação tornou-se um "mantra", segundo Philip Kotler. Paradoxalmente, se as inovações não forem bem-sucedidas também perecerão. Albert Einstein disse: "Não há maior sinal de loucura do que fazer a mesma coisa repetidamente e esperar resultados diferentes por vez". A inovação não está restrita às grandes empresas nem às empresas de tecnologia avançada.

A inovação é necessária em negócios, mas ela começa com uma ideia proposta por alguém. Assim, aquele com uma nova ideia deve trabalhar de acordo com a situação. Ele precisa incluir pelo menos alguma indicação mínima como: custo, risco, benefício, tempo e recurso.

As ideias são inúteis quando não usadas. A prova de seu valor está em sua implantação e sua aplicação. Até que isso aconteça, elas se acham em um limbo. Isto não quer dizer que todas as ideias têm de ser minuciosamente documentadas antes que sejam mencionadas a quem quer que seja.

Todas as fontes de oportunidades para inovar devem ser procuradas, analisadas e estudadas de modo sistemático. A busca precisa ser organizada, deve ser feita de forma regular e sistemática. Os inovadores de sucesso examinam os dados e as pessoas. Definem, analiticamente, como a inovação precisa ser para satisfazer uma oportunidade. E então eles saem e observam os consumidores e/ou usuários, para ver quais são suas expectativas, seus valores e necessidades.

Uma inovação para ser eficaz precisa ser simples e pontual. Deve concentra-se em uma única coisa, caso contrário, causará confusão e não funcionará. Mas antes de inovar, talvez, seja razoável renovar. Isto é, resgatar o que há de bom e aproveitável numa rotina, processo, política, plano e projeto, antes de jogar tudo por terra, pelo prazer de se tornar um inovador, aventureiro e temerário.

A inovação é, hoje, um dos requisitos do mundo dos negócios. Um sem número de livros aponta a administração da inovação como uma das características essenciais para o sucesso no Século XXI. O raciocínio é que, para se distinguir num mercado cada vez mais competitivo, as empresas têm de obter avanços na produtividade, em geral, decorrentes de uma nova forma de fazer as coisas, seja um modo mais eficiente de aproveitar os recursos, seja a entrada em um mercado diferente ou a aposta num produto extraordinário.

Trata-se de um dos principais paradoxos da gestão: Para se tornar perene a empresa deve mudar constantemente. Peter F. Drucker disse: "Não se pode jogar tudo fora, sob pena de se promover a anarquia. Também não se pode preservar tudo, pois isso significa a morte". Drucker compreendia a dificuldade de inovar e de, ao mesmo tempo, explorar as experiências do passado.

A fonte mais evidente de ideias inovadoras são os grandes avanços científicos. Essas inovações tendem a se caracterizar por prazos de maturação longos e, geralmente, são de alto risco e de alto impacto. É preciso ter coragem de ser o primeiro a introduzir uma novidade em determinado ramo. É claro que, às vezes, por ser o primeiro, você vai acabar se dando mal. Mas, de maneira geral, as empresas que têm coragem de aceitar novas ideias (desafios) e ser as primeiras a implantá-las são, extremamente, bem-sucedidas.

O objetivo da inovação é aquele pelo qual uma empresa operacionaliza sua definição de qual deve ser o nosso negócio. Mas, o problema para estabelecer objetivos de inovação é a dificuldade de medir o impacto e a importância das diversas inovações.

A inovação traduz-se como: Algo de melhor vai acontecer! Ajuda-nos, assim, a criar a esperança de dias melhores, a incentivar sonhos e a aceitar mais facilmente as agruras do presente. Por isso é que a inovação, quando proposta, tem aceitação fácil e até desejada por todos. Entretanto, a inovação é alguma coisa específica e coletiva, que altera crenças, hábitos e interesses sedimentados ao longo dos anos.

A inovação refere-se à introdução de uma mudança julgada positiva, benéfica, isto é, constitui-se no uso prático de uma descoberta ou invenção. A criatividade e a inovação são processos organizacionais contínuos e concomitantes, que prosseguem durante todas as fases de introdução e uso de novas ideias.

Inovar é, antes de tudo, aplicar o incomum, o novo. É uma espécie de solução criativa para problemas que vão sendo detectados. Não há fórmula prévia para se inovar, porque a inovação faz parte de um processo que descobre suas próprias regras.

A experimentação atua como uma forma de aprendizado barato para a maioria das empresas e, usualmente, revela-se menos cara e mais útil do que pesquisas sofisticadas de mercado. Antes de podar uma ideia e antes que alguma avaliação convença de que ela não funcionará, surgem as questões:

- Existe alguma maneira de experimentar essa ideia a baixo custo?
- O experimento é o instrumento mais poderoso para transformar a inovação em ação?
- Sempre é possível, para qualquer um de nós, nos tornarmos prepotentes a respeito de uma inovação?

A visão inovadora não é produto da mente brilhante de um indivíduo. Ela acontece quando olhamos para o mundo através de lentes ligeiramente diferentes, em que predominam algumas expectativas, tais como:

- Encarar tudo como provisório.
- Enxergar as necessidades, cada vez mais dinâmicas, da sociedade.
- Associar a viabilização da inovação ao lucro e ao mercado.

11.11 Capacidade Inovadora

Os empreendedores inovam. A inovação, como já abordado, é o instrumento específico do espírito empreendedor. É o ato que contempla os recursos com a capacidade de criar riqueza. O mercado pede inovações, o consumidor é cada vez mais exigente, a empresa precisa de flexibilidade, velocidade e capacitação gerencial. O empregado necessita maior qualidade de vida. É necessário trabalho, empregos e capacidade inovadora.

O espírito empreendedor não é privilégio do empresário. O sucesso de um novo empreendimento depende de ideias, recursos, legislações, riscos calculados, ações estratégicas, conhecimentos e práticas. Para que a inovação se torne sistemática, a empresa deve designar recursos e possibilitar que gerentes se desenvolvam e se transformem em empreendedores internos. Para isto, deve seguir algumas diretrizes:

- Dar valor explicitamente à inovação e ao estratégico.
- Recompensar as inovações mesmo que não deem certo.
- Criar um *staff* para analisar novos projetos.
- Desenvolver ou participar de seminários e palestras voltados para a criatividade.

Criar novas capacidades numa organização não é, simplesmente, o inverso de descrever o que não está funcionando. Assim, projetar uma ponte sólida exige bem mais do que, meramente, compreender por que algumas pontes não caem. Assim, passamos a afirmar que as empresas inovadoras não são apenas, excepcionalmente, eficientes na produção de novos inventos comercialmente viáveis.

À medida que se alteram as necessidades da clientela, crescem as habilidades da concorrência, se alteram os humores e tendências do público, realinham-se as forças do mercado. Também quando mudam as regulamentações, essas empresas modificam sua linha de ação, renovam-se, ajustam-se, transformam-se e adaptam-se. As empresas inovam, globalmente, sua própria cultura.

Transformar estruturas, recursos e comportamentos para uma atuação inovadora e empreendedora é um processo difícil, mas fundamental. Difícil, pois significa mudar os pontos que foram críticos ao sucesso da empresa e que, hoje, são obstáculos. Inovar é fundamental, pois, é a sobrevivência e o crescimento da empresa que estão em jogo.

Lawrence e Lorch estudaram pormenorizadamente a inovação, pois eles achavam que existia algo mais do que ter uma organização certinha. Afirmam que, geralmente, o originador da ideia tem dificuldades de comercializá-la e instrumentalizá-la. Portanto, é preciso um integrador, ou coordenador, que dê andamento ao projeto.

Geralmente, o fracasso é resultado não de más ideias, mas de execuções ruins. Assim, é preciso uma equipe para levar adiante a integração. Mas, é preciso ter cuidado para não concentrar poder em uma única pessoa. A autoridade centralizada é uma faca de dois gumes, pois pode atuar com rapidez e ousadia, mas pode estar no caminho errado.

Uma organização não deve pensar que, com um bom projeto no papel e um orçamento enxuto, conseguirá o sucesso pretendido. Há necessidades imprevistas, insumos inesperados, conflitos de toda ordem e atitudes de desconsideração para como a coerência.

11.12 Criatividade

Num mundo complexo como o atual, as empresas já não podem depender de uma única cabeça. Elas precisam de toda uma rede de funcionários, dos mais diversos escalões, com capacidade real de contribuir para o sucesso da companhia.

A criatividade, como já observado, está ligada a algo novo e diz respeito a uma capacidade de encontrar novos caminhos ou novas soluções para problemas e/ou oportunidades do momento; pressupõe um poder de alterar o ambiente corporativo para melhor; refere-se a um processo crítico da realidade que resulta em algo antes desconhecido e não praticado.

É necessário ressaltar que o desenvolvimento e a manifestação da criação não dependem somente dos esforços do próprio indivíduo. Tantos fatores intrapessoais e interpessoais, bem como fatores do próprio indivíduo, poderão favorecer ou dificultar a emergência do processo criativo. Como a mente humana é altamente condicionada por crenças, valores e experiências sociais passadas, fornecer desafios e novas experiências de vida constitui base propícia para o desenvolvimento da criatividade.

O verdadeiramente engenhoso consegue confrontar de forma positiva o meio circundante, encontrando espaço para dar vazão à criatividade e influenciar o entorno. O embate de ideias acende a chama da criatividade. Mas, pode produzir tensões. A fagulha da criatividade é inseparável do antagonismo, devendo, portanto, ser moderada para não explodir em conflitos que não possam ser administrados.

Os homens de ideias estão, constantemente, a excitar todo o mundo com propostas criativas. Porém, são raras as pessoas que têm o know-how, a energia, a ousadia, a coragem e a força para implementar ideias. Assim, uma criatividade sem uma firme disposição, voltada, até o fim, para a ação constitui uma forma estéril de comportamento.

O interesse pelo estudo da criatividade é relativamente recente. Foi a investigação da inteligência que predominou entre os psicólogos no estudo dos processos de pensamento. Prevaleceu um consenso de que a criatividade não apresentava nenhum problema especial, uma vez que o conceito de inteligência era considerado por muitos como suficiente para explicar todos os aspectos do funcionamento mental, presumindo-se ainda que os testes de inteligência poderiam medir qualquer processo que ocorresse na mente.

Por algum tempo, predominou a ideia de que a inteligência era fixa e unidimensional, subestimando-se a contribuição do ambiente, da experimentação e da demonstração.

Os psicólogos humanistas como Rogers, Maslow e outros, passaram a ressaltar a importância, de se criarem condições mais favoráveis à manifestação da criatividade, a qual estaria vinculada à tendência do homem para concretizar suas potencialidades.

Apesar do reconhecimento de que necessitamos de condições mais favoráveis ao desenvolvimento do pensamento criador, temos observado que muito pouco tem sido feito no sentido de se promoverem condições mais favoráveis ao desenvolvimento e manifestações da criatividade nos meios educacionais e empresariais.

Percebemos que, apesar da criatividade ser valorizada pela sociedade, o indivíduo criativo não é bem aceito e nem tão pouco estimulado em nossos meios, pois, apresenta traços de personalidade e características que são incompatíveis com os valores enfatizados pelos agentes socializadores, pais e professores.

É possível determinar se uma pessoa é criativa através da observação de seu comportamento ou da análise dos produtos por ela criados.

O indivíduo criativo é aquele que sempre se renova.

Um homem criativo, em virtude de seu entusiasmo, originalidade e inteligência, não examina suas ideias com uma crítica de um pesquisador. Por outro lado, a pessoa que procura fazer um julgamento equilibrado e dar peso apropriado às noções plausíveis que concorrem entre si tem pouca probabilidade de produzir novas soluções.

As pessoas criativas e inovadoras passam mais tempo do que as outras pessoas explorando e formulando problemas. É compreensível, portanto, que a maioria das mentalidades originais em qualquer organização, raramente, seja encontrada nas mais altas posições executivas.

As complexidades da vida organizacional, com suas muitas exigências colidentes, significam que em tal nível as capacidades críticas e de julgamento são um requisito essencial.

11.13 Elementos da Criatividade

A seguir, serão abordados alguns elementos da criatividade:

Inteligência – A ciência ainda não encontrou uma fórmula para medir com precisão quem é superdotado e quem é gênio. Pelos testes de quociente de inteligência, considerados ultrapassados pelos especialistas, um superdotado teria um QI entre 150 e 160. Um gênio pontuaria entre 160 e 180.

Hoje, a definição mais comum para classificar superdotado é aquela pessoa inteligente que consegue desenvolver habilidades acima da média, em várias áreas.

Os gênios são aqueles superdotados que, além de demonstrar precocidade, provocam perplexidade, pois são capazes de criar algo inédito, revolucionário e transformador. Os estudiosos acreditam que a genética contribui com 50% do desempenho cerebral e os estímulos externos, com os outros 50%.

A diferença entre uma pessoa comum e outra superdotada estaria não no número de neurônios, mas na quantidade e na complexidade das conexões cerebrais (sinapses).

Percepção – A percepção pode ser definida, aproximadamente, como o conhecimento que um ser vivo possui sobre o ambiente em que vive. A percepção são experiências e conhecimentos acumulados. A percepção humana pode ser detectada pelos sentidos.

Ela implica integração, organização, seleção e interpretação dos fenômenos puramente sensoriais.

Como a percepção de uma pessoa vem através dos sentidos, é possível que haja uma distorção da realidade comum aos demais indivíduos, porque a percepção é intrínseca ao indivíduo.

Intuição – A intuição é vista como um "impulso" para a ação onde não há raciocínio lógico. Segundo Motta, "a intuição deverá merecer explicações mais apuradas no futuro, porque parece que o nível de intuição da pessoa aumenta, em função das experiências, pesquisas, estudos e conhecimentos acumulados, que não foram ainda adicionados ao consciente do indivíduo". A razão é desconhecida.

Muitas pessoas resolvem problemas na base da intuição.

Improvisação – Precisamos cultivar a improvisação, capacidade de empregar tempo e recurso para favorecer uma resposta ao inesperado. Quando as situações são inesperadas e não planejadas, os dirigentes precisam improvisar. Em geral, há tempo hábil para explorar as possibilidades antes de implementar as ideias.

No entanto, pensar em cada ideia em termos de viabilidade, praticidade e eficácia em matéria de custos é um convite ao crítico que cada um traz dentro de si. Os improvisadores aceitam com entusiasmo o que se apresenta diante deles, até que surja uma possibilidade mais interessante para criar.

Observação – Assunto já abordado.

Instrução – A instrução não é difícil de ganhar como o dinheiro. Não reside em um livro, um banco de dados, um programa de computador. Estes contêm apenas informações. Ela está sempre incorporada em uma pessoa alicerçada no conhecimento. Em todas as sociedades anteriores, a pessoa instruída era um ornamento. Mas, hoje, é um emblema, ícone, símbolo, marca, âncora, arquétipo, apanágio, suporte, polo de decisão.

Atividade Intelectual – Como o envelhecimento é inexorável, manter uma atividade intelectual fará com que o ser humano leve mais tempo para perder a memória de fatos, fenômenos, acontecimentos e, principalmente, conhecimento. Ter disciplina e percepção é muito importante, porque a mente organiza qualquer novo material em configurações. Quanto mais subjetiva for esta organização, maior a memória.

Atmosfera Permissiva – As ideias criativas são mais fáceis de ser sugeridas em uma atmosfera permissiva, isto é, significa que os membros da organização se sentem livres para fazer proposições, mesmo que suas ideias estejam em desacordo com as práticas anteriores, as normas de grupo ou os pontos de vista dos dirigentes, que dão apoio às pessoas e buscam inovações plausíveis e bem fundamentadas.

11.14 Capacidade Criativa

Não é difícil encontrar informações ensinando regras e processos para desenvolver a capacidade criativa, ou roteiros para se chegar ao encontro de novas soluções. Mas, tanto a capacidade, como a oportunidade de criar, são raras.

O espírito criador não é atributo dos artistas e inventores, tanto que engenheiros, escritores e outros têm a oportunidade de demonstrar sua genialidade.

A tarefa torna-se mais atrativa e estimulante quando utiliza, com o máximo proveito, as qualificações do indivíduo. É claro que em qualquer tempo podem ocorrer restrições quanto à natureza do projeto e da qualificação de seu pessoal. Não se deve permitir que tais dificuldades se sobreponham ao efeito incentivador de utilizar o melhor de cada um.

A história recente da economia está cheia de vítimas da incapacidade de criar. Em certos segmentos do mercado, como os da tecnologia digital, a produção de riqueza flui diretamente da inovação e não, simplesmente, do aperfeiçoamento de técnicas e processos de produção já conhecidos.

A seguir, algumas recomendações que ajudam a aumentar a capacidade criativa:

- Intensifique os contatos com seus fornecedores e consumidores, desenvolvendo, inclusive, formas de cooperação.
- Mantenha-se bem informado das estratégias dos concorrentes.
- Trabalhe no sentido de aumentar a adesão dos seus quadros funcional e gerencial com a filosofia da empresa.
- Desenvolva atividades de coordenação entre áreas tradicionalmente conflitantes dentro da organização.
- Invista tempo e esforço na melhoria das comunicações institucionais, tentando evitar boatos e fofocas de efeitos negativos.
- Crie campanhas inovadoras e criativas no sentido de melhorar a produtividade, simplificar os processos, desburocratizar procedimentos.
- Procure dar a todas as atividades um caráter participativo, pois sem compromisso não existem resultados positivos.
- Prepare a sua gerência e supervisão para administrarem conflitos decorrentes das dificuldades de sobrevivência.
- Use todos os momentos para consolidar uma imagem de empresa sólida, ética e coerente com seus princípios.
- Mantenha uma postura transparente entre discurso e ação.
- Faça campanha de austeridade, não permitindo deslizes de ostentação, mesmo a nível pessoal.
- Junte coisas aparentemente desconexas, não seja lógico, extrapole, imagine o inverso.
- Procure ver a riqueza das ideias com simplicidade e objetividade, aproveitando o acaso.
- Nunca se contente com a primeira ideia que lhe ocorrer.
- Sempre há uma maneira melhor de fazer as coisas, com menor custo.
- Seja curioso e evite reproduzir tarefas mecanicamente, buscando as causas, os porquês, as implicações.
- Não acredite em bordões, como: Time que está ganhando não se mexe.
- Não tenha vergonha de mostrar suas ideias, para que as mesmas não fiquem no fundo de uma gaveta.
- Ouça os outros, principalmente, se eles pensam diferente de você, porque as ideias se desenvolvem com opiniões contrárias.
- Saia da rotina para estimular o seu cérebro.

11.15 Potencial Criativo

A criatividade é uma característica que existe em todos os indivíduos, e não uma qualidade inata, propriedade de poucos. Potencial criativo pode ser desenvolvido ou transformado em novas habilidades. Nesse sentido, alguns indivíduos podem estar mais avançados do que outros, no desenvolvimento dessas habilidades, o que pode levá-los a transmitir corretamente uma imagem temporária mais criativa, erradamente à ideia de que são pessoas altamente privilegiadas.

Sendo um potencial humano, a criatividade é um recurso altamente disponível no meio organizacional, à espera de implementação e uso. Assim, desenvolver as habilidades criativas de todos os membros de uma organização é mais importante do que institucionalizar grupos de pensadores sofisticados para essa tarefa.

Discursos impressionantes têm sido proferidos para proclamar as virtudes da criatividade e deblaterar os vícios da conformidade. Contudo, estas maneiras de agir não fazem parte do mundo empresarial e, sim, do mundo da política.

O que certas pessoas chamam de conformismo em negócios relaciona-se menos à falta de criatividade do que à falta de ação. Homens criativos são conhecidos, geralmente, como pessoas descontentes.

A razão pela qual o executivo, tantas vezes, rejeita novas ideias é que ele é um homem ocupado, cuja principal tarefa é tratar de problemas prementes de solução. Assim, cada vez que novas ideias lhe são propostas, ele as vê como problemas futuros.

Um dos desafios mais sérios na carreira de qualquer dirigente é como fazer com que sua equipe pense de modo criativo, sem prejudicar o andamento das operações do dia a dia.

Não há modelos nem regras, processos ou mesmo padrões de sucesso. Apesar disso, algumas organizações conseguem ter ideias geniais repetidas vezes.

Para estimular a criatividade faça dela um evento cotidiano. Para que seja algo confiável é preciso questionar: Quais recursos são necessários? Quem fará parte da equipe? Como compensar o sucesso do projeto? Como avaliar resultados?

A capacidade de gerar novas ideias é o talento mais procurado, hoje, no mundo dos negócios. Mas a percepção do processo criativo ainda se baseia no pressuposto de que a criatividade está em apenas uma pessoa e não num grupo de trabalho.

Qualquer grupo será liderado por alguém, que não necessariamente precisa ser o gênio da lâmpada.

Criatividade não é um caminho miraculoso para o desenvolvimento dos negócios e da riqueza, como tanto se pretende. Para o administrador pode ser uma pedra no sapato, em vez de um marco balizador. A criatividade pensa coisas novas. Inovação faz coisas novas.

As ideias são avaliadas mais por sua novidade do que por sua praticidade.

O problema principal é que as chamadas pessoas criativas, em geral, possuem pouca vivência empresarial, passando elas próprias a ser o ponto de estrangulamento da inovação. Há um pressuposto de que criatividade conduz a implementação da inovação.

Este raciocínio é errado, porque o objetivo da inovação é o êxito.

Mas, exigir adiantadamente que não haja dúvidas quanto a seu êxito, destruiria a oportunidade da experimentação. É bom lembrar que uma inovação só será implantada se realmente for lucrativa, qualquer sentido que tiver.

11.16 Gerência das Novas Ideias

A transformação da criatividade em inovação é, em grande parte, um processo de transformar ideias individuais em ideias coletivas. As novas ideias não são, por si mesmas, suficientes para produzir inovações. É preciso que elas ultrapassem os limites do desejo individual e se torne coletivo. Esse processo não é simples, porque após a geração de ideias é preciso todo um processo de coletivização.

Tal processo é difícil, pois ameaça valores e comportamentos. Implica uma ação coordenada para harmonizar interesses, percepções e atitudes. Para ser bem-sucedido no processo de coletivização da ideia, é preciso levar em consideração o seguinte:

Posição do Originador da Ideia – Para que a ideia mereça atenção, evidentemente, depende da posição que a pessoa ocupa.

Complexidade da Ideia – Quanto mais complexas e envolventes as implicações de uma ideia, e quanto mais rearranjos exijam para levar adiante a ideia, tanto maior será a necessidade de dar cobertura a proposta.

Cargo a Quem Vai Ser Submetida a Ideia – Todos sabem que alguns chefes são mais receptivos a novas ideias do que outros. A receptividade determinará o apoio.

Na grande organização, a astúcia e a dissimulação encobrem, com notável frequência as inovações de sucesso, porque novas ideias são, em geral, originadas longe dos centros de poder. Por tal, sofrem triagem ao longo do caminho para a alta administração, geralmente, ficando no caminho.

Os poderosos gostam de se gabar de que são criativos.

A seguir, alguns princípios que ajudam à gerência de novas ideias:

- Revelar compreensão pelas ideias sugeridas sem demonstrar preconceitos.
- Favorecer oportunidade para que novas sugestões sejam apresentadas.
- Estimular o pessoal a resolver problemas.
- Criar condições para que as ideias sejam testadas na prática.
- Conscientizar o pessoal no sentido de estar, permanentemente, aberto às melhorias que aumentam a produtividade.
- Valorizar a colaboração e recompensar as ideias relevantes.

11.17 Conhecimento

Embora já tenhamos abordado este assunto, é bom lembrar que o conhecimento, teoricamente, não se acaba ou é, como querem alguns, infinitamente ampliável. Hoje, apesar de todas as iniquidades de renda e riqueza, a futura luta pelo poder irá se transformar, cada vez mais, numa luta pela distribuição e pelo acesso ao conhecimento. É por isso que, a menos que compreendamos como e para quem flui o conhecimento, não podemos nos proteger contra o abuso de poder, nem criar uma sociedade mais democrática.

O conhecimento não é impessoal, como o dinheiro. Não reside em um livro, um banco de dados, um programa de software. Estes contêm apenas informações. O conhecimento está sempre incorporado em uma pessoa, é levado com ela, criado, aumentado e aprimorado. É aplicado, ensinado, transmitido, usado, empregado, mudado. Ao se fazer isso, novos desafios, questões e precedentes surgem à pessoa instruída.

Em todas as sociedades do passado, a pessoa de grande conhecimento era um ornamento. Hoje, o conhecimento é como água no deserto.

A pessoa instruída precisa ser capaz de usar seu conhecimento como suporte do presente para decidir o futuro. Também deverá ter uma cultura menos livresca do que o produto da formação geral dos humanistas. Ela precisará desenvolver plenamente sua percepção, tanto quanto sua capacidade de análise.

A sociedade pós-capitalista baseia-se no conhecimento, também aplicado às organizações, que, embora interdependentes, têm conceitos, visões e valores diferentes. Assim, a maioria das pessoas viverá e trabalhará nestas duas culturas ao mesmo tempo.

A função do conhecimento é o crescimento intelectual, moral e espiritual da pessoa, além de capacitá-la para inúmeras habilidades. A aplicação do conhecimento se faz necessária para mais bem atingirmos resultados positivos, porque cada vez mais é aplicado na tomada de decisão, havendo uma linha tênue entre conhecimento específico e informação técnica.

O fato de o conhecimento se tornar "o" recurso, e não "um" recurso é de vital importância para entendermos o progresso das organizações. Os fatores econômicos terra, trabalho e capital tiveram de admitir o conhecimento como outro fator, devido ao aprimoramento da gestão corporativa.

11.18 Compartilhamento do Conhecimento

O avanço tecnológico da informação permitiu o compartilhamento do conhecimento através de redes digitais. As vantagens da transferência de conhecimento foram muitas, porque aumentaram a eficiência dos métodos e processos, levando para resultados eficazes. A qualidade da decisão aumentou em função da interação de grupos detentores do conhecimento.

O cruzamento de informações gerou mais conhecimento e oportunidades de negócio. O conhecimento adquiriu caráter estratégico. Mesmo nas indústrias tradicionais, os custos com mão de obra não passam de 13% dos custos totais, de modo que mesmo uma vantagem muito substancial nestes custos resulta em vantagem competitiva desprezível.

A única vantagem competitiva significativa é a produtividade dos trabalhadores do conhecimento, que, cada vez mais, determinarão o formato das organizações.

É possível que nos tornemos céticos quando um tipo de conhecimento, considerado absolutamente necessário por determinado grupo de especialistas, é julgado inútil por outro. Isso certamente acontecerá com bastante regularidade, uma vez que somos obrigados a estabelecer prioridades e a discutir que rumo deveremos dar ao esforço pelo conhecimento.

Se chegarmos a questionar o valor do conhecimento, será a primeira vez que o faremos desde que Sócrates o definiu como a origem do pensamento e da visão do mundo, há 2.400 anos. Depois dos gregos poucas pessoas no Ocidente rejeitaram o conhecimento em si ou questionaram seu valor e sua virtude.

Quanto mais o conhecimento se tornar fundamental para a sociedade, maior será a importância da diversidade, da flexibilidade e da competição. Esse fato também suscitará questões significativas sobre o mesmo e fará com que alternativas para a política do conhecimento se façam cada vez mais necessárias.

Quando enfrentamos uma situação sem precedentes, temos de estabelecer prioridades na busca de novos conhecimentos, haja vista a necessidade de tomar decisões referentes ao rumo do conhecimento e suas consequências.

Agora, o conhecimento é poderoso. Ele controla o acesso à oportunidade e ao progresso. Cientistas e acadêmicos não estão mais, meramente, à disposição, eles estão no comando. Eles precisam ser ouvidos pelos que elaboram as políticas, porque lhes cabe a responsabilidade de formar os jovens que herdarão tudo isso.

As pessoas cultas já não são pobres. Pelo contrário, são as verdadeiras capitalistas da atualidade. O conhecimento não pode ser algo isolado, devendo constituir componente explícito de tudo na organização.

Uma sociedade que remunera mal seus professores é uma sociedade retrógrada e burra.

11.19 Tipos de Conhecimento

Organizar uma tipologia do conhecimento é muito difícil, já que podemos associar a palavra conhecimento a qualquer coisa. Assim, os tipos de conhecimento que iremos abordar, a seguir, dizem respeito apenas ao âmbito em que acontecem:

Conhecimento Histórico – O espírito crítico de um indivíduo não nasce com ele, é fruto de uma conquista ao mesmo tempo pessoal e histórica. É resultante de um longo processo, para cujo crescimento é fundamental atitudes, tais como: interesse profundo por um problema, busca do sentido da prova, oposição ao dogmatismo, aptidão na consideração de alternativas, liberdade de imaginação, firmeza nas conclusões.

Conhecimento Popular – É aquele que advém das experiências da vida, transmitido de geração a geração por meio da educação informal, portanto empírico. Ele é, às vezes, denominado senso comum, distinguindo-se do conhecimento científico pela forma, modo, método e instrumentação. Também chamado de vulgar, é o meio mais prático e espontâneo de se conhecer as coisas, as pessoas, os objetos e os ambientes.

Conhecimento Filosófico – É aquele que se fundamenta num esforço da razão pura para questionar os problemas humanos e pode discernir entre o certo e o errado. É sempre insatisfatório ao homem como ser racional. Este conhecimento emprega o método racional e não exige confirmação experimental, mas somente coerência lógica. Trata-se de um conhecimento, essencialmente, metafísico, pois procura conhecer as causas em si e não apenas as manifestações dos fenômenos.

Conhecimento Científico – É aquele que procura substituir o conhecimento empírico, utilizando, para tanto, explicações objetivas para os fenômenos verificados na esfera da experimentação. É transmitido por intermédio de treinamento apropriado, sendo um conhecimento obtido de modo racional, conduzido por meio de procedimentos científicos. Tal conhecimento lida com ocorrência ou fato, isto é, com toda forma de existência que se manifesta de algum modo, procurando sempre explicar e comprovar as experiências em termos de suas causas e efeitos imediatos.

Este conhecimento ocupa-se de: fenômenos da natureza (física, química, biologia); fenômenos do raciocínio (lógica e matemática); fenômenos sociais (cultura, arte, história, relacionamento). Pode ser: descritivo, explicativo, implicativo, compreensivo e crítico. Seu objetivo é estabelecer uma forma de conexão entre os elementos identificados nas ciências, por meio de métodos lógicos e heurísticos.

Conhecimento Tradicional – Conhecimento que se espera ter uma pessoa instruída. Este conhecimento dá a pessoa que o detém o entendimento de quase tudo que existe, mas não dá o suficiente para fazer acontecer. Durante muito tempo, utilizamos a eletricidade, sem saber a sua real origem.

Conhecimento Especializado – Ao contrário do tradicional, o conhecimento especializado, ou técnico, dá ao seu detentor os métodos, as técnicas e as especificações para construir (fabricar) um produto.

Capítulo 12

CUSTO, PREÇO e LUCRO

"As pessoas que usam o seu tempo para atividades, sem pensar nos resultados que pretendem alcançar, provavelmente, estarão desperdiçando boa parte dele"

Peter F. Drucker

Objetivos do Capítulo

- Mostrar ao leitor que, nem sempre, o produto que mais vende é aquele que dá o maior lucro.
- Observar que o preço de venda vem se tornando, cada vez, mais um fator competitivo.
- Mostrar o valor de se conhecer custos para poder definir o preço que atenda ao mercado.
- Mostrar ao empreendedor que, sem compreender os conceitos de preço, custo e lucro, ele não conseguirá viabilizar o seu negócio.

12.1 Custo

Custo é o gasto (desembolso) relativo à produção de um bem ou serviço. Conhecer custos é condição básica para tocar qualquer negócio. Os custos devem refletir a situação financeira da empresa, para:

- Atender as exigências legais, quanto a apuração e avaliação, dos resultados de suas atividades.
- Tomar a decisão mais realística.
- Ajudar nos controles contábeis, financeiros e econômicos.
- Adequar-se às novas realidades ambientais.
- Fornecer dados para os sistemas de apoio gerencial.

A necessidade de dados analíticos concernentes aos custos de produção resulta de vários motivos. Os mais conhecidos e importantes são os seguintes:

- Determinação do preço de venda e do valor do estoque.
- Controle da eficiência de utilização dos fatores produtivos.
- Determinação da conveniência do processo de produção e da composição do produto.
- Utilização da capacidade instalada, em função do volume de produção.
- Análise da conveniência de utilização de meios (tecnologias) mais sofisticados.
- Cálculo dos lotes econômicos de aquisição ou produção.
- Decisão entre comprar ou produzir.

Tomemos o custo de um produto de alimentação, como exemplo. E uma vez analisada a adequação da alimentação quanto às necessidades da clientela, deve-se levantar o custo do prato e verificar sua congruência, em relação ao custo padrão (Ficha Técnica).

Antes de determinar o custo unitário de um produto alimentício, por exemplo, é importante observar certos detalhes, tais como:

- O tempo de preparação de um prato.
- O mise-en-place (fundos e molhos).
- Custo da mão de obra direta.
- O custo indireto de fabricação.
- A base de rateio do custo fixo.

Para apurar o custo é necessário levantar as despesas efetuadas com matéria-prima, insumos, higiene e limpeza, descartáveis e outros materiais, através de consultas às planilhas do controle de estoque, computando-se o valor das mercadorias retiradas do depósito.

12.2 Custo Unitário do Produto

O custo unitário do produto é o somatório dos dispêndios, para transformar recursos em um bem ou serviço, dividido pelo total de unidades produzidas. O custo final de um produto dependerá, fundamentalmente, da quantidade produzida, como mostra o Quadro, a seguir:

Produto:		
Quantidade Produzida (Q): 500		
Período:		
Nº	Itens	Valor
1	Matérias-Primas	5.000,00
2	Insumos	1.000,00
3	Embalagens	2.000,00
4	Mão de obra direta	2.500,00
5	Encargos sociais	2.875,00
6	Custo variável (1 + 2 + 3 + 4 + 5)	13.375,00
7	Custo fixo (rateio)	600,00
8	Custo de fabricação	1.200,00
9	Custo de comercialização	800,00
10	Despesas financeiras	600,00
11	Despesas diferidas do projeto	0,00
12	Custo total (6 + 7 + 8 + 9 + 10 + 11)	16.575,00
13	Custo unitário (12/Q)	33,15

Quadro 12.1: Controle do Custo Unitário do Produto.

12.3 Redução do Custo

Devido à escassez, as empresas precisarão ficar, cada vez mais, atentas na elaboração de programas, planos e políticas que minimizem custos. Assim, se faz necessário uma atenção para:

- A racionalização de energia e água não pode comprometer a qualidade de bens e serviços.
- A reciclagem de materiais deve ser incentivada, desde que não comprometa o visual e a saúde pública.
- O monitoramento ambiental para rejeitos industriais deve ser pensado, quando do desenvolvimento do produto.
- O aproveitamento de embalagens deve ser uma prática da chamada logística reversa.

A seguir, algumas responsabilidades diretas, com relação à redução do custo:

Departamentos	Responsabilidades
Produção	Custo variável
Finanças	Custo fixo
Marketing	Custo do produto
Contabilidade	Custo do recurso
Materiais	Custo de estocagem
Vendas	Custo direto
Serviços	Custo indireto

Quadro 12.2: Responsabilidades sobre Custos.

Dois aspectos precisam ser mencionados como contribuintes para a redução de custos, tais como: a produtividade e a economia de escala.

Produtividade – Num sentido geral, a produtividade é produto por unidade de gasto. Isto é, por exemplo, botões costurados por máquinas por dia de oito horas ou unidades vendidas por mês. A visão da produtividade é mais restrita quando se fala em linha de produção ou produção física, onde ela é calculada por: homem, homem-hora, máquina, investimento produtivo.

Como as medidas são relativamente simples, a maioria dos técnicos afirma que a produtividade só deve ser calculada com relação à produção física. Na verdade, é possível medi-la em outras áreas, mas somente por meio de indicadores de gestão.

Se mil operários produzem 25 automóveis por hora e passam a produzir 30 por hora, sem acrescentar nenhuma máquina, nem aumentar o número de empregados, diz-se que a produtividade aumentou. Geralmente, as empresas avaliam a produtividade por meio de indicadores e índices.

É costume proclamar um aumento de produtividade, quando se substituem homens por máquinas. No exemplo acima, para se ter a medida real do aumento de produtividade, seria mais indicado usar o custo do investimento, antes e depois da instalação de novas máquinas.

Economia de Escala – A economia de escala segue duas linhas de pensamento. A primeira linha, trata do aumento da produção de forma controlada e de acordo com a Lei dos Rendimentos Decrescentes, pois não adianta aumentar a produção, indefinidamente, para que o custo do produto atinja um patamar que ajude a solapar a concorrência, pois existe um limite para isso.

Tudo o que se sabe é que há mais probabilidade de variarem os rendimentos do que de permanecerem constantes. Sabemos que a divisão do trabalho, muitas vezes, permite conduzir a produção mais eficientemente, quando o seu volume se torna muito grande. Mas, também sabemos que, num determinado ponto do volume de produção, os custos voltarão a crescer.

A segunda linha, também chamada de integração vertical, observa que o aumento da produção deve estar em função da otimização dos processos ao longo da fabricação.

Uma fábrica de alimentos trabalha com matérias-primas, insumos, materiais, recursos hídricos e energéticos, por exemplo. Se houver a possibilidade de a empresa cultivar alguns dos seus insumos (salsa, cebolinha, tomate, pimentão) ou captar a energia solar e a água da chuva, ela estará fazendo economia de escala.

12.4 Tipos de Custo

A seguir, tipos de custo:

Custo Fixo – É aquele decorrente da estrutura produtiva instalada na empresa, que independe da quantidade que venha a ser produzida, dentro do limite da capacidade instalada. O custo fixo deve ser uma preocupação do empreendedor iniciante, que sempre aposta na sorte, esquecendo que este custo existe independentemente de haver ou não produção, como, por exemplo: Água e Esgoto; Força e Luz; Telefones; Honorários; Extintor de Incêndio (carga); Mão de Obra Indireta; Despesas Indiretas; Amortizações; Material de Escritório; Pró-Labore; Taxa de Alvará; Correios; Treinamento; Propaganda; Encargos Sociais; Taxa de Incêndio; Aluguel de Ativos; Seguros; IPTU; Material de Higiene e Limpeza; Manutenções Diversas; Depreciação; Segurança; Despesas Financeiras.

Custo Variável – Custo que oscila diretamente com o volume de bens e serviços produzidos. É custo diretamente ligado à produção. Se uma fábrica não produz, o seu custo variável é zero. Exemplos de custos variáveis são: mão de obra direta, matéria-prima, insumo, gasto de energia com produção, manutenção da fábrica, fretes, embalagens, combustível, despesas de comercialização.

Custo Total – Soma dos custos fixos mais os custos variáveis, para qualquer nível de produção.

Custo Médio – É o custo unitário, em um determinado nível de produção, igual ao custo total dividido pelo total de unidades produzidas.

Custo do Comprador – É igual ao preço de venda do fornecedor (custo + carga tributária).

Custo Direto – É igual à soma de matéria-prima mais mão de obra direta.

Custo Indireto – Soma de mão de obra indireta mais aluguel, mais seguros, mais impostos, mais taxas, mais depreciação.

Custo Indireto de Fabricação (CIF) – Custo relativo à manufatura de um produto, exceto materiais diretos e mão de obra direta. Esses custos incluem materiais indiretos, mão de obra indireta e outras despesas de manufatura, como: depreciações, suprimentos, utilidades públicas, manutenções, seguros e impostos.

Custo Administrativo – Custo associado com a gestão geral de uma organização que não pode ser atribuído à comercialização e a produção.

Custo Ambiental – Somatório dos custos que são incorridos por causa da existência, ou possível existência, de má qualidade ambiental, ou ainda, gastos com a preservação do ambiente onde a organização opera.

Custo País – Custo da dificuldade em trazer recursos de fora para dentro da fábrica, função da infraestrutura deficiente do país. O mesmo raciocínio se aplica no caso da importação e exportação.

Custo da Qualidade – Custo incorrido por causa da existência de falhas nos produtos, por não estarem em conformidade com suas especificações. Este custo está associado aos defeitos encontrados antes da transferência do produto ao consumidor. Tais defeitos podem causar: sucata, desperdício, retrabalho, reinspeção, perda de tempo, novo teste.

Custo de Oportunidade – A transferência dos fatores de produção de um bem A para produzir um bem B implica um custo de oportunidade que é igual ao sacrifício de se deixar de produzir parte do bem A para se produzir mais do bem B.

O custo de oportunidade também é conhecido como a diferença entre a melhor alternativa (máxima contribuição de lucro) e a alternativa possível (uso de recursos limitados ou utilização para um propósito particular).

Custo de Produção – É todo gasto na transformação de matéria-prima, insumo e mão de obra direta, acrescido do custo indireto de fabricação.

Custo de Aquisição – É o valor pelo qual um ativo imobilizado (fixo) é registrado na contabilidade de uma empresa. Esse custo pode ser tanto aquele pago pelo ativo, quanto o de fabricação ou de construção do mesmo.

Custo de Manutenção – Gasto para manter em bom estado (condições ambientais e operacionais) estoques, viaturas, produtos, materiais, máquinas, equipamentos. Tal custo se resume a compra de materiais para serem consumidos nos trabalhos de manutenção, conservação e embelezamento.

Custo do Transporte – Assunto já abordado.

Custo Marginal – O custo marginal é o custo adicional requerido para aumentar a produção em uma unidade.

Custo do Produto – Somatório dos dispêndios para se obter um produto (custo unitário do produto).

Custo do Controle – Despesas relativas à implantação de um determinado controle. Um administrador pode deixar-se absorver tão profundamente pelos controles que venha a gastar mais tempo do que poderia valer a descoberta de um erro. O processo pode resultar em custos além de qualquer eventual benefício.

Custo de Mercadoria Vendida – Custo de mercadoria vendida é igual ao somatório do estoque inicial mais compras, mais despesas, menos estoque final. Considerando-se que no início do período temos uma determinada quantidade em estoque, como no final, e que também podem ocorrer compras.

O valor do custo de mercadoria vendida é dado pela fórmula:

$$CMV = Ei + C - Ef$$

Onde:
CMV = Quantidade de mercadoria vendida
Ei = Estoque inicial
C = Compras do período
Ef = Estoque final

Custo Real – Custo real é o custo resultante da soma algébrica do custo estimado de um projeto com o custo de sua implantação. O custo real também pode ser o valor aproximado e aceitável do verdadeiro custo de produção de um produto.

Custo Previsto – Custo determinado através de estudos preliminares de estimativas. Os custos previstos ou estimados permitem uma rápida noção do custo e serve de referencial de comparação com os custos efetivos.

Custo Padrão – Valor estabelecido, em laboratório, segundo um determinado conjunto de variáveis. É um tipo especial de custo estimado, obtido por meio de padrões de eficiência e produtividade. Diferentemente dos custos estimados, os custos padrões são valores estabelecidos em relação às condições e situações de pura normalidade.

A comparação do custo apurado no campo com o determinado em laboratório permite uma análise mais profunda das alterações que se fazem necessárias para uma melhor adequação à realidade do mercado.

Custo de Mão de Obra – A natureza direta do custo é bastante óbvia para as faturas de matérias-primas, mas há diferenças no tratamento da mão de obra. Isso ocorre devido às diferentes práticas regulamentares. A princípio, os custos diretos de mão de obra são para horas gastas.

Custo do Pedido – Somatório dos custos para pedir material, pagar salários do pessoal envolvido, receber e inspecionar material (produto), comunicar, processar arquivos e banco de dados, manter produtos em estoque (armazenamento).

12.5 Sistemas de Custeio

A primeira preocupação que existe, em toda e qualquer empresa, relativo aos custos, é a da sua formação. A mão de obra direta mais a matéria-prima e insumos, associados às despesas gerais de produção, bem como planejamento, preparação, manutenção, armazenamento, gastos com energia determinam o custo de fabricação. Somando-se a este custo estão os custos de comercialização, as despesas administrativas, as de logística, resultando no custo total de todo o processo.

Os sistemas de custeio referem-se às formas como os custos são registrados e transferidos internamente na empresa. De forma similar aos custos, os sistemas de custeio também podem receber diferentes classificações:

Custeio por Atividade – Sistema de custeio voltado para as atividades que emprega o custo dessas atividades como base de apropriação dos custos a outros objetos de custo. Este sistema rastreia, primeiramente, os custos para as atividades e depois os custos para objetos de custos.

Custeio por Ordem de Serviço – Sistema de custeio em que o custo de um produto é obtido pela apropriação dos custos a uma unidade isolada, grupo ou lote de um produto, isto é, usa o custeio por ordem de serviço para atribuir os custos dos materiais de produção.

Custeio por Processo – Sistema de custeio no qual o custo de um produto é obtido pela distribuição dos custos por grandes quantidades de unidades semelhantes (iguais). Os custos unitários são calculados com base na média. Este sistema é utilizado para produção em massa.

Custeio por Apropriação – Sistema onde os custos são calculados à medida que o processo de fabricação avança, desde a matéria-prima até a entrega ao consumidor final. No sistema de custeio por apropriação, temos:

- Custo Total = Custo Fixo + Despesas + Custo Variável

- Custo Variável = Mão de Obra Direta + Matéria-Prima Direta

Custeio por Consumo – Sistema para determinar o custo de um produto baseado no preço que os consumidores estão dispostos a pagar. Também é conhecido como custeio alvo e custeio direcionado pelo preço. Alguns autores consideram que este sistema tem como objetivo a redução sistemática do custo do produto por todo seu ciclo de vida.

Custeio Standard – Sistema onde o custo é determinado em laboratório (ensaio e erro). É o custeio baseado na Ficha Técnica. Qualquer diferença acentuada entre o custo efetivo e o custo presumido significa que algo anormal está ocorrendo.

Custeio por Absorção – Sistema de custeio em que todos os custos de fabricação, variáveis e fixos, são levados em conta para a avaliação dos estoques. Tal sistema consiste em atribuir aos produtos fabricados todos os custos de produção, quer de forma direta ou indireta (rateios).

Todos os custos, sejam eles fixos ou variáveis, são absorvidos pelos produtos. É o sistema utilizado para custear os estoques e determinar o custo de produtos vendidos.

O custeio por absorção retrata onde os custos e as despesas influem no resultado de uma empresa, deixando claro o "peso" que as despesas operacionais têm no resultado da fabricação e comercialização de um determinado produto.

No sistema de custeio por absorção, as principais variáveis são:

- Resultado Líquido = Resultado Bruto - Despesas Operacionais
- Resultado Bruto = Receitas com Vendas - Custo de Produção
- Custo de Produção = Custo Variável Direto + Custo Variável Indireto + Rateio do Custo Fixo

12.6 Rateio do Custo Fixo

Rateio é o acréscimo que se soma ao custo unitário do produto, em função dos diversos custos indiretos (custo fixo), segundo critérios diferenciados, isto é, baseados em: matéria-prima, aluguel, produção, horas, mão de obra, imposto e área ocupada, por exemplo.

Se uma indústria opera em regime de produção única, todas as despesas são destinadas a produzir um único produto. Assim, fica fácil achar o custo do produto, bastando, para isso, dividir o total de despesas pela quantidade produzida.

Se a empresa fabrica diversos produtos é necessário ratear (distribuir) os custos fixos sobre estes produtos. Os pagamentos de aluguel, impostos e mão de obra indireta, por exemplo, precisam ser rateados sobre os custos diretos dos produtos.

Os critérios para ratear custos indiretos sobre os produtos são muitos e dependem de cada processo. É bastante fácil de se perceber que a alteração de um critério poderá provocar mudanças no valor apontado como custo de um produto, sempre que de fato nenhuma outra modificação tenha ocorrido no processo de produção.

Os custos indiretos são amortizados aos produtos, em função de uma base de rateio. Essa base de rateio deve guardar uma relação próxima entre o custo indireto e o objeto de custeio, evitando causar distorções no resultado final.

No custo de energia elétrica, o rateio pode ser feito proporcionalmente às horas de máquinas em funcionamento, considerando que o consumo de energia tenha uma relação de causa e efeito muito próxima dessas horas.

A base de rateio do custo fixo de determinado produto é dada pela fórmula:

Base de Rateio do Custo Fixo = Gastos Indiretos / Gastos Diretos

Exemplo:
Gastos Diretos = 130.000,00
Gastos Indiretos = 26.000,00
Base de Rateio do Custo Fixo = 26.000 / 130.000 = 0,20 = 20%

Análise:
No caso acima, a parcela relativa ao custo fixo que cabe na composição do custo unitário do produto corresponde a 20% do custo variável. O fator multiplicativo é de 1,20. Assim: CT = CV x 1,20

O cálculo da base de rateio pode ser tomado, em função da média de todos os rateios das variáveis de produção.

A seguir, estão alguns critérios de rateio, normalmente, utilizados nas empresas:

Despesas/Custos	Critérios de Rateio
Aluguel	Proporcional à área.
Mão de obra	Proporcional à quantidade produzida de cada produto.
Manutenção de máquinas	Proporcional ao número de horas/ano por máquina.
Impostos e taxas	Proporcional ao faturamento de cada produto.
Sistema de climatização	Proporcional ao volume.
Manutenção e limpeza	Proporcional à área.
Segurança	Proporcional à área.
Seguro contra incêndio	Proporcional à área.
Seguro de máquinas	Proporcional ao investimento.
Depreciação	Proporcional ao investimento.
Salários	Proporcional ao número de empregados.
Refeitório	Proporcional ao número de empregados
Transporte de pessoas	Proporcional ao número de empregados
Saúde e seguro de vida	Proporcional ao número de empregados.

Quadro 12.3: Critérios de Rateio.

12.7 Preço de Venda

Preço é razão de troca entre o objeto que se negocia e qualquer outro objeto. Em geral, uma unidade monetária determina o preço, isto é, a quantidade de unidades monetárias que se deve despender na obtenção de uma unidade de determinado produto.

Então, um bem ou serviço pode ser avaliado como caro ou barato, em função do mercado, da necessidade do comprador, da persuasão do vendedor, da escassez, da fartura, do governo.

Uma das principais tarefas da Teoria Econômica é explicar porque os bens têm preços e por que alguns deles são caros e outros baratos. Por que é que bens, serviços, ideias e fatores de produção têm preços? É porque eles são úteis e escassos em relação aos usos a que se destinam. A carne, por exemplo, jamais alcançaria preço numa economia composta inteiramente de vegetarianos, fossem muitos ou poucos os bois e carneiros ali existentes.

Mas a utilidade e a escassez são apenas as forças subjacentes que causam a existência dos preços. Quando se forma no mercado o preço de qualquer bem, é porque a utilidade e a escassez se exprimem concretamente na procura por parte dos compradores e na oferta por parte dos vendedores.

O preço se forma pela interação de duas ordens de influências: a da procura e a da oferta.

O preço de venda de um produto é o valor resultante da soma do custo total de fabricação do produto mais uma margem de lucro.

A margem de lucro é para compensar o esforço de produção e comercialização.

O lucro por produto pode ser predeterminado, através de uma taxa (ou percentual) de marcagem do próprio custo unitário ou do preço de venda. Logo, a variável que realmente interessa é o custo do produto.

Num mercado competitivo o custo tem uma preponderância muito grande, porém influenciará muito mais nos resultados (lucros).

O preço de venda adotado pela empresa estará dentro do intervalo (preço mínimo – preço máximo) que o mercado pode pagar. Se o produto da empresa é melhor em qualidade que o produto concorrente, então é possível aumentar o preço de venda, fazendo com que a margem de lucro seja maior.

Muitas são as situações em que, invariavelmente, um vendedor aponta o preço como o responsável pela perda de uma venda, reportando a insatisfação do cliente que classifica de caro o produto. Antes, porém, é necessário que se evite a tendência à generalização, apontando o preço como o problema que impede a concretização de um negócio.

Nem sempre o preço é um problema. Outrossim, não são poucas às vezes em que ele não passa de um sintoma, relacionado, principalmente, a uma defasagem entre o posicionamento do produto, seus benefícios ou atributos relevantes e a percepção do consumidor.

O custo é, sem dúvida, o ponto de partida, mas esta consideração tem a desvantagem de não levar em conta o consumidor. Muitas vezes, a gerência decide preços baseado exclusivamente no custo, quando deveria considerar outros fatores.

O preço é uma parte substancial para a empresa, mas nem sempre para o consumidor, como no caso de produtos comprados por impulso ou para uma necessidade imediata ou, ainda, numa emergência. É muito raro que uma pessoa pense no preço, quando compra uma aspirina, para minimizar a dor de cabeça.

Os preços flutuam, segundo determinados elementos, tais como: custo, demanda, oferta, especificação, desconto, concessão, promoção, época, clima, condições econômicas, interferência do governo, inflação, matéria-prima, insumo, mão de obra, capacidade instalada, participação no mercado, intermediário, carga tributária, nível de qualidade, concorrência, fornecedor, consumidor.

12.8 Tipos de Preço

A seguir, os principais tipos de preço:

Preço Justo – Valor subjetivo, em função do público-alvo a quem o produto é ofertado.

Preço de Mercado – Preço que o mercado pode pagar.

Preço de Sobrevivência – Preço para garantir a permanência no mercado.

Preço com Desconto – Pagamento correspondente à diferença entre o valor de face (nominal) e o desconto concedido.

Preço Padrão – Um preço cuidadosamente determinado que uma empresa espera receber por uma unidade de produto.

Preço Diferenciado – Também chamado de preço discriminatório, ocorre quando uma empresa vende um produto a dois ou mais preços que não refletem diferença proporcional ao custo. Exemplos muito comuns são preços com descontos para dias de fraco movimento.

Preço Geográfico – Preço para consumidores localizados em diferentes lugares. O problema é se a empresa deve cobrar preços maiores para consumidores mais distantes e como enviar e receber a fatura.

Preço de Prestígio – Preço para transmitir uma imagem de alta qualidade e alto status. Alguns consumidores veem as características tangíveis de um produto como de importância distinta na escolha entre os produtos disponíveis.

Preço Promocional – Muitos varejistas reconhecem que os consumidores adoram negócios de ocasião. Sabem que preço mais baixo do que o normal exerce considerável apelo.

Muitos usam a variável preço não apenas para a promoção de vendas para produtos de baixo preço, mas também para atrair consumidores para gerar vendas de outros produtos.

Preço de Penetração – Preço baixo, na esperança de que o volume vendido seja grande.

Preço Isca – Preço de um produto abaixo do custo para atrair consumidores a comprar outros produtos bem mais caros. Preço praticado para mostrar que o varejo vende muito barato todos os seus produtos. É comum os supermercados reduzirem os preços de seus produtos de marcas famosas para estimular o tráfego de consumidores.

Preço de Lista – Também chamado preço base, é determinado como ponto de partida para o preço de um novo produto. Em outras palavras, o preço de lista é o preço que, normalmente, os compradores são solicitados a pagar.

Preço Concorrente – Preço que ajuda a empresa a estabelecer sua política de preço. Desde que a empresa esteja consciente dos preços dos concorrentes, ela pode usá-los como ponto de referência para seu próprio preço.

Preço por Localização – O mesmo produto é vendido por preços diferentes em vários locais, embora o custo da oferta seja o mesmo.

Preço Pacote – Os vendedores reúnem vários produtos e estabelecem preço para o conjunto. A economia decorrente da compra do pacote deve ser substancial para induzir o consumidor a comprá-lo.

Preço por Período – Os preços variam conforme as estações, como também para: mês, dia ou hora.

Preço de Ocasião – Os vendedores estabelecem preços especiais, em certas épocas, para atrair mais consumidores.

Preço de Valor Percebido – Um número crescente de empresas está baseando seu preço no valor percebido do produto. Elas veem as percepções de valor dos consumidores, não seus custos, como fatores para determinar o preço. Tal preço ajusta-se bem à ideia de posicionamento do produto.

A empresa desenvolve um conceito de produto para um mercado alvo específico com qualidade e preço planejados. Assim, a administração estima o volume que espera vender a esse preço.

12.9 Determinação do Preço de Venda

Antigamente o preço de venda era uma decisão interna da empresa. Hoje, isso não mais acontece, devido à grande influência que o mercado tem sobre o preço de venda de um produto, bem como sua concorrência.

Os principais objetivos na determinação do preço de venda, ou precificação do produto, são:

- Buscar a perpetuidade do produto e a sobrevivência da empresa.
- Permitir a maior participação possível no mercado.
- Evitar capacidade instalada de produção ociosa.
- Otimizar o capital investido para um negócio autossustentável.
- Capacitar liquidez à empresa.
- Atender a demanda de mercado.
- Responder às necessidades do mercado consumidor.
- Cobrir custos e despesas com margem de lucro.

A determinação do preço é problemática em quatro tipos de situação:

- Quando uma empresa deve determinar o preço pela primeira vez.
- Quando as circunstâncias levam a empresa a observar a possibilidade de uma alteração no preço.
- Quando a concorrência inicia uma mudança de preço.
- Quando a empresa produz diversos produtos que possuem demandas interrelacionadas.

Os modelos de determinação do preço de venda mais utilizados são, em função do: Custo; Mercado e Concorrência.

12.10 Cálculo do Preço de Venda

Para estabelecer o preço de venda de determinado produto, você não precisa conhecer matemática com profundidade ou ser especialista em administração financeira. Basta saber levantar os custos e fazer algumas operações simples. Muitos produtores recorrem a uma fórmula para chegarem a seu preço de venda. É uma prática comum para eliminar a responsabilidade de quem estabelece o preço de venda.

Estas fórmulas são usadas na esperança de que o preço final seja suficiente para cobrir todos os gastos e ainda deixar algum lucro. O problema dessa abordagem é a não consideração se o mercado pagará, ou não, tal preço.

A fórmula do preço de venda é baseada na equação do lucro, que é a seguinte:

L = R - D
L = V - CT = PvQ - (CV + CF)
PvQ = L + CV + CF
Pv = (L + CV + CF) / Q
Pv = (L / Q) + (CV + CF) / Q
Pv = (L / Q) + CT / Q

Pv = Lu + Cu

Onde:
L = Lucro
R = Receita com Vendas
D = Despesas
CT = Custo total (CF + CV)
V = Vendas
Pv = Preço de venda unitário
Q = Quantidade vendida
Cv = Custo variável unitário
CF = Custo fixo total
Cu = Custo unitário do produto
Lu = Lucro unitário do produto
CV = Custo variável total

A seguir, um método prático para calcular o preço de venda de um produto:

01 – Elaborar uma planilha para auxiliar o cálculo do custo.
02 – Determinar a quantidade de matéria-prima e outros materiais (insumos) utilizados para produzir uma unidade ou lote de cada produto.
03 – Determinar o número de horas de mão de obra direta necessárias para produzir uma unidade ou lote.
04 – Levantar os custos fixos mensais e critérios de rateio sobre os produtos.
05 – Levantar encargos sociais por folha de pagamento.
06 – Levantar custos de comercialização.
07 – Estabelecer margem de lucro.
08 – Calcular o preço de venda.

12.11 Preço de Markup

O método do cálculo do preço de venda mais elementar é acrescentar um markup (margem de lucro, margem de comercialização, taxa de marcagem) ao custo do produto. O preço de markup permanece popular por várias razões:

- Os vendedores têm mais certeza do custo do que da previsão de demanda.
- Os preços tendem a ser similares ao longo do tempo.
- Muita gente considera este método como mais justo.

A taxa de marcagem é um valor tomado, percentualmente, em relação ao custo ou em relação ao próprio preço de venda. Assim, podemos ter duas fórmulas de cálculo do preço de venda:

Em função do custo a fórmula do preço de venda é:

Pv = Cu + xCu = Cu (1 + x)
Pv = Cu (1 + x)

Onde:
Pv = Preço de venda do produto
Cu = Custo de fabricação do produto
x = Fator percentual de markup

Exemplo:
Custo do Produto = 200,00
Markup em função do custo = 50%
Pv = 200,00 (1 + 0,50) = 200 × 1,5 = 300,00

Em função do preço de venda a fórmula do preço de venda é:

Pv = Cu + xPv
Pv - xPv = Cu
Pv (1 - x) = Cu   Pv = Cu / (1 - x)

Exemplo:
Custo do Produto = 300,00
Markup em função do preço de venda = 30%
Pv = 300,00 / (1- 0,30) = 300 / 0,70 = 428,00

Análise:
O markup adotado será em função da política de preço da empresa e da concorrência. Conhecido o markup, é fácil montar uma tabela para os preços de venda. Usar o markup, em função do preço de venda, facilita muito o varejo quando este está promovendo descontos e dando comissões aos vendedores.

O markup adotado deve cobrir tanto a taxa de inflação interna (da empresa) quanto à taxa de inflação do governo, bem como o lucro possível.

A seguir, um exemplo do cálculo do preço de venda, cujo markup está em função do preço de venda:

Produto: Molho Funghi
Porção: 200 g
Data de Revisão:

Custo de Fabricação do Produto = 1,85

Aplicando-se as margens, vêm:

Margens	Taxa	Absoluto	Acumulado
Custo de Distribuição	20%	0,20	0,20
Mão de Obra Indireta	5%	0,05	0,25
Despesas de Comercialização	5%	0,05	0,30
Rateio Energia/Manutenção	25%	0,02	0,32
Tributação	5%	0,05	0,37
Lucro	30%	0,30	0,67

Quadro 12.4: Margens de Comercialização.

Preço de Venda:

Pv = Cu / (1 - x%Pv)
Pv = 1,85 / (1 - 0,67) = 1,85 / 0,33
Pv = 5,61

Custo de Fabricação do Produto = Matérias-Primas + Insumos + Mão de Obra Direta + Embalagem

12.12 Preço de Tabela

Há duas espécies de preço de tabela: preços simples e preços com desconto.

Como há muita confusão entre desconto, dedução e abatimento, aí vai:

Desconto – É uma quantia reduzida do preço de venda por um vendedor, sob a forma de moeda corrente ou alguma outra coisa de valor, podendo ser até produtos.

Dedução – Subtração ou diminuição de valores para receitas com vendas, em função de descontos e de impostos faturados, possuindo um caráter estritamente financeiro.

Abatimento – Para abatimento existem dois tratamentos contábeis: pelo valor bruto e pelo valor líquido. É comum, quando examinamos um demonstrativo de resultado, observamos que a empresa registra o abatimento pelo valor bruto.

A seguir, o cálculo do fator de desconto:

Fator de Desconto = 1 - (Desconto)

Onde:
Desconto = Percentual do Preço de Venda (x% Pv)
Valor Líquido = Preço de Venda × Fator de Desconto

Exemplo:
Preço de Venda do Produto = 1.000,00
Desconto = 30%
Valor Líquido = 1.000,00 (1 - 0,30) = 0,70 × 1.000,00 = 700,00
Fator de Desconto = 1 - 0,30 = 0,70

Análise:
Se a loja trabalha com um desconto de 30%, basta multiplicar o preço de venda do produto pelo fator de desconto de 0,70 (1 - 0,30). Se o preço de venda for de 500,00, o valor líquido a pagar será igual a $ 500,00 × 0,70, ou seja, igual a 350,00.

12.13 Lucro

O lucro é a diferença entre as receitas com vendas de uma empresa e as suas despesas. É comum se ter expectativa de lucro em qualquer transação comercial que se faça, pois sem lucro é impossível uma empresa investir em novas tecnologias, criar novos postos de trabalho e treinar seus recursos humanos, por exemplo.

A evolução do lucro durante sucessivos exercícios leva a concluir que a organização vai bem ou mal. Neste caso o lucro é mais uma ferramenta de referência do que de expectativa.

Para Drucker, o lucro não é uma causa e sim uma consequência. É um resultado necessário para medir o desempenho econômico da empresa. Além disso, o lucro tem uma função importante, caracterizada pelo prêmio do risco de investimento.

A obrigação fundamental da empresa em um sistema de livre iniciativa é gerar lucros para cumprir obrigações e se desenvolver.

Segundo Chiavenato, uma empresa que não gere lucros está fadada a desaparecer, pois a rapidez de sua morte dependerá da paciência dos credores, liquidez para pagar compromissos, demanda por seus produtos, rentabilidade do capital aplicado e retorno do investimento, por exemplo.

A equação do lucro (L) é dada pela fórmula:

$$L = R - G$$

Onde:
R = Receita
G = Gasto

Uma vez por ano, todos os anos, a empresa deve apurar o resultado do exercício que se encerra. Apurado o resultado do exercício, devemos somá-lo aos resultados anteriores para se chegar a um resultado acumulado, que aparece no balanço patrimonial. O demonstrativo de resultado (lucros ou prejuízos) nada mais é do que a exposição do que ocorreu na empresa, sob os aspectos econômico e financeiro.

Apurado o lucro de um período, após todas as deduções legais e contratuais, a administração pode propor sua permanência na empresa (retenção de lucros) ou distribuição aos sócios. Esta última, se malfeita, pode provocar a descapitalização.

A distribuição de lucros é uma das formas da empresa remunerar o capital investido.

12.14 Receita, Gasto e Despesa

Normalmente, uma empresa só reconhece como missão cumprida quando da realização de receita, ou seja, no momento em que há a transferência do produto do vendedor para o comprador. Assim, podemos considerar como receita toda entrada de ativos recebidos (entradas de caixa) ou a receber (alienação de ativos, recebíveis de curto prazo, valores a receber de longo prazo ou de exercícios anteriores).

Segundo Leite, receitas são acréscimos brutos de ativos que são obtidos sem a ampliação das dívidas ou do capital da empresa. Receitas correspondem a acréscimos ao patrimônio líquido e resultam, geralmente, da venda de bens e/ou serviços pela empresa.

Existem na empresa noções erradas relativas aos conceitos de: total de vendas, faturamento e receita com vendas.

Total de Vendas – É o somatório de todas as vendas realizadas num período, independente de terem sido faturadas ou não.

Faturamento – É o somatório de todas as notas fiscais tiradas no período.

Receita com Vendas – É definida pela entrega e aceite da mercadoria pelo cliente, independentemente, de haver recebimento de dinheiro ou não.

É importante observar que não precisa ocorrer, necessariamente, um acréscimo de caixa para se configurar uma receita. Se, por exemplo, a venda for realizada a prazo, o caixa permanece no mesmo nível, mas aparece uma conta no ativo, tal como duplicatas a receber.

As principais receitas complementares são:

Receita Social – Receita proveniente do propósito do negócio.

Receita Operacional – Receita ligada diretamente ao objeto do negócio.

Receita Não Operacional – Diferentemente da receita operacional, ela não se relaciona à natureza do negócio.

Receita Bruta – Total nominal das vendas, onde não são consideradas as deduções (descontos, impostos e devoluções).

Receita Líquida – Diferença entre a receita bruta com vendas e as deduções (descontos mais impostos mais devoluções).

Receita Marginal – É o acréscimo de receita, quando esta vende uma unidade adicional de seus produtos.

Gasto é todo dispêndio (saída de caixa) para cobrir um compromisso financeiro. Ele pode se referir a:

- Aquisição de um produto (gasto de consumo).
- Dispêndio com energia (gasto de produção).
- Dispêndio com ativos para futuras utilizações (gastos de investimento).
- Dispêndio não associado à produção (gastos administrativos), por exemplo.

Como um gasto corresponde ao valor pago para obtenção de um ativo, quer tenha sido desembolsado à vista ou assumido a obrigação de pagá-lo posteriormente, seu destino pode ser para custos, despesas, investimentos, desembolsos e amortizações, por exemplo.

A despesa não está associada, diretamente, à produção de um bem ou serviço. Como exemplos de despesas podem ser citados gastos com salários de vendedores, gastos com funcionários administrativos, gastos financeiros.

Na linguagem comum, os termos custo e despesa são praticamente sinônimos. Pior, é que nenhum deles está diretamente relacionado a desembolso ou perda.

Na realidade, o custo só aparece na aquisição de um ativo e a despesa quando este ativo for consumido. No momento em que o ativo é vendido, o custo se transforma em despesa. A despesa representa o efetivo consumo do recurso.

12.15 Taxa de Depreciação

A depreciação já foi abordada anteriormente.

A taxa de depreciação é dada pela fórmula:

Taxa de Depreciação = Valor de Mercado / (Valor de Compra - Depreciação Acumulada)

Onde:
Valor de Mercado = Valor dado em função do equilíbrio entre a oferta e a procura
Valor de Compra = Soma do preço pago, gasto com tempo e gasto de energia física e psíquica
Depreciação Acumulada = Soma das depreciações ao longo dos anos

Exemplo:
Veículo comprado no ano 2000 = 50.000,00
Depreciação/Ano = 20% do valor de compra
Período = 3 anos
Depreciação Acumulada = (0,20 × 50.000) x 3 = 30.000,00
Valor de Mercado = 25.000,00

Taxa de Depreciação = 25.000 / (50.000 - 30.000) = 25.000 / 20.000 = 1,25

Análise:

Embora o veículo esteja com um valor depreciado de 20.000,00 (50.000,00 - 30.000,00), é possível encontrar alguém que o compre por 25.000,00, ou seja, 25% a mais que teoricamente deveria ter. Então, se a taxa de depreciação for maior que a unidade, isso indica que o veículo foi muito bem conservado ou existe escassez do mesmo no mercado.

12.16 Gerência do Lucro

A gerência do lucro é imprescindível para a continuidade do negócio. Exige uma postura diligente e uma atenção dirigida a toda a cadeia produtiva, que vai desde o fornecedor até o serviço pós-venda, quando a satisfação do consumidor é medida.

É necessário conhecer e dispor de informações pertinentes, de forma a orientar a tomada de decisão, tais como custos, despesas, resultados, retornos do investimento, pontos de equilíbrio, margens de contribuição, simulações e cenários.

A parcela mais significativa dos custos fixos e indiretos não provém de produtos físicos ou das atividades da produção, mas de transações que, em geral, não agregam valor. Com esse raciocínio é que as empresas mais competentes e proativas têm analisado, detalhadamente, seus processos, tentando eliminar tudo o que não agrega valor e aperfeiçoando o que não é possível ainda eliminar.

A automação é hoje uma saída para a solução de grande parte desses problemas, pois promove a integração dos diversos sistemas. A padronização é outra prática que colabora muito na eliminação de atividade improdutivas, pela estabilidade que promove nas operações produtivas, evitando falhas e inspeções desnecessárias.

É bem verdade que muitas atividades não agregam valor ao produto, mas são indispensáveis para a saúde da organização.

Uma das preocupações mais frequentes entre os empresários pequenos e médios é saber qual o lucro ou o retorno ideal para o seu negócio. Primeiro é importante distinguir lucro de retorno. Um lucro pode parecer excelente e não representar um bom retorno quando comparado ao investimento feito. Que retorno seria um bom valor para remunerar o capital aplicado?

Se o investidor não tem uma ideia de retorno para o seu negócio pode pensar numa referência muito usada no mundo inteiro – Os Títulos do Governo Federal.

No Brasil, a taxa desses títulos é conhecida como Taxa Selic (Sistema Especial de Liquidação e Custódia).

A Selic e o CDI (Certificado de Depósito Interbancário) são taxas de referência para se determinar o retorno adequado do investimento, pois, se o empresário não investisse no negócio, essas taxas seriam uma opção segura.

Há, no entanto, outra variável importante: o risco.

A taxa interna de retorno (TIR) é o valor mínimo de remuneração do investimento, corresponde ao que seria obtido investindo-se em taxas livres de risco mais um prêmio pelo risco (lucro). Assim:

TIR (%) = Taxa Livre de Risco + Taxa de Risco

Para compreender melhor, acompanhe o seguinte:

Taxa Selic = 6% ao ano
Taxa de Inflação = 4% ao ano
Taxa de Risco País = 3% ano
Taxa de Risco do Negócio = 5% ao ano

O investidor por precaução elege a TIR = 20% ao ano, que é considerada alta profissionalmente, numa atitude bastante conservadora. Todo este estudo mostra que, se margem de lucro não for maior do que 20% ao ano, é melhor deixar o dinheiro aplicado em um banco ou no tesouro direto.

12.17 Ponto de Equilíbrio

O ponto de equilíbrio é conhecido como o ponto onde as receitas se igualam às despesas e que, portanto, o lucro é zero. O ponto de equilíbrio, onde a receita se iguala às despesas (custos), é um indicador que sinaliza se a empresa tem condições de competir no mercado já que o preço de venda do produto é dado pelo mercado.

A fórmula do ponto de equilíbrio se chega da seguinte maneira:

$R = CT + L$
$R = CF + CV + L$
$R = Pv \times Q$
$CV = Cv \times Q$

Então: $Pv \times Q = CF + Cv \times Q + L$

Se o lucro é zero, vem:

$Pv \times Q = CF + Cv \times Q$
$Pv \times Q - Cv \times Q = CF$
$Q\,(Pv - Cv) = CF$

A quantidade no ponto de equilíbrio (lucro zero) é:

$QE = CF / (Pv - Cv)$

Onde:
R = Receita
CT = Custo Total = CF + CV
CF = Custo Fixo Total (ou rateio do custo fixo se o estudo for feito para um produto em particular).
CV = Custo Variável Total
Pv = Preço de Venda Unitário
Cv = Custo Variável Unitário
L = Lucro
Q = Quantidade Vendida
QE = Quantidade de Equilíbrio
Pv - Cv = Margem de Contribuição
R - CV = Margem de Contribuição Total

Exemplo:
Custo Fixo = 100.000,00
Preço de Venda do Produto (Pv) = 50,00
Custo Variável Unitário do Produto (Cv) = 30,00
Margem de Contribuição (Pv - Cv) = 50,00 - 30,00 = 20,00
Quantidade de Equilíbrio = 100.000 / 20 = 5.000

Análise:

No exemplo acima, a empresa precisa produzir a quantidade de 5.000 produtos para chegar ao ponto de equilíbrio. O fator que mais pesa no cálculo do ponto de equilíbrio é o custo fixo. O preço de venda adotado pela empresa estará dentro do intervalo (preço mínimo – preço máximo) que o mercado pode pagar.

Se o produto da empresa é melhor em qualidade do que o produto concorrente, então é possível aumentar o preço de venda, fazendo com que a margem de contribuição seja maior.

A margem de contribuição indica a importância do produto na formação do lucro e no pagamento dos custos fixos, permitindo consultas rápidas e comparações com os preços de mercado.

A seguir, algumas observações sobre a margem de contribuição:

- A margem de contribuição terá de ser sempre positiva.
- Considerar custos fixos constantes (para determinado período).
- Quanto maior a margem de contribuição menor é a quantidade a produzir para se chegar ao equilíbrio.
- Quanto menor a margem de contribuição maior é a quantidade a produzir para se chegar ao equilíbrio.
- É através da margem de contribuição que se verifica se a empresa tem condições para entrar no mercado e ser competitiva.

12.18 Faturamento de Equilíbrio

O faturamento de equilíbrio é dado pela fórmula:

FE = Pv x QE = Pv [CF / (Pv - Cv)]

Exemplo:
Custo fixo total = 90.000,00
Custo variável total = 50.000,00
Faturamento = 200.000,00
Custo total = 90.000,00 x 50.000,00 = 140.000,00
Margem total = 200.000,00 - 50.000,00 = 150.000,00
Faturamento de equilíbrio = (90.000 / 150.000) x 200.000,00 = 120.000,00

12.19 Ponto de Ruptura

O ponto de ruptura do caixa é o limite que suporta uma empresa antes de quebrar. Quando se retira, do custo fixo, determinadas despesas, como: honorários, impostos, taxas, recolhimentos obrigatórios (FGTS, encargos sociais, INSS, ...), provisões e fundos, o custo fixo passa a ser menor.

Se o custo fixo é menor, o ponto de equilíbrio também o é. Esta prática é comum, pois permite um desafogo do caixa. Sua fórmula é:

PR = (CF - d) / (Pv - Cv)

Onde:
d = Diferença relativa a despesas não pagas

12.20 Capacidade Instalada

A capacidade instalada de uma fábrica corresponde aos equipamentos e máquinas que a mesma utiliza na manufatura de seus produtos. Se uma fábrica produz no máximo 5.000 produtos, diz-se que este valor corresponde a 100% da capacidade instalada.

Em geral, a indústria utiliza apenas 70 a 80% da capacidade máxima instalada.

A análise da capacidade instalada objetiva determinar qual a capacidade em máquinas, equipamentos e instalações deve ter o projeto para que o produto atenda as exigências do mercado e dos projetistas. Objetiva, também, a qualidade e as especificações instituídas no projeto.

Na capacidade instalada, a empresa deve ter o cuidado de verificar se há máquinas e equipamentos suficientes para produzir uma quantidade de um determinado produto de forma que a mesma possa operar no mercado com um preço competitivo.

A capacidade ociosa é considerada como máquinas e equipamentos que não estão sendo utilizados por falta de pedidos de compra dos clientes, por estarem com defeitos ou por estarem na manutenção.

Se a taxa de inatividade permanece alta por muito tempo, isto demonstra uma grande ociosidade e que, talvez, a fábrica não precise de tantas máquinas. É aconselhável alienar algumas máquinas velhas, isto é, fazer dinheiro. Uma taxa de inatividade máxima deve ser da ordem de 10%.

Vale observar um assunto pouco abordado nos livros de marketing, que é a taxa de comprometimento dos equipamentos. A taxa de comprometimento industrial (TCI) é dada pela fórmula:

TCI = Quantidade de Equilíbrio / Capacidade Instalada

Onde:
Quantidade de Equilíbrio = Quantidade produzida no ponto de equilíbrio
Capacidade Instalada = Máquinas + Equipamentos + Utilidades
Utilidades = Elementos do processo produtivo

Se uma fábrica produz no máximo 5.000 produtos, diz-se que este valor corresponde a 100% da capacidade instalada.

Exemplo:
Quantidade de Equilíbrio = 5.000
Capacidade Instalada = 7.000
Taxa de Comprometimento Industrial = 5.000 / 7.000 = 0,72 = 72%

Análise:
Esta taxa diz que a quantidade de equilíbrio da empresa está a 72% da capacidade instalada. É normal que esta taxa gire entorno de 60% a 70% da capacidade máxima instalada. Comprometer 100% da capacidade instalada, só em casos extremos.

Assim, se a taxa de comprometimento está a 60%, diz-se que a quantidade de equilíbrio está no nível de 60% da capacidade instalada da fábrica. Quanto maior for a taxa de comprometimento industrial (fator K) maior é o comprometimento da capacidade instalada para a empresa sobreviver, e vice-versa.

Como se percebe o ponto de equilíbrio pode se movimentar para a esquerda ou para a direita. Este movimento é chamado de movimento de translação e dependerá da quantidade vendida, do preço de mercado e das variáveis de custo.

Quando o ponto de equilíbrio se desloca para a direita é necessário maior comprometimento da capacidade instalada, e vice-versa.

12.21 Fluxo de Caixa

Entende-se por caixa o controle diário onde são registradas todas as transações, em dinheiro, da empresa. Pelo caixa passa todo o fluxo de valores monetários do sistema financeiro da empresa.

O caixa tem como principais entradas as seguintes contas:

- Capital Inicial
- Receita com Vendas
- Reservas de Lucro
- Receita Não Operacional
- Alienação de Ativos
- Contas a Receber
- Capital de Empréstimos

O caixa tem como principais saídas as seguintes contas:

- Despesas de Comercialização
- Fornecedores a Pagar

- Contas a Pagar
- Aquisições
- Custos
- Investimentos
- Aplicações
- Descartáveis
- Matérias-Primas
- Compras
- Produção
- Tributos
- Insumos

O conhecimento financeiro básico de todo futuro empreendedor passa pela elaboração e interpretação do fluxo de caixa, movimento que registra as entradas e saídas de dinheiro. Trata-se de uma ferramenta de avaliação e análise indispensável para o sucesso de um negócio.

Ao pôr no papel as projeções de receitas e despesas, o empresário estará antecipando, por tabela, as necessidades de captação de recursos e preparando-se para tomar decisões na hora certa. Tão logo a empresa comece a funcionar, o confronto entre as projeções e as operações, efetivamente, realizadas deve entrar para a rotina da contabilidade gerencial.

É importante trabalhar com estimativas pessimistas.

Um sistema de informações em finanças se baseia no fluxo de dinheiro que corre através da empresa. Este sistema envolve uma quantidade muito grande de dados históricos para o planejamento financeiro da organização.

O sistema financeiro é, provavelmente, o mais importante sistema de informação gerencial. Na maioria das empresas este sistema é o mais velho e mais bem desenvolvido de todos os outros sistemas, porque lida com dinheiro. Seus maiores problemas são:

- Determinar um padrão para controle.
- Determinar quando a ação é requerida.
- Obter de forma rápida e atualizada as informações relevantes.
- Prever variações e tendências.

O fluxo de caixa é o instrumento que permite ao administrador lidar com os recursos financeiros para um determinado período. Uma vez programadas as necessidades financeiras e determinadas as fontes de recursos que serão captados, resta ao administrador financeiro a tarefa de distribuí-los, de forma racional e adequada, pelos diversos itens do ativo.

A função principal da administração financeira é poder saldar, em tempo hábil, os compromissos assumidos com terceiros e maximizar os lucros. O fluxo de caixa tem como objetivo básico, a projeção das entradas e das saídas de recursos financeiros para determinado período, visando dar a maior liquidez possível à empresa.

As decisões a serem tomadas em relação ao fluxo de caixa são:

Quando há superávit (sobra de caixa): aumentar estoques; aumentar prazos e condições de venda; melhorar as instalações e maquinários; aplicar em instituições financeiras; desenvolver novos empreendimentos.

Quando há déficit (falta de caixa): melhorar o processo de cobrança; reduzir os estoques; renegociar as contas a pagar; diminuir prazos de vendas; aumentar prazos de compra; promover vendas especiais; cortar custos e despesas dispensáveis; vender imobilizações ociosas; aumentar o capital próprio com injeção de recursos dos sócios atuais (novos); reduzir o nível das atividades; buscar financiamentos.

12.22 Controle do Fluxo de Caixa

O controle do fluxo de caixa sempre foi de extrema importância. Muitos empreendimentos são inviabilizados pela falta de cuidado com o fluxo de caixa.

Fazer controle diário do que entra e sai do caixa é fundamental, porque evita:

- A falta de dinheiro para tocar o negócio.
- Proporciona condições do que fazer com as sobras de caixa.
- Adquire-se conhecimento da série histórica (entradas e saídas).
- Dá condições de se fazer projeções no curto prazo.

A seguir, um exemplo do controle do fluxo de caixa, para um período de 90 dias:

Controle do Fluxo de Caixa						
Contas	Início	15 dias	30 Dias	45 dias	60 dias	90 dias
Saldo de Caixa (1)	500	550	800	640	330	150
Entradas:						
Contas a Receber	200	400	300	200	200	300
Outros Créditos	100			50	100	100
Capital a Integralizar			100		100	100
Crédito de Aplicação						
Alienação de Ativos						
Total de Entradas (2)	300	400	400	250	400	500
Saídas:						
Fornecedores	200		500	400	400	500
Encargos Sociais	30		10	40	30	50
Empréstimos		100		100		
Impostos	20		50	20	50	30
Contas a Pagar		50			100	150
Total de Saídas (3)	250	150	560	560	580	730
Saldo Final (1 + 2 - 3)	550	800	640	330	150	(80)

Planilha 12.1: Controle do Fluxo de Caixa.

Como tudo relativo a valores, numa organização, passa pelo Caixa, a seguir, os principais dados do fluxo de caixa: Amortizações; Aquisições; Capital Inicial; Cobranças; Compra de Matéria-Prima; Contas a Pagar; Contas a Receber; Débitos de Capital; Despesa de Instalação; Despesas de Manutenção; Despesas Diversas; Distribuição de Lucro; Duplicatas a Pagar; Empréstimos; Encargos Sociais; Faturamento; Financiamentos; Lucros Não Distribuídos; Manutenção Instalações; Manutenção Máquinas; Material de Escritório; Material de Higiene e Limpeza; Pró-Labore; Recebíveis; Reservas; Salários Pagos; Tributos; Vendas

12.23 Otimização do Lucro

Otimizar, na linguagem administrativa, significa usar os recursos da melhor maneira possível, em função das contingências do momento, do ambiente e do mercado. Um produto pode apresentar uma boa margem de lucro, mas um estudo mais acurado de otimização mostra que não é viável, economicamente, produzi-lo em grande quantidade e em detrimento dos demais produtos.

A falta de uma visão estratégica leva o dirigente, inevitavelmente, a incapacidade de otimizar recursos, meios e processos para obter uma maximização do lucro e, consequentemente, uma redução do custo e do tempo gasto.

Os estudos de otimização em produção, por exemplo, correm por conta do volume de produção ou pela utilização de matéria-prima e insumo.

Os meios, métodos, metodologias e processos de otimização podem ser quantitativos, gráficos (árvores), algébricos, geométricos, estatísticos, probabilísticos, simulatórios, analógicos, heurísticos, matriciais.

A maximização dos lucros envolve simultaneamente o aumento das receitas e a diminuição dos custos. Assim, logicamente, qualquer decisão empresarial capaz de baixar os custos sem baixar as receitas ou aumentar as receitas sem aumentar os custos produzirá um aumento dos lucros.

O valor máximo do lucro ocorre, quando a receita marginal se iguala ao custo marginal da última unidade produzida. Se a situação do mercado é tal que seja indiferente produzir e vender o produto A ou B, escolher-se-á o produto que oferecer uma margem de contribuição maior.

Se a utilização está próxima da saturação dever-se-á empregar o critério do máximo aproveitamento dos meios disponíveis. O processo produtivo exige essencialmente o uso de máquina, de trabalho humano e de matéria-prima.

Assim, a prevalência de um fator sobre outro caracteriza o processo. Este pode estar situado em um departamento ou em uma máquina crítica e pode, desproporcionalmente, limitar a produção de outros itens, os quais talvez apresentassem menos lucro por unidade, mas contribuem mais, especificamente, para o lucro total, quando o custo final for levado em consideração.

A programação matemática ajuda a administração da produção a determinar a combinação ótima de produtos, modelos e estilos em quantidades tais que maximizem o lucro total. Não podemos, é claro, atingir este ótimo teórico em operações reais.

No cálculo da quantidade ótima a produzir, observar que alguns produtos, em função do processo de fabricação, custam mais caros que outros. Numa matriz de produção, as equações são estabelecidas para lucro máximo ou custo mínimo.

12.24 Modelos de Otimização do Lucro

A seguir, modelos de otimização do lucro:

Modelo Matemático – Este modelo utiliza matrizes, planilhas ou tabelas de maneira lógica e simples. A seguir, são colocados dois exemplos de estudo de otimização do lucro, onde são escolhidos fatores vinculantes, como: produção/hora, matéria-prima e margem de contribuição.

Nº	Itens	Produto A	Produto B
1	Preço de venda	70,00	56,00
2	Custo variável unitário	52,00	42,00
3	Margem de contribuição (1 - 2)	18,00	14,00
4	Custo fixo unitário	10,00	7,00
5	Lucro unitário (3 - 4)	8,00	7,00
6	Valor da produção/hora	20,00	30,00
7	Lucro/hora (5 x 6)	160,00	210,00
8	Contribuição marginal/hora (3 x 6)	360,00	420,00

Quadro 12.5: Otimização do Lucro, em Função Produção/Hora.

Resposta: Embora o produto A tenha uma margem de contribuição maior, a contribuição do produto B, em função da produção/hora, é maior. Logo, o produto B deverá ter prioridade em produção e venda.

Produtos	Preço de Venda	Custo Variável Unitário	Margem de Contribuição	Matéria-Prima/Produto (kg)	Contribuição da Matéria-Prima	%
A	4,00	2,00	2,00	1,00	2,00	18
B	5,00	3,00	2,00	0,60	3,33	30
C	8,00	5,00	3,00	1,00	3,00	27

D	6,00	2,00	4,00	3,00	1,33	12
E	10,00	5,00	5,00	4,00	1,25	13
					10,91	100

Quadro 12.6: Otimização do Lucro, em Função da Matéria-Prima.

Resposta: Embora o produto E tenha a maior margem de contribuição, a contribuição do produto B, em função da matéria-prima, é maior. Logo, a prioridade é do produto B.

12.25 Lote Econômico

A administração da empresa deve se preocupar em seguir caminhos que levem a empresa efetivamente à lucratividade. O planejamento deve ser otimizado no sentido de se conseguir custos mínimos e lotes de produção, economicamente, viáveis, isto é, determinar o ótimo a produzir e vender.

Lote econômico é a dimensão do lote a produzir, cujo custo total é mínimo. Coletados os principais parâmetros se torna fácil montar sistemas para a busca de soluções. As soluções podem ser dos tipos: Tabular; Geométrica; Algébrica.

Como existem importantes diferenças de custo entre as várias dimensões de lote de produção, uma análise deverá ser levada em conta, cujo propósito é determinar aquela dimensão que minimiza o custo total. Esta é a dimensão ótima a produzir.

Existem muitas fórmulas de lote econômico. Consequentemente, é importante compreender as razões dessas diferenças. É comum a aplicação sistemática de um modelo matemático, com a finalidade de encontrar a quantidade por lote para cada tipo de item a produzir, para o qual se quer ter custo mínimo.

O método tabular é utilizado na solução de um problema onde existem várias alternativas a produzir. A seguir, um exemplo do cálculo do lote econômico (Q) a produzir para um pequeno conjunto de valores viáveis, como por exemplo: 100, 200, 400, 600, 800, 1.200.

A dimensão econômica do lote deverá ser determinada a partir dos seguintes dados:

D = Dimensão por ano = 2.400 unidades
A = Custo por ordem de serviço = 12,00
C = Custo por unidade produzida = 1,00
d = Demanda mínima = 10 unidades/dia
m = Demanda máxima = 50 unidades/dia
I = Percentual de encargos financeiros que gravam o estoque (seguro, armazenagem, custo do capital, obsolescência, deterioração) = 20%/ano

A seguir, um exemplo:

Fatores de Custo		Fórmula	Q	Q	Q	Q	Q	Q
			100	200	400	600	800	1.200
Número de Ordens por Ano	N	D/Q	24	12	6	4	3	2
Custo Total de Preparação	CTP	N x A (1)	288	144	72	48	36	12
Custo Direto Total	CDT	C x N x Q (2)	2.400	2.400	2.400	2.400	2.400	2.400
Custo Total de Manutenção de Estoque	CTME	(Q/2) (1 - d/m) CI (3)	8	16	32	48	64	192
Custo Total	CT	(1) + (2) + (3)	2.696	2.560	2.504	2.496	2.500	2.604
Custo Unitário	Cu	CT / CDT	1,123	1,067	1,043	1,040	1,042	1,085

Quadro 12.7: Lote Econômico.

Para maior esclarecimento, a seguir, está sendo feito o cálculo para CTME para uma quantidade igual a 100 unidades:

CTME = 100/2 (1 - 10/50) 1 x 0,20 = 50 (1 - 1/5) 0,20 = 50 (4/5) 0,20 = 40 x 0,20 = 8

Observações:

- A linha de custo direto total é de 2.400,00 para todos os valores de Q (quantidade).
- Dada a hipótese de que os custos diretos são constantes por unidade, esse custo é independente do tamanho do lote e, portanto, não possui influência nos diferenciais de custo entre alternativas.
- O custo total mínimo é de 2.496,00 para uma quantidade de 600 unidades (Lote Econômico).
- Para a quantidade de 600 unidades o custo total de preparação (CTP) é igual ao custo total de manutenção de estoque (CTME).

Capítulo 13

CONTROLES CONTÁBEIS

"Assumir uma atitude responsável perante o futuro sem uma compreensão do passado é ter objetivo sem conhecimento. Compreender o passado sem um comprometimento com o futuro é conhecimento sem objetivo".

Ronald T. Laconte

Objetivos do Capítulo

- Mostrar a importância dos controles contábeis.
- Mostrar os diversos tipos de conta.
- Mostrar a necessidade de verificação da situação financeira da empresa.

13.1 Conta

Suponhamos que você vá ao banco e efetue um depósito em seu próprio nome. Sendo correntista do banco, você terá uma conta própria. O que significa dizer que o valor depositado vai ser anotado em um registro, destinado a demonstrar todas as suas transações com o banco, chamado conta.

O nome de uma conta indica o tipo de transação que deve ser registrado na mesma. E deve indicar também se a conta é do ativo, passivo ou patrimônio líquido. Para cada possível ponto de origem de recursos e para cada possível ponto de destinação de recursos, a empresa abre uma conta, ou seja, um registro individualizado que vai recebendo acréscimos e deduções à medida que as transações vão ocorrendo.

Assim, podemos conceituar conta como sendo o registro de uma transação que envolve valores. Se o registro mostra a liquidez da transação é comum ser chamada de conta corrente, tendo um nome específico. O saldo de conta, ou diferença, é o resultado do confronto entre os totais de débito e de crédito levados a esta. Este saldo, como é óbvio, poderá ser nulo, devedor ou credor.

Cada conta deve corresponder a uma única natureza de relação entre a transação e o titular (nome) da conta. As contas utilizadas na empresa nada mais são do que valores de lançamento, função das operações que nela se realizam.

Assim, quando vendemos mercadorias à vista movimentamos duas contas: Caixa (entrada) e Estoque (saída).

Os contabilistas, desde longa data e até os dias de hoje, têm manifestado grande empenho em criar uma sistemática para as contas, havendo vários nomes tradicionais de classificação.

A seguir, os principais tipos de contas:

- Contas de Proprietários – Aquelas que se referem aos valores inicialmente investidos no negócio.
- Contas de Consignatários – Aquelas que dizem respeito aos valores entregue pelo proprietário a pessoas, as quais, por serem depositárias desses valores, tornam-se responsáveis pelos mesmos.
- Contas de Terceiros – Aquelas que representam pessoas estranhas às finanças da empresa, mas que mantêm, com as mesmas relações de débito e crédito.
- Contas Patrimoniais – Aquelas que integram ou compõem o patrimônio, ou seja, contas de: bens, direitos e obrigações.
- Contas Diferenciais – Aquelas cujo conjunto constitui a diferença entre o ativo real e o passivo real, ou seja, entre o patrimônio bruto e as obrigações.
- Contas Coletivas – Aquelas em que cada conta reúne débitos e créditos de várias subcontas. Uma empresa, por exemplo, mantém depósitos em dez bancos para os quais abre contas individuais e debita

ou credita a conta geral bancos toda vez que movimenta qualquer das referidas contas individuais. Deste modo, tem na conta coletiva uma síntese da posição bancária da empresa.

- Contas Unilaterais – Aquelas que apresentam saldo sempre devedor ou sempre credor, são contas características de ativo ou de passivo.
- Contas Bilaterais – Aquelas que podem apresentar saldo credor ou devedor.
- Contas Dinâmicas – Aquelas que atendem à rotina do processo contábil sendo debitadas ou creditadas a cada passo.
- Contas Estáticas – Aquelas que se movimentam apenas em virtude de eventos específicos e acidentais.
- Contas Permanentes – Aquelas que registram os fatos da administração econômica, em seus movimentos usuais.
- Contas Transitórias – Aquelas criadas para atender a situações especiais e que perdem a razão de existir, quando estas situações se extinguem.

13.2 Controles Contábeis

Controle é a função administrativa que verifica e compara os resultados alcançados com aquilo que foi estabelecido no planejamento (resultados esperados).

Controlar é verificar se o plano foi executado, aferindo resultados para saber se estes estão além ou aquém do esperado. É possível, assim, determinar, também, se os objetivos foram superestimados ou subestimados.

Os controles são necessários, porque, constantemente, surgem distúrbios, desviando a empresa. Os distúrbios (desvios), por definição, estão fora do controle da gerência. Um sistema de controle deve ter as seguintes características:

- Contribuir para a realização dos objetivos.
- Possuir um sensível sistema de mensuração.
- Dispor de um conjunto de valores (padrões), com os quais compara os valores mensurados.
- Ser capaz de desenvolver uma análise das variações (desvios) entre valores buscados e valores encontrados.
- Ser capaz de determinar correções adequadas na entrada do sistema, de modo a eliminar as causas dos desvios.
- Ser capaz de reforçar o desempenho para assegurar resultados satisfatórios ou superiores aos esperados.

A contabilidade gerencial enfatiza os conceitos e os procedimentos contábeis que são relevantes à preparação de relatórios para os usuários internos e externos. Num sentido mais amplo, está voltada, única e exclusivamente, para a administração da empresa, procurando suprir informações que se encaixem de maneira válida e efetiva no modelo decisório do dirigente.

Esta contabilidade também se vale, em suas aplicações, de outros campos do conhecimento não circunscritos à contabilidade. Atinge e aproveita conceitos da administração da produção, da administração de vendas, bem como da administração financeira, campo mais amplo, no qual toda a contabilidade da organização se situa.

13.3 Controle do Caixa

O controle do caixa é um registro diário onde são lançadas todas as transações, em dinheiro, da empresa. Embora simples, é um controle de extrema importância, mostrando, através do saldo, o disponível imediato em dinheiro.

Controle de Caixa				
Mês/Ano:		Responsável:		
Dia	Histórico	Entrada	Saída	Saldo
1	Saldo do mês anterior	10.000,00		10.000,00
1	Compra de material		500,00	9.500,00
1	Depósito bancário		5.000,00	4.500,00
2	Recebimento de duplicata	300,00		4.800,00
2	Luz e força		480,00	4.320,00
3	Pagamento de fornecedor		640,00	3.680,00
3	Adiantamentos salariais		100,00	3.580,00
3	Água e esgoto		250,00	3.330,00
4	Vendas à vista	500,00		3.830,00
4	Despesas com frete		50,00	3.780,00
5	Aluguel		1.150,00	2630,00
6	Cartão transporte		500,00	2130,00
6	Vendas à vista	1.000,00		3.130,00
6	Comissões		350,00	2.780,00
7	Compra máquina		250,00	2.530,00
7	Correios		50,00	2.480,00
7	Recebimento duplicata	2.000,00		4.480,00
8	Despesa financeira		40,00	4.440,00
8	Assinatura D.O.		200,00	4.240,00
9	Serviço encadernação		150,00	4.090,00
10	Honorários		200,00	3.890,00
12	Informática apoio		260,00	3.630,00
12	IPTU		280,00	3.350,00
13	Manutenção máquinas		350,00	3.000,00
13	Manutenção instalação		400,00	2.600,00
14	Material escritório		320,00	2.280,00
14	Material higiene e limpeza		60,00	2.220,00
15	Serviços gerais		200,00	2.020,00
15	Vendas à vista	3.000,00		5.020,00
15	Telefones		600,00	4.420,00
16	Transporte pessoas		50,00	4.370,00
17	Vendas à vista	1.500,00		5.870,00
18	Segurança		100,00	5.770,00
19	Seguro responsabilidade civil		190,00	5.580,00
20	Seguro vida em grupo		1.400,00	4.180,00
21	Ticket refeição		1.200,00	2.980,00
25	Vales pagos		3.340,00	- 360,00
26	Salários a receber		3.400,00	- 3.760,00
28	Integralização capital social	3.000,00		-760,00
28	Material escritório		250,00	- 1.010,00
29	Recebimento duplicatas	2.200,00		1.190,00
29	Pagamento fornecedor		780,00	410,00
30	Saque banco	5.000,00		5.410,00
30	Despesas financeiras		300,00	5.110,00
30	Totais	28.500,00	23.390,00	5.110,00

Planilha 13.1: Controle do Caixa.

Onde:

Dia = Sempre que houver entrada e saída de dinheiro, haverá o registro correspondente. Os dias são colocados em ordem crescente. Nunca deixar acumular os lançamentos para não correr o risco de esquecer.

Histórico = A coluna relativa ao histórico caracteriza o que está sendo lançado.

Entrada e Saída = Colunas onde são lançados os valores relativos aos registros históricos.

Saldo = Saldo Anterior + Entradas - Saídas

13.4 Controle das Despesas de Instalação

O controle das despesas de instalação é aquele em que são registrados os valores gastos no desenvolvimento e na implementação de um projeto.

Controle de Despesas de Instalação			
Projeto: Instalação de um restaurante num shopping.			
Data	Descrição	Valor	Acumulado
01/03/XX	Cabos, fios e conduites.	1.500,00	1.500,00
10/03/XX	Argamassa	500,00	2.000,00
15.03/XX	Luminárias	2.000,00	4.000,00
20.03/XX	Tubos de PVC	800,00	4.800,00
22.03/XX	Concreto	1.000,00	5.800,00
22.03/XX	Tampos de mármore	1.500,00	7.300,00
25.03/XX	Revestimento do Piso	800,00	8.100,00
30.03/XX	Portas	1.200,00	9.300,00
05.04/XX	Pintura	1.000,00	10.300,00
10.04/XX	Armário em alvenaria na cozinha	500,00	10.800,00
10.04/XX	Sistema de climatização	5.000,00	15.800,00
10.04/XX	Sistema de exaustão	3.500,00	19.300,00

Planilha 13.2: Controle das Despesas de Instalação.

13.5 Controle das Despesas Mês

O controle da despesa mês é aquele em que todas as contas são lançadas, mesmo que tenha valores nulos, para se ter noção do quanto cada conta pesa em relação ao total.

Controle das Despesas Mês		
Mês/Ano:		
Contas Correntes	Valor	%
Água e esgoto	178,00	0,76
Aluguel do imóvel	1.150,00	4,93
Associação patronal	108,00	0,46
Cartão transporte	1.868,00	8,01
Combustível	500,00	2,10
Comissões	540,30	2,30
Compra materiais	2.396,16	10,28
Computador (9/12 parcela)	179,97	0,78
Correios	78,40	0,34
Dedetização	590,00	2,53
Despesas financeiras	26,03	0,11
Encargos sociais	3.973,15	17,00
Extintor (carga)	63,96	0,27
Férias Regina Célia	138,50	0,59
Força e luz	436,76	1,87
Honorários	470,00	0,20
Informática	23,00	0,09
Manutenção instalação	38,00	0,16
Manutenção máquinas	438,34	1,88
Material escritório	367,72	1,58
Material higiene e limpeza	66,97	0,29
Pagamento fornecedor	790,00	3,39

Salários líquidos a pagar	2.182,70	9,36
Segurança bancária	160,00	0,68
Segurança rua	120,00	0,51
Seguro imóvel	204,00	0,87
Seguro saúde	1.258,00	5,39
Seguro vida em grupo	180,00	0,77
Telefones	450,00	1,93
Ticket refeição	1.340,00	5,75
Transporte pessoas	350,00	1,50
Vales pagos	3.150,00	13,50
Total	23.815,96	100,00

Planilha 13.3: Controle das Despesas/Mês.

13.6 Controle de Contas a Receber

O controle de contas a receber é um levantamento que se faz, numa data qualquer, para determinar quanto em dinheiro a empresa terá de receber de seus devedores.

Controle de Contas a Receber					
Mês/Ano:		Fechamento:		Responsável:	
Cliente	Valores a Receber	Total a Receber	Valores Recebidos	Recebimentos	Saldo a Receber
CEDAR	1.000,00	1.000,00	600,00	600,00	
AGIR	2.500,00	3.500,00	1.000,00	1.600,00	
COLIMA	1.500,00	5.000,00	500,00	2.100,00	
LZT	2.000,00	7.000,00	1.000,00	3.100,00	
SERGEN	3.000,00	10.000,00	2.500,00	5.600,00	
LINHO	1.500,00	11.500,00	1.000,00	6.600,00	
Total		11.500,00		6.600,00	4.900,00

Planilha 13.4: Controle de Contas a Receber.

Onde:

Cliente = Coluna onde são colocados todos os clientes devedores da empresa.

Valores a Receber = Todas as duplicatas a receber de cada cliente.

Total a Receber = Todos os valores a receber de todos os clientes.

Valores Recebidos = Todas as duplicatas recebidas de cada cliente no período considerado.

Recebimentos = Todos os valores recebidos de todos os clientes.

Saldo a Receber = Diferença entre o total a receber e o total dos recebimentos.

13.7 Controle de Duplicatas a Receber/Cliente

O controle de duplicatas a receber por cliente é aquele em que a empresa observa se os recebimentos foram feitos em dia e quais as duplicatas estão com o pagamento atrasado. Este controle é fato gerador de informações para uma eventual inadimplência.

Controle de Duplicatas a Receber por Cliente							
Cliente:							
Data	Doc. (nº)	Valor a Receber	Total a Receber	Data Recebido	Valor Recebido	Total Recebido	Saldo a Receber
02/05/XX	021/8	1.500,00	1.500,00	10.05. XX	1.500,00	1.500,00	
20/05/XX	029/8	500,00	2.000,00	20.05. XX	500,00	2.000,00	
30/05/XX	041/8	2.000,00	4.000,00				
10/06/XX	053/8	1.000,00	5.000,00				
15/07/XX	059/8	1.500,00	6.500,00				4.500,00

Planilha 13.5: Controle de Duplicatas a Receber por Cliente.

13.8 Controle Geral de Estoque

O controle de estoque, como já observado, é um valioso controle do ativo circulante, porque mostra quanto cada item do estoque pesa no total e quanto de dinheiro está imobilizado.

Controle Geral do Estoque				
Data do Inventário:				
Itens	Quantidade (Q)	Custo (Cu)	Valor	Valor Acumulado
A	10	0,60	6,00	6,00
B	2	60,00	120,00	126,00
C	50	1,00	50,00	176,00
D	100	0,16	16,00	192,00
E				

Planilha 13.6: Controle Geral do Estoque.

13.9 Controle de Estoque/Produto

O controle de estoque mostra o giro de cada produto e o quanto é a sua participação no estoque.

Controle de Estoque/Produto							
Produto/Unidade: Farinha de trigo com fermento (saco de 5 kg).							
Fornecedor: Costa S.A.							
Marca: Boa Sorte.							
Data	Histórico	Q	Valor Unitário	Valor da Transação	Valor Acumulado	Quantidade Acumulada	Valor Médio
30/05/XX	Compra	50	150,00	7.500,00	7.500,00	50	150,00
01/06/XX	Compra	60	140,00	8.400,00	15.900,00	110	144,50
03/06/XX	Venda	30	140,00	- 4.200,00	11.700,00	80	146,25
20/06/XX	Compra	50	150,00	7.500,00	19.200,00	130	147,70
30/06/XX	Venda	50	147,50	- 7.385,00	11.816,00	80	147,70

Planilha 13.7: Controle de Estoque por Produto.

Onde:
Histórico = Compra, venda, saída, inventário.
Valor Unitário = Valor de aquisição ou venda por unidade de medida.
Valor da Transação = Quantidade × Valor unitário (+ ou -).
Valor Acumulado = Soma algébrica dos valores transacionados.
Valor Médio = Valor acumulado ÷ Quantidade acumulada

13.10 Controle do Custo Fixo

O controle do custo fixo serve para acompanhar o volume de despesas indiretas, isto é, aquelas despesas que ocorrem, mesmo que não existia operação na empresa.

Controle do Custo Fixo	
Mês/Ano:	
Itens	Valor
Mão de obra indireta	5.000,00
Encargos sociais sobre mão de obra indireta	5.750,00
Pró-labore de sócios gestores	10.000,00
Honorários (contador, advogado)	1.000,00

Água e esgoto	850,00
Força e Luz	1.400,00
Telefone	900,00
Aluguéis	3.500,00
Seguro de máquinas	1.200,00
IPTU (rateio mensal)	250,00
Taxa de incêndio (rateio mensal)	50,00
Seguro de veículos (rateio mensal)	350,00
Seguro de instalações (rateio mensal)	90,00
Taxa de alvará (rateio mensal)	30,00
Extintores de incêndio (rateio mensal)	120,00
Assinatura de jornais, revista	50,00
Manutenção de instalações	150,00
Treinamento	1.000,00
Propaganda, publicidade, brindes.	5.500,00
Total	37.190,00

Planilha 13.8: Controle do Custo Fixo.

13.11 Controle Geral do Patrimônio

O controle geral do patrimônio é um registro, feito no inventário, relativo aos bens duráveis (móveis, imóveis, utensílios, máquinas, equipamentos).

Controle Geral de Patrimônio			
Data do Inventário:			
Descrição do Bem	Registro	Valor	Valor Total
Torno Revólver	T – 101	5.000,00	5.000,00
Bancada (2 × 3)	B – 102	500,00	5.500,00
Mesa de Reunião (0,9 × 1,80)	M – 101	1.500,00	7.000,00
Cadeira de Escritório	C – 011	80,00	7.080,00
Mesa de Escritório (0,80 × 1,20)	M – 102	150,00	7.230,00
-	-	-	150.000,00

Planilha 13.9: Controle Geral do Patrimônio.

Onde:
Data do Inventário = Data que pode ser anual ou quando houver necessidade.
Registro = Todo bem de uma empresa possui um código de registro.
Valor = Valor atual do bem (valor de compra - depreciação); valor de mercado.
Valor Total = Soma dos valores dos bens na data do inventário.

Nota: No inventário é verificada a existência do bem e também seu estado físico.

13.12 Controle do Bem Patrimonial

O controle do bem patrimonial é necessário para se saber o valor atual do bem, quando do inventário.

Controle do Bem Patrimonial	
Bem: Mesa de Reunião (0,90 × 1,80)	
Fabricante: Costa Ltda.	
Fornecedor: Móveis de Escritório Água Azul	
Local: Departamento de Marketing	
Registro: M – 101	Ano de Aquisição:

Data	Histórico	Valor Aquisitivo	N	Valor Atual
15/01/XX	Aquisição	1.000,00	-	1.000,00
30/12/XX	Inventário	1.000,00	1	800,00
30/12/XX	Inventário	1.000,00	2	600,00

Planilha 13.10: Controle do Bem Patrimonial.

Onde:
Histórico = Aquisição, alienação, inventário.
Valor Aquisitivo = Valor de compra.
N = Número de anos de utilização.
Valor Atual = Valor Aquisitivo - Depreciação

Se a depreciação for feita em cinco anos (depreciação acelerada), vem:

Valor Aquisitivo = 1.000,00
Número de anos = 3
Valor Atual = 1.000,00 - (1.000,00 × 3/5) = 1.000,00 - 600,00 = 400,00

Nota: O valor do bem é dado pelo mercado.

Nota: Quando a empresa é de tecnologia intensiva, o bem, após cinco anos, é sucateado e vendido como ferro velho.

13.13 Controle de Contas a Pagar

O controle de contas a pagar é um levantamento que se faz, numa data qualquer ou preestabelecida, para determinar quanto em dinheiro a empresa terá de pagar aos seus credores e fornecedores.

Controle de Contas a Pagar					
Mês/Ano:			Data de Fechamento:		
Cliente	Valores a Pagar	Total a Pagar	Valores Pagos	Total dos Pagamentos	Saldo a Pagar
Banco	10.000,00	10.000,00	1.000,00	1.000,00	9.000,00
Água e Esgoto	500,00	10.500,00	500,00	1500,00	
Fornecedor	1.000,00	11.500,00	500,00	2.000,00	
Fornecedor	2.000,00	13.500,00	500,00	2.500,00	
Força e Luz	1.500,00	15.000,00	1.500,00	4.000,00	
IPTU	400,00	15.400,00	200,00	4.200,00	
Salários	3.600,00	19.000,00	3.600,00	7.800,00	11.200,00

Planilha 13.11: Controle de Contas a Pagar.

Onde:
Valores a Pagar = Todas as contas (faturas) a pagar de cada cliente.
Total a Pagar = Todos os valores a pagar de todos os clientes.
Valores Pagos = São todas as faturas pagas de cada cliente no período considerado.
Total de Pagamentos = Todos os valores quitados de todos os clientes.
Saldo a Pagar = Total a Pagar - Total dos Pagamentos

13.14 Controle de Faturas a Pagar/Fornecedor

O controle de faturas a pagar por fornecedor é aquele em que a empresa observa se os pagamentos (dívidas) foram feitos em dia e quais as faturas pendentes de pagamento.

Também é fato gerador de informações para o controle geral de contas a pagar.

Controle de Faturas a Pagar/Fornecer							
Fornecedor:							
Data	Fatura (nº)	Valor a Pagar	Total a Pagar	Data de Quitação	Valor Pago	Total de Quitação	Saldo Devedor
10/05/XX	101/8	1.500,00	1.500,00	10.05.03	1.500,00	1.500,00	
20/05/XX	104/8	500,00	2.000,00	20.05.03	500,00	2.000,00	
30/05/XX	129/8	2.000,00	4.000,00	30.05.03	2.000,00	4.000,00	0,00
10/06/XX	145/8	1.000,00	5.000,00				1.000,00
15/07/XX	150/8	500,00	5.500,00				1.500,00
20/07/XX	171/8	1.500,00	7.000,00				3.000,00

Planilha 13.12: Controle de Faturas a Pagar por Fornecedor.

13.15 Controle da Conta Cliente

O controle da conta cliente avalia a capacidade de compra do cliente.

Controle da Conta Cliente					
Nome:				Ano:	
Mês	Compras Mês	Valor Acumulado	Média de Compras	Padrão de Compras	Desvio da Média
Janeiro	1.000,00	1.000,00	1.000,00	1.500,00	- 33%
Fevereiro	1.500,00	2.500,00	1.250,00	1.500,00	- 17%
Março	2.000,00	4.500,00	1.500,00	1.500,00	Zero
Abril	1.000,00	5.500,00	1.375,00	1.500,00	- 8%
Maio	3.000.00	8.500,00	1.700,00	1.500,00	13%

Planilha 13.13: Controle da Conta Cliente.

Onde:
Padrão de Compras = Média de todas as compras de todos os consumidores relativas a um período de 12 meses, do ano anterior.

13.16 Controle da Conta Capital

O controle da conta capital é relativo ao capital investido (ou retirado) de cada sócio, mostrando a participação do mesmo. Este controle é importante quando da distribuição do lucro

Controle da Conta Capital		
Período:		
Capital Social: 60.000,00 (100%)		
Nome do Sócio	Valor do Investimento	Participação (%)
Fulano	15.000,00	25%
Beltrano	12.000,00	20%
Sicrano	33.000,00	55%

Planilha 13.14: Controle da Conta Capital.

13.17 Controle do Disponível Circulante

O controle do disponível circulante é aquele em que são colocadas as principais contas que retratam a liquidez da empresa, isto é, basicamente a diferença entre o ativo circulante e o passivo circulante. Tal controle pode ser feito a qualquer momento.

Controle do Disponível Circulante				
Mês/Ano:		Responsável:		
Dia	Histórico	Créditos	Débitos	Saldo
15	Bancos	7.568,00		7.568,00
	Caixa	12.212,00		19.780,00
	Contas a Receber	5.300,00		25.080,00
	Estoque	13.327,00		38.407,00
	Contas a Pagar		1.583,00	36.824,00
	Salários a Pagar		2.743,00	34.081,00
	Fornecedores a Pagar		5.100,00	28.981,00

Planilha 13.15: Controle do Disponível Circulante.

13.18 Controle do Faturamento

O controle do faturamento serve para acompanhar o desempenho da equipe de vendas e se a mesma está cumprindo as metas estabelecidas. É um controle que aponta o desvio.

Controle do Faturamento					
N	Data	Valor	Acumulado	Média	Desvio (média)
1	01/07/XX	1.000,00	1.000,00	1.000,00	Zero
2	02.07/XX	800,00	1.800,00	900,00	- 11,10%
3	03.07/XX	1.200,00	3.000,00	1.000,00	+ 20,00%
4	04.07/XX	900,00	3.900,00	975,00	- 7,70%
5	07.07/XX	800,00	4.700,00	940,00	- 14,90%
6	08.07/XX	1.100,00	5.800,00	967,00	+ 13,80%
7	09.07/XX	500,00	6.300,00	900,00	- 44,40%
8	10.07/XX	1.100,00	7.400,00	925,00	+ 18,19%
9	11.07/XX	700,00	8.100,00	900,00	- 22, 22%

Planilha 13.16: Controle do Faturamento.

13.19 Controle do Faturamento de Equilíbrio

Controle do Faturamento de Equilíbrio		
Mês/Ano:		
Item	Descrição	Valor
1	Custo Fixo Total	90.000,00
2	Custo Variável Total	50.000,00
3	Custo Total (1 + 2)	140.000,00
4	Faturamento	200.000,00
5	Margem Total (4 - 2)	150.000,00
6	Faturamento de Equilíbrio [(1/5) x 4]	120.000,00

Planilha 13.17: Controle do Faturamento de Equilíbrio.

13.20 Controle da Conta Investimento

O controle da conta investimento é aquele onde são registrados todos os investimentos por data de lançamento.

Controle da Conta Investimento			
Projeto:			
Data	Descrição	Valor	Acumulado
01.03.03	Compra de Máquinas	1.500,00	1.500,00
30.06.03	Serviços de Instalação	500,00	2.000,00
30.12.03	Compra de Câmara Frigorífica	2.000,00	4.000,00
30.06.04	Compra de Insumos	800,00	4.800,00
30.12.04	Compra de Equipamentos	1.000,00	5.800,00
30.06.05	Compra de Móveis e Utensílios	1.500,00	7.300,00
30.12.05	Compra de Material de Escritório	800,00	8.100,00
30.06.06	Compra de Estantes	1.200,00	9.300,00
30.06.07	Compra de Máquinas	1.000,00	10.300,00

Planilha 13.18: Controle da Conta Investimento.

13.21 Controle de Vales

O controle de vales é aquele que representa adiantamentos salariais a serem descontados no pagamento do funcionário.

	Ano: 2021	**Mês:**	**Junho**			
Funcionários	**Salário Líquido**	**Vale 1**	**Vale 2**	**Vale 3**	**Vale 4**	**Saldo**
Fábia	**861,01**					
Saldo Receber		**0,00**	**0,00**	**0,00**	**0,00**	**0,00**
Juliana	**1.951,36**	500,00	500,00			
Saldo Receber		**1.451,36**	**951,36**	**951,36**	**951,36**	**951,36**
Vânia	**861,01**					
Saldo Receber		**861,01**	**861,01**	**861,01**	**861,01**	**861,01**
Simone	**979,31**	500,00	50,00	100,00		
Saldo Receber		**479,31**	**429,31**	**329,31**	**329,31**	**329,31**
Valéria	**757,38**	500,00	50,00			
Saldo Receber		**257,38**	**207,38**	**207,38**	**207,38**	**207,38**
Wanderson	**908,41**	500,00	50,00	25,00		
Saldo Receber		**408,41**	**358,41**	**333,41**	**333,41**	**333,41**
Janaina Leite	**550,45**					
Saldo Receber		**0,00**	**0,00**	**0,00**	**0,00**	**0,00**
Gabriela	**920,59**					
Saldo Receber		**920,59**	**920,59**	**920,59**	**920,59**	**920,59**
Daniel	**723,42**	400,00	100,00			
Saldo Receber		**323,42**	**223,42**	**223,42**	**223,42**	**223,42**
Janaina Fernandes	**560,12**					
Saldo Receber		**560,12**	**560,12**	**560,12**	**560,12**	**560,12**
Total a Pagar	**10.547,08**					**4.386,60**

Planilha 13.19: Controle de Vales.

13.22 Balancete de Verificação

O balancete de verificação, como já observado, é um relatório que lista todas as contas da empresa, colocando-as em colunas com seus respectivos valores. Estes balancetes podem ser construídos a qualquer tempo.

A seguir, um exemplo:

Contas	Débitos	Créditos	Saldo Devedor	Saldo Credor
Banco conta Movimento	337,00	183,00	154,00	
Duplicatas a Receber	725,00	110,00	615,00	
Estoques	753,00	165,00	588,00	
Investimentos em Ações	95,00		95,00	
Imóveis	382,00		382,00	
Veículos	11,00		11,00	
Móveis e Utensílios	25,00		25,00	
Títulos a Pagar	20,00	118,00		98,00
Contas a Pagar		42,00		42,00
Fornecedores	79,00	310,00		231,00
Comissões a Pagar		20,00		20,00
Despesas Gerais a Pagar		2,00		2,00
Salários Administrativos		12,00		12,00
Imposto de Renda a Pagar		108,00		108,00
Participação de Empregados		20,00		20,00
Participação Direta a Pagar		9,00		9,00
Dividendos a Pagar		40,00		40,00
Capital		700,00		700,00
Reserva Capital		150,00		150,00
Reserva Legal		34,00		34,00
Reserva Estatutária		56,00		56,00
Lucros Acumulados	55,00	403,00		348,00
Totais	2.482,00	2.482,00	1.870,00	1.870,00

Planilha 13.20: Balancete de Verificação.

13.23 Demonstrativo de Resultado

O demonstrativo de resultado, como já observado, nada mais é do que a exposição dos débitos e créditos que compõe os fluxos financeiros de um exercício de uma empresa (período, geralmente, de um ano). A seguir, um exemplo:

Nº	Histórico	Parcial	Parcial	Total
1	Receita Bruta de Vendas			2.000,00
2	Deduções (3 + 4 + 5)			200,00
3	Descontos Concedidos	10,00		
4	Impostos Faturados	168,00		
5	Devoluções	22,00		
6	Receita Operacional Líquida (1 - 2)			1.800,00
7	Custo de Mercadorias Vendidas			300,00
8	Resultado Operacional Bruto (6 - 7)			1.500,00
9	Despesas Operacionais (10+14+15+24+25)			190,00
10	Engenharia (11 + 12 + 13)		40,00	
11	Projetos e Desenhos	15,00		

12	Testes	5,00		
13	Protótipos	20,00		
14	Produção		10,00	
15	Marketing (16+17+18+19+20+21+22+23)		100,00	
16	Lançamento	50,00		
17	Literatura	5,00		
18	Propaganda	5,00		
19	Exposições e Feiras	10,00		
20	Salários	10,00		
21	Viagens	6,00		
22	Amostras	4,00		
23	Pesquisas	10,00		
24	Gerais e Administrativas		30,00	
25	Financeiras		10,00	
26	Resultado Operacional Líquido (8 - 9)			1.310,00
27	Correção Monetária (+/-)			90,00
28	Resultado antes do Imposto de Renda (26+27)			1.400,00
29	Provisão para Imposto de Renda			400,00
30	Participações			300,00
31	Resultado [28 - (29 + 30)]			700,00

Planilha 13.21: Demonstrativo de Resultado.

13.24 Balanço Patrimonial

O balanço patrimonial, conforme já observado, consiste na apresentação dos saldos respectivos de todas as contas de uma empresa em uma data qualquer, dispostos em forma relativamente padronizada, com a finalidade de permitir, a quem o analisa, uma visualização rápida da posição econômico-financeira da companhia, expressa em valores monetários.

Ativo		**Passivo**	
Ativo Circulante:		Passivo Circulante:	
Caixa e Bancos	154,00	Títulos a Pagar	98,00
Duplicatas a Receber	615,00	Contas a Pagar	42,00
Estoques	588,00	Fornecedores	231,00
Total	1.357,00	Comissões a Pagar	20,00
Ativo Permanente:		Despesas Gerais a Pagar	2,00
Investimentos	95,00	Salários Administrativos	12,00
Total	95,00	Imposto de Renda a Pagar	108,00
Ativo Imobilizado:		Participações Diretas e Indiretas	29,00
Imóveis	82,00	Dividendos a Pagar	40,00
Veículos	11,00	Total	528,00
Móveis e Utensílios	25,00	Patrimônio Líquido:	
Total	418,00	Capital	700,00
		Reservas:	
Total do Ativo	**1.870,00**	De Capital	150,00
		Legal	34,00
		Estatutária	110,00
		Lucros Acumulados	348,00
		Total	1.342,00
		Total do Passivo	**1.870,00**

Planilha 13.22: Balanço Patrimonial.

Capítulo14

INDICADORES de GESTÃO

"O administrador é uma pessoa capaz de fazer julgamentos críticos quando os dados disponíveis são conjunturais e presumidos."

Harry Maynard

Objetivos do Capítulo

- Mostrar que os indicadores de gestão servem para avaliar o comportamento de uma empresa.
- Mostrar os principais índices e indicadores de gestão.
- Mostrar exemplos e suas respectivas análises.

14.1 Índice e Indicador

O índice, como já abordado, é uma medida (relação) idealizada para mostrar a variação, num determinado período de tempo e se este valor oscilou para cima ou para baixo. É possível estabelecer relações do ano em curso com os anos anteriores. Um bem que, em 2020, custava $ 20,00 e, em 2023, passou a custar $ 45,00, diz-se que teve uma variação de:

I = 45,00 / 20,00 = 2,25 = 225%

O valor 2,25 é um índice e o valor 225% é o percentual de variação (ou de desvio).

Os índices de cada empresa variam, consideravelmente, em função do tamanho da empresa, dos serviços prestados, das condições de concessão, do recebimento de créditos, do tipo de clientela, da estrutura organizacional, dos custos, dos métodos e das estratégias, por exemplo.

A sujeição automática a um grande número de índices, nunca substitui um bom julgamento. Portanto, saber o que aconteceu no passado dará, ao dirigente, condições de projetar o futuro. Mas, se a empresa não possui séries históricas, devidamente registradas e facilmente acessíveis é pouco provável que o gestor da organização faça milagre.

O índice de inflação, por exemplo, mostra a perda do poder de compra do consumidor. Ele é um índice governamental que afeta a empresa, mas, mesmo não havendo inflação a nível governamental, pode haver inflação para a empresa, quando, por exemplo, a mesma compra de matéria-prima é mais cara do que a aquisição anterior.

Exemplo: O Departamento de Compras informa que quando comprou determinada matéria-prima, fez sob as seguintes condições:

Momento 01: Preço = $ 2,00 e Quantidade = 5.000
Momento 02: Preço = $ 2,24 e Quantidade = 4.600
Momento 03: Preço = $ 2,80 e Quantidade = 4.000

Pede-se determinar qual a inflação do período.

Método de Solução pelo Preço:

2,00 (100%)
2,24 (112%)
2,80 (140%)

Resposta: O índice de inflação em função do preço = (140% / 100%) - 1 = 1,40 - 1,00 = 40%.

Método de Solução pelo Produto (P × Q):

2,00 × 5.000 = 10.000 (100%)
2,24 × 4.600 = 10.340 (103,4%)
2,80 × 4.000 = 11.200 (112%)

Resposta: O índice de inflação, em função do preço vezes quantidade, é igual a 12% (112 - 100).

A inflação refere-se ao aumento de preços na economia. Quando os preços sobem o valor da moeda diminui, isto é, o poder de compra do cidadão estará em função das oscilações do índice de inflação. Os principais fatores responsáveis pela dinâmica do comércio são: crédito e renda. A inflação acende o sinal amarelo para os consumidores, pois encarece o crédito.

Os índices de inflação do governo são medidos por diversos critérios e, por conseguinte, existem diversas fórmulas para o cálculo da inflação. Os índices mais comuns são: INPC (IBGE); IPCA (IBGE); IGP-M (FGV); IGP-DI (FGV): IPC (FIPE); ICV (DIEESE).

Os indicadores representam um sistema peculiar de análise das empresas. Tal sistema consiste na comparação de dois ou mais elementos, de modo a se obter uma indicação (relação, medida) significativa da situação e, ao mesmo tempo, uma representação sintética da mesma. Um conjunto de indicadores bem estudado permite esclarecer a situação da empresa, através de elementos chaves.

Índices e indicadores são, muitas vezes, tomados como sinônimos por diversos autores. Porém, cada vez mais, estes conceitos se afastam um do outro. O índice tem um foco macroeconômico e o indicador microeconômico. Se verificarmos que nossa empresa apresenta um índice de liquidez igual a 2,5, como saberemos que este indicador é muito alto ou muito baixo?

Ainda que não possamos chegar à conclusão alguma, é lícito afirmar que quanto mais um determinado indicador se afastar de certo padrão, tanto maior será a probabilidade da existência de uma variação anormal a exigir estudos mais acurados. Muitos índices e indicadores levam o nome de taxa pela sua resposta em valores percentuais.

Os problemas dos indicadores de gestão podem advir do próprio analista, isto é, qual ferramenta, padrão, modelo, fórmula, processo, gráfico ou matriz ele utilizará e qual comportamento, personalidade e características terá para uma análise mais próxima da realidade comum das empresas. Mas é bom que se diga que os indicadores de gestão são as melhores ferramentas para aferir o desempenho empresarial.

Conhecer taxas governamentais é muito importante no gerenciamento de qualquer negócio.

14.2 Indicadores Econômicos

Os indicadores econômicos estão voltados a retratar o resultado de um capital investido num determinado negócio. Estes indicadores se fundamentam no lucro e no prejuízo.

A seguir, os principais indicadores econômicos:

Margem de Lucro:

A margem de lucro (margem líquida) é dada pela fórmula:

Margem de Lucro = Lucro Líquido / Receita com Vendas

Onde:
Lucro Líquido = Lucro Bruto - Despesas com Vendas
Lucro Bruto = Receita com Vendas - Custos
Receita com Vendas = Somatório de todas as vendas faturadas e entregues

Exemplo:
Lucro Líquido = $ 500,00
Receita com Vendas = $ 2.000,00
Margem de Lucro = 500 / 2.000 = 0,25 = 25%

Análise:
Este indicador mostra que nem sempre vender muito é um bom negócio em termos de lucratividade. O que importa é o resultado operacional líquido (lucro líquido). Às vezes, um incremento em vendas traz uma série de despesas que não compensa o esforço, fazendo com que o resultado operacional líquido tenha uma variação menor do que a variação das vendas. Alguns autores chamam este indicador de margem de venda.

Lucratividade do Exercício:

A lucratividade do exercício é dada pela fórmula:

Lucratividade do Exercício = Resultado do Exercício / Receita Operacional Líquida

Onde:
Resultado do Exercício = Lucros ou Prejuízos Acumulados
Receita Operacional Líquida = Receita Bruta com Vendas - Deduções (Descontos + Impostos + Devoluções)

Exemplo:
Resultado do Exercício = $ 200,00
Receita Operacional Líquida = $ 1.800,00
Lucratividade Operacional Líquida = 200 / 1.800 = 0,11 = 11%

Análise:
O resultado final do exercício será dependente da correção monetária (em função da inflação), da provisão para imposto de renda (em função da alíquota determinada pelo governo) e das participações em outras empresas (em função dos seus desempenhos).

Rentabilidade do Capital Próprio:

A rentabilidade do capital próprio é dada pela fórmula:

Rentabilidade do Capital Próprio = Resultado do Exercício / Patrimônio Líquido

Onde:
Patrimônio Líquido = Capital Social + Reservas + Lucros - Prejuízos
Capital Social = Capital Declarado
Reservas = Somatório de todas as reservas

Exemplo:
Resultado do Exercício = $ 500,00
Patrimônio Líquido = $ 5.000,00
Rentabilidade do Capital Próprio = 500 / 5.000 = 0,10 = 10%

Análise:
Este indicador mede a perspectiva de retorno do investimento dos proprietários. No exemplo acima, como a rentabilidade é de 10%, significa dizer que o capital próprio levará 10 anos para voltar a seus proprietários.

Taxa de Capitalização:

A taxa de capitalização é dada pela fórmula:

Taxa de Capitalização = Patrimônio Líquido / Ativo Total

Onde:

Ativo Total = Soma de todos os ativos
Exemplo:
Patrimônio Líquido = $ 4.500,00
Ativo Total = $ 10.000,00
Taxa de Capitalização = 4.500 / 10.000 = 0,45 = 45%

Análise:

Como o patrimônio líquido retrata as origens dos recursos financeiros (capital e reservas) e o ativo é, na realidade, o total das aplicações da empresa, o valor da taxa de capitalização dirá o percentual envolvido das origens de capital na composição do ativo total.

Taxa de Recuperação:

A taxa de recuperação (período de recuperação) é dada pela fórmula:

Taxa de Recuperação = Total dos Investimentos / (Lucro Líquido + Amortizações)

Onde:
Total dos Investimentos = Recursos aplicados em participações (empresas coligadas e/ou controladas) e em outras sociedades (direitos de qualquer natureza).
Amortizações = São pagamentos de ágios e juros relativos a ações e empréstimos respectivamente.

Exemplo:
Investimentos = $ 50.000,00
Lucro Líquido = $ 15.000,00
Amortizações = $ 10.000,00
Taxa de Recuperação = 50.000 / (15.000 + 10.000) = 2

Análise:

A taxa de recuperação informa que levará dois anos para se ter o investimento de volta, no exemplo acima.

Taxa de Remuneração:

A taxa de remuneração é dada pela fórmula:

Taxa de Remuneração = Lucro Líquido / Capital Próprio

Exemplo:
Lucro Líquido = 22,40
Capital Próprio = 182,00
Taxa de Remuneração = 22,4 / 182 = 0,123 = 12,30%

Análise:

A taxa de remuneração terá um valor, em função da mudança da estrutura de capital da empresa. Nem sempre grandes somas de capital próprio garantirão uma taxa de remuneração alta. Por outro lado, tomar dinheiro emprestado para financiar capital de giro, sem ter estrutura de alavancagem, é um risco que a empresa não deve correr.

Taxa de Imobilização:

Assunto já abordado.

14.3 Indicadores Financeiros

Os indicadores financeiros objetivam mostrar o fluxo de dinheiro que corre na empresa e se ela terá condições de saldar compromissos assumidos. A seguir, os principais indicadores financeiros:

Solvência Geral:

A solvência geral é dada pela fórmula:

Solvência Geral = Ativo Real / Passivo Real

Onde:
Ativo Real = Ativo Total - Ativo Diferido
Passivo Real = Passivo Circulante + Exigível no longo prazo
Passivo Circulante = Somatório de todas as contas a pagar

Exemplo:
Ativo Real = $ 18.050,00
Passivo Real = $ 19.000,00
Solvência Geral = 18.050 / 19.000 = 0,95

Análise:
A solvência geral é um indicador de grande abrangência e somente merece maior atenção, quando o grau de endividamento da empresa é elevado ou os valores registrados, no ativo diferido, têm grande participação percentual em relação ao ativo total. Geralmente, este indicador se aproxima da unidade. Abaixo, ou muito abaixo, traduz um estado de insolvência, tendo a empresa de alienar ativos, renegociar suas dívidas, repensar seus objetivos e recursos, por exemplo.

Liquidez Corrente:

A liquidez corrente é dada pela fórmula:

Liquidez Corrente = Ativo Circulante / Passivo Circulante

Onde:
Ativo Circulante = Soma do disponível, realizado no curto prazo, duplicatas (valores) a receber, estoques e outros créditos; Capital de giro.

Exemplo:
Ativo Circulante = $ 2.000,00
Passivo Circulante = $ 1.500,00
Liquidez Corrente = 2.000 / 1.500 = 1,33

Análise:
Quanto mais alto este indicador, maior a capacidade da empresa para pagar suas contas, no curto prazo. O indicador em questão deverá ser considerado como medida bruta, já que não leva em conta a liquidez específica de cada um dos itens componentes do ativo circulante. Assim, uma empresa com ativo circulante composto de caixa, bancos e duplicatas a receber, provavelmente, possuirá maior liquidez, porque terá mais facilidades para obter dinheiro.

Liquidez Seca:

A liquidez seca (atual) é dada pela fórmula:

Liquidez Seca = (Ativo Circulante - Estoque) / Passivo Circulante

Onde:
Estoque = Somatório de matérias-primas, insumos, produtos semiacabados e produtos acabados

Exemplo:
Ativo Circulante = $ 2.000,00
Estoque = $ 500,00
Passivo Circulante = $ 1.500,00
Liquidez Seca = (2.000,00 - 500,00) / 1.500,00 = 1,0

Análise:

A comparação da liquidez seca com a liquidez corrente permite avaliar o quanto pesa o estoque na liquidez da empresa. Valores abaixo de 1 (um) devem preocupar a empresa.

Liquidez Imediata:

A liquidez imediata é dada pela fórmula:

Liquidez Imediata = Disponível / Passivo Circulante

Onde:
Disponível = Soma de valores monetários em caixa e bancos

Exemplo:
Disponível = $ 300,00
Passivo Circulante = $ 1.500,00
Liquidez Imediata = 300 / 1.500 = 0,20 = 20%

Análise:
Este cociente tem por objetivo medir o encaixe da empresa, ou seja, um volume mínimo de dinheiro para cobrir despesas não compromissadas e/ou de valores incertos.

Taxa de Endividamento:

A taxa de endividamento é dada pela fórmula:

Taxa de Endividamento = Passivo Real / Passivo Total

Onde:
Passivo Total = Valor atribuído ao passivo de uma empresa

Exemplo:
Passivo Real = $ 5.500,00
Passivo Total = $ 10.000,00
Endividamento = 5.500 / 10.000 = 0,55 = 55%

Análise:
Este indicador procura mostrar até que ponto a empresa é mais de seus proprietários do que de terceiros. É interessante observar que em muitos casos, o gerente financeiro deverá verificar a participação das dívidas (empréstimos) de curto prazo, que, além de normalmente onerosas, podem ser exigidas em prazo inferior àquelas na qual a empresa é capaz de gerar dinheiro para o referido pagamento, o que acarreta novas dívidas em condições adversas.

Nível de Desconto de Duplicatas:

O nível de desconto de duplicatas é dado pela fórmula:

Nível de Desconto de Duplicatas = Duplicatas Descontadas no Período / Receitas com Vendas

Onde:
Duplicata = Título de crédito emitido pelo vendedor de bens e serviços, correspondente a uma fatura de venda a prazo (da qual é cópia) e que, aceita pelo comprador, este se obriga a pagar dentro de certo prazo, e, em geral, descontada num banco comercial que efetua a cobrança.

Exemplo:
Duplicatas Descontadas no Período = $ 6.000,00
Receita com Vendas = $ 12.000,00
Nível de Desconto de Duplicatas = 6.000 / 12.000 = 0,5 = 50%

Análise:

Um nível elevado de descontos de duplicatas indica, normalmente, que a administração financeira da empresa se defronta com problemas de capital de giro, geralmente, por insuficiente autogeração de caixa.

Autonomia Financeira:

A autonomia financeira é dada pela fórmula:

Autonomia Financeira = Capital de Empréstimo / Capital Próprio

Onde:
Capital de Empréstimo = Capital tomado no mercado de recursos, sob a forma de dinheiro ou de material

Exemplo:
Capital de Empréstimo = $ 2.000,00
Capital Próprio = $ 8.000,00
Autonomia Financeira = 2.000 / 8.000 = 0,25

Análise:
O valor de 0,25 (25%) é razoável. O ideal é que seja próximo de zero. É mais um indicador que mostra a influência de capital de terceiros. Alguns autores dizem que a autonomia financeira é dada pela relação entre o patrimônio líquido e o passivo total.

Taxa de Depreciação:

Assunto já abordado.

Resultado Financeiro:

O resultado financeiro é dado pela fórmula:

Resultado Financeiro = Ativo Total / Patrimônio Líquido

Exemplo:
Ativo Total = $ 150.000,00
Patrimônio Líquido = $ 50.000,00
Resultado Financeiro = 150.000 / 50.000 = 3

Análise:
O resultado financeiro informa que a empresa conseguiu possuir em ativos o triplo do seu patrimônio líquido.

14.4 Indicadores de Performance

Os indicadores de performance são aqueles voltados a retratar o progresso da empresa em busca da melhoria contínua, num determinado período. A seguir, os principais indicadores de performance:

Giro do Ativo Total:

O giro do ativo total é dado pela fórmula:

Giro do Ativo Total = Receita com Vendas / Ativo Total

Exemplo:
Receita com Vendas = $ 20.000,00
Ativo Total = $ 10.000,00
Giro do Ativo Total = 20.000 / 10.000 = 2,0

Análise:

O referido indicador procura mostrar quantas vezes a empresa consegue girar seu ativo total, em função de suas vendas. É medida básica para se calcular o retorno do investimento. Quanto mais elevado, revela maior eficiência operacional da empresa. No exemplo apresentado, o giro de 2,0 (dois) significa que a empresa movimenta seus ativos duas vezes por ano (exercício).

Giro do Estoque:

O giro (rotação) do estoque é dado pela fórmula:

Giro do Estoque = Custo de Mercadoria Vendida / Estoque Médio

Onde:
Custo de Mercadoria Vendida = Soma do estoque inicial mais compras mais despesas menos estoque final
Estoque Médio = Determinado por uma média entre os saldos no início e no final do exercício

Exemplo:
CMV = $ 70.000,00
Estoque Médio = $ 35.000,00
Giro do Estoque = 70.000 / 35.000 = 2

Análise:
O custo dos produtos vendidos (mercadoria vendida), incluído no numerador, corresponde ao período analisado. O índice de rotação de estoques nos mostra a rapidez com que os estoques são transformados, por vendas, em duplicatas a receber. Em geral, quanto mais elevada for a rotação do estoque, mais eficiente é a administração da empresa, porque cada vez que os produtos são distribuídos a intermediários, há a possibilidade de venda e lucro.

Entretanto, uma rotação relativamente alta poderá ser consequência de um nível de estoques excessivamente baixo e de frequentes faltas, com consequências negativas para os resultados da empresa. Quando a rotação de um item do estoque é baixa, causa a obsolescência do mesmo e retém dinheiro.

Giro do Capital:

O giro do capital é dado pela fórmula:

Giro do Capital = Capital de Giro Próprio / Capital de Movimento

Onde:
Capital de Giro Próprio = Diferença entre ativo circulante e passivo circulante
Capital de Movimento = Soma do capital próprio mais as exigibilidades correntes

Exemplo:
Capital de Giro Próprio = $ 12.000,00
Capital de Movimento = $ 20.000,00
Giro do Capital = 12.000 / 20.000 = 0,60 = 60%

Análise:
Este indicador diz que, se os compromissos de curto prazo forem liquidados, o capital de giro ficará reduzido a 60% do valor anterior. Quanto menor for a necessidade de capital de giro, tanto menor é o risco da empresa.

Retorno sobre Ativo:

O retorno sobre ativo é dado pela fórmula:

Retorno sobre Ativo = Lucro Líquido / Ativo Total

Exemplo:
Lucro Líquido = $ 500,00

Ativo Total = $ 5.000,00
Retorno sobre Ativo = 500 / 5.000 = 0,10 = 10%

Análise:
Este indicador dirá qual o valor do ativo a ser recuperado por ano (exercício). No exemplo acima, o retorno sobre ativo é de 10%, isto é, a empresa levará 10 anos para ter o valor do ativo de volta.

Retorno do Investimento:

Assunto já abordado.

Prazo Médio de Recebimento:

O prazo médio de recebimento é dado pela fórmula:

Prazo Médio de Recebimento = (Valores a Receber × 360 dias) / Receita Bruta

Onde:
Valores a Receber = Recebíveis
Receita Bruta = Total nominal das vendas, onde não são consideradas as deduções (descontos, impostos e devolução).

Exemplo:
Valores a Receber = $ 1.000,00
Receita Bruta = $ 12.000,00
Prazo Médio de Recebimento = (1.000 × 360 dias) / 12.000 = 0,083 × 360 dias = ± 30 dias

Análise:
O prazo médio de recebimento indica o número médio de dias necessários para a cobrança de uma conta. Comparando-se o prazo normalmente concedido pela empresa com os eventuais prazos de recebimento, teremos indícios de problemas (ou não) na cobrança. A liquidez dos valores a receber dependerá da sua velocidade de cobrança.

Prazo Médio de Pagamento:

O prazo médio de pagamento é dado pela fórmula:

Prazo Médio de Pagamento = (Valores a Pagar × 360 dias) / Compras Efetuadas

Onde:
Valores a Pagar = Contas a Pagar = Levantamento que se faz, numa data qualquer, para determinar quanto, em dinheiro, a empresa terá de pagar aos seus credores e fornecedores

Exemplo:
Valores a Pagar = $ 2.000,00
Compras Efetuadas = $ 8.000,00
Prazo Médio de Pagamento = (2.000 × 360 dias) / 8.000 = 0,25 × 360 dias = 90 dias

Análise:
Este indicador objetiva mostrar o período médio que a empresa leva para saldar seus compromissos com fornecedores. Esta medida, para efeito de análise, tem importância se comparada com o prazo médio de recebimento. Se prazo médio de pagamento é menor que prazo médio de recebimento, a situação financeira, normalmente apertada, exige maior quantidade de capital de giro próprio. Se prazo médio de pagamento é maior que prazo médio de recebimento, a situação financeira é mais tranquila, haja vista que se está trabalhando com capital de terceiros

Índice de Desvio:

O índice de desvio é dado pela fórmula:

Desvio = (Valor / Média da Série) - 1

Exemplo:

Tomem-se os valores vendidos por uma empresa (em milhares de reais), durante os meses de janeiro até junho, conforme mostrado no quadro abaixo:

N	Período de Tempo	Valor	Valor Acumulado	Média	Desvio (%)
1	Janeiro	100,00	100,00	100,00	0,00
2	Fevereiro	120,00	220,00	110,00	+ 9,00
3	Março	150,00	370,00	123,30	+ 21,65
4	Abril	110,00	480,00	120,00	- 8,30
5	Maio	130,00	610,00	122,00	+ 6,55
6	Junho	200,00	810,00	135,00	+ 48,15

Quadro 14.1: Índices de Desvio.

Onde:
N = Número de avaliações
Período de Tempo = Dia, Quinzena, Mês, Ano
Valor = Quantidade, Dinheiro, Tempo
Valor Acumulado = Soma dos valores lançados
Média = Valor Acumulado / Número de Avaliações
Desvio do mês de março = (150,00 / 123,30) - 1 = 1,2165 - 1 = 0,2165 = 21,65%

Análise:

O índice de desvio serve para controlar o comportamento da empresa para qualquer indicador que seja. No mês de abril, o desvio apresentou um resultado negativo e no mês de junho mostrou um desvio bastante elevado. Este índice é tão importante que determina sintomas de mudança, sazonalidade, decisões (certas ou erradas), bem como estratégias, táticas e políticas apropriadas.

Índice de Distorção:

O índice de distorção é dado pela fórmula:

Índice de Distorção = 1 - (Média Corrigida / Média Simples)

Exemplo:

Uma empresa possui vendedores que apresentaram os seguintes resultados em vendas: $ 20.100,00; $ 22.000,00; $ 19.000,00; $ 19.500,00; $ 21.000,00; $ 5.000,00 e $ 21.500,00.
Total de Vendas = $ 128.100,00
Média Simples = 128.100,00 / 7 = 18.300,00

Se o valor $ 5.000,00 for excluído da série por ser muito baixo, vem:

Média Corrigida = (128.100 - 5.000) / 6 = 20.517,00
Índice de Distorção = 1 - (20.517 / 18.300) = 1 - 1,12 = - 0,12 = - 12%

Análise:

O valor de $ 5.000,00 (muito abaixo da média) mascara o resultado, causando uma distorção negativa de 12%. Para uma série em que seja excluído um valor muito acima da média, o resultado da distorção será positivo.

Pay Back:

Assunto já abordado.

14.5 – Indicadores de Mão de Obra

Os indicadores de mão de obra objetivam mostrar, principalmente, o comportamento dos recursos humanos na empresa. A seguir, os principais indicadores de mão de obra:

Taxa de Turnover:

A taxa de turnover, ou taxa de rotatividade de empregados, mostra a movimentação (entra e sai) de pessoal numa organização. Uma taxa de turnover elevada pode significar má administração da empresa ou um mercado de atuação desfavorável, onde os recursos humanos são difíceis e instáveis, como em mercados que exigem muita criatividade.

Por outro lado, um dos motivos de um turnover elevado é a constante contratação de pessoal de fora da empresa. A taxa de turnover é dada pela fórmula:

$T = |Q1 - Q2| / Q1$

Onde:
Q1 = Quantidade inicial (momento do registro) de empregados.
Q2 = Quantidade empregados que ainda estão trabalhando, no momento a medição.
|Q1 - Q2| = Valor absoluto da diferença (Q1 - Q2).

Exemplo:
Q1 = 200
Q2 = 150
$T = |200 - 150| / 200 = 50 / 200 = 0{,}25 = 25\%$

A rotatividade de pessoal expressa a relação percentual entre os desligamentos e o número médio de funcionários que compõem o quadro de pessoal, considerando um determinado período de tempo, que pode ser mensal ou anual. Este índice não deve ser zero e nem muito elevado. A variação da taxa de rotatividade está diretamente relacionada à cultura e ao clima da organização.

Taxa de Absenteismo:

A taxa de absenteismo é um dos indicadores de avaliação da mão de obra. Ela corresponde à ausência do empregado no posto de trabalho. Se, por exemplo, uma fábrica tem 80 empregados e a média de ausências, por mês, é de 4 funcionários, a taxa de absenteismo (TA) mensal é:

$TA = 4/80 = 5\%$

Cada empresa tem suas próprias características, que vão determinar a taxa mais aceitável, isto é, a taxa que não atrapalhe o seu desempenho e progresso. Essas ausências não programadas causam transtornos, a ponto de exigir mudanças nos tipos de preparações do dia, substituições de afogadilho, atrasos nas entregas. Quase sempre geram mudanças comportamentais nos demais empregados, tais como: irritabilidade, agressividade, negligência, desinteresse e injustiças.

Número de Vendedores por Visita:

Assunto já abordado.

Número de Vendedores por Turnover:

Assunto já abordado.

Taxa de Encargos Sociais:

A taxa de encargos sociais é dada pela fórmula:

Taxa de Encargos Sociais = Encargos Sociais / Passivo Circulante

Onde:
Encargo Social = Acréscimo à remuneração direta, por força de Lei

Exemplo:
Encargos Sociais = $ 1.200,00
Passivo Circulante = $ 5.000,00
Taxa de Encargos Sociais = 1.200 / 5.000 = 0,24 = 24%

Análise:
Os encargos sociais, cada vez mais, adquirem um percentual maior em relação às exigibilidades correntes, levando a empresa a cada vez menos contratar mão de obra.

Taxa de Afastamento:

A taxa de afastamento é dada pela fórmula:

Taxa de Afastamento = Empregados Afastados do Trabalho / Número de Empregados

Onde:
Empregados Afastados do Trabalho = Licenciados + Acidentados + Férias

Exemplo:
Empregados Afastados do Trabalho = 80
Total de Empregados = 800
Taxa de Afastamento = 80 / 800 = 0,10 = 10%

Análise:
Normalmente o acompanhamento desta taxa é desdobrado para funcionários licenciados, funcionários acidentados e funcionário em férias.

14.6 Indicadores de Vendas

Os indicadores de vendas retratam as relações entre: vendedores, atendentes, consumidores, usuários, pacientes, funcionários de apoio, produtos, marcas, preços, receitas com vendas, por exemplo. A seguir, os principais indicadores de vendas:

Taxa da Perda de Consumidores:

A taxa de perda de consumidores é dada pela seguinte fórmula:

Taxa de Perda de Consumidores = Consumidores Perdidos / Total de Consumidores

Onde:
Consumidores Perdidos = Diferença entre o número de consumidores do ano anterior e o número de consumidores do ano em curso

Exemplo:
Consumidores Perdidos = 3.000
Total de Consumidores = 60.000
Taxa de Perda de Consumidores = 3.000 / 60.000 = 0,05 = 5%

Análise:
Esta taxa não é muito fácil de aferir devido à dificuldade de cadastrar todos os clientes consumidores e controlar quantas vezes eles voltaram a comprar. Para uma fábrica este controle é bastante factível, mas para um grande varejo, onde parte dos consumidores paga em dinheiro é muito difícil. Para a perda de consumidores, vale lembrar o seguinte questionamento:

- A taxa de perda de consumidores varia durante o ano?

- A taxa varia de lugar, vendedor ou intermediário?
- A taxa varia em função do preço de venda?
- Para onde vão os consumidores perdidos?
- Qual a estratégia dos concorrentes para manter os consumidores?

Eficiência em Vendas:

A eficiência em venda é dada pela fórmula:

Eficiência em Venda = Receita com Vendas / Despesa de Venda

Exemplo:
Receita com Vendas = R$ 500.000,00
Despesa de Venda = R$ 5.000,00
Eficiência em Venda = 500.000 / 5.000 = 100

Análise:
No exemplo acima, para cada real gasto com vendas, a empresa fatura cem reais. Porém, todo esforço para aumentar a receita com vendas pode acabar, se as despesas também aumentarem.

Eficácia da Propaganda:

Como é difícil saber quão eficaz é a propaganda, a não ser nos casos mais óbvios e tendo em vista a dificuldade de se fazer uma boa coleta de dados, a seguir, um exemplo:

Anos	Gastos Propaganda	Valor Relativo	Fatia do Mercado	Eficácia da Propaganda
1	3.000,00	43%	40%	0,93
2	2.000,00	28%	20%	0,71
3	1.500,00	21%	25%	1,19
4	500,00	8%	15%	1,87
Totais	7.000,00	100%	100%	

Quadro 14.2: Eficácia da Propaganda.

Resposta – Há uma convenção internacional que considera:

Taxa abaixo de 1,00 significa que a propaganda é ineficaz.
Taxa acima de 1,00 significa que a propaganda é eficaz.

No caso acima, temos:

Ano 1: Relativamente ineficaz (40% / 43% = 0,93).
Ano 2: Ineficaz (20% / 28% = 0,71).
Ano 3: Relativamente eficaz (25% / 21% = 1,19).
Ano 4: Muito eficaz (15% / 8% = 1,87).

Análise:
A eficácia da propaganda será maior quando: O conhecimento do comprador for mínimo; as vendas da indústria, como um todo, crescerem; A propaganda apresente aspectos do produto, normalmente, não observados pelo comprador; as oportunidades de diferenciação ficarem bem claras; as rendas discriminatórias dos consumidores forem altas.

Fator de Desconto:

Assunto já abordado.

Taxa Individual de Vendas:

A taxa individual de vendas é dada pela fórmula:

Taxa Individual de Vendas = Vendas do Vendedor / Total de Vendas

Exemplo:
Vendas do Vendedor A = $ 5.000,00
Total de Vendas = $ 80.000,00
Taxa Individual de Vendas = 5.000 / 80.000 = 0,0625 = 6,25%

Vendas do Vendedor B = $ 20.000,00
Total de Vendas = $ 80.000,00
Taxa Individual de Vendas = 20.000 / 80.000 = 0,25 = 25%

Análise:
Esta taxa mostra a participação do vendedor no montante de vendas e ajuda a premiar os melhores com incentivos. No caso acima, o vendedor B vendeu 4 vezes mais que o vendedor A (25/6,25). Fato que deve ser verificado.

Taxa de Cancelamento:

A taxa de cancelamento é dada pela fórmula:

Taxa de Cancelamento = Pedidos Cancelados / Total de Pedidos

Exemplo:
Pedidos Cancelados = 20
Total de Pedidos = 240
Taxa de Cancelamento = 20 / 240 = 0,083 = 8,3%

Análise:
Uma taxa de cancelamento acima de 5% deve começar a preocupar a empresa. Portanto, deve-se procurar verificar se Vendas não está dando prazos incompatíveis com a capacidade de entrega.

Prazo Médio de Vendas:

O prazo médio de vendas (PMV) é dado pela fórmula:

Prazo Médio de Vendas = Somatório Ponderado das Vendas em Dias / Total de Vendas

Exemplo:

Meses	A Vista	30 Dias	45 Dias	60 Dias	Total
Janeiro	1.800,00	3.200,00	2.800,00	500,00	8.300,00
Fevereiro	1.400,00	2.000,00	1.900,00	700,00	6.000,00
Março	2.000,00	2.200,00	1.500,00	900,00	6.600,00
Total	5.200,00	7.400,00	6.200,00	2.100,00	20.900,00

Quadro 14.3: Vendas de Determinado Período.

Avaliando pelo método da ponderação, temos:

Prazos	Valor de Vendas	Fator da Ponderação	Total
A Vista	5.200,00	0	0,00
30 Dias	7.400,00	30	222.000,00
45 Dias	6.200,00	45	279.000,00
60 Dias	2.100,00	60	126.000,00
Total	20.900,00	-	627.000,00

Quadro 14.4: Fator de Ponderação nos Valores de Vendas, em Função do Prazo.

PMV = 627.000,00 / 20.900,00 = 30 dias

Análise:
Um prazo médio de vendas de 30 dias é muito bom, indicando que os produtos da empresa têm alta liquidez no mercado.

14.7 Indicadores de Produção

Os indicadores de produção são aqueles voltados a retratar os principais aspectos da produção, produto e produtividade das máquinas e dos recursos humanos. A seguir, os principais indicadores de produção:

Índice de Produtividade:

O índice de produtividade é dado pela fórmula:

Produtividade = Unidade de Produto / Unidade de Gasto

Onde:
Unidade de Gasto pode ser: matéria-prima, mão de obra, tempo de produção, número de máquinas, capital investido, área ocupada, recursos aplicados, gasto de produção.

Exemplo:
Uma fábrica produz 200 peças / dia a um custo de $ 25,00 / peça.
Gasto total de produção = 200 × 25,00 = $ 5.000,00
Número de empregados = 100
Produtividade, em função da produção = 200 / 5.000 = 0,04
Produtividade, em função do número de empregados = 200 / 100 = 2

Análise:
Isto quer dizer que cada operário produz 2 peças por dia, e que cada peça corresponde a 4% do gasto de produção.

Taxa de Comprometimento Industrial:

Assunto já abordado.

Taxa de Obsolescência:

A taxa de obsolescência é dada pela fórmula:

Taxa de Obsolescência = Produtos Descontinuados / Total de Produtos

Exemplo:
Produtos Descontinuados = 36
Total de Produtos = 180
Taxa de Obsolescência = 36 / 180 = 0,2 = 20%

Análise:
O valor acima só poderá ser analisado, se confrontado com padrões de mercado para: produto, setor da economia e público-alvo.

Rendimento da Máquina:

O rendimento (eficiência) da máquina é dado pela fórmula:

Rendimento da Máquina = Uso Real da Máquina / Capacidade da Máquina

Exemplo:
Uso Real da Máquina/dia = 200 peças
Capacidade da Máquina / dia = 300 peças
Rendimento da Máquina = 200 ÷ 300 = 0,67 = 67%

Análise:

No exemplo acima a máquina apresenta uma capacidade ociosa de 33% (100 - 67). Mas, também, só se deve forçar a máquina a dar tudo que tem nos casos de picos de venda. O uso continuado da máquina causa fadiga no material. Por outro lado, é preciso levar em consideração o avanço tecnológico que é exponencial e, desta forma, a empresa não deve comprar muitas máquinas do mesmo modelo, porque, logo se tornarão obsoletas.

Taxa de Inatividade das Máquinas:

A taxa de inatividade das máquinas é dada pela fórmula:

Taxa de Inatividade = (Máquinas Paradas + Máquinas Defeituosas) / Total de Máquinas

Exemplo:
Máquinas Paradas = 10
Máquinas Defeituosas = 2
Total de Máquinas = 50
Taxa de Inatividade = (10 + 2) / 50 = 0,24 = 24%

Análise:

Quando esta taxa permanece alta por muito tempo, isto demonstra uma grande ociosidade e que, talvez, a fábrica não precise de tantas máquinas. É aconselhável alienar algumas máquinas velhas, isto é, fazer dinheiro e aplicar o mesmo até em novos equipamentos. Uma taxa de inatividade máxima deve ser de 8%.

Taxa de Defeitos:

A taxa de defeitos é dada pela fórmula:

Taxa de Defeitos = (Produtos Defeituosos - Produtos Recuperados) / Total de Produção

Exemplo:

Produtos Defeituosos = 20
Produtos Recuperados = 5
Total de Produção = 500
Taxa de Defeitos = (20 - 5) / 500 = 0,03 = 3%

Análise:

Uma empresa deseja taxas de defeito muito baixas. Para tal, precisa implantar um programa "Zero Defeito", para motivar a não fabricação de produtos defeituosos. Deve haver premiações para os empregados que apresentarem qualidade, sob todos os aspectos.

Taxa de Refugo:

A taxa de refugo é dada pela fórmula:

Taxa de Refugo = Material Inaproveitável/Material de Produção

Exemplo:
Material Inaproveitável = 15 t
Material de Produção = 200 t
Taxa de Refugo = 15 / 200 = 0,075 = 7,5%

Análise:

A taxa de refugo, se for alta, mostra que a empresa pode estar cometendo equívocos, tais como: erros de projeto do produto; falhas no controle de qualidade, falhas no controle de produção; baixo nível de educação; mau uso das funções administrativas, principalmente, a função organização; armazenagem incorreta; falta de treinamento.

Taxa de Duração do Processo:

Taxa de Duração do Processo = Padrão Aferido no Laboratório / Padrão Aferido no Campo

Onde:
Padrão Aferido no Laboratório = Média dos tempos medidos no laboratório
Padrão Aferido no Campo = Tempos medidos no campo / Número de medições

Exemplo:
Tempo Médio de Laboratório = 2 horas
Tempo Médio de Campo = 2,2 horas
Taxa de Duração do Processo = 2 ÷ 2,2 = 0,91 = 91%

Análise:

Obviamente que tempos padrões de laboratório são, geralmente, diferentes dos aferidos no campo. Mas, a tendência é que estes se tornem menores do que aqueles.

A eficiência de um processo de produção, do ponto de vista do sistema físico, é medida pela relação: saída /entrada. Relação que não pode ser maior ou igual a uma unidade.

Taxa de Devolução:

A taxa de devolução é dada pela fórmula:

Taxa de Devolução = Mercadorias Devolvidas/Mercadorias Vendidas

Exemplo:
Mercadorias Devolvidas = 300 peças
Mercadorias Vendidas = 50.000 peças
Taxa de Devolução = 300 / 50.000 = 0,006 = 0,6%

Análise:

A taxa de devolução mede o controle de qualidade da empresa. Uma taxa de devolução de 0,6% é excelente.

Índice de inovação:

O índice de inovação é dado pela fórmula:

Índice de Inovação = Inovações / Total de Produtos

Onde:
Inovações = Novos Produtos; Produtos Modificados; Imitações.
Total de Produtos = Produtos Ofertados ao Mercado

Exemplo:
Inovações = 20
Total de Produtos = 500
Índice de Inovação = 20 / 500 = 0,04 = 4%

Análise:

O valor de 4% para um período de um ano é baixo, mas também é preciso considerar que um índice alto de inovação é um risco a ser observado. Deve haver um equilíbrio nas inovações de uma empresa, tendo em vista a necessidade de se considerar o mercado, o público-alvo, o custo da incrementação e a implementação.

Prazo Médio de Compras:

O prazo médio de compras (PMC) é dado pela fórmula:

Prazo Médio de Compras = Somatório Ponderado das Compras em Dias / Total de Compras

Exemplo:

Meses	A Vista	30 Dias	50 Dias	90 Dias	Total
Janeiro	900,00	2.100,00	1.600,00	1.500,00	6.100,00
Fevereiro	700,00	1.500,00	1.300,00	1.700,00	5.200,00
Março	1.000,00	1.700,00	1.900,00	1.600,00	6.200,00
Total	2.600,00	5.300,00	4.800,00	4.800,00	17.500,00

Quadro 14.5: Compras de um Determinado Período.

Avaliando pelo método da ponderação, temos:

Prazos	Valor de Compras	Fator da Ponderação	Total
A Vista	2.600,00	0	0,00
30 Dias	5.300,00	30	159.000,00
45 Dias	4.800,00	45	288.000,00
90 Dias	4.800,00	90	432.000,00
Total	17.500,00	-	879.000,00

Quadro 14.6: Fator de Ponderação nos Valores de Compras, em Função do Prazo.

PMC = 879.000,00 / 17.500,00 = 50 dias

Análise:

Um prazo médio de compras da ordem de 50 dias é razoável, pois indica que o capital imobilizado em matérias-primas e insumos é de curto prazo.

Referências Bibliográficas

- ALBRECHT, Karl. *Revolução nos serviços*. São Paulo: Pioneira, 1992.
- ARAÚJO, Jorge Serqueira. *Administração de materiais*. São Paulo: Atlas, 1990.
- ASSEF, Roberto. *Manual de Gerência de Preços*. Rio de Janeiro: Campus, 2002.
- BALLOU, Ronald H. *Logística Empresarial*. São Paulo: Atlas, 1993.
- BARBARÁ, Hani R. E R. Simões. *Administração de vendas*. São Paulo: Atlas, 1975.
- BARROS, Benedito Ferri. *Mercado de capitais e investimentos*. São Paulo: Atlas, 1970.
- BERRY, Leonard L. *Descobrindo a essência do serviço*. Rio de Janeiro: Qualitymark, 2001.
- BOTTINI, Renata Lucia. *Chef profissional*. São Paulo: SENAC, 2009.
- BRAGA, Roberto M.M. *Gestão da gastronomia: custos, formação de preço, gerenciamento e planejamento do lucro*. São Paulo: SENAC, 2008.
- BRUNI, Adriano L. e Rubens Famá. *Gestão de custos e formação de preços*. São Paulo: Atlas, 2002.
- BURBIDGE, John L. *Planejamento e controle da produção*. São Paulo: Atlas, 1991.
- CHAPMAN, Elwood N. *Relações humanas na pequena empresa*. Rio de Janeiro: Qualitymark, 1996.
- CHIAVENATO, Idalberto. *Administração de recursos humanos*. São Paulo: Atlas, 1999.
- CHIAVENATO, Idalberto. *Administração: teoria, processo e prática*. São Paulo: Makron Books, 1987.
- CHIAVENATO, Idalberto. *Iniciação à organização e técnica comercial*. São Paulo: McGraw Hill, 1989.
- CHIAVENATO, Idalberto. *Planejamento, recrutamento e seleção de pessoal*. São Paulo: Atlas, 1999.
- COGAN, Samuel. *Custos e preços*. São Paulo: Pioneira, 1999.
- CONWAY, William E. *Caçadores de desperdícios*. Rio de Janeiro: Qualitymark, 1996.
- COSTA, Nelson P. *Análise do resultado empresarial*. Rio de Janeiro: Ciência Moderna, 2010.
- COSTA, Nelson P. *Básico de administração*. Rio de Janeiro: Pecos, 2005.
- COSTA, Nelson P. *Comunicação empresarial*. Rio de Janeiro; Ciência Moderna, 2008.
- COSTA, Nelson P. *Documentos empresariais*. Rio de Janeiro: Ciência Moderna, 2012.
- COSTA, Nelson P. *Marketing para empreendedores*. Rio de Janeiro: Qualitymark, 2003.
- COSTA, Nelson P. *Tempo: aprenda a administrar*. Rio de Janeiro: Ciência Moderna, 2008.
- COSTA, Nelson P. *Gestão de restaurante*. Rio de Janeiro: Ciência Moderna, 2016.
- COSTA, Nelson P. Antologia do empreendedor. Rio de Janeiro: Ciência Moderna, 2017
- COSTA, Nelson P. Administração para empreendedores. Rio de Janeiro: Ciência Moderna, 2018
- COSTA, Nelson P. *Marketing para empreendedores*. Rio de Janeiro: Ciência Moderna, 2020.
- COSTA, Nelson P. *Glossário do empreendedor*. Rio de Janeiro: Ciência Moderna, 2019.
- COSTA, Nelson P. *Oficina do livro*. Rio de Janeiro: Ciência Moderna, 2021.
- COSTA, Nelson P. *Sistemas de informação*. Rio de Janeiro: Ciência Moderna, 2022.
- COSTA, Nelson P. *Comunicação empresarial (2ª ed.)*. Rio de Janeiro: Ciência Moderna, 2022.
- COSTA, Nelson P. *Estudo de caso*. Rio de Janeiro: Ciência Moderna, 2023.
- COSTA, Nelson P. *Problemas do empreendedor*. Rio de Janeiro: Ciência Moderna, 2023.
- COSTA, Nelson P. *Empresa de alimentos*. Rio de Janeiro: Ciência Moderna, 2024.
- COSTA, Nelson P. *Administrador pragmático*. Rio de Janeiro: Ciência Moderna, 2024.
- COSTA, Nelson P. *Funções administrativas*. Rio de Janeiro: Ciência Moderna, 2025.
- CURY, Antônio. *Organização e métodos: uma visão holística*. São Paulo: Atlas, 2000.
- DENTON, D. Keith. *Qualidade em serviço*. São Paulo: McGraw Hill, 1991.
- DRUCKER, Peter F. *Administração: Tarefas, responsabilidades e práticas*, São Paulo: Pioneira, 1975.
- DRUCKER, Peter F. *Inovação e espírito empreendedor*. São Paulo: Pioneira, 1990.
- DRUCKER, Peter F. *Introdução à administração*. São Paulo: Pioneira, 1991.
- DRUCKER, Peter F. *O gerente eficaz*. Rio de Janeiro: Zahar, 1981.
- FONSECA, Adriana Lara. *Treinamento de manipuladores de alimentos*. Viçosa: Centro de Produções Técnicas, 2006.
- FONSECA, José Ismar. *Curso de contabilidade gerencial*. São Paulo: Atlas, 1993.
- GHEMAWAT, Pankart. *A estratégia e o cenário de negócios*. Porto Alegra: Bookman, 2000.
- GITMAN, Lawrence J. *Princípios de administração financeira*. São Paulo: Harbra, 1997.
- GOUVEIA, Nelson. *Contabilidade*. São Paulo: McGraw Hill, 1984.

- GUERREIRO, Bruno. *Administração mercadológica*. Rio de Janeiro: FGV, 1993.
- HAMPTON, David R. *Administração contemporânea*. São Paulo: McGraw Hill, 1983.
- HARDING, H. A. *Administração da produção*. São Paulo: Atlas, 1989.
- HORNGREN, Charles T. *Contabilidade gerencial*. São Paulo: Pearson, 2004.
- IUDICIBUS, Sergio. *Contabilidade gerencial*. São Paulo: Atlas, 1987.
- JOÃO, Belmiro N. *Metodologia de desenvolvimento de sistemas*. São Paulo: Érica, 1993.
- KNIGHT, John B. e Lendal H. Kopschevar. *Gestão, planejamento e operação de restaurantes*. São Paulo: Roca, 2005.
- KOONTZ, Harold e Cyril O'Donnel. *Princípios de administração*. São Paulo: Pioneira, 1974.
- KOTLER, John e James Heskett. *A cultura corporativa e o desempenho empresarial*. São Paulo: McGraw Hill, 1993.
- KOTLER, Philip. *Administração de marketing*. São Paulo: Atlas, 1998.
- KOTLER, Philip. *Administração de marketing*. São Paulo: Prentice Hall, 2000.
- KOTLER, Philip. *Marketing*. São Paulo: Atlas, 1992.
- LASCASAS, Alexandre L. *Marketing de varejo*. São Paulo: Atlas, 2000.
- LEITE, Helio de Paula. *Contabilidade para administradores*. São Paulo: Atlas, 1997.
- LEONE, George S. Guerra. *Custos – um enfoque administrativo*. São Paulo: Atlas, 1983.
- MACHADO, Jose Roberto. *Administração de finanças empresariais*. Rio de Janeiro; Qualitymark, 2002.
- MANDARINO, Domenico. *Noções básicas de estatística*. São Paulo: Atlas, 1968.
- MARCONI, Marina de Andrade. *Técnicas de pesquisa*. São Paulo: Atlas, 1985.
- MARION, José Carlos. *Contabilidade empresarial*. São Paulo: Atlas, 2003.
- MAYER, Raymond R. *Administração da produção*. São Paulo: Atlas, 1992.
- MINTZBERG, Henry. *Criando organizações eficazes*. São Paulo: Atlas, 1995.
- MORAIS, Carmem. *Atitudes de empreendedores*. Rio de Janeiro: Qualitymark, 2000.
- MOTTA, Paulo R. *Gestão contemporânea: a ciência e a arte de ser dirigente*. Rio de Janeiro: Record, 1991.
- OUCHI, Willian. *Teoria Z*. São Paulo: Nobel, 1988.
- PASCHOAL, Luiz. *Administração de cargos e salários*. Rio de Janeiro: Qualitymark, 2001.
- PORTER, Michael. *Estratégia competitiva e vantagem competitiva*. São Paulo: Campus, 1990.
- PRADO, Darci. *Planejamento e controle de projetos*. Belo Horizonte: DG, 2001.
- RESNIK, Paul. *A bíblia da pequena empresa*. São Paulo: McGraw Hill, 1991.
- SAMPAIO, Dalton. *Pesquisa de mercado*. Rio de Janeiro: FGV, 1984.
- SCHLESINGER, Higo. *Preparação profissional do vendedor*. São Paulo: Atlas, 1986.
- SEBESS, Marina. *Técnicas de cozinha profissional*. Rio de Janeiro: SENAC, 2009.
- SETZER, Valdemar W. *Banco de dados*. Rio de Janeiro: Edgar Blucher, 1988.
- SHETH, Jagdish N. et alli. *Marketing an internet*. Porto Alegre: Bookman, 2002.
- SHIMIZU, Tamio. *Processamento de dados: conceitos básicos*. São Paulo: Atlas, 1988.
- SILVA, Adelphino Teixeira. *Administração básica*. São Paulo: Atlas, 2000.
- SMITH, Adam. *A riqueza das nações: investigação sobre sua natureza e suas causas*. São Paulo: Nova Cultura, 1985.
- SPIEGEL, Murray R. *Estatística*. Rio de Janeiro: Livro Técnico, 1971.
- STEWART, Thomas A. *Capital intelectual: a vantagem competitiva das empresas*. Rio de Janeiro: Campus, 1998.
- STOFFEL, Inácio. *Administração do desempenho*. Rio de Janeiro: Qualitymark, 2000.
- THIRY-CHERQUES, Hermano Roberto. *Modelagem de projetos*. São Paulo: Atlas, 2001.
- TOMIMATSU, Eiji. *Cozinha profissional*. Viçosa: Centro de Produções técnicas, 2008.
- TZU, Sun. *A arte da guerra*. São Paulo: Record, 1990.
- VARGAS, R. *Gerenciamento de projetos*. Rio de Janeiro: Brasport, 2003.
- WARREN, Carl S. *Contabilidade gerencial*. São Paulo: Pioneira, 2001.
- WATSON, Gregory H. *Benchmarking estratégico*. São Paulo: Makron Books, 1994.
- ZACARELI, Sergio B. *Programação e controle da produção*. São Paulo: McGraw Hill, 1988.

Índice Remissivo

A

Abatimento, 358
Abordagem de Baixo para Cima, 280
Abordagem de Cima para Baixo, 280
Abordagem de Prototipação, 293
Abordagem Econômica, 69
Abordagem Sistêmica da Administração, 264
Absenteismo, 395
Ação Empreendedora, 67
Acesso à Informação, 253
Acesso ao Dado, 237
Acompanhamento, 183
Adaptação, 266
Administração, 241
Administração de Dados, 241
Administração do Marketing, 144
Administração do Sistema, 268
Administração Econômica, 130
Administração por Reuniões, 319
Administração por Sistemas, 278
Administração Profissional, 51
Administradores, 23
Administrar a Riqueza, 130
Adoção do Produto, 184
Adotantes, 185
Agenda de Trabalho, 192
Agente de Mudanças, 301
Aliança de Produto, 43
Aliança Estratégica, 42
Almoxarifado, 120
Aluguel, 79
Amarelo, 230
Ambiente, 26
Ambiente de Negócios, 27
Ambiente Empresarial, 28
Ambiente Psicológico, 28
Análise, 61, 236
Análise Ambiental, 108
Análise da Eficácia em Vendas, 196
Análise da Empresa, 22
Análise da Ficha, 212
Análise de Dados, 236
Análise de Risco, 254
Análise de Sistema, 297
Análise de Valor, 180
Análise do Investimento, 76
Análise do Negócio, 72
Análise do Resultado, 185
Análise Financeira, 89
Análise Preliminar, 61
Analista, 236
Analistas de Sistema, 300
Aplicativo, 295
Aplicativos Notáveis, 296
Apresentação de Dados, 239
Apresentação do Produto, 187
Aquisição, 118
Área Funcional Fim, 278
Área Funcional Meio, 278
Armazenagem de Dados, 243
Arquivo, 234
Aspecto Social do Marketing, 142
Aspectos das Organizações, 1
Assessoria, 14
Associação Brasileira de Normas Técnicas (ABNT, 230
Associativismo Empresarial, 42
Atividade, 10
Atividade Empreendedora, 60
Atividade Inovadora, 103
Atividade Intelectual, 340
Atividades de Mercado, 95
Atividades de um Computador, 283
Atmosfera Permissiva, 340
Ato, 269
Atribuições do Vendedor, 206
Atuação em Vendas, 196
Atualização da Informação, 250
Aula, 324
Automação, 361
Automação da Comunicação, 232
Autonomia Financeira, 391
Autor do Relatório, 202
Autoridade, 233
Autoridades Tributárias, 85
Avaliação, 317
Avaliação de Desempenho, 185, 209
Avaliação de Vendas, 195
Avaliação do Consumidor, 115
Avaliação do Sistema, 278
Avaliação do Vendedor, 209
Avaliar, 278
Azul, 231

B

Balancete de Verificação, 382
Balanço Patrimonial, 383
Banco de Dados, 242
Bancos de Dados, 155
Banner, 192

Base de Dados, 243
Base de Rateio do Custo Fixo, 352
Bem Patrimonial, 377
Bem, 168
Boato, 222
Brainstorming, 322
Burocracia, 50

C

Cadastro, 244
Cadeia de Comando, 233
Cadeia Produtiva, 361
Caixa, 61
Cálculo do Capital de Giro Próprio, 83
Canais de Comunicação, 155
Candidatos a Empresário, 74
Capacidade Criativa, 341
Capacidade Crítica, 340
Capacidade Empreendedora, 66
Capacidade Empresarial, 23
Capacidade Instalada, 364
Capacidade Ociosa, 363
Capacitação Tecnológica, 328
Capitais Obtidos de Terceiros, 80
Capital, 80, 131
Capital de Giro, 82
Capital de Giro – Fontes e Aplicações, 83
Capital de Giro Próprio, 83
Capital Financeiro, 82
Capital Inicial, 80
Captação de Recursos Financeiros, 77
Características do Consumidor, 117
Características do Consumo, 109
Características do Gerente de Projeto, 304
Características do Produto, 167
Características do Serviço, 157
Características dos Dados, 236
Características dos Sistemas, 264
Carga Tributária, 85
Cargo, 223
Cartaz, 192
Causalidade, 265
Cenário, 62, 69
Centro de Informações, 254
Certeza da Exigibilidade, 81
Certificado de Garantia, 164
Cibernética, 261
Ciclo, 30
Ciclo de Vida, 13
Ciclo de Vida da Empresa, 21, 30
Ciclo de Vida do Produto, 168
Ciclo de Vida do Sistema, 269
Ciclo Financeiro, 170
Ciclo Mercadológico, 169
Ciclo Operacional, 170
Ciência da Comunicação, 216
Classe Social do Consumidor, 117
Classificação, 3
Classificação da Comunicação, 224
Classificação da Documentação, 307
Classificação da Informação, 248
Classificação da Política, 135
Classificação da Tecnologia, 330
Classificação das Empresas, 24
Classificação das Organizações, 2
Classificação do DSS, 292
Classificação dos Dados, 237
Classificação dos Documentos:, 308
Classificação dos Sistemas de Informações Gerenciais, 289
Classificação dos Sistemas, 270
Clima Organizacional, 9
Códigos de Barra, 258
Compartilhamento do Conhecimento, 344
Complexidade, 9, 13
Componentes do DSS, 291
Comportamento do Consumidor, 114
Composto de Marketing, 142
Composto Mercadológico, 170
Compra Centralizada, 121
Compra de Pacotes, 297
Compra Descentralizada, 121
Comprador, 118
Compradores, 119
Comprar, 118
Computador, 283
Computador Provedor, 228
Comunicação, 215
Comunicação Deficiente, 222
Comunicação Formal, 226
Comunicação Interpessoal, 227
Comunicação Oral, 227
Comunicador, 216
Conceitos Auxiliares da Economia, 126
Condução da Reunião, 319
Conferência, 325
Conflito, 148
Conflito Marketing Vs Compras, 149
Conflito Marketing Vs Engenharia, 149
Conflito Marketing Vs Finanças, 149
Conflito Marketing Vs Pesquisa & Desenvolvimento, 149
Conflitos de Marketing, 148
Conformismo, 340
Congresso, 324
Conhecimento, 343
Conhecimento Científico, 345
Conhecimento da Empresa, 21
Conhecimento do Consumidor, 114
Conhecimento do Mercado, 97
Consciência dos Consumidores, 114
Consequências da Automação, 232

Considerações Sobre a Empresa, 22
Considerações Sobre Comunicação, 216
Considerações Sobre Créditos, 86
Considerações Sobre Empreendimento, 60
Considerações Sobre Marketing, 142
Considerações Sobre o Consumidor, 113
Considerações Sobre o Mercado, 102
Construção de um Sistema de Suporte à Decisão, 293
Construção do Cenário, 71
Construção do DSS, 293
Construtor de Sistemas, 282
Consumidor, 69, 111
Consumidor Insatisfeito, 116
Consumidores, 111
Consumo, 109
Consumo de Congelados, 110
Consumo de Energia, 109
Consumo de Recurso, 110
Consumo Eletrônico, 111
Consumo Final, 110
Consumo Globalizado, 110
Consumo Industrial, 110
Conta, 371
Conta Capital, 379
Conta Cliente, 379
Conta Investimento, 381
Contabilidade, 60
Contabilidade Gerencial, 372
Contabilista, 60
Contabilistas, 371
Contas a Pagar, 378
Contas a Receber, 375
Contingência, 9
Contratos de Locação, 80
Contratos de Prestação de Serviço, 165
Controlar, 372
Controle, 60
Controle da Conta Capital, 379
Controle da Conta Cliente, 379
Controle da Conta do Consumidor, 195
Controle da Conta Investimento, 381
Controle das Despesas Mês, 374
Controle de Contas a Pagar, 378
Controle de Contas a Receber, 375
Controle de Despesas de Instalação, 374
Controle de Devolução de Mercadorias, 195
Controle de Duplicatas a Receber por Cliente, 375
Controle de Estoque, 376
Controle de Estoque/Produto, 376
Controle de Faturas a Pagar/Fornecer, 379
Controle de Vales, 381
Controle de Vendas por Produto, 195
Controle de Vendas por Vendedor, 195
Controle do Caixa, 373
Controle do Custo Fixo, 376
Controle do Disponível Circulante, 380
Controle do Faturamento, 196, 380
Controle do Faturamento de Equilíbrio, 380
Controle do Fluxo de Caixa, 366
Controle do Perfil do Consumidor, 195
Controle dos Padrões, 174
Controle Geral do Estoque, 376
Controle Geral do Patrimônio, 377
Convenção, 324
Convocação de uma Reunião, 319
Cooperação, 117
Cooperação Tecnológica, 232
Cooperativa, 43
Cooperativa de Consumidores, 117
Cooperativas de Consumo, 117
Coordenador da Reunião, 319
Cor, 108
Cor do Produto, 175
Cores, 230
Corporações Gigantescas, 24
Cotas, 40
Crediário, 87
Crédito, 86
Crédito ao Consumidor, 86
Crédito Comercial, 86
Crédito Mercantil, 86
Criação da Empresa, 20
Criação de um Mercado, 103
Criatividade, 71, 339
Critérios de Rateio, 353
CRM, 111
Cultura, 13
Cultura da Informação, 253
Cultura do Consumo, 109
Cultura Organizacional, 9
Curriculum-Vitae, 212
Curvas, 209
Custo, 347
Custo Inicial, 84
Custos do Treinamento, 213

D

Dado, 234
Dados, 236
Decisão de Investir, 77
Decisão de Marketing, 147
Dedução, 368
Déficit, 365
Demanda de Mercado, 97
Democratização da Informação, 334
Demonstrativo de Resultado, 359, 382
Departamento de Compras, 385
Departamento de Crédito e Cobrança, 87
Departamento de Marketing, 115, 145
Departamento de Recursos Humanos, 211
Departamento de Vendas, 206

Dependência da Tecnologia, 329
Depósito, 120
Depreciação, 378
Desafio, 75
Desconto, 358
Desempenho da Comunicação, 221
Desempenho da Empresa, 21
Desempenho do Produto, 185
Desenvolvimento Contínuo, 181
Desenvolvimento da Empresa, 21
Desenvolvimento de Equipes, 11
Desenvolvimento de uma Política, 133
Desenvolvimento do Novo Produto, 181
Desenvolvimento, 279
Desperdício, 159
Despesa, 360
Despesa Mês, 374
Despesas, 60
Despesas de Instalação, 374
Destino do Lucro, 75
Desvantagens do Crédito ao Consumidor, 87
Desvios, 372
Determinação do Preço de Venda, 356
Diagrama, 29, 196
Diagrama de Atividades da Empresa, 29
Diagrama do Fluxo de Dados (DFD), 288
Diagrama do Sistema Aberto, 277
Dicionário de Dados, 237
Diferenciação, 265
Dificuldade de Comunicação, 218
Dinâmica da Informação, 254
Dinâmica de Grupo, 322
Direção do Mercado, 104
Diretriz, 132
Dirigente Máximo, 51
Disponível Circulante, 380
Disputa Pelo Consumidor, 115
Distorção da Informação, 251
Distribuição da Informação, 254
Diversidade, 9
Documentação, 307
Documento, 308
Documentos Empresariais, 309
Doenças da Empresa, 55
Downsizing, 146
DSS, 291
Duplicatas a Receber, 375

E

Economia, 123
Economias Modernas, 68
Efeitos Psicológicos das Cores, 108
Efetividade, 222
Efetividade de Marketing, 144
Eficácia, 221
Eficácia da Propaganda, 397
Eficácia da Reunião, 319
Eficácia de Marketing, 144
Eficácia em Vendas, 196
Eficiência, 221
Eficiência de Marketing, 144
Eficiência de Vendas, 196
Eficiência Operacional de um Sistema, 283
Elasticidade, 96
Elementos Ambientais, 106
Elementos da Análise de Sistema, 298
Elementos da Comunicação, 217, 220
Elementos da Criatividade, 339
Elementos da Economia, 125
Elementos da Empresa, 20
Elementos da Informação, 252
Elementos da Organização, 6
Elementos da Racionalização, 158
Elementos de Compra, 119
Elementos de Dados, 236
Elementos de Marketing, 146
Elementos de Mercado, 96
Elementos de Organização do Trabalho, 11
Elementos de um Sistema de Informação, 282
Elementos de um Sistema Integrado, 286
Elementos do Arquivo, 234
Elementos do Banco de Dados, 242
Elementos do Empreendedor, 64
Elementos do Investimento, 76
Elementos do Negócio, 72
Elementos do Sistema de Informações Gerenciais, 288
Elementos do Sistema, 267
Elementos do Subsistema, 281
Elementos do Treinamento, 214
Emissor, 222, 224
Empreendedor, 63
Empreendedor Interno, 67
Empreendedorismo, 59
Empreendimento, 59
Empresa, 19
Empresário, 23
Empresa de Serviços, 157
Empresas na Sociedade, 20
Empréstimo Bancário, 88
Empréstimo Governamental, 88
Encargos Financeiros, 89
Engenharia da Informação, 256
Engenheiro da Informação, 256
Entrevista, 322
Entrevista Final, 213
Entrevista Preliminar, 213
Entrevistador, 322
Equação do Lucro, 359
Equifinalidade, 265
Equilíbrio do Mercado, 96
Equipe, 10

Equívocos do Marketing, 143
Esfera de Comunicação, 233
Espaço Virtual, 99
Espírito Criador, 341
Espírito Empreendedor, 67, 338
Estilo de Vender, 193
Estoque Máximo, 120
Estoque Mínimo, 120
Estratégia de Marketing, 147
Estrutura de Comunicação, 228
Estrutura de Dados, 244
Estrutura do Marketing, 144
Estrutura Organizacional, 144
Estrutura, 144
Estudo de Caso, 323
Estudo dos Sistemas, 264
Etapas do Planejamento de Marketing, 146
Exame das Referências, 213
Exames Médicos, 213
Excesso de Reuniões, 318

F

Falta de Objetivos, 218
Fases da Análise de Sistema, 299
Fases da Venda, 187
Fator, 13
Fator de Desconto, 358
Fator Humano, 8
Fatores Básicos do Empreendimento, 68
Fatores de Fracasso, 23
Fatores de Sucesso, 23
Fatores Organizacionais, 13
Faturamento, 359
Faturamento de Equilíbrio, 363
Faturas a Pagar por Fornecedor, 378
Ficha de Cadastro e Avaliação do Candidato, 247
Ficha de Cadastro Simplificado, 246
Ficha de Descrição de Cargo, 245
Ficha de Inscrição, 212
Ficha do Cliente Consumidor, 245
Ficha do Consumidor, 116
Ficha do Fornecedor, 246
Ficha do Funcionário, 245
Ficha Técnica, 347
Fichas de Cadastro, 244
Fidelização do Consumidor, 117
Figuras do Financiamento, 90
Filosofia de Marketing, 142
Filosofias de Sistema, 303
Filtro da Informação, 250
Finalidade da Empresa, 20
Finalidade da Informação, 250
Finalidade do Marketing, 143
Finanças, 62
Financiamento, 89
Firmas de Sociedade, 323
Firmas Individuais, 323
Fluxo da Informação, 251
Fluxo de Caixa, 366
Fluxo de Decisões no Sistema, 290
Fluxo de Trabalho, 328
Fluxo do Capital de Giro, 83
Fluxograma, 240
Fluxograma de Dados, 240
Fluxograma de Vendas, 194
Fonte de Dados, 236
Fonte de Informação, 252
Fontes de Financiamento e Investimento, 84
Força de Vendas, 203
Formas de Sociedades, 40
Fórmula de Lasswell, 220
Fórmula do Preço de Venda, 356
Fornecedores de Serviços, 156
Franquia, 42
Função, 219
Função Controle, 206
Função da Empresa, 19
Função do Conhecimento, 343
Função do Gerente de Projeto, 304
Função Estruturação, 206
Função Execução, 206
Função Organização, 206
Função Organizacional Marketing, 144
Função Planejamento, 206
Função Principal do Mercado, 95
Funções da Comunicação, 219
Funções do Staff, 14
Funções Organizacionais Primárias, 16
Funções Organizacionais Secundárias, 17
Funções Organizacionais Terciárias, 17
Funções Organizacionais, 16

G

Ganho, 266
Garantia, 164
Garantia de um Serviço, 164
Garantias de Pagamento, 89
Gerência, 197
Gerência da Tecnologia, 335
Gerência de Marketing, 147
Gerência de Novas Ideias, 342
Gerência de Vendas, 197
Gerência do Lucro, 361
Gerente de Mercado, 103
Gerente de Produto, 173
Gerente de Projeto, 304
Gerente de Vendas, 197
Gerentes de Linha, 172
Giro do Ativo Total, 391
Giro do Capital, 392

Giro do Estoque, 392
Giro do Produto, 170
Globalidade, 105
Globalismo, 105
Globalização, 105
Grupos Interessados na Empresa, 21

H

Habilidade Política, 132
História da Empresa, 21
História da Tecnologia, 335
Homeostase, 265
Homomorfismo, 266

I

Ideia Empreendedora, 67
Ideia Inicial, 67
Ideias Atraentes, 67
Ideias Inovadoras, 337
Iluminação, 107
Imobilização, 78
Imperativo Tecnológico, 328
Implementação Incremental, 293
Impostos e Taxas, 84
Incubadora, 229
Indicador, 386
Indicadores de Gestão, 386
Indicadores de Mão de Obra, 395
Indicadores de Performance, 391
Indicadores de Produção, 399
Indicadores de Vendas, 396
Indicadores Econômicos:, 386
Indicadores Financeiros, 388
Índice, 385
Índice de Desvio, 393
Índice de Distorção, 394
Índice de Inflação, 385
Índice de Inovação, 401
Índice de Produtividade, 399
Índices de Fracasso, 181
Indivíduo Criativo, 339
Inflação, 386
Influência da Tecnologia, 327
Informática, 258
Instituto Brasileiro de Planejamento Tributário, 85
Insumo, 110
Inteligência Artificial, 294
Inteligência, 339
Interface, 268
Internet, 155, 228
Interpretação da Informação, 254
Intranet, 229
Investidor, 76
Investimentos, 75
Isomorfismo, 266

J

Janela de Oportunidade, 70
Joint-Venture, 44
Julgamento do Consumidor, 114

L

Lançamento do Produto, 184
Leasing, 79
Legalização da Empresa, 32
Legislação, 45
Lei de Pareto, 109
Lei de Parkinson, 159
Lei dos Rendimentos Decrescentes, 216
Leis da Economia, 126
Leis da Organização, 6
Leitura do Cenário, 69
Licença Ambiental, 56
Licenciamento, 56
Licenciamento Ambiental, 56
Líder de uma Reunião, 320
Liderança do Mercado, 104
Linguagem do Sistema, 290
Linha de Fluxo, 241
Linha de Produção, 349
Linha de Produtos, 172
Liquidez Corrente, 389
Liquidez da Transação, 371
Liquidez Imediata, 390
Liquidez Seca, 389
Local da Empresa, 38
Localização do Consumidor, 116
Lojas de Varejo, 119
Lote Econômico, 369
Lucratividade, 20, 60
Lucratividade do Exercício, 387
Lucro, 75, 358
Lucro por Produto, 354
Lucros Retidos, 88
Lugar do Consumidor, 115

M

Macroeconomia, 124
Mala Direta, 155
Manual da Organização, 8
Margem de Comercialização, 357
Margem de Contribuição, 363
Margem de Lucro, 354, 357
Marketing, 141
Marketing Direto, 154

Marketing On-Line, 155
Markup, 357
Maximização dos Lucros, 367
Meio de Transmissão, 222
Meios de Comunicação, 217
Melhoria Ambiental, 108
Mercado, 68
Mercado Competitivo, 354
Mercados Pulverizados, 185
Método de Investigação, 322
Método Tabular, 368
Metodologia, 221
Metodologia de Comunicação, 221
Metodologia de Desenvolvimento de Sistemas, 279
Metodologia de Reunião, 320
Metodologia do Plano Empresarial, 37
Métodos de Treinamento, 213
Microeconomia, 124
Missão da Empresa, 21
Modelo Capitalista Popular, 33
Modelo de Compra, 120
Modelo de Empresa Aberta, 33
Modelo de Sistema Gerenciador de Dados, 291
Modelo de Sistema Gerenciador de Modelos, 291
Modelo Econômico de Compra, 120
Modelos de Empresa, 33
Modelos de Otimização do Lucro, 367
Modelos de Planos de Marketing, 148
Modularidade, 265
Monitoramento do Consumidor, 117
Motivação do Consumidor, 114
Movimentação do Consumidor, 113
Mudança Tecnológica, 329
Mundo dos Negócios, 72

N

Necessidade da Informação, 251
Necessidade de Capital de Giro, 82
Necessidades Humanas, 2
Nicho de Mercado, 99
Níveis de Trabalho, 9
Níveis Hierárquicos, 10
Nível de Desconto de Duplicatas, 390
Nível de Qualidade, 107
Nome do Produto, 182
Novas Ideias, 342
Novo Mercado, 103
Novo Produto, 180
Número de Vendedores, 208

O

Objeções em Vendas, 193
Objetivo da Empresa, 20
Objetivo da Inovação, 71
Objetivo da Organização, 2
Objetivo de um Sistema de Informação, 282
Objetivo do Gerente de Projeto, 305
Objetivo do Sistema Especializado, 295
Objetivos da Análise, 61
Objetivos da Comunicação, 218
Objetivos de Marketing, 142
Objetivos dos Meios de Comunicação, 217
Objetivos dos Sistemas de Informação, 282
Obrigações do Locador, 79
Obrigações do Locatário, 80
Observações sobre Riqueza, 131
Obstáculos à Comunicação, 222
Oferta de um Serviço, 156
Operações dos Pacotes, 297
Orçamento, 200
Orçamento de Marketing, 147
Orçamento de Vendas, 201
Organização do Trabalho, 11
Organização Social, 20
Organizações Empreendedoras, 60
Organograma de Cargos do Departamento de Marketing, 145
Organograma Funcional do Departamento de Marketing, 145
Organograma por Produto do Departamento de Marketing, 145
Orientação da Empresa, 21
Otimização, 366
Otimizar, 366
Ouvir o Consumidor, 115

P

Pacote, 296
Padronização, 173
Papel das Tecnologias, 328
Papel do Analista de Sistema, 301
Papel do Consumidor, 115
Papel do Marketing, 142
Papel dos Sistemas de Informação, 284
Paradigma Tecnológico, 284
Parceria em Rede, 43
Parceria Público-Privada, 44
Participação no Mercado, 102
Pay Back, 77
Percepção do Empreendedor, 66
Perda de Consumidor, 115
Perdas, 160
Perfil do Consumidor, 116
Perfil do Fornecedor, 120
Período a Descoberto, 170
Pesquisa & Desenvolvimento, 330
Pesquisa de Mercado, 104
Pesquisa Operacional, 297
Pessoal de Vendas, 186

Piloto, 192
Planejar, 146
Planejamento, 62
Planejamento da Organizacão, 8
Planejamento da Reunião, 320
Planejamento de Marketing, 147
Planejamento do Produto, 183
Planejamento Estratégico de Marketing, 148
Plano, 37, 200
Plano de Investimento, 76
Plano de Marketing, 148
Plano de Negócio, 73
Plano de Teste, 280
Plano de Venda, 200
Plano Diretor, 280
Plano Empresarial, 37
Poder da Informação, 254
Política de Marketing, 146
Política de Seleção de Pessoal, 212
Política, 131
Políticas da Macroeconomia, 124
Ponto de Equilíbrio, 362
Ponto de Ruptura, 363
Portfólio, 192
Posição de Mercado, 104
Pós-Venda, 187
Potencial Criativo, 341
Potencial de Mercado, 97
Prática do Empreendimento, 59
Prazo de Garantia, 164
Prazo Médio de Compras, 402
Prazo Médio de Pagamento, 393
Prazo Médio de Recebimento, 393
Prazo Médio de Vendas, 398
Precificação do Produto, 355
Preço de Markup, 357
Preço de Tabela, 358
Preço de Venda, 353
Premissas da Análise de Sistema, 298
Premissas da Comunicação, 217
Premissas da Empresa, 22
Premissas da Lei, 45
Premissas da Oportunidade, 70
Premissas da Política, 132
Premissas da Terceirização, 43
Premissas do Consumidor, 115
Premissas do Empreendedor, 64
Premissas sobre Consumidores, 111
Preservação Ambiental, 108
Prestador de Serviço, 165
Pré-Venda, 187
Previdência Privada, 46
Previdência Social, 46
Previsão para Compras, 122
Principais Licenças, 56
Principal, 89
Principal Objetivo da Comunicação, 219
Princípios da Comunicação, 217
Princípios da Organização, 7
Princípios do Empreendedor, 64
Prioridade da Exigibilidade, 81
Problema da Globalização, 105
Problema do Consumo, 109
Problema Empresarial, 53
Problemas com Herdeiros, 50
Problemas das Parcerias, 44
Problemas de Consumo, 109
Problemas de Família, 50
Problemas de Leitura do Cenário, 70
Problemas de Projeto de Sistema, 303
Problemas de Racionalização, 159
Problemas do Analista, 301
Problemas Financeiros, 62
Problemas na Admissão de Parente, 52
Problemas no Desempenho do Parente, 52
Problemas nos Sistemas de Informação, 284
Problemas Organizacionais, 8
Problemas Sistêmicos, 269
Problemas Sociais, 18
Procedimentos de Recrutamento, 212
Procedimentos de Seleção, 213
Procedimentos de Venda, 193
Processamento de Dados, 255
Processamento do Pedido de Compra, 121
Processamento do Sistema, 279
Processo de Aprendizagem, 66
Processo de Compra, 118
Processo de Comunicação, 220
Processo de Globalização, 105
Processo de Marketing, 147
Processo de Padronização, 173
Processo de Venda, 187
Processo Sucessório, 53
Produção de Tecnologia, 336
Produtividade, 159
Produto, 68, 167
Produto de Alimentação, 347
Produtos Imitativos, 180
Profeto de Sistema, 303
Profissionais de Crédito, 86
Profissionais de Vendas, 205
Profissional de Sistemas, 269
Profissional Politicamente Correto, 132
Programa de Análise de um Negócio, 72
Programa de Marketing, 146
Programa de Serviço, 165
Programa Empreendedor, 90
Programa para a Criação de um Negócio, 72
Programação Matemática, 367
Propensão a Consumir, 109
Propósito da Empresa, 20
Protocolo, 229
Protótipo, 176
Psicólogos Humanistas, 339

Q

Qualidade da Informação, 251
Qualidade de um Sistema de Informação, 283
Qualidades do Empreendedor, 66
Quantidade no Ponto de Equilíbrio, 362
Queixa do Consumidor, 113
Questionamento do Mercado, 104
Questões de Emprego, 47

R

Racionalização, 158
Racionalizar, 159
Rateio, 352
Razões da Existência das Organizações, 2
Receita, 359
Receita com Vendas, 359
Receitas Complementares, 360
Receptor, 224
Recrutamento, 211
Recursos Empresariais, 98
Recusa de Empréstimo, 87
Rede, 229
Redução do Custo, 348
Reengenharia, 146
Registro, 235
Regulamentação, 44
Regulamentações Governamentais, 45
Relação Custo/Preço/Qualidade/Lucro, 298
Relações Cruzadas, 233
Relações da Política, 133
Relações Diretas de Grupos, 233
Relações do Departamento de Marketing, 148
Relações Individuais Diretas, 233
Relatório de Desempenho, 185
Relatório de Marketing, 147
Relatório de Visita, 202
Relatório do Vendedor, 202
Relatórios de Vendas, 202
Rendimento, 107, 265
Rendimento da Máquina, 399
Rentabilidade, 77
Rentabilidade do Capital Próprio, 387
Reposições Adaptáveis, 180
Requisição de Compra, 119
Resiliência, 266
Responsabilidade da Empresa, 22
Responsabilidade Social da Empresa, 17
Responsabilidade Social, 17
Responsabilidades Sobre Custos, 348
Resultado do Novo Produto, 185
Resultado Esperado, 185
Resultado Financeiro, 391
Resultado Obtido, 185
Resultado Possível, 185
Resultado Probabilístico, 185
Retorno do Investimento, 77
Retorno Sobre Ativo, 392
Retroalimentação, 223
Reunião, 317
Reuniões de Desenvolvimento Humano, 324
Reuniões Operacionais, 321
Riqueza por Empregado, 130
Riqueza, 130
Robótica, 232
Rol de Dados, 243
Rol de Distribuição, 210
Rotatividade de Pessoal, 395
Roteiro para Negócio, 74

S

Saldo de Conta, 371
Satisfação do Consumidor, 116
Segmentação, 97
Segmentação do Mercado, 104
Segurança da Informação, 254
Seleção, 212
Seleção de Pessoal, 212
Seleção do Candidato, 212
Seminário, 325
Senso Crítico, 278
Série Histórica, 237
Serviço, 155
Setor da Empresa, 21
Setor de Serviço, 156
Setor de Vendas, 186
SIG, 286
Simpósio, 324
Simulação de Empréstimo, 88
Sinalização de Segurança, 230
Sinergia, 264
Sistema, 263
Sistema de Aquisição, 118
Sistema de Comunicação, 223
Sistema de Contabilidade, 292
Sistema de Controle, 285
Sistema de Controle, 372
Sistema de Informação da Logística, 285
Sistema de Informação de Aquisição, 285
Sistema de Informação de Armazenamento, 286
Sistema de Informação de Contabilidade, 286
Sistema de Informação de Custeio, 285
Sistema de Informação de Custo, 285
Sistema de Informação de Estoque, 285
Sistema de Informação de Vendas, 285
Sistema de Informações Gerenciais, 287
Sistema de Licenciamento de Atividades Poluidoras, 56

Sistema de Otimização, 293
Sistema de Simulação, 292
Sistema de Sugestão, 293
Sistema de Suporte à Decisão, 290
Sistema Econômico, 169
Sistema Especializado (SE), 294
Sistema Financeiro, 365
Sistema Integrado de Gestão, 286
Sistema Meritocrático, 210
Sistema para Análise de Dados, 292
Sistema para Análise de Informações, 292
Sistema para Arquivo de Gaveta, 292
Sistemas Complementares de Informação, 285
Sistemas de Custeio, 351
Sistemas de Informação, 281
Sistemas Especializados, 294
Sistemas Orientados para Dados, 289
Sistemas Orientados para Modelos, 289
Sistemas Sociais, 227
Sistematização, 265
Sites Gratuitos, 115
Sociedade, 40
Sociedade Anônima, 42
Sociedade Burocrática, 50
Sociedade e Civilização, 40
Sociedade Tradicional, 50
Software Próprio, 296
Software, 296
Solicitação ao Fornecedor, 121
Solvência Geral, 388

T

Tarefas em Vendas, 204
Taxa da Perda de Consumidores, 396
Taxa de Absenteismo, 395
Taxa de Afastamento, 396
Taxa de Cancelamento, 199, 398
Taxa de Capitalização, 387
Taxa de Compra do Consumidor, 117
Taxa de Comprometimento Industrial, 364
Taxa de Defeitos, 198, 400
Taxa de Depreciação, 360
Taxa de Devolução, 198, 401
Taxa de Duração do Processo, 401
Taxa de Encargos Sociais, 395
Taxa de Endividamento, 390
Taxa de Imobilização, 79
Taxa de Inadimplência, 199
Taxa de Inatividade das Máquinas, 400
Taxa de Inatividade, 364
Taxa de Marcagem, 357
Taxa de Obsolescência, 399
Taxa de Perda de Consumidores, 116
Taxa de Reclamação, 198
Taxa de Recuperação, 388
Taxa de Refugo, 400
Taxa de Remuneração, 388
Taxa de Turnover, 207
Taxa de Vendas por Vendedor, 199
Taxa Individual de Vendas, 397
Taxa Interna de Retorno, 361
Taxa Selic, 361
Taxas Governamentais, 386
Tecnologia, 327
Tecnologia Adotada, 327
Tecnologia da Empresa, 22
Tecnologia da Informação, 257
Tecnologia Digital, 335
Tecnologia na Organização, 329
Telemarketing, 155
Teleologia, 266
Tempo Virtual, 230
Tendências do Marketing, 154
Tendências do Mercado, 103
Teoria Behaviorista, 261
Teoria da Administração, 263
Teoria da Burocracia, 49
Teoria da Comunicação, 230
Teoria da Empresa, 20
Teoria da Informação, 250
Teoria da Organização, 262
Teoria de Graicunas, 233
Teoria de Sistemas, 233
Teoria do Controle, 261
Teoria do Preço, 126
Teoria do Sistema Aberto, 277
Teoria dos Jogos, 261
Teoria Econômica, 353
Teoria Estruturalista, 261
Teoria Geral de Sistemas, 261
Teoria Matemática da Informação, 261
Teorias da Microeconomia, 124
Terceira Revolução Industrial, 257
Terceirização, 44
Terceiro Setor, 6
Terminologia, 241
Termo de Garantia, 164
Teste de Venda, 184
Teste Piloto, 184
Testes de Conhecimento, 213
Testes de Desenvolvimento do Sistema, 280
Testes Específicos, 213
Testes Padrões, 213
Testes Psicológicos, 213
Tipos de Ambientes Empresariais, 26
Tipos de Analistas de Sistema, 302
Tipos de Arquivos, 235
Tipos de Bancos de Dados, 244
Tipos de Bens, 168
Tipos de Capital, 81
Tipos de Compra, 121
Tipos de Comunicação, 226

Tipos de Conhecimento, 344
Tipos de Consumidor, 112
Tipos de Contas, 371
Tipos de Custo, 349
Tipos de Dado, 238
Tipos de Economia, 124
Tipos de Empresa, 34
Tipos de Imagem, 48
Tipos de Informação, 249
Tipos de Investimento, 76
Tipos de Legislação, 46
Tipos de Licenças Ambientais, 56
Tipos de Marketing, 149
Tipos de Mercado, 97
Tipos de Organizações, 3
Tipos de Personalidades, 320
Tipos de Política, 135
Tipos de Preço, 354
Tipos de Problemas Empresariais, 54
Tipos de Produto, 177
Tipos de Reunião, 321
Tipos de Serviço, 161
Tipos de Sistema, 272
Tipos de Tecnologia, 332
Tipos de Venda, 188
Tipos de Vendedor, 205
Tolerâncias de Fabricação, 176
Tomada de Decisão, 263
Total de Vendas, 359
Trabalho do Vendedor, 204
Trabalho dos Assessores, 14
Trabalho em Equipe, 10
Transitoriedade, 53
Treinamento de Vendedores, 213
Tributação, 84
Turnover, 395

U

Unidade de Pesquisa & Desenvolvimento, 160
Unidade Monetária, 353
Unidades de Serviço, 160
Unidades Operacionais, 160
Unidades Sociais, 20
Uso da Informação, 251
Usuário da Informação, 252
Usuário de Informática, 295
Utilidade da Informação, 253
Utilização da Informação, 252

V

Valor da Clientela, 48
Valor da Exigibilidade, 81
Valor da Informação, 252
Valor de Face, 354
Valor do Conhecimento, 343
Valor do Produto, 119, 171
Valor Exato do Produto, 119
Valores Organizacionais, 15
Vantagem Competitiva, 343
Vantagem da Reunião, 318
Vantagens do Crédito ao Consumidor, 87
Venda, 186
Vendedor, 187
Vendedores, 209
Vender, 186
Visão da Produtividade, 349
Visão de um Negócio, 74
Visão Factível de um Negócio, 74
Visão Holística, 106
Visão Inovadora, 337
Visão Sistêmica da Organização, 255
Visão Sistêmica, 255
Visita de Vendas, 155

Impressão e acabamento
Gráfica da Editora Ciência Moderna Ltda.
Tel: (21) 2201-6662